J. HELLMUT FREUND

Vor dem Zitronenbaum

Autobiographische Abschweifungen
eines Zurückgekehrten

Berlin – Montevideo – Frankfurt am Main

Herausgegeben von
Vikki Schaefer
und
Leo Domzalski

S. FISCHER

Diese Veröffentlichung wurde
von der S. Fischer Stiftung gefördert.

© S. Fischer Verlag GmbH, Frankfurt am Main 2005
Lektorat: Corinna Fiedler
Register: Wolfgang Kloft
Herstellung: Cornelia Wagner
Satz: Fotosatz Otto Gutfreund GmbH, Darmstadt
Druck: Clausen & Bosse, Leck
Printed in Germany
ISBN 3-10-023303-4

INHALT

Ein Sprichwort sagt:
»Die Zunge ist der Dolmetscher des Herzens«,
das heißt, der Wert und der Adel des Menschen,
sein Gutes und sein Böses,
sein Lieben und sein Hassen
und alle sonstigen Zustände seines Innern
werden durch die Rede offenbar.

Tuti-Nameh
Das Papageienbuch
14. Abend

Aus der türkischen Fassung
übertragen von Georg Rosen (1820–1891)
Insel Verlag 1957 (Erstausgabe 1858)

VORWORT

Es war im Jahr des Erscheinens von Golo Manns ›Wallenstein‹, noch vor meinem Eintritt in den Verlag im Sommer 1974, als wir einander vorgestellt wurden. Im Gewoge der Buchmesse besuchte ich den S. Fischer-Stand. Alle Beteiligten waren, wie immer in diesen Tagen, in rastloser Bewegung. Doch es gab da einen ruhenden Pol, einen distinguiert aussehenden Herrn mit einem auffallend schönen, hochgeformten Kopf, der mich unmittelbar an einen Schreiber aus dem alten Sumer erinnerte. »Da steht der alte Herr Freund«, sagte ein Mitarbeiter meines Vaters zu mir, »ein profund gebildeter Mann, kennt die Verlagsgeschichte wie kein anderer, geht gewiss bald in Pension.« Dieser zeitlose Sumerer stand distanziert, unbewegt, schweigend, genau beobachtend, fotografisches Auge – und wartete. Auf ein Gegenüber, auf ein Stichwort wartete er, wie ich bald verstehen sollte, um sich aus seiner Zurückhaltung zu lösen und das Spiel zu beginnen. Ein Präludium zunächst, in dem noch Spuren hispanischer Kultur zu finden waren, vollendet höfliches Betragen, die beinahe zeremonielle Erkundung der Befindlichkeit des Partners, das musste sein, bevor er dazu überging, Gesprächsfäden auszuwerfen und an sich zu ziehen, seine Knüpfkunst zu zeigen, Perlschnüre von Assoziationen schimmern zu lassen, Pirouettenläufe einzulegen, übermütigen Wortwitz, wenn es die Situation erlaubte, zum Radschlagen zu bringen. Damit frappierte, entzückte, belehrte er nicht nur seine einzelnen Gesprächspartner und ein oft größeres, dankbares Publikum, sondern wohl auch immer ein wenig sich selbst. Artistik war im Spiel. Stil war Ehrensache.

Wenn er anfing zu spielen, schien die Zeit im weitesten Sinn des Wortes aufgehoben. Musik hat wohl am tiefsten sein Leben geprägt, Musik überhöhte sein Leben. Nicht zufällig war es Fritz Busch, durch den Hellmut Freund zu S. Fischer kam.

Der Verlag wurde nach der Rückkehr aus der Emigration sein Zuhause und blieb es nach unserer ersten Begegnung noch über dreißig Jahre lang. Undenkbar, ihn davon zu trennen. Darüber gab es ein klandestines, nie ausgesprochenes Abkommen zwischen uns. Die Intensität der Arbeit von Hellmut Freund in den letzten vierzig Jahren wird eindrucksvoll dokumentiert durch die Zeugnisse, die Leo Domzalski für dieses Buch ausgewählt hat. Schmerzliche Lücken waren freilich nicht zu vermeiden, manche ihm wichtige Autoren und Freunde sind zu vermissen.

An frühen Bemühungen, Hellmut Freund, diesen mündlich hochbegabten Erzähler, dazu zu bewegen, aus der Fülle seines Daseins Erinnerungen schriftlich für uns festzuhalten, hat es nicht gefehlt. Erst zwei Jahre vor seinem Tod begann er, dank Vikki Schaefer und der Inspiration, die ihm durch sie zuteil wurde, sich dieser Aufgabe ganz zu widmen. Sein Lebensbericht läge ohne sie, ohne den Freund Leo Domzalski und die Vertraute und Kollegin Corinna Fiedler, die ihm behutsam ordnend durch die späten Jahre Geleit gegeben hat, nicht vor. Ihnen sage ich von Herzen meinen Dank.

Sichtbar wird ein Mann, wie wir ihn nicht wiederfinden werden, mit seinem tief verwurzelten Wissen um die Bedeutung von Kontinuität – von der bald 120-jährigen Geschichte des Verlages hat er mehr als ein Drittel miterlebt –, mit seinem unbeirrbaren Sinn für Qualität im Programmatischen, blieb er ein Sorgender und Mahnender, ein Ermutigender und Lobender bis zuletzt. Dankbar für die Schätze, die aus dem Brunnen der Vergangenheit zu schöpfen ihm gewährt war, denken wir an ihn, an das, was er, vorbildlich als Meister der Zusammenhänge, dem Verlag, seinen Freunden und Autoren, gegeben hat.

X

Es erscheint mir als schicksalhafte Erfüllung des Wirkens und Wünschens von Hellmut Freund, dass wir seine Erinnerungen fast zeitgleich mit der großen Werkausgabe von Hans Keilson vorlegen können, des ältesten Autors des Verlages, dem er sich besonders innig verbunden fühlte.

Im Juli 2005
Monika Schoeller

PRINCIPIUM

Louis Freund, mein preußisch gesinnter Großvater, nahm den etwa vierjährigen Georg, seinen dritten Sohn, mit in den Lustgarten und auf die Schulter, den alten Kaiser zu sehen, der sich am »historischen Eckfenster« des Schlosses seinen Untertanen zeigte. Dem Kind, das mein Vater werden sollte, hat der Augenblick tief sich eingeprägt. Wilhelm I. aber ist 1797 geboren – wie Heinrich Heine und Franz Schubert.

Mein Vater wiederum nahm mich am Spätnachmittag des 21. Januar 1939, eine Woche vor der Auswanderung, mit zum Abschiedsbesuch bei Max Planck; es war, als sollte der Einundachtzigjährige, der ein wissenschaftlicher Revolutionär und seiner Erscheinung nach ein Klassiker war, uns seinen Segen geben. Er sprach vom erhaltenden Denken in Generationen. Ein vorzüglicher Pianist, war er stolz darauf, mit dem Geiger Joseph Joachim alle einschlägigen Sonaten von Mozart und Beethoven gespielt zu haben. Er begrüßte und entließ uns mit eigenartigem Händedruck, die gestraffte Handfläche gegen die unsere schlagend. So wird er auch oft Joachim die Hand gegeben haben, dem Freund des Ehepaares Schumann und von Johannes Brahms, dem Schützling von Felix Mendelssohn Bartholdy, dessen kleine Hand gewiss des Öfteren in der seinen gelegen hat. Mendelssohn aber war am Frauenplan in Weimar bei Goethe eingekehrt, der eine kraftvolle Hand besaß. Nur vier Stationen: Das Ferne ist nah, das Erbe lebendig, die Beziehung vielfältig, der Zusammenhang fest.

In Pocitos, einem schönen Stadtteil von Montevideo, bezogen wir unser zweites sehr bescheidenes Mietshaus. Fensterlose

1

Zimmer stießen an zwei *patios,* möblierbare Atrien unter *claraboyas,* gläsernen giebeligen Rolldächern. Hinter dem Haus ein *fondo,* kleiner Hofgarten mit Rebengittern. In einer Ecke stand ein Zitronenbaum. Er trug gleichzeitig Blüten und Früchte, im Wortsinn *zeitigte* er ein schlichtes Symbol für Werden und Reifen, fürs Miteinander von Epochen: zumal für das 19. Jahrhundert, das mir noch anhaftete, das mich nicht verlässt. Erinnerung ist nicht chronologisch, nicht Film, eher Standfoto. Mochten auch Minute auf Minute, Tag auf Tag, Jahr auf Jahr folgen, im Gedächtnis erscheinen sie zugleich, sie haben Platz im selben Seelenraum.

Alle in meinem Leben wichtigen Menschen kann ich gar nicht erwähnen, und die Frequenz der Erwähnung stimmt nicht ganz überein mit der Bedeutung, die der Mensch absolut oder für mich in meiner Biographie hat. Gehabt hat, darf ich nicht sagen, denn die vielen, die nun schon nicht mehr da sind, wirken weiter. Dieses eine Thema, dieses eine Motiv besteht fort, klingt beständig. Vergegenwärtigung, Gegenwart.

Berliner Kind

Ich bin geboren am 12. September 1919.

Der Vater war Journalist, damals noch am ›Berliner Lokal-Anzeiger‹. Die Eltern hatten geheiratet am 8. Dezember 1914, also mitten im Kriege, wodurch sich die Gnade meiner späten Geburt erklärt. Der Grundstein muss im Dezember 1918, also unmittelbar nach dem Krieg, gelegt worden sein.

Es soll alles glatt gegangen sein bei meiner Geburt, nachts um 22 Uhr 10. Doktor Wendland verabschiedete sich nach geleisteter Hilfe, meine Eltern waren nun allein, es muss still geworden sein im Schlafzimmer, mein Vater musste immer wieder aufstehen und sich über das winzige Wesen beugen, um zu hören, ob es noch atmete.

Einer ist wohl wie die aus Bad Freienwalde an der Oder herbeigeeilten Großeltern schon am nächsten Tag an mein Körbchen getreten, der Kinderarzt, meiner Mutter – ihr fast brüderlich verbundener – Vetter Dr. Hermann Putzig, mein Onkel Hermann, der wichtig war in meinem Leben von Anfang an und über vierzig Jahre lang.

Ich versuche, auf diesen Blättern Menschen, die mir Aufmerksamkeit schenken, Menschen nahe zu bringen, denen ich dankbar bleibe, seien sie äußerlich ausgezeichnet gewesen oder auch unauffällig vor ihrem Untergang, Menschen, die mir gegenwärtig sind abseits aller Chronologie: Solange mein Bewußtsein nicht getrübt ist, vergesse ich sie nicht. Wenn durch diesen Versuch vielleicht Jüngere sich vorstellen können, wer und wie diese Menschen waren, in ihrem längst vergangenen Alltag und in ihrer Bedrängnis, darf ich zufrieden sein.

Vergessen: »Glücklich ist, wer vergisst« – das klingt entzückend in der Operette. Aber Vergessen ist auch Verzicht auf Gerechtigkeit und Lebensrecht, ist Vernichtung. Immer gilt, oft wiederhole ich es, Vergegenwärtigung.

Der Kinderarzt, mein erster Arzt, ein Helfer. Er verhalf mir auch zu einem Inbegriff von Ärztlichkeit. Hermann Putzig, geboren 1887, der einzige Sohn eines älteren Bruders meines Großvaters mütterlicherseits, der in Berlin Kaufmann, Angestellter in gehobener Position und Vorsitzender des Kaufmännischen Hilfsvereins war. Hermann Putzig muss in behüteter Bürgerlichkeit aufgewachsen sein, davon hat seine Cousine, meine Mutter, mir erzählt. Gymnasium und Studium waren ihm leicht gefallen, er entschied sich für die Pädiatrie, wurde Schüler, Assistent des damals sehr prominenten Professors Langstein, bald Oberarzt an dem von diesem geleiteten ›Kaiserin-Auguste-Victoria-Haus zur Bekämpfung der Säuglingssterblichkeit im Deutschen Reiche‹, konzentrierte sich bald auf eine blühende Praxis im Bayerischen Viertel. Und redigierte bis 1933 die im großen wissenschaftlichen Verlag Springer von den Professoren Finkelstein, Langstein und Pfaundler herausgegebene Fachzeitschrift und das einschlägige Zentralblatt. Er stand gut mit Ferdinand Springer. Dr. Hermann Putzig war ein erfolgreicher und vorzüglicher Spezialist, immer aber kenntnisreich interessiert am Ganzen, Mediziner, universaler Arzt. Alles andere als ein Bilderbuch- oder Filmkinderarzt. Er war sachlich, mied, soweit es ging, den weißen Kittel. Roch nie, wie damals so viele Ärzte, nach Karbol, und machte nie Angst, beruhigte immer. In seiner Praxis, deren Wartezimmer geschmückt war mit unzähligen Fotos seiner Patienten, und bei seinen Hausbesuchen sprach er ganz nüchtern und sachlich mit den Kindern wie mit Erwachsenen, ohne die quatschigen Verniedlichungen in künstlicher Kindertümelei, wie sie trotz gegenteiliger Absicht Kindern unweigerlich auf die jungen Nerven fallen. Er war, etwas gekrümmt, mit sehr langen Armen ausgestattet, keineswegs ein Schönling,

6

gepflegt und elegant gekleidet, Perle im Schlips, ästhetisch in allem. So handelte, behandelte er auch. Bei Untersuchungen zog er aus der hinteren Hosentasche eine etuiförmige nickelne Taschenlampe, um die Mandeln des Patienten zu betrachten, er brauchte keinen Löffel. Den verlangte einmal ein ihn vertretender Kollege und steckte ihn mir so nachdrücklich in den Hals, dass meine besorgte Mutter die Weste des betroffenen Arztes säubern musste. Onkel Hermann zog, auch aus der Hosentasche, ein hübsches ledernes Etui und entnahm ihm das damals noch ziemlich neue Stethoskop mit den zwei roten Schläuchen, die Membrane ließ er sanft über meine Brust und meinen Rücken gleiten. Beim Abhorchen war sein Gesicht gelassen ernst, die klugen gütigen Augen blickten mich ruhig an, und ich blickte sie an. Ein Auge war graublau, das andere braun. Immer wenn ein Arzt mich untersucht, auskultiert – und ich habe Grund, meine Ärzte ernstzunehmen und ihnen dankbar zu sein –, sehe ich Onkel Hermanns ungleiches Augenpaar über mir.

Er war klug und kultiviert, nicht eigentlich musisch. Ein Mann des fast immer gedämpften Gesprächs. Die herzliche Beziehung hielt stand im Wechsel der politischen Verhältnisse und Orte. Die Ehe des Kinderarztes mit Karla Bing, die, geboren in Odessa, einer Wiener jüdischen Familie entstammte, war fast glücklich. Fast. Sie blieb kinderlos – eine tragische Ironie, unter der beide sehr gelitten haben. Sie gingen mit Tante Karlas feiner Mutter vor uns, noch unter besseren Bedingungen als wir, nach Uruguay. Ich habe zu erzählen, wie sie uns am 2. März 1939 im Hafen von Montevideo empfingen und wie sie uns halfen, sehr lange noch.

Ich könnte eine Liste der in Uruguay eingewanderten jüdischen Ärzte aus Deutschland und Österreich, aus der Tschechoslowakei und der Schweiz aufstellen. Sie hatten es nicht leicht. Ärzte können überall arbeiten – wenn sie dürfen. Ihre Prüfungen und Titel aber berechtigten sie nicht, zu arbeiten. Sie mussten sie wiederholen. Bei all ihren langjährigen Erfahrungen und

Kenntnissen fiel ihnen schon das Physikum mit seiner halb vergessenen Materie, dazu in spanischer Sprache, schwer. Manche dieser Ärzte, man darf es jetzt berichten, haben grau praktiziert. Sie behandelten Patienten ihrer Herkunft, die bei uruguayischen Ärzten noch fremdelten, ein uruguayischer Arzt stellte ihre Rezepte aus.

So ging es viele Jahre, der Onkel Hermann interessierte sich für mich, freute sich über die Verbindungen, die ich gewann, half und mahnte auch. Da verfiel er einer wachsenden Depression, sein Geist verwirrte sich, sein Verhalten war bestürzend in seiner Fremdheit, bewundernswert und tapfer das seiner Frau. Sie brachte ihn für längere Frist in die Klinik des in Montevideo führenden Psychiaters. Ganz allmählich besserte sich sein Zustand, er hatte Ausgang, wir trafen uns, er zeigte mir Aufsätze, die er geschrieben hatte, er las Fachzeitschriften und stieß dabei auf einen Artikel über die vorteilhafte Wirkung der Nikotinsäure. Er bat um ihre Anwendung und war rasch geheilt, war wieder ganz der alte, nein, jünger, frischer, heiterer, herzlicher als zuvor. Er drängte in den Beruf, zu seiner Berufung, studierte nun, das Studium wurde ihm von Kollegen, die ihn hoch schätzten und zu Rate zogen, erleichtert, man holte ihn in ein Krankenhaus. Er war anerkannt als Kapazität und offenkundig glücklich. Wir waren es über ihn, mit ihm. Er machte mit uns in seinem kleinen englischen Auto Ausflüge zu hellen uruguayischen Badeorten, wir luden einander ein, in seiner und Tante Karlas Wohnung zogen wir uns in eine Ecke zurück zu Gespräch und Whisky oder Caña Añeja, mehreren sehr starken grappaähnlichen Tropfen. Als sich absehen ließ, dass ich in Frankfurt bei S. Fischer bleiben würde, flogen meine Eltern zu mir. Der Vetter, besorgt um meines Vaters Herz, begleitete sie bis zu ihren Plätzen im Flugzeug. Es gab kein Wiedersehen. Wir mussten erfahren, dass abermals eine Umnachtung ihn befallen hatte. Diesmal war es ein Gehirntumor. Unser Montevideaner Freund Werner Jacoby, von dem ich auch sprechen werde, brachte uns mit unvergesslichem Zartgefühl die Nachricht von Dr. med. Hermann Putzigs Tod. Tante Karla ist noch mehrmals bei uns gewesen und mit uns gereist. Sie hatte Bruder, Schwägerin und eine aus Russland gerettete Nichte in Montevideo. In ihrer Nähe ist sie gestorben.

In meinem Bericht von meinen ersten Tagen bin ich weit vorausgeeilt und abgeschweift. Im Hin und Her und Durcheinander des Erinnerns passiert mir das. Mir ist es recht. Aber ich muss zurückkehren in mein Babykörbchen. Das Kind musste einen Namen haben und bekam zwei: Joachim Hellmut. Niemand in den Familien meiner Eltern hieß so. Warum sie sich für den von mir wenig gebrauchten Joachim entschieden, weiß ich nicht. Ich habe auch nie danach gefragt. Er wird ihnen gefallen haben, mit seinem hebräischen und seinem preußischen Anklang. Aber Hellmut: Sie legten Wert auf das etymologisch falsche ›ll‹. Hell sollte der Junge sein und Mut haben. Ich weiß nicht. Sie hatten aber für diese Namensgebung auch einen anderen Grund, ein Motiv, ein Beispiel im Zeichen der Freundschaft. Helmut Behm entzückte meine Mutter als ungemein reizender Knabe. Eine ältere Schwester ihrer Urfreundin Constanze Krahmer, der Tante Conni, von der ich viel zu erzählen habe, Tante Grete, hatte den riesengroßen Stettiner Reeder und Stadtrat Dr. Georg Behm geheiratet, Helmut war ihr ältester Sohn, ihm folgten zwei Mädchen und ein Junge. Ich habe Helmut Behm nur flüchtig gekannt, da war er schon groß und ich noch klein, er muss sehr musisch, sehr musikalisch gewesen sein, Klavierschüler seines Onkels Eduard Behm, den mein Vater als feinsinnigen Begleiter gehört hat und dessen Name und Kompositionen in den Musiklexika verzeichnet sind. Er hat auch meinen Lehrer Liederwald unterrichtet, von dem ich ebenfalls zu erzählen habe: viele Verknüpfungen, mittelbare und unmittelbare Beziehungen. Sie fordern mich immer wieder zu Abschweifungen auf, die denn doch Zusammenhängen nachgehen möchten. Von Helmut Behms Schicksal weiß ich nur so viel: Er sollte wohl in das väterliche

Unternehmen, die größte Ostsee-Reederei, eintreten. Er war in London tätig, wo es ihm gefallen haben muss, nur ungern soll er vor Kriegsausbruch nach Deutschland zurückgekehrt, dem NS-Regime muss er abgeneigt gewesen sein. Er war dann beim Militär, ich weiß nicht in welchem Rang, in Paris. Er ist verraten worden. Cherchez la femme. 1944 wurde er wegen Defätismus zum Tode verurteilt und »standrechtlich« erschossen. War es diese Hinrichtung, die Ernst Jünger in den ›Strahlungen‹ schildert? Der Schriftsteller soll, zur Empörung des Obersten, an den Toten, an seinen Pfahl getreten sein, um die Einschüsse aus nächster Nähe zu betrachten. Helmut Behms Vater war wohl in seinem Gram nicht einverstanden mit dem Sohn, die Mutter Grete fuhr nach Frankreich, ob sich nicht ein Kind von ihm finde. Vergeblich. In leicht veränderter Schreibung trage ich den Namen dieses Mannes.

Erste Stunde des 1. Mai 1957. Die Lufthansa-Maschine ist auf ihrem ersten Flug Buenos Aires–Hamburg in Düsseldorf gelandet. Zum ersten Mal seit 18 Jahren betrete ich deutschen Boden. In der noch primitiven Halle des Flughafens geht ein ernst und vornehm aussehender jüngerer Herr auf mich zu. »Hellmut Freund?« Dietrich Behm. Er fuhr mich zum Parkhotel. Unser Gespräch in meinem Zimmer dauerte bis zur Morgendämmerung. Wir wurden nicht fertig. Und er ist nicht fertig geworden mit dem Schicksal des Bruders, nicht damit, dass ein »guter Bekannter«, von dem man Linderung erhoffte, im Tribunal sich am Urteil beteiligt hatte. Der Mann hatte nun eine hohe Stellung in der Wirtschaft. Es gelang Dietrich nicht, ihn zu treffen. Ursprünglich ein naturwissenschaftliches Talent, war er in eigenem Stil politischer Publizist, Journalist geworden, gründete ein Korrespondenzblatt ›Bonner Bericht‹, verkehrte, ein distinguierter Herr, in der Bonner Gesellschaft. Er hatte, mehrfach verheiratet, Familie, er lud mich ein in sein Haus in Oberwinter am Rheinhöhenweg. Die Freundschaft, die von der Kindheit meiner Mutter herrührte, erweiterte sich. Doch Dietrich Behm hat das Leben nicht mehr ertragen.

Auch ein anderes von den Eltern bestimmtes Geschehen fällt zweifellos in meine ersten Wochen. Ich kann mich dessen nicht entsinnen, des Ergebnisses durchaus. Von dem einschlägigen Akt ist vor meinen Ohren nie gesprochen worden. Und ich habe nicht danach gefragt. Meine Eltern waren religiös sehr liberal – Bezeichnungen wie assimiliert oder akkulturiert mag ich nicht –, am Judentum aber hielten sie fest. Ohne Beschneidung ist man nach der Überlieferung kein jüdischer Mann. In der Heiligen Schrift heißt es »Siegel in unserem Fleische«. Eine Besiegelung ist sie. Bekenntnis, in bösen Zeiten Gefährdung. Diesen anderen kleinen Unterschied habe ich erst bemerkt, als Vergleich nicht gesucht, aber gegeben war. Ich bot wenig Anlass aufzufallen; als ich im chlorreichen Hallenbad in der Baerwaldstraße schwimmen lernte, wurden ein paar Berliner Jungen auf dies Kennzeichen aufmerksam. »Ach, du bist Jude.« Dann Fragen, überraschend harmlos, ohne Gehässigkeit. »Ja, Matze (Mazzoth) ist ähnlich wie Knäckebrot.« Im israelisch-palästinensischen Konflikt hat dieses Merkmal keine Bedeutung.

Ich hatte das Gefühl, dass die Ordnung des Hauses und das Leben der Familie allgemein typisch waren, und habe mich später manchmal gewundert, wenn Mitschüler von anderen Lebensweisen und Verhältnissen erzählten und mir gar Einblick in sie gewährten. Ich bin zu Hause zur Welt gekommen an einem sehr heißen Tag, so dass ich den Temperaturunterschied wahrscheinlich gar nicht leidvoll empfunden habe beim ersten Auftritt, in der Wohnung meiner Eltern in der Wilhelmstraße 1 a nahe dem Belle-Alliance-Platz, heute Mehringplatz.

Was ist zuerst?

Ich glaube nicht, dass in der Literatur sich etwas mit den Aufzeichnungen vergleichen lässt, die Adalbert Stifter über seine frühesten Tage gemacht hat. Authentisch sind sie allemal, möge auch für Germanisten und Psychologen die Frage schwer zu beantworten sein, ob seine Erinnerung so weit in den Beginn seiner Existenz, ihrer ersten Sinneswahrnehmungen zurückreichte oder ob geniale Rückblende sie erdichten, erfinden konnte, Dichtung als Wahrheit: »Weit zurück in dem leeren Nichts ist etwas wie Wonne und Entzücken.«

Ich bin kein Dichter, meine Erinnerung beginnt etwa im vierten, fünften Lebensjahr. So ergeht es wohl den meisten.

Früheste Kindheitseindrücke: eine große Wohnung im 4. Stock, mit massiven Kachelöfen, mit einem Bad im Durchgang, Gründerzeitarchitektur. Da musste man durchlaufen, wenn man zur Küche wollte. Die Toilette war getrennt, hatte eine Glasscheibe, die mit Abziehbildern bedeckt war. Da war ein kleiner Vorraum, auf dem großen Fensterbrett stand ein Goldfischglas. Mein Vater bezog diese Fische aus einer Zoologischen Handlung, Zoologenhandlung sagte man damals, in der damaligen Königgrätzer Straße, später Stresemannstraße, Saarlandstraße usw. Und es wurde ihm wohl gar nicht genau gesagt, wie viel Sauerstoff sie brauchten. Ich habe zwar bei anderen Leuten alte Goldfische gesehen, die in einem Glas schwammen, ganz vergnügt ihre Kurven drehten, ohne irgendwelchen Sauerstoffzufluss oder irgendwelche Blätter, aber bei uns verhielt es sich anders.

Die Goldfische des kleinen Kindes, das ja noch gar nichts wissen sollte von Tod, das Wort Tod überhaupt nicht aussprechen durfte, verendeten ganz schnell. So kam es, dass mein Vater in aller Frühe in die ›Zoolog. Handlung‹ eilte, um einen möglichst ähnlichen zu holen. Ich sagte:»Der hat ja einen weißen Bauch, den hat er doch gestern noch gar nicht gehabt.« Darauf meine Mutter:»Das kommt vom vielen Schwimmen.«

Das Haus, die Wohnung hatte gewaltige Risse, man konnte vom Badezimmer aus Sonne, Mond und Sterne sehen. Dies, weil man die U-Bahn weitergelegt hatte, über den Belle-Alliance-

Platz hinaus bis Kreuzberg, bis nach Neu-Tempelhof, wohin wir dann im Jahr 1926 gezogen sind. Die Bahn hieß damals Nord-Süd-Bahn.

Ich sehe noch die Häuser gegenüber, einen nackt turnenden Grafen Moltke. Ich sehe die ersten Besorgungen an der Hand meiner Mutter. Sehe dann, wie man eine alte Fotografie kopierte, das erklärte mein Vater, indem man das Negativ ans Fenster heftete. Ich ging mit meiner Mutter in die Markthalle in der Lindenstraße, in der ja auch eine liberale Synagoge stand, ich ging zum Fleischer.

Wie man einen *Geruch* behält, das hat mir mein Vater schon erzählt, des Seegrases eingedenk, mit dem man früher Kutschenpolster füllte. Bei seinem Onkel auf einem großen Gut in Oberschlesien roch es so. Als er dann bei irgendeiner Gelegenheit Jahrzehnte später Seegras erschnupperte, hat ihn eine ganze Erinnerungs-Assoziationenkette gefesselt. Die jüngeren Leute heute wissen gar nicht, dass Deutschland damals nicht nur anders ausgesehen hat, das ist klar und in tausend Büchern, Fotografien, Filmen nachgewiesen. Es hat auch anders gerochen. Deutschland hat sowohl gestunken als auch geduftet. Heute ist das deutsche Leben, das großstädtische zumal, fast ganz geruchlos, abgepackt alles. Kein Lebensmittelgeschäft mehr, das besondere Gerüche ausströmt. Ich hätte früher mit verbundenen Augen in einen Laden geführt werden und »seine« Branche bestimmen können. Jeder Platz, jeder Laden hatte seine eigene Atmosphäre, eigenes Licht, eigenen Geruch, unkörperlich und vergänglich beides, schwindet es doch nicht aus der Erinnerung. Es rochen sogar die Konfektionsgeschäfte, nach Kampfer oder Mottenpulver, und die Stoffe strömten ja auch einen Geruch aus. Die Fleischereien hatten einen eigenen Geruch, die Krämerläden mit den offenen Fässern mit Heringen, mit Sauerkraut, mit Schmierseife, rochen ganz stark und gar nicht schlecht. Auch die Uhrmacher hatten ihren eigenen Geruch nach feinen Ölen. Vielfältig der Geruch der Bäckereien. Ich bin in Tempelhof zu der uns gegenüberliegenden Bäckerei gegangen mit den Kuchenblechen, die für geringe Pfennige in der Backstube, wie jede Bäckerei sie hatte, ausgebacken wurden. Gern und oft erzähle ich von der Bäckerei des Herrn Dr. Müller. Der Spiegel in der Tür war ohne Hintergrund, ein venezianischer Spiegel, man konnte von innen nach außen, was die meisten Ladenbesucher nicht wussten, die Figuren, Menschen, die ganze Einrichtung in einem unwirklichen oder magischen blauen Licht sehen. Dieses durchsichtige, blaue Bild zusammen mit dem warmen Kuchen und Semmelduft ist sinnliche Erinnerung.

Brot hat Wert und Bedeutung für mich seit früher Kindheit, Brot, wie es damals meist aus der Bäckerei in der Nachbarschaft kam. Frisch und warm oder von gestern, grau gewöhnlich, am liebsten »mehlbestreut«, vielleicht seitlich »angeschoben«: So war's in Berlin und in der Mark Brandenburg, in Bad Freienwalde an der Oder, bei Arndt oder seinem Nachfolger Dr. Müller, oder bei Zernicke an der Wriezener Chaussee, der die besten, die knusprigsten Schrippen buk. Ich holte sie, der Großvater blickte auf die goldene Taschenuhr, Geburtstagsgeschenk zu seinem Siebzigsten, und schickte mich los – vor dem Nachmittagskaffee. Fünfzig Pfennige kostete in meiner Kindheit ein Brot. Ich zahlte mit der gerade aufgekommenen kleinen Nickelmünze, deren ihr ähnelnde Nachfolgerinnen erst vom Euro verdrängt wurden. Eine Brotschneidemaschine gab es noch nicht im Freienwalder, auch nicht im Berliner Haushalt. Der Großvater schnitt das neue Brot mit dem Messer an. Manchmal quiekte es dabei. Das ganz Alltägliche wurde feierlich, immer sagte der Großvater leise einen Segensspruch. Und tat recht daran. Brot und Messer, seit den niederländischen Stilleben ein Bild, das Sinnbild, ein Sinnbild, das Bild ist. Es ist gar nicht so lange her, dass ein Bild aus der mittleren Schaffensperiode des Malers Fritz Klemm mit dieser Gegenstandszweiheit mich entzückte und ergriff.

»Die Seele vons Butterjeschäft«: Die Verkäuferinnen bei

14

Nordstern (einer Firma, deren jüdischer Inhaber Gusowski hieß) standen, ähnlich wohl wie die bei Gebrüder Manns und Gebrüder Groh, am Ladentisch, hinter sich eine Spiegelwand, vor der wiederum sich die Butterfässer reihten, gekühlt in einem Wassertrog. Die Fässer enthielten Butter in abgestufter Qualität: Von der dänischen zur ersten und zweiten deutschen Sorte – eine Butterhierarchie. Mit einer Kelle entnahmen die Mädchen die Butter nach Bestellung dem jeweiligen Fass, wogen sie ab, wobei unsereiner den Zeiger der Schnellwaage beobachtete – ein anderes Geschäft aber hatte noch Waagen mit messingnen Gewichten –, dann erst wurde die Butter in Fettpapier verpackt, aber nicht ohne dass zuvor die Verkäuferin – schwarzes Seidenkleidchen, weiße Schürze, weißes Stirnband – in den kleinen gelben Klumpen ein Muster modellierte, ein Röschen vielleicht, und damit einen mich rührenden Beweis menschlichen Schmuckbedürfnisses erbrachte. So bereitet Kunst sich vor.

Dies meine ersten Beobachtungen von Berufstätigkeit, von Arbeit.

Meine Mutter hatte einen Bruder, den sie sehr liebte und der offenbar von allen Menschen, die ihn kannten, geliebt wurde, Onkel Günter. Er starb vor seinem 30. Geburtstag an Lungenschwindsucht. Seine Schwester hat ihn besucht in einem Lungensanatorium im Harz; den ›Zauberberg‹ konnte sie nie zu Ende lesen. In seinen letzten Jahren wurde ich von ihm ferngehalten. Er hat darunter gelitten. Hans Keilson hat mir als einziger Nichtangehöriger von ihm erzählt, ihn mir beschrieben und damit mir ein neues, feines Bild von Günter Putzig geschenkt. Ich habe nur flüchtige Erinnerungen an ihn. Es sind meine frühesten. Die eine ist eine Szene, die andere ein Bild. Als sehr kleiner Junge bin ich auf der Straße hingefallen. Ich blutete etwas und plärrte. Es gab in Berlin am Straßenrand die kleinen Brunnen, Hydranten, mit denen man die Pferde tränkte. Einige haben sich noch erhalten. An einem solchen Brunnen hat Onkel

Günter, der meine Mutter begleitete, mich gewaschen und gekühlt.

Und dann sehe ich ihn noch einmal in unserem Wohnzimmer in der Wilhelmstraße auf einem alten Sessel, einem sogenannten Ritterstuhl, sitzen, der aus dem Nachlass des entlaufenen Erzherzogs Johann Orth stammte. Da saß er mit gekreuzten Beinen und aß ein Ei. So muss ich ihn gesehen haben, aber das Bild, wie er da sitzt, entspricht einer Fotografie mit den übergeschlagenen Beinen und dem alten grauen Anzug.

Ja, die Gänge mit der Mutter, wenn sie einholte. Das unendliche Staunen, dass sie einen 100-Mark-Schein hatte. »So reich sind wir?« In manchen Läden wurde schon mit den neuen Schnellwaagen statt der altertümlichen Schalen und Gewichte gewogen. Berko hieß eine Marke, und es klingelten Registrierkassen, Marke Dayton, Ohio oder Krupp. Was ich erst später feststellen konnte.

In den Sommern meiner Kindheit fuhren noch die Einspänner oder von zwei Pferden gezogenen Wagen verschiedener Firmen durch die Berliner Straßen, eine hieß, glaube ich, Mahling, welche die Eisblöcke, die Eiswürfel für die Kühlschränke transportierten.

Kleine Ausflüge. Das erste Fahren, sehr früh schon, nach Freienwalde, die Eisenbahn, die Bangnis in einer Winternacht, wenn Schnee fiel. Die Schaffner, die mit großen Taschenlampen über den Bahnsteig liefen. Frühes Straßenbahnfahren, der kleine Junge stand hinten auf dem Perron, guckte nach unten und sagte: »Die Erde rennt.« Ich sehe mich noch stehen und die Erde rennen.

Meine Mutter und ihre Mitschülerinnen, von denen viele dann in Berlin verheiratet waren, junge Frauen, trafen sich zu einem gemütlichen Kaffeeklatsch bei ›Kroll‹ im Tiergarten. Meine Mutter musste mich einen Moment loslassen, einige Damen sprachen mich an: »Du bist doch bestimmt der Junge von Julchen Putzig.« Den Kindern wurde eine Fahrt im Pony-Wägelchen geboten. Diese Tiergartenfahrt, nicht weit weg von Kroll und wohl auch nicht von längerer Dauer, war eine kleine erste Wonne, und es waren die kleinen frühen Zauber, die wie auch später fast alle Ausflüge an Spree und Havel ein Gefühl wachriefen für Natur, nicht die ursprüngliche zwar, es war schon domestizierte.

Wechsel der Moden: Ein Kind beachtet ihn wenig, oder jedenfalls ich habe ihn wenig beachtet. Von einem älteren Jungen aus Bad Freienwalde übernahm ich Jacken und Hosen, denen er entwachsen war, hatte selber auch einige gute Stücke. Mir gefiel der übrigens dazumal sehr verbreitete Matrosenanzug oder Kieler Anzug. Signalmaat war ich. Wie unschuldig militaristisch war man doch damals. Heute bin ich mir nicht sicher, ob ich mich zum Signalmaat eignete. Moden – einige Damen, die uns besuchten, waren sehr elegant, eleganter als meine Mutter es mochte, ich sehe noch hohe Pelzkragen und in den zwanziger Jahren erstaunlich kurze Röcke. Damals ließ meine Mutter sich einen Bubikopf schneiden, und der gefiel mir. Mein Vater kleidete sich korrekt, aber nicht phantasielos und auch nicht ganz ohne Eitelkeit, wechselte täglich den geschmackvollen Schlips. Lange trug er einen steifen, später erst einen halbsteifen Kragen, der – weiß man das noch? – dem Oberhemd aufgesetzt und mit einem kleinen messingnen Kragenknopf festgemacht wurde. Beim Frack war der dreieckige Kragen à la Stresemann obligatorisch. Der hatte sogar zwei Knöpfe. Es kostete einige Mühe, mit ihm klarzukommen. Richard Strauss hat als Dirigent ihn kurzerhand durch den normalen Umlegekragen ersetzt. Ich stand oder saß dabei, wenn mein Vater vor der Frisiertoilette sich vor dem Presseball oder einem anderen hochgesellschaftlichen Ereignis den Frack anzog und bei der Kragenprozedur fluchte. Der Kragen am Hemd setzte sich erst allmählich durch. Mir ist die Mühe erspart geblieben, ich habe nie einen losen Kragen gebraucht.

In meinen frühen Freienwalder Kindheitserinnerungen, in den dreißiger Jahren und seit 1960 erscheint immer wieder eine helle Gestalt. Niemanden kenne ich länger als Hans Keilson. Seine Eltern und meine Großeltern waren mit ihren kleinen Firmen verträgliche Konkurrenten in der Kreisstadt. Man traf sich an Feiertagen in der schönen biedermeierlichen Synagoge, dem Tempel. Man sah den blonden, blauäugigen Jungen mit seiner Schwester Hilde auf der sonnenbeschienenen Promenade. Daheim zeigte, erklärte er mir die Geige und spielte auf ihr. Seither entzückt mich selbst im bescheidensten Exemplar und auch ohne den Klang die Schönheit der Violine. Beim vergeblichen Versuch meiner körperlichen Ertüchtigung traf ich den Turn-, Sport- und Schwimmlehrer an der Berliner Jüdischen Gemeinde Hans Keilson im Jüdischen Waisenhaus in Berlin-Pankow. Er war schon Arzt, aber ohne Zulassung. Da hatte er 1933 mit vierundzwanzig Jahren schon als Romancier debütiert, der letzte neue jüdische Autor, den der S. Fischer Verlag noch präsentieren durfte. Der große Oskar Loerke hatte als Lektor den Roman ›Das Leben geht weiter‹ empfohlen und betreut. Und das Leben ging weiter, unter schlimmsten Umständen. Holland, Einbruch des Schreckens. Die Eltern werden deportiert und ermordet. Freiheitskampf, immer im Untergrund, endlich Befreiung. Das Leid ist nicht mehr abzustreifen. Doch es soll nun wirklich aufgearbeitet werden, in wissenschaftlicher Menschlichkeit. Literarisch auch. So entstehen die Novelle ›Komödie in Moll‹ und später der Roman ›Der Tod des Widersachers‹, die Erzählung ›Dissonanzenquartett‹. Immer wieder werden Vater und Mutter berufen, spricht der Psychoanalytiker und spielt der Musiker. Ein Lyrikband ›Sprachwurzellos‹ bezeugt das ganz eigene und das ganz gemeinsame Schicksal. Ein schönes Gedicht ist mir gewidmet. Das wissenschaftliche Hauptwerk, Summe unermüdlicher Hilfeleistung, Untersuchung und Forschung, trägt den Titel ›Sequentielle Traumatisierung bei Kindern. Eine deskriptiv-klinische und quantifizierend-statistische follow-up-Untersuchung

zum Schicksal der jüdischen Kriegswaisen in den Niederlanden‹.
Die einzelnen registrierten, gedeuteten Schicksale sind im
Grund kristallisierte Miniaturromane. Ein Sammelband von Essays, Vorträgen und Aufsätzen 1936–1996 trägt den bezeichnenden Titel ›Wohin die Sprache nicht reicht‹. Nun ist er Deutscher, Holländer, Jude, und Hans Keilson, gefragt im noblen
Sinn, hält vielerorts Vorträge, war Gastprofessor auf dem Franz-
Rosenzweig-Lehrstuhl in Kassel. Ich hoffe auf seine Autobiographie. Dass die beiden Romane und ›Komödie in Moll‹ im
Fischer Taschenbuch Verlag zu finden sind, ist indessen das Verdienst des Kollegen Dr. Ulrich Walberer.

Nach Ostern 1926 die Einschulung in die 44. Volksschule in der
Kochstraße. Ich bekam zwei Schultüten. Die Klasse bestand aus
50 Kindern, Walter Schmidt war der Lehrer. Die Schule war
hässlich und schmutzig. Ein Ziegelbau. Gepflegt war der Lehrer,
um dessentwillen ich, als wir nach Tempelhof gezogen waren,
mich einer Umschulung verweigerte. Walter Schmidt ist mir
unvergesslich, noch heute bin ich ihm dankbar. Er war ein kleiner, bürgerlich angezogener Mann, der übrigens eine der kostbarsten Taschenuhren besaß, die ich je in privatem Gebrauch gesehen habe. Unter anderem gebrauchte er sie, um unsere kleinen
Wettläufe auf dem Schulhof zu stoppen. Er führte uns aber auch
vor, wie sie wohlklingend repetierte. Er kümmerte sich um mich,
half mir bei Ungeschicklichkeiten, es gab einen freundlichen
Verkehr zwischen den Familien. Er wohnte in der Fuldastraße 14
in Berlin-Neukölln. Ein tüchtiger Pädagoge, der allen Fächern
gerecht wurde.

Die Schüler stammten aus allen sozialen Klassen und politischen Richtungen, von Kommunisten, Arbeitersöhnen bis zu
Deutschnationalen. Wie das damals so üblich war. Es fiel mir
nicht leicht, mich mit den Mitschülern einzulassen. Freundschaften gab es zunächst kaum. Ich bin nach Hause gegangen,
wenn der Unterricht zu Ende war, alleine.

Das Erste und Wichtigste, was man auf der Schule zu lernen hatte, war Lesen und Schreiben. Schließlich war man ABC-Schütze. Ich glaube, ich habe noch eine kleine Schiefertafel mit Griffel und Schwamm zu meinem Antritt mitbekommen. Ich habe sie nie gebraucht. Wir fingen in der untersten Klasse schon mit einem Heft und einem Bleistift an. Und es war nicht das kleine deutsche ›i‹, das meine Mutter zuerst hatte schreiben müssen und mir im Voraus zeigte: »Rauf runter rauf – Pünktchen oben drauf.« Wir begannen mit Großbuchstaben. Das erste Diktat: »Wir lernen in der Schle« – das ›u‹ ließ ich aus. Gelernt habe ich aber. Und rasch, wenn auch gar nicht schön, mit dem weiß-, dann lieber mit dem rotstieligen Federhalter, der in das schlammhaltige Tintenfaß im Pult möglichst rhythmisch einzutauchen war, die deutsche Schrift, die Kurrentschrift. Nicht die Sütterlin. Sie wird heute häufig mit der üblichen alten deutschen Schrift im Gegensatz zur nun gebräuchlichen lateinischen verwechselt. Die Sütterlin war eine von einem Grafiker dieses Namens entwickelte Schrift, die erst nach 1918 allmählich eingeführt wurde, mit anderer Federführung als die alte. Ich glaube, die Lehrer konnten sich für ihren Unterricht die Schriftart wählen. Die Nebenklasse schrieb in der Tat Sütterlin. Wann und wie die lateinische Schrift uns beigebracht wurde, weiß ich nicht mehr. Auf dem Gymnasium wurde sie natürlich für die Fremdsprachen benötigt; von der Untertertia an übten wir uns auch in der griechischen Schrift. In der hebräischen, die der jüdische Religionsunterricht forderte und die interessierte christliche Oberstufenschüler bis zum Verbot durch das NS-Regime von Dr. Liederwald lernen konnten, habe ich es nicht weit gebracht. Die deutsche Kurrentschrift legte ich erst in Uruguay ab. Die Fraktur in älteren deutschen Büchern ist mir selbstverständlich so geläufig wie die Antiqua. Sie hat für mich nichts Deutschtümelndes. In einigen Schriftarten konnte ich allerdings als Kind nur mühsam das lange ›s‹ und das ›f‹ unterscheiden. Die Brunst und die Brunft.

Spielgefährten, gar Freunde, habe ich zunächst nicht gesucht. Ich traf mich oft mit zwei Vettern, Heinz und Werner Kindermann, Söhnen der Schwester meines Vaters, Heinz viel, Werner ein Jahr älter als ich. Die Brüder spielten von früh an ein Spiel miteinander, das sie gut und gern hätten professionell betreiben können: Reisebüro. Ich glaube, sie kannten alle Zug- und Schiffsverbindungen der Welt. Heinz, gemütlich von Natur, machte noch das Abitur, Werner, schlank und fix, musste früh von der Schule abgehen. Kein Reisebüro stellte sie ein, geschäftlicher Misserfolg des frommen und opernfreudigen Vaters Max Kindermann hatte schon die Familie verarmen lassen, dabei konnte es noch gemütlich sein in der großen Altbauwohnung an der Friedrichstraße. Der Onkel starb noch eines halb natürlichen Todes in Berlin. Spuren von Tante Edith, der Gutherzigen und Lebhaften mit den großen braunen Augen, und ihrer Söhne verlieren sich in Kowno.

Die Freundschaft mit Tante Connis nach dem frühen Tod ihres Mannes geborenem Sohn Hans-Hermann, der zwei Jahre weniger einen Tag jünger ist als ich, dauert nun über achtzig Jahre. Unsere Anlagen und Wege sind ganz verschieden, er war als Fachmann für Gartenbau – auch lehrend – in Hessen tätig. Kinder und Enkel sind ihm gediehen. Das Haus mit den schönen alten Möbeln in Kassel-Helleböhn vertauscht er oft mit dem Wohnwagen und durchfährt deutsche Landschaften und Städte. Altersglück ist gewährt.

Das Verhältnis zwischen Volksschullehrern und Studienräten war gespannt. Wir haben in der Volksschule nicht wenig geleistet. Die Volksschullehrer, die damals noch nicht von der Hochschule kamen, sondern aus dem Seminar und auch ein bisschen Geige spielen mussten, legten großen Wert darauf, dass wir in Grammatik, Sprachlehre und dergleichen sehr wohl vorbereitet zum Gymnasium kamen. Dort hieß plötzlich der Satzgegenstand Subjekt, aber ich wusste etwas mehr, als mein erster Klassenlehrer, Studienrat Hans Lops, von uns verlangte.

Die Schulzeit war ja ein großer Teil des Lebensinhalts. Was mir überaus lehrreich scheint, was ich immer wieder jungen Leuten erzähle und was sich ganz unterscheidet von dem Sprachunterricht, den mein Vater am Kaiser-Friedrich-Gymnasium in Berlin gehabt hat, war, dass die Altphilologen viel moderner und viel sprechkundiger waren. Wir haben zunächst Grammatik gelernt, dann kam der erste lateinische Satz: »Rosa spinas habet.« Die Rose hat Dornen. Sehr schön. Da hat, was meines Vaters Lehrer nicht getan haben, Hans Lops gesagt, ihr dürft nicht Rosa sagen, sondern die Lateiner sprachen das R scharf, versucht es mal zu rollen, »rrroßa«. Eine Grundlehre. Seit dem Moment wussten wir, dass man eine andere Sprache anders aussprechen muss. Die viel sichereren, der alten Autoren viel kundigeren Schüler der Generation zuvor hatten »Rosa schpinas habet« gesagt. Ich war elf Jahre alt. Seitdem weiß ich, dass eine fremde Sprache auch eigene Aussprache, eigene Betonung und eigenen Klang bedingt.

Ich denke, Ängste, Blamagen, Unzulänglichkeiten, Willkür auch und Ungerechtigkeiten verdrängend, gern an meine Schulzeit zurück. Mir war Schule wichtig. Schule ist immer wichtig: nie ohne Bedeutung für Kindheit und Adoleszenz, sogar fürs ganze Leben, auch und gerade, wenn sie nur negativ gewirkt hat, man unter ihr litt oder zumindest sich langweilte. Schulstreiche gab es und gibt es in Hülle und Fülle, wie viel sich auch geändert haben mag seit meiner Gymnasialzeit oder der meines Vaters unter dem Schulleiter Ernst Voigt. Der wurde, an anderer Stelle berichte ich davon, von seinen Schülern, wohlgemerkt auch den ehemaligen, verehrt und geliebt wie damals von den Germanistik-Studenten Erich Schmidt. Hat es sich nicht bei mir mit dem so oft genannten Fritz Busch ähnlich verhalten? Junge Leute mögen sagen, was sie wollen: Der Mensch braucht Meister. Wohl dem, der verehren kann. Der Verehrte muss natürlich der Richtige sein. Glücklich, wer in der Schule, fragwürdig wie sie sein mag, auf einen wirklichen Lehrer trifft. Grade dieser wird Strebertum nicht honorieren, junge Gemeinschaften nicht behindern. Bei der ersten Lektüre der ›Buddenbrooks‹ erschreckte mich der hassende Blick auf die Schule.

Ich habe früh und leicht gelesen, im Schriftlichen fiel mir nichts schwer, außer der Schrift, ich meine die Handschrift. Ungeschickt, wie ich sonst war und aus Trägheit geblieben bin, hielt ich Bücher immer schonend und richtig wie ein alterfahrener Leser. Frühreif als ausgesprochenes literarisches Talent bin ich nicht gewesen. Ohne viel zu verstehen, las ich eifrig Zeitung, das Berichtete interessierte mich weniger als der Bericht. Ich wollte ja Journalist werden. Mindestens so wie die Schriftsteller zogen mich die Redakteure, die Reporter und Korrespondenten an, die Leitartikler, die Kritiker, ich achtete auf ihre Namen und ihre Signen, die ich mühelos auflöste. Nicht nur die aktuellen. In einer Publikation der Hofmannsthal-Gesellschaft war ein Musikkritiker H. N. des jungen ›Berliner Tageblatts‹ nicht identifiziert. Ich hätte Heinrich Neumann nennen können, der vor den prominenten Leopold Schmidt und Alfred Einstein am BT gewirkt hatte, dann Fach und Richtung wechselte, bei Scherl tätig war, bis er in hohem Alter kurze Kritiken der Musik im Rundfunk schrieb. Er erzählte von der Berliner Zeit und Kultur vor und um 1900. Wir waren Nachbarn gewesen in Tempelhof, bis seine viel jüngere, schöne Frau Maria, Tochter eines Bildhauers Drischler, ihm eine feine helle Villa, mit Geschmack und Sinn für Kunstgewerbe, in Frohnau errichtete und einrichtete.

Frohnau war ein reizender Vorort, ganz in der Nähe hatte Oskar Loerke sein Haus, ich wusste noch nicht, wer er, der Große, und wo es war. Es war angenehm, auf der Terrasse am Kaffeetisch zu sitzen und sich aus einer ungemein schönen messingnen Kanne einschenken zu lassen – nach 65 Jahren erscheint sie mir wieder. Es war angenehm, im Arbeitszimmer des alten Herrn zu sitzen, das erfüllt war vom Duft des Pfeifentabaks. Der Pegel in der großen Tintenflasche senkte sich von Mal zu Mal.

Ab und zu wurde der Volksempfänger eingeschaltet: ›La Traviata‹. Violetta sang und hustete. Dann aber empfing uns Heinrich Neumann bettlägerig und weißbärtig. Und bald fuhren mein Vater und ich zum Krematorium in der Seestraße. Heinrich Neumann, christlich getauft, muss unter seiner jüdischen Herkunft gelitten haben. Dem Pastor muss sie peinlich gewesen sein. Er vereitelte jede Feierlichkeit, redete entsetzlich schnell, als wolle er zwei Wörter auf einmal sprechen. In der Bank hinter uns flüsterte der Freund Julius Mossner – »'nen nassen Lappen ins Gesicht!«.

Beredt äußerte Professor Emil Dovifat, mutiger und packender rheinischer Rhetor, Direktor des Instituts für Zeitungswissenschaft, seinen Protest. (Heute heißt die Disziplin Publizistik.) Es sei eine Schande, dass der Verlag Scherl keine Notiz von der Trauerfeier für Heinrich Neumann genommen habe. Er werde einen Brief schreiben. Dovifat, von Hause aus Journalist, hochgewachsen, hinkend infolge einer Kriegsverletzung, war schon, nicht zuletzt als Leiter der Berliner Katholischen Aktion, Kampf gewohnt, er führte ihn mit List und Leidenschaft. Eine Persönlichkeit, vielen verbunden. Er kam zu uns, ich bin Dovifat wiederbegegnet, hörte in der Dahlemer Universität eine Vorlesung von ihm, die ein freier Vortrag war über griechische Rhetorik, und zuletzt kam er in die Buchhandlung Meurer zur Präsentation des Buches ›Mit Kommentar‹ von Karl Silex. Er redete und nannte dabei auch Vater und Sohn Freund.

Der Sohn war vom Vater nur ganz selten in die Redaktion der ›Deutschen Allgemeinen Zeitung‹ (›DAZ‹) mitgenommen worden, er schnupperte den Geruch vom Blei der Setzerei und altem ledernen Sessel. Noch war die Beziehung zur Presse platonisch und einseitig obendrein. Von Anfang an achtete ich bei Zeitung, Zeitschrift und Buch aufs Impressum und unterrichtete mich so über Personen und Positionen im publizistischen Bereich, die Namen und Standorte der Verlage, achtete auf Übersetzer und fragte mich, da ich noch keinen Fachmann fragen konnte, wie er, der Übersetzer, denn wohl arbeite. Ich kam hinter Pseudonyme, konnte bald Anagramme auflösen und bedurfte Mitte der dreißiger Jahre nicht des bösen, stets Schlimmes ankündigenden ›Schwarzen Korps‹, um den Claudius- und Stifter-Biographen Urban Roedl als Bruno Adler zu identifizieren.

Zeitungslektüre: Als Journalistenkind las ich Kritiken früher, als ich das Wesentliche selber wahrnahm. Das war buchstäblich un-praktisch. Von der Musikkritik, aber auch der literarischen, nahm ich Belehrungen an. Wenn Bruno E. Werner Ausstellungen besprach, gewann ich noch nicht den Zugang zu den neuen Bildern, aber eine Ahnung, worauf es ankommt. Journalistisches Handwerk wurde mir vertraut, bevor ich es ausübte. Kritik war mir wichtig. Ich überschätzte und überschätze sie nicht. Selten nur kann sie originär sein, sie reagiert auf Vorgegebenes. Sie kann es treffen; übertreffen kaum.

Als jugendlicher auf das Feuilleton der ›DAZ‹ fixierter Leser war ich natürlich einseitig. Ich leugne nicht, von Paul Fechter beeinflusst gewesen zu sein, dessen Tagesarbeit lebendig wirkte, dessen ›Dichtung der Deutschen‹, erschienen 1932 in der Deutschen Buchgemeinschaft und lektoriert von Julius Bab, mich lange fesselte, ohne dass ich an einer gewissen Deutschtümelei und der Forderung »Dichtung aus dem Ganzen für das Ganze«, die im Grunde auf Schillers Unterscheidung von naiver und sentimentalischer Dichtung zurückgriff, Anstoß nahm. Die in seinem Tagebuch bekundete lautere Empörung von Oskar Loerke, übrigens auch von Ina und Heinrich Wolfgang Seidel, beschämt. Loerke war gerecht, empfindlich und hellsichtig. Julius Levin, wie Fechter aus Elbing stammend, suchte zwischen ihm und dem Westpreußen Loerke, er war mit beiden befreundet, zu vermitteln. Loerke, der Gütige, blieb unversöhnlich. Ich muss mich mahnen: Julius Levins ist noch zu gedenken.

Ich konnte namhafte Journalisten in Fleisch und Blut und sogar in Kollegialität und Eintracht kennenlernen, an unvergesslich festlichem Datum.

War die Adventszeit ohnehin schon stimmungs- und verheißungsvoll, in den Stiefeln staken an jedem Adventssonntagmorgen kleine Geschenke, so war der vierte Advent für Journalistenkinder, ob christlich, jüdisch oder religionslos, ein unvergleichlicher Glücks- und Feiertag. Es war die Weihnachtsfeier, die Kinderbescherung des Vereins Berliner Presse im Reichstag. Ich weiß nicht mehr wo, an welchem Eingang oder Vorraum die Kinder sich versammelten. Mein Vater nahm sie, das war Brauch, in seine Obhut, führte sie über Treppen, mit Absätzen, mit Pausen, in die Wandelhalle. Er beruhigte und ermunterte die Ungeduldigen mit herzhaften Sprüchen und läutete dazu die große Handglocke, die der hochverdiente Reichstagspräsident Paul Löbe ihm geliehen hatte und die er, mein Vater, hinterher wieder auf den Präsidententisch stellen musste. Endlich war der weite runde Raum erreicht. Zwei sehr hohe Tannen standen in der Mitte, nur mit Lametta behängt. Es leuchteten die elektrischen Kerzen, die Herr Frotscher, unser alter Installateur, angebracht hatte. Knecht Ruprecht oder der Weihnachtsmann erschien, es war Wallauer, der Präsident der Bühnengenossenschaft, später dann ein beschäftigungsloser, braver knollennäsiger Schauspieler namens Nothmann. Er sagte das Gedicht auf, das hinten auf seinen Sack geklebt (er musste es doch nicht auswendig lernen) und von meinem Vater verfasst war. Er mahnte die Kinder, die wohl nicht sehr erschraken, und schüttete die Nüsse aus dem Sack. Musik durfte nicht fehlen. Zwischendurch trug etwa – waren die Kinder da noch aufmerksam? – eine Gesang pflegende Dame die Weihnachtslieder von Peter Cornelius vor. Sie hatte nach dem Nachmittagskaffee bei uns zu Hause mit meinem Vater geübt: »Schenk ihm dein Herz.« Und dann ging es an die Bescherung. Im Rund der Halle waren Tischchen für jedes zu beschenkende Kind aufgestellt. Die Gaben, wohlüberlegt von den Damen der Festausschussmitglieder, so auch mit Ernst und Freude von meiner Mutter, waren individuell auf jedes Kind abgestimmt, Bedürftigkeit wurde ganz diskret beachtet. Es gab keinen Neid. Gut war die Stimmung. Die Eltern, die Kollegen begrüßten einander unbeschwert und einträchtig. Von den Sozialdemokraten bis zu den Deutschnationalen – die Extremen, Kommunisten also und Nazis, Redakteure der ›Roten Fahne‹, des ›Völkischen Beobachters‹ und des ›Angriffs‹, waren ausgeschlossen –, Rührung war allen gemein. Bei dieser Gelegenheit habe ich vielen bekannten Journalisten meinen Diener gemacht und ihre Erscheinung mir eingeprägt. Neben mir stand der Kunsthistoriker und -kritiker, Feuilletonredakteur Max Osborn, kleinwüchsig mit dem Gesicht eines Riesen, über das Tränen liefen. Es spielte die beliebte, tüchtige, groß besetzte Unterhaltungskapelle Otto Kermbach. Kermbach, dem ich vorgestellt wurde, – war er nicht klein, mit spärlichem blonden Haar? – leitete sie als Stehgeiger. Kein Jude übrigens. Die Geschenke wurden eingepackt, der kleine nickelne Wecker Marke Perkeo hat mir jahrzehntelang treue Dienste geleistet. Nun ruht er in einer Schublade. Es gab Kaffee oder lieber Schokolade im Reichstags-Restaurant. 1932 für uns das letzte Mal. Ich wurde in jenem Jahr nicht mehr beschert, zwölf Jahre waren die Altersgrenze. Aber ich wollte zusehen und zuhören, und meine Eltern waren ja in lieber Pflicht. Schokolade und Kuchen also, wir saßen am Tisch mit dem Ehepaar Roeseler. Der blonde gelehrte Dr. Hans Roeseler war Chef des Breslauer Senders gewesen und nun Direktor des Propyläen-Verlags. Sein soeben bescherter Sohn Albrecht wurde viel später nach einem Anfang beim Musikverlag Sikorski Lektor, auch Übersetzer bei Piper, Feuilletonchef der ›Süddeutschen Zeitung‹ und Autor eines umfassenden Buches über Geigen und Geiger. Er ist früh verstorben, sein Vater in böser Zeit verschollen. Unser Tisch stand nah am Podium, es sangen und spielten die Fratellini-Brüderchen, Musikalclowns im Habitus ihres Berufs. Der eine von ihnen hatte einen prächtigen buntschillernden Erpel auf dem Schoß. Das Ensemble musizierte ganz exakt. War es ein populärer Walzer? Jedenfalls antwortete dem beschwingten ta-ta-ta-

taa ein präzises und ausdrucksvolles wak-wak-wak des Enterichs. Bravo! Leider sah ich, wie der Clown zum wak-wak-wak den Enterich in den Bürzel kniff. Ein Virtuose.

Im Sommer 1926 zogen wir nach Neu-Tempelhof. Entstieg man der U-Bahn, damals hieß die Station Kreuzberg, später Flughafen, so war es das erste Haus links, Hohenzollernkorso 70. Als unsere Adresse Manfred-von-Richthofen-Straße 9 lautete, waren wir keineswegs umgezogen, nur unsere Straße umbenannt und umnumeriert. Dieser ganze Teil von Tempelhof war nun nach Fliegerhelden des Ersten Weltkriegs benannt worden. Ein Bauunternehmer namens Haberland hatte die kleine Häusergruppe an dieser Straße, am Kaiserkorso, am Schulenburgring mit ziemlich großen gutbürgerlichen Mietshäusern errichten lassen. So hatten meine Eltern endlich die Heimstatt, die sie sich lange schon gewünscht hatten. Der Vorgänger als Mieter war ein Journalist und Verleger, den mein Vater kannte und der einmal aus »unserer« ›Deutschen Allgemeinen Zeitung‹ eine deutsche ›Times‹ hatte machen wollen: Otto Stollberg. Komfort der Zeit kurz vor dem Krieg. Der Eingang marmorgetäfelt. Dahinter der Schindler-Fahrstuhl, seine Gittertür mit einem Schlüssel zu öffnen – mindestens vier Schlüssel brauchte man, um in seine Wohnung zu gelangen –, nur mit dem Schlüssel hatte man den Aufzug holen können. Man schob seine gläserne zweiflügelige Tür auseinander. An beiden Seiten hatte er einen Spiegel, eine Spiegelflucht tat sich auf.

Eine 6-Zimmer-Wohnung, bequem, mit Zentralheizung, die dem kleinen Jungen neu war, mit reichlichem Nebengelass, protzig nicht. Angenehm schon der Eintritt in eine geräumige Diele, von der aus man Türen zu mehreren Zimmern, die zu der vorderen Toilette inbegriffen, öffnete. Vier Zimmer, drei davon verbunden, nach vorne, zwei an der Hinterfront, als größtes das Esszimmer. Eine zweiteilige Schiebetür, wie sie mir typisch berlinisch scheint und ich sie noch heute bei Freunden in der Wie-

landstraße sehen kann, sorgte für Trennung von dem Herrenzimmer, beide mit der zur Eheschließung 1914 erworbenen Einrichtung: schwere dunkelbraune Möbel mit Schnitzerei und
Verzierungen, geliefert und wohl auch entworfen und gefertigt
von einer Firma, die sich Società Italiana nannte und zwei kunst-
kundigen rotbärtigen Vettern Pulvermacher gehörte, mit denen
mein Vater bekannt und irgendwie versippt war. Im Esszimmer
der ausgezogen sehr lange Tisch, an dem häufig zahlreiche Stühle, zahlreiche Gäste Platz fanden. Ein kolossales, aber nicht
plumpes Büffet. Im unteren mit anderem Holz quasi gefütterten
Teil das Silber, oben, hinter Glas das Porzellan und das Kristall.
Darunter die vielen bunten Römer. Die Stühle mit messingnen
Nägeln und herausnehmbaren ledernen Sitzflächen. Hans-Hermann und ich haben damit vergnügt gespielt, einmal vergessen,
die Sitzfläche wieder einzusetzen. Tante Conni fiel im Wortsinn
durch. Die hohe sonor und selbstreguliert schlagende Standuhr,
mit zwei schweren Gewichten an Ketten, die das Verbum *auf-
ziehen* erklärten, war Hochzeitsgeschenk von Schwester und
Schwager des Bräutigams. Das Gehäuse wurde von Pulverma-
chers dem Mobiliar angepasst. Sie war es, an der mein Großvater früh mich lesen lehrte, wie spät es war. Immer ist es spät, nie
fragt man, wie früh es ist. Nebenan dann gleichen Stils, das Herrenzimmer. So hieß es wirklich und war üblich. Man nahm keinen Anstoß an der Bezeichnung, zumal die Damen es mit den
Herren selbstverständlich teilten. (Frauenzimmer war etwas
ganz anderes.) Beherrschend in diesem Raum war der sogenannte Umbau, ein Ecksofa mit Bord. Im linken Flügel ein
Schränkchen, in dem mein Vater Sächelchen aufbewahrte, die er
manchmal sonntags dem kleinen Sohn zum Gefallen hervorhol-
te, allerlei Andenken, auch vom Kriege. Sein Schreibtisch. Der
Bücherschrank, wohlgemerkt Schrank, abschließbar, mit facettiertem Glas. Für die Bücher, die mit den Jahren herangespült
wurden, reichte sein Fassungsvermögen nicht mehr aus, allmählich wuchsen Regale nach, bar jeder Schreinerkunst, bis

zum heutigen Wirrwarr in meiner Wohnung. Ein dunkelbrauner Rollschrank störte nicht das Bild und war meinem Vater unentbehrlich. Er steht noch bei mir, seit dem 13. Februar 1971, meines Vaters Todestag, wurde er nicht aufgeschlossen. Das muss ich nun endlich tun, schon um Erinnerungen zu überprüfen und zu ergänzen. Der niedrige Rauchtisch mit seiner geriffelten Metallplatte und seinem gläsernen Corpus gehörte durchaus zum Herrenzimmer, gefüllt mit Zigarrenkisten und Zigarettenschachteln: Einem Gast musste man ja Rauchbares zur Auswahl anbieten. Vater und Großvater rauchten Zigarren mit Maß. Das trifft auf die Menge wie auf den Preis des Gerauchten zu. Bei aller Vertrautheit des Zusammenlebens rauchten sie aber nicht etwa dieselbe Marke. Sie bezichtigten einander gegenseitig, Stroh zu rauchen. Ich fürchte, sie hatten beide Recht. Sie folgten einem allgemeinen Brauch. Man stellt sich heute, eine Zigarettenpackung aus dem Automaten ziehend, kaum noch vor, wie differenziert das Zigarrenrauchen einst war, wie viele Tabakläden mit offensichtlich ausreichender Kundschaft es gab. Sie führten die verschiedensten Sorten und Größen. Eine Kiste wurde geöffnet und ihr eine Zigarre zur Probe entnommen, die pedantisch beschnüffelt und angeraucht wurde. Eine kleine Gasflamme brannte dauernd auf dem Ladentisch, ewiges Licht des Tabakhandels. Ein leichter Zigarrenduft ließ sich in den Vorderzimmern unserer Wohnung wohl spüren, nicht in den Hinterzimmern. Über das dritte und das vierte Vorderzimmer ist später zu berichten. Ich entsinne mich kaum ihrer anfänglichen Einrichtung, um so deutlicher aber der zwei parallel zu den vorderen Räumen gelegenen Hinterzimmer. Ein langer Korridor mit eingebauten Schränken lag dazwischen. Er führte zur weiten, lichten Küche mit großem Gasherd und großem Kohlenherd. Daneben die immer volle Speisekammer. Ein großer Kühlschrank war eingebaut. Schön war das Bad mit seinen gekachelten Wänden, dem rötlichen gefliesten Fußboden und der elegant eingebauten Wanne. Es gab warmes Wasser aus der Leitung, eines Badeofens bedurfte es, wenn ich mich recht entsinne, nicht. Beschreiben muss ich wohl die zwei Gemächer, durch deren Fenster man auf den Hof und die Hinterfront zweier Häuser in der Parallelstraße blickte: das Schlafzimmer meiner Eltern und das Kinder- oder Kindzimmer. Das Schlafzimmer war ganz licht, aus hellem poliertem Kirschbaumholz seine Möbel, einfach die Ehebetten, doch mit einer Rückwand, in die ein grünes Rechteck mit einem schwarzen Andreaskreuz eingelassen war, an der Seite eines jeden Bettes ein Nachttisch mit kleinem verglastem Aufsatz. Ein großer, breiter, nie leerer Wäscheschrank mit mächtigem facettiertem Spiegel. Die Frisiertoilette mit drei »schwenkbaren« Spiegeln, die Waschtoilette, gedeckt von einer grauen, weißgesprenkelten Marmorplatte. Noch heute sind diese Möbel, wenn auch nicht als vollständiges Ensemble, bei mir. Ich schlafe in dem Bett, in dem ich geboren bin. Das ist gar nicht sentimental. Nur praktisch.

Das meine war zunächst noch ein Kinderzimmer. Ein Schleiflack-Bett, nicht mehr mit einem Gitter, das Nähter-Schreibpult wurde, ich weiß nicht mehr wann, durch meiner Mutter zierlichen zweigeschossigen Schreibtisch ersetzt. Wie war mein erster Schrank? Ich entsinne mich seiner nicht. Viel Spielzeug hat er nicht geborgen, denn ich brauchte, gebrauchte wenig davon. Sah es mir bei anderen an, ohne selber damit zu spielen. Gespielt habe ich in der Phantasie. Und erst recht, als ich zu lesen begann. Als ich älter wurde, bekam ich den schönen biedermeierlichen Birkenschrank aus urgroßelterlichem Besitz. Ein paar Portraits an der Wand: von meinem Lehrer Walter Schmidt, ja, und von Lessing, dessen Gesicht, oft betrachtet im Jubiläumsjahr 1929, mir so gefiel. Das hat sich nicht geändert.

Typisch für damalige Berliner Wohnungen und natürlich klimabedingt: Die Zimmer hatten Doppelfenster, zwischen dem äußeren und dem inneren Fenster war Platz genug für die Reihe der Hyazinthengläser mit ihrer breiten Krause und ihren bunten spitzen Hütchen. Ich sah der Entwicklung zu: Aus den dicken Zwiebeln sprossen die feinen Wurzeln und senkten sich allmählich ins Wasser der gläsernen Vase, weiße Fäden, zum Verwechseln ähnlich den dünnen Nudeln in der Rinder- oder Hühnerbrühe. Dann ging den Hyazinthen der Hut hoch, es keimten und wuchsen die Blätter und entfalteten sich die Blüten, weiß oder rosa und duftend.

Das dritte und vierte Vorderzimmer wurde vollständig und passend erst 1930 möbliert. Einige Jahre zuvor hatte mein Großvater sein bescheidenes und ihn kaum je befriedigendes Geschäft mitsamt dem soliden Haus in der Freienwalder Königsstraße aufgegeben, war nicht mehr Kaufmann, sondern »Rentier«. Die Großeltern zogen zunächst in die hübsche, bergauf steigende Hagenstraße in eine gleichfalls hübsche Wohnung in dem villenähnlichen Haus des erfolgreichen Kaufhausbesitzers Radzewski, der sich der Freienwalder Konkurrenz als überlegen erwiesen hatte. Zwischen den Familien bestanden freundliche Beziehungen, der Sohn Gert, einige Jahre älter als ich und wohl ein bisschen schwierig, war öfters Logiergast bei uns in Tempelhof, damit er Unterhaltsames und Belehrendes in Berlin erfahre. Die Tochter Uschi war meine erste Liebe. Wenn man das so nennen darf. Ich war ein sehr kleiner Junge, und sie war ein noch viel kleineres Kind – so klein, dass ich zusehen durfte, als sie gebadet wurde, und dabei erste Kenntnis nahm vom noch sehr kleinen kleinen Unterschied. Der Vater, der in seiner Firma und im Privaten eine unprovinzielle Eleganz pflegte, hatte eine sarkastisch-witzige Frau, die im ›Comptoir‹ dieses Kaufhauses Rautenberg arbeitete und mich aus scharfen Kneifergläsern wohlwollend ansah. Sie war, und das spürte man in jedem Augenblick, leidend, ihr Asthma trotz vielen Bemühungen nicht zu kurieren. Sie ist ihm 1938 erlegen.

Ja, es war hübsch in meiner Großeltern letzten Freienwalder Jahren, hübsch der Blick aus Hinterzimmern und Küche auf den Berg mit dem Bismarckturm. Noch wurden in der biedermeierlichen Synagoge Gottesdienste abgehalten. Aber es zog Oma und Opa zu den »Kindern«, meinen Eltern also und mir. Sie verbrachten längere Zeit bei uns in Berlin als bei sich zu Hause. Da schlug mein Vater, ein vorbildlicher Schwiegersohn, vor, sie sollten zu uns ziehen. So geschah es. Die Familie war vereint und blieb es bis zu meiner Großeltern Ende im Exil, jene beiden Vorderzimmer waren nun nach scheinbar dauerhafter Bestimmung eingerichtet: Salon und Schlafzimmer, Bad Freienwalde an der Oder, 1888. Der Salon hatte rötlich plüschige Sitzmöbel, einen wackeligen ovalen Tisch und meines Großvaters hohen Bücherschrank mit vorgebauter Sitztruhe. Sein Inhalt war nicht sichtbar, eine Doppeltür verdeckte ihn mit ihrem matten, undurchsichtigen Glas, das blank das verschlungene Monogramm *EP* zierte. In diesem Zimmer lag auch der beste Teppich. Ihm sollte ein Ungemach zustoßen oder zufließen, davon nachher. Man lebte nun zusammen und bewahrte zugleich das Eigene. Verwandte kamen zu Tante Johanna und Onkel Emil und freuten sich: »Wir sind bei euch in Freienwalde.«

Ein Raum, nicht zu den sechs Zimmern gezählt, darf nicht übersehen werden: Die Kammer, das »Mädchenzimmer« – nach allgemeinem Brauch, damals selbstverständlichem, heute schwer verständlichem Sozialverhalten – hatten die Wohnungen vorgesehen für das Dienstmädchen, wie man damals, die Hausangestellte, wie man später sagte. Das unsere, ich meine das Mädchenzimmer, war so schlimm nicht, es schloss sich über eine hohe breite Schwelle der Küche an, war schmal, bot aber Platz für einige Möbel und natürlich das Bett, das Fenster ließ, wie denn anders, den Hof sehen. Bis zu den Nürnberger Gesetzen war das Stübchen belegt, die Bewohnerinnen wechselten. So war es dazumal. Ich interessierte mich für sie, ging zu ihnen sogleich nach ihrem Einzug, verbrachte Stunden bei ihnen in der Küche. (Selbständig arbeiteten sie kaum, meine Mutter und meine Großmutter waren gemeinsam tätige Hausfrauen.) Wichtig wurden zwei »Mädchen« für mich, die eine für eine bestimmte Zeit, die ich nicht mehr messen kann, die andere, ganz andere,

für längere Zeit. Sie hätte Dauer werden können, wenn nicht –.
Frieda Ha(a)se stammte aus dem märkischen Großneuendorf,
ein derbes Dorfgeschöpf, vital, gutmütig, ihre Sinnlichkeit
konnte ich nur erahnen. Sie erzählte mir von ihren einstigen
und jetzigen Erlebnissen, von einem schwindsüchtigen Freund,
der Stallschweizer wurde auf ärztlichen Rat, von ihren Bekanntschaften am Wochenende, von dem Restaurant, es hieß
wohl ›Resi‹, in dem man von Tisch zu Tisch telefonieren konnte. Ich erhielt Kunde von einer fernen, aber sehr realen Lebensweise. Dass Frieda in ihrem Erzählen manches übersprang, fiel
mir damals nicht auf. Heute darf ich es vermuten. Warum sie
ging, weiß ich nicht mehr. War sie einmal in Großneuendorf
beim Arzt? Dann wird es Dr. med. Herbert Loerke gewesen sein,
dessen Bruder Oskar bedeutend war als Dichter und S. Fischers
Lektor. Weit gespannt ist das Netz.

Else Seefeld, »Fräulein Else«, aber ganz unschnitzlerisch, war
»was Besseres«: Klein, brünett, rehäugig, wohl einige Jahre nach
1900 geboren, stammte sie aus Oderberg. Ihr Vater war Kapitän
eines kleinen Oderschiffes. Sehr jung trat sie als Verkäuferin
und Gehilfin in das Geschäft meines Großvaters ein und erwarb
sich bald warmes Vertrauen. Als das Geschäft aufgegeben wurde, blieb sie ihren alten Chefs und der ganzen Familie verbunden. Sie gehörte zu ihr. Besuchte uns in Tempelhof, half meiner
Mutter, saß, während ich zuschaute, an einem Tisch und schrieb
mit gelbschaligem Kopierstift einen Brief an ihre Eltern. Eines
schönen Tages zog sie zu uns, tat (auch) das, was allgemein
einem »Dienstmädchen« aufgetragen war, alles ganz natürlich
und ganz fein. Wir sprachen vertraut miteinander, aber immer
verhalten. Nie ein Du. Else hatte nichts zu verbergen, dessen bin
ich sicher, redete aber kaum von sich, blieb verschlossen. Anru-
fer konnten manchmal die Stimme meiner Mutter und ihre
kaum unterscheiden. Die zwei Male, die meine Mutter wegen
ihrer Schilddrüse im Krankenhaus war, hat Else sie vertreten.
Und schön war ihre Freude über meiner Mutter Rückkehr. »Der

Spuk ist nun vorbei.« An unseren Familienausflügen nahm sie teil; ich sehe noch, wie sie an einem Sonntagabend auf dem überfüllten U-Bahnhof Krumme Lanke stand, mein Vater ihr seinen Spazierstock und das dicke Futteral seiner Boxkamera in die Hand drückte, weil er vor allen Leuten einen Mann ohrfeigen musste, der meine Mutter im Andrang am Zug vor die Brust gestoßen hatte. Else hielt zu uns und war tief empört, als die Nürnberger Gesetze sie zwangen, uns zu verlassen. Sie hielt zu uns immer noch als Besucherin, mit ihrer – nicht frühen – Verlobung überraschte sie uns, sie brachte uns den Bräutigam. In den Tagen vor unserer Auswanderung erschien sie, uns zu helfen und ohne große Worte bei uns zu sein. Ich war zutraulich zu ihr, sie freundlich zu mir. Ich habe die kleine Frau Pfiffi genannt und sie manchmal mit einem Finger auf ihre Stupsnase geklopft. Da blinzelte sie. Abschied. Exil. Krieg. Keine Verbindung. Wir haben einander aus den Augen verloren und nach dem Krieg nicht mehr gesucht. Grund genug zum Selbstvorwurf. Wie mag es dem Ehepaar Koepp ergangen sein? Vergebliche Frage. Aber ich vergesse Sie nicht, Pfiffi, nicht Ihre Stupsnase und Ihr Blinzeln, nicht Ihren Fleiß, Ihren Ernst, Ihre Treue.

Wir wohnten. Das festigte Gemeinschaft, förderte Gastlichkeit, verbürgte Behagen. Einstweilen. Die Spanne von 1930 bis zum 30. Januar 1933 ist wohl unsere glücklichste Zeit gewesen. Trotz allen bösen Umständen und Geschehnissen, trotz allen finsteren, doch nur die Ängstlichen ganz erschreckenden Drohungen. Paradox: Hellseherisch schwarz zu sehen. War die Angst der Frühgeflohenen prophetisch oder eben nur Angst? Ganz ignoriert wurden die Drohungen natürlich nicht. Frivolität blieb unserer Bürgerlichkeit doch wohl fern. Bald auch klingelten mehr und mehr Bedürftige an der Tür, darunter nicht wenige ihrer Möglichkeiten beraubte Akademiker. Schlimmes sahen wir. Die Hölle konnten wir uns nicht vorstellen. »Ich bin ein unverbesserlicher Optimist«, pflegte mein Vater bis in sein hohes Alter zu sagen. Das Adjektiv war stereotyp und nicht ganz ohne selbstkritische Ironie. Wie auch immer: Er hat nie den Mut verloren, er hat uns Mut gemacht.

Da nun von der bequemen Wohnung und ihrer gemütlichen Nutzung die Rede ist, bediene ich mich wieder einmal des Zeitraffers: Ein interner Umzug ließ sich in den späten dreißiger Jahren unter der Naziherrschaft nicht mehr vermeiden. Der Vater war jetzt stellungslos, die Einkünfte versiegten, wir mussten Zimmer untervermieten. Der höfliche, einsichtige Hausverwalter Lutz, ehemaliger russischer Staatsanwalt, genehmigte es. Meine Großeltern räumten ihre beiden Vorderzimmer und belegten mein bisheriges Zimmer neben dem Schlafzimmer meiner Eltern. Bedienstete hatten wir ja nicht mehr, mir wurde das »Mädchenzimmer« eingeräumt mit dem lieben biedermeierlichen Birkenschrank, den mehr und mehr Bücher und bald nicht bloß Natur-, Reise- und Fliegerbücher, sondern Romane und Novellen des 19. Jahrhunderts füllten. Der Malermeister Erich Schönfisch, dessen Vater schon für uns gearbeitet hatte, zeigte Verständnis und versah kunstfertig mein schleiflackweißes Bett mit einer täuschenden birkigen Übermalung, die erst nach Jahrzehnten in Montevideo allmählich abblätterte. Der Schreibtisch meiner Mutter und Lampen vervollständigten mein Stübchen, das beinahe Stil hatte und in dem ich sogar Gäste empfangen konnte. Vorne zogen Hohensteins ein, verwitweter Vater und nicht mehr ganz junge Tochter Hede. Sie kamen aus Köln, wo Fräulein Hede aufgewachsen war, wohl auch studiert, jedenfalls Belesenheit erworben hatte. Hohensteins hatten also teil an jener heute fast unbeachteten Binnenmigration: Juden, die es an ihrem Ort nicht mehr aushalten, aber auch nicht oder noch nicht auswandern konnten, suchten in relativ, relativ toleranteren, Anonymität erleichternden Großstädten, besonders in Berlin, Unterkunft. Ein Aufschub, nur ein Aufschub. Ich glaube, wir haben es uns gegenseitig leicht gemacht in ungewohnter Wohngemeinschaft. Man teilte sich den Gebrauch der Küche und sonstiger Dinge, man kam ins Gespräch, die Wohngemeinschaft war ja auch eine Schicksalsgemeinschaft. Uns gelang die Auswanderung, wir mussten Abschied nehmen, Hohensteins sich ein anderes Quartier suchen. Fräulein Hede heiratete einen Synagogalmusiker, Leo Hirsch. Mein Vater las, sang und spielte eine säuberlich geschriebene Komposition von ihm: »Venezianisches Gondellied« von Thomas Moore in der federnden Übersetzung von Ferdinand Freiligrath: »Wenn durch die Piazzetta / die Abendluft weht / dann weißt du, Ninetta / wer wartend hier steht.« Das hatten schon Mendelssohn und Schumann vertont. Auch ein Fluchtversuch. Ein paar Briefe noch, Schweigen dann und bange Gedanken, banges Gedenken.

Aber ich bin vorausgeeilt, die Gleichzeitigkeit des Erinnerns bringt die Chronologie durcheinander, die ein Erzählender ja beachten sollte. Sei's drum: Hatte ich nicht schon über alltägliches Leben zu berichten versucht? Und möchte ich noch weiter berichten von einstigem Alltag, so sollte doch nicht der Eindruck von schierem Idyll und hoffentlich auch nicht von spießiger Gemütlichkeit entstehen. Aber auch nicht von düster vorausgeworfenen Schatten. Noch war der Tagesablauf geregelt. Er unterschied sich indessen von dem der meisten Leute. Das lag an meinem Vater und seinem Beruf. Er ging morgens, aber nicht sehr früh und immer wohlgemut, in die Redaktion – ich war da schon in der Schule. Und kam nach Hause, als wir anderen schon zu Mittag gegessen hatten. Wenn er nun aß, sah ich ihm zu, und er erzählte mir – von der Zeitung, seiner Arbeit, interessanten oder kuriosen Besuchern, von der vormittäglichen Redaktionskonferenz, von Tätigkeit und Eigenart der Setzer und Ätzer, die die Klischees herstellten, von Menschen, Menschen, Menschen und damit von seiner beständigen Sympathie. Dann hielt er einen kurzen Mittagsschlaf, wir vereinten uns zum Kaffee, er sah meine Schularbeiten durch, Griechisch konnte er noch immer, er hatte doch eine Menge gelernt auf dem toleranten Kaiser-Friedrich-Gymnasium. Er setzte sich an das alte Duysen-Klavier und spielte ohne pianistischen Ehrgeiz frei phantasie-

rend, modulierend, ihm liebe Musik zitierend. Für Klavierauszüge, für die Ausführung ganzer Kompositionen musste er sich
mehr Zeit nehmen. Und fuhr zum Nachtdienst wieder in die Redaktion, Ritterstraße 50, mit der er vorher mindestens einmal
telefoniert hatte, um rasch noch die eine oder andere Korrektur
in die Reichsausgabe einzubringen. Die ›DAZ‹ erschien wie viele Blätter der Reichshauptstadt in drei Ausgaben, dem Morgen-
und dem Abendblatt für Berlin und der beide kombinierenden
Reichsausgabe. Am Montag gab es nur ein Abendblatt. Auf der
ersten Seite der »Dr. F. K.«, Leitartikel des Chefredakteurs Fritz
Klein, der oft mit einem berühmten Berliner Chefredakteur die
Klingen kreuzte. Die Leitartikel von Theodor Wolff erschienen
in der Sonntagsausgabe des ›Berliner Tageblatts‹. Immer fuhr
mein Vater mit der U-Bahn. Recht spät in der Nacht kam er wieder nach Hause. Meine Mutter erwartete ihn.

Entsinnt sich meine Zunge unserer Mahlzeiten in meiner Jugend? Riechen und Schmecken gehören nun einmal zur Erinnerung. Gierig und genäschig oder gar verfressen war ich nie, das
bitte ich mir zu glauben. Lieblingsgerichte hatte ich natürlich,
bis auf den an Feiertagen geradezu zelebrierten Gänsebraten waren sie eher bescheiden. Was auf den Tisch kam, hing zusammen
mit Familienleben und Heimatgefühl. Es waren ja auch, abgesehen von den »Südfrüchten«, Produkte der Heimat, des Landes
rings um Berlin. Koscher war unser Haushalt nie, immer liberal;
einzig meine fromme, täglich betende Großmutter Putzig – wie
auch, so erzählte mein Vater, die Großmutter Freund – mied alles Schweinerne. Wir anderen taten uns gütlich an geräucherter
Blut- und Leberwurst, die Pfiffis Eltern aus Oderberg schickten,
und mein Großvater kaufte bei einem seine Erzeugnisse prei-
senden Bauern einen großen Schinken. Der enttäuschte mich
aber, er wurde trocken, hielt schon deshalb lange vor und
schmeckte schließlich wie Löschpapier. Wie gesagt, es gab festli-
ches Essen, darum ging meine Mutter, von mir aufmerksam begleitet, in die Markthalle in der Lindenstraße zu den Ständen mit

vielerlei Geflügel und Wildbret. Es wurde sehr sorgfältig und kundig gekocht und gebraten, keine Konservendosen, bei uns hießen sie Konservenbüchsen. Spät erst staunte ich, wie aus einem Maggiwürfel eine Suppe, Blumenkohl- oder Königinsuppe wurde. Unsere Suppen waren echt, aber nicht etwa täglich auf dem Tisch. Das alltägliche Mittagessen bestand aus zwei Gängen und war eher frugal. Es gab Königsberger Klopse, Deutsches Beefsteak, also eine Art Frikadelle. Falschen Hasen, Hackbraten. Es gab aber auch, mir nicht zu Gefallen, Milchreis mit Zucker und Zimt oder Apfelreis, und das war genug. Wie auch Quark – nein, wir sagten Weißkäse – oder eher noch weißen Käse mit Leinöl und Pellkartoffeln. Die habe ich mir aber nicht selber gepellt. In einem Gespräch mit der Berliner Journalistin Lore Ditzen trafen wir uns bei diesem schlichten Gericht mit seinem Gold und seinem Weiß. So die Hauptmahlzeit. Noch gebrauchten wir die täglichen Bestecke mit gilbendem Elfenbeingriff, neue kamen dann, es wurde reichlich feines Tafelsilber mit dem Monogramm *F* angeschafft, bei älteren Messern wurden die ursprünglich scharfen Klingen gegen blinkende, aber stumpfere rostfreie ausgetauscht. Der zweite und letzte Gang und für den Jungen die Hauptsache: Kompott oder Obst. Zu besseren Gelegenheiten bereitete meine Mutter variierende Süßspeisen – die Zitronen-, die Schokoladenspeise, beide mit einer blanken Oberfläche, die der Löffel brach, oder gar die ›Charlotte Russe‹ und, manchmal, halbgefroren, die Fürst-Pückler-Speise. Sie kamen auf den Tisch, wenn wir Besuch hatten. Und den hatten wir sehr oft, bis hinein in unsere letzte Berliner Zeit mit ihrer Bedrängnis. Ich hätte mit dem Anfang beginnen sollen, dem Beginn anfangen sollen: dem Frühstück. Und wieder berichte ich von der Bäckerei der Müllers und ihren Erzeugnissen, »Backware« hieß das. Jeden Morgen hing am Türknauf der leinene Beutel, eingestickt mit rotem Faden der Name. Die armen Bäckerjungen mussten in aller Herrgottsfrühe diese Backware austragen. Solche Beutel haben wir noch nach Deutschland zurückgebracht.

Haben die Hamburger ihr Rundstück, die Süddeutschen ihre Semmel, so haben wir Berliner die Schrippe und den schmaleren Knüppel. Beide mit der Längskerbe. Und die Schusterjungs, offiziell Salzkuchen genannt. Kaffee hatte ich schon früh, fürs Ei musste ich reifen. Honig und Marmelade waren nicht alltäglich. Butter durfte nicht fehlen. Margarine kannte ich nur durch Reklame. Im U-Bahn-Waggon sah man ein großes Plakat mit einer drolligen Zeichnung: An einem langen Tisch eine kräftige Frau, die dicken Arme in die Hüften gestemmt, und eine Unzahl von Blagen, ob der Papa dabei war, weiß ich nicht mehr. Geworben wurde für eine Margarine. »Esst Albo, sagt Mutta, weg mit die Butta!« So nachhaltig kann ein Werbesprüchlein sich einprägen, nur hat es bei uns nichts bewirkt. Unentbehrlich das zweite Frühstück, die Stulle(n), die man zur Schule und zur Arbeit mitnahm, möglichst in einer Blech- oder Aluminiumdose, wegen ihrer Form Wanderniere genannt. Ich besaß eine feine, mit Scharnierdeckel. In der frühen Zeit der Naziherrschaft, 1934, war es sehr ungemütlich, auch in meiner Schule. Die Dose verschwand aus der Bank und kam zurück, auf den Deckel eingeritzt ›Itzig‹. Ich zeigte keine Reaktion. Abgehen? Beinahe. Ich blieb. Und das Klima in der Klasse besserte sich. In der Oberstufe bildeten sich die Freundschaften, die mich schützten. Davon muss ich noch sprechen.

So lebten, so lebten wir alle Tage. Dass es woanders anders war, dass es bei uns anders werden könnte und würde, habe ich erst mit zunehmender relativer Reife und gleichzeitiger Gefährdung bedacht. Die Außenwelt beeindruckte mich schon, bedrängte mich noch nicht. Schönes hatte sie noch reichlich, Unschönes, wie auch Häuser, Straßen, war gewohnter Anblick. Man nahm vieles unbewußt hin. Waches Bewußtsein erst erbringt waches Gewissen. Außenwelt, Umwelt: Wir gingen gern aus dem Haus und kehrten gern zurück ins Haus. Jeden Tag. Schulweg in der Gymnasiumszeit und Spaziergang nahmen dieselbe Richtung.

Zunächst unsere Straße hinauf. Auf der linken Seite gab es eine Lücke in der Zeile der Haberland-Häuser, provisorisch gefüllt mit Schrebergärten, dann eine anmutige Zäsur, auch Verjüngung des Viertels, links im Grünen die Baracken, in denen früher meine Schule, jetzt das Charlotten-Lyzeum untergebracht waren, rechts die zweigeteilte Planschwiese, deren vorderer Abschnitt vielen Kindern Wasserfreuden bot, dahinter ein umpflanzter Teil, auf dem in meiner Erinnerung Schwäne ihre Bahn zogen, überwacht von der runden evangelischen Kirche auf dem Tempelhofer Feld. Sie hieß so, obwohl hier vom Feld nichts mehr übrig geblieben war. Und nun begann die noch heute fast unverändert bestehende Siedlung hübscher, gelbbrauner Einfamilienhäuschen, ein jedes mit einem kleinen Hintergarten. Vom Kanzlerweg her, der parallel zur Straße hinter den Siedlungshäusern verlief, konnte man die nach Willen, Tüchtigkeit und Geschmack der Bewohner angelegten Gärten mit Blumen und Obstbäumen betrachten. Zwischendrin ein Tennisplatz. Damals wusste ich noch nichts von dem Architekten, der diese Siedlung, jene Kirche und das schöne, mir bald vertraute Gebäude meines Gymnasiums und einer Volksschule geschaffen hatte: Fritz Bräuning, der selber mit seiner Familie in der Mitte seiner Siedlung an der Ecke des Adolf-Scheidt-Platzes wohnte. Eine Gedenktafel würdigt ihn, auch am Nachbarhaus erinnert eine Tafel an eine ungewöhnliche Persönlichkeit und ihr Schicksal – hier lebte der Publizist Lothar Erdmann mit seiner Frau Elisabeth, die ihren ersten Mann im ersten Monat des Ersten Weltkriegs verloren hatte: August Macke. Mit ihnen die beiden Söhne Mackes und zwei Söhne und eine Tochter aus der gemeinsamen Ehe. Im ersten Monat des Zweiten Weltkriegs verlor Frau Elisabeth ihren zweiten Mann. Lothar Erdmann erlag im Konzentrationslager Sachsenhausen den erlittenen Misshandlungen. Diese Häuser, diese Tafeln hat mir der Sohn Dietrich Erdmann gezeigt, der so schöne farbenreiche Musik komponiert und so ergreifend von seinem Leben erzählt. Ich bedarf nicht mehr der Tafeln, um der Erdmanns, der Mackes, der Freunde in Tempelhof und anderswo zu gedenken, sinnend und – sinnlos sich zu fragen, ob den Kriegen zum Trotz all dies und mehr nicht hätte fortbestehen und weiter gedeihen können. Es ist sehr schlecht und wäre doch beinahe gut gegangen. Immer dieses Beinahe, meinem Erinnern ein Leitmotiv und ein Leidmotiv. Gedenken, will es treu sein, muss sich wiederholen und verschränken. Was an dieser Stelle Thema ist, wird es auch an einer anderen sein.

Jetzt aber ist der Weg fortzusetzen, bis ans Ende unserer Straße zu dem Tor, durch das man die Berliner Straße, heute Tempelhofer Damm, erreicht. Die S-Bahn-Station ist nah, noch zogen kleine Dampflokomotiven im Rückwärtsgang die alten Waggons mit ihren vielen krachend zugeschlagenen Türen. Die Ringbahn war, ist es, die ganz Berlin umkreiste, Stralau-Rummelsburg ein markanter Haltepunkt. Hinter der Bahnbrücke Alt-Tempelhof, anschließend Mariendorf mit einer der beiden Trabrennbahnen der Hauptstadt. Ihr gegenüber wohnten Liederwalds, bei denen ich später einkehrte.

Der Nachmittagskaffee an reizvollem Ort war ein bürgerliches Plaisir. Am längsten kannte ich schon den Viktoria-Park, der von alters her den Kreuzberg bekleidete, Berlins höchste Erhebung. Wir erreichten ihn leicht zu Fuß, bereits von der Wilhelmstraße aus, da ging es durch die Großbeerenstraße und durch den Bezirk Kreuzberg, der damals kleinbürgerlich und ruhig schien. Im Park standen auf dem Weg zum Gipfel – sind es Serpentinen? Lang ist es her, dass ich dort entlanggegangen bin – standen weiß die Denkmäler von Dichtern aus dem Freiheitskrieg. Eine Rolle in der Hand und wohl auch eine Feder, auf der Rolle der ruhmreiche Name. So stellte sich der kleine Hellmut einen Dichter vor, ehrfürchtig las er den Namen Max von Schenkendorf. Ein anderer Dichter, Johann Wolfgang von Goethe, sagte einmal: »Aller Anfang ist heiter.« Auf dem Gipfel, bis auf den heutigen Tag und hoffentlich bis in die ferne Zukunft eines sich heilenden Berlin, die von Schinkel geschaffene Figur der Viktoria; schön ist schon die Zeichnung seines Entwurfs. Ihr zu Füßen stürzte der Wasserfall herab. Er hat wohl gerauscht. Ich muss als sehr kleiner Junge allein im Viktoria-Park spazieren gegangen sein, ermahnt, mich pünktlich am verabredeten Treffpunkt einzustellen. Park wie eh und je und überall: auf den Bänken die Rentner – wenn sie denn eine Rente hatten. Wie mir eingeschärft, trat ich an einen der alten Herren heran mit der gedrechselten Bitte: »Ach, verzeihen Sie, könnten Sie mir vielleicht sagen, wie spät es ist?« Er zog die auch nicht mehr junge Taschenuhr und gab mir knappen Bescheid. Das gewohnte Stelldichein waren die Viktoria-Park-Terrassen, ein weitläufiges und gemütliches Lokal – natürlich mit einer Kapelle, die Unterhaltungs- und gehobene Musik spielte. Das meiste, was es da zu hören gab, waren ja Arrangements. Ich habe wohl mehr beobachtet als gehört, stand vor der Kapelle und sah dem sie leitenden Stehgeiger zu. Er hieß Walter Pfeuffer. Ich kehrte an den Kaffeetisch zurück, da saß dann manchmal auch das mit uns versippte Ehepaar Baron. Nach Hause ging's vorbei am stattlichen Komplex der einen eigenen Duft verströmenden Brauerei Schultheiss-Patzenhofer. Eines Nachmittags fiel es meinem Vater ein, die Brauerei und zumal die Stallungen mit mir zu besichtigen. Ein höherer Angestellter führte uns. Alles, was wir sahen, war blitzsauber, imposant der Stall mit den gewaltigen goldbraunen Pferden, belgischen Kaltblütern, die nicht wie heute zu Werbezwecken eingesetzt wurden, sondern Alltagsdienst verrichteten, Bierfässer zu den Kneipen beförderten. Natürlich bewirtete der freundliche Schultheiss-Mann meinen Vater mit einer Flasche, da konnte ich nur zusehen und zuhören. Mein Vater meinte, dieses Bier, gleichsam frisch gemolken, schmecke doch viel besser als das übliche.

Das zweite Nachmittagskaffee-Ziel bot keine Kapelle, aber machtvolle Geräusche: der Flughafen mit seinem Restaurant. Ohne Mühe erreichten wir ihn zu Fuß. Für damalige Begriffe war er sehr groß und modern, für unsere heutigen winzig und primitiv. Er befand sich weit hinten auf dem Tempelhofer Feld, eine ausgedehnte Fläche dieses Feldes mit dürftiger Grasnarbe war ihm vorgelagert. Gebäude und Turm, Hangars und eine schlichte Gaststätte unter freiem, unter beflogenem Himmel. Ein Zaun trennte uns vom eigentlichen Flugfeld. Man sah den Starts und den Landungen zu. Immer wieder ertönte Spannung weckend eine Sirene, die das planmäßige Nahen eines Linienflugzeugs, meist der Lufthansa, ankündigte. Der noch junge Flugverkehr um 1930 war pünktlicher als heute die Deutsche Bahn. Wir suchten den Himmel ab. Da, ein kleiner Punkt. Er vergrößerte sich schnell, die dreimotorige Maschine setzte zur weichen Landung an, rollte bis dicht an uns heran, die Passagiere entstiegen ihr und wurden mit einem kleinen grauen Mercedes-Bus der Lufthansa nach Hause gebracht, wie sie schon vor dem Flug abgeholt worden waren. Die Deutsche Lufthansa war eine Fusion zweier Gesellschaften, mit denen der Flugverkehr in Deutschland begonnen hatte, der Deutschen Aero Lloyd und der Junkers Luftverkehr AG. Der Flugzeugkonstrukteur und Professor Hugo Junkers in Dessau war zweifellos ein bedeutender Mann und wohl auch ein Mann des Friedens. Seine Fabrik, gewachsen mit dem Bau von weit verbreiteten Gasbadeöfen, wurde vom NS-Regime enteignet. Er hatte mit ihr der zivilen Luftfahrt dienen wollen. Hugo Junkers überlebte die Enteignung nicht. Er starb am 3. Februar 1935, seinem 76. Geburtstag. Als wir ihn sahen, wirkte er rüstig und souverän. Er hat das erste Verkehrsflugzeug überhaupt geschaffen, 1919, die F 13 mit einer Kabine für vier Passagiere, die auf ersten Fluglinien eingesetzt wurde und viele Jahre in Betrieb blieb. Pilot und Begleiter saßen in dieser Maschine draußen, aber auch in größeren Flugzeugen, eingemummt in dicke Ledermäntel, auf dem Kopf einen wuchtigen Lederhelm, vor den Augen die schwere Fliegerbrille. Eines Tages – es ließe sich eruieren, wann es war, aber es liegt mir nicht an einer datengenauen Chronik – war die Präsentation des größten Landflugzeugs der Welt angekündigt, viel größer als die dreimotorige Junkers G 31, die die weiten Strecken versah, etwa Berlin–Hannover–Amsterdam–London. Die G 31 war die Vorläuferin, vielmehr Vorfliegerin der klassischen Ju 52, der bis ins hohe, jawohl hohe Greisenalter tätigen Tante Ju. Nun also die gewaltige G 38. Sie hatte nahe den vier Motoren Kabinen in den Tragflächen. Wir standen am Zaun und warteten. Neben uns stand ein hochgewachsener Herr, kupferblond mit Koteletten. Er und mein Vater begrüßten sich, ein bekannter Technikschriftsteller und -lexikograf, Franz Maria Feldhaus. Ich sehe noch, wie seine von blondem Flaum bedeckte Hand die gleichfarbige schwere goldene Taschenuhr zog, um die Pünktlichkeit der kleinen Luftflottille zu prüfen. Denn es landeten hintereinander wie in einer Luftkiellinie jenes große Verkehrsflugzeug, die alte F 13 und ein neues zweisitziges Leichtflugzeug, Junkers Junior, das mit der kleinen Klemm konkurrieren sollte, die Sportfliegerin Marga von Etzdorf gebrauchte es. Nun entstieg der Professor Junkers elastisch der Maschine, die er selber gesteuert hatte, ein Herr in zweireihigem blauen Anzug, auf dem Kopf ein Hut, ein runder Hut, den wir Ententeich nannten. Ebenfalls in elegantem Zivil folgte ihm sein braungebrannter Werkpilot Zimmermann. Leider unterließ ich es, bei einer Veranstaltung der Deutschen Akademie für Sprache und Dichtung der Autorin Eva Zeller zu sagen, dass ich ihrem Vater begegnet bin, und in Bremen Frau Dr. Irmgard Feldhaus, bei Günter Busch Kustodin an der Kunsthalle, dass ich mich ihres Onkels entsinne. Es wurde am Tempelhofer Flughafen auch Spektakuläreres geboten: Kunstflug-Veranstaltungen. Gerhard Fieseler, der ja später auch als Konstrukteur erfolgreich war, zeigte waghalsige und stilisierte Manöver; am meisten bestaunte ich, und das geschah nicht nur einmal, Ernst Udet, der mit seinem roten Doppeldecker an Richthofens Geschwader im Ersten Weltkrieg erinnerte. Er war wirklich ein Kunstflieger, Flugkünstler, der humorvolle Karikaturen zeichnete und in Künstlerkreisen verkehrte. Zuckmayer hat dem Freund ein Denkmal gesetzt mit seinem im Exil geschriebenen Stück ›Des Teufels General‹. Udets Ende darf tragisch genannt werden. Damals aber war Udet frech und fröhlich, fing den Sturzflug dicht über dem Boden ab, raste kurz über die Piste und stieß steil empor in die Höhe. Er flog auch unter Brücken durch. Und machte sich den Jux, verkleidet als alter Professor mit angeklebtem Bart in einer Klemm, an der Tragfläche einen Regenschirm, beim Fliegen den zerstreuten Greis zu mimen, wackelnd, kippelnd, abrutschend, der Flugkünstler als Fliegerclown. Eines viel späteren Tages lernte ich Udets Enkelin kennen – Tochter eines meiner allerbesten Freunde.

Einmal erschien am Himmel ein seltsames Gebilde. Der Spanier de la Cierva führte seine Erfindung vor, den *autogiro*, Windmühlenflugzeug nannte man ihn damals, heute heißt er Helikopter oder Hubschrauber. Er stieg und sank senkrecht. Er konnte in der Luft stehen bleiben wie ein Kolibri. Und damit fällt ein Stichwort für den Bericht von unserem dritten Nachmittagsziel. Eine Kapelle gab es da auch: Zoologischer Garten.

Stark und wohltuend war das gärtnerische, das landschaftsarchitektonische Element, mitten in der allerdings an Parks, an Grün, an Plätzen reichen Großstadt ein schön angelegtes idyllisches Areal mit dem ziemlich großen See oder Teich, der in seinen Konturen dem Vierwaldstätter See nachgeformt ist. Vielzahl und Vielfalt des Tierbestandes, seltene Arten der Fauna waren gesammelt worden, auf Schildern an den Käfigen oder Gehegen stand der Hinweis auf »abessinische Tiereinfuhr«. Es waren aber im Zoo auch all die Tiere vertreten, die es auf Bauernhöfen gab: Rinder und Schafe (die mein Großvater in der Abenddämmerung fütterte) und Pferde. In der Abenddämmerung auch sah mein Großvater, nachdem er in der ›Waldschänke‹, dem zweiten bürgerlichen Restaurant des Zoos, mit ein paar alten Herren Skat gespielt hatte, gern den Bibern zu, wenn sie sich einfetteten, als wüschen sie sich. Wir hatten eine Familien-Jahreskarte für den Zoo und einen legalen Trick, nicht gemeinsam eintreten zu müssen. Ein Briefumschlag wurde durchgeschnitten, die eine Hälfte beim Beamten an der Kasse belassen, die andere vom Nachzügler, meist meinem Vater, vorgezeigt. Ich wusste gut Bescheid im Zoo, kannte ihn, glaube ich, ganz und gar und konnte Unkundige führen. So habe ich mir mein erstes Honorar verdient: Eine Tafel echte Schweizer Schokolade spendierte mir ein Züricher Medizinstudent. Der Zoo war schon alt, entstanden um 1844, nachdem Lenné bereits für Friedrich Wilhelm III. auf der Pfaueninsel einen Zoo angelegt hatte. Lennés wohl größte Schöpfung heißt bezeichnenderweise Tiergarten. Ich besuchte den Zoo im Familienverband, ging aber oft allein und begrüßte immer wieder meine Lieblingstiere, ging zu meinen Lieblingsstellen im Park und konnte dabei die in jenen Jahren sich vollziehende Wandlung beobachten: Der alte Zoo wurde notwendig modernisiert und gewann noch an Attraktivität. Noch gab es die beengenden Raubtierkäfige der Gründerzeit in einem an sich ingeniösen Bau, man konnte, so glaube ich es sehen zu dürfen, von oben, vom Dach her also, Blicke auf die Käfige werfen. Ein Panther schritt auf und ab und stieß jedes zweite Mal mit der Stirn gegen die Wand. Ganz alt und dürftig war in meiner ersten Zoozeit noch das Robbenbecken. Dann aber wurde im Zuge all jener Modernisierungen eine neue Anlage mit großen Becken für verschiedene Robbengattungen gebaut, zwei Ebenen, der Durchgang unter dem künstlichen Felsen hatte ein großes Glasfenster, durch das man den Seelöwen mit ihren Bewegungen unter Wasser zuschauen konnte. Nicht nur in Berlin übernahm man seinerzeit die Errungenschaften des Carl Hagenbeck, die sein berühmter Tierpark im Hamburger Vorort Stellingen aufwies. Keine Gitter, keine Käfige, mehr Bewegungsfreiheit für die Tiere in einer Umgebung, die ihrer ursprünglichen und also artgerechten nachgeahmt, also zugleich natürlich und künstlich, rationell und kulissenhaft war und ist. Und das ist auch ein Stück Kulturgeschichte: Carl Hagenbeck, Sohn eines Fisch- und Tierhändlers in St. Pauli, gelegentlich auch Schaustellers, erst selbst Tierhändler, Autor eines durchaus wichtigen Buches mit dem bezeichnenden Titel ›Von Tieren und Menschen‹, das ich früh gelesen habe, hat Schule gemacht. Im realen Schulwesen wirkten die Reformbestrebungen ungefähr gleichzeitig und mit verwandten Tendenzen, die Entwicklungen lagen in der Luft der Zeit. Ein Theater- oder Schaustellermoment kommt hinzu, der Zirkus Hagenbeck trat in den zwanziger Jahren in Wettbewerb mit Krone und Sarrasani. Immer wird Errungenschaft Selbstverständlichkeit. Die Leistung des Pioniers wird von den Nachfolgern übertroffen, nicht sein Verdienst. Ich glaube, das gilt für die gesamte Kulturgeschichte. Das als diabolisch empfundene Virtuosentum eines Paganini und eines Liszt wurde nachfolgenden Generationen bewältigtes Pensum. So wurden denn Hagenbecks Prinzipien vom Berliner Zoologischen Garten und anderen Menagerien übernommen. Auch der Berliner Zoo stand lange im Zeichen von Familientradition. Jahrzehntelang war der Geheimrat Professor Ludwig Heck der Direktor, sein Sohn Lutz folgte ihm. Ein anderer Sohn, Heinz, war lange Zeit Direktor des Münchner Zoos in Hellabrunn. Der Schwiegersohn Oskar Heinroth leitete das Aquarium, seine Frau Dr. Katharina Heinroth baute den Zoo in den schwierigen Nachkriegszeiten (1945–1956) wieder auf. Lutz Heck leitete die Expeditionen, deren Erträge in seinem Zoo zu sehen waren. Prinz Ras Tafari, nachmals der tragische Kaiser Haile Selassie, hat ihm bei diesen Unternehmungen geholfen.

Die Modernisierung ließ nicht vergessen, dass es ein alter Garten war: sein Reiz. Ja, wir kehrten bei ihm ein. Beim Durchschreiten des Löwenportals stießen wir auf die Elefanten. Das Portal war nach den steinernen Löwen genannt, die es zierten, die befellten Löwen erreichte man erst nach einer kleinen Gehweile. Zunächst begrüßten wir den ganz vorne stehenden oder sich wiegenden mächtigen Elefantenbullen Harry, nach dem Schild geboren 1881 wie mein Vater. Im Gegensatz zu diesem war er, so hieß es, nicht gutartig. Er hatte statt des linken Stoßzahns eine dicke Geschwulst, war aber tüchtig und wurde im

Zeitraum meiner Erinnerung zweimal Vater. 1934 ist er gestorben. Ganz Berlin war begeistert, das Elefantenkälbchen Kalifa besichtigen zu können. An Theatralischem fehlte es auch den Dickhäutern nicht. Ihr altes Wohnhaus war schon ein dekorativer, Indisches suggerierender Bau. Einige Elefantendamen traten aber auch auf. Ich habe das selber leider nicht gesehen. Mein Wissen beruht auf Zoofeuilletons, um die seit eh und je die Lokalpresse sich bemüht. In der ›Deutschen Allgemeinen Zeitung‹ schrieb über derlei Dinge ein begabter, humor- und auch charaktervoller Berichterstatter, Dietrich Korodi, ein Verächter Hitlers, der oft seine Berlinischen Feuilletons zu satirischen Schilderungen nutzte. Wie gesagt, gesehen habe ich es nicht, aber ich kannte ja die Künstlerinnen, die Elefantendamen, die auf den breiten Wegen des Zoos musizierten und tanzten. Die eine drehte mit dem Rüssel die Kurbel eines Leierkastens, die anderen legten, wie »Kor« schrieb, eine kesse Sohle auf das Pflaster.

Die Raubtiere konnten nichts anderes tun als zu imponieren, die Löwen hatten alljährlich Junge. Petrus Olesen, der blondbärtige dänische Oberwärter, der an den Afrika-Expeditionen teilnahm, reichte ein Löwchen zum Streicheln herum: »Keine Angst, meine Dame, ist ja man bloß ein Löwe.« Den einen, den ich streichelte, habe ich immer wieder besucht, beim letzten Mal war er zum gewaltigsten Löwen erwachsen, den ich je gesehen habe. Vom Streicheln sah ich ab. Löwen seien ja nicht gefährlich, sagte Petrus Olesen, von meinem Vater befragt – am gefährlichsten Kaffernbüffel.

Die stärkste Attraktion bot, wie konnte es anders sein, das Menschenaffenhaus mit Innen- und Außenkäfigen. Vor diesen versammelten sich zu einer bestimmten Nachmittagsstunde Zoobesucher in Mengen. Der Oberwärter Liebetreu führte die Schimpansenfamilie vor. Ihr Star war Tina. Alle Schimpansen nahmen Platz an einem langen Tisch und tranken – es war wohl wirklich – Kaffee. Tina schenkte aus schwerer weißer Kanne ein, nur fielen sie und ihre Angehörigen dann und wann bei aller

Menschenimitation in ihr Schimpansentum zurück, sprangen auf und in den Innenkäfig, laut knallte die Klappe. »Tina, Tina«, rief Liebetreu, und sie setzte sich wieder artig an den Tisch. Niemand, der das vergnügt erlebt hat, konnte es vergessen, es ist gemeinsame Erinnerung vieler Berliner und Ex-Berliner. Jahrzehnte danach spielten in Montevideo der Botschafter Rosen und ich einander vor, wie Tina aufsprang von der Kaffeetafel. Mein Vater, der mehr als zwanzig Jahre vor diesem meinem Erlebnis als junger Journalist auch Zoobetrachtungen angestellt hatte, entsann sich eines Schimpansenweibchens, das Zigaretten rauchte. Feuer wird ihr der Wärter gegeben haben. Von der rauchenden Schimpansin bewahrte mein Vater ein Foto. Sie ist an Schwindsucht gestorben. Erst allmählich und dies wiederum gleichzeitig mit der modernen Pädagogik setzte sich auch ein artgerechter Umgang mit Tieren durch. Dompteure nannten sich nun Tierlehrer. Aber Vorsicht: Vielleicht war Tina menschliches Verhalten zuzumuten. Elisabeth Mann Borgese, Medi, die so positiv Eingestellte, die Glückhafte in einer mehr ruhmreichen als glücklichen Familie, hat ihren Hunden viel beigebracht: Einer schrieb nach Diktat Schreibmaschine, die Tasten waren eigens für ihn schalenförmig gefertigt, denn er tippte ja mit der Schnauze. »Er macht natürlich eine Menge Fehler«, erklärte mir Erika Mann, als ich sie nach dem Tun ihrer Schwester befragte, »das liegt daran, dass er so schnell tippt.« Der Hund aber, mit dem Medi musizierte, war ihm doch noch überlegen. Sie spielten zusammen zweistimmige Inventionen von Bach. Die studierte Musikerin, Pianistin, Schülerin von Luigi Dallapiccola, deren Lebensarbeit die Erforschung und Nutzung der Meere werden sollte, verstand es, Liebe zu Tönen und Liebe zu Tieren in einem Tun zu vereinen. Das ist nicht nur kurios. Es fordert Verehrung. Ihr Buch ›Das Drama der Meere‹ habe ich als Lektor begleiten können.

Ausschweifungen sind mir nicht geläufig, Abschweifungen sehr. Man verzeihe es mir: Ich mag dem nicht widerstehen. Die

Assoziationen stellen sich ein, die Vergegenwärtigung ergeht sich in Überblendungen. Das Thema wird ja gar nicht verlassen. Ich kehre zurück in den Zoo meiner Kindheit.

Bei den massigen Flusspferden, wir sagten Nilpferden, verweilte man gerne. Die Berliner bringen ohnehin viel Sympathie für sie auf. In den fünfziger und sechziger Jahren war Knautschke ein Berliner Original, berlinisch gefolgt von Stulle und Bulette. – Wieder berufe ich mich auf meinen Vater. Als junger Journalist nahm er teil an einer Zooführung für Zeitungsleute. Da stand die kleine Gruppe vor den Nilpferden. Ein vorlauter und wichtigtuerischer Kollege reizte mit einer großen Papierrolle den schweren Nilpferdbullen, Knautschkes Vorgänger. Er muss wohl, der Nilpferdbulle, gewähnt haben, ihm werde ein Leckerbissen geboten. Er schnappte zu. Der Pressemann verzweifelte: »Mein Roman, mein Roman!« Die Kollegen freuten sich. Der Wärter wurde herbeigeholt. Er caressierte das Tier. »Na, nu mach doch mal det Maul auf!« Das Nilpferd öffnete es. Da lag das Manuskript, eingeweicht zwar, aber unverzehrt und unversehrt. Der Wärter überreichte es dem Autor. »Det trockne Zeuch frisst er nich!« Die Kollegen freuten sich noch mehr.

Das Aquarium, als Kind sagte ich Akavirum, war ein Gebäude, eine Welt für sich. In die Wände dunkler Räume waren die Glasscheiben kleiner Becken eingelassen, hinter dem Glas schwammen exotisch vielgestaltige, vielfarbige Fische, wie silberne Perlen stiegen im Wasser kleine Zuströmungen auf, man sah lebendige Bilder, belebtes Kunstgewerbe, man betrachtete sie wie Bilder in einem Museum. Aber es gab im Aquarium auch eine große helle heiße Halle, irre ich nicht, unter einem Glasdach. Von der einen Seite zur anderen führte eine Bambusbrücke. Von ihr blickte man nach unten. Da lagen Krokodile im Schlamm. Nicht ungern verließ ich das Aquarium, trat aus einer Tür, die bewacht war von einer paläontologischen Riesenechse, als Skulptur versteht sich, und genoss es, wieder im Freien, im Garten, bei Tieren zu sein, die, wie fremd auch immer, gute Bekannte waren. Erst kennenlernen musste ich die Kolibris, deren Ankunft im Zoo eine kleine Sensation war, eine winzig kleine. Man bestaunte sie in ihrer verglasten Voliere am Eingang des Vogelhauses. Einen Zaunkönig hatte ich schon gesehen, in Freienwalde, die Kolibris waren noch viel kleiner und leichter, sie flogen, sie schwirrten, mit rasenden Schlägen der Flügelchen standen sie still in der Luft und tauchten den unverhältnismäßig langen spitzen Schnabel in Blüten. Sie selber waren ja lebendige Blüten, ihr Federkleid schillerte und opalisierte. Ich wusste kaum, wie schwer ihre Haltung und Ernährung ist, und ich konnte nicht ahnen, dass viel später eines schönen Nachmittags ein Kolibri, ein *picaflor*, surrend hereinfliegen würde ins Esszimmer unseres letzten Hauses in Montevideo. Minuten des Zaubers, dann flog er zurück zu den Rosen an der Mauer unseres Hofgärtchens. Das war, wenn auch nur für einige rasante Flügelschläge, die Visite eines Einheimischen, nun suchte Sehnsucht die Schwalben am deutschen Sommerabendhimmel. Wie die Birken und die weiß oder rosa blühenden Kastanien – und das Roggenbrot. Es verschieben und verwischen sich die Distanzen in Raum und Zeit. So spielt die Erinnerung.

Im Zoo: Die Nachmittagsrast wurde fällig. Gab es schon behagliche Kaffeestunden am Kreuzberg und am Flughafen, so erst recht, und ein bisschen eleganter und besser, auf den Zooterrassen, die dem großen Gesellschaftshaus vorgelagert sind – dem Gesellschaftshaus, das ich selber kaum kannte. In seinen Sälen fand jeweils am letzten Sonnabend im Januar der Berliner Presseball statt, organisiert vom Festausschuss des Vereins Berliner Presse; meine Eltern waren eifrig dabei. Abendtoilette. Frackzwang. In jedem Saal eine Tanzkapelle. Bei den Weißen Raben, einer Studentenkapelle, spielte der junge Hans Keilson Geige und Trompete. Kurz zuvor, am Freitag, dem 6. Januar 1933, hatte Oskar Loerke, der Lektor, der ein Dichter war, in seinem für mich unerschöpflichen herzgewinnenden Tagebuch über ihn vermerkt: »Dienstag war der junge Keilson bei mir. Bis in die

Nachmittagsdämmerung hinein an seinem Buche gearbeitet. Auf Kürzungen gedrungen. K. ist Sportlehrer, Medizinstudent im 10. Semester, Musikant auf Trompete, Geige, Harmonika. Imponierend, wie sich junge Leute dieser Art durchschlagen.« Die beiden waren mit dem Roman beschäftigt, mit dem der Dreiundzwanzigjährige debütierte: ›Das Leben geht weiter‹, 1933 bei S. Fischer. Ja, imponierend, wie und in welchen verschiedenen Richtungen ein sehr junger Mann seine ersten Schritte tat, imponierender, wie er Prüfungen, weit schwerer als das medizinische Schlussexamen, bestand und wie er Widerstand leistete, wie Hilfe und Forschung ihm eins wurden, sein Ruf als Psychoanalytiker und als Autor sich zu stillem Ruhm steigerte, wie er temperamentvoll und innerlich jung geblieben ist; und es wuchs seine gütige Weisheit, genährt von Leid und, bei aller erfahrungsbestimmten Skepsis, von Glauben an den Menschen. Wie er fähig ist zu Trauer und Glück, zu Lachen und Leben.

Ja, Sommernachmittage auf den Zooterrassen. Kaffee, aber lieber noch Kakao oder Schokolade. Sie wurde aus einer schweren metallblinkenden Kanne in die Tasse gegossen. Das Metall war eine Legierung, die man Hotelsilber nannte. In den Boden mit strengen Lettern graviert: »Gestohlen im Zoo«. An diesem angenehmen Ort war man verabredet, aber man traf sich hier auch halb zufällig, Bekannte begrüßten einander, Träger mir schon geläufiger Namen erschienen in persona, manche Gestalten, zumal von Journalisten, haben sich nicht nur auf der Terrasse, sondern auch in meinem Gedächtnis eingestellt, erwähnen kann ich sie nicht alle. Hier erst recht sah und hörte ich den Kapellen zu, vor allem waren es zwei Militärkapellen. Die eine, von einem Infanterieregiment, dessen Vorgänger im Volksmund »Maikäfer« hieß, wurde straff von einem scheinbar jugendlichen Mann in Uniform dirigiert, dem Musikdirektor Heinrich Dippel. Der Titel Musikdirektor wurde zu Kaisers Zeiten einem Schul- oder Militär- oder sogar einem Synagogalmusiker verliehen, der Kompositionen vorweisen konnte. So auch Louis Lewandowski, der den liberalen jüdischen Gottesdienst in Preußen mit Musik versorgt hat. Darauf komme ich zurück. Und jetzt schweife ich zurück, von der Tempelmusik zur Militärkapelle. Die andere Kapelle war die des Wachregiments, geleitet vom Obermusikmeister Friedrich Ahlers, der wie Dippel das Eiserne Kreuz Erster Klasse auf der feldgrauen Uniform trug und in seinen Gesten und Bewegungen lockerer war als der Kollege. Der erreichte bald die Altersgrenze, spielte aber weiter, in altmodischem Zivil, nicht mehr jung wirkend. Was für Musiker er dirigierte, weiß ich nicht mehr. Das Anschauen scheint mir damals wichtiger gewesen zu sein als das Anhören, ich stieg die Terrassenstufen hinunter und fasste Posten vor der großen Musikmuschel. Militärmusik gleich Blasmusik. Es erschienen auch symphonische Orchester. Ehrgeizige und Begüterte konnten ja damals Orchester mieten, das Berliner Symphonieorchester (früher Blüthner-Orchester) und sogar die Berliner Philharmoniker. So eines Nachmittags Werner F. von Siemens, der in jener dirigentenreichen Zeit auf sich aufmerksam machen wollte. Sein Auftritt, seine Zeichengebung, ein grotesker Podiumstanz. Tante Erna Isenburg fand es verrückt. Es gab auch neue Unterhaltungsmusik, es dirigierten Komponisten ihre Stücke aus jeweils verschiedener Gattung. Ich glaube, die Konzerte endeten in der Dämmerung. Die Lampen flammten auf, beleuchteten die dünnen roten Beine der Flamingos, der Abendwind wehte Vogelrufe und ferne Jazzklänge heran. Musik, wenn auch nicht höchsten Ranges und Ernstes, war nicht vom Zoo, der Zoo nicht von Musik zu trennen: zu bürgerlichem Behagen. Und so ging es schon lange. In den siebziger Jahren des 19. Jahrhunderts, im alten Wilmersdorf, sitzen sie zusammen in der Vorderstube des dreifenstrigen Häuschens der Gärtnerei. Und unterhalten sich: Die alte Waschfrau Nimptsch und ihre angenommene Tochter Lene, die dicke Frau Dörr mit ihrem Mann, dem Gärtner, und der Kavallerieoffizier Botho Freiherr von Rienäcker, der den schlichten

Leuten manches erklären muss, nun aber innehält: »Aber horch, eben fängt drüben das Konzert an. Können wir nicht das Fenster aufmachen, dass wir's besser hören? Du wippst ja schon mit der Fußspitze hin und her.« Und sie tanzen nach der Musik vom Zoo: im ergreifendsten, im schönsten Berliner Roman ›Irrungen Wirrungen‹ von Theodor Fontane. Und noch einmal: Der Rittmeister sitzt mit seiner übermütigen Frau Käthe auf dem Balkon. »Endlich brach der Abend herein, und im selben Augenblicke wo's dunkelte, begann drüben im ›Zoologischen‹ das Konzert, und ein entzückender Strauß'scher Walzer klang herüber.« Da tanzt das junge Ehepaar. Es vernimmt einen Gruß aus Wien. Ja, die Berliner und die Wiener hatten viel Spott über- und nicht wenig Sinn füreinander, sogar nach ihrem Krieg von 1866. Die Geschichte, Kulturgeschichte ihrer Beziehungen sollte einmal gründlich geschrieben werden.

Es dämmerte im Zoo, wir mussten heimgehen. Waren wir auf dem Hinweg mindestens ein Stück die große malerische Allee entlanggegangen, die der Volksmund, also die Berliner Schnauze, Lästerallee nannte, weil die auf ihren Bänken Sitzenden sich kritisch über die an ihnen vorbeiziehenden Flaneure zu äußern pflegten, so nahmen wir den Rückweg hinten an den bescheidenen Gehegen der Rinder, der Schafe, der Pferde vorbei. Ruhig war es dort, draußen Lärm und Hast und Gerüche der Großstadt. Fern der Probleme und Nöte, deren Folgen uns bald verstießen. Hier empfand ich Abendfrieden. Ein Gefühl, das ich nach über siebzig Jahren noch spüre.

Nicht dass ich den Erscheinungen und dem Betrieb der Großstadt fernblieb. Die U-Bahn-Fahrten ins Zentrum Berlins waren stationenreich, aufregend und lohnend. Wollte ich von ihnen erzählen, liefe ich Gefahr, längst ausführlich und treffend Geschildertes nochmals zu schildern. Und wieder nährt Erinnerung sich von Fotografie: So wie ihn das vielgedruckte Foto zeigt, habe ich auch als kleiner und größerer Junge den Potsdamer Platz gesehen. Und den bei seiner Errichtung sensationellen Verkehrsturm. Ich habe ihn bewundert, wörtlich im Aufblick, er schien mir viel höher als heute, da er oder eine Nachbildung funktionslos und kaum beachtet beiseite steht. Oben in seinem verglasten Turmgemach regulierte der Schupo den Verkehr wie seine weniger begünstigten Kollegen unten auf den Straßenkreuzungen, statt ihrer suggestiven Handzeichen bediente er sich der für alle Richtungen angebrachten Farbsignale in wohlbemessenen Übergängen Grün – Gelb – Rot, und genauso wie die Polizisten auf den Kreuzungen tat er es nach Bedarf und Gutdünken, nie nach der rücksichtslosen, blinden Automatik, die heute einem unbehenden Fußgänger beschwerlich ist. Der Verkehrsschupo verkörperte übrigens eine Berliner Institution, zu seiner Amtsausübung gehörte nicht nur Gestik, sondern auch Mundfertigkeit. Als zwei junge Mädchen, eines davon meine spätere Mutter, verkehrswidrig über den Fahrdamm liefen, schimpfte der Schutzmann: »Lange Haare, kurzer Verstand!« In der ›Berliner Illustrirten‹ erschien ein Fortsetzungsroman über solch einen Schupo von Hans Joachim von Reitzenstein, ›Oberwachtmeister Schwenke‹. Er wurde 1935 verfilmt mit Gustav Fröhlich, Emmy Sonnemann und Marianne Hoppe. Der Mann im Turm war solch persönlichen Umgangs enthoben. Er handelte immer noch als aufmerksames Individuum.

Vom Potsdamer waren es nur wenige Schritte zum Leipziger Platz, zu einem prachtvollen Palast fürs Bürgertum, bei aller Üppigkeit zu demokratischem Gebrauch – die unvergleichliche Schöpfung des Architekten Alfred Messel, dem als Bauleiter Alfred Breslauer assistierte – dem Warenhaus A. Wertheim, ebenso unvergleichlich mit Leben erfüllt, mit vielfältigsten Waren nämlich; ihre Verkäufer und im Hintergrund die Einkäufer arbeiteten zweifellos mit hoher Kennerschaft. Sie kannten auch ihr Publikum, ein allgemeines, eben bürgerliches und auch eines mit ganz speziellen Interessen. Die Leute müssen bei Wertheim mehr gefunden haben, als sie suchen konnten. Meine Mutter und mein Großvater haben mir wohl sämtliche ›Rayons‹ und Verkaufsräume gezeigt, den großen Lichthof mit Brunnen, die dekorative Abteilung mit erlesenen Teppichen, die Möbel-, die Kunstabteilung, die einmal der junge Bruno E. Werner leitete; die Spielwarenabteilung musste ich immer besichtigen, aber ganz ohne Begehren. Imposant waren auch die Fahrstühle, die von pagenhaften Jünglingen geführt wurden. Diese regulierten die Geschwindigkeit, hielten an jedem Stockwerk, sanft oder mutwillig so jäh, dass man Bauchschmerzen bekam und meine zurückhaltende Mutter den Unachtsamen schalt. Gesehen habe ich wohl alles, verstanden wenig, außer der Fotografie führt mir Lektüre, also Beschreibung, die Räume mit ihren differenzierten käuflichen Objekten wieder vor Augen. Wahrscheinlich sieht überhaupt ein Kind nicht das Ganze, nur das Einzelne, allerlei Gegenstände, ein Zimmer mit seiner Einrichtung eher als ein Haus. Obwohl mich mein Vater früh auf Bauten, Baulichkeiten, Baukunst hinwies und mir schon eine erste Ahnung von Schinkel dämmerte, erschloss sich Architektur mir erst allmählich und vor allem durch Freundschaft mit gebildeten und bedeutenden Persönlichkeiten, deren Gegenwart ich an anderer Stelle bezeugen werde: den Architekten Mauricio und Antonio Cravotto in Montevideo. Die Belehrung wuchs mit der Freundschaft, gern habe ich von Freunden gelernt. Der Eindruck von Wertheim blieb also pauschal, ein Eindruck immerhin von Reichtum und Geschmack, wohl auch von Kultur, wenn ich die überhaupt definieren kann, auf jeden Fall von Dekoration. Weit hinaus über das, was damals schon Läden mit ihren Schaufenstern boten – Schaufenstern, vor denen ich gerne stehen blieb, und sei es nur, den Teddybären zu bestaunen, der den Kaffee einschenkte, emsiger noch als die Schimpansin im Zoo. Ich lese noch einmal den 1901 in der ›Neuen Deutschen Rundschau‹ erschienenen magistralen Essay ›Das Warenhaus‹ von Oscar Bie: Er stellt Wertheim und seine Konkurrenz genau und feinsinnig in die Kulturgeschichte. Und lese die anschauliche Schilderung in dem im

Sommer 1958 abgeschlossenen Buch von Walther Kiaulehn: ›Berlin. Schicksal einer Weltstadt‹. Die Konkurrenz, das war, aufgestiegen wie Wertheim aus kleinen Anfängen, Hermann Tietz, das Haupthaus auch in der Leipziger Straße, an ihrem anderen Ende, gleichfalls ein stattliches Gebäude, die Firma sehr populär, ein bisschen weniger fein in Atmosphäre und Angebot als Wertheim. Dank Kiaulehn weiß ich, dass Hermann Tietz als erstes Warenhaus eine reiche Lebensmittelabteilung führte. Fester hat sich mir etwas anderes eingeprägt. Auf dem Dach trug das Haupthaus Tietz – es gab viele Filialen – einen riesigen Globus. Er war, man würde heute sagen, das Logo der Firma, war Signet. Die Warenhäuser hatten schon damals Buchabteilungen mit gelernten Sortimentern, und mehr: Musikalienabteilungen. Als Gymnasiast und Student hat mein Vater dort viele Klavierauszüge billig erworben. Hermann Tietz aber hatte einen eigenen, hatte den Globus-Verlag mit ebendiesem Signet. Er brachte durchwegs wohl Werke, die nicht mehr urheberrechtlich geschützt waren, als hübsche, ziemlich kleine, in rupfiges graues Leinen gebundene Bände mit Umschlägen gleichen Aussehens, wohl geeignet für die im Werden begriffene Bibliothek eines Schülers. Luftig in Fraktur gesetzt, waren es immer eigene, selbständige Ausgaben, kompetent, ja prominent ediert und eingeleitet. Den Eichendorff-Band hat Hermann Hesse betreut und seine Auswahl von Gedichten und Erzählungen klar eingeleitet. Zwei Kleist-Bände, Erzählungen und Dramen, verantworteten Arthur Eloesser und Eugen Wolbe. Der Verlagsname wechselte aus mir nicht bekannten Gründen: Deutsche Bibliothek.

Der Reiz dieses ganzen Viertels minderte sich für mich auch in der Adoleszenz nicht. Das Hakenkreuz, die Kenntnis von erzwungenem Besitzerwechsel, die Arisierung waren verstörend, aber der Anblick, mit ihm der Reiz, unsereinem noch nicht ganz verwehrt. Wir waren schon »draußen« vor dem Judenbann und der Vernichtung. Jene Bände aber hatten wir mitgenommen.

Nutzbringend und erschwinglich für junge Menschen, und nicht nur für sie, war auch die Hafis-Lesebücherei, eine Reihe des Verlages H. Fikentscher, damals in Leipzig, der hervorgegangen war aus einer heute noch bestehenden Großbuchbinderei. Die Zahl ihrer Bände betrug meines Wissens neunzig, das Repertoire war weit, konservativ, zapfte sogar Weltliteratur an und reichte, beliebte Titel bevorzugend, vom Nibelungenlied bis zur Marlitt mit ihrem ›Geheimnis der alten Mamsell‹ und zu Erzählungen von Otto Flake, der vornehmlich ein S. Fischer-Autor war. Die Bände, Bändchen im Format 10×17 Zentimeter waren von ziemlich gleichem Umfang und daher in verschiedenen Schriftgraden ihrer Fraktur gesetzt. In Leinen kosteten sie 1,30 Mark, in Halbleder, Goldprägung in rotem Rücken 2,50 Mark. Der Verlag verbürgte sich für Korrektheit. Auf der Rückseite der Titelei stand ›Textrevision‹ und der Name des Revisors, vermutlich eines jungen und erste Sporen verdienenden Germanisten, der sicherlich auch das knappe anonyme Nachwort verfasste. Das imponierte mir, obwohl ich noch nicht genau wusste, was es denn mit solcher Textrevision auf sich hatte, geschweige denn, dass ich mit Editionen einmal würde zu tun haben. So zeichnete für Stifters mir liebe ›Bunte Steine‹ und für ›Dorf- und Schlossgeschichten‹ der kaum gebührend geschätzten Marie von Ebner-Eschenbach Dr. Otto Görner, für Hölderlins ›Hyperion‹ Katharina Danzig, für Mörikes ›Novellen und Märchen‹ Dr. E. Kästner: ein braver Beginn. Ich suche noch nach einem Droste-Hülshoff-Band aus dieser Reihe, natürlich mit der ›Judenbuche‹ und Gedichten, und finde ihn (noch) nicht in meinen unordentlich überquellenden Regalen. Diese Angaben sind denn unvollständig wie das Erinnern überhaupt. So weit habe ich mich mit ihnen nicht vom Potsdamer und Leipziger Platz, von der Leipziger Straße und den Warenhäusern und den manchmal scharfen, manchmal verschwimmenden Bildern meiner Kindheit entfernt. Bücher wie diese fielen einem eher im Warenhaus in die Hände als im Sortiment.

Leipziger Straße. Der kleine und der größere Junge ließ sich gerne mitnehmen zu der Schokoladenfirma Theodor Hildebrand & Sohn, das Hauptgeschäft hatte blendend geschliffene Schaufensterscheiben, die Filiale am Alexanderplatz war schlichter, das Produkt in meiner Familie bevorzugt. Es hieß – war das bezeichnend für unseren Geschmack? – ›Deutsche Schokolade‹, war bitter und fein, dargeboten als Tafel oder kleine Stückchen, sogenannte Napolitains, auf den Verpackungen der charakteristische Namenszug von Theodor Hildebrand.

Nichts aber kam Aschinger gleich. In der Leipziger Straße und in vielen Stadtteilen. Populärster Imbiss, sehr billig und sehr großzügig. Ein Stück bayerischer Gastronomie, gediehen zu einem unverwechselbaren und, wie die Geschichte erwiesen hat, unersetzlichen Element Berlins. Oft ist das berichtet worden: Man konnte in Erbsensuppe und Würstchen schwelgen, dicken und dünnen. Diese hießen in Berlin Wiener, anderswo Frankfurter Würstchen. In Montevideo schrieb man Frankfurter und sagte ›Franfruter‹. Und dazu gab es Brötchen à discrétion, nach Belieben, und welchem Belieben! Ganze Generationen armer Studenten haben sich von Aschingers Brötchen ernährt. Alles hatte sein eigenes, ich wiederhole, unvergleichliches Aroma, die Würstchen, der Kartoffelsalat, die Erbsensuppe, ein spezielles limonadenartiges Getränk, für Bier war ich noch nicht reif. Nicht zu vergessen der Senf, wir sagten Mostrich. Kiaulehns Berlin-Buch entnehme ich, das Rezept der Erbsensuppe stamme von Justus von Liebig, dem großen Chemiker des 19. Jahrhunderts, dem Briefpartner Platens. Liebig, dem Ernährer, dessen Fleischextrakt nicht seine bedeutendste Leistung, aber seine bekannteste war und viele Jahrzehnte hindurch Patienten stärkendes Nahrungsmittel – hergestellt in der kleinen uruguayischen Hafenstadt Fray Bentos, wo deutsche Fachleute in Liebigs Namen eine Fabrik errichteten. In den fünfziger Jahren, etwa 20 Jahre nach dem letzten Genuss jener Erbsensuppe, habe ich für die Zeitung ›Acción‹ in Fray Bentos alte Fährten gesucht,

Grabsteine mit deutschen Namen gefunden. Ein englisches Schiff hatte angelegt, die Frau des Kapitäns begoss Blumentöpfe an Deck und unterhielt sich mit mir über ihren Nachbarn Benjamin Britten. Fray Bentos war ein stilles Städtchen, die Produktion des Fleischextrakts längst den mächtigen *frigoríficos*, Schlacht- und Kühlhäusern von Swift und Armour, erlegen. Liebig ist übrigens selber nicht nach Fray Bentos gereist, ich tat es, im leichten Gepäck die kleine Liebig-Biographie von Theodor Heuss. Auf wie viele Verknüpfungen kann man stoßen, folgt man dem Lauf der Fäden. Spulen wir uns zurück in die Küchen von Aschinger.

Als mein Vater nach der Kieler Woche zu einer Yachtfahrt geladen war, traf er an Bord den Juniorchef Fritz Aschinger und den angesehenen langjährigen Direktor der Firma, Kommerzienrat Hans Lohnert. Etwa um 1930 nahmen meine Eltern an einer Führung durch Aschingers Herstellungsräume teil und bewunderten die Technik, die Hygiene, ja Ästhetik, den guten Geschmack in doppeltem Sinne und in allem. Apropos Geschmack. Legte man mir heute jene Aschinger-Erzeugnisse auf die Zunge, ich würde sie sofort wiedererkennen. Ich fürchte, jugendlicher Freßsucht verdächtigt zu werden, so oft rede ich vom Essen. Ich muss mich verteidigen. Diät zu halten fällt mir als Diabetiker nicht schwer. Aber Geschmack gehört wie Geruch zu den Ingredienzien der Erinnerung, spürt man den einen oder den anderen oder gar beide wieder, ist es Rückkehr ins Einst oder Wiederkehr, Vergegenwärtigung des Einst.

Ich sollte noch eruieren, wie und wann Aschinger und Kempinski, ursprünglich ein feinbürgerliches Restaurant in jüdischem Besitz, sich geschäftlich verbanden. Zu Kempinski gehörte Haus Vaterland. Nur einmal habe ich es besucht, das Datum kann ich genau angeben: Am 3. April 1930 feierten wir dort in kleinem Kreis von Verwandten und Freienwaldern recht bürgerlich meines Großvaters Emil Putzig siebzigsten Geburtstag. Auf der Rheinterrasse, im besten Saal des Etablissements. Jeder seiner Säle bot die Rekonstruktion einer pittoresken Landschaft, einer Örtlichkeit, die Rekonstruktion war genau, aber lauter Kulisse, Täuschung, *spectaculum*, Panorama nach der im 19. Jahrhundert als Attraktion gepflegten Art, wie sie in Paris Daguerre zur Schau gestellt hatte, ehe er die Erfindung des Joseph Nicéphore Niepce nach sich selber benannte und in die Welt, zu den Menschen die Technik ihrer eigenen Abbildung brachte. Und die Abbildung, später Fotografie geheißen, erleichterte auch die Nachbildung – und die gespielte Einbildung, am Rhein zu sitzen. In einem anderen Saal erkannte ich das Wetterstein-Massiv von Garmisch-Partenkirchen wieder. Es wurde wohl auch gejodelt. Das Echte war mir lieber. Die Luft passte nicht zur Dekoration. Der weiteren Säle und Motive erinnere ich mich nicht mehr. Waren nicht Konstantinopel und Rio de Janeiro dabei? Aber dann wäre es ja nicht mehr Vaterland gewesen, in dem gastronomisches Geschäft und Patriotismus sich zeittypisch verbündeten. Die Einrichtung des Hauses lässt sich vermutlich noch im Einzelnen erkunden. Einstweilen scheue ich davor zurück und erzähle nur noch, dass es in jedem der Szenarien stündlich ein Gewitter mit Blitz und Donner und prasselndem Regen gab. Das war schon was. Für Momente der Verblüffung und der Unterhaltung willigte man ein in den Kitsch.

Berlin war groß und sein Zentrum nicht klein, aber vieles lag dicht beieinander. Und alle Attraktionen, sogar Aschinger, hatten eines gemeinsam: die Dekoration, das Bühnenbild, Schaustellung und sogar Schauspiel. Das Theater blühte nicht für sich allein. Als Wertheims Warenpalast errichtet wurde, begann der Schauspieler und Regisseur, der Theaterherrscher und Theaterzauberer Max Reinhardt sein wahrlich glanzvolles Wirken. Und es ist nicht von ungefähr, dass der Architekt Alfred Breslauer, der als Messels Assistent jenen Bau geleitet hatte, für Reinhardt die Bibliothek in Schloss Leopoldskron entworfen hat.

In den Pfingsttagen des Jahres 1961 waren meine Eltern und ich nach 22 Jahren gewaltsamer Entfernung und Veränderung wieder in Berlin. Die Freundinnen Mossner führten sie und mich zu dem Ort, an dem es einmal den Potsdamer Platz gegeben hatte. Wir bestiegen ein Holzgerüst und sahen die öde, brache Fläche und Ruinen, Ruinen des östlichen Teils der gewesenen Weltstadt. Mein Vater zeigte uns, was nicht mehr da war. Er wusste Punkt für Punkt, was dort gestanden hatte. Er streckte den Arm aus – »und dort war das Haus Vaterland«. Ein Hase hoppelte über den leeren Grund. Meinem Vater rannen die Tränen.

Theater: Es ergibt in meinen Jugenderinnerungen höchstens ein Intermezzo. Als ich empfänglicher dafür geworden und ein Theaterbesuch gerade noch erlaubt war, übte ich eine Zurückhaltung, die, fürchte ich, auf einen Mangel an Leidenschaft schließen lässt. In der Oberstufe des Gymnasiums nahm unser Deutsch- und Englischlehrer Ernst Mille Schüler mit zu Klassiker-Aufführungen. Ich schloss mich ihnen nicht an. Ich las. Las schon Werke, las früh, ein Journalistenkind, das gierig die Nase ins Blatt steckte, Kritiken. Und ließ mir erzählen. 1930 wurde ein Jubiläum Max Reinhardts gefeiert: Vor fünfundzwanzig Jahren hatte er die Direktion des Deutschen Theaters übernommen, nach der streng realistisch-wortbezogen sinnhaften Kunstauffassung des Otto Brahm nun eine vielfach variable sinnenhafte Bühnenkunst entfaltet. Von der Feier brachten meine Eltern die doppelte Festschrift mit: im Schuber einen schönen Text- und Fotoband und broschiert die reichen Spielpläne Max Reinhardts. Seine drei amtierenden Dramaturgen hatten das doppelte Buch zusammengestellt, der feine alte Arthur Kahane, der Shakespeare-Übersetzer Hans Rothe, der mich ein Vierteljahrhundert später im S. Fischer Verlag besuchte, und Franz Horch, als Emigrant Mitbegründer der unter seinen Nachfolgern noch heute aktiven literarischen Agentur Mohrbooks. An dieser Festschrift konnte ich mich nicht satt lesen, satt sehen, an ihrer kultivierten

Darstellung darstellender Kunst. Gewiss, Reinhardt hat die auf Wahrheit versessene Geistigkeit des Germanisten und Kritikers Dr. Otto Brahm aufwandsfroh überspielt, ein Bühnenmensch ganz und gar. Ungeistig, wie gegnerische Kritik meint, war er nicht. Ich las gerne seine schöne Rede über den Schauspieler, die ihm von keinem Dramaturgen zubereitet worden ist. Und viel später bestätigte meinen Respekt der Einblick in Regiebücher, die ein Freund mir zeigte, Leonhard M. Fiedler, der beste Reinhardt-Kenner und Autor der Rowohlt-Monographie über ihn. Die beiden Bände gaben mir, dem Unerfahrenen und Passiven, einen Begriff von Theater und darüber hinaus eine eindringliche Anschauung. Mit der Jubiläumsfeier feierte sich splendide Theaterfotografie: Reinhardt hat sie gefördert, Fotografie von Rollen, Gestalten, Gesichtern, Masken und Menschlichkeiten. – Ich habe keine Inszenierung von Reinhardt, geschweige denn ihn selber gesehen, wohl aber Mitarbeiter und Gesprächspartner gekannt. Mit einem andeutenden Bericht darüber enteile ich schon wieder meiner Kindheit und Jugend, in die ich doch zurückkehren muss, wenn ich mich aus dieser Assoziationskette gewickelt habe.

Zwei alte, doch recht rege Herren besuchten mich in den sechziger Jahren im S. Fischer-Lektorat. Ihre Namen kannte ich längst, von dem einen wusste ich genau, von dem anderen ungefähr, was er bei und für Max Reinhardt getan hatte. Der kleine hellwache Heinz Herald und der still lächelnde, liebenswürdig ansehnliche Einar Nilson. Er war jahrzehntelang der Hauskapellmeister des Deutschen Theaters, komponierte, arrangierte, besorgte und dirigierte Bühnenmusiken. Reinhardt zog ja Künstler aus allen Gebieten zu sich heran, bei ihm dirigierten auch der junge Otto Klemperer und der junge Eduard Künneke. Nilson aber war ständig im und am Theater. Herald führte Regie und war wohl auch an der Leitung des Theaters beteiligt. Er kam zu mir mit einem interessanten Plan, der indes nie ausgeführt wurde. Er wollte nach dem Buch über seinen genialischen Chef (1953) ein Buch über Otto Brahm schreiben, den Wahrheitsfinder im gereinigten Drama. Solch Buch fehlt immer noch, auch ist das in manchem naturgemäß überholte, doch noch immer beachtliche literarische Werk dieses Entdeckers und Anregers nur noch im Antiquariat zu greifen. Eine Auswahl seiner Essays und Rezensionen ist in der Reihe ›Klassiker der Kritik‹ erschienen, die Emil Staiger im Artemis-Verlag herausgegeben hat. Der von Fritz Martini edierte Band enthält dabei Wesentliches, darunter auch Ergreifendes wie den leisen Nachruf auf den älteren Kollegen, Förderer, Gönner Fontane und so Anmutiges wie die feuilletonistische Würdigung der Sängerin Pauline Lucca. Zur Zeit, da ich dies notiere, haben Verlage es schwer. Sie müssen gewisse Ausgaben – in doppeltem Sinn! – scheuen. Eine neue Edition der Kleist-Biographie, der Schiller-Biographie oder des Buches über Karl Stauffer-Bern wage ich nicht zu erbitten. Von der Hoffnung auf ein Brahm-Buch lasse ich nicht. Nicht etwa bloß, weil sie in der deutschen Kultur wirkende Juden waren, bitte ich um Aufmerksamkeit für Otto Brahm und Moritz Heimann.

Reinhardt aber war, es sei wiederholt, ein mächtiger Zauberer, Menschen faszinierend und führend, dabei wohl einsam. Sein Nachglanz erlischt erst, wenn niemand mehr sich jene Zeit vorstellen kann, wozu ja mehr gehört als das Studium der Quellen. Von seinem Wesen hat mir sich als Zeuge, Mitarbeiter, ja Freund einer der merkwürdigsten und bedeutendsten Männer erwiesen, denen ich je begegnet bin. Ich traf ihn, als Reinhardts Zeit und auch meine Kindheit und Jugend weit schon zurücklagen, in den sechziger Jahren: Gustav Hillard-Steinbömer (1881–1972). Ich hatte in Zeitschriften Essays von ihm gelesen, ein paar Auskünfte über ihn müssen mir zugeweht sein. Ich stellte mich ihm bei einer Tagung der Deutschen Akademie für Sprache und Dichtung in Köln vor. Am Morgen nach den Veranstaltungen traf ich ihn im alten Wallraf-Richartz-Museum. Er führte mich zu einem kleinen Bild, das müsse ich sehen. Caspar David Friedrich. Ein schlicht gekleideter Herr, dessen straffe

Haltung wohl von seinem ersten Beruf herrührte. In Rotterdam als Spross einer Lübecker Kaufmannsfamilie geboren, war Gustav Hillard-Steinbömer zum Offizier ausgebildet worden; ob es je einen so kultivierten, so gebildeten Offizier gegeben hat, ist fraglich. Ins Kadettenleben eingeführt von Kurt von Schleicher, wurde er Mitschüler und Freund des Kronprinzen, hatte Zugang zum Hof, verkehrte während eines Berliner Aufenthalts im Grunewald-Haus seines Verwandten Max Planck, war im Ersten Weltkrieg Major im Großen Generalstab (über den er später einsichtig schrieb), studierte nach dem Krieg, wurde naher junger Freund von Walther Rathenau, der ihn wiederum bei seinem Vetter Max Liebermann einführte und ihn in seinen ›Politischen Briefen‹ als einzigen mit dem Vornamen anredete. Der vielseitige, so wortmächtige wie diskrete Mann wurde von Max Reinhardt berufen, der das Fehlen von Bühnenpraxis als einen Vorzug erkannte. Gustav Hillard-Steinbömer wurde Dramaturg an der Seite von Arthur Kahane und Felix Hollaender, und sogar stellvertretender Direktor, mit dem Chef, soweit möglich, befreundet. Er lehrte an der Schauspielschule des Deutschen Theaters, dann an der Lessing-Hochschule, fand Zugang zur Welt Hofmannsthals, zur Welt Georges, befreundete sich, selber Freund des Kronprinzen und Bewunderer Heideggers, mit Richard Beer-Hofmann, der in den Berliner Briefen an seine Frau Paula über ihn berichtet. In der Festschrift zum neunzigsten Geburtstag gratuliert ihm Hermann Thimig aus der berühmten Schauspielerdynastie: »So unglaublich es auch klingen mag – es scheint mir gar nicht so lange her, dass wir gemeinsam im ›Deutschen Theater‹ in Berlin die erregenden glücksspendenden Proben Max Reinhardts erlebten. Sie, Verehrter, saßen im Zuschauerraum in der Nähe des Regietisches seitlich des Meisters und ich stand als Darsteller auf der Bühne. Wie begeistert, beglückt und mitgerissen lauschten wir der Regiearbeit unseres geliebten ›Professors‹. Es war die allerschönste, niemals wiederkehrende Zeit meines Bühnenlebens.«

In ›Herren und Narren der Welt‹, einer der nobelsten, themen- und gestaltenreichsten Autobiographien, die ich kenne, erschienen 1954 im Paul List Verlag, versetzt Gustav Hillard-Steinbömer die Angesprochenen in Reinhardts Welt. Sie besteht nicht mehr, aber Generationen von Künstlern sind aus ihr hervorgegangen und haben ihr Erbe unter gewandelten Umständen weitergetragen. So geht sie unsereinen immer noch an – und rechtfertigt die Abschweifung. Gern gedenke ich einer ungewöhnlichen Persönlichkeit und schlage Gustav Hillard-Steinbömers mir wohlwollend geschenkte Bücher wieder einmal auf.

Ein ganz starkes, wie man jetzt so gern sagt, prägendes Theater- oder genauer Schauspielerlebnis habe ich in meiner Jugend nicht gehabt. Weniger Vorstellungen gesehen und gehört als gehabt. Mir also die Werke lesend vorgestellt. Bis heute habe ich keine Vorstellung von ›Minna von Barnhelm‹ erlebt, die meinem Entzücken beim Lesen und Vormichhinsprechen dieses zeitgebundenen, dieses zeitlosen Stückes mit seiner wunderbaren Grazie und Menschlichkeit gerecht würde. Ins Staatstheater am Gendarmenmarkt ging ich zu keiner Tragödie oder Komödie, nur zu einer Berliner Posse ›Hunderttausend Taler‹ von David Kalisch (1820–1872), Mitgründer der auch von mir besehenen humoristischen Zeitschrift ›Kladderadatsch‹. Inszeniert hatte die Posse Jürgen Fehling, man darf schon sagen, »kein Geringerer als«. Ich konnte nicht wissen, dass ein Rollenportrait von ihm bei uns in der Wohnung hing. Ich weiß nicht, wie und wo mein Vater es erwarb. Erst vor ein paar Jahren hat den strengen Mann im Habit eines Senators oder Richters, ein Barett auf dem Kopf, vor rötlichem Hintergrund, ein Verwandter identifiziert: Dr. Dr. Hans Roos ist Schwiegersohn des Heidelberger Historikers Ferdinand Fehling, eines Bruders des illustren Theatermannes, die Schwiegermutter – Tochter von Max Planck – im Kindbett gestorben. Hans Roos hütet wissend, klug und feinfühlig seines Schwiegergroßvaters Hinterlassenschaft. Erhellend und bewegend weiß er zu erzählen.

Aus dem Nachlass Hugo von Hofmannsthals brachte der S. Fischer Verlag einen Prosaband mit dem Titel ›Die Berührung der Sphären‹ heraus. Trotz weitaus geringerem Inhalt und Rang darf vielleicht mein Erinnern sich an diesem Titel orientieren. Womit ich nicht behaupte, dass sich irgendeine Berührung von Kalisch und Hofmannsthal feststellen ließe. ›Hunderttausend Taler‹ schienen passend für einen Jungen zu sein, der Preußens vornehmstes Schauspielhaus kennenlernen sollte. Ich fand es schön, aber mein Eindruck blieb vage, vom Stück selber habe ich wenig verstanden und nichts behalten, außer einem Moment-bild und einem knappen kern- und wesenhaften Dialog. Es ist vielmehr ein Duett, ich habe es jetzt nachgeschlagen in der zweibändigen Kalisch-Ausgabe von Manfred Nöbel, Henschel Verlag, Ost-Berlin 1988, die mir der Wassermann- und Hei-mann-Editor Dierk Rodewald geschenkt hat.

»Herr Stullenmüller: ›Du liebst mir.‹ – Wilhelmine, das Dienstmädchen: ›Ick liebe dir.‹ – Beide: ›Sie liebet mir / Er liebet mir.‹« – Und weiter. Stand das Paar nicht an einer Leiter?

Es war also nicht viel los mit mir mit früher Bildung durchs Theater. Die Klassiker, die ich rechtzeitig aufnahm, kamen mir nahe durchs unentwegte Deklamieren, Rezitieren, den Versge-nuss meines Großvaters, dann auch dank den Deutschlehrern Liederwald, Wilkens und Mille. Und natürlich durchs eigene Le-sen. Nicht zuletzt aber durch Schulaufführungen meines und des Friedrich-Wilhelm-Gymnasiums in der Kochstraße, dessen Direktor Reichstagsabgeordneter der Deutschen Staatspartei, der Demokraten also, Graf Pestalozza war. Ich sehe noch seine weiße Tolle. Meine Vettern Heinz und Werner Kindermann gin-gen auf diese Schule, auch Mitschüler, denen das Askanische zu schwer wurde. Da gab's ›Götz von Berlichingen‹ mit einem Pri-maner als Hauptdarsteller. Dem Heinrich George war er gar nicht ähnlich. Die Bühne bestand aus einem Zelt. Am Schluss klemmte der Vorhang. Der soeben verstorbene Götz sprang von seinem Ritterstuhl auf und riss ihn zu.

Einen Sterbenden sah ich würdig gespielt im Theater des Victor Barnowsky in der Königgrätzer Straße, die dann Stresemann-, noch später Saarlandstraße hieß. Hieß sie nicht auch noch Hermann-Göring-Straße? Und wie heißt sie jetzt? Es war eine Dramatisierung des ›Winnetou‹, von der ich nur diesen Moment behalten habe und damit genug. Karl May kann indessen nicht übergangen werden, wenn meine Jugendlektüre zur Sprache kommt.

Theater ohne oder mit Musik blieb denn doch nicht ohne Faszination. Als Spielstätte, noch ehe das wie auch immer geartete Spiel begann: Kasse und Foyer und vor allem der Saal mit Parkett, Rängen und Logen. Das alles machte auf mich schon Eindruck, bevor ich architektonische Eigenheiten und Werte würdigen konnte. Spannend und festlich war es bereits vor Beginn der Vorstellung. Mir erging es da wie wohl jedem. Das Publikum raunte und stellte auch seinerseits etwas zur Schau: Seinen Schmuck, hoffentlich mit blitzenden Brillanten, und seine unalltägliche Kleidung, manchmal konnte man noch das Mottenpulver riechen. War es Musiktheater, Oper, füllte sich allmählich der Orchestergraben. Der Vorhang bauschte sich. Bald hob oder teilte er sich. Das Drum und Dran wirkte auf mich mindestens so stark wie die Sache selber, Theaterluft. Gelenkte Unruhe. Verstand ich auch oft nicht den Sinn, so waren doch alle Sinne angesprochen. Und darüber konnte ich nachsinnen. Modernes, auch Mondänes spürte ich im neuen kleinen Theater am Kurfürstendamm, wo die Operette ›Glückliche Reise‹ von Künneke einigermaßen modisch gegeben wurde. In der bürgerlichen Städtischen Oper in Charlottenburg hörte und sah ich zum ersten Mal eine Oper. Es durfte keine andere sein als ›Hänsel und Gretel‹, schön schon damals, auch wenn die Meisterschaft der Partitur weit über ein kindliches Fassungsvermögen hinausgeht. Ein bisschen älter war ich, als ich vor derselben Bühne »meine« erste ›Fledermaus‹ erlebte. Ein Stück für Kinder ist sie ja nicht. Nur können bereits Kinder eingenommen werden vom Reichtum und Jubel ihrer Melodien und Rhythmen. Und sogar von ihrer kryptischen Melancholie. Und das merkte ich: Wien grüßte Berlin. (Von der Pariser Anleihe wußte ich noch nichts.)

Spectaculum war aber auch und erst recht, dazu wie geschaffen für kindliches Publikum, der Zirkus. Krone und Sarrasani, die beiden größten Zirkusse, bauten beide mehrmals ihre Zelte und Käfige, umstellt von zahlreichen Wohnwagen, auf dem Tempelhofer Feld auf. Wir gingen zu Fuß hin. Aus den Clowns habe ich mir nie viel gemacht, auch wenn mir ihre Kunstfertigkeit nicht entging. Maskenspiel gehört zur menschlichen Existenz, das Trachten nach Verwandlung, aber Verzerrung und Entstellung erschrecken mich, vor abgekarteter Komik könnte ich die Queen zitieren, »I am not amused«. Aber die Dressuren. Vor dem Auftritt der Raubtiere wurde eine Käfigglocke über die Manege gesenkt, die großen Katzen erwiesen sich indessen als sehr diszipliniert. Am meisten freute ich mich über die Elefantendamen, die von den Herren Direktoren persönlich vorgeführt wurden, von Hans Stosch-Sarrasani in einer indisierenden Fantasietracht, von Carl Krone im Cutaway mit Schwalbenschwanz. Hatten seine Elefantinnen ihr Programm kunstgerecht abgewickelt und verließen nun, Rüssel am dürftigen Schwanz der Vorderkuh, die Manege, dann umschlang Lucky mit ihrem Rüssel Herrn Krone und hob ihn auf ihren Nacken. Von der Höhe der solcherart gekrönten Elefantin winkte der Chef dem applaudierenden Publikum zu. Und die Akrobaten! Und die Pferdenummern! Eine Dame ritt fesch Hohe Schule und sagte die einzelnen Tänze an, die Ross und Reiterin graziös ausführten. So sprach sie »Tango«. Den Tango sollte ich oft noch an anderem Ort und zu anderer Gelegenheit hören und sehen. Und die Frauen und Männer atemberaubend am Trapez, zum Paukenwirbel der zelteigenen Kapelle, bei Sarrasani waren es zwei Kapellen, auf jeder Seite eine, dirigiert mit einem Leuchttaktstock.

70

Hochseil- und Trapezkünste, Reitkünste fesselten mich auch anderenorts in Berlin. Im ›Wintergarten‹ genoss ich jeden Monat ein neues Programm, ein sensationelles. Er, der ›Wintergarten‹, war ein Varietétheater, nach der ›Scala‹ das glänzendste der Hauptstadt. Ein hübscher Saal, im Graben ein veritables Orchester. Dazu eine reiche, rasche Verwandlungen ermöglichende Technik. Dieser Saal war wirklich einmal ein Wintergarten gewesen, des Hotels Central nämlich, mit dem er immer noch das Dach teilte. Es und er gehörten der Berliner Hotelbetriebsgesellschaft, die einst Sebastian Hensel, Sohn der Fanny Mendelssohn, gegründet hatte, wovon er in seiner wichtigen und gewinnenden Autobiographie erzählt. Sie schließt sich seinem berühmten und verbreiteten zweibändigen Werk ›Die Familie Mendelssohn‹ an. Nun aber war Generaldirektor der Berliner Hotelbetriebsgesellschaft meines Vaters kluger und weltkundiger Jugendfreund Kurt Lüpschütz, der übrigens früh das Unheil nahen sah und Deutschland verließ. Aus Buenos Aires kommend, hat er uns in Montevideo besucht. Aber so weit war es ja noch nicht, ich saß in der Loge, betrachtete den Plafond, einen Sternenhimmel, und blickte durch eine Opernglasbrille mit verstellbaren Okularen – Werbegeschenk des ›Wintergartens‹ (ich habe sie noch) – auf das wechselnde Bühnengeschehen. Togo, der rechnende Hund, saß auf einem Podest im Parkett, weißschwarzer Terrier. Wenn ich ihm »vier und fünf« zurief, bellte er, scheinbar ohne Zutun seines Herrchens, neunmal. Ich besaß (besitze?) ein Foto von dem auf jeden Fall intelligenten Artisten. Der Schnellzeichner Krehan praktizierte seine erstaunliche Kunstfertigkeit, wobei mir das Theaterglas seine Nützlichkeit erwies. Kunstfertigkeit – er war durchaus ein Künstler, geachteter Bühnenbildner, ausgewandert, nannte er sich sinnig Crayon. Als er mich, Freund meines nahen Freundes Hans Busch, im S. Fischer Verlag besuchte, brachte er Mappen seiner bühnenbildnerischen Arbeit mit – so seiner schönen ›Eugen Onegin‹-Inszenierung der Hamburgischen Staatsoper. Doch ich sitze ja noch im ›Wintergarten‹, staune, wie die Bühne sich in eine Eisfläche verwandelt hat, auf der Kunstlauf und Schlittschuhballett sich präsentieren. Die stärkste Erfahrung aber war die der Angst. Ohne dieses Glas hätte ich sie nicht gehabt. Mit ihm schaute ich hoch zu einer Trapeznummer unmittelbar über mir. Und sah, wie eine junge Artistin sich fürchtete vor dem großen Sprung – mit geängstigtem Ausdruck ihres hübschen geschminkten Gesichts und bebenden Lippen, als spräche sie ein Gebet. Der Sprung gelang. Die Angst, auch meine, wich. Nachdenklichkeit blieb. Wenn es stimmt, dass Humor ist, wenn man trotzdem lacht, ist Mut, wenn man etwas trotzdem wagt. Waren die artistischen Darbietungen abgewickelt, wurde eine große Leinwand herabgelassen und die neue ›Wochenschau‹, damals noch als Stummfilm, gezeigt. Eine Folge von Aktualitäten. Zu guter Letzt fuhr unter dem Sternenhimmel ein luftschiffähnliches Metallgebilde einher und zerstäubte Parfum. Mit einem leichten Duft entließ das Varieté seine Gäste.

Beim Reit- und Fahrturnier war der Duft noch stärker. Zu ihm nahm mein Vater mich zweimal mit, um mir und mindestens so sehr sich selber eine Freude zu bereiten. Bei ihm war es schon Liebhaberei. Das Reiten selber war ihm nicht mehr vergönnt. Pferde waren ihm ein positives Kriegserlebnis. Pferde oder schlechthin das Pferd hatte er, wie albern das Bild auch sein mag, ins Herz geschlossen. Das Reit- und Fahrturnier war wohl die friedlichste und sicherlich auch ästhetischste Veranstaltung der Reichswehr, vornehmlich ein Offiziersspiel. Eine der auch aus anderen Anlässen besuchten Ausstellungshallen am Kaiserdamm war fürs Turnier hergerichtet worden, in der Mitte eine richtige Arena – Arena heißt Sand, rundherum wohl hölzerne Tribünen. Stets war der Chef der Heeresleitung anwesend, das erste Mal der stämmige schnurrbärtige Generaloberst Heye, das zweite Mal der Generaloberst Kurt Freiherr von Hammerstein-Equord, dessen Erscheinung den Jungen, der gewiss nicht die Absicht hatte, Reiter und gar Offizier zu werden, anhaltend beeindruckte, die »hohe Gestalt« in der eleganten feldgrauen karmoisinbesetzten Uniform, lässig und trotz dem weiten Abstand liebenswürdig wirkend. Der Generaloberst war mir ja fern in jeder Weise, aber seine Erscheinung merkte ich mir, und ich war nach Krieg und Naziherrschaft nicht überrascht zu erfahren, dass kein General von Anbeginn an und im Kriegsverlauf Hitler so unverhohlen gehasst hat wie Hammerstein. Er hat sogar kühn, doch leider vergeblich geplant, seinen »obersten Kriegsherrn« gefangenzunehmen. So weit war es noch nicht, der Generaloberst sah gelassen zu, wie der Oberleutnant von Barnekow mit seinem Pferd über die Hürden setzte.

Die Ausstellungshallen am Kaiserdamm nahe der Avus, auf der die erregenden Autorennen stattfanden, waren für einen Jungen ein beliebtes Ziel: Die ILA – Internationale Luftfahrtausstellung – brachte einem richtige Maschinen näher noch als der Flughafen. Ich konnte ins Innere der Junkers W 33 blicken, des der F 13 verwandten Frachtflugzeugs. In der ›Bremen‹ hatten Köhl, Hünefeld und Fitzmaurice den ersten Atlantikflug von Ost nach West geschafft, allerdings weit weg vom Ziel landend, mit der ›Europa‹ war Hünefeld nach Ostasien geflogen. Wie tapfer und wie bescheiden war das alles, ganz eng der Raum hinter den beiden schwarzledernen Führersitzen. Und Ehrenfried Günther Freiherr von Hünefeld, der früh starb, ehe er unter den Nazis wegen seiner jüdischen Mutter hätte leiden müssen, ein Poet, dessen Bücher mit ihren Berichten und Versen ich respektvoll las, besuchte meinen Vater in der Redaktion. Das Foto des kränkelnden Mannes mit seinem Monokel muss in meines Vaters Rollschrank zu finden sein. Hermann Köhl konnte man mit seiner Frau in der Neutempelhofer Siedlung sehen. Einmal hat er meinen Vater mit einem Hanomag, dem »rollenden Kommissbrot«, nach Hause gefahren: »Ein Stückchen Blech, ein Topf voll Lack, und fertig ist der Hanomag.« Die rechte Tür schloss nicht mehr und klapperte. Ein besseres Auto wollte sich Köhl nicht schenken lassen, lieber mit der Klapperkiste seine Unabhängigkeit bewahren. Mit der Luftwaffe hatte er dann nichts zu tun, er wurde Flieger einer katholischen Mission.

Auch die Automobilausstellungen wurden besucht, obwohl unser Verhältnis zum Auto ganz platonisch war, wir haben es zu keinem Führerschein, geschweige denn einem motorisierten Gefährt gebracht. Wir lebten nicht auf großem Fuß und nicht auf großen Rädern. Wieder das Bild eines Moments: Fast immer, wenn er mit mir ausging, traf mein Vater mindestens einen Bekannten, oft einen Prominenten, den er ohne Aufdringlichkeit ansprach. Eine unangenehme Begegnung hat es nie gegeben. So traf er vor den Ausstellungshallen einen Jugendfreund, Mitschüler vom Gymnasium, Kommilitonen in der Studentenverbindung und Partner beim Musizieren zu dritt: Der Kinderarzt Professor Richard Hamburger spielte Cello, ein Zahnarzt Fränkel Geige und mein Vater Klavier. Ohne Ehrgeiz. Zum großen Trio-Repertoire haben die jungen Männer es nicht gebracht, dafür hat mein Vater ein hübsches kleines Stück für die drei Instrumente komponiert. Nun trafen sie sich wieder, der stattliche Herr hatte seine beiden Söhne zu den Autos geführt wie mein Vater mich. Die Familie Hamburger wanderte nach England aus, wo der Vater früh starb, die Söhne sich einlebten: Michael Hamburger, den Dichter, den Übersetzer in und aus zwei Sprachen habe ich zu meiner Freude oft getroffen, im Verlag, in Marbach, hier wie dort im Bannkreis Hofmannsthals; sein Bruder wurde mit dem Namen Hamlyn ein erfolgreicher englischer Verleger, speziell von Kinderbüchern.

Das Stichwort Wochenschau ist schon gefallen. Ist von Sehenswürdigkeiten, dann ist vom Kino die Rede. Treffender von Sehensgelegenheiten. Sehens... – zwar untermalten der Mann an der Wurlitzer-Orgel oder der Filmklavierspieler improvisierend die Szenen. Etwas sollte man schon hören, das die Spannung vermehrte, aber der Film war noch stumm und hat bekanntlich seiner Stummheit eine eigene Ästhetik und Psychologie abgewonnen. Dann aber: Die ›Wochenschau‹, es muss wohl UFA gewesen sein, hatte auf dem Presseball gefilmt, aufmerksam auf die Ehrenloge. Da seien, wurde gemeldet, auch meine Eltern zu sehen. Sie nahmen mich in ein besseres Kino, die Kammerlichtspiele nahe dem Halleschen Tor, mit. Große Leinwand, großes klares Bild. Nur die Kinos der ersten Kategorie brachten die frische ›Wochenschau‹, in den Vorstadt- und Kleinstadtkinos liefen Bilder aus der jüngsten Vergangenheit.

Schau, dann der Presseball. Mein Vater war nur flüchtig zu sehen, meine Mutter aber in Großaufnahme, die Höhe der ganzen Leinwand einnehmend, strahlend und, wie immer versichert wurde, schön, einen Gast begrüßend. Als dann diese ›Wochenschau‹ im Freienwalder Kino gezeigt wurde, schollen aus dem Dunkel Rufe: »Das ist ja Julchen Putzig.«

An diese ›Wochenschau‹ schloss sich, nicht für Jugendliche geeignet, ein Tonfilm an, der erste: ›Melodie des Herzens‹. Ich habe 1929 wenig von ihm verstanden, die Handlung verlief auf Stummfilmweise, es gab ein paar Geräusche, einer ins Schloss fallenden Tür glaube ich mich zu entsinnen, und es war Musik, den neuen Tonfilm rechtfertigend und nutzend, eingestreut. Der Held hatte zu singen, die Angesungene blieb, glaube ich, stumm: Dita Parlo, deren Karriere mit dem Aufkommen eben des Tonfilms beendet war. Der Hauptdarsteller aber setzte seine Karriere mit Erfolg, mit Popularität im Tonfilm fort: Willy Fritsch. Er sang »Sieben Sterne hat der Große Bär«, die Melodie stammte von dem Filmkomponisten Werner Richard Heymann; es gab aber vorher ein Lied von Paul Abraham, »Sonntags, wenn ich dienstfrei habe«. Mit ihm begann die Popularität dieses Musikers. Mein Freund Helmar Harald Fischer ist in eindringlichen Sendungen dem Schaffen und tragischen Leben dieses Komponisten nachgegangen.

Hans Keilson aber hat in seiner Antrittsrede in der Deutschen Akademie für Sprache und Dichtung tiefsinnig die Verslein zitiert, ja zum Thema gemacht. »Sieben Sterne hat der Große Bär, Mädel reich mir deine Hände her…«, das Mädchen im Film ging ins Wasser, warum, verstand ich nicht. Schnell hat sich der Tonfilm durchgesetzt. Im Grunde setzen sich alle Erfindungen schnell durch. So schon die Eisenbahn. Einige wenige Jahre, und ich ging oft ins Kino, ins Kino an der Ecke, die Korso-Lichtspiele. Sie brachten fast alles mit dem vorausgesetzten zeitlichen Abstand von der Premiere. Film wurde Gewohnheit, oft liebe Gewohnheit.

FAMILIE

Von meinen Urgroßvätern und Urgroßmüttern väterlicherseits weiß ich überhaupt nichts. Ist das Gedächtnis der Juden lang, ist es kurz?

Die meisten von uns haben keine weit zurückreichende Ahnengeschichte. Es gibt keine Stammbäume wie bei Adligen und auch bei Bürgerlichen, Stammbäume, die mir immer imponierten. Es gab oder gibt keine Kirchenbücher, so dass mein Gedächtnis oder mein Wissen nicht weiter reicht als bis zu den Urgroßeltern. Sie sind deutsch gewesen.

Mehr habe ich von Großeltern und Eltern über die Urgroßeltern mütterlicherseits gehört, vor allem aber über den Vater meiner Großmutter Johanna, Wolf Hartwich. Der Name Hartwich ist authentisch, kein später angenommener. Keiner in der Familie konnte sich eines anderen Namens entsinnen. Die Familien mütterlicherseits scheinen alle aus der Mark Brandenburg zu stammen.

Wolf Hartwich war ein wohlhabender Mann und ein Original in Küstrin an der Oder, wo meine Großmutter als Tochter aus seiner dritten Ehe 1869 geboren wurde. Er muss immer Platt gesprochen haben mit einer gar nicht korrekten Grammatik, war Getreidehändler, hatte es zu einem beträchtlichen Vermögen gebracht. Über seine Herkunft oder seine Jugendgeschichte gab es nur Erzählungen und Berichte, die mehr Legenden waren als Reihung von Fakten. Aber selbst die Legenden müssen Wahrheitsgehalt besessen haben. Wolf Hartwich wurde als Waisenkind von einem Hirten, um den er sich später noch gesorgt hat, angenommen, erzogen, geleitet. Es gab in der Familie noch eine jener Flaschen oder Glasbehälter, in die mit geschickter Hand ein Schiffsmodell aus Holz eingebaut war. Es sollte von jenem Hirten stammen.

Zu Wolf Hartwichs Getreidehandel gehörte auch Landwirtschaft. Man hatte Pferde, meine Großmutter ihr Schimmelchen. Sie wuchs auf in einem großen patrizischen Hause, einem schönen, stattlichen Barockbau an zentralem Punkt in Küstrin.

Ich bin nur einmal in Küstrin gewesen: Im Abschiedsjahr 1938, meine Eltern und Großeltern besuchten noch dort verbliebene Verwandte und den windzerzausten, kleinen jüdischen Friedhof. Damals funktionierte noch die Synagoge, und man ging abends in den Gottesdienst. Ein junger Rabbiner sprach.

Wolf Hartwich handelte also mit Getreide, und nicht nur der Weizen blühte, sondern wohl auch das Geschäft, das dann seine Söhne allmählich heruntergewirtschaftet haben. Er hatte hintereinander drei Frauen, die alle früh starben. Den jüngeren Bruder seiner dritten Frau, Julie Schwarz, nahm er mit in das Geschäft. Meine Mutter erzählte von der Fürsorge des Großvaters, der unendlich alt schien. Er muss etwa in den dreißiger Jahren des 19. Jahrhunderts geboren worden sein und mit über achtzig Jahren, als meine Mutter schon ein bewußt wahrnehmendes Mädchen war, zu Beginn des 20. Jahrhunderts, gestorben sein. Seine Häuslichkeit besaß trotz seiner geringen Schulbildung (was hat das eine mit dem anderen zu tun, könnte man fragen) Kultur, nicht nur Wohlhabenheit. Vielen, auch meinen Großeltern, war er behilflich.

Ich besitze noch eine silberne Taschenuhr, die er seinem fernen Neffen Hermann Putzig, früh verstorbenem Medizinstudenten, geschenkt und dann zurückerbeten hat, bis sie mein Onkel Günter Putzig übernahm, später mein Großvater sie trug, zuweilen auch mein Vater, es war eine der ersten Remontoir-Uhren, die also nicht mehr mit dem Schlüssel, sondern mit einer Krone aufgezogen werden. Diese Krone hat noch die anfängliche Zwiebelform. Daran kann man, selbst wenn man kein Uhrenexperte ist, und das bin ich durchaus nicht, ungefähr das Alter erkennen. In ihren Innendeckel ist mit ungeschickter Hand und ganz offensichtlich mit dem Taschenmesser eingraviert ›W.H.‹.

Sein längst in Wohnungen aufgeteiltes Haus habe ich 1938 gesehen, man konnte aus den Fenstern auch auf die Richtstätte des Leutnants von Katte blicken, der dort unter den Augen seines intimen Freundes, des Kronprinzen Friedrich von Preußen, enthauptet wurde.

Die Söhne: Der eine, Onkel Adolf, hatte nette Nachkommen. Über ihn kann ich nicht viel erzählen, außer dass ich das Bild seiner Erscheinung aus frühester Kindheit im Gedächtnis bewahre. Onkel Siegmund kannte ich gar nicht mehr. Er hatte Bärenkräfte und einen ein bisschen dilettantischen, aber wohlintentionierten literarischen Ehrgeiz, er schrieb ein Drama ›Das große Fragezeichen‹ unter dem Pseudonym Sigismund Hart. Da geht es um Antisemitismus und seine Bekämpfung und um die Aufklärung der Gegner. ›Das große Fragezeichen‹, es wird irgendwie beantwortet. Er gab sich Mühe, Sigismund Hart alias Siegmund Hartwich: Ein stämmiger und zu Kraftakten geneigter Mann, der sich gegen Angriffe energisch wehrte. Eine Szene, die sich oft wiederholte: Die jüdischen Männer gehen in ein Lokal, in dem schon an einem Tisch verschreckt die Damen sitzen, angepöbelt von Leuten, die glauben, ein leichtes Spiel mit ihnen zu haben. So saßen einmal die Frau Siegmunds, Tante Jettchen, und meine Großmutter und wiesen auf den Nachbartisch. Von dort aus seien sie belästigt, beleidigt worden. Worauf Onkel Siegmund aufstand, einen von den Leuten vom Stuhle riss und sie alle so sehr verdrosch, dass er gleich die Einrichtung des Lokals demolierte. Während er noch prügelte, schrie Tante Jettchen, die Feine, »Erbarmen, Siegmund, Erbarmen«. Meine Großmutter fragte sie: »Ja, warum schreist du denn ›Erbarmen‹?« – »Das tue ich immer, wenn Siegmund zuschlägt.«

Gefangene wurden damals abgestellt zur Arbeit bei der Ernte oder in sonstigen landwirtschaftlichen, getreidehändlerischen

Geschäften. Im Heuboden griff ein Gefangener den Onkel an. Dieser aber packte ihn am Kragen und hielt ihn so aus der Luke heraus, dass er ihn anflehte: »Herr Hartwich, lassen Sie mich um Gottes willen los.«

Sind das derbe Geschichten? Sind das komische Sachen? Sind das nichtige Episoden? Sicherlich. Sie zeigen aber Situationen, die sich so nicht mehr wiederholen können. Es waren nicht wenige Juden, die sich ihrer Haut und ihres Glaubens wehrten und die sich mit körperlichen Kräften, den ja sonst unterschätzten, behaupten konnten. Ich konnte das nicht. Und später hat ja ein organisierter – nicht Antisemitismus, sondern Judenvernichtungsapparat Selbstverteidigung verhindert.

Die Familie Hartwich war weit verzweigt. Ich gedenke vieler, ohne hier alle nennen oder charakterisieren zu können. Nicht nur Zufall scheint es zu sein, dass allein vier Hartwichs Apotheker waren. Die Brüder Dr. Kurt und Dr. Walter Hartwich, Enkel des Onkels Adolf, wanderten nach Brasilien aus.

Die Großmutter selber, Johanna, geboren 1869 in Küstrin, war eine schüchterne, ängstliche, liebevolle, beinahe abergläubisch fromme, dabei herzensgute Frau, Ehefrau, Mutter, Oma. Ihre kleine Figur war nicht ganz gerade. Das soll mit der Geburt des Sohnes zusammengehangen haben. Sie hat die Auswanderung überstanden. Als der Großvater starb, wussten wir, dass sie ihn nicht lange überleben würde.

Es kam aber noch ein friedliches Jahr in Montevideo. Sie erfuhr noch von meinem Diabetes, der im Mai 1945 gerade in den Momenten des Kriegsendes ausbrach, hat sich um mich gesorgt. In der Tasche trage ich einen winzigen und materiell wertlosen Gegenstand, der mir kostbar ist. Eine kleine Federdose aus blankem Blech, die meine Mutter als Schulkind bekommen hat. Oma, das war eine ihrer letzten bewußten Handlungen, reinigte sie für meine Süßstofftabletten. Ich habe das verbeulte Döslein versilbern lassen. Es sind ja oft die winzigen Gegenstände, die gerade nach Aus- und Rückwanderungen seltener werden und einen immateriellen Wert gewinnen. Sie sind noch wirklich Andenken: Sie geben uns zu denken, sie führen uns die Spender, die Benutzer vor Augen, zurück ins Bewußtsein.

Meine Mutter Julie Putzig ist geboren am 7. Mai 1890, gestorben am 22. März 1990.

Ihr Vater, mein Großvater Emil Putzig, war das dritte oder vierte von fünf Kindern und hat das lang bestehende, bescheidene väterliche Geschäft I. (wie Isaak) Putzig geerbt. Er wollte so gern Medizin studieren, hat sich immer fürs Ärztliche interessiert, für das ärztlich Praktische und praktisch Ärztliche. Er konnte Verbände besser anlegen als manche Ärzte, konnte immer helfen und zugreifen. Im Beruf aber war er unzufrieden. Das Medizinstudium war ihm verwehrt, weil ein älterer Bruder cand. med. wurde. Er ist ganz früh an Lungentuberkulose gestorben, und mein Großvater, als sehr junger Mann, kam das erste Mal in die Schweiz, um den Todeskandidaten dort abzuholen. Bald darauf ist Hermann Putzig der Ältere gestorben.

Sein Grab war auf dem jüdischen Friedhof in Bad Freienwalde an der Oder. Zum Studium für den jüngeren Bruder reichte es nicht. Aber er erbte das Sezierbesteck, wunderschön im Etui mit gilbenden Elfenbeingriffen und so scharfen Klingen, dass er sie für seine geschickte Bastelarbeit und vieles andere noch lange benutzt hat. Ich glaube, erst bei unserer Rückwanderung ist es verschwunden.

Er hatte also den kleinen Laden in Bad Freienwalde, war schwerhörig, war unmusikalisch, besaß aber einen starken Sinn für Poesie, ohne damit die neueste Dichtung aufzunehmen. »Putzigs deklamieren alle«, hatte ein Gymnasiallehrer gesagt. Und er konnte in der Tat Verse mit gewissem Pathos, das mir damals schon ein wenig altmodisch schien, unerschöpflich und ohne Ende sprechen und sprach sie auch immer vor sich hin. Das waren noch nicht Rilke und Hofmannsthal, geschweige denn

George. Aber ich glaube, er hat den ganzen Ersten Teil des ›Faust‹ auswendig gekonnt. Dieses Rezitieren und auch seine Fertigkeit, nette, gewandte, stimmende Gelegenheitsverse zu machen, auch die Freude am Lesen haben auf mich eingewirkt. Seine Bücher sind Teil meiner eigenen Bibliothek geworden.

Es waren zwei Kinder, Julie und Günter. Die Trauer um den Sohn und Bruder hat das ganze Familienleben bis zum Schluss beherrscht. In Bad Freienwalde habe ich einen Teil meiner Kindheit verbracht, aber doch immer als ein Berliner Kind. Es wunderte sich, dass der vielgeliebte Onkel Günter immer verreist, nie zu sprechen, nie zu sehen war. Ich sehe noch ganz erstaunt, aber ohne viel zu fragen, Eltern und vor allem Großeltern sonntags mit Harke und Gießkanne fortgehen. Endlich wurde mir gesagt, dass der Onkel Günter tot sei, und ich wurde zum ersten Mal mitgenommen auf den poetischen, im Wald gelegenen Friedhof. Und bevor meine Großmutter ihn betrat, weinte sie. Sie weinte immer, wenn von dem Onkel Günter, ihrem Sohn, die Rede war. Dieser frühe Tod war wohl auch der Grund für meine Eltern, dass ich ein Einzelkind geblieben bin.

Meine Mutter hat eine relativ gute Erziehung genossen, wollte gerne Lehrerin werden, was dann schließlich ihre Freundin Conni wurde, wenn auch über Umwege. Das wollten die Eltern nicht, sie sollte ja mal heiraten. Sie war eine »höhere Tochter«, der man so einige Fertigkeiten beibrachte, nachdem sie die höhere Töchterschule verlassen hatte. Es wurde ein bisschen Französisch, ein bisschen Englisch getrieben, es wurde Klavier gespielt, dies unzulänglich. Als mein Vater kam und sie ihm vorspielen musste, ist er ans Klavier gegangen und hat ihr das Stück, ein Menuett von Mozart oder Boccherini, vorgespielt. Seitdem hat sie keine Taste mehr angerührt. Aber sie hat auch gemalt, unter Anleitung von dort ansässigen Kunstlehrerinnen, gemalt ohne Ambitionen und Blick auf zeitgenössische Entwicklungen. Ich lebe mit ihren hübschen ehrlichen Bildern in meiner Wohnung, Landschaften der Mark Brandenburg, Blumenstücken und Stilleben. Viele Orte nicht geschönt, sondern gut getroffen. Interessant ist ein Vergleich: Zwei Bilder meiner Mutter, ein Ölgemälde, eine Kohlezeichnung von einem märkischen See. In ihrer Nähe Fotos von Barbara Klemm – auch von märkischen Seen, dasselbe Motiv, sprechende Kulturlandschaft, der See umstanden von dunklen Bäumen, als Reflexe Silberflächen auf dem Wasser.

Und in dieses ruhige Leben trat mein Vater ein.

Im Jahre 1914, mitten auf einer Berliner Straße, machte Georg Freund dem jungen Fräulein Julie Putzig einen Heiratsantrag. Das Fräulein Edith Freund weilte, es muss 1913 gewesen sein, zur Kur in Bad Freienwalde an der Oder und machte, was sich leicht ergab, die Bekanntschaft des Fräuleins Julie Putzig. Die beiden Mädchen freundeten sich an. Edith kehrte das nächste Jahr wieder. Zu Pfingsten besuchte sie ihr Bruder Georg. Kaum brauche ich weiter zu erzählen. Der Redakteur machte seine Aufwartung im Hause Putzig und kehrte wieder. Man traf sich, als Julie Gast ihrer Onkels und Tanten in Berlin war. Man ging spazieren. Meine Mutter trug einen großen Strohhut. Neben ihnen hielt eine Droschke, das eine Pferd knabberte im Glauben, das sei Häcksel oder Ähnliches, an ihrem Strohhut, mein Vater daraufhin: »Das Pferd merkt, dass Sie Stroh im Kopf ... äh, dass Sie Stroh auf dem Kopf haben.« Das hat meiner Mutter ungemein imponiert, die Verlobung war gar nicht mehr aufzuhalten und erfolgte ohne Anfrage bei den Eltern.

Am 8. Dezember 1914 haben sie geheiratet, im Kriege, in den mein Vater als Freiwilliger zog. Und das ist ein Grund für meine späte Geburt.

Die Eheschließung der Eltern: nur eine standesamtliche Trauung im Rathaus von Bad Freienwalde an der Oder. Der Standesbeamte und Küster Seehaus händigte ihnen die Urkunde aus, seine Tochter war in der kurzen Periode liberalen Gottesdienstes in der Freienwalder Synagoge die Harmoniumspielerin. Als meine Eltern hinaustraten auf den Marktplatz von Freien-

walde, kam ein kleiner Junge zu ihnen, fünfjährig, und überreichte ihnen einen Blumenstrauß. Hans Keilson.

Georg Freund (13. April 1881–13. Februar 1971) war das
dritte von fünf Kindern, vier Jungen, ein Mädchen. Louis
Freund, sein Vater, war blond und blauäugig, seine Figur stattlich, sein Blick nach allen Fotografien müde. Er hat mich noch
gekannt, ich habe ihn nicht gekannt, er starb nach einem Unfall
1920.

Der Vater meines Vaters war ebenfalls unzufrieden, musste
Kaufmann werden, ohne Erfolg. Er war, wie mein Vater immer
sagte, der historische Jude im Regiment Garde du Corps, dem
feinsten in Berlin. Er überlegte sich, ob er nicht beim Militär
bleiben und Zahlmeister werden könnte. Er musste jedoch ins
bürgerliche Leben zurück und sich erst in der Kohle-, dann in der
Mehlbranche plagen, heiratete Therese Neuländer, eine Ober-
schlesierin, eine sehr tapfere und sehr gütige Frau, von meinem
Vater und seinem älteren Bruder Erwin, dem Arzt, sehr geliebt.
Sie starb früh an Diabetes. Damals gab es noch kein Insulin. Ich
habe die Krankheit wahrscheinlich von ihr geerbt.

Mit seinem Bruder Erwin durchstreifte mein Vater ganz Berlin. Er kannte es, Straße für Straße. Er bewahrte dieses Berlin in
seinem Gedächtnis, von Professorenvillen bis zu Kohlekellern.
Mein Vater besuchte das Kaiser-Friedrich-Gymnasium in Berlin, eine vorzügliche Schule. Ihr Direktor Ernst Voigt, ausge-
zeichneter Philologe und begnadeter Pädagoge, ist oft gerühmt,
von seinen Schülern, die er sämtlich beim Namen kannte und
duzte, geliebt worden. Georg Freund hat das Abitur 1899 gemacht und dann studiert, ohne aber je das Jurastudium abzu-
schließen. Er war zu sehr abgelenkt, ursprünglich wohl auch gar
nicht so fleißig. Er hatte sich dieses Studium finanzieren müssen
durch Stunden, die er in interessanten Häusern gab, nicht nur
Nachhilfestunden, sondern er war wirklich Hauslehrer. Er bereitete Jungen aufs Abitur vor, er war das, was man in Österreich
Hofmeister genannt hat.

Gar nicht vereinsmeierisch, trat er während des Studiums in zwei Vereine ein: in die ANMV (Akademisch Naturwissenschaftlich Medizinische Vereinigung), eine schlagende Verbindung. Und er schlug sich wirklich, in einem Säbelduell trug er sichtbar bleibende Schmisse davon. Diese Verbindung brachte ihm interessante Verbindungen ein: mit ausgezeichneten, prominenten Bundesbrüdern. Und er trat, sportlich durchaus, in den SRC ein, den Spree-Ruderclub, der am Ufer dieses Flusses ein Bootshaus mit Zimmern für die Mitglieder besaß. Der Ruderclub pflegte Geselligkeit, Damen waren einbezogen, er feierte sogar Feste, zu denen mein Vater mit Wort und Schrift beizutragen hatte. Für ein solches Fest wurde eine kleine Zeitung konzipiert: ›Die Zille‹. Mein Vater ging zu dem berühmten Heinrich Zille und bat ihn um ein Blatt für diese Zille. Der Meister führte es aus, verlangte ein erstaunlich niedriges Honorar und die Teilnahme am Fest. Das Deckblatt schmückte eine Zeichnung: Ein Viererboot mit dem Wimpel des Clubs – als Schlagmann ist mein Vater zu erkennen – rudert vorbei an einer Zille, von deren Reling aus eine derbe Frau einen Nachttopf in die nun nicht mehr reinliche Spree entleert.

Das war eine unerschrockene Jugend, ganz unbekümmert berlinisch und nicht primär religiös geprägt. Aber gegen antisemitische Anwandlungen, Überfälle, die es immer gegeben hat, haben die Brüder sich sehr schnell gewehrt, indem sie energisch zuschlugen – was ich gar nicht kann, nicht meiner Neigung und Fähigkeit entspricht. Sie wollten sich in der Silvesternacht mit der Familie in einem Restaurant treffen. Als sie dahin kamen, saß man verstört und eingeschüchtert bei Tisch, weil man von zwei Leuten, wohl Studenten, angepöbelt worden war. Worauf Onkel Erwin aufsprang, mein Vater gleich hinter ihm her, sie sind an den Tisch gegangen und haben den Stuhl des einen Mannes umgeworfen, dann haben sie ihn gepackt. Der Kampf wurde auf der Toilette ausgetragen. Mein Vater war sehr besorgt, weil dieser andere Mann ein Riesenkerl war, sein Begleiter auch, ging also auch in die Toilette, in das Nebengelass, machte einen Klimmzug, um über die Wand hinwegzublicken, und fand dann schon seinen Bruder auf dem anderen liegen. Man war fertig. Der Wirt warf die beiden Herren durch den Hintereingang hinaus. Man hat sich noch einmal wiedergesehen, aber nicht getroffen. Erwin und Georg Freund gingen über die Straße und sahen jene beiden Herren ihnen entgegenkommen. Was nun, fragten sie sich. Die beiden Herren wechselten die Straßenseite.

Mein Vater wirkte mit an einem der vielen Kabaretts, die im Gefolge des ›Brettls‹, des ›Überbrettls‹ des Ernst von Wolzogen entstanden waren. Das Kabarett, an dem er teilhatte und in dem er Musik machte, Lieder komponierte, Klavier spielte, hieß ›Die taumelnde Muse‹. Er sagte: »Sie taumelte so lange, bis sie hinfiel und nicht wieder aufstand.«

Dann aber musste doch ein Beruf ergriffen werden. Mein Vater hatte schon einige Kleinigkeiten geschrieben, die in dem respektablen ›Roten Tag‹ gedruckt wurden. Journalismus lockte ihn. Er fand eine Tätigkeit sechsundzwanzigjährig im ›Berliner Lokal-Anzeiger‹ des Verlages Scherl, einem Blatt mittleren Niveaus. Es verfügte aber über einen hervorragenden Nachrichtendienst. Mein Vater meinte: »Zunächst gehört zum Journalismus Handwerk. Man beginne als Berichterstatter.« Er machte Berichte, er machte Reportagen. Das genügte ihm nicht. Er wollte voller Redakteur sein, wurde es auch sehr bald. Von der Kieler Woche hat er nicht etwa Sportereignisse berichtet, sondern die gesellschaftlichen und politischen. Viele prominente Leute kamen auf ihren Yachten, der Bankier John Pierpont Morgan, der Teekönig Sir Thomas J. Lipton. Sie hat er interviewt, ihre Schiffe betreten und eine Menge dabei erlebt. Er beobachtete den Kaiser und seine Entourage aus nächster Nähe. Eines Abends gab mein Vater von einem mondänen Restaurant aus seinen Bericht an die Redaktion per Telefon durch. Plötzlich Kurzschluss. Stockfinster. Das Telefon aber funktionierte. Er diktierte einfach weiter. Das Licht ging wieder an, die Herren am

86

Nebentisch applaudierten, baten ihn zu sich und luden ihn zu einer langen Fahrt auf ihrer feudalen Yacht ein. Es muss eine charmante Gesellschaft gewesen sein, vorkriegsmäßig, die Herren Brumm, Aschinger, Lohnert.

Diesem Journalisten war es wichtig, Realitäten festzuhalten und auf Details zu achten. Damit könne man auch wirken. Der praktische, politische Effekt eines noch so glänzenden Leitartikels ist nicht gesichert. Kann er den Lauf der Geschichte bestimmen? Wenn aber bei einem Berliner Bahnhof ein Seiteneingang fehlte und der Journalist Freund schrieb, solch ein Eingang würde den Verkehr auf dem Bahnhof sehr erleichtern, und wenn diese Anregung befolgt wurde, war etwas erreicht. Das parlamentarische Spiel im Reichstag, im Landtag und im Herrenhaus hat er bis ins Physiognomische beobachtet.

Im Herrenhaus waren die Herren meist alt, skurrile Persönlichkeiten, Repräsentanten des 19. Jahrhunderts, die mit ihrer Biographie und Erscheinung ebenso frappierten wie mit ihren Worten. Am Rednerpult stand der alte Pastor Friedrich von Bodelschwingh, geboren 1831, der Gründer von Bethel, predigte fromme tätige Menschlichkeit, Hilfe für Bedrängte und redete jeden Einzelnen seines Auditoriums mit Du an. Lächelnd schlich sich der Generalfeldmarschall Gottfried Graf von Häseler, geboren 1836, immerhin fünf Jahre jünger als der Redner, ans Pult, um ihn erheitert besser zu hören und zu sehen. Im Reichstag erlebte mein Vater eine der stärksten Persönlichkeiten und einen der stärksten Redner, den 1860 geborenen Friedrich Naumann, der herzhaft sein Schwabentum und schlicht eine Joppe trug. In Naumanns Nähe, dessen Schüler und, jugendlich noch und ritterlich schon, Redakteur der bedeutenden Zeitschrift ›Die Hilfe‹, eleganter Schöngeist damals, der 1884 geborene Theodor Heuss, der, dem Werkbund zugehörig, künstlerisch aufgeschlossen war. Sein kleines Buch über Justus von Liebig und sein großes über Hans Poelzig, damals noch lange nicht geschrieben, sind mir wichtig geworden. Naumann und Bodelschwingh hatten denselben Beruf und ein ähnliches soziales Anliegen, dem der sparsame Feldmarschall auf seinem nicht weit von Freienwalde gelegenen Gut weniger nachgegangen ist. Alle drei haben die neue Republik nicht mehr betrachten, bekämpfen oder gar belobigen können. An den Parlamenten jener Republik hatte mein Vater mehr Interesse als Freude. Die Republik hatte es schwer, bedrängt von innen und außen. Eine Unzahl von Parteien, oft erschreckende Personen nahmen die Sitze ein. In solchem Auswuchs behinderte der Parlamentarismus sich selber, behinderte sich selber die vermeintliche Vertretung des Volkes. Der Stil, wenn er denn etwas Wesentliches ist, ging verloren. »Herr Presedent«, rief ein Abgeordneter, »et is'n Besoffener im Saal.« Der Präsident des Preußischen Landtags, Robert Leinert (SPD): »Ich verstehe nicht, was der Abgeordnete X meint.« Wiederholung, genauerer Hinweis. Der volltrunkene Landtagsabgeordnete wurde aus dem Plenarsaal geschafft.

Den Reichstagspräsidenten Paul Löbe hat mein Vater sehr geschätzt. Er hatte sein Amt schon verloren, saß in den Reihen der SPD-Fraktion, als mein Vater das letzte Mal in den Reichstag ging. 1932. Reichstagspräsident war da schon Hermann Göring, die NSDAP schon die stärkste Partei, keine deutsche Partei hat je so viel Zulauf gehabt. Mein Vater wusste, was sowieso alle voraussahen: Es werde eine dramatische Sitzung geben. Natürlich war der für die Reichstagsberichterstattung zuständige Redakteur der ›Deutschen Allgemeinen Zeitung‹ zur Stelle, der tüchtige, schreibgewandte Hans Wendt, der bald bei E. S. Mittler die Bände ›Hitler regiert‹ und ›Die Nationalversammlung von Potsdam‹ erscheinen ließ und dann Bundestagskorrespondent der dpa war. Mein Vater wollte sehen und hören. Block und Bleistift wird er mitgenommen haben, er schrieb noch Kurzschrift nach Stolze-Schrey. Die Reichsregierung, das Kabinett von Papen sollte gestürzt werden, NSDAP und KPD hatten zusammen die Mehrheit. Dass sie gemeinsam stimmen wollten, die Kommunisten zu einer vernichtenden Einigkeit mit den Nazis bereit wa-

88

ren, bleibt unfasslich. »Nur die allerdümmsten Kälber wählen ihren Metzger selber.« Allerdings waren beide Parteien einander furchtbar ähnlich. Reichskanzler Franz von Papen wollte – noch!! – den Nazis widerstehen, er holte sich von dem ihm wohlwollenden Reichspräsidenten von Hindenburg die Vollmacht zur Auflösung des Reichstags, die rote Mappe. Sie barg das Dokument, war Signal und Symbol. Die Sitzung nahm ihren Lauf. Göring drängte zur Abstimmung, leitete sie eilig ein. Der Staatssekretär im Reichskanzleramt, Erwin Planck, des großen Physikers Sohn, schritt in straffer Haltung auf ihn zu und wollte ihm höflich die rote Mappe überreichen, Göring schob sie wiederholt von sich. Der Reichskanzler erhob sich von der Regierungsbank und erklärte mit heller Offiziersstimme den Reichstag im Namen des Reichspräsidenten für aufgelöst. Die Nazis mussten noch ein bisschen, nur ein bisschen warten bis zum 30. Januar 1933. Mein Vater kam bestürzt nach Hause, pessimistischer als sonst. Wenn man so wie Göring sich über Gesetz und Regel und Anstand hinwegsetze, sei Schlimmes zu befürchten. In der nun durchgeführten Reichstagswahl verloren die Nazis sogar ein paar Stimmen. Geholfen hat das nichts mehr. An die kurzlebige Regierung des Generals Kurt von Schleicher, der, was auch immer von ihm gesagt wurde, ein entschiedener und tragisch bewährter Gegner der Nazis war – er wurde von ihnen im Juli 1934 mit seiner Frau ermordet –, knüpften sich Hoffnungen, die leider trogen. Eine liberale oder gar linke Politik hätte es bei ihm nicht gegeben, aber gewiss nicht die äußerste Grausamkeit, nicht das von Grund auf Böse, nicht Auschwitz. Erwin Planck hatte teil am deutschen Widerstand und wurde hingerichtet. Max Planck konnte den Sohn, den sehr geliebten, nicht retten.

Im Krieg war mein Vater bei der Artillerie. An allen Fronten, der Ostfront, der Westfront, der italienischen Front. Georg Freund hat es bis zum Vizewachtmeister und zum Offiziersaspiranten und zum Eisernen Kreuz Erster Klasse gebracht, einer seiner Offizierspaten war der preußische Kultusminister

Schmidt-Ott: Er benahm sich anders als ein pensionierter adeliger Major, den die Brüder Freund für einen Freund hielten und der überraschend die Patenschaft verweigerte: Ein Jude könne doch nicht Offizier sein...

Schließlich wurde er mit zwei Kameraden als Beobachter vor die vordersten Schützenlinien geschickt, um von dort das Feuer zu lenken. Ihr Stand wurde zusammengeschossen, die Telefonleitung fiel aus. Die beiden Kameraden flohen, ihm schien das zu gefährlich. Und er verharrte dort, der ganze Stand brach über ihm zusammen. Er war buchstäblich verschüttet und musste sich stundenlang freigraben. In einer Nacht voller Sterne, nach denen er, der einen ausgeprägten Ortssinn hatte, sich orientierte, ist er zurückgegangen zu seiner Batterie. Sie empfing ihn mit großem kameradschaftlichem Jubel. Er war unverletzt, wollte bei »seiner« Batterie bleiben, aber seine Nerven versagten den Dienst, er fieberte. Man schickte ihn ins Lazarett. In einem Wagen mit kleinen Kojen lagen die Verwundeten. Er hat dann wohl gestöhnt und phantasiert. Ein Kamerad aus der Nebenkoje kümmerte sich um ihn und unterhielt sich in den luziden Momenten meines Vaters mit ihm. »Was bist du denn?« »Ich bin Redakteur beim ›Berliner Lokal-Anzeiger‹.« »Wie heißt du denn?« Da hat dann der andere, befragt, wie er heiße, nun buchstäblich geantwortet: »Tunte.« »Watt haste denn für'n Beruf?« Da sagte der, sehr berlinisch eben, und das Berlinische war eben das Moment der Kommunikation: »Ick hab'n Rennstall.« »Wie bitte?« »Ja, ick hab'n Rennstall. Ich lasse Mächens loofen.« Tunte hat so rührend für ihn gesorgt, dass mein Vater diesem Zuhälter ein dankbares Andenken bewahrte.

Schließlich kam er ins Lazarett in Verden an der Aller, wo meine Mutter und mein Großvater ihn besuchten, er war vom Militärzwang kurz vor Kriegsende befreit, konnte die Tätigkeit am ›Berliner Lokal-Anzeiger‹ wieder aufnehmen und zudem im Auswärtigen Amt arbeiten, er machte den sogenannten Kanzlervortrag.

Ein zurückliegender journalistischer Streich war folgenreich für die Biographie meines Vaters. 1909. Es hatte sich herumgesprochen, dass der zeitweilig mächtige Reichskanzler Bernhard Fürst Bülow sich nicht mehr in seinem Amt halten könne und der bisherige Innenminister Theobald von Bethmann Hollweg, der einmal Landrat in Freienwalde und dort Kunde meines Großvaters gewesen war, ihn ablösen werde. Mein Vater ging zu einer dem Schloss gegenüberliegenden Firma, Konfektionsfirma glaube ich, und äußerte zwei Bitten: sich ans Fenster stellen und das Telefon benutzen zu dürfen. Er zog sein kleines, aufklappbares französisches Fernglas aus der Tasche, Marke Lemaire, ich habe es noch. Er beobachtete einen Innenhof, von dem er wusste, dass der Kaiser sich auf ihm zu ergehen pflegte. Wirklich erschien Seine Majestät und ging auf und ab. Dann kam der Fürst Bülow, es war eine kurze höfliche Besprechung, die man ja nicht hören, aber sehen konnte, der Fürst trat ab. Wieder ging der Kaiser auf und ab in diesem Binnen- oder Gartenhof; wäre mein Vater noch da, wäre die Beschreibung viel genauer. Dann erschien der Minister Theobald von Bethmann Hollweg, Freundlichkeiten des Kaisers. Er schlug ihm wahrscheinlich mit der flachen Hand auf den Bauch, das hat er immer mit Leuten gemacht, die er schätzte und die dann lange Zeit Bauchschmerzen hatten und dies auch noch als kaiserliche Gnade empfanden. Dann verschwand Bethmann Hollweg als frisch gebackener Reichskanzler, und mein Vater ging zum Telefon. Der ›Berliner Lokal-Anzeiger‹ hatte die Nachricht vor allen anderen Blättern.

Auf der Straße traf mein Vater den Starreporter dieser Zeitung, eine originelle, vielleicht zynische, aber nicht unbrillante Erscheinung, Otto von Gottberg. Ein seltsamer Mann, der sehr zurückgezogen lebte und auch eine seltsame Sprechweise hatte. Paul Fechter erinnerte sich seiner mit starker Antipathie. Gottberg räusperte sich: »Freund, hier im Schloss, hier geschieht etwas.« »Ja, das habe ich schon gesehen und gemeldet.« Ein anderer wäre eifersüchtig gewesen, Herr von Gottberg war, wie sich zeigen sollte, beeindruckt. Als er in den frühen zwanziger Jahren einen leitenden Posten an der ›Deutschen Allgemeinen Zeitung‹ einnahm, berief er Georg Freund als stellvertretenden Chefredakteur. Der amtierende Chefredakteur, Paul Lensch, ein damals sehr bekannter Publizist, ehemaliger, ins andere Lager gewechselter Sozialdemokrat, bedurfte aus Krankheitsgründen der Unterstützung. Georg Freund wurde mit großem Behagen und auch beträchtlicher Kompetenz das, was man einen Blattmacher nennt. Er hat organisiert, er hat umbrochen, den Ablauf geleitet, mit der Vielseitigkeit, die dem Journalisten notwendig ist.

Elf Jahre lang hat er diese Funktion ausgeübt. Er tat vor allem Innendienst, verfolgte dabei genau das oft wirre Geschehen im Reichstag: Wesen und Handlungen von Personen hat er mit klarem Urteil begriffen und schildern können. Aber ein politischer Mensch war er nicht, und ich bin es noch viel weniger. Sinn für Macht oder das Bedürfnis nach Macht ging ihm ab. Auch das habe ich geerbt.

Man war in meines Vaters erster ›DAZ‹-Zeit bei Tisch zusammen, eine kleine Gruppe von Kollegen. Otto von Gottberg räusperte sich: »Merkwürdig, einen Juden, den rieche ich auf zehn Meter gegen den Wind.« Worauf Georg Freund antwortete: »Ja, dann wundere ich mich aber, Herr von Gottberg, dass Sie bei mir noch gar nichts gerochen haben.« Herr von Gottberg wurde sehr blass. Er ging bald fort. Am nächsten Vormittag klingelte es an der Wohnungstür bei uns, Wilhelmstraße 1 a, und es erschien der Herr von Gottberg mit einem gewaltigen Rosenstrauß: Er wollte doch der gnädigen Frau seine Aufwartung machen, den kleinen Hellmut kennenlernen, von dem der Herr Freund so viel rede. So ging es auch, so ging es noch.

Wenn mein Vater unpolitisch war, so heißt das nicht, dass er die Politik nicht verfolgte und sich keine Meinung bildete. Unter den Politikern schätzte er Stresemann am höchsten, er kannte ihn, zeitweilig war die ›DAZ‹ Stresemanns Blatt. Sie stand rechts von der Mitte, war allerdings von den rechten Zeitungen wohl die liberalste. Unter der Naziherrschaft, unter der freilich viele Zeitungen verboten oder zur Unkenntlichkeit entstellt waren, wurde sie wie die ›Frankfurter Zeitung‹ von Leuten gelesen, die nicht regimehörig waren. So waren einem ihre Leser sympathisch.

In unserem Bezirk Tempelhof wohnten sehr viele Journalisten. Da waren drei oder vier Redakteure vom ›Vorwärts‹, der Zeitung der Sozialdemokratischen Partei, der Chefredakteur Friedrich Stampfer, der wichtige, meinem Vater besonders sympathische Redakteur Kluess, der Außenpolitiker Victor Schiff, der witzige Kommentator Erich Kuttner (der bissige Gedichte unter dem vielsagenden Pseudonym »Mich von Linden Hecken« verfasste, später im Exil ein Buch über Hans von Marées) – alles Namen, die in der Friedrich-Ebert-Stiftung wohl behütet sind. Man hat sich fidel begrüßt, wie überhaupt bei allen Kontroversen die Journalisten kollegial miteinander verkehrten – bis auf die ganz Radikalen, die Kommunisten und die Nazis. Sonst hätten die journalistischen Berufsverbände gar nicht existieren können.

Das Beispiel unverbrüchlichster Freundschaft, das ich je erlebt habe, gaben Tante Conni und meine Mutter. Sie war Schulfreundin meiner Mutter in Bad Freienwalde an der Oder, wohin ihre Mutter nach dem frühen Tode des Vaters, eines Oberregierungsrates, mit vier Töchtern und einem Sohn gezogen war. Die kleine Julie erschrak, als sie die kleine Conni im Trauerkleidchen alleine auf dem Schulhof stehen sah, und sprach sie an. Die Mädchen fassten rasch Vertrauen zueinander, meine Mutter kehrte ein im Hause Krahmer und spürte die Sympathie der sehr vornehmen Dame, Conni war meinen Großeltern willkommen, das beiderseitige Vertrauen unbegrenzt. Nichts Sentimentales gab es dabei, kaum je Überschwang oder betonte Zärtlichkeit. Die Küsse waren selten, die Liebe war groß. Constanze Krahmer machte das Abitur und studierte Naturwissenschaften, promovierte bei Nernst. Sie heiratete früh den Bergwerksingenieur Hans Schmitt, der vor der Geburt seines Sohnes plötzlich starb. Hans-Hermann, mein längstjähriger Freund, ist genau zwei Jahre jünger als ich. Wir bleiben verbunden. Ich sehe uns noch zusammen gebadet werden und derart toben, dass unsere beiden Mütter selber auch gebadet waren, in Schweiß.

So wurde Dr. Constanze Schmitt-Krahmer alleinerziehende Mutter. Sie arbeitete am Institut für Naturphysiologie in Berlin bei Professor Otto Mangold, dann sattelte sie um und wurde in einer späten Ausbildung Gymnasiallehrerin. Sie tat recht daran, denn sie war eine geborene Pädagogin – im Privaten, wo ich es erlebte, sicher auch im Beruf. Die Zeiten haben sie nicht begünstigt; als sie Studienassessorin war, wurde eine Sperre für Assessoren verfügt, also die feste Anstellung verhindert. Spät erst wurde sie Studienrätin. Ihre Lehrfächer: Physik, Chemie, Biologie, Mathematik.

Eine preußische Frau, stattlich, dunkelhaarig, mit festem Blick großer tiefbrauner Augen.

Sie lebte in relativ beschränkten Verhältnissen, aber würdig und mit Stil. Wenn sie mir etwas mitbrachte, war es ein Bleistift, aber ein Faber-Castell, die Schale war rot und hatte schwarze Sterne, und ich freute mich darüber mehr als über viel teurere Geschenke. »Was bringt mir Tante Conni mit?« Und ich wusste genau, dass es von geringem Geldwert und von großem Zauber sein würde. Bei Kindergesellschaften gab es gekühlt und schmackhaft etwas Rotes zum Nachtisch: Apfelmus mit roter Gelatine gefärbt. Wichtig ist so etwas nicht, aber unvergesslich. Es sind die kleinen Reize, die kleinen Feinheiten, die den Alltag heben und die fortdauern. Mein Vater und Tante Conni waren einander sehr zugetan, die Verschiedenheit der Herkunft spielte keine Rolle.

Tante Conni hatte Freude, von meinem Vater eingeladen, am Presseball teilzunehmen, dem begehrtesten Ball in Berlin. Sie kam nachmittags zu uns, zog ihr Festkleid an und fuhr dann mit meiner Mutter zu den Sälen am Zoo. Sie kam auch, aber ohne Festkleid, als meine Mutter krank war. Nein, zum Ball werde sie dieses Mal nicht gehen, sie bleibe doch bei Julie.

Einmal im Jahr nahmen sich die Freundinnen einen gemeinsamen freien Abend. Sie waren lustig, ihre Freiheit ging aber nicht über ein Essen in einem bürgerlichen Restaurant hinaus. Und sie fuhren mit der U-Bahn ins Zentrum. Die Automaten im Bahnhof mussten sie ausprobieren. So kam ein Foto der beiden Frauen zustande. Und sie betätigten, ein Fläschchen erwartend, den Parfümautomaten. Der aber besprühte sie, und mein Vater beschwerte sich ob ihres ordinären Dunstes.

In unseren uruguayischen Jahren haben sich meine Mutter und Tante Conni einmal mündlich gegrüßt, wollten zueinander sprechen, nicht telefonisch, ich war der Überbringer der Grüße. Meine Mutter sprach im Studio von Radio Ariel, ein kollegialer Tonmeister war behilflich, auf Tonband und war sehr aufgeregt. Sie rückte das Mikrofon hin und her, das scharrende Geräusch ließ sich nicht vom Band bannen. Wie sehr hat sich aber erst Tante Conni aufgeregt, als sie wiederum sprechen sollte und ein freundlicher Mann mit einem Magnetophon zu ihr ins Hersfelder Haus kam.

1957, bei meiner Einkehr in ein verändertes Deutschland, bei der Treue sich bestätigte, die Haltbarkeit alter Bindungen sich als gestärkt erwies, die junge Bundesrepublik mir daher freundlich schien, fuhr ich zu Tante Conni, ihrem Sohn, ihrer Schwiegertochter, Enkel und Enkelin nach Bad Hersfeld, wo sie kurz vorher krankheitshalber aus dem Schuldienst ausgeschieden war. Verändert waren die Lebensverhältnisse, unverändert blieb die Freundschaft, vieles wurde gesagt an diesen Tagen, vieles, noch Schöneres, blieb ungesagt, bleibt unvergessen, ein Morgengespräch beglückt mich noch heute.

Vor mir war aber schon Grete Busch, Fritz Buschs Witwe, zu ihr nach Hersfeld gefahren. Sie, Grete Busch, war meiner Mutter, meinem Vater und mir eine sehr nahe Freundin geworden, nahe auch örtlich. Sie verbrachte Monate in Montevideo, dann in Frankfurt, um täglich bei uns zu sein. So wusste sie von jener alten Freundschaft und wollte Botin, Zeugin, Teilnehmerin sein. Ein Jahr nach meinem Besuch starb Tante Conni im Alter von 67 Jahren. Die Freundinnen haben sich nicht wiedergesehen.

Onkel Erwin trat erst 1933 so recht in mein Bewußtsein, meines Vaters nicht nur nächstälterer, sondern nächster Bruder, Gefährte der Kindheit und Jugend, die beide recht wild auf den Straßen Berlins verbrachten. Erwin Freund war knapp mittelgroß, in reifen Jahren untersetzt und stämmig. Merkwürdig: Sehe ich Günter Grass, muss ich an Onkel Erwin denken. Obwohl den Männern nichts gemein ist außer der Statur, der Kraft und der Überlegenheitshaltung. Immerhin. In jener Kindheit und Jugend soll er schmächtig und blass ausgesehen haben. Die Brüder waren unerschrocken und blieben es lange, als sie schon von den Jugendstreichen abgelassen hatten. Der junge Erwin war ein Schläger. Er neckte manchmal einen Menschen ziemlich harmlos, warf etwa einem Kandidaten, der zur Prüfung ging, einen Schneeball an den Zylinderhut. Der Mann war so töricht, den kleinen Jungen anzugreifen und verprügeln zu wollen. Der rannte in einen Hausflur, wandte sich aber gegen den Verfolger, wehrte sich, holte weit mit der Rechten aus und schlug kurz mit der linken Faust zu. Kinnhaken wie bei Old Shatterhand. Unvermeidlich biss sich der Kontrahent auf die Zunge und blutete ergiebig. In diesem Zustand konnte er nicht zum Examen gehen. Weiter passierte nichts. Erwin und Georg Freund waren einander ähnlich, wie nur Brüder es sein können, in ihren Gaben, Fähigkeiten, Interessen aber verschieden. Erwin hatte viel Sinn für Technisches, er war im Gegensatz zu meinem Vater praktisch. Und so studierte er Medizin, wurde im neuen Stadtteil Südende praktischer Arzt und Geburtshelfer. Und war dank seiner Tüchtigkeit, Menschlichkeit und unermüdlichen, eben praktischen Hilfsbereitschaft überaus erfolgreich. Kollegen sprachen nicht ohne Neid von seiner »Bombenpraxis«. Seine Freude an Dingen – Werkzeug, Instrumentarium, Apparat – trug zur reichen Ausstattung seiner Untersuchungs- und Behandlungsräume bei. Dr. med. Erwin Freund besaß von jedem Instrument drei Exemplare, so dass er in den dreißiger Jahren, als seine Söhne Walter und Günter ihr Medizinstudium in Zürich abgeschlossen hatten, sie ausrüsten konnte. Beide wanderten in die USA aus und praktizierten in kleinen Städten. Als nach vielen Jahren und nach dem Tode seines Vaters in New York der Vetter Günter seinen alten Onkel Georg besuchte, griff er noch in der Diele nach seinem Puls. Lange danach, in den neunziger Jahren, haben wir ein Familientreffen in Baden-Baden gefeiert. Da war Günter, nun Gerald Freund, M. D., unser Ältester. Und wir verglichen unsere Geschichten.

Der sehr praktische Arzt Dr. Erwin Freund hatte einen Führerschein, der ungefähr vom ersten Jahrzehnt des 20. Jahrhunderts datierte. Vor dem Ersten Weltkrieg fuhr er eine sogenannte Zyklonette, ein zweisitziges Dreiradfahrzeug mit einem Motörchen oben vorne. Sie war mit einem Bügel zu lenken. Ich finde wohl eine Fotografie davon: Onkel Erwin mit Tante Grete in diesem Gefährt. Sie war eine brünette, schöne, sehr ruhige und gütige Frau. Eine gewisse Ähnlichkeit der Schwägerinnen wurde bemerkt: kein Wunder, vielmehr brüderlicher Geschmack. Erwin war wie mein Vater ein anhänglicher und fürsorglicher Schwiegersohn. In den schweren, noch nicht schwersten Jahren, die Söhne waren schon fort, lebten Schwiegermutter und Schwager im Südender Familienverband: Tante Paula Siedner, klein, blauäugig, apfelrotbäckig und warmherzig, und der stille Junggeselle Arthur Siedner, ein bedächtiger, nun untätiger Apotheker. Onkel Erwin verstand sich als Familienoberhaupt. Dass ich ihn erst 1933 so richtig kennenlernte, nun schon ein bewußt aufnehmender und eindrucksfähiger Junge, lag an einem leidigen Familienzwist, den ich nicht ganz verschweigen, aber gar nicht ergründen, verstehen und referieren kann. Nun aber war es Zeit – und die Zeit war ja an sich schlimm genug –, zusammenzurücken. Ich bekam einen mir interessanten, mir lieben Onkel. Es war schon sogleich zu Beginn der Naziherrschaft, dass ihm sein Auto geraubt und in dem schweren Buick der Hellseher Hanussen ermordet, sein älterer Sohn misshandelt und in der Charité von einem bedeutenden Neurologen geschützt worden war. Er, Erwin Freund, ist tätig geblieben. Er durfte ja lange glauben, mit der Umwelt, mit Deutschland, keine weiteren Schwierigkeiten zu haben.

Im Ersten Weltkrieg war er Stabsarzt, also im Hauptmannsrang gewesen, Kommandanturarzt in der Etappe Gent. Er war durchaus ein deutscher Patriot. Später ist er eigens nach Oberschlesien gefahren, wo er geboren war, um bei der Abstimmung, die zu entscheiden hatte, ob die Provinz deutsch bleiben oder polnisch werden sollte, für Deutschland zu votieren. In Belgien verhielt er sich ganz anders als gewöhnliche Besatzer. Er bezog eine schöne Villa, entnahm auch ihrem Keller wertvollen Wein, schonte aber die Einrichtung und legte ein genaues Inventar für die Eigentümer an. Er hatte Verständnis für die belgische Bevölkerung, schloss Freundschaft mit Belgiern. Die Sympathie erlosch nicht, die Beziehung hielt an und hat ihm und seiner Frau in Verfolgungs- und zweiter Kriegszeit das Leben gerettet. Sein Posten in Gent ermöglichte ihm vielfältige Hilfe, unter den gegebenen, also schlimmen Umständen hatte und machte er es gut. Eines aber war ihm zuwider und wirkte sich so traumatisch aus, dass dies Trauma sich auf uns übertrug, als er uns wie in einem Nachbeben davon erzählte: Als Kommandanturarzt hatte er den Hinrichtungen von Personen beizuwohnen, die wegen irgendwelcher Vergehen gegen die Besatzungsmacht zum Tode verurteilt waren. Brauchte man für eine standrechtliche Erschießung einen Arzt? Stabsarzt Freund sprach einer Frau in ihrer Todesangst auf Deutsch zu, versuchte ihr beizustehen. Spürte sie in ihrer Not sein Empfinden? »Bleib bei mich«, flehte sie. Das konn-

te er nicht. Aber ihr Wort ist da. Sein Gesuch, künftig von derlei
Dienst befreit zu sein, wurde dem Stabsarzt genehmigt. Er war
kein Dichter, kein Schriftsteller, aber er hat sich anders verhalten als in sehr ähnlicher Situation Gottfried Benn und Ernst Jünger. Onkel Erwin war oder schien freundlich-derb, derb-freund-
lich, er griff zu, jener Sinn fürs Praktische schloss Spielerisches
ein. Onkel Erwin fand bei aller beruflichen Ausgelastetheit Zeit
für Basteln und Erfinden, Patente und Gebrauchsmusterschutz-
bescheinigungen waren auf seinen Namen eingetragen: Irre ich
nicht, für einen Augenspiegel, eine Brotschneidemaschine, einen
Autodiebstahlsschutz. Seine »Bombenpraxis« bemaß sich nicht
nur an den Räumlichkeiten der Südender Sprechstunde mit dem
schönen Arbeitszimmer und der Zahl der sie aufsuchenden Patienten, in der Mehrheit natürlich Kassenpatienten aus dem bürgerlichen Mittelstand. Dr. Freund machte auch unermüdlich
Hausbesuche. Sie waren in jener Zeit ganz allgemein häufiger als
heute. Einem ernstlich Kranken mutete man nicht zu, zum Doktor zu gehen oder zu fahren. War Onkel Erwin bei uns, so war er
doch immer auf dem Sprung. Er hatte unsere Telefonnummer –
66 12 76 – angegeben. Anrufbeantworter kannte man ja noch
lange nicht. Für eine kleine Weile ruhte er sich aus, indem er sich
auf zwei Stühle legte. Wurde er gerufen, stieg er sofort ins Auto,
den großen Buick, später den kleinen billigen Opel P4. Ein Fie-
berthermometer stak neben Füllfederhaltern in Onkel Erwins
oberer Westentasche. Mit sich führte er stets ein umfängliches
und wuchtiges Schlüsselbund, darin lange schwere Hausschlüs-
sel von Patienten, die etwa in oberen Stockwerken wohnten und
nicht fiebernd die Treppen hinuntersteigen sollten. Am Bund
hingen auch Nachschlüssel, Dietriche, zu legalem und humanem
Gebrauch. Onkel Erwin ließ mich mitfahren bei einer nächtlichen Visite. Irgendwo in der Yorckstraße schloß er eine Haus-
tür auf.

Es war gemütlich, mit ihm zu fahren, etwa in die Mark Brandenburg, an den Blankensee, an dessen Ufer er ein kleines

Grundstück und einen alten hölzernen Bootsschuppen besaß. Es war eine »Herrenpartie«, der Onkel und sein Schwager, sein Bruder (gleich mein Vater) und mein Großvater. Man angelte. Es wurde spät. Dunkle Sommernacht. Wir weckten meine Mutter. Sie war ausnahmsweise unfroh, als sie die mitgebrachten Fische sah, winzig und fleischlos, Stöckerlinge oder Stinte, sie mussten zu nachtschlafender Zeit gebraten werden. Bei einem dieser Ausflüge saßen die Brüder vorne, die Schwägerinnen und ich im Heck. Die Frauen amüsierten sich über die Ähnlichkeit der Hinterköpfe von Erwin und Georg mit den Teckelfalten, mein Vater hatte zwei, mein Onkel drei.

Er hat es mit mir gut gemeint; er hatte das Bedürfnis, zu raten und zu helfen. So interessierte er sich für meine fotografischen Versuche, er selber hatte sich schon vor der Jahrhundertwende als Amateur betätigt. Er nannte es noch ›typen‹ (von Daguerreotypie!). Er schenkte mir ganz alte Kameras, die lehrreich, wenn auch nicht mehr zu gebrauchen waren. Sie sind mir abhanden gekommen. Heute hätten sie wohl musealen Wert. Und er schenkte mir Musikbücher. Die habe ich noch. Am 9. November 1938 wurde auch Dr. Erwin Freund verhaftet. Nur in Neutempelhof waren die Juden verschont. Auch das ist noch zu erzählen. Er wurde ins Steglitzer Polizeirevier geführt, ein Beamter raunte ihm zu, unauffällig durch eine bestimmte Tür zu gehen. Da war er doppelt im Freien. Der Beamte war ein Patient von ihm. Den kleinen Wagen hatte Onkel Erwin noch. Mit Tante Grete versteckte er sich am Blankensee.

Die Verbindung mit den belgischen Freunden hatte er gewahrt. Er war mehrmals in Belgien und konnte dabei wohl auch Materielles sichern. Auswandern wollte er natürlich in die USA, wo seine Söhne sich um ihre Niederlassung als Ärzte bemühten. Er und die Seinen hatten auch schon die für die Einwanderung nötigen Affidavits. Gültig, frühestens aber 1940 oder 1941. Generalkonsuln der USA konnten hart sein. Viele, die durch solche Verfahren grauenvoll endeten, hätten gerettet werden können.

Als wir Deutschland am 28. Januar 1939 verließen, konnten Onkel Erwin und Tante Grete mit Mutter und Bruder noch kein Entkommen absehen. Sie flohen dann nach Belgien, belgische Freunde, bald selber bedrängt, gewährten ihnen Schutz. Großmutter Paula Siedner wurde in einem Kloster untergebracht und starb dort. Arthur Siedner ist umgekommen. Als der Krieg in vollem Gange war, geriet das Ehepaar zwischen die Fronten. Ein amerikanischer Soldat traf sie, ohne ihnen helfen zu können. Sie gaben ihm die Adressen ihrer Söhne. Doktor Erwin Freund zeigte ihm das Gift, das sie nehmen würden, um nicht dem Feind in die Hände zu fallen. Der Soldat benachrichtigte meine Vettern. Sie trauerten um ihre Eltern. Ich weiß nicht, wer von ihnen es meinem Vater schrieb, weiß auch nicht mehr, wann er und wir aufatmen konnten. Denn es geschah ein Wunder. Dank belgischen Freunden wurden die beiden gerettet. Sie konnten endlich in die Vereinigten Staaten einreisen und fanden eine Wohnung in New York. Nur einmal kamen sie nach Deutschland. Da waren wir noch in Montevideo. Onkel Erwin schickte uns ein hübsches Foto: ein wohlaussehendes älteres, nicht altes Paar in Freudenstadt. Nach schweren Leiden ist dieser Arzt in New York gestorben. Seine Frau hat ihn um Jahre überlebt. Ich habe sie nicht besucht. Mein Vater hat keines seiner Geschwister wiedergesehen.

Ich hatte zwei ferne Onkel, der eine war Onkel Hermann Isenburg, verheiratet mit Tante Erna, geb. Putzig, Tochter eines älteren Bruders meines Großvaters. (Dieser ältere Bruder war Konfektionär, Kaufmann in Berlin, und hatte, das sind alles sittengeschichtliche Dinge, ein christliches Verhältnis, wie es die Offiziere und Juden sehr oft hatten, und das hat er geheiratet. Das war die blonde Tante Marie, früh an Diabetes gestorben, die von der jüdischen Familie ungemein geliebt wurde und die sie geliebt hat.)

Onkel Hermann Isenburg engagierte sich für eine Organisation, die sich ursprünglich ›Reichsbund Jüdischer Frontsoldaten‹

nannte. Die war nicht links. Beim Begräbnis eines Mitglieds konnten sich jüdischer mit militärischem Ritus mischen. Er, der Frontkämpfer Hermann Isenburg, starb während einer Sitzung des deutsch-jüdischen oder jüdisch-deutschen Kriegervereins, der sich vergeblich bemühte, die Verunglimpfung der Juden als feige und undeutsch zum Schweigen zu bringen.

Die andere Tochter heiratete den Leiter der Gildemeister-Besitzungen in Lima, lebte also in Peru, ohne Emigrantin zu sein. Sie hieß Regine nach der mit vierzehn Jahren an einer Mittelohrentzündung verstorbenen Schwester ihres Vaters und meines Großvaters. Auf dem Freienwalder jüdischen Friedhof hatte sie ihr Grab mit einem Stein, mein Großvater bewahrte ihren starken blonden Zopf.

Marianne Breslauer, Tochter des erwähnten Architekten, war um 1930 eine der frischen und feinen jungen Fotografinnen, deren mit kleinformatiger Kamera gemachte Momentaufnahmen Zeitbilder waren oder doch wurden. Jung heiratete sie den Verleger und Kunsthändler Walter Feilchenfeldt, Mitarbeiter und Nachfolger von Paul Cassirer. Durch Günter Busch konnte ich die große alte Dame, eine der noblen Figuren im internationalen Kunsthandel, stattlich, zugleich temperamentvoll und gelassen, kennenlernen und mich ihres Wohlwollens erfreuen. Sie hatte einen untrüglichen Blick für Gemälde und Menschen und konnte anschaulich, unbefangen und weise von ihnen erzählen. Erinnerungen von Marianne Feilchenfeldt, wie man sie so gerne von ihr gehört hatte, zusammengestellt von einem sensiblen Editor, sind postum als Privatdruck unter dem Titel ›Bilder meines Lebens‹ erschienen. Reizend erzählt sie von ihrem Mann. In seinen jungen Jahren habe eine Frau ihn gefördert, die älter war als er: Regine Putzig. Die Fäden, das Netz.

Tante Regine besuchte in den dreißiger Jahren ihr Berlin, so auch uns; ich sehe sie in unserer Wohnung, blond, mondän und gescheit. Blühend nicht. Sie hoffte auf heilende Behandlung einer schweren Krankheit. Vergeblich.

Beide Schwestern, Erna und Regine, waren sarkastisch, geistreich. Ihr ebenfalls blonder Bruder heiratete die Hausangestellte seiner Schwester Erna. Er gründete eine Familie, die nun schon »halb-arisch« war und wohl auch Nazireich und Krieg überlebte. Seine Blondheit glich Werner Putzig durch den komischen Gebrauch jüdischer Redewendungen aus, dessen er sich besonders in Gegenwart unserer christlichen Freunde befleißigte. Er war ein Mann mit künstlerischem Anflug, der Bühnenbildner werden wollte und wohl einmal bei Ernst Stern gearbeitet hatte.

FERIEN

Was wäre eine Schulzeit, eine Kindheit und Jugend ohne die
Großen Ferien, was wären die Großen Ferien ohne die Sommerfrische, was wäre die Sommerfrische ohne die Reise gewesen?
1926, ich war in der untersten Volksschulklasse, hatte ich einen
heftigen Keuchhusten. Onkel Hermann Putzig empfahl eine
Kur an der Nordsee. Wir fuhren nach Sankt Peter-Ording. Dem
Hotelwirt wurde vermeintlich Arges nachgesagt: Sympathie mit
den Dänen. Der Strand, nicht an der See, zu der man auf einem
langen Holzsteg lief, sondern am Wattenmeer, Sand und Sonne
und Sand. Die Kinder und die Eltern bauten Burgen aus diesem
Sand. Wind und Wolken und Salz. Ein Kälbchen und ein an Land
gespülter junger Seehund. Eine Burg mit ihren Ballbahnen war
ungemein prächtig, ungewiss, ob Werk des Vaters oder des Sohnes. Den sprach ich an: »Hast du eine schöne Ballburg!« Antwort: »Hast du einen schönen Keuchhusten.« Bekannte nahmen
uns mit einem für damalige Verhältnisse eleganten Auto, es hatte eine silbrige Motorhaube, mit nach Husum, der »Grauen
Stadt am Meer«, die an jenem Sommertag wohl nicht ganz so
grau gewesen ist wie in Theodor Storms Gedicht. In dessen Spuren konnte ich damals noch nicht lesen, erst in Gymnasialjahren
ging mir seine sensuelle Poesie und seine stimmungsvolle und
starke erzählende Prosa auf, gerne schritt ich auf dem Weg von
›Immensee‹ zum ›Schimmelreiter‹. Aber ungern war ich in St.
Peter. Das lag weniger am Ort, den ich nicht wiedergesehen, aber
auch nicht ganz vergessen habe, als an meinem Befinden, an Husten und zudem unruhigem Gedärm. Wir reisten, noch uhrver-
derbenden Sand in der Tasche, vorzeitig ab.

Ich erholte mich in Freienwalde in großelterlicher Obhut, in vertrauter, von Feldern, Wäldern, gebirgsähnlichen Wölbungen eingefasster Kleinstadt. In seinem Jugendroman ›Das Leben geht weiter‹ hat Hans Keilson, ohne den Namen zu nennen, Lage und Beschaffenheit seines Geburtsortes beschrieben:

Die Stadt lag weithin sichtbar am Rande des unermeßlichen Flachlandes, lang ausgestreckt zu Füßen einer Hügelkette. Vor unzähligen Jahren, in sagenhaften Zeiten, schleppten gewaltige Eisschollen Schutt, Geröll, Erdmassen mit sich und lagerten sie hier ab, indem sie wie eine Zange die Ebene einzwängten. Heute wellten sich sanfte Hügel, bestanden von düsteren Tannen, schlanken Birken, herben Buchen, aus dem Boden kamen heilkräftige Wasser, und die Erde brachte sich selbst zum Geschenk.

Ungefähr so haben meine Kinderaugen, soweit sie wahrnehmen konnten, Freienwalde gesehen. Ja, vom Bismarckturm, vom Kriegerdenkmal aus strich der Blick über eine weite Landschaft in mittlerem Grün, zartem Blau und etwas Gelb. Vor diesem linden Panorama gewann ich Begriff und Bild, auch Hauch und Klang von Landschaft. Die Pferde vor den Kutschen und Karren, die paar frühen Taxis und die Schwalben gehören dazu, die unter dem Himmel, über dem Pflaster ihre unsichtbaren, aber insektenhaltigen Bahnen zogen und mit der Flughöhe eine Wettervoraussage lieferten. Festlich war eine Kutschfahrt zum dunklen, von Bäumen umstandenen Baasee. Opa ging mit mir zum Kutscher Fischer. Der hatte einen großen Obst- und Gemüsegarten links vom Rathaus, einen erschreckend bellenden Hund und einen schönen, nur noch selten wie zu diesem Ausflug benutzten Landauer. Das braune Pferdepaar, das er vorspannte, lieh er sich von einem Kollegen. Ich wurde auf den Bock gehoben, sah in die Landschaft, auf die Landstraße und auf die braun schimmernden Hinterteile und schwarzen Schwänze der beiden Rösser. Zuweilen hoben sich diese Schwänze, behaglich äpfelnd klappten die Braunen ihre After wie Tabaksbeutel auf. Wir fuhren vorbei am Roten Land – irgendwo gab es ein Echo – und am Gutshaus oder Schloss Sonnenburg, das keinen Zutritt gewährte, erst recht nicht, als Ribbentrop es sich angeeignet hatte.

Über sechzig Jahre danach konnte ich den Garten und ein schreckliches und groteskes Kuriosum besichtigen. Da führte mich der nun in Freienwalde eingewohnte, Beziehungen knüpfende, filmende Journalist Eberhard Görner durch das Städtchen und die immer noch friedlich scheinende Gegend. – Ach je, die Hügel und Berge, die wohl zur Märkischen Schweiz gehören, sind viel kleiner als in meiner Kindheit; die alte Kirche mit ihrem Fachwerk ist nun Konzertsaal und hat eine Orgel von Sauer aus dem unfernen Frankfurt an der Oder. Das von Friedrich Gilly erbaute Schloss mit seinem Park, von Rathenau erworben und mit kultiviertem Geschmack stilbewußt restauriert und eingerichtet, längere Zeit geöffnet, ist nun baufällig und sein Erhalt gefährdet. Der jüdische Friedhof mit vielen Putzig-Gräbern ist in einen kleinen Park verwandelt worden, eine große Tafel erinnert an die hier Ruhenden, die nun in Anonymität versunken sind.

Diesmal war es im Regen und im Auto, dass wir zum eingedunkelten Baasee fuhren und Halt machten vor Sonnenburg. Da steht, seltsam genug, die hölzerne grüne Datscha, die in der kurzen Zeit des heuchlerischen Bündnisses zweier entsetzlicher Herrschaftssysteme Molotow, der Außenminister der Sowjetunion, den Kindern Ribbentrops, des Außenministers des Hitler-Reiches, geschenkt hatte. Ein Wulst im Garten der Bunker, den Ribbentrop anlegen ließ und in dem er Kriegs- und Nachkriegsstürme, russische Besetzung mit seiner Familie wohlgenährt zu überstehen gedachte. So weit war es noch nicht, als ich auf dem Bock saß bei unserer Kutschfahrt zum Baasee mit Herrn Fischer. Die Gaststätte dort war bescheiden und gemütlich. Die Gäste stammten nicht nur aus der Umgebung. Zunächst am Sonntag – am Sonnabend, Samstag wurden die Läden erst um 19 Uhr geschlossen – schweiften Ausflügler, Touristen in Freienwalde und Umgebung einher, vor dem Kurhaus nahe dem Gesundbrunnen mit seiner Eisenquelle gab es einen regelrechten Parkplatz, auf dem eine Menge auswärtiger Autos stand. Ich besichtigte sie, die heiße Luft aus den verschieden geformten Kühlern schlug mir ins Gesicht. Die Gastronomie des Kurhauses schien mir weitläufig, in der geräumigen Muschel saßen die Mitglieder der Kapelle des Herrn Beug in Phantasiematrosenuniformen. Die Kapelle, von der viel der kompetente Hans Keilson erzählt, spielte nach dem Brauch der alten Stadtpfeifereien.

Ja, viel von Freienwalde war schon Sommerfrischen-Vorwegnahme oder Sommerfrischen-Ersatz, aber ich blieb im Vertrauten, erfuhr nicht ein Anderes. Das wurde mir vom Sommer 1927 an gewährt. Wir fuhren, Großeltern, Eltern und ich, auf Empfehlung lieber Verwandter, der fünf unverheirateten Geschwister Block, nach Garmisch-Partenkirchen: So hieß nur der hübsche Bahnhof, die beiden Ortschaften waren noch getrennt und wahrten ihre sogar im Dialekt für Feinhörige bemerkbare Eigenart. Die Reise im D-Zug dauerte etwa neun Stunden. Gefahren sind wir als Mittelständler Dritter Klasse. Es gab vier Klassen. Aber wir leisteten uns ein Mittagessen im Speisewagen. Man stellt sich heute schwerlich vor, wie vorzüglich damals Ausstattung, Angebot und Bedienung bei der Mitropa waren. Wir machten Halt in München, stiegen ab in Wolff's Hotel, das nächste Mal im Bayerischen Hof, dessen Luxus mir imponierte. Der kleine Junge, der doch im Ganzen so viel nicht zu sehen und zu verstehen bekam, war gefesselt von einer Großstadt, die ganz anders war als Berlin. Der Bahnhof war groß, so groß wie keiner in Berlin, das ja keinen Hauptbahnhof hatte. Vor dem Starnberger Bahnhof das dekorative Rundpflaster. Die blauen Straßenbahnen, hübscher als unsere gelben. Auf der Straße schon Trachten, wie sie dann in Partenkirchen uns sehr gefallen sollten. Die Biergärten, in denen ich mit Limonade vorlieb nehmen musste. So auch an einem frühen Sommerabend im Garten des Hofbräuhauses. Den Radi konnten wir uns nicht so geschickt mit dem typischen Messer – kräftige Klinge, Hirschhorngriff und Lederstulpe mit silberner Spitze – in Spiralen zurechtmachen wie die Einheimischen. Ich spazierte durch den Wirtsgarten, es gab keine Musik, ich erklomm die leere Orchestermuschel und begann Dirigent zu spielen, schlug albern mit dem von der Limonade zurückbehaltenen Strohhalm in die Luft. Da klatschten einige ältere Herrschaften, die an einem Tisch nahe der Kapelle saßen. Und ich schämte mich. Dirigieren, das ich damals wohl bloß von Herrn Beug gesehen hatte, sollte mich auch weiterhin interessieren, ohne dass ich je es hätte leisten können.

Anderentags zum Starnberger Bahnhof. Hatte ich schon beim ersten Mal, kleiner Junge, die Anfahrt so genossen wie dann immer wieder und immer mehr? Am Ziel. Da standen auf dem Bahnsteig und vor dem Bahnhof einheimische Männer, angetan mit der krachledernen Hose, daran das rechteckige Hosentürl, seitlich die kleine Tasche mit dem bewußten Radimesser, und oft mit der breit gestreckten Uhrkette aus silbernen Talern, gehalten von den verzierten Hosenträgern, das breite Bruststück schmückte als Medaillon ein Hirschkopf mit stolzem Geweih. Nicht zu vergessen der grüne Filzhut mit dem Gamsbart oder, wenn bescheidener, einer Raubvogelfeder. Gepäckträger, Dienstleute, Kutscher und Chauffeure bemächtigten sich der Fahrgäste. Vor dem Gebäude standen die Hotelomnibusse, nicht sehr große, oft nur von einem Einspänner gezogene Gefährte, bereit für angemeldete Gäste und auch für unangemeldete. Ein kleiner Konkurrenzkampf spielte sich ab. Wer lockte wen in welches Hotel? Wir hatten schon ein Quartier: in der Dependance des schlichten bayerischen Gasthofs ›Drei Mohren‹ nahe der schönen und vielfach fotografierten Sebastianskapelle am oberen Ende der Bahnhofsstraße, die noch längst nicht voll bebaut war, sondern gesäumt von Wiesen. Partenkirchen war ein richtiges Städtchen, doch eingefasst von Ländlichkeit, Land und Landschaft. Bäuerlichkeit und Bürgerlichkeit durchdrangen sich, der Fremdenverkehr entstellte nicht, förderte eher die manchmal freilich nicht mehr echte Urwüchsigkeit. Das war das erste Mal. Wir rekognoszierten, machten schon Bekanntschaften mit Läden, Geschäften, Menschen, die uns die kommenden Male vertraut werden sollten. Wir waren keine an der Tafel sitzen bleibenden Hotelgäste. Meine Eltern sprachen gern mit Einheimischen, lernten ihren Dialekt und ihre Art zu verstehen. Ausflüge waren obligatorisch. Und einmal musste mein Vater dienstlich nach Innsbruck. Nützliches mit Angenehmem zu verbinden, nahm er die ganze Familie mit und bestellte für die Reise zu meinem Entsetzen das schlechteste Mietauto, das an der Haltestelle gegenüber stand. Der Fahrer – ich sehe ihn noch und weiß noch seinen Namen – hatte ihn mit seinem besser als sein Klapperkasten laufenden Mundwerk beschwatzt. Auf ging die Fahrt, frisch war es, der Wagen offen und feldgrau, ganz offensichtlich ein ausrangiertes Vehikel, das im Weltkrieg Dienst getan hatte. Von Autos verstand mein sonst weltkundiger Vater rein gar nichts. Den Zirler Berg schaffte der greise Wagen nicht. Er blieb stehen. Der Fahrer öffnete vor unseren nun skeptischen Blicken die Motorhaube und stellte die Diagnose: ein Haar im Motor. Herausgezogen hat er es jedenfalls nicht. Wir fuhren weiter mit der Bahn nach Innsbruck, sahen zum ersten Mal das ›Goldene Dachl‹ und die Drachenburg. Mit der Bahn zurück nach Partenkirchen. Bei dieser Exkursion passierten wir auch die Martinswand, an der Kaiser Maximilian sich verstiegen hat und gerettet worden ist.

Es gefiel uns an Partnach, Kanker und Mühlbach. Wir kamen in den nächsten Sommerferien wieder, ohne vorher für eine Unterkunft gesorgt zu haben, gaben unsere Koffer in die Gepäckverwahrung und machten uns unbeschwert auf die Zimmersuche, fragten ungeniert den netten jungen Herrn Kronseder mit der vorgebundenen grünen Schürze, der Pförtner jener Dependance an der Bahnhofsstraße war. Er verwies uns an seine beiden Schwestern, die südlich Brünette, Schwarzäugige und die hellere Blauäugige, die bald zu den uns sympathischen Partenkirchner Gestalten gehören sollten: Sie führten ein Delikatessengeschäft. Sie wiederum verwiesen uns ans Haus Schmöger, Ludwigstraße 35. Das war eine glückliche Fügung: Glücklich die Augenblicke des jeweiligen Aufenthaltes in diesem Haus, untrübbar glücklich die Erinnerung. Zuerst erschrak ich: Verhandelt wurde hinten in der Wohnküche, sie befremdete mich zuerst und wurde mir dann ein Raum großen Behagens. Eingetreten war man durch die Tür in einen kleinen halbdunklen Vorraum. Eine beängstigend steile Treppe führte zu den zwei Stockwerken, im zweiten befanden sich die Fremdenzimmer, zwischen erstem und zweitem Stock war gegenüber dem komfortablen Bad ein kleines Einzelzimmer, »meines« in späteren Jahren. An die Treppe gewöhnte ich mich schnell. Ein Wohlgefühl, Gefühl der Geborgenheit, ergriff uns schon nach wenigen Tagen, hielt an, mehrte und festigte die Sympathie, stimmte uns dankbar – mich bis in diese meine alten Tage.

Das Haus Schmöger war nicht nur für damalige Begriffe schön, ein beliebtes Fotomotiv, die Ecke mit dem Firmennamen des Farbgeschäfts. Wir zogen ein und taten es noch oft, jedes Mal froh bei der Ankunft und wehmütig beim Abschied, dazwischen mit Aufenthalt und Ausflügen sehr zufrieden. Schlichte Zimmer, gute Betten, ein Waschtisch mit Schüsseln, jeden Morgen brachte die ältere Tochter des Hauses eine Kanne heißen Wassers hinauf, so war das damals. Aus den Zimmern aber trat man in eine feinmöblierte Diele mit einigen alten, erst recht feinen Bildern, ein sehr großes, auf Holz gemaltes Gemälde war eine italienische Landschaft. Nur bei schlechtem Wetter, das allerdings nicht selten war, frühstückte man hier, bei gutem auf dem langen bayerischen Balkon. Von ihm aus blickten wir in einen weiten Raum voller vielgestaltiger, vielgliedriger Ortschaft und Landschaft, noch störte nichts die Harmonie dieses Panoramas.

Beherrschend, aber ohne Gewalt, in wunderbaren Proportionen und eingebettet ins gestufte Grün der Vorberge, das Massiv des Wettersteins. Ich wurde nicht müde, es anzusehen, noch heute schwebt es, eine Naturkomposition, Inbegriff des Schönen, mir vor im wechselnden Licht. Gewiss, an den häufigen Regentagen waren die Berge ganz verhüllt, das ließ ortsfremde Ankömmlinge zu meinem Verdruss daran zweifeln, dass es sie überhaupt gab. Dann freilich wären die Ansichtskarten so grobe Fälschungen gewesen wie die mit der in ihrem Nest auf Eiern sitzenden Gemse, den Gamsbart unterm Kinn. Nun verspürte ich keine alpinistischen Neigungen und Fähigkeiten, besah mir die Berge lieber von unten, was leicht war in dem weitläufigen Tal, aus dem so viele Wege zu den Aussichtspunkten, den Seen, den Rast- und Gaststätten, den hochgelegenen Berghütten führten. Regnete es nicht, war es sogleich heiß, von den Bergen aber wehten kühlende Winde. Doch mag das Beste die Atmosphäre des Hauses gewesen sein. Wir wohnten dort. Das Haus – ich träume von ihm und sehe es wach und bewußt. In der Wohnküche glimmt ein kleines Feuer, immer noch ist die Treppe hoch, auf ihren Stufen aber bleibe ich stehen und betrachte erneut beziehungsreiche Bilder. Es sind Schießscheiben, von Einschüssen leicht perforiert, naiv bemalt mit Landschaften, Bauten, Figuren und Motiven der Gegend. Der Herr dieses Hauses, und in seiner Art wirklich ein Herr, war der aus Franken stammende, ganz zum Partenkirchner gewordene Malermeister Gottlieb Schmöger, bis 1933 ehrenamtlicher Bürgermeister des Marktfleckens, selbstverständlich Angehöriger der Bayerischen Volkspartei. Er hatte die Drahtseilbahn auf den Wank bauen lassen, einen der begrünten rundkuppigen Berge gegenüber dem Wetterstein. Er war, hier trifft die vernutzte Formel zu, ein passionierter Jäger vor dem Herrn. In der »guten Stube« mit dem Schreibtisch und einem hübschen Partenkirchner Gemälde des Meisters Gottlieb Schmöger lehnten an der getäfelten Wand seine Büchsen, Flinten, Stutzen, manche mit aufmontiertem Fernrohr, auf die mit

gläsernen Augen die präparierten Köpfe von Gemsen und Rot-
wild blicklos starrten. Vielendige Geweihe bezeugten häufiges
Waidmannsheil. Gottlieb Schmöger hegte sein Revier, er lebte in
ihm, beachtete, soviel ich das verstehen konnte, die Regeln der
Jagd strikt, Schonzeit und Schonung. Er war untersetzt, die blau-
en Augen blickten aufmerksam hinter dem Kneifer, zweimal
fand ich sie erschrocken und ergriffen und sah, dass sie sich mit
Tränen füllten. Er trug Trachtenkleidung, sonntags einen grünen Anzug mit Weste, an der goldenen Taschenuhr war entwe-
der auch eine goldene Kette oder ein Anhänger mit einem Eber-
zahn befestigt. Alltags trug er eine dicke silberne Uhr an einer
ausnehmend schönen, langgliedrigen Ankerkette. Mutter Therese Schmöger, kräftig, breit, war eine matronenhafte Hausfrau,
am gemütlichen abendlichen Zusammensein nahm sie Geschichten erzählend teil.

Die ersten Jahre waren beide Töchter noch im Haus, Resi und
Ida, fröhlich und warmherzig und hübsch. Resi ähnelte ihrer
Mutter, auch eher breit, das Gesicht klar und rund und gütig, das
braune Haar zu einer Schnecke geflochten. Sie war sehr fromm
und hatte sich in jungen Jahren mit dem Gedanken getragen, in
ein Kloster zu gehen. Die kaum weniger fromme Familie brachte sie davon ab, sie sollte im Hause bleiben. Sie tat es, nahm es
wörtlich, ging fast nie aus, war dabei vergnügt und offenkundig
innerlich frei. Lebensfremd kann sie nicht gewesen sein, ihre
Güte konnte sich ja nur in der Zuwendung zu Menschen erweisen. Sie tat Dienste für die Kirche und in der Kirche, bewunderte den Herrn Präses, ordnete die Bibliothek der Kirche, führte
aber auch die häusliche Korrespondenz mit einem kleinen
Montblanc-Füller. Sie trug Natur und Landschaft kaum im Bewußtsein. Das nie verlassene Elternhaus wurde schließlich ihr
eigenes. Resi also war es, die morgens das heiße Wasser und nach
einer Weile den Kaffee und das Frühstück zu uns heraufbrachte,
das Frühstück zum Panorama: Wetterstein-Massiv, von rechts
nach links der kleine und der große Waxenstein, kaum sichtbar

die Zugspitze, nie schmelzend der Schneeferner, die unvergleichliche Alpspitze, die Dreitorspitze, der Abfall des Wettersteins am später liebend gern besuchten Ferchensee, im linken Winkel der Karwendel, der dräuend über Mittenwald steht. Vorgelagert dem Wetterstein zwei Reihen mittlerer, grüner Berge, in der oberen Reihe das Kreuzeck, darunter der Hausberg und der Gudiberg. Rechts von den Waxensteinen ist es offen, in der Ferne schließt ein Tiroler das Bild ab: malerisch mit seiner Gipfelrundung der Daniel. Die rechte Seite nimmt der Kramer ein, an dessen nördlichem Sockel der Pflegersee und die Ruine der Burg Werdenfels liegen. Da saßen einmal die Grafen von Werdenfels und beherrschten den Bereich dieses Namens. Murnau und Mittenwald begrenzen ihn. Zum Pflegersee und zur Ruine geht es auf dem Kramerplateauweg nach rechts, nach links führt er bis zum Ausläufer. Dann muss man nur noch das Tal kreuzen und ist in Grainau am Fuß der Zugspitze. Gingen wir die Schleife zurück, kamen wir nach Garmisch, das mondäner war und ist als Partenkirchen. Bilder der Frühlingsgasse drangen bis in Berliner Möbelgeschäfte vor.

All das ließ sich von Schmögers Balkon aus überblicken als reizvolle Topographie. Nicht zu vergessen die Rückseite mit Schmögers Wank, dessen Hang zu kleinen Wanderungen einlud und links über St. Anton auf einem Kreuzweg (mit grauen Eichhörnchen) bis zum Abstieg in Farchant führte – Lieblingswege, Lieblingsausflüge. Vorerst die Ballengasse hinaus zum St. Floriansplatz. Frühmorgens sollte man ihn sehen, fotografieren. Brunnen in der Mitte, Wank im Rücken, Dächer ländlicher Häuser, rechts sich über sie erhebend der Kirchturm: das morgendliche Bild. So die Instruktionen von Herrn Pini, dem schlanken, dem älteren Mann mit dem schwarzen Spitzbart, dessen Laden zwischen Partenkirchen und Garmisch lag. Da gingen wir hin, mein Vater gab seine Rollfilme ab, mit Spannung erwarteten wir, was sie hergaben. Produkt einer billigen Kamera, der Zeiss Ikon Box Tengor, vom seltsamen und praktischen, weil nicht vergrößerungsbedürftigen Format $6^1/_2 \times 11$. Zu ungeeigneterer Stunde habe ich später das scheinbar selbe Panorama am Floriansplatz mit viel teurerer Kamera fotografiert, da hatte sich der Floriansplatz schon verändert. Die alten Aufnahmen waren besser.

Ida Schmöger, die weltlichere, war schon Braut. Ihren Bräutigam lernten wir kennen, schon mit seinem Erscheinen gewann er Zuneigung und Respekt: Karl Neuner, Sohn des reichen Bauern vom Sonnenhof, war Forstgehilfe. Er verzichtete auf eine höhere Laufbahn, zu der es ihm an Intelligenz nicht gefehlt hätte. Er blieb bei seinem Wald und dessen Tieren. Doch nicht nur. Er war deutscher Skimeister, sein Bruder Martin, der Eckbauer, bayerischer. Nach ihnen beiden ist der Platz vor der Olympiaschanze genannt. Heute springt man von der Schanze weit weiter als sie. Aber sie waren Pioniere. Sie verstanden ihren gemeisterten Sport nicht als professionell. Sie vererbten ihren Nachkommen ihre Trophäen, Pokale aus Edelmetall. Karl Neuner, der Bräutigam, bald sicherlich glücklicher Ehemann und Vater, feierte die bescheidenen Feste in der Ludwigstraße 35 mit, fotografierte sie mit einer Balgenkamera unter Zuhilfenahme des Magnesiumblitzlichtes, das er in einem nickelnen Etui mit sich führte, fuhr tags mit einem grauen Motorrad vor. Er sah in Natur und Technik noch kein Widerspiel. Er geleitete uns in Partien, stieg, für ihn nicht die geringste Mühe, mit Mossners und uns zum Schachen hinauf, in dessen Haus mit den Bretterwänden wir übernachteten. Beim Abstieg in strömendem Regen hob er mich am Lodenmantel über hohe Stufen. Mit meinem Vater zog er in sein Revier und ließ ihn schauen, was er, mein Vater, sonst an Aussicht, Tierwelt und Vegetation nie kennengelernt hätte. Sie verbrachten die Bergnacht in einer Hütte, mein Vater erzählte hernach uns Zurückgebliebenen, wie einsichtig und anregend der Forst- und Sportsmann im Gespräch gewesen sei. Karl Neuner, sehr stattlich, hochgewachsen, brünett, mit dunklen Augen im offenen gebräunten Gesicht, ein schöner Mann

114

wohl, ist früh an einem Lungenleiden gestorben, sein Bruder auch. Mit Resi, seiner guten Schwägerin, war ich 1957, bei meiner Wiederkehr in die geliebte Gegend, an ihrer Eltern und seinem Grab.

Autobiographische Abschweifungen: Ich erzähle von meiner besuchsweisen Rückkehr nach Deutschland, nach Partenkirchen und habe doch erst von unserem, meinem Eintritt ins Haus Schmöger berichtet. Müsste ich von dieser Rückkehr nicht viel später erzählen? Sicherlich. Aber wenn vom Ski, sogar dem Springen die Rede war: Die Erinnerung fährt Slalom. Jenes Wiedersehen muss doch schon an dieser Stelle erwähnt, das Gedächtnis dieser Menschen und die durch sie gewonnenen Erfahrungen müssen mehrmals angerufen werden. – Ja, nach Partenkirchen und diesem Haus hatte ich mich lange und zuerst hoffnungslos gesehnt. Ich habe noch zu erzählen, wie ich 1943 im uruguayischen Atlántida saß, im Haus von Fritz Busch, glücklich aufwachte und die Morgenstimmung an so anderem Ort mir Luft und Bild von Partenkirchen zuwehte.

Nun aber Einfahrt. Ich kam mit dem Zug aus Pfronten im Allgäu, Heimatort einer sehr lieben, sehr nahen Freundin und ihrer Familie. Von Olga Hauser, geb. Babel, ist noch zu erzählen. Das Doppelstädtchen hat sich entwickelt, das sieht man auf den ersten Blick, wo Wiesen waren und Freiraum, ist es 1957 schon bebaut. Aber die Berge stehen, wie sie standen, mag manchmal auch die Sicht auf sie verstellt sein. Vom Bahnhof die Bahnhofstraße, kurzer Weg zur Sebastiankapelle, einbiegen in die Ludwigstraße, die Hotels, die Läden sind noch da und manches unverändert: so Nummer 35. Resi. Sie duzt mich noch. »Du bist natürlich mei liaber Gast.« Ich finde mein Zimmer im Treppenabsatz. Ich finde den Lichtschalter, finde alles, gehe zu Ida, nein, ich gehe nicht, es geht mit mir, Stiefelfeldfußweg Haus Karl Neuner. Nach der Begrüßung erstes, nein, fortgesetztes Gespräch. Das ist ja das Lebensgeschenk: Nach zweiundzwanzig Jahren – welchen Geschehens! – wieder anzuknüpfen. Ida ist dann zu einer Tochter nach Schweden gezogen und dort gestorben. Die andere Tochter blieb in Partenkirchen, sie wohnt, längst Großmutter, in einem zweiten Neunerhaus. Bis 1997 habe ich sie jeden Sommer einmal besucht: Frau Helene Hilpert, die ich schon als ganz kleines, hübsches blondes Mädchen und dann als junge Frau, tatkräftige Helferin ihrer Tante Resi, gesehen habe. Nun sprechen mich im Hause viele vertraute Gegenstände an, die Pokale, die Scheiben, Familienfotos. Und nun ist Frau Helene umgeben von munteren Enkelkindern. Sie konnten wohl nicht ganz begreifen, was ich sagte: Ich habe ihre Ururgroßeltern gekannt und verehrt.

Ja, wir saßen im Herrgottswinkel auf einer Bank, die im rechten Winkel den bescheidenen, gemütlichen Esstisch umgab, und unter dem Kruzifix. Anfangs war's mir fremd, anfangs erschrak ich. Hierzulande, in Bayern zulande, sah ich mit Staunen und Furcht den Heiland am Kreuz, die Todesstunde und -qual, die Hinrichtung nicht als Motiv des Schauderns und Entsetzens, sondern der Andacht im katholischen Gefühl des Erbarmens mit dem Allerbarmer – des geleisteten und des angenommenen Opfers. Die frommen Bildwerke mit ihrer Anbetung und ihrer Darstellung von Furchtbarem hoben das Idyll nicht auf, noch im Widerspiel bekräftigten sie es. In den Erzählungen der Einheimischen und der Touristen handelte es sich immer um Leiden und Unfälle, die jenes Idyll durchbrachen. Bergzauber und Bergtod hingen zusammen. Kruzifixe, Gemälde, Jesus und die zwei in schauerlicher Verrenkung ans Kruzifix genagelten Schächer, der knabenhafte heilige Sebastian: Meine Scheu vor der oft genüsslichen Darstellung von Qual und Quälern, Märtyrern und Marterern und meine Angst wurden gedämpft durch die Gewohnheit, dies in so schöner und beglückender Umwelt zu sehen, und durch die friedliche Gläubigkeit der Anwesenden. In ihrer Mehrheit waren unsere christlichen Freunde evangelisch und übrigens bei aller Rechtschaffenheit und Toleranz nicht völlig frei von Vorurteilen gegen Katholiken. Was übrigens auf Gegenseitigkeit beruhte und uns zu denken gab. Wenn Christen, freilich lange vor der Verbreitung ökumenischer Bestrebungen, so aufeinander reagierten, wie sollten dann die Juden auf christliches Verständnis hoffen? Gleichviel, wir hatten Freude am Umgang mit Christen beider Konfessionen in unserem Freundeskreis. Und die soeben genannten Vorurteile waren da natürlich nur sehr gering und bei jeder Begegnung geschwunden.

Die Erscheinungsformen des Katholizismus sind bilderselig, ein musisches Element benedektinischen Schlages, wie es wohl in Kloster Ettal gepflegt wird und von dort aus auch auf die nähere Umwelt einwirkt, ist abgestimmt mit der Natur. In Mittenwald milderten die anmutige ›Lüftlmalerei‹ an den Fassaden der rustikalen und bürgerlichen Häuser und die in den Gärten an den Leinen zwischen den Obstbäumen hängenden, meist unlackierten Geigenkörper die Drohung des Karwendels. Sie, die Natur, die Landschaft, war in unseren ersten Partenkirchener Jahren weiter, gepflegter als heute. Auf Schritt und Tritt traf man auf Kühe, auf den Wegen trat man auf ihre Klackse, die zum Aroma beitrugen, und überall klangen in verschiedenen Tonhöhen und -farben die Kuhglocken, besser Kuhschellen, die sich mit den Zither- und Gitarrenklängen der Gastwirtschaften mischten. Die Kühe weideten draußen auf hohen Almen bis zum festlichen Abtrieb im Herbst, oder sie kamen jeden Abend von der Weide zurück, trotteten vor einem Hirtenknaben, der einen Stock in der Hand hielt, her, zogen ihres Weges nicht nur, sondern ihrer Hauptstraße, denn ihr Zug ging durch die Ludwigstraße, an allen Ecken bog eine Kuh ab, sie strebte nach Hause, sie kannte ihre Adresse, sie blieb stehen vor der Haus- oder Stalltür und begehrte mit sonorem Muhen Einlass. Heute sind die Kühe eine Minderheit, die Schellenklänge spärlicher, Schafherden haben sie abgelöst. Das ist doch etwas anderes. Aber nicht nur die Schellenklänge konnten wir vernehmen. Abends hörte man anderes läuten in der Schmögerschen Wohnküche. Die Tür war geöffnet zu dem schmalen, langen, verwilderten Garten mit seinen alten, schrumpelige, aber wohlschmeckende Früchte tragenden Apfelbäumen. Nebenan, im Gasthaus zum ›Melber‹, läutete es, wenn ein Bierfass angestochen wurde. Es bimmelte oft. Mein Vater und die anderen Herren bekamen einen Tonkrug – »a hoiberte Maß« oder einen Liter – mit einem zinnernen Deckel, der dem Trinkenden wie ein Kopfhörer am Ohr lag. Ja, die Runde war gemütlich, die Unterhaltung immer mild und immer polyphon durch die verschiedenen Dialekte, die gleichzeitig gesprochen wurden. Am Herd gegenüber glomm stets das kleine Feuer. Es hielt den Röhrlranzerl warm, den dünnen Kaffee, den Resi immer bereit hielt. Und immer saß, getrennt von der Runde, Viktorl kauernd am Herd, Viktoria von Schorn, ein zurückgebliebenes Geschöpf aus alter Familie. Sie konnte kaum sprechen, war eine Kretine, wie es sie früher so oft in den Dörfern gab. Sie verrichtete geringe Dienste, aber war dankbar und auf ihre Art hilfsbereit, wenn man nett zu ihr sprach. Sie hatte ihr Zimmer im Haus, Schmögers sorgten für sie. Zu ihren Füßen, am Herd gab es zwei Ruheplätze und zwei Näpfe: für den Waldi vom Dienst und für den Kater vom Dienst. Waldi war, wie es sich gehört, ein Dachshund, ein Dackel mit Jagdeignung. Drei oder vier Waldis habe ich bei Schmögers erlebt, die freundlichen Hunde erlitten jeweils ein betrübliches Ende. Der erste Waldi meiner Erinnerung war gelblich glatthaarig und lang, der zweite, hell auch er, viel kleiner, sehr munter und wälzte sich vergnügt in meinem Bett. Der dritte bräunlich stichelhaarig. Der Kater seinerseits war oft abwesend, im Vollbesitz seiner Katerheit vermutlich auf arterhaltender Tournee. So an einem schönen Sommerabend, als wir zusammensaßen und nichts zu hören war als unsere Worte und das Bierglöcklein vom Melber. Da hob der erste Waldi die rasseeigenen Hängeohren an, knurrte und bellte erregt, schoss zur kleinen Tür in den Garten hinaus. Was hatte er nur? Es dauerte eine Weile, bis er wiederkam. Er trug den abgemagerten, arg zerzausten, erschlafften Kater, trug ihn, wie man Katzen zu tragen hat, mit den Zähnen im Genick, trug ihn zu seinem, Waldis, Napf. Da ließ er ihn los. Es war wieder ein guter Abend bei Schmögers.

Man blickte nicht nur auf Kruzifixe und Heiligenbilder. Kaum ein Haus oder eine Gaststube in der Gegend ohne ein Portrait König Ludwigs des II. Mitten in der Republik wurde die Majestät verehrt und geliebt, wurde seine Extravaganz verklärt. Alle gedachten seiner Freigebigkeit, bestaunten nicht zu Unrecht ein Phänomen, dem man nun nicht mehr ganz zu Recht auch den eklatanten Kitsch zugute hielt. Wo ist oder wie beschaffen ist der Unterschied zwischen Märchenhaftigkeit und Kitsch? Man freute sich des Märchens; der nüchterne Kritiker, der obendrein einen erschreckten Blick in des Königs Biographie geworfen hat, bemerkt mehr den Kitsch – und muss doch zugeben, dass Ludwig II. sich für seine Schlösser ungewöhnlich schöne Standorte gewählt hat. Man kann gar nicht umhin, diese Schlösser zu besuchen, zu besichtigen, Neuschwanstein, Linderhof und nicht zuletzt das Schlösschen hoch auf dem Schachen mit seinem orientalisierenden Rauchzimmer, das freilich traumhaft leuchtete im Schein der Abendsonne. Und seinem Alpengarten, der die Grenze markiert zwischen Natur und Kultur. Der in ein romantisierendes Maskenspiel verfangene, vom Lohengrin-Schwan entzückte Monarch fuhr nachts bei Fackelschein in der vierspännigen Karosse empor zu einem Berg – auf einer Straße, die er hatte anlegen lassen. Das war einträglich für die Bevölkerung, der Traum auch ein Geschäft. Die Menschen aber blieben dankbar und neidlos. Das ist eine seltene Geschichte. Ludwig II. hatte Arbeit gegeben. Er entrückte sich selber, je gefährdeter er war, umso mehr dem Alltag, wurde eine Märchenfigur in den Augen der Bayern, seiner Bayern. Er wurde ein Opfer bürokratischer Intrige. Dass er vieles verwirrt hat, sah man in der Höhenluft nicht. Die Kruzifixe, die Bilder von Heiligen, die Bilder des Königs wurden mir vertraut, weil mir die Menschen des Kreises um Schmögers vertraut waren. Und dies Jahr für Jahr mehr, ohne dass wir uns aufdrängen wollten, ohne eine

Verschiedenheit, wenn man so will Fremdheit, zu vertuschen. Wir waren die Gäste von außerhalb, wir wurden willkommen geheißen, wir lernten immer mehr Angehörige der Schmögers, immer mehr Bewohner, Geschäftsleute natürlich vor allem, in Partenkirchen kennen. Da war die »Nanni-Bas«, wie hieß sie wohl bloß, die es später nach Aschaffenburg verschlug und die von dort aus uns eines schönen Tages in unserer Frankfurter Wohnung besuchte. Da war in der Ludwigstraße ein schönes wohlsortiertes großes Papiergeschäft, im Hintergrund stand eine Setzmaschine, stand eine Druckmaschine. Die Familie Bierprigl, Vettern und Cousinen von Schmögers, verlegte die Lokalzeitung, den ›Werdenfelser Anzeiger und Loisach-Boten‹. Mittags aßen wir bei einem Neffen von Schmögers, dessen Restaurant und Hotel heute noch besteht und von seinen Enkeln betrieben wird, soviel ich weiß ›Fraundorfer‹. Er hatte sich übrigens das Geld für die Gründung dieses Hotels erworben als Etagenkellner im Hotel Excelsior in Berlin gegenüber dem Anhalter Bahnhof, dessen Hinterhof wiederum angrenzte an den Schulhof meiner 44. Gemeindeschule. Dies kann ich nicht anführen als eine engere Beziehung zu Fraundorfer, aber man konnte sich Wege, Ortschaften, Milieus dies wissend vorstellen. Öfter kehrten wir zum Mittagessen aber ein an unseren Ausflugszielen. Die hatten alle ihre Eigenheiten, im Zitherspiel wie in der Küche. Nicht neben dem Gschwandtner-Bauer, sondern weit gegenüber auf der rechten Talseite am Hang des Kramers lag ein anderes Lieblingsziel, eine andere Lieblingsgastwirtschaft, die ›Almhütte‹. Wir mussten durch Garmischer Straßen gehen, die Loisach kreuzen, die Richard-Strauss-Villa mit der Sprechanlage im Gattertor passieren und hinaufgehen zu diesem Ziel. Die ›Almhütte‹ war ein mittlerer freundlicher Bau, dessen Inneres wir selten betraten, weil wir Platz nahmen im Wirtsgarten auf einer weiten, breiten Fläche, deren Tische zahlreich, aber nicht dicht aneinander gerückt waren. Der Blick, der sich von hier aus bot, war herrlich. Er umfasste das gesamte

Massiv des Wettersteins, anderes war außerhalb seines Feldes. Über das weite Tal fuhr – man darf nicht sagen flog – eines nun wirklich schönen Tages ein Zeppelin, auch dieses Bild lässt sich nicht vergessen. Die Aussicht konnte man partiell und näher gerückt auch genießen, durch ein altes, wohl auch vom Weltkrieg herrührendes graues Scherenfernrohr. Die Gastfläche, um es so zu nennen, wurde freundlich bewacht von einem Bernhardiner, stattlich war der Herr, Hans Sartori, eine prächtige männliche Erscheinung, breit, stark, hochgewachsen, älter als Hans Neuner und anderen Typs, vielleicht damals schon fünfzig Jahre alt. Er hatte sich mit mühsamer Arbeit das Geld für diesen Platz, für diese Wirtschaft und ihre Möglichkeiten erworben. Es gab noch nicht die Seilbahn zur Zugspitze, die ja österreichisch war, von Ehrwald aus emporging, geschweige denn die bayerische Zugspitzbahn mit ihrem Zahnradteil ab der Station Riffelriß. Die Zugspitzbahn, die wir, als sie noch neu war, eingeladen vom Direktor Möslein, auch einmal benutzt haben, emporfahrend, mein Vater und ich. Der Schneeferner. Es gab nun schon das schöne Hotel. Polarhunde, die dort, nur dort sich bräunlich dunkel ergehen konnten. Aber ich muss eilig zurückkehren zur ›Almhütte‹ selber, von den Polarhunden zu dem Bernhardiner, von dem Direktor Möslein zu Hans Sartori. Er nämlich hat jeden zweiten Tag einen Zentner Lebensmittel und andere Bedarfsartikel hochgetragen, hochgeschleppt zum Münchner Haus. Gelohnt hat es sich, wie schon berichtet. Geschadet hat es ihm wohl auch, Hans Sartori ist nicht alt geworden. Es war behaglich bei ihm und, freundlich befragt, konnte er anschaulich erzählen. Man hatte vom Rand der Plattform auch Einblick in den hinteren Garten der Villa Richard Strauss, dort sah ich, in Figur und Kopfform dem Vater ähnlich, dessen Sohn Dr. Franz Strauss, der ein ganz kleines Kind bei sich hatte, den späteren Dr. med. Christian Strauss, gynäkologischen Chefarzt des Kreiskrankenhauses Garmisch-Partenkirchen, das im Grunde er hat erbauen und einrichten lassen. Oben auf der Fläche des Gasthauses standen auch Käfige, Volieren, es war die von Hans Sartori betreute Vogelschutzwarte von Garmisch-Partenkirchen, die in den Jahren nach dem Kriege verlegt worden war an einen Punkt gerade gegenüber, das Restaurant ›Schöne Aussicht‹. Natürlich war alles auf Tourismus abgestimmt. Natürlich sollten diese Raubvögel auch eine Sehenswürdigkeit sein. Vielleicht war man auch so tierlieb, dass man den Vögeln, armen Gefangenen, zumindest solch eine schöne Aussicht gönnte. Sartori sah die Nachbarn unterhalb des Öfteren. Er dürfte von Bussarden mehr verstanden haben als von Opern. Als ihm mein Vater erzählte, dass ein neues Werk von Richard Strauss demnächst uraufgeführt werde, wird er ihm wohl nicht den Librettisten genannt haben, Stefan Zweig, wohl aber den Titel ›Die schweigsame Frau‹. Der Almhüttenwirt erwiderte: »Das kann aber nicht die Gattin des Meisters sein.«

War es 1932? Wir saßen zum Nachmittagskaffee mit Kuchen im Vorgarten von Clausings Posthotel am Marienplatz in Garmisch. Plötzlich mein Vater: »Da geht ja Richard Strauss.« Ich sehe einen hochgewachsenen, distinguierten Herrn in elfenbeinfarbenem Sommeranzug. Er folgt gemächlichen Schrittes ganz leicht gebeugt in kleinem Abstand seiner stämmigen Frau. Als Richard Strauss ein paar Jahre später in Berlin, im großen Sendesaal von Poelzigs Funkhaus an der Masurenallee, seine frühe F-moll-Symphonie dirigierte, wäre ich gerne dabei gewesen, wenn es mir auch an Verständnis gemangelt hätte. Es lockte meinen Vater und mich, den Mann musizierend zu sehen und zu hören, der als der größte lebende Musiker galt. Es war jedoch unsereinem nicht angeraten, zu einer solchen Veranstaltung zu gehen. In der Berliner Philharmonie war es nicht so. Durch die Villa Zoeppritzstraße 72 führte mich 1960 freundlich, lebhaft und gesprächsbereit die Schwiegertochter, Frau Alice Strauss.

Es verstand sich, dass all diese Ausflugsziele, deren Zahl und Namen ich noch vermehren könnte, in der Umgebung, der näheren, unseres Standortes lagen. Aber ein bisschen weiter wollten wir hinaus. Dieses Verlangen konnte nur erfüllt werden im Rahmen bürgerlicher Bescheidenheit, und das schadete ja auch nichts. Wir hatten nie ein Auto besessen. Einen Mietwagen für lange Strecken zu nehmen, war schon recht kostspielig. Aber es gab ja Ausflugsreisen im Autobus. Und in der Bahnhofstraße, sogar dem Bahnhof recht nahe, gab es ein kleines Reisebüro der Hapag. Sein Leiter war ein leicht stotternder Herr mit kleinem blonden Spitzbart, Georg Lang, geborener Franke, ganz akklimatisiert in Werdenfels, dessen Chronist er war. Es war wohl nicht hohe Literatur, die er schrieb, aber er hat eine Reihe von Erzählungen verfasst, in ihnen die langgestreckte Geschichte dargestellt, von den Kelten über die Römer und das Mittelalter bis zu den Fuggern, die ein großes Depot an dieser Handelsstrecke zwischen Italien und München und vor allen Dingen Augsburg natürlich, dem Zentrum der Fuggerschen Dynastie, unterhielten. Die Napoleonzeit kam hinzu, es ist sehr viel Weltgeschichte gespiegelt oder repräsentiert an diesem Ort. Als Gymnasiast habe ich einmal, aus älteren Quellen schöpfend, einen braven Aufsatz über diese Zusammenhänge geschrieben, seinen Inhalt kann ich nicht mehr ganz rekonstruieren. Es soll ja von mir aus nicht Geschichte geschrieben, sondern nur aus einem gar nicht spektakulären Leben erzählt werden. Lang war ein hervorragender Reisebegleiter, er konnte uns Historisches, Kunstgeschichtliches, Landschaftliches erklären. Wir unternahmen größere Busfahrten mit ihm. Braungebrannt war der Fahrer dabei, der nichts Geringes zu leisten hatte, Herr Wackerle. Eines Tages fuhren wir mit einer Gruppe mittelständischer Leute, einer intelligenten Sekretärin, einem Volksschullehrer-Ehepaar, anderen Personen, mit denen wir wenig Kontakt hatten, aber mit einem Ehepaar, mit dem wir eine bis zu unserer Auswanderung dauernde Freundschaft schlossen, das waren Herr und Frau Beckers, er ein Belgier, in seinem Lande nicht mehr beliebt, weil er im ersten Kriege zu den Deutschen gehalten hatte, sie eine lustige, witzige Jüdin aus Hamburg. Und sie stand noch im Hafen, als wir, das ist später zu berichten, am 28. Januar 1939 in mehr als einem Sinne die Anker lichteten. Wir fuhren also drauflos, nach Meran und nach Bozen. Unter der italienischen Herrschaft blühten diese berühmten Orte sichtbar nicht. Wir fanden Quartier in komfortablen, aber fast leeren Hotels. Mein Vater meinte, wenn wir nun schon unterwegs seien, so sollten wir doch noch ein bisschen weiter fahren, und veranlasste Georg Lang zu einer Umfrage in der Reisegesellschaft. Nur wenige verabschiedeten sich. Die meisten machten mit. Und wir fuhren an den Gardasee, nach Riva. Zum ersten Mal erlebte ich den Süden. Und Riva wirkt ja bis auf den heutigen Tag ungemein südlich, wie nördlich es auch in Italien gelegen sein mag. Der Hafen in der Abendstunde, die Schiffe mit den bunten Segeln, all dies war für einen elfjährigen Jungen im Sommer 1930 sehr aufregend. Wir machten auch Halt in Trient. Erste Eindrücke. Eine kurze Begegnung gab zu denken – soweit ich damals bereits derlei Dinge denken, bedenken konnte. Einige Südtiroler traten beklommen und um sich blickend an unseren Bus. Sie raunten uns zu, wie sie als Deutschsprachige dem faschistischen Regime verhasst, wie sie auch verfolgt seien. Sie dürften gar nicht laut sprechen. Um sie herum an den Wänden überall Plakate mit dem Kopf Mussolinis und faschistischen Emblemen und Parolen. Zum Teil verstand ich sie bereits. Diktatur und Verfolgung: Wir waren bestürzt und sangen, als die Grenze hinter uns lag, der Autobus wieder auf deutschem Boden rollte, brav deutsche Heimatlieder.

Vier Jahre danach, nicht mehr unberührt von Diktatur und Verfolgung – 1934, im ersten Nazijahr, war die Urlaubsreise unterblieben – schrieb mein Vater an Schmögers, wir würden gerne zu gewohnter Zeit wiederkehren, er müsse aber darauf aufmerksam machen, dass wir Juden seien. Wenn also ... Wir streichelten wie jedes Mal den Brief, ehe wir ihn in den Kasten steckten. Resi antwortete unverzüglich: Willkommen! Dass wir Juden seien, spiele doch gar keine Rolle. Wir würden nicht gestört werden. Allerdings stehe in der Nähe ein Schaukasten mit

»dem ganz ordinären ›Stürmer‹«. Den brauchten wir ja nicht anzusehen.

Wir wurden in gewohnter, vielleicht noch größerer Herzlichkeit aufgenommen, wir verlebten glückliche Wochen, fanden Atmosphäre und Landschaft vielleicht noch schöner als sonst, gerade weil nicht nur natürliche Schatten fielen. Dass die Nazis herrschten, konnten wir nicht vergessen. Noch fügten sie uns keine unmittelbaren Leiden zu. Allerdings, es geschah die Röhm-Affäre, im Haus Schmöger befand sich kein Radio. Mein Vater ging hinüber in den Gasthof von Melber, dort brachte ein Funkgerät die offizielle, sicherlich verlogene, sicherlich gehässige Version des Geschehenen, das zu jener Zeit nicht ganz gedeutet werden konnte. Die Entmachtung der SA, um die es ging, war erkennbar und überraschte. Schmögers wollten von all dem, obwohl sie sich nicht verkrochen, obwohl Gottlieb Schmöger durchaus politisch denken konnte, so viel nicht wissen. In ihrem Verhalten waren sie unbeirrbar, waren es auch die Leute, mit denen wir umgingen, eingeschlossen auch die Familie, deren Oberhaupt ein Hakenkreuz-Abzeichen trug. Wir waren nun zwölf oder dreizehn Personen, denn mit uns vereinte sich die liebe Familie Mossner, die mein Vater seit vielen Jahren kannte. Die Freundschaft ergab sich aber erst ab 1932. Und unsere Bande bestand aus den Eltern Mossner, den vier Töchtern, der Stiefgroßmutter und dann und wann auch dem Bräutigam der ältesten Tochter Juliane, Joachim von Morr. Und so zogen wir los, machten bei den entsetzten Kellnerinnen in den Gaststätten die Bestellung. Julius Mossner schrieb sie sorgfältig mit goldenem Bleistift auf einen Zettel. Zu den üblichen Aktivitäten gesellte sich das Schwimmen, der einzige Sport, den ich bescheiden, sehr bescheiden betrieben habe. Ich war in das Hallenbad in der Baerwaldstraße gegangen und hatte dort den Fahrtenschwimmer gemacht. Ich habe mich in meinem Leben nur zwei Examina gestellt: dem Abitur und vorher ebenjener Schwimmprüfung. Auf die zweiundfünfzig Minuten im Fahrtenschwimmerzeugnis war ich stolz. So musste ich also diese Fähigkeit bewähren, im schönen, übrigens künstlichen Kainzenbad. Man konnte schwimmend auf die Berge blicken. Einige Familienmitglieder sahen zu, saßen beschaulich auf einer Bank. Aus einem Lautsprecher tönte Musik von Schallplatten. Höre ich, immer noch bewegt, den »Frühlingsstimmenwalzer«, fühle ich die Luft und das Wasser vom Kainzenbad. Nein, unbeschwert waren wir nicht mehr. Meine Großmutter hatte dem alternden, aber festen Malermeister Gottlieb Schmöger, der 1933 sogleich als Bürgermeister von Garmisch-Partenkirchen abgesetzt worden war, von ihrer Sorge, ihrer Angst, von den Schrecken und Veränderungen in ihrem, in unser aller Leben erzählt. Er sagte ihr: »Wenn wos is, kimm i mit dem Stutzn.« Er brauchte nicht zu kommen, aber als wir Abschied nahmen und einer Wiederkehr nicht mehr sicher waren, trat er zu uns auf den Balkon, die Augen voller Tränen.

Ich aber empfand, als der Zug sich vom Gebirge entfernte und ich bald zum rechten Fenster, bald zum linken Fenster hinaus zurückblickte auf die immer kleiner werdenden Waxensteine und die Alpspitze, eine bis zu dieser Stunde noch nicht gekannte Traurigkeit. Ich ahnte, dass eine Rückkehr nun nicht mehr möglich sein würde, nicht ahnen konnte ich, dass sie Jahrzehnte später nun nicht mehr meinen Großeltern, aber meinen Eltern und mir gewährt sein würde.

Ich hatte auf knabenhafte Weise in Taschenbuchkalendern Feriennotizen gemacht, schon einige Jahre lang, ich trug sie in meiner Sehnsucht in einem anderen Notizbuch, immer noch knabenhaft, zusammen. Darauf kann ich zurückgreifen. Die Sehnsucht blieb. Ich begnügte mich nicht mit den gelungenen Amateurfotos meines Vaters, ich wünschte mir ein Bild. Meine Eltern baten heimlich Resi Schmöger, unter den an vielen Stellen feilgebotenen, meist von der Natur abweichenden und obendrein künstlerisch fragwürdigen Bildern das passendste auszusuchen. Sie schickte das richtige, das beste. Um künstlerischen Wert ging es und geht es mir nicht. Unwert ist dieses Bild denn doch nicht. Eine zart handkolorierte Radierung, fein getroffen die Waxensteine und zumal die schwer zu fassende, meist ein bisschen verzeichnete Alpspitze, signiert Louis Wöhner. Das Bild hängt noch bei mir in der Diele, das Passepartout ist vergilbt. Die Adresse Ludwigstraße 35 besteht noch. Das Schmögerhaus nicht mehr. Nach Resis Tod erwies es sich wohl als baufällig, wurde verkauft und abgerissen, an seiner Stelle ein ihm äußerlich ein bisschen ähnlicher Bau mit Eigentumswohnungen errichtet. Auch die Nachbarschaft ist verändert. Alte Namen sind verschwunden, unverändert steht der Wetterstein.

Eines frühen Morgens in Partenkirchen riss mich ein entsetzlicher schriller Laut aus dem Schlaf. In der Metzgerei nebenan wurde ein Schwein geschlachtet. Das Großstadtkind, der Großstädter hört derlei selten, hat damit keine Erfahrung, sein Konsum ist gedankenlos. Das scheinbar oder wirklich Notwendige wird nicht als Not eines Geschöpfs erkannt, das gerade noch ein Lebewesen ist. Meine Mutter konnte es nicht ertragen, sprach man von der geängstigten Kreatur. Sie, die Kreatur kann nicht von diesem Beiwort befreit werden. Die gute Elisabeth Mann Borgese, die wirklich so heiter, so harmonisch, so unbeschwert war, wie sie in dem Filmwerk von Heinrich Breloer erscheint und erst in ihrer spätesten Zeit einem breiten Publikum bekannt geworden ist, schrieb einmal ein Buch, das ich als Lektor habe begleiten dürfen: ›Das Drama der Meere‹, schrieb es englisch und dann deutsch. In ihm berichtet sie etwas, was man vielleicht auch schon immer gewusst, nie aber recht bedacht und zum Herzen genommen hat, wie nämlich im Ozean ein Geschöpf vom jeweils Größeren gefressen wird. Das ist die drastische Illustration der beinahe noch abstrakt so bezeichneten Nahrungskette. Von den kleinsten Einzellern und Fischen bis hinauf zum Wal, eines tötet das andere, um zu leben. Das ist Gesetz. Wer fromm ist, kann nicht umhin, es Gottes Willen zu nennen. Eine Freundin, Künstlerin, leidenschaftliche Vegetarierin, nahm es mir übel, als ich ihr einmal unbedacht etwas Ledernes schenkte. Sie wollte nicht mitschuldig sein am Tod der Rinder oder anderer Tiere. Das ist imposant und schwer durchführbar, auch Pflanzen sind Lebewesen, also wird durch unser Pflücken und Rupfen und unseren Verzehr unleugbar Leben zerstört. Wie darf man stufen? Dies sind unendlich triviale Erwägungen, und der weiseste Rat wäre der simpelste, Unbefangenheit zu bewahren, dem Gesetz zu folgen, nichts Unnützes und Unnötiges zu tun, nicht zu quälen. Dies sind sehr banale Beobachtungen, der Mensch braucht Lebertran, so endet auch das mächtigste Geschöpf des Meeres. Ein *circulus vitiosus* ist das Ganze. Wie kommt man aus ihm hinaus? Immer wieder Triviales, immer wieder überall Vorkommendes, immer wieder denn doch allgemein Gültiges. Und ich zitiere überzeugt Albert Schweitzer, den merkwürdigen und für meine Begriffe zweifellos großen Mann, der vor Jahrzehnten beinahe schon ein Weltheiliger war, dann von den Philosophen, den Hochintellektuellen gering geschätzt, auch für zweifelhafte Werbungen missbraucht wurde. Dies konnte ihm nichts anhaben. Der Pastorensohn, selber Pastor, Theologe, ist auch Goethe gefolgt, anders als Hofmannsthal, als Thomas Mann, seine genauen Altersgenossen. Er hat sich ›Wilhelm Meisters Wanderjahre‹ zu eigen gemacht, er ist wirklich Wundarzt oder präziser gesagt Arzt geworden; Lambarene, weit entrückt der allgemeinen Zivilisation, ist doch eine Schöpfung klassischen Geistes und klassischer Moral gewesen. Über das Beispiel einer solchen Lebensführung darf man nicht lächeln, man kann es immer noch bewundern. Ich habe in meinen mittleren Jahren sehr viel Schweitzer gelesen und es nie bereut. Der Mann in Lambarene verbot Schnittblumen, billigte Blumentöpfe. Sie sind schonend, sie sind bereits wie alle Züchtungen ein Eingriff in die Natur. Züchtung ist Veredelung, Pfropfung erbringt eine Steigerung des Wuchses und der Form, doch bleibt der Mensch Zauberlehrling, der Geräte, der Mittel nicht ganz mächtig. Gedeihen und Verderben sind schwer auseinanderzuhalten, Wiedergutmachung gibt es nicht. Bessermachung ist möglich und gefordert. Sie sollte geübt werden. Genug der Abschweifung. Zurück zu Reiseerinnerungen.

Zwei Sommerreisen zu fünft machten wir noch unter der Naziherrschaft. Entfernungen, Kosten sollten verringert werden. Wir fuhren nicht mehr in die Alpen, sondern in den Thüringer Wald. Nach Friedrichroda. Wieder Ausflüge in eine ruhige Landschaft, milde die Berge und Wälder: das Herz Deutschlands. So gemütlich konnte dieser Aufenthalt nicht mehr sein. Immerhin, wir waren unterwegs. Anders als in Werdenfels ergab sich kaum ein Kontakt mit der Bevölkerung. Die hübsche dralle blonde Bauerntochter, Kellnerin in dem Ausflugslokal ›Schweizer Hof‹ oder ›Schweizer Haus‹ errötete, als meine Mutter ihr Kleid lobte. Der Rock sei doch zu kurz. Und dieses Szenchen habe ich behalten. Hübsch war auch die Tanzbuche, war Tabarz, waren Punkte, die man mit der schmalspurigen Thüringer Waldbahn erreichte. Hübsch auch Friedrichroda selber mit den alten Villen aus der Gründerzeit und ihren verglasten Veranden. Am Morgen von einem fernen Hügel Trompetenklang. In der Kirche übte der Organist Bach. Bach beherrschte noch immer Eisenach, aber wir betrachteten auch Luthers berühmten und wohl nicht ganz echten Tintenklecks auf der großartigen Wartburg. Der Bau, der Blick, ja auch die Fresken von Moritz von Schwind, von dem ich anderes, Schöneres, Feineres später sehen sollte. Gotha mit seinem Schloss, auf dessen Terrasse der Herzog sich sehen ließ, Gotha mit dem Ekhoftheater, Deutschlands ältestem, die antiquarische Maschinerie ist noch erhalten. Erfurt musste uns beeindrucken, die Altstadt, der herrliche Platz mit den zwei großen Kirchen. In den Außenbezirken die Blumenzucht oder die kommerziellen Gärtnereien, die mit ihren blühenden Erzeugnissen einen großen Teil Deutschlands versorgten. Wir nahmen Platz zu Mittag in einem Restaurant. Der Wirt, ich weiß noch seinen Namen, trat an jeden Tisch, verbeugte sich und sagte »Guten Tag«, straffte sich, streckte den Arm aus und sagte »Heil Hitler«. Da hatten wir es im Grunde leichter. Vor allem aber Weimar. Wie wenig ich auch damals wusste, ein bisschen wusste ich denn doch, eine kleine Vorahnung hatte ich schon aus Büchern und Artikeln gewonnen und von Abbildungen. Wie es immer geschieht, so geschah es auch bei diesem ersten und unvermeidlich flüchtigen Besuch. Ein Menschenalter danach sollte ich mehr berühren, mehr auch mitnehmen können. Zuerst aber bereits Bestätigungen.

Postkarten genügen nicht, sind tauglich als Nachhilfe, Gesehenes zu repetieren. Erkennen kann nicht abgeleitet, muss unmittelbar sein. Und unmittelbare Erkenntnis geschieht in Raum und Atmosphäre. Wir entzückten uns damals am und im Schiller-Haus, seiner Privatheit und Intimität, im Vergleich zu Goethes stolzer, reicher, patrizischer Repräsentation. Wir glaubten, Schiller hinter einem imaginierten Vorhang husten zu hören und den Duft seiner Äpfel erschnuppern zu können. Heute sehe ich in Schillers Haus deutlicher die Nachahmung, Nachbildung, das Artifizielle, das das Authentische überzieht. Das großzügige Haus am Frauenplan entspricht voll und vielfältig dem Mann, der es erbaut und eingerichtet hat. Ganz persönlich ist das und zugleich auf unvergleichliche Weise überpersönlich. Kein Schloss, sondern mit seinem Reichtum von Bildern und Bildung eine Stätte erhöhten und geläuterten Bürgertums. Ergreifend am Eingang in herrlichen lateinischen Lettern, viel reproduziert gewiss auch, der Willkommensgruß »Salve«. Goethe, im Alter distanziert und geheimrätlich, hat doch immer ein offenes Haus gehabt, immer sich um Verkehr bemüht, um Belehrung, erteilte und empfangene. Das kann man aus Lektüre erfahren. In diesem Haus kann man es sehen und ertasten. Mag man auch erschrecken über den riesigen Kopf der Juno, dessen Doublette seinen beherrschenden Platz im Frankfurter Goethe-Museum hat. Schon als Halbwüchsiger konnte ich sehen, wie es, dieses Haus, dasteht, wie es Mittelpunkt ist in einem Stadtbild, das wiederum durchwirkt wird von Landschaft.

Goethe, der Sammler, ist auf vielen Gebieten auch der dankbare Erinnerer – im Widerschein seiner italienischen, seiner römischen Jahre. Mit ihren Bildern, ihrem Bild. Von manchem dort Aufbewahrten weiß man, ohne es besichtigen zu können. Es muss geschützt werden. Die Sammlung der Mineralien. Die Bibliothek. Seine Uhren und Instrumente. Schreibgerät. Sammlung aber, das ist immer Bewahrung, das ist immer Tradition. Am besten in gewandelter Anordnung. ›Der Sammler und die Seinigen‹ ist der Titel einer wenig beachteten, im Klassizistischen verharrenden Lehrschrift Goethes in Gestalt eines kleinen Romans. Wir durchwanderten die Räume. Nach so viel Präsentation in den Hauptgemächern ist es still im Arbeitszimmer, dem schlichten, zurückgezogenen, in dem Kämmerlein, in dem Goethe allein geschlafen hat, in dem er gestorben ist, in das spärliches Licht fällt vom Garten her. Die Kutsche stand noch da und steht wohl noch da, deren Achse brach, als Goethe noch einmal nach Frankfurt zu Marianne von Willemer fahren wollte und es doch wohl nicht mehr wollte. Der Erklärer, das Wort Führer will ich nicht gebrauchen, der uns das Haus des wohl größten Meisters der deutschen Sprache zeigte, stand mit dieser Sprache selber auf dem Kriegsfuß. Die Grammatik war seine Sache nicht. Er konnte keinen Akkusativ bilden. Ein Objekt für ihn immer ein Nominativ, war also immer ein erster Fall. »Hier sehen Sie der Flügel«, sagte er. Der Flügel war damals nicht verschlossen. Mein Vater öffnete die Klaviatur und schlug ein paar Akkorde an auf dem Instrument von Andreas Streicher, dem Fluchtgefährten übrigens Schillers, er berührte kräftig die Tasten, auf denen der junge Felix Mendelssohn dem ergriffenen Hausherrn und einigen Weimarer Musikern ingeniös und instruktiv vorgespielt hatte. Draußen damals Wagner. Ein Hotellautsprecher ließ über die Straße eine Übertragung aus Bayreuth schallen. Es war uns bewußt, dass wir Weimar so bald nicht wiedersehen würden, ja, dass wir es wohl nur dieses einzige Mal gesehen hatten. Meinem Alter wurde denn doch die Einkehr in ein Musikerhaus, Freundeshaus in Weimar geschenkt und mit dieser Einkehr ein Wiedersehen, Weitersehen, vielleicht auch Tiefersehen in liebem Geleit.

1938 wurde kaum noch gereist, immer angstvoller wurde an die dringend notwendige, doch noch ungewisse, im Grunde auch unvorstellbare definitive Ausreise gedacht. Nach dem Abitur im März begleitete ich meinen Großvater bei seinem letzten Besuch in seiner Geburtsstadt Freienwalde an der Oder. Lappalie und Schicksalsmoment in einem: Er war gezwungen, ein kleines Grundstück, sein einziges, eine Wiese, zu verkaufen, sprach vor bei dem alten vornehmen Rechtsanwalt Dr. Risch, der verlegen und ängstlich war. Verlegen, aber herzlich war auch der alte Arzt Dr. Fiddicke, der schon am Totenbett meines Onkel Günter gestanden hatte, seine alternde Tochter fuhr ihn zu Visiten in einem bereits gealterten Auto umher. Während wir weiterzogen durch die Kleinstadtstraßen, trafen wir diesen Wagen noch mehrmals, und man winkte höflich. Der Restaurateur Dressler hob ein Schild »Juden unerwünscht« vom Nagel und geleitete uns an einen Tisch im gästeleeren Lokal. Wir besuchten einen alten Lehrer, der der Familie Putzig stets treu verbunden gewesen war, in ein oder zwei Generationen Mitglieder dieser Familie unterrichtet hatte. Er war plötzlich ängstlich, druckste herum. Wir sind nicht lange geblieben, das wichtigste Ziel war der noch erhaltene, noch gepflegte Friedhof, viele Putzig-Gräber hat mein Großvater besucht, die Gräber seiner Eltern, seines Sohnes, eines Bruders, einer Schwester, Regine. Unbekannt in Freienwalde war mein Großvater noch nicht. Ältere Leute begrüßten ihn nett. Ein Mann, der, ein Kissen unter den Ellenbogen, aus einem Fenster im Erdgeschoss eines bürgerlichen Hauses schaute, sprach meinen Großvater an. »Auch wieder hier?« – Wie es ihm denn gehe. Die Antwort war ernst. Mein Großvater wollte durchaus die Leute fühlen lassen, was unsereinem und was in diesem Lande nun geschah. Der letzte Boden, das letzte Stück Erde seiner Heimat sei ihm nun verweigert. Darauf der Mann: »Herr Putzig, det rächt sich.«

Opa hörte schwer. »Wie bitte?« »Herr Putzig, det rächt sich.«
»Wie bitte?« Mit Stentorstimme: »Det rächt sich.« Das hat
mein Großvater wohl gewusst. Es war sein Abschied von der
Heimat.

Er ist vor der letzten Fahrt, der Ausfahrt, der Auswanderung,
nur noch einmal in Deutschland gereist, hatte noch einmal einen
schon fast anachronistischen kleinen Urlaub. Die Großeltern,
sehr angegriffen, sollten sich erholen. Sie fanden Logis und Ver-
pflegung in einer jüdischen Pension in Fürstenberg in Mecklen-
burg. So etwas gab es damals noch, September 1938. Eine letzte
Gelegenheit zum Entspannen, eine Andeutung von Gemütlichkeit oder von Bewahrung komfortabler Gewohnheiten. Noch
immer glaubte man sich freuen zu können an deutscher Landschaft. Man freute sich noch ein wenig. Alles aber war gedämpft,
war bedrückt. Für ein paar Tage folgte meine Mutter ihren Eltern. Mein Vater und ich behalfen uns zu Hause, ich fotografierte ein bisschen, schon mussten einige amtliche und praktische
Dinge bedacht und ausgeführt werden. Wir aßen noch einmal
bei Aschinger, und eines Sonntags, nur für diesen Tag, fuhren
auch wir nach Fürstenberg. Mein Jünglingstagebuch geht da
über Einzelheiten hinweg. Die Stadt war hübsch, Spaziergänge
waren angenehm, Eindruck und Bild sind mir verschwommen,
am ehesten kann ich mir noch den Speisesaal vorstellen, beim
frühen Abendessen warfen Nazibengel Kieselsteine gegen das
Fenster. Die Wirtin, mein Vater kannte sie aus Görlitz und wusste Bescheid in ihrer Familie, ist zornig und unerschrocken vor die
Tür gelaufen und hat wild geschimpft. Weiter geschah nichts.
Auf der Rückfahrt zwängten wir uns in ein volles Abteil. Ein älterer Mann beherrschte die Szene als bramarbasierender Allein-
unterhalter. Er muss ein ehemaliger Feldwebel gewesen sein,
sprach von seinen Erfahrungen beim Militär. Wenn er früh hatte aufstehen müssen, habe er sich zwei große Wecker in eine
Blechschüssel gestellt. Und diese Ausführungen habe ich mir gemerkt: Als wir in den Lehrter Bahnhof einfuhren, fand er ihn

schäbig. Er sagte: »Den muss eine Bombe wieder aufbauen.« Den Propheten erkennt man eben nicht am Gewand. Dies war nach »Herr Putzig, det rächt sich« die zweite Voraussagung, die sich bewahrheiten sollte. Was aber hatte dieser Kraftmeier im wirren Sinn? An einen bevorstehenden Krieg haben wohl die meisten Menschen in Deutschland gedacht, meine Schulkameraden gewiss. Sie gingen nach dem Abitur in den Arbeitsdienst, atmeten beinahe auf, als sie zum Kommiss kamen, weil der einen Deut menschlicher mit den armen jungen Leuten umging. In unseren Gesprächen fiel schon das Stichwort von der ›verlorenen Generation‹. Die jungen Menschen hatten keine Illusionen, ihre Gedanken mischten sich mit der Jugendmelancholie. Das Ausmaß des Schrecklichen haben sie wohl nicht vorausgesehen. Dadurch ist es dann noch schrecklicher geworden.

Unsere nächste gemeinsame Reise war viel weiter und an eine Rückkehr nicht zu denken. Bei diesem Aufbruch wagten wir nicht, zu den Zurückbleibenden »Auf Wiedersehen« zu sagen.

Meine Eltern und ich sind denn doch zurückgekehrt.

PRÄGUNGEN

Das spezifische Gewicht von Erlebnissen lässt sich schwerlich messen. Es ist im Gegensatz zu dem in der Physik nicht konstant. Das Erlebnis geschieht im Moment, der zwar flüchtig ist, sich aber nicht verlieren kann, wenn es denn ein Erlebnis ist. Erlebnis erweist sich an Stärke und Dauer seines Nachwirkens. Es geht notwendig über in Erinnerung. Die kann sich wandeln im Wandel der Lebensumstände und -umgebungen. Genuines Erlebnis kann nur individuell, Erinnerung auch kollektiv sein. Auch. Zumal wenn sie eine Vergangenheit wachruft, in der andere ähnliche oder gleiche Erfahrungen gemacht haben wie das eine sich erinnernde Individuum. Ganz gleich werden sie indessen nicht sein. Auch das kollektive Leiden, so furchtbar in meiner Zeit, hat unzählige Varianten, ein jeder, wenn es auch dem der Mitbetroffenen ähneln muss, sein eigenes Trauma. Damit nähere ich mich mit schwacher Formulierung laienhaft dem Feld von Hans Keilson, der vom Bösesten zugefügte Traumata mitleidend erforscht und behandelt hat. Über ihn, sein Werk und seine Persönlichkeit, habe ich mehrfach zu berichten.

Erinnerung ist selektiv. Sie unterscheidet. Wer sich erinnert, bewahrt und verwirft, die Kehrseite der Erinnerung ist die Verdrängung. Sie kann bewußt oder unbewußt geschehen. Für den Bericht von einem Leben ist sie gefährlich, fürs Leben, fürs Weiterleben unentbehrlich. Nur darf die Verdrängung nie zur Ausrede oder Lebenslüge verkommen. Solchen Mangel an Wahrhaftigkeit hat man oft genug bemerkt, wenn von der Naziherrschaft gesprochen wurde. *Ein* Unterschied wird wohl nie ein kleiner sein: der zwischen der Erinnerung eines Auswanderers – und das heißt eines Verstoßenen und Geächteten – und der von Menschen, die einstweilen haben bleiben können, dürfen, auch müssen. Bei den Auswanderern macht es einen beträchtlichen Unterschied aus, ob sie zurückgekehrt sind oder nicht. Die Rückkehrer sind in doppelter Minderheit geblieben. Der Emigrant und Remigrant darf die Binnenwanderung nicht übersehen, den Standortwechsel so vieler, die gnadenlosen Vertreibungen, angesichts deren immerhin zu fragen ist, wer damit angefangen hat. Ich selber, davon muss ich noch berichten, bin mehr Zurückgekehrter als Rückkehrer. Man hat mich in Deutschland behalten, 1960.

Erinnerung rührt vom Erlebnis, vom Eindruck her, bei einem Kind und einem Adoleszenten sicherlich Eindruck der Außenwelt. Äußerlich? Nein, das Äußere, nicht das Äußerliche, ist verinnerlicht worden. Sonst wäre es längst zerstoben. Gewiss, nicht alles drang von außen ein. Es regte, zumal in der Pubertät, sich manches im Inneren, originär, aber durchaus nicht originell. Organisches, Sexuelles, wie wohl bei jedermann und anfangs einem noch unbekannt. Über derlei wurde wenig geredet, mit Aufklärung war es nicht weit her. Wird sie heute übertrieben? Einzelkind war ich immer. Und wohl immer habe ich mich nach Gemeinsamkeit gesehnt. Zunächst selten nur Zugang zu ihr gefunden. Lektüre hat sie mir ersetzt. Wirkten die Bücher stark – kurzfristig die Jugendbücher, langfristig große Romane und Erzählungen, dazwischen die Reisebücher, die Berichte von Seeleuten, Fliegern, Forschern, auch Jägern, schließlich von Künstlern –, so konnte ich mich in ihre Welt hineinversetzen und mit ihr, in ihr spielen, obwohl ich ihr in der Realität nie hätte angehören können und für Abenteuer ungeeignet bin. Leitet man daraus mangelnde Eignung zu Autobiographischem ab, so wehre ich mich nicht einmal. Auch nicht, wenn man mich als Sonderling, Einzelgänger ansieht. Aber erinnern darf ich mich und meinem der Vereinzelung widersprechenden Mitteilungsbedürfnis frönen.

Von meinen Altersgenossen waren viele in ihrer Gymnasialzeit bündisch organisiert. Die Bünde stammten alle vom ›Wan-
dervogel‹ her, der 1901, diesem Jahr so vieler Initiativen, in Berlin am Steglitzer Gymnasium gegründet worden war. Und nicht
nur die Zeitgenossenschaft gemein hatte mit der Schulreform-
bewegung. Gemeinsames Wandern, Landschulheim, hin zur
Natur, zur Natürlichkeit junger Gemeinschaft. Geistfern war
das durchaus nicht, schon gar nicht in Internaten wie Wickers-
dorf, für das Moritz Heimann sich einsetzte. Das Bündische
spielte eine Rolle, hat sich jüdisch emanzipiert und charakterisiert in den großen Clubs ›Makkabi‹ und ›Bar Kochba‹, es gab die
deutschnationalen Jugendverbände, denen meine Mitschüler
angehörten, es gab die Katholischen, das XR, und ›Neudeutsch-
land‹. Die haben sich zunächst vor dem Nazismus im katholischen Sinne bewahrt. Hans-Joachim Schoeps war geprägt von
der jüdischen Jugendbewegung, sein Sohn Julius H. Schoeps
lehrt und betreibt verdienstvoll die Geschichte des deutschen Judentums in einem Institut in Potsdam, das bezeichnend den Namen von Moses Mendelssohn trägt.

Die Bünde und bundähnlichen Gemeinschaften hatten ihre
Lieder, es kam ja mit diesem weitgespannten Jugendimpuls auch
die Liedbewegung auf. 1908 erschien der ›Zupfgeigenhansl‹ des
Hans Breuer. Die jungen Menschen hatten ihre Vorstellung von
Romantik, und sie hatten ihre Vorstellung von der Stadt, der
Großstadt: eine negative. Die Jugendbewegung(en) war(en)
Stadtflucht. Der Urgedanke, das Urgefühl dieser Jugendlichen
war unpolitisch und gegen die gängige Politik gerichtet. Aber die
Jugendbewegung kam von der Politik nicht los, und die Politik
ließ sie nicht los. Weit und schillernd wie das Parteienspektrum
in der Weimarer Republik war nun auch die Jugendbewegung in
ihrer Ausrichtung von links nach rechts, in der Mitte wie das
Zentrum im Reichstag der ›Katholische Bund‹, in dem ich
Freunde hatte, Hubertus Neugum, Wolfgang Werner. Da waren
der ›Jungdeutsche Orden‹, der ›Bund der Wandervögel und Pfad-

finder‹, der ›Großdeutsche Bund‹, die ›Deutsche Freischar‹, – rechts, aber noch nicht nazistisch. Die ›Geusen‹ und die ›Adler‹ und ›Falken‹ waren nationalistisch und die ›Artamanen‹ sogar klar nationalsozialistisch eingestellt. Dann die ›Roten Pfadfinder‹, wie der Name schon sagt, links. Die große Masse der Bünde war jedoch parteilos.

Die Nazis ließen ihr Jungvolk und die Hitlerjugend aufmarschieren, 1933 wurden die Bünde aufgelöst und gezwungen, sich in diese Naziorganisationen, in die Staatsjugend HJ einzugliedern. Baldur von Schirach wurde Reichsjugendführer, auf dem Koppelschloß stand ›Blut und Ehre‹. Keinem dieser Bünde bin ich näher getreten, auch nicht den jüdischen. Die Kenntnis des Judentums, das Bekenntnis zu ihm und seiner Literatur, damit eine bewußte Abwehr oder zumindest Widerlegung des Antisemitismus, erstarkten ja gerade, als die Existenz der Juden geschwächt und bedroht war. Doch müssen diese jüdischen Jugendorganisationen viele Bräuche, Gepflogenheiten, Empfindungen mit den Bünden der Majorität geteilt haben: Wandern und Landheime, Schwärmen für Natur und Gemeinschaft, sogar der Brauch eines Grußes. Bei den Juden hieß er Schalom – Friede. Von der hohen Stimmung im Zeltlager am Walde, rings ums Feuer, an dem man Kartoffeln briet, habe ich mir von Freunden erzählen lassen. Dabei gewesen bin ich nicht. Doch gerne draußen. Nur in der Stube hocken wollte ich nicht. Ich war ja, den etwaigen Leser wird es nicht überraschen, meines Vaters Sohn. Früh gewann ich Bilder von Großstadt, Kleinstadt, Land. Von Wald und Wiese. Ganz Berlin konnte ich, wie schon gesagt, im Gegensatz zum Vater nicht kennenlernen, aber immerhin von seinen Schönheiten und seinen Hässlichkeiten eine Menge. Und ich lernte, dass das oft übergangslose Nebeneinander von Schönem und Hässlichem, Reichem und Armem der Großstadt eigen ist. Ich brauchte nur von unserem Tempelhof über Kreuzberg und Schöneberg zu Onkel Hermann Putzig und Tante Karla im Bayerischen Viertel zu gehen.

Ich hatte eine ziemlich glückliche, von Anfeindungen und Hänseleien nicht völlig freie Schulzeit. Mein Jahrgang, die 1930 ins Gymnasium Eingeschulten, hatte statt der neun Jahre nur acht Jahre, weil man die beiden Primen zusammenraffte. Auf unserer Schule wurde verlangt, das Pensum beider Jahre in einem Jahr zu bewältigen, weshalb wir wirklich manchmal bis nachts drei Uhr, was ich gerne tat, klassische Stücke gelesen haben. Dies hatte einen schlimmen politischen Hintergrund. Und das Volk konnte ahnen, dass der Krieg bevorstand. Meine tapferen Klassenkameraden, die Freunde, bei denen ich geborgen war, wussten, dass der Krieg kam und dass die Wahrscheinlichkeit ihres Überlebens nicht sehr groß war. Ob sie sich als Opfer fühlten, ob sie sich als Rebellen empfanden, weiß ich nicht, aber sie hatten mit anderen Wünschen, anderen Vorstellungen sich, anständig bleibend, darein geschickt.

Ich war ungeschickt und furchtsam beim Turnen. Die schwedische Leiter und das Heruntergleiten von der Rutschbahn ängstigten mich. Ich war, ich bin kein Held. Mit dann und wann aufkommenden antisemitischen Hänseleien wurde ich aber fertig. Je älter ich wurde, umso mehr wurde ich auch angenommen, es bildete sich dann ein Freundeskreis, das werde ich nicht müde zu erzählen. Er hat mich geschützt.

1938 war ich der einzige Jude auf dem Askanischen Gymnasium, der Abitur machte. Gleichzeitig auf einem anderen Gymnasium Marcel Reich-Ranicki. Und meldet sich nicht noch ein dritter, waren wir eben die beiden letzten jüdischen Abiturienten.

Die schriftliche Arbeit hatte als nur ganz wenig tendenziöses Thema ›Goethes Ideal tätigen Gemeinschaftslebens‹, nach ›Wilhelm Meisters Wanderjahren‹ und ›Faust II, 5. Akt‹. Geprüft wurde ich im mündlichen Abitur zu den klassischen Dramen ›Iphigenie‹ und ›Tasso‹. Und dann fragte ein junger, glänzender und unvergesslicher Deutschlehrer, Ernst Mille, nach meinem Lieblingsautor Stifter, nach dem ›Nachsommer‹. Dann nach Stifters Gegenspieler, nach Hebbel, und so kam er auf Hegel. Dann hat sich der Direktor vorgebeugt, als wir einen angeregten und uns selber gefallenden Dialog führten. »Jetzt haben wir die Zeit schon überzogen, wir sollten abbrechen, Sie haben eine Eins gemacht.« Der Direktor, Dr. Heinrich Nagel, war Parteigenosse, ich glaube, der Lehrer auch. Das erzähle ich nicht, um mich hervorzutun, sondern um den Direktor und die Studienräte zu ehren, die sich darüber freuten und keinen Anstand daran nahmen, einem Juden ein Prädikat zu geben, das auf diesem Gymnasium nur alle paar Jahre verliehen wurde. Das war schon Gesinnung und Mut.

Ich habe nur zwei Klassenlehrer gehabt, Hans Lops, den Mann der »Rosa spinas habet«, und von Untertertia bis zur Prima den Altphilologen und Geschichtslehrer Dr. Friedrich Mohr, der betont deutschnational, aber kein Nazi war. Er hat sich das Leben schwer gemacht als Quartalstrinker. Und war doch ein Herr. Da war ein hervorragender Griechischlehrer, Arthur Fetkenheuer. Er war Schüler des großen Graecisten Ulrich von Wilamowitz-Moellendorff, über den er immer wieder sprach. Ein Homeride. Er war sehr beeinflusst von Schopenhauer und liebte die Gedichte von Hermann Hesse. Fetkenheuer war sehr drastisch und konnte auch ganz derbe Bemerkungen machen, mit denen er Indezentes natürlich abwehrte. Er kannte die Menschen gut. Als wir mal keinen guten Deutschlehrer hatten und er auf Homer kam, hat er uns das Wesen des Epos erklärt und mit ein paar parenthetischen Sätzen über das Nibelungenlied mehr und Besseres gesagt, als wir bis dahin gehört hatten. Er sprach zwar, wie befohlen, wenn er eintrat (ich höre noch den fast spöttischen Klang), »Heil Hitler«, aber es kam kein an Nazismus anklingendes Wort in seinem Unterricht vor. Als wir dann Primaner waren, gab er in der Induktion von Arthur Schopenhauer den Satz zum Besten: »Sie müssen eines wissen: Es gibt zwei Kräfte, die den Menschen regieren. Das sind der Neid und der Geschlechtstrieb.« Als wir das Abitur gemacht hatten, erbaten wir eine Zeile von unseren Lehrern, und Fetkenheuer schrieb mir auf ein Kärtchen, das ich verwahre: »Wir lieben das Schöne, ohne engherzig zu sein. Thukydides – Leichenrede des Perikles.« Ein Spruch wider den Ungeist der Zeit.

Der Neuphilologe Dr. Willi Klein, altmodisch spießbürgerlich gekleidet, war als Lehrer tüchtig, als Mensch anständig und dem Nazitum offensichtlich fern. 1957 habe ich ihn wieder getroffen. Da war er passabel gekleidet, gescheit im Gespräch, wie später in Briefen, die versiert von Lektüre in mehreren Sprachen handelten. Zu dieser Begegnung hat ihn der Lehrer mitgebracht, dem ich bis in sein hohes Alter dankbar verbunden war: Dr. Carl Liederwald.

Dr. Carl Liederwald war wohl und bleibt mein Lieblingslehrer, Deutschlehrer. Er hatte auch Theologie studiert und unterrichtete als glaubensfester Bekenntniskirchler Religion. Dazu, meist für künftige Theologen, Hebräisch. Was ihm natürlich in der Nazizeit verboten war. Es ist erwiesen, dass unter allen Lehrern Dr. Carl Gotthold Liederwald mit keiner nazistischen Organisation auch nur das Geringste zu tun hatte. Er lebte noch lange nach dem Kriege und war bescheiden genug, den ihm angetragenen Direktorenposten nicht anzunehmen. Er war beinahe ein Berufsmusiker, und ich besitze noch eine Kassette von ihm, auf der er Klavier spielt, fantasierend und geschickt modulierend. Er war Organist an einer Kirche, hatte sich, nicht mehr jung, mit seiner sehr charaktervollen, lieben, gemütlichen Frau in der Thomaskirche in Leipzig trauen lassen und liebte, wie diese Vätergeneration überhaupt, den ›Rosenkavalier‹, den er siebzig Mal in der Oper gehört hatte, seine Frau nur fünfunddreißig Mal.

Der Kaffeebesuch in der Wohnung am Mariendorfer Damm mit dem Schwechten-Flügel und dem Spielpedal-Harmonium, den Klavierwerken aller großen Komponisten von Bach bis Brahms in der Notenbibliothek. Es war behaglich. Die von Dr. Liederwald für mich in der Stadt besorgte Diabetiker-Torte schmeckte, das Gespräch war gesättigt von Erinnerung und Gegenwart. Und dann nahm ich Abschied und ein Taxi für die lange Strecke zum Grunewald, wo ich die Jugendfreundin treffen wollte, die mir 66 Jahre lang lebenswichtig war: unser obligater Abend, immer wenn ich in Berlin war. Angelangt im großzügigen Haus der Familie Mossner in der Taunusstraße, musste ich feststellen, dass ich statt des meinen den Hut von Liederwald mitgenommen hatte. »Ganz recht«, sagte er am Telefon, »ich bringe Ihnen den Hut.« Gisela aber hielt es für richtig, dass wir zu Liederwalds fuhren. Wir wurden herzlich empfangen, wir mussten bleiben, Frau Else Liederwald improvisierte ein gutes berlinisches Abendbrot, mein alter Deutschlehrer spielte mit zartem Anschlag aus seinem ›Rosenkavalier‹, raffinierte Stellen analysierend. Es wurde spät. Und ich nahm es hin, dass die Freundin erklärte, »das war eigentlich unser hübschester Abend«.

Siebzigmal im ›Rosenkavalier‹ – wenn das nicht rekordverdächtig ist. Dabei lagen dem ernsthaften Studienrat, der protestantischer Kirchenorganist war, Übereifer und Extravaganz fern. Das Verhalten des 1887 Geborenen kennzeichnet seine Generation. Viele schwelgten bei dem schwelgerischen Stück, die in meinem Erinnern eine gute Figur machen. Der Botschafter Rosen (nein, ich beabsichtige kein Wortspiel) war unter den Enthusiasten, die zu den ersten Vorstellungen in Sempers Bau mit dem D-Zug von Berlin nach Dresden und zurück fuhren. Er spielte sogleich mit dem von ihm geigend geleiteten Schülerorchester ein selber arrangiertes Potpourri. Als in den späten fünfziger Jahren von einer deutschen Kompanie unter einem hervorragenden Dirigenten, Alexander Krannhals, ›Der Rosenkavalier‹ erstmalig in Montevideo gegeben wurde, studierte Georg Rosen dem kleinen Mohren – es war eine Mohrin – zu den letzten entzückenden Takten die Trippelschritte, das Suchen und Finden von Sophies Tüchlein ein. Und unser Freund Dr. Werner Jacoby, einst Mitchef der Auto-Union, nun zeitweilig Präsident der deutsch-jüdischen Gemeinde in Montevideo, opernerfüllt, wurde dieser Komödie für Musik und ihrer Aufnahmen nicht müde

– deren schönste für mich die von Erich Kleiber bleibt. Mein Vater liebte sie kaum minder, musste aber wegen des Nachtdienstes in der Zeitung Enthaltsamkeit üben, er begnügte sich mit Zitaten an seinem alten wohlklingenden Duysen-Klavier. Ich für meinen Teil habe es, rechne ich richtig, auf 14 Aufführungen gebracht, in Berlin, Montevideo, Stuttgart, Wien, Zürich, Augsburg, Mannheim. So oft ist ›Der Rosenkavalier‹ gehört, so oft besprochen worden, dass ich mich über mich selber wundere, von ihm noch Worte zu machen. Der sehr noble Kritiker, kompetenteste Strauss-Kenner und -Freund, der Schweizer Willi Schuh, den zu verehren ich glückliche Gelegenheit hatte, durchleuchtete in eindringenden und eindringlichen Studien Entstehung, Struktur, Einzelheiten und Gesamtheit des Werkes, helle Essays wie die von Hans Mayer und Emil Staiger würdigen seine Eigenheit. Schwelgten die älteren Generationen, die Zeitgenossen, so äußern Jüngere Zweifel, Unmut, Unverständnis, angefangen mit der banalen Feststellung, dass sich durch eine Fiktion des 18. Jahrhunderts Walzer ziehen, wie sie erst im 19. Jahrhundert gediehen. Eine junge Kritikerin, intelligent und schön, mokierte sich über das Synthetisch-Österreichische, das nach dem sozialen Status der Personen unterschiedene Deutsch im ›Rosenkavalier‹ und zumal über den bis dahin doch gerühmten Monolog der Marschallin im ersten Aufzug: »Das alles ist geheim, so viel geheim«, – sie hält es für »baby talk«.

War ich noch Zeitgenosse, als ich am Pfingstmontag 1938 den ›Rosenkavalier‹ zum ersten Mal ganz sah und hörte, in der Volksoper im Theater des Westens? Erich Orthmann dirigierte, der junge Dramaturg Hans Hartleb debütierte als Regisseur, die Marschallin hieß Sabine Offermann. Ich war berauscht und verdrängte die Bedrohung meiner Existenz. Der Dichter war schon neun Jahre tot, der Komponist, 74 Jahre alt und nicht mehr Präsident der Reichsmusikkammer, hatte noch elf Jahre zu leben, ihr gemeinsames Werk war nun nicht mehr neu; es schmiegte sich in die Überlieferung. Im Januar 1911 uraufgeführt, ist es der

Abgesang des 19. Jahrhunderts. Das Musikdrama (wie ›Salome‹ und ›Elektra‹) wandelt sich zurück in veritable Oper. »Spieloper« nannte sie Hofmannsthal. Mit ›Komödie für Musik‹ übersetzte er ja wörtlich *commedia per musica*, Lorenzo Da Pontes Bezeichnung für das höchste, freilich ganz dem 18. Jahrhundert angehörende Gipfelwerk, Mozarts *Le Nozze di Figaro*, an das Strauss und Hofmannsthal variierend anknüpften. Cherubino und Octavian sind Verwandte, die Hosenrolle ist buchstäblich ambivalent, die drei Aufzüge des ›Rosenkavaliers‹ spielen in geschlossenen Räumen, aber Wien ist draußen so gegenwärtig wie Nürnberg in den ›Meistersingern‹, die gleichermaßen berufen werden, Hans Sachs und die Marschallin bringen sich in ähnlicher Seelenverfassung zu ähnlicher Entsagung. In der ›Meistersinger‹-Partitur fehlt das symbolische Triangel nicht und nicht der Tanz. Der ›Rosenkavalier‹ entnahm der gar nicht so leicht geschürzten ›Fledermaus‹ die Walzerseligkeit und das Vergänglichkeitsgefühl, dazu brauchte es Uhren, und ohne mitreißende Hosenrolle geht es nicht.

Der Baron Ochs von Lerchenau, nach dem die Oper ursprünglich betitelt sein sollte, heruntergekommener Repräsentant österreichischen Landadels und in der Rokoko-Welt eine spätbarocke Figur, stammt gleichwohl von Sir John Falstaff ab, hat mit ihm das Rollenfach, den Typus gemein. So ist er gedacht. Ein Brief Hofmannsthals an Strauss bezeugt es. Nur 18 Jahre trennen die Uraufführungen der beiden letzten großen Lustspiele des musikalischen Welttheaters, deren Verwandtschaft so deutlich ist wie ihre Verschiedenheit. ›Falstaff‹, Alterswerk ohnegleichen, ist Lustspiel par excellence, unaufhaltsames, huschendes, lachendes, zudem kammermusikalisch polyphones Scherzo, konzis in jedem Moment, Bühnengeschehen, Menschen- und Orchesterstimmen in sprühender Einheit, ganz schlackenlos, ganz schlank, ganz ohne kosmetische Zutat, ohne Sentiment, ohne Gefälligkeit. Umso inniger sind in aller Kürze die Lyrismen des jungen Paars, und betörend ist im letzten Bild der Elfenzauber des nächtlichen Parks. Verdi und Boito, wie Strauss und Hofmannsthal, haben sehr wohl gewusst, was das höchste Gut der Oper ist, das allein sie und keine andere Kunstgattung zu bieten hat. Es fasst das Wesen menschlicher Beziehungen, gelungen nur den großen Meistern: das Ensemble. Was wir täglich erfahren, die gegensätzlichen Gleichzeitigkeiten der Gedanken und Empfindungen von Personen an einem Ort und in einer Situation, lässt sich nur mit Mitteln der Musik darstellen. Mozart, der größte, hat es in seinen Opern immer wieder geschafft. Beethoven vollbrachte das Quartett im ersten ›Fidelio‹-Akt, das dazu ein Kanon ist, Verdi schon im letzten ›Rigoletto‹-Akt, Wagner, nach ›Tristan‹ zurückgekehrt zu fester Form, im Quintett des dritten Aufzugs der ›Meistersinger‹, und nun beschloss der alte Maestro sein Opernschaffen mit einer listigen 11-stimmigen Fast-Fuge (dass er die Fuge nicht ganz zu Ende geführt hat, weist Gerhard Scheit nach). Strauss und Hofmannsthal blieben solcher Tradition mit dem Finale nichts schuldig, hier auf gleicher Höhe mit den Vorgängern. Was aber Hofmannsthal und Strauss übernahmen, der gebildete Dichter und der gebildete Komponist, der als Kapellmeister das Repertoire beherrschte, eine Fülle von Kompositionssträngen ist verschmolzen zu Eigenem, die Marschallin, eigenste und schönste Figur in der Musikkomödie, ist eine selbständige Gestalt des Welttheaters geworden. Lauter Überliefertes, aber der ›Rosenkavalier‹ ist eben doch nicht bloß eklektisch und epigonal. Die silberne Rose, offenbar Hofmannsthals Erfindung, auf der Bühne meist ein schmuckes Requisit, ist konzipiert als schönes kunstgewerbliches Erzeugnis und als Symbol. Sophie singt »Hat einen starken Geruch wie Rosen, wie lebendige«, und Octavian antwortet »Ist ein Tropfen persischen Rosenöls darein getan«. Chemischer Duft der geschmiedeten Blume, Artefakt. Das Bürgertum der Zeit, die zu glanzvollen Premieren reisenden Reichen und der Mittelstand, genossen es.

Ich gehe ab von der Lebenschronologie, eile voraus ins Lektorat bei S. Fischer.

›Der Rosenkavalier‹ mit dem, was an ihm Schöpfung und was Geschöpftes ist, aus diversen Quellen und Vor-Bildern Abgeleitetes, hat mich nicht losgelassen. Mir schwebte ein Buch vor, das Genese, Entwürfe, verschiedene Fassungen, darauf bezogene Korrespondenz, die Regieskizze des Bühnenbildners und Mahler-Mitarbeiters Alfred Roller, die Vorgeschichte und Fortsetzung der Handlung im merkwürdigen ›Rosenkavalier‹-Film, Aus- und Aufführungen und möglichst charakteristische Portraits vereinen und erklären sollte. Als Herausgeber konnte ich Willi Schuh gewinnen; der unvergleichliche Hofmannsthal-Kenner Rudolf Hirsch, mein früherer Chef im Verlag, machte die Edition durch seine Mitwirkung möglich. Die damaligen Verlagsleiter Peter Härtling und Wolfgang Mertz fanden Gefallen an dem Projekt und förderten es. So entstand das Buch: ›Der Rosenkavalier – Fassungen, Filmszenarium, Briefe‹. Es erschien 1971, 60 Jahre nach der Uraufführung, und sieht schön aus. Gleichzeitig mit den Publikationen des Musikverlags A. Fürstner – Partitur, Klavierauszug und Textbuch – brachte S. Fischer die Buchausgabe heraus. Sie weicht stellenweise vom gesungenen, mit den Noten gedruckten Text ab, aber es gibt auch zwischen Partitur, Klavierauszug und Textbuch Unterschiede, die nachzuweisen sich lohnt. Hofmannsthal hat weitergedichtet, so lebendig waren ihm die Marschallin und die anderen Personnagen. In diesem Fall war er mehr auf Geschäftliches bedacht als der Komponist. Er drängte zu einem Film und entwarf ein Szenarium, das die Handlung den drei Räumen der Oper entrückte, auf dem verfallenen Gut des Barons, in schönen österreichischen Landschaften oder auf einer Terrasse von Fischer von Erlach spielen lässt. Hofmannsthals Treatment wurde indessen vom Regisseur Robert Wiene, der mit ›Das Kabinett des Dr. Caligari‹ Filmgeschichte gemacht hat, außer Acht gelassen. Was zustande kam, immerhin mit der stattlichen Erscheinung des Feldmarschalls, dargestellt von Paul Hartmann, ist unzulänglich, das Treatment selber aber bemerkenswert.

Das Unternehmen des Buches kostete viel Arbeit. Entscheidenden Anteil an ihr hatten der befreundete Kollege Knut Beck, später Autor der Bibliographie ›100 Jahre S. Fischer Verlag‹ und Herausgeber der Werke von Stefan Zweig, und der geduldig fähige Hersteller Dieter Kohler. Die Danksagung des Herausgebers definiert ihre Leistung. Der letzte Satz ist nicht unbeabsichtigt:

> Die Gestalt dieses Buches ist das Verdienst von Knut Beck und Dieter Kohler. Knut Beck hat sich der Probleme, die bei der vergleichenden Darbietung der Textfassungen zu lösen waren, und des Ganzen in allen Einzelheiten angenommen. Dieter Kohler hat den vielgliedrigen Band gleichsam inszeniert, ihm Schrift und Satzanordnung, Einteilung und Ausstattung gegeben. Der S. Fischer Verlag hat diese Ausgabe ermöglicht.

So weit, so gut. Als ich später erfuhr, nicht sämtliches einschlägige Material erhalten zu haben, dämpfte sich meine Freude an diesem auf mehrfache Weise teuren Buch, relativierte sich sein wissenschaftlicher Wert. Es ist längst vergriffen.

Vergriffen ist auch ein sehr gehaltvolles, umfangreiches Werk, das sich mit Opernkunst, und zwar höchster, befasst. Schon als Gymnasiast gewann ich, angezogen von seiner Musik und Biographie, ein Gefühl für Giuseppe Verdis Größe, in der Kindheit waren es die Schallplatten des Großvaters gewesen, die mir berühmte Arien und Ensembles injizierten. Mein »erster« ›Otello‹, übrigens mit der deutschen Erstaufführung des für Paris nachkomponierten exotisierenden Balletts, das nicht wegen musikalischer Schwäche, sondern wegen Verzögerung des Ablaufs der Tragödie gewöhnlich ungespielt bleibt: in jener Volksoper im Theater des Westens wohl 1937 unter Erich Orthmann und in der mir noch heute erinnerlichen Inszenierung von Bruno von Nissen. Der Schulfreund Peter Orthmann lieh mir aus der Bibliothek seines Vaters den schönen wirkungsmächtigen, von Franz Werfel liebevoll herausgegebenen und eingeleiteten Briefband (Paul Zsolnay Verlag, Wien 1926). Die Briefe übersetzt von dem Wiener Musikschriftsteller und -kritiker Paul Stefan. Daneben natürlich Werfels ›Verdi. Roman der Oper‹, der lange danach bei S. Fischer in mein Ressort fiel. Unter diesen frühen Eindrücken dämmerte mir schon die Bedeutung des Austauschs zwischen Verdi und seinem letzten Librettisten, einem hochbefähigten, wenn auch nur selten glücklichen Komponisten und hochgebildeten Literaten, ja Dichter – dass er eine noble, tragische Persönlichkeit war, wusste ich damals noch nicht: Arrigo Boito (1842–1918). Einige bezeichnende Briefe Verdis an Boito fand ich schon bei Werfel / Stefan. Ließ sich aber die gesamte Korrespondenz finden? Unbedeutend konnte sie nicht sein.

Von Fritz Busch und seiner Rolle in meinem Leben, abgesehen von seiner auch heute nicht ausgespielten Rolle im Musikleben, ist in einem gesonderten Abschnitt die Rede. Er gab mir Heimat im Exil und darüber hinaus. 1941, vor meiner folgenreichen Begegnung mit ihm, saß ich bei den reizenden Schwestern Rosenberg am Empfänger und hörte mit ihnen die nächtliche Übertragung des ›Otello‹ aus dem Teatro Colón in Buenos Aires. Fritz Busch, dem mit Franz Werfel in erster Linie die Verdi-Renaissance der zwanziger Jahre zu danken war, dirigierte. Die Kunst, die tiefe Menschlichkeit offenbarte sich. Zinka Milanova sang die Desdemona. Drei Jahrzehnte danach ergriffen mich Gestalt und Gesang der Sena Jurinac als Desdemona in unvergesslichen Aufführungen unter Carlos Kleiber.

Immer wieder Fritz Busch. Mein Erzählen ist, mit Schritten vorwärts und Schritten zurück, wie die Echternacher Springprozession oder der Münchner Schäfflertanz, dem sich ein Opernstoff abgewinnen ließe. Ich wurde vertraut mit seiner Familie und ihm Nahen. Nur den Sohn, Hans Peter, kannte ich noch nicht, er kämpfte als amerikanischer Soldat an der italienischen Front, betrieb den Wiederaufbau der Mailänder Scala, war in Rom, ging zurück in die USA, führte Regie an der Metropolitan Opera und wirkte jahrzehntelang als Professor für Oper und Opernregie an der Indiana University in Bloomington, deren Music Department das größte Konservatorium der Welt ist mit eigenem kompletten Opernhaus.

Fritz und Grete Busch wünschten, dass wir uns befreundeten. »Dann werdet ihr«, sagte F. B., »eines Tages an meinem Grab stehen und sagen, er hat ja viel von sich geredet, aber ein guter Mann war er doch.« Das hat sich erfüllt. Nur war Fritz Busch ein *sehr* guter Mann. Und erfüllt hat sich auch mein Wunsch, den vollständigen Briefwechsel Boito–Verdi zu besitzen. Hans Busch hob den Schatz ans Licht. Unser erstes Treffen, Beginn einer Lebensfreundschaft, fand 1961 im Frankfurter Flughafen statt. Ich erkannte ihn leicht, den hochgewachsenen, gewichtigen, aber beweglichen Mann mit den großen Händen und Füßen, der nur in wenigen Zügen seinem Vater, stark aber seiner stattlichen, temperament- und poesievollen Mutter ähnelte. Er verband Empfindlichkeit, Zartheit, unlöschbar feurigen Enthusiasmus mit nie nachlassender Unrast. Er war weich und kampflustig, ein leidenschaftlicher Reisender in mehrfachem Sinn. In jüngeren Jahren mit Auto, Motorrad und Flugzeug. Unerschrocken flog er ohne Funkgerät und Orientierungshilfe von New York nach Bloomington, er nahm auf lange Strecken seine Mutter im Auto mit. Im Hotelzimmer stellte er die Schreibmaschine auf den Tisch und holte ein Typoskript aus seinem immer mitgeschleppten Gepäck. Er kehrte gern ein bei seinen Freunden, logierte bei ihnen, war gemütlich und zugleich unruhig. In späten Jahren nutzte er seinen Eurail-Ausweis zu unentwegten Bahnfahrten, die ihn an vielen Flüssen grasen ließen, er blickte auf die vorbeiziehende Landschaft, filmte sie sogar und sah wieder weg aufs Papier oder in den großen dicken Notizkalender, in dem die zahlreichen Verabredungen eingetragen waren. Bald ging er, väterlichem Vermächtnis und eigenem Antrieb treu, auf Verdis Fährte. Er war kein Musikologe, aber ein detektivischer Forscher, sein Positivismus in der Tat positiv. Seine, von der Kenntnis der italienischen Sprache und Verhältnisse gelenkte Findigkeit war der Fortune sicher. Giulia – July, seine erste Ehefrau – ist eine kluge und sensible Römerin.

Er machte, nutzte und publizierte unerwartete Entdeckungen. Mit Tutti und Gottfried Bermann Fischer war er lange verbunden, eng in Stockholm, auch noch in New York. In späten Jahrzehnten besuchte er unser Frankfurter Lektorat mit seinem Verdi-Gepäck, Lebensfreundschaft und berufliche Aufgabe verschmolzen. Ich wünschte mir für den Taschenbuch-Verlag ansprechende Auswahlen von Briefen bedeutender Komponisten, Beweise ihres glücklichen Umgangs mit dem Wort. Albrecht Goes wählte Briefe von Mozart aus, der weise Hans Gal, Komponist und Musikgelehrter, geboren 1890, Briefe von Brahms. Zwischen den verehrten alten Herren hielt Hans Busch die Stellung mit Briefen von Giuseppe Verdi, darunter die berühmten, aber viele auch bisher unbekannte, sämtlich vom Herausgeber übersetzt und kommentiert. Das Vorwort hat er im September 1978 geschrieben, erschienen ist das Taschenbuch im September 1979. Um ein Jahr vorausgegangen war ihm ein 688 Seiten starkes Buch in englischer Sprache, in dem sich bereits Hans Buschs Arbeitsmethode, Verfahrensweise, Kombinationsgabe und ebenjene Findigkeit kristallisieren: ›Verdi's Aida. The History of an Opera in Letters and Documents. Collected and translated by Hans Busch. The University of Minnesota Press, Minneapolis‹.

Da bedurfte es nur eines ganz kleinen Anstoßes mit der Frage nach der Beziehung zwischen Verdi und Boito, ein komplexes Unternehmen in Gang zu setzen. Mit einem Doppelgriff: Hans Busch übersetzte die gesammelten Texte sowohl ins Deutsche als auch ins Englische, hatte zwei Publikationen im Auge, die in der Anlage, nicht bloß der Sprache, sich unterscheiden mussten. So kam er im genauen Sinn des Wortes erneut und nun erst recht voll in Fahrt. Die Erforschung, das Begreifen des gemeinsamen Schaffens zweier Künstler, die er lieben lernte, wurde ihm zur Mission. Er hat sie treulich erfüllt, und bei aller Besessenheit und aller pedantischen Einhaltung des Reise- und Stundenplans Zeit gehabt für Freundschaft und Eros.

Zu dem Briefwechsel der Großen gesellte sich der dichte Briefwechsel der Kleineren, des Herausgebers und des Lektors, Dialog, der auch mündlich wurde am Telefon. Hans Busch war froh über technischen Fortschritt: »Mein Dank gebührt zu guter Letzt auch den Erfindern der Fotokopier-Geräte, ohne die diese Arbeit kaum denkbar gewesen wäre.« So im Herbst 1985. Da hatten wir noch kein Fax, geschweige denn das Internet. Ist das lange her? Die Schreibmaschine, die ein ganzes Berufsleben durchklappert hat, ist so veraltet wie der Gänsekiel. Die jüngsten zwanzig Jahre haben im Druckwesen mehr Veränderungen gebracht als die Zeit von Gutenberg bis dahin. Verdi, Gutsherr von Sant'Agata, der mit Hand anlegte beim Bau einer Mauer, einen großzügigen Park erstehen ließ, Land bewirtschaftete und auf dem Pferdemarkt Bescheid wusste, verwendete mit seinem Sinn fürs Praktische die Kopierpresse. Nicht immer aber lieferte sie den maßgeblichen Wortlaut. Verdi hat zuweilen die Originale korrigiert, in der Kopie fehlen solche Korrekturen.

Eine Korrespondenz, ein Schaffen, eine Welt: Das ist es, was Hans Busch ausgebreitet hat. Der größte Briefwechsel der Operngeschichte – keine Übertreibung. Der einzige vergleichbare und weiter verbreitete, der von Strauss und Hofmannsthal, ist nicht so vertraut, Hofmannsthal nicht wie Boito Musiker. Bei aller Verhaltenheit und Diskretion der italienischen Briefpartner wird das Menschliche in Spannung und Übereinstimmung spürbar. Aus kritischer Distanz erwächst nahezu ein Vater-Sohn-Verhältnis. ›Simon Boccanegra‹ mit seiner krausen Dramaturgie wird revidiert, nach anfänglichem Zögern schaffen die beiden ›Otello‹ als ein höchstes Beispiel der musikdramatischen Gattung. Und es folgt das Wunder eines Alterswerkes, das neuartig ist im weiten Schaffen des Meisters – ›Falstaff‹. Boito geht in seiner Dichtung respektvoll und kühn mit Shakespeare um, und einsichtig, einhörig berät er den Alten in der Komposition der ›Quattro Pezzi Sacri‹, neuartig sie erst recht. Rings um die beiden markante Gestalten, denkwürdige Schicksale. Als Dritter im Bunde der Verleger Giulio Ricordi, der Verdi und Boito für ›Otello‹ zusammenbringt und schließlich maßgebliche Regiebücher verfasst. (Ähnliches leistete Alfred Roller für den ›Rosenkavalier‹.) Viele Persönlichkeiten treten auf im Lebenstheater dieses Briefwechsels. Zehn von ihnen sind vom Herausgeber in Portraitskizzen dargestellt: Die kluge Ehefrau Giuseppina Strepponi, die Gräfin Clarina Maffei, Boitos Geliebte Eleonora Duse, besonders auch der Bruder Camillo Boito, bedeutend als Architekt, Konservator, Kunsthistoriker und Novellist, dessen ›Senso‹ von Visconti verfilmt wurde (der Montevideaner Freund Antonio L. Cravotto gab über ihn schlüssige Auskunft), der Dirigent Franco Faccio, nicht zuletzt der Dramatiker Giuseppe Giacosa, Mitlibrettist Puccinis. Giacosas Enkelin, Gräfin Elena Carandini, deren Vater Boitos Erbe war, hütete Verdis Briefe, 141 Autographe. Hans Busch war der Erste, der sie durchsehen und edieren konnte. Auf seine Anregung hin überließ die Gräfin sie dem Istituto di Studi Verdiani in Parma. 123 Briefe Boitos an Verdi wurden für Hans Busch von den Verdi-Erben in Sant'Agata fotokopiert. Da hatte er alles. In weitem Netz fing er Fakten, Personen, Bezüge ein, es entstand eine sorgfältige, Kunst und Menschlichkeit ernstnehmende Edition, ein bisschen umständlich vielleicht – kann sein, dass man heute einiges anders machen würde. So ergeht es einem immer bei Arbeiten, aber das Unternehmen behauptet Sinn und Wert. Ein Buch wurde gebaut, darin zu wohnen. 780 Seiten! Für den S. Fischer Verlag allein war dies kaum zu bewältigen. Es gelang die Koproduktion mit dem Ostberliner Henschel-Verlag. Das Lektorat lag in Frankfurt am Main, die Herstellung im östlichen Berlin. An den Fall der Mauer dachte um 1985 herum niemand. Aber menschliche Annäherung konnte geschehen. Sie stand im Zeichen der Kollegialität. Sie, die Gemeinsamkeit des Handwerks, verbindet mehr als sonstige Zugehörigkeiten. Unterschieden wir uns schon in der Sprache? Wenn der Hersteller sagte: »Wir nehmen die volle Satzbreite«, hatten wir dasselbe Vokabular. Vokabel und Begriff sind eins. Mit Horst Wandrey, dem Cheflektor, sich zu treffen und zu besprechen, war, hüben und drüben, angenehm. Ich hatte Vertrauen. Die gemeinsame geduldige Erörterung unzähliger Einzelheiten mit Frau Lilo Schenk war unbeschwert in freundlicher Stimmung.

Meine Lektoratsarbeit im Westen hätte ich ohne zwei Mitarbeiterinnen und ihre Sympathie für Sache und Mensch nicht geschafft: Helga Väth, die mir viele Jahre in der Verlagsarbeit zur Seite stand, musste schweren Leidens halber pausieren, noch einmal kehrte sie auf ihren vertrauten Platz zurück. Ihre Sanftheit blieb ihr noch im Sterben. Wir gedenken ihrer traurig und dankbar. Helga Preugschat vertrat sie und brachte ihr frisches Verständnis, ihren Eifer, ihre Empfindung für Stärken und Schwächen, ihren Humor und ihre Begeisterungsfähigkeit ins Ensemble ein.

Die Fahrt in den Ostteil der gespaltenen oder gedoppelten Stadt war für mich kein Abenteuer, für Hans Busch mit seinem US-Pass, als wir am Bahnhof Friedrichstraße ausstiegen, schon eher. Beim Gang durch diese Friedrichstraße in ihrer und der Passanten Kargheit und beim Einbiegen in die Oranienburger Straße wurde man eine leise Traurigkeit nicht los. Das Verlagshaus war bescheidener als unseres, aber es war das stattliche ehemalige Wohnhaus von Alexander von Humboldt, ein Mendelssohn hatte es ihm geschenkt. Die Kollegen von »drüben« hatten Bleistifte aus der Tschechoslowakei (L. & C. Hardtmuth). Bleisatz, Druck und Einband erfolgten in Pößneck und sahen etwas anders aus als unsere Produkte. Aber das Buch war da und ein Wunsch erfüllt. Einen anderen Wunsch hatte ich schon, als ich die Oranienburger und die Friedrichstraße in der Dämmerung zurückschritt, am Bahnhof Friedrichstraße in die mir seit Kindheit vertraute gelbe S-Bahn stieg, sie am Bahnhof Zoo verließ und den knallbunten Kurfürstendamm hinauf zum Hotel ging: Ich wünschte mir auf der einen Seite mehr, auf der anderen Seite weniger, wünschte mir Frieden, in Berlin und anderswo.

Treu, wie Hans Busch bei aller Freizügigkeit war, blieb er auf Verdis und folgerichtig Boitos und Giulio Ricordis Fährten bis zum letzten Atemzug. Im April 1996, zu seinem 82. Geburtstag, besuchte er ein letztes Mal den alten Erdteil, die alten Stätten, die alten – und die neuen – Freunde. Wir erschraken beim Anblick eines sehr Kranken. Es kostete ihn Mühe, seinen Reiseplan auszuführen. Er hat es indessen geschafft, er ließ nichts und niemanden aus. Als er nach Bloomington zurückkehrte, war er vom Tode gezeichnet, seine Ehefrau Carolyn Lockwood stand ihm bei in seinen letzten Tagen. Hans Buschs Lebensreise endete am 17. September 1996. Sein letztes Buch, mit demselben Gegenstand wie die vorigen, aber anders angelegt, vielstimmiger, nicht konzentriert auf den Briefwechsel zwischen Komponist und Librettist, erschien postum im Verlag seiner Hochschule, Indiana University Press, Bloomington & Indianapolis: ›Verdi's Falstaff in Letters and Contemporary Reviews. Edited and translated by Hans Busch‹. Widmung: »To My Wife and Collaborator«.

Sechs Jahre zuvor, nach dem Tode meiner fast hundertjährigen Mutter, Mau, wie ich seit früher Kindheit und wie alle Freunde sie nannten, nahm Hans mich mit auf einer seiner Fahrten zu Verdis Haus und Land. Nun erlebte, erschaute ich, was ich ein wenig von Text und Fotografie her schon zu kennen glaubte. Wir fuhren mit der Bahn, und Hans wäre nicht Hans Busch gewesen, hätte er sich nicht in Basel mit Dr. med. Hedwig Busch-Vischer getroffen, seines großen Oheims Adolf Busch feiner zweiter

Frau, Schulfreundin von dessen Tochter Irene Serkin. Wir fuhren weiter durch das leuchtende Tessin nach Lugano. Hanno Helbling, Feuilletonchef der ›Neuen Zürcher Zeitung‹, der Hochgebildete, vertraut mit europäischer Kultur in vielen nationalen und historischen Prägungen, so in der Lyrik, trat zu uns, sein sarkastischer Humor würzte das Gespräch auf der Hotelterrasse mit dem Blick auf den von Bergen umfassten See in nachsommerlicher Dämmerung und Dunkelung. Am nächsten Vormittag fuhr er uns in seinem Auto vorbei an Mailand durch die Reggio Emilia nach Busseto, der kleinen und zugleich behäbigen Stadt, zu der und die zu Verdi gehört.

Alles erinnert dort eifrig an ihn, er führt ihr die Touristen zu, wir stiegen im »ersten Hotel am Platze« ab, es ist nach einer Oper von Verdi genannt: ›I due Foscari‹. Sein Eigentümer der dann und wann in luxuriösem Wagen vorfahrende Tenor Carlo Bergonzi. Hans war zu Hause in Busseto. Er kannte jeden Laden und die Geschäftsleute darin. Auf Schritt und Tritt freudige Begrüßungen und Erkundigungen nach Ergehen, nach Gebliebenem und Verändertem. Viel war geblieben. Das Alte und das Neue, die Geistigkeit und die Gastlichkeit, die Chronik und die Anekdote personifiziert Corrado Mingardi, Cicerone und Freund. Hans und er vertrauten einander seit langem; die ihn jeweils begleiteten, wurden einbezogen in diese Sympathie. Mingardi beschrieb, erklärte, geleitete, er führte uns in sein Heim. Er stammt aus dem Volk, seine Eltern sehr schlichte Leute, spürbar ihre Würde und Güte. Der Vater war Friseur. Kam Hans nach Europa, hat er sich immer wieder von ihm in Busseto die Haare schneiden lassen. Corrado, der Sohn, studierte und wurde Lehrer am stattlichen Gymnasium von Busseto. Dann übernahm er die Leitung der städtischen Bibliothek. Eine schöne Treppe führt zu ihr in einem der prächtigsten Gebäude des an schönen Bauten nicht armen Städtchens, dem Palazzo del Monte di Pietà von 1652, dem alten Leihhaus, das kulturelle Bestrebungen des Ortes gefördert hat. Nun werden hier statt Geldes Bücher ausgeliehen, triviale für simple Benutzer, aber nicht nur. Die Bibliothek birgt und zeigt erlesene und wohl auch gelesene Kunstbücher und bezeugt damit den Geschmack und das Wissen ihres Leiters. Ja, wir waren nach Busseto gekommen, um uns Verdi und seiner von ihm bereicherten Heimat zu nähern, ihm hoffentlich in seiner Häuslichkeit und seinem Landbesitz, der ihm beinahe so wichtig war wie seine Kunst, zu begegnen. Und nicht einmal, um Musik zu hören. Und doch hörten wir, kein Wunder, Musik. Sogleich am Abend unseres Ankunftstages. Hanno Helbling fuhr mit mir in das benachbarte Dorf Le Roncole, in dem Giuseppe Verdi 1813 geboren ist – übrigens nicht in dem Haus, das sich als das seiner Geburt präsentiert. In der spätmittelalterlichen Kirche San Vincente, in der Verdi als Knabe die Orgel gespielt hatte, gab es ein Orgelkonzert. Das Instrument ist zweimal restauriert worden, das erste Mal dank der Initiative und Beihilfe des Maestros. Eine junge Organistin aus Parma spielte, den Schwerpunkt ihres Programms bildete Bach, groß auch in Le Roncole. In Busseto, der Verdi-Stadt, gibt es eine Straße Giovanni Sebastiano Bach. An einem anderen Abend war Corrado Mingardi, charakteristisch, auch charmant, der Veranstalter in Busseto selbst in einem kleinen Saal des Palazzo Barezzi. Antonio Barezzi hatte ihn bauen lassen, anfänglich wohl Drogist und Schnapsbrenner, ein wohlhabender generöser musikliebender Kaufmann, Patrizier in Busseto. Er war Förderer des jungen Giuseppe Verdi, bald väterlicher Freund und schwiegerväterlicher. Denn bekanntlich heiratete Verdi dreiundzwanzigjährig die Tochter, seine Schülerin Margherita Barezzi. Sie starb nach vierjähriger Ehe mit sechsundzwanzig Jahren, die beiden Kinder, ein Mädchen und ein Junge, waren schon etwa einjährig gestorben. Man hat dem jungen Komponisten nicht helfen können. Er selber hat aber oft und gern geholfen, so seinem Librettisten Francesco Maria Piave und dessen Familie in langer Krankheit. Er wollte nicht nur pekuniäre Hilfe leisten, er rief in Italien prominente Kollegen (denen er freilich überlegen war) auf, zu einem

Piave gewidmeten, von ihm, Verdi, herausgegebenen Album eine Komposition beizusteuern. Dieses Piave-Album galt ein Jahrhundert lang als verschollen. Mingardi, Antiquar, meisterlicher und glückhafter Sammler, hat es gefunden. Nun ließ er die freundlichen Gelegenheitsarbeiten, die es enthält, in Barezzis Haus an einem stimmungsvollen italienischen Abend von Sängerinnen, Sängern, Pianisten des Konservatoriums von Parma aufführen. An einem anderen Abend lud er uns in die kleine Neubauwohnung, die er mit seinen Eltern und einer von ihm gepflegten Tante teilte. Wenig nur durfte ich an dem selber gefertigten süßen Nusslikör nippen, umso mehr das genießen, was er den Schubladen einer Kommode entnahm, der Kundige und glückhafte Sammler: Erstdrucke von Bodoni, in überwältigender Fülle und Pracht. Giambattista Bodoni (1740–1813), einer der größten und vornehmsten Meister der Druckkunst aller Zeiten und besonders des 18. Jahrhunderts, Meister der reinen Schrift oder besser reiner Schriften. Verschiedene Schriften hat er entworfen, gezeichnet also und hergestellt, exemplarische Typographie. Diese Kunst bot sich unseren staunenden und sich feuchtenden Augen im kleinen Zimmer der Mingardis. Anfangs hat Bodoni auch in mehreren Farben gedruckt, in Mingardis Exemplar leuchten sie noch immer. Bodoni machte auch Etüden in fremden Lettern, einen Bibelspruch – ich weiß nicht mehr in wie vielen Sprachen und Schriften, Griechisch, Hebräisch, Arabisch dabei. Dann aber kultivierte er Schwarz auf Weiß im Geist der Latinität. Dass Mingardi Drucke von Bodoni besaß, wusste ich ja schon, von einer geplatzten Verabredung her vor Jahren. Hans hatte mir empfohlen, den Freund aus Busseto am Frankfurter Hauptbahnhof zu treffen. Er komme aus Mainz, wo er im Gutenberg-Museum die Bodonis abholte. »Hat denn seine Bibliothek so etwas?« »Die nicht, er selber.«

Erst jetzt lernte ich Corrado Mingardi kennen. Ich hatte nicht ahnen können, wie kostbar seine Schätze sind, die Drucke vollkommen und frisch, makellos das Weiß des Papiers, die tiefe lautere Schwärze, die Schönheit jeder Letter, jeder Zeile und vollends jeder Seite als Komposition, mit der hellen Luft der Abstände und Ränder. Typographie und Bibliophilie können selbständig sein und den Primat des Textes, den literarischen Wert behindern. Die Typen und Seiten Bodonis, die Mingardi uns in mannigfachen Varianten in die Hand und ans Herz legte, erweisen dem Text höchste Ehre. Diese Seiten atmen. Und zugleich sind sie eindimensionale Architektur. Kein Zufall, dass als Erster ein Architekt, Mauricio Cravotto in Montevideo, meinen Blick auf Bodonis Buchkunst lenkte. Ein Experte hohen Ranges als Typograph und Buchkünstler bestätigte meinen, unseren Eindruck. Mehrmals sprach Mingardi von dem großen deutschen Kenner »Sapf«, er meinte Hermann Zapf, dem auch der S. Fischer Verlag schönste Bücher verdankt, bewundert bei ihrer Entstehung und heute erst recht, da Verfahren ganz anders und Ansprüche geringer sind. So den schlicht vornehmen Band in blauem Leinen ›In Memoriam S. Fischer‹ von 1960, so die bezaubernden beiden Bände ›Dramen‹ von Jean Giraudoux, herausgegeben von Otto F. Best, blau der erste, rot der zweite, in umgekehrtem Farbspiel die Umschläge, klar und anmutig der Dramensatz. 1974, als ich Hans Werner Henze in Schloss Wolfsgarten bei Darmstadt besuchte – dort war er wieder einmal, wie auch Benjamin Britten und Peter Pears, Yehudi Menuhin, Golo Mann zu Gast –, schenkte mir die großherzige englische Prinzessin Margaret zu Hessen und bei Rhein einen vor kurzem erschienenen schmalen, doch stattlich dimensionierten blauen Leinenband: ›Horaz. Zwölf Oden. Deutsche Übertragungen von Golo Mann. Privatdruck in einer einmaligen Auflage von 100 Exemplaren für Prinzessin Margaret zu Hessen und bei Rhein, Wolfsgarten 1977. Satz und Druck Eggebrecht Presse Mainz, Typographie Hermann Zapf Darmstadt‹. Eine Schrift von eigener Grazie. Auf jeweils der linken Seite in blauen Lettern das lateinische Gedicht, auf der rechten in schwarzen die deutschen Worte des verehrenden Übersetzers. Wie wusste der noch Bescheid in Latein. Im Wortwerk, im

Druckwerk durchdringen sich die Disziplinen und die Phantasie. Sie rufen jenen Geist der Latinität an, der Bodonis Seiten durchzieht. Schon 1946 hat sich Hermann Zapf in einem frühen, durchaus eigenen Buch zu Bodoni geäußert als Antipoden des von ihm klug und feinsinnig dargestellten William Morris. ›Sein Leben und Werk in der Geschichte der Buch- und Schriftkunst‹. Das ganz seltene Buch wurde zum fünfzigsten Todestag des großen englischen Druckers, Kunstgewerblers, Malers, Dichters und Sozialisten herausgebracht. Zapf konstatiert darin »die für Bodoni typische Verwendung verschiedenster Schriftarten und -größen, deren Ausgewogenheit wir auf den Titeln des italienischen Meisters bewundern«.

Spät erst habe ich Hermann Zapf und seine Ehefrau und kongeniale Kollegin Gudrun von Hesse kennengelernt, und nicht durch den S. Fischer Verlag, sondern durch die mein Alter erhellende Freundschaft mit der Cellistin Birgit Erichson und ihrem Ehemann Ulrich Beetz, die mit dem Pianisten Gerrit Zitterbart das Abegg Trio bilden und von den hervorragenden Musikern, die mein Leben gestützt und bereichert haben, die jüngsten sind. Von ihnen allen habe ich in anderem Zusammenhang zu erzählen. Zwischen den Erichsons und den Zapfs besteht eine langjährige Verbundenheit. Im Weimarer Haus der Beetzs werden schöne Schöpfungen der Zapfs gehütet. Im Gespräch mit dem Altmeister der Buchkunst fiel bald der Name Mingardi. Zapf erklärte mir, das Erstaunlichste sei nicht der Reichtum nur dieser Bodoni-Sammlung, sondern der Zustand, die Qualität der einzelnen Stücke. Sie übertreffen die Exponate der Museen. Aus einer kleinen Erbschaft hat Mingardi diesen Schatz entstehen lassen und seine Autorität auf dem Gebiet der Kunst Bodonis entwickelt.

Ungefähr drei Kilometer sind es von Busseto nach Sant'Agata. Hans Busch und die sich freundlich uns anschließende amerikanische Verdi-Biographin Jane Phillips Matz benutzten sonst für diese Strecke das Fahrrad, den alten Fahrradverleiher mit seiner kranken Frau besuchten Hans und ich noch in seinem Laden. Diesmal fuhr man in Hanno Helblings Auto. Eine Landstraße im Wortsinn. Nichts von malerischer Landschaft. Schlichtes Land. Dann aber: Sant'Agata. Erster Anblick. Ja, so oft hat man es schon gesehen auf Fotos, in Büchern. Keine Überraschung – scheinbar. Immerhin sogleich zu Anfang eine Bestätigung. Wir halten vor dem auch schon gesehenen schmiedeeisernen Tor. Ein alter Kastanienbaum schüttet seine Früchte aus: aufzulesen. Wir treten ein, als einzige Besucher. Die Wirklichkeit und die Wirkung sind doch ganz anders. Wir spüren trotz der Muffigkeit der üppig ausgestatteten Zimmer Luft. Luft, wie sie die Bewohner geatmet haben müssen. Alles scheint wohlerhalten und unverändert, Gegenstände, sehr viele, und Atmosphäre der zweiten Hälfte des 19. Jahrhunderts, unzählige Male betastet zwar, könnten noch die Fingerabdrücke der einstigen Bewohner bewahren. Lauter Dinge überall, die sie erworben, geschätzt, benutzt haben. Die soliden, schönen, dichtgedrängten Möbel, die Polster und Kissen, Ledersessel, die Nippes, die Bilder, gute darunter, an den hohen Fenstern des großzügigen Baus, der eine Villa, kein Schloss ist und bei aller dieser Üppigkeit nicht protzig, die Gardinen und schweren Portieren. So reich wie eng aber das Arbeits- und Schlafzimmer des Witwers. Himmelbett und Schreibtisch und Erard-Flügel dicht beieinander. Das Boudoir und die kleine Bibliothek der Hausherrin, Spuren ihrer Geistigkeit. Ein Raum nur ist nicht nach dem Willen des Paares eingerichtet. Da stehen Bett und Mobiliar von Verdis Sterbezimmer. Das ›Grand Hotel et de Milano‹, heute noch eine vornehme Herberge in Mailand, hat es Sant'Agata übermacht. Die klare Hinterfront der Villa, darin die sehr schlichte Kapelle des gläubigen, doch mit dem Klerus in zornigem Streit liegenden Katholiken. Rechts hinten an der Terrasse die rustikale Stele mit der kunstlosen Inschrift ›Alla Memoria d'un vero Amico‹. Dem Andenken eines wahren Freundes. Da liegt der Hund begraben, der kleine Lulú, der dem Ehepaar teuer war und dessen Epitaph ein ergreifendes

Zeugnis ist von der Menschlichkeit und wohl auch der Einsamkeit eines Genies, seiner Fähigkeit zu trauern und zu lieben.

Seine Menschlichkeit hielt Zwiesprache mit der Natur, der weitläufige stille Park scheint unverändert. Er hat ihn Gärtchen, Garten genannt, und ursprünglich war es vielleicht ein Garten nur. Sein Eigner, ein gestandener Landwirt und Baumeister, hat ihn zum Park entwickelt. Praktiker und Künstler zugleich. Nichts Sentimentales lag in Plan und Ausführung, eine Grotte ist das einzig Künstliche, der See mit seiner Brücke schon geschaffene Natur. Ein Hügel verbirgt die Eiskeller. Man kann sich auf den Stuhl setzen, auf dem, wie ein berühmtes Foto zeigt, Verdi gesessen hat. Schatten spendend steht noch am breiten Weg die erhöhte Pergola wie auf dem Foto. Alleen. Und ein anderes schmiedeeisernes Tor öffnet sich zu den Feldern, den ausgedehnten Ländereien, Besitz Verdis, der eigenhändig Mauern errichtete und mitwirkte am Bau von Meiereien, sachverständig sich um Viehzucht kümmerte, seelenverständig um Wohl und Bildung der armen Landbevölkerung. Wir kehren in die primitive kleine Trattoria am Feldrand ein. Auch sie soll Verdi gebaut haben. Freudig begrüßen die Wirtsleute Hans Busch, an einem langen Tisch spielen einige Männer Karten. Kaffee und Weißbrot. Auch einen Grappa? Wir verabschieden uns. Schrill schreiend läuft die Wirtin hinter uns her. Ich habe meine kleine Tasche auf dem Tisch liegen gelassen.

Wir schulden auch Arrigo Boito einen Besuch. Wir wissen, zumal dank Hans Busch, manches über ihn, seine ungewöhnlichen, nicht ganz ausbalancierten Gaben, seine literarischen Arbeiten und seine Musik, viel von seiner Noblesse, wenig aber von seinem inneren Leben. Sehr intim freilich ist der seltsame Briefwechsel mit der geliebten Eleonora Duse. Der Beredte war verschwiegen. Sein Arbeitszimmer gewährt uns Aufschlüsse. Auch von ihm gibt es die Fotografie, die uns schon in Kenntnis zu setzen scheint, und es wiederholt sich die Erfahrung, dass es etwas anderes ist, die Dinge selber zu sehen und zu berühren.

Arrigo Boito, Bruder eines bedeutenden Architekten, Professors, Schriftstellers, hat nie ein Haus besessen, er lebte lange Zeit in einer komfortablen Mailänder Wohnung. Sein Zimmer steht nun im Konservatorium von Parma, zu dem Boito eine enge Beziehung hatte. Er leitete es als Vertreter und Nachfolger seines Freundes, des Dirigenten Franco Faccio. Dort also hat die Einrichtung des Arbeitszimmers ihren passenden Platz.

Gibt es in Arrigo Boitos Arbeitszimmer ein Schachspiel? Ich entsinne mich nicht, eines oder überhaupt Spuren von seinen bemerkenswerten und rebellischen frühen Jahren gesehen zu haben, in denen in seiner Poesie und seiner Prosa Romantisches und Realistisches sich mischten, damals, als er zur Mailänder Gruppe junger aufsässiger Künstler gehörte und auch gegen Verdi sich auflehnte. Aus dieser frühen Zeit stammen vier Erzählungen, eine von ihnen hat zu Recht Beachtung gefunden: ›L'Alfiero Nero‹ (›Der schwarze Läufer‹), erschienen 1867. Da war der Sohn eines italienischen Miniaturportraitmalers und einer polnischen Gräfin fünfundzwanzig Jahre jung. Der Vater hatte die Familie verlassen, die Mutter war früh gestorben, der ältere Bruder kümmerte sich um ihn. ›Der schwarze Läufer‹ ist eine Schachnovelle, anders als und doch ähnlich wie die so betitelte, 1941 erschienene von Stefan Zweig, letztes vollendetes und erstaunlichstes Werk. In beiden Novellen ist der Kampf auf dem Brett bestimmt von Leid und Leidenschaft Verfolgter, böses Zeitgeschehen spielt mit in dem Spiel, das kein Spiel mehr ist und weit hinausgreift über dieses Brett. Bei Boito ist es Kampf zwischen Schwarz und Weiß, ganz recht, ein Rassenkampf, in dem der Schwarze verzweifelt um Rettung und Freiheit ringt. Er gewinnt die Partie gegen den weißen Champion und verliert sein Leben. Ob Stefan Zweig, der übrigens auch Librettist einer Oper war, ›Die schweigsame Frau‹ von Richard Strauss, von Boitos Novelle gewusst hat? Johannes Hösle hat sie für das von ihm herausgegebene, 1985 zweisprachig erschienene Reclamheft ›Erzählungen des italienischen Realismus‹ übersetzt. Es ist vergriffen wie so manches. Man muss selber kein Schachspieler sein, um bei Boito und bei Zweig mit Spannung zu kiebitzen. Man muss ja auch nicht in alter Seefahrt versiert oder einen Mast hochgeklettert sein, um Joseph Conrad als großen Autor zu erkennen und zu erleben. Conrad, Erzähler hohen, ja höchsten Ranges, Pole, der wunderbar englisch schrieb, Boito, Künstler von europäischer Kultur, dessen Mutter Polin war – könnten sie voneinander Kenntnis gehabt haben? Eines hatten sie gemein, den Sinn für tableauhafte Szenen.

Dahin fuhren wir denn, viel Wohlstand auf unserer Strecke, die ziemlich lange noch durch Ländereien Verdis führt. Wir fuhren zu viert, Hanno Helbling am Steuer, die Biographin Mrs. Matz, Hans Busch und ich. Machten Halt vor der Rocca di Soragna, geschichts- und kunsterfülltem Schloss eines alten gräflichen Geschlechts, sehr italienisch, sehr europäisch, Prinz Eugen von Savoyen korrespondierte mit einem Schlossherrn, die Herzogin von Parma war präsent, Marie-Louise, vormals Erzherzogin, deren erster und kaum geliebter Ehemann Napoleon war. Parma wirkte lebendig und wohlhabend mit seinen eleganten Schaufensterauslagen, vollbesetzten populären Restaurants, unzähligen Radfahrern. Das Teatro Reggio sahen wir nur von außen, von innen aber erfreut das Konservatorium in einem alten Klostergebäude mit schönen Kreuzgängen. Das Toscanini-Zimmer konnten wir nicht besichtigen – der gewaltige Dirigent ist in Parma als Sohn eines Schneiders geboren –, wir kehrten ein bei Arrigo Boito in seinem Arbeitszimmer. Wir berührten es; es berührte uns. Beherrschend das Portrait Verdis. Der Schreibtisch mit vielen kleinen Gegenständen. Hanno Helbling und ich widerstanden der Versuchung, einem Becher mit Bleistiftstummeln so ein kleines Reststückchen eines Fabers zu entnehmen. Wir begnügten uns damit, es in der Hand zu halten, wie es Boito in der Hand gehalten hatte, und seine Bibliothek zu betrachten, vor der, nein in der wie ein integraler Bestandteil das Klavier von Schiedmayer & Söhne, Stuttgart steht. Im Regal nicht weit voneinander Shakespeare in vielen Bänden und die erste Bach-Gesamtausgabe, Breitkopf und Härtel, Leipzig, deren Vollendung Brahms bejubelte und die Boito subskribierte, dazu der Incipit-Band, die Reihung der Anfänge aller Partituren Bachs. Literatur aus mehreren Sprachen, Original und Übersetzung. Jean Paul und Tolstoi, der seinerzeit vielbeachtete und gelesene Romancier Paul Bourget, Literatur und Musik wie in Boitos Geist auch in seiner Bibliothek durchmischt. Von Mozart sah ich nur ›Don Giovanni‹, von Beethoven die neun Symphonien, von Schubert sämtliche Streichquartette, Werke von Mendelssohn und Schumann – alles genaueren Einblick erfordernd als damals uns möglich.

Hans Busch war schon beim Aufbau des Boito-Zimmers in Parma gewesen und hatte, zuoberst in einer Schachtel, die Fotografie eines pianistischen Wunderkindes gefunden, des Polen Mieczysław Horszowski, der als Mann zum Kreise der Casals, Busch, Serkin gehören sollte. Kurz vor seinem hundertsten Geburtstag hatte er in der Alten Oper in Frankfurt einen unvergesslichen Klavierabend gegeben. Hans Busch konnte ihn nach Arrigo Boito befragen. Der Freund Klaus Schultz hat einen Fernsehfilm mit ihm, über ihn gemacht. Weit gespannt und engmaschig ist das Netz.

Am nächsten Morgen verabschiedete sich Hanno Helbling. Er fuhr zurück nach Zürich, seinem sechzigsten Geburtstag entgegen. Er kehrte jedoch nach Busseto und Parma zurück, 1995 erschien in der Serie ›Musik der Verlage Piper & Schott‹ sein Wesentliches aufdeckendes und formulierendes Buch ›Arrigo Boito. Ein Musikdichter der italienischen Romantik‹, subtile Würdigung des Künstlers, seines Talents und Charakters, des Verhältnisses von Librettist und Komponist im Glücksfall, der Arbeitsbeziehung zumal von Verdi und Boito, in der gerade die Dichtung dem Primat der Musik Genüge tut. Klügeres über das Verhältnis von Wort und Ton, über einen denkwürdigen Dialog kann schwerlich gesagt werden.

In Mailand war Hans Busch erst recht zu Hause, und obwohl wir in der Weltstadt, die ich noch nicht kannte, nur einen knappen Tag verbrachten, hat er mir viel als wirklich gezeigt, was ich nur abgebildet gesehen hatte: Natürlich die Passage und den Dom, dessen exemplarische Beschreibungen von Schinkel und J. V. Widmann ich erst viel später mit geweckter Erinnerung las, das Haus, in dem Boito eine Wohnung gemietet hatte, das Haus Manzonis. Auf der Via Dante wurde ich beim Namen gerufen: Inge Feltrinelli, die Verlegerin, der ich 1960 bei »meiner« ersten Buchmesse vorgestellt wurde, ging mit ihrem Sohn munter ihres Weges. Unser Ziel war, wie denn anders, das ›Teatro alla Scala‹ mit seinem Museum und seiner Bibliothek, Hans Busch längst vertraut. Dem Direktor Giampietro Tintori war er willkommen, so sachlich wie herzlich ohrenscheinlich ihr Gespräch. Hans vertiefte sich in die französische Shakespeare-Ausgabe von François Victor Hugo, Sohn des Dichters, die Boito für ›Otello‹ und ›Falstaff‹ zu Rate gezogen hat unter Benutzung des Bleistifts. Ich sah mir unterdessen die Ausstellungsobjekte an, darunter das gebrechliche bunte Spinett, auf dem der ganz kleine Giuseppe im Elternhaus in Le Roncole begonnen hat, Musik zu machen; einen Flügel, es gibt da auch einen von Liszt. Zwei Schaustücke in einer Vitrine sprachen meine spielerische Liebhaberei an und rührten mich. Da lag Verdis goldene Taschenuhr mit kurzer Kette. Von ihr wusste ich seit meiner Schulzeit. In der Reclam-Biographie von Max Chop ist Verdis Testament angeführt. Er vermache seine goldene Repetieruhr seinem Neffen. Entsinne ich mich recht, ist sie einmal in einer Inseratenserie der IWC oder von Patek Philippe mit Uhren berühmter Leute gezeigt worden. In die Hand nehmen konnte ich sie nicht: eine mattgoldene Savonette, also Sprungdeckeluhr, mit einem sehr schönen Monogramm in Relief. Übereinander in bester schnörkelloser lateinischer Schrift *GV*, nicht sehr alt, ich schätze etwa von 1880. Im Briefwechsel erscheint sie. Verdi bittet Boito dringlich, sie sorgfältig reparieren zu lassen. Boito trägt sie zum Uhrmacher der Sternwarte der Brera-Universität und will die geheilte Verdi persönlich überbringen. So gern kehrt er in Sant' Agata ein. In einem Bericht über Verdis letzte Stunde heißt es, man habe dem Sterbenden seine Uhr vors Ohr gehalten und sie läuten lassen. Da habe es sich noch geregt im erstarrenden Gesicht. Neben dieser Uhr aber liegt in der Vitrine eine andere, mindestens ein halbes Jahrhundert ältere, eine offensichtlich ganz billige und darum seltenere, weil derlei ja nicht gehütet wird. Das Gehäuse wohl aus sogenanntem Tombak, kein Sekundenzeiger, im weißen Zifferblatt das Löchlein für den kleinen Aufziehschlüssel. Auf dem Schild an der Vitrine steht, diese Uhr mit ihrem Seidenband statt Kette habe Vincenzo Lavigna seinem jungen Schüler geschenkt. Der hat sie also sein Leben lang aufbewahrt. Und hatte sicherlich bessere Uhren schon vor dieser testamentarisch gesicherten besessen.

Die Korrespondenz zwischen Verdi und Boito fängt vor ihrem eigentlichen Beginn an. Mehr als siebzehn Jahre vor der denkwürdigen Arbeitsbeziehung. Der zwanzigjährige Arrigo Boito hatte den Text zur ›Hymne der Nationen‹ geschrieben, die Verdi für die Londoner Weltausstellung 1862 zu komponieren hatte.

Verdi an Boito, in der Übersetzung von Hans Busch: Paris, 29. März 1862:

Dankbar für die schöne Arbeit, die Ihr mir gemacht habt, erlaube ich mir, Euch zum Zeichen meiner Achtung diese bescheidene Uhr zu verehren. Nehmt Sie von Herzen an, wie ich sie Euch von Herzen verehre. Möge sie Euch an meinen Namen erinnern und an den Wert der Zeit.
Grüßt Faccio, und Euch allen beiden Ruhm und Glück.
G. Verdi

Es ist doch kein sentimentales Gespinst, sich vorzustellen, wie der berühmte neunundvierzigjährige Maestro an die Freude

166

denkt, die ihm sein Lehrer mit seiner Anerkennung, dem Geschenk einer Uhr, bereitet hat, und nun einem begabten jungen Menschen gleiche Freude bereiten will. Über die Beschaffenheit und den Verbleib dieser Uhr ist, soviel ich weiß, nichts zu vermelden. Wer aber sich erinnert, erinnert sich auch an den Wert der Zeit.

Zurück zu meiner Jugend. Welche Pläne hatte ich als junger Mensch? Konnte ich überhaupt welche haben?

Natürlich stellte sich die Frage nach der Berufswahl schon vor dem Abitur. Viele Leute wussten nicht, was sie werden wollten. Ich wollte, sehr Sohn meines Vaters (ich bin es so sehr gewesen wie Sohn meiner Mutter), Journalist werden. Ich habe mir den Journalismus als einen hohen, noblen und feinen Beruf vorgestellt, was er ja auch dann und wann sein kann. Die Eltern ihrerseits hatten sich vorgestellt, was nun unmöglich war, dass der begabte Junge vielleicht ein bisschen in Frankreich und England studieren sollte, um Sprachkenntnisse zu erwerben. Ich hätte als Hauptstudium unbedingt, und das würde ich auch heute nicht anders tun, Germanistik gewählt. Hätte mir dann überlegen können, ob ich ins Lehramt gehen, wenn das alles erlaubt gewesen wäre, oder auch Feuilletonredakteur an einer anständigen Zeitung werden solle. Wenn man jedoch auswandern wollte, aber gar nicht absehen konnte, wie lange man noch bleiben musste und ob man überhaupt noch hinauskommen konnte – was dann?

Es hat mich ganz früh der Rundfunk gelockt, das Sprechen und auch die Vielseitigkeit des frühen Hörfunks, dessen Wesen sich ja kaum verändert hat. Verändert haben sich die Übertragungsmöglichkeiten, die Techniken, die Mikrofone, damals war es noch der Marmorblock, das sogenannte Kohlemikrofon. Und wie die Leute sprachen, da hörte ich hin. Heute sprechen sie anders, anders auch als in der Zwischenzeit mit ihrer Nazi-Zackigkeit.

Mein Rundfunkerlebnis geht auf das Jahr 1927 zurück. Zu Hause gab es noch kein Radio. Nun mussten wir doch meinen Vater hören. Ein Redakteur der ›Funkstunde Berlin‹ hatte Artikel von ihm in der ›DAZ‹ gelesen und wünschte sich nun Erinnerungen am Mikrofon, am Marmorblock. So hielt Georg Freund seine ersten beiden Vorträge ›Wen ich traf und wie sich's traf‹. Der Leiter der Abteilung Technik (damals sagte man noch nicht Technologie), der Oberingenieur Siegfried Hartmann, Gründer der TELI (Technisch-Literarische Gesellschaft), verhalf uns zur Welle. Übrigens war er Sohn eines Dresdener Musikkritikers, der die Puccini-Libretti übersetzt hatte. Er brachte uns zur Initiation einen Empfänger, einen selbstgebastelten. Das war nicht ungewöhnlich. Damals und zumal ein bisschen vorher, in der Zeit der Detektorempfänger, hörte man viel Radio an selbstgebasteltem Gerät. Mit derlei hatte der Techniker Hartmann kein Problem. Er stellte im Herrenzimmer einen ziemlich großen Reisekoffer aus Vulkanfiber auf den Boden. Das Innere des Koffers barg die Radioeingeweide, auf die schmale obere Seite des Koffers stülpte Hartmann einen schwarzen Konuslautsprecher, blechernen Trichter mit Schwanenhals. Der freundliche Gast drückte auf einen Knopf. Da redete jemand, man konnte ihn verstehen und eine Errungenschaft bestaunen. Hartmann sagte »Halt's Maul!« und drückte wieder auf die Taste. Schweigen. Wunder. Bald darauf fuhr mein Vater zu den Studios der Funkstunde im Voxhaus – die Berliner sagten »Foxhaus« – am Potsdamer Platz, einem Haus der Plattenindustrie, in dessen schalldichten Räumen das junge, noch kleine Unternehmen eine einstweilen passende Unterkunft gefunden hatte. Und nun sprach er. Die Familie wusste er andächtig um den fabelhaften Koffer versammelt. Er sprach ziemlich laut, das glaubte er wie damals alle in ähnlicher Situation dem Mikrofon schuldig zu sein. Er war naiv und technisch ahnungslos, aber ganz unbefangen. Und so sang er, als vom Klaviergeklimper eines Backfischs an Bord der Yacht von Lipton oder Morgan bei der Kieler Woche die Rede war, unbekümmert den Anfang des Daisy-Walzers, und so trommelte er den Marsch der aufziehenden Kompanie munter auf die Tischplatte: Rundfunk, instinktiv. Seinen letzten Funkvortrag hielt er in sehr spätem Moment: 1932. Da durfte ich ihn ins Funkhaus begleiten, das neue, große, schöne, mit der schlichten Fassade an der Masurenallee, den glücklichen Bau von Hans Poelzig, von dem ich ja schon das große Schauspielhaus gesehen hatte. Ja, fünfundsechzig Jahre später begleitete ich einen Band über Poelzigs I.G.Farben-Bau in Frankfurt am Main. Das Funkhaus: die weiten, die kleinen Räume, die Ruhe. In einer Vortragsreihe über Berufe sprach mein Vater über den Redakteur, die An- und die Absage besorgte ein eleganter Mann, leise und dunkel die Stimme. Er beugte sich übers Mikrofon, küsste es beinahe. Der jüngere Herr mit den weiten Hosen, Gamaschen an den Schuhen, dem teuren Füllhalter, mit dem er Eintragungen in ein Formular machte, und der goldenen Armbanduhr, die er abschnallte, hieß Graef und lehrte Sprechen an der Musikhochschule.

Mein Vater musste wie alle als freie Mitarbeiter Vortragenden eine Kopie des Typoskripts vorher einreichen, der Sprecher vom Dienst während der Sendung mitlesen, man hütete sich vor Improvisation. Nicht lange zuvor hatten Kommunisten einen Mann abgefangen, der sich zum Funkhaus begab, um etwas Harmloses – waren es Ratschläge für Hühnerhaltung? – abzuhandeln, und ihm sein Manuskript entrissen. Der KPD-Funktionär Schulz begab sich ins Studio, begann mit dem angekündigten Text und wechselte jäh über zu einer Brandrede. Sein Opfer war der Ansager vom Dienst, derselbe, der meines Vaters erste Vorträge präsentiert hatte, Julius Jaenisch, der leicht nasal sehr deutlich sprach, früher Telefonist an der Börse. Seine Stimme war zeitweise populär, populärer die gemütliche, vormittäglichem Unterhaltungsprogramm dienende von Carl Wessel, einem ehemaligem Zahnarzt, am populärsten die des Funkpioniers Alfred Braun, eines Schauspielers, der, Stichworte von einem Zettel ablesend, vielerlei Reportagen machte und Regie führte. So sahen wir ihn auf unserem Weg zum Ausgang in der großen Halle von der Galerie herab in einem Zelt Schillers ›Wallenstein‹ probend, der berühmte Friedrich Kayssler war dabei. Da hatte ich mit dreizehn Jahren einige Hörerfahrung, interessiert auch an dem, was ich nicht verstand. Wir hatten ja nun ein eigenes Radio, ein bescheidenes, doch geschenktes. Die drei Brüder Loewe, erfolgreiche Fabrikanten wohlfeiler Empfänger, waren Jugendfreunde meines Vaters, Dr. Siegfried Loewe, genannt Sicke, der zweite Bruder hatte den Spitznamen Bär. Er hieß wohl Bernhard. Das Loewesche Gerät war vierteilig, bestand aus dem eigentlichen Empfänger mit einer von dem jugendlichen Erfinder Manfred von Ardenne konstruierten dreifachen Röhre und grünen, ich glaube wellenbestimmenden Manschetten, der Anodenbatterie und dem Akku(mulator), der immer wieder neu aufgeladen werden musste und gerade erlosch, wenn man etwas Besonderes, etwa den Sänger Battistini, hörte, auch auslief und dessen Säure den besten Teppich zerfraß, und dem Lautsprecher, den Loewes dann und wann auswechselten, bis ein tuchbespannter Kasten die Trichter ablöste.

Die Programmstruktur stand schon in den ersten Jahren fest – von Morgenandacht und ›Morgengymnastik‹ bis zur Nachtmusik. Zwischen den Darbietungen Pausen mit ihren charakteristischen, den Sender identifizierenden Zeichen: zunächst tickendem Metronom, dann kleinem, carillonartigem Klavierspiel, ausgeführt von Heinrich Steiner, einem von fünf eine Kapelle bildenden Brüdern, Heinrich (Pianist, Dirigent) und Willy (Geiger, Dirigent) betätigten sich noch in der Bundesrepublik. Ich hörte Radio mit weniger Verständnis wohl als Lust an Imitation. Hörte eine Menge von geschmackvoller Musik des Zwischenbereichs, gehobener Unterhaltung und gepflegten Salons. Aus den Studios und in Übertragungen aus Restaurants und Hotels. Da spielten mit schönem Klang Stehgeiger, die ihr Ensemble leiteten: Otto Kermbach, Ilja Livschakoff, Emil Roosz,

Paul Godwin, von dem Hans Keilson erzählt, Marek Weber, den hörte ich nicht nur, ich sah ihn auch: im Dachrestaurant des neuen Warenhauses Karstadt in Neukölln, dessen Mitinhaber Lindemann ich später in Montevideo kennenlernen sollte. Glänzend Dajos Bela mit dem komponierenden Pianisten Franz Grothe in der Kapelle. Er, Dajos Bela, konnte als Emigrant sich in Buenos Aires Gehör verschaffen. Sein Konkurrent Barnabás von Géczy wurde in den dreißiger Jahren Professor für sein Fach an der Berliner Musikhochschule. Und ich hörte natürlich auch Sprechen und Sprecher, nicht nur Sängerinnen und Sänger mit Opernarien und dergleichen von jeweils genau ausgewiesenen Platten. In Serien wurden Ratgebersendungen geboten, es sprachen ein Gartenbauinspektor, ein Arzt und ein Jurist. Das war der Geheime Justizrat Prof. Dr. Eduard Heilfron, der als alter Herr sachverständiger Redakteur an der ›DAZ‹ war und ihre Beilage Wirtschaft / Steuer / Recht Woche für Woche zusammenstellte. Sein Name war verbreitet in Juristenkreisen. Vom ›Blauen Amtsrichter‹ her, einer Serie von vielbenutzten Lehrbüchern. Den letzten Band, eine deutsche Rechtsgeschichte, hat mein Vater aufbewahrt. »Onkel Edchen«, wie die Vertrauten ihn nannten, kultiviert, witzig, gütig, war ungemein beliebt, seine Sendung viel gehört. Sie war spontan funkmäßig. Heilfron bereitete sich nicht vor, er plauderte aus dem Stegreif, kam, was mir gefiel und gefällt, vom Hundertsten ins Tausendste, und dies in einer Viertelstunde, brachte kaum einen Satz zu Ende, und gerade auf diese Weise unterhielt und belehrte er. Aber von Heilfrons muss ich berichten, auf die Gefahr des Abschweifens hin, zum frühen Lautsprecher kehre ich noch zurück. Onkel Edchen. Und Tante Vauchen, seine Frau, Valerie Heilfron. Sie spielte eine originelle gesellschaftliche Rolle, war sehr witzig, sehr gastlich, an der Tafel rückte man in ihre Nähe, um ihre Bonmots und Geschichtchen zu genießen. Nur einmal missglückte ihr eine Einladung. Sogleich nach dem vorzüglichen Essen dämpfte sich das Gespräch und versickerte, verstohlen und bald nicht mehr verstohlen gähnten die Gäste. Vor zehn Uhr verabschiedeten sie sich und ließen den Geheimrat und seine Frau allein in der vornehmen Wohnung in der Fasanenstraße. Sie fragten Anna, ihre treue und tüchtige Haushälterin, ob sie eine Erklärung für die plötzliche Flucht der matten Gäste habe. Anna hatte sich genötigt gesehen, die Bouillon anzureichern. Da habe sie zu der Flasche gegriffen, die der Geheimrat immer vor dem Zubettgehen gebrauche. Es war das zu löffelnde Schlafmittel Sedobrol. Tante Vauchen erzählte diese Geschichte und verdoppelte mit ihrem Erzählen die Komik. Die Heiterkeit wich. 1933 erkannte Eduard Heilfron deutlicher als andere die furchtbare Tragweite des Ermächtigungsgesetzes. Die beiden Töchter wanderten sogleich aus. Die eine zog mit ihrem Ehemann, dem Rechtsanwalt Holländer, nach Paris. Er ertränkte sich in der Seine. Der andere Schwiegersohn, Richard Honig, war auch Jurist, Professor in Göttingen, Kunstkenner und -sammler, Kunsthonig genannt. Honigs retteten sich, ich glaube, sie sind zurückgekehrt. Der alte Herr blieb nun zu Hause, spielte die beiden Violinromanzen von Beethoven, starb. Tante Vauchen, immer noch klar und stark, hat uns, wir haben sie besucht. Ich habe sie 1938 fotografiert. Ihr Mann hatte sie einmal gefragt, ob sie sich am Ende nicht sollten verbrennen lassen. »Ach, Edchen«, hatte sie geantwortet, »ich möchte in Weißensee begraben werden, wie ich es von Jugend an gewohnt bin.« Ich fürchte, auch das war ihr verwehrt.

Späte zwanziger, frühe dreißiger Jahre am kleinen Loewe-Gerät, mit dem wir nur die ›Berliner Funkstunde‹, nicht einmal den Deutschlandsender Königs Wusterhausen empfangen konnten. Andere Leute hatten schon bessere, teure Apparate und führten Ausflüge in den Äther, Einholung fremder und ferner Stationen vor.

Berlin genügte mir. Vormittags in der Schule, war ich ein Nachmittagshörer. Musik. Nachrichten. Frühe Reportagen. Außerhalb des Funkhauses tat sich das Radio noch schwer, man musste bei Übertragungen Leitungen der Post benutzen, oft auch erst legen lassen, Aufzeichnungen waren selten und umständlich, nahezu alles nur live, also lebendig. Der feinsinnige Literaturredakteur des Senders, Edlef Köppen, über den man Günstiges aus Loerkes Tagebüchern erfährt, hat wichtige Leute mit wichtigen Aussagen ans Mikrofon geholt. Oskar Loerke, der seine Mitwirkungen im Tagebuch notiert hat, habe ich leider versäumt. Aber ich höre noch Alfred Kerr pathetisch ausrufen »Ich bin ein Dichter! Ich bin ein Dichter!« Und höre noch ungefähr die Stimmklänge eines Streitgesprächs zwischen Ernst Toller und dem rechtsorientierten Alfred Mühr, der Schauspieldirektor am Staatstheater wurde und eine Geschichte des Porzellans schrieb. Tollers Sprechen war wohlklingend weich, er sprach von den Augen, der Not des Lammes an der Schlachtbank. Ein Student wurde interviewt, der mit sehr tiefer Stimme Auskunft über seine Zeitschrift gab, die einzige, die nur Lyrik bringe, Patron oder Vorbild sei Gottfried Benn. So konnte ich meiner Mutter sagen, der Hautarzt Dr. med. Benn, zu dem Professor Paul Fleischmann sie schickte, sei ein Lyriker. Fleischmann hatte ihr versichert, Dr. Benn sei auch ein tüchtiger Arzt. Ja, und dann füllten den Lautsprecher Reden von Hitler und Goebbels. Das Radio, das rapide technische Fortschritte machte, war ihnen gefügig als nicht zu überbietendes Propagandamittel. Neue Geräte waren entstanden, Empfänger aus einem Stück, das schmuck sich ins Mobiliar eingliederte, sogenannte Superhets. Und dann beglückten die Nazis ihre Deutschen mit dem Volksempfänger. Der war billig, einfach, klang besser als die Vorgänger und war schon deshalb tauglich, weil man ausländische Sender mit ihm nicht hören konnte. Er war geschaffen für Heeresberichte. Man hörte dann, mit anderen Empfängern, ausländische Sender, vornehmlich die BBC, für viele Jahrzehnte Muster einer Rundfunkanstalt, heimlich unter der Bettdecke und Lebensgefahr. Jahrelang war dann im Freundschen Haushalt Funkstille. Ab und zu hörte man bei Untermietern mit.

Als ich im Montevideaner Radio Ariel Sendungen machte, war das noch Funkarbeit mit geringstem Aufwand, in bescheidenstem Rahmen, einem Hundertstel von dem, was man in Berlin hatte. Das Studio: eine Wohnung. Das war primitiv, es war auch intim. Man kannte seine Hörerschaft, die Hörerschaft kannte unsereinen. Zuerst stellte ich Programme, Schallplattenprogramme zusammen, kümmerte mich um originale Musiksendungen, schrieb Texte, bis ich ermutigt wurde, selber zu sprechen, wobei der Akzent, den ich nicht los wurde, vielleicht als kleines Kennzeichen wirkte. So konnte ich umgehen mit dem Mikrofon.

Als kleiner Junge hatte ich schon in der Küche gesessen, während das Mädchen schrubbte, und in irgendein Holzstück hineingesprochen und mir Ansagen und Absagen erfunden, welche Kapelle da spielte, und die ersten, ganz imaginären und verspielten Reportagen gemacht. Später dann mit einem Jugendfreund, Walter Grunwald, Radio gespielt. Als Mikrofon benutzten wir einen normalen Kopfhörer. Walter war der Tonmeister. Ich quatschte etwas über einen Flugversuch von Gerhard Fieseler. Vor dem Empfänger saßen unsere Eltern. Sie hörten diese ihnen ganz fremd klingende Stimme, dachten zunächst, es sei eine wirkliche Übertragung.

In Montevideo wurde es ernst. Ich arbeitete auch mit in der deutschsprachigen Rundfunkstunde ›La Voz del Día‹, ›Die Stimme des Tages‹, die Dr. Hermann P. Gebhardt, ursprünglich Rechtsanwalt, kämpferisch, leidenschaftlich, als Untermieter eines der kommerziellen Sender zur Freude der Immigranten betrieb. Das war schon eine Institution. ›Die Stimme des Tages‹ verstummte erst vor wenigen Jahren. In dieser deutschen Rundfunkstunde hatte ich eine Sendung ›Montevideaner Kulturecho‹. Zuerst las ich von meinen getippten Blättern ab, bis dies mir lästig wurde und ich ungeniert improvisierte.

Endlich wurde ein kleiner ungarischer Empfänger angeschafft mit solider Technik in einem hübschen Gehäuse aus hellem polierten Holz. Es war nun leicht, die Deutsche Welle zu hören, Stimmen aus Deutschland, nicht mehr so zackig, sie klangen sogar erstaunlich weich. Eine Absicht hat dahinter wohl auch gesteckt, aber man konnte die Deutsche Welle, gegründet 1953, getrost einstellen.

Beiläufig sei noch berichtet, dass mit der rapiden Verbreitung des selbstverbreitenden Metiers Zahl und Auflagen der Funkzeitschriften, Programmzeitschriften wuchsen. Wir hielten die ›Funkstunde‹. Chefredakteure waren bekannte Grafiker, Wilhelm Plümecke und Carl Schnebel, eine andere Zeitschrift leitete der junge schwäbische Autor des Romans ›Adrian der Tulpendieb‹, Otto Rombach. Ihn, gemütlichen alten Herrn, Mitglied der Deutschen Akademie für Sprache und Dichtung, habe ich Jahrzehnte später dort begrüßt. Die exemplarische BBC verlegte die Zeitschriften selber: ›Radio Times‹ mit der höchsten Auflage aller europäischen Wochenblätter und ›The Listener‹ als (selbst-)kritisches Organ, in dem wichtige gesendete Texte gedruckt erschienen. Ein sympathischer, geschmackvoller Schriftsteller, der Nachkriegsfunkgeschichte gemacht hat, Ernst Schnabel, ehemaliger Matrose, erzählte mir in leicht sächsischem Tonfall, wie in dem der BBC nachgeformten NWDR in Hamburg zwei Herren erschienen, ein dandyhafter älterer und ein kleiner jüngerer, und um die Lizenz für eine Programmzeitschrift nachsuchten, Eduard Rhein, schon vor dem Krieg Autor populärer Bücher über Radio (›Wunder der Wellen‹) und Erfinder der Füllschrift, der Langspielplatte also, und ein Verleger aus Harburg, Axel Cäsar Springer. Sie gründeten ›Hör Zu‹. Es entstand ein Konzern.

Die Kulturgeschichte des Rundfunks ist noch nicht geschrieben.

Was konnte ich denn 1938, nach dem Abitur, noch werden? Ich habe auf die natürlich auch an mich gerichtete Frage geantwortet: »Buchhändler.« Wenn man so will, bin ich das zum Teil geworden, weil der Verlag produzierender, herstellender Buchhandel ist.

Das hat dann allerdings in der Abiturfeier der Direktor einfach in »Kaufmann« umgewandelt. Er irrte sich. Denn wenn ich zu etwas nicht fähig bin, dann ist es das Kaufmännische. Wie ich überhaupt mit Zahlen nicht umgehen kann, auch mit Geld nicht, einigen Schaden genommen und einige Dummheiten begangen habe: Ich bin kein Zähler, ich bin ein Nenner. Dies im Sinne, schenkte mir eine liebe Musikerin eine hübsche und praktische Armbanduhr, die statt der Ziffern Lettern zeigt.

Was man machen konnte, in den zehn Monaten, die wir noch in Deutschland blieben und in denen schon alles abbröckelte, die polnischen Juden wegtransportiert waren, wir noch den 10. November 1938, so schrecklich Reichskristallnacht benannt, erlebten, war, ein bisschen Sprachen zu lernen, ein bisschen Schreibmaschine und Stenografie und, ohne dass ich wirkliche Handwerklichkeit leisten konnte, Fotografie.

Um den 10. November herum kamen meine Schulfreunde zu mir. Sie hatten schon mehr erfahren und glaubten, schützen oder beistehen zu können. Sie kamen mit dem Vorwand, dass ich doch versprochen hätte, sie zu fotografieren. Ich habe die Kamera, die Ihagee Kine-Exakta, mit dem Stativ gegriffen, durch den Spiegelreflexschacht geblickt und sie alle sehr sorgfältig aufgenommen, mir auch beim Belichten Mühe gegeben. Leider hatte ich keinen Film in der Kamera.

Jener Sommer oder jenes ganze Jahr 1938 nach dem Abitur war für mich eine Zeit des Übergangs, der Ungewissheit, der wachsenden Angst, die man durch ein bisschen beinahe spielerische Tätigkeit für Momente verdrängen konnte. Da war es nicht der Unterricht in praktischen Fächern, die mir vielleicht hätten nützlich werden können, nützlich werden sollten, für alle Fälle. Es war die Beschäftigung mit der Fotografie.

Ich ging durch die Straßen unseres Viertels in Tempelhof und wollte mich üben in Werbefotografie. So nahm ich am Heck eines kleinen Autos den Überzug des Ersatzreifens auf, die Reklame von Erdal-Schuhcreme. Ein jüngerer Mann in hellem Regenmantel trat auf mich zu, ob ich professionell fotografiert hätte, ob er das Bild haben könnte. Ich war ziemlich ungeniert. Ich vergrößerte es, hätte es ja sowieso getan, schickte es an die angegebene Adresse und bekam eines der ersten Honorare meines Lebens, ich glaube, es waren 20 Mark, das andere Honorar war für Nachhilfeunterricht. Die folgenden Honorare fielen kaum größer aus. Ganz ähnliche Eindrücke als Jugendlicher, wenn auch mit einer anderen Kamera, schildert der große Schriftsteller und Bibliothekar Ludwig Greve in seinem autobiographischen Buch ›Wo gehörte ich hin?‹, ein Titel, der wichtig und gültig ist und so schön berlinisch klingt.

Mein Lehrer in der Fotografie (ich habe ja nur Stunden genommen, sehr weit reichte das alles nicht) war Martin Dzubas. Er war Sohn einer jüdisch- oder halbjüdisch-christlichen Ehe, hatte als Ätzer, also Chemigraph, gearbeitet und war von daher zur Fotografie gekommen, die er bald mit seinem Amt als Polizist verband. Nun machte der Vielseitige sich notgedrungen selbständig und hatte damit zunächst verdienten Erfolg. Fotografien von ihm erschienen in der jüdischen Presse, er hatte einen Laden am Hohenzollerndamm schräg gegenüber der sehr schönen Kirche von Fritz Höger, deren Fassade jetzt matt geworden ist. Hinter dem Laden waren ein kleines Studio und das Labor.

Die Stimmung des Fotografierens und der auf das Fotografieren an sich folgenden Arbeit, nämlich in der Dunkelkammer, die Atmosphäre und die Spannung des Entwickelns, Fixierens, Vergrößerns, bleibt unvergleichlich, und dazu gehört der Geruch nach Chemikalien, nach dem Fixiernatron, nach der Dumpfheit des kleinen Kämmerleins, die ein bisschen aufgefrischt wurde durch einen Ventilator. Dazu das grüne Licht. Es war ja nicht mehr rotes, denn wir arbeiteten mit panchromatischem Negativmaterial. Das Ticken der Minutenuhr, die man

fürs Entwickeln brauchte, der Lederduft der frischen Bereit-
schaftstasche. War ich unterwegs, roch ich ihn. Ich roch die Blüten der Tempelhofer Gärten, und das ist für mich eine sensuelle
Komponente des Begriffes und der Erfahrung Fotografie.

Ich habe wohltuende Stunden in der Dunkelkammer verbracht. Das Entwickeln und Vergrößern geschah mit nicht auto-
matischem Gerät, interessant dadurch, dass man einen Ausschnitt bestimmen, die Aufnahme formen konnte. Es gab
technische Erleichterungen, die für mich eher Erschwernisse
waren: Der Kleinbildfilm, der nun vorherrschte, wurde in einem
Tank, der sogenannten Correxdose, entwickelt, in ihr ihn einzu-
fädeln war für mich mühsam. Man wartete eine bestimmte Zeit
und ließ sich dann vom Ergebnis überraschen. In der Schalen-
entwicklung der Vergrößerungen beobachtete man gespannt das
allmähliche Erscheinen des Bildes.

Dunkelkammerzaubereien: Dem Vergrößern musste die
Wahl des Papiers vorausgehen, echten, präparierten Papiers, dem
damaligen Geschmack nach meist ein leicht bräunliches, velvet-
artiges Chamois; unsere Marke hieß Prestona. Man entschied
sich für Format und Härtegrad, die Fotopapiere hatten eine dif-
ferenzierte Gradation, die Skala reichte von extraweich bis ultra-
hart mit weich, normal, hart und extrahart dazwischen. Der Vergleich derselben Aufnahme in Kopien oder Vergrößerungen
nach dieser Stufung war erstaunlich und lehrreich, die Entscheidung wurde erst nach Proben mit Schnipseln des jeweiligen Papiers getroffen: Eine kleine handwerkliche Übung und wie die
ganze Fotografiererei für mich ein Spiel. Dass ich auf solche Weise spielen durfte im Jahre 1938, war wie ein Segen. Für Augenblicke, kaum länger als eine Belichtungszeit, war das Drohende
draußen vergessen. An dem Spiel nahm bald auch meine Mutter
teil. In der Negativ-Retusche mit dünnem spitzen Pinsel bewies
sie ihre Geschicklichkeit. Wir vergrößerten natürlich nicht nur
auf Chamois halbmatt. Hochglanz auf weißem Papier mit der
stärkeren Prägnanz des Schwarz-Weiß war längst üblich, in der

Pressefotografie zumal. Mit großformatigen Abzügen, Abzügen, nicht Vergrößerungen, in Hochglanz waren jeden Morgen die Vertreter der Bildagenturen bei meinem Vater in der Redaktion erschienen, die über keine eigenen Fotografen verfügte. Man pflegte damals von »aktueller« und »bildmäßiger« Fotografie zu sprechen. Solche Trennung ist hart, aber ungerecht. Barbara Klemm fotografiert so, wie ich es mir gewünscht, aber nie gekonnt habe. Sie bekennt sich als Journalistin und erweist sich als Künstlerin. Bei ihr ist das Aktuelle bildmäßig, das Bildmäßige aktuell. Davon nachher. In dem Jahr, von dem ich berichte, war sie noch gar nicht geboren. 1938. Kein Missverständnis möglich. Alles auf Abbruch, auf Abschied. Das Ehepaar Dzubas, die Frau »arisch«, eignete sich für ein glückliches Leben, der Sohn war unauffällig nett. Eines Tages fragten traurig die Eheleute sich und fragten auch mich, ob sie sich nicht sollten scheiden lassen, um die Frau und den Sohn in Sicherheit zu bringen. Er, Martin Dzubas, werde auswandern müssen, wenn er es noch könnte. In die Türkei? Ich glaube, er hatte dorthin emigrierte Verwandte. Einen Bruder? Noch blieb ich bei ihnen zum Mittagessen, gebackenen Goldbarsch gab es. Man täuschte sich vor, dass das Auseinandergehen, das Fortgehen leicht sei. Wir retteten uns. Aber Familie Dzubas? Ich finde keine Spur. Auch in Fotokreisen scheint der Name Martin Dzubas, scheinen seine schönen Arbeiten und sein gewiss schweres Schicksal nicht bekannt zu sein. Es genügt doch nicht, dass ich als Einzelner seiner dankbar gedenke.

Martin Dzubas war durchaus ein Meister, einige seiner Bilder hat er mir geschenkt. Sein Unterricht konnte den Umständen nach nicht gründlich, ich selber gewiss kein Meister werden, aber er ließ mich machen. Ich hatte Freude an der Kamera, der damals neuen Kine-Exakta, einer einäugigen Spiegelreflexkamera, Leica-Format 24 × 36, in Trapezform. Sie hatte einen aufklappbaren Bildschacht, in den man zur genauen Scharfeinstellung eine Lupe schalten konnte. Automatische Blitze gab es noch nicht. Belichten konnte ich mehr oder weniger improvisierend.

Ich ging spazieren, suchte und fand Motive, nach dem allgemeinen Gesetz der Fotografie einen Ausschnitt. Fotografie ist im Wesentlichen Ausschnitt – daher feuilletonistisch. Ausschnitt und, wenn das Gelingen vollkommen ist, Komposition.

Natürlich musste ich auch über Fotografie lesen. Da war der schöne Band, der 1930 im Societäts-Verlag, dem Verlag der ›Frankfurter Zeitung‹, erschienen ist, ›Aus der Frühzeit der Photographie. 1840–1870‹ von Dr. Helmuth Th. Bossert und Heinrich Guttmann. Da sah ich, was in den ersten Jahren und Jahrzehnten der Fotografie, damals Photographie, mit unglaublicher Umständlichkeit an Dauerhaftem geschaffen wurde, und behielt einiges. Wilfried Wiegand hat diesen Band für denselben Verlag erneuert.

Das andere war die ungemein glückliche, sehr erfolgreiche ›Neue Foto-Schule‹ aus dem Jahre 1937 von Hans Windisch, in dem Verlag von Dr. Walther Heering. Verlag und Verleger waren erst in Harzburg, übersiedelten dann nach Seebruck am Chiemsee. Das Buch ist von typographischem Reiz, nicht fern von der Ästhetik des Bauhauses, populär, aber mit Niveau und ohne den geringsten Hauch von Nazismus. Irre ich nicht, ist Windisch hervorgegangen aus der Arbeiterfotografie. Ein fähiger Grafiker, war er vor 1933 Chefredakteur der Zeitschrift ›Das Deutsche Lichtbild‹ gewesen. Ich hüte es als ein beinahe schon exemplarisches Lehrbuch, als Erinnerungsstück und als kulturhistorisches Dokument. Und brauchte 65 Jahre, einen Fehler zu bemerken. In einem knappen, launigen Abriss der Fotogeschichte vergaß Windisch ihre wohl größte Gestalt: William Henry Fox Talbot (1800–1877), der 1835 das Negativverfahren und damit die eigentliche Fotografie erfunden hat. In seinen Aufnahmen gab er bereits Beispiele für alle Gattungen der Lichtbildnerei. Er teilte seine Errungenschaften in einem 1844–1846 in Lieferungen erschienenen Buch mit: ›The Pencil of Nature‹ – Der Zeichenstift der Natur. Die ersten genuinen Fotografien im ersten Fotobuch der Geschichte, begleitet von klugen Texten:

Der Erfinder und Bildner war kein Bastler, sondern ein Forscher von stupender Gelehrsamkeit, führender Assyrologe, Philologe, bewandert in alten und neuen Sprachen und Kulturen. Auf seinem Landgut Lacock trieb er profunde Studien. Er bereiste mit der Kamera Länder und Städte, fotografierte Landschaften wie Architekturen. So hat er auch wohl als Erster die Frankfurter Zeil aufgenommen. Sie ist menschenleer auf dem Bild, denn bei den langen Belichtungszeiten hinterließen vorüberhuschende Personen keinen Umriss und keine Spur. Jener Band aus der Frühzeit der Fotografie machte mich mit seiner Kunst bekannt, im S. Fischer-Lektorat durfte ich mir abermals einen Wunsch erfüllen lassen. Wilfried Wiegand, Kunst- und Fotografiehistoriker, hervorgetreten als Feuilletonchef und Pariser Kulturkorrespondent der ›Frankfurter Allgemeinen Zeitung‹, gab 1981 bei uns den aparten Band, der kein Gegenstück hat, ›Die Wahrheit der Photographie. Klassische Bekenntnisse zu einer neuen Kunst‹ heraus, eine Sammlung von Texten großer Lichtbildner, die ihren Geist und ihre Geistigkeit beweist. Darin erstmals der vollständige, selber schon klassische Text von ›Der Zeichenstift der Natur‹, in angemessenem Stil übersetzt von Wiegand, der, um den Ton der Mitte des 19. Jahrhunderts zu treffen, zuvor Stifter gelesen hatte. Seit 1988 gibt es, verlegt von Dirk Nishen in Berlin, ein deutsches Standardwerk von Hubertus von Amelunxen: ›Die aufgehobene Zeit. Die Erfindung der Photographie durch William Henry Fox Talbot‹.

Zurück zu Windisch. 1946, früh also, veröffentlichte er bei seinem Verlag ›Führer und Verführte. Eine Analyse deutschen Schicksals‹. Mit dem Motto »Für den Frieden der Welt. Gegen den Geist der Masse«.

Mit einer Leica, so maßgeblich sie auch war, habe ich nie fotografiert. Sie ist ein symbolisches Instrument geworden in der Kulturgeschichte. Sie und verwandte Apparate brachten eine neue Art von Fotografie, Kontakt mit Menschen. Es gab erstmals eine neue, die große Fotoberichterstattung. Ein Blick auf die

Wirklichkeit, vielleicht auch eine Flucht vor der Wirklichkeit in die Wirklichkeit. Das war einmal revolutionär, weil dieses Format sich erst durchsetzte mit einer neuen Unbill, man musste nämlich vergrößern, während die früheren alten Presse- und Atelierfotografien meist nur kopiert wurden, es waren ja nur Abzüge. Wenn man heute in den Auktions- und Kunstberichten vom Abzug liest, so ist das nicht richtig, es ist eine Vergrößerung, die aber der Fotograf in der Dunkelkammer selber vorgenommen hat. Man Ray, Erich Salomon, Felix H. Man und einige mehr führten eine ganz neue Art von Fotografie ein. Sie traten frei und selbstbewußt auf. Salomon zum Beispiel hatte zuerst eine Ermanox, eine kleine Kamera mit sehr lichtstarkem Objektiv, und während die Laien immer noch riesenhafte Apparate mit schwarzem Tuch und Stativ erwarteten, ging er im Frack hin und sagte »Dr. Salomon«. So war er ebenbürtig und konnte auch Leute beobachten, an die andere Fotografen gar nicht herankamen.

Mein Vater hat selber mit der Box, der Zeiss Ikon Tengor, ganz untechnisch, aber geschmackvoll fotografiert und den indessen bescheidenen Bilderdienst in seiner Zeitung eingeführt. Damals gab es keine Redaktionsfotografen, sondern eine Reihe von Agenturen wie Transozean und Keystone. Er hat noch die Schere benutzt, also den Ausschnitt verändert, was die Fotografin Barbara Klemm nicht dulden würde, bei ihr auch nicht nötig wäre.

ERWACHSEN WERDEN
IN DER NAZIZEIT

Ich bin atypisch, ich bin vom meisten verschont geblieben.

Man könnte das große Wort Gnade gebrauchen, wenn nicht Gnade etwas mit Gerechtigkeit zu tun hätte. Dass mir Schlimmes und Schlimmstes erspart blieb, ist keine Gerechtigkeit. Es hätte mich genauso wie andere treffen können. In einem KZ wäre ich sehr bald verreckt. Von Zufall sollte ich auch nicht reden. Zufall scheint mir zu billig, die Verwendung dieses Begriffs zu undankbar.

Mein Vater war Frontkämpfer gewesen, und daher wurde der Arier-Paragraph auf ihn erst sehr spät voll angewendet. Frontkämpfer wurden bevorzugt behandelt und mit einem Abzeichen dekoriert, das gerade von denen, die kein Hakenkreuz vorwiesen, im Knopfloch getragen wurde.

Am 10. November 1938 sind wir, sind die Juden in Neu-Tempelhof verschont geblieben, weil ganz offensichtlich der Vorsteher des Polizeireviers, an dem ich täglich vorbeigegangen bin, behauptet hatte, er habe die Anweisung zu spät bekommen – die Aktion war zeitlich limitiert, er konnte leider die Juden nicht mehr verhaften. Es ist nur ein jüdisch-deutscher Bewohner dieses Stadtteils verhaftet worden. Er war noch als Geschäftsreisender unterwegs und wurde auf dem Bahnhof in Köln festgenommen.

Ich hatte keine unüberwindlichen Schwierigkeiten in der Schule. Freundschaftlich in der Schulklasse war natürlich nur eine Minderheit. Es gab da ein paar Nazis, die sich antisemitischer Äußerungen und vor allem nazistischer Haltung beflissen. Es verpuffte an mir, da meine Kameraden sagten: »Lass man.«

Ein oft erwähnter Vorfall: Am 27. Februar 1937 präsentierte das Deutsche Theater in Berlin eine Neuinszenierung seines Direktors Heinz Hilpert von Schillers ›Don Carlos‹, mit Albin Skoda in der Titelrolle, Ewald Balser als Marquis Posa und Theodor Loos als König Philipp. Bei dem berühmten Satz des Marquis Posa »Geben Sie Gedankenfreiheit« starker, ostentativer Beifall. So auch in den folgenden Vorstellungen. Das Licht ging an. In der Zeitschrift der HJ, ›Wille und Macht‹, schrieb der Schriftleiter: Das Publikum habe sich vollkommen falsch benommen, es habe Schiller gar nicht verstanden, der habe später seine Meinung geändert. Unser Deutschlehrer Ernst Mille öffnet seine Mappe, nimmt den Artikel heraus und liest ihn vor, guckt in die Runde und fragt: »Was sagen Sie dazu?« Wir haben gar nichts gesagt. Darauf Mille: »Der Verfasser irrt sich natürlich, denn Schiller hat diese Anschauung bis an sein frühes Lebensende bewahrt. Ich lese Ihnen vor…« (und dann kamen lauter einschlägige Stellen aus der Schiller-Ausgabe). »Im übrigen aber, selbst wenn dem nicht so wäre und sich Schiller in der Tat gewandelt hätte, so ändert das doch nichts an der Wahrheit dieser Worte.« Da murrten und brummten einige Mitschüler, ohne ihr Brummen ganz zu artikulieren. »Wollten Sie etwas sagen?« fragte Herr Mille. Es wurde still.

In unserem Haus wohnte mit seiner Familie der Blockwart namens Watzek. Er war am U-Bahn-Bau beschäftigt. Schlichte, nette, bürgerliche Leute. Die zwei Töchter besuchten das Charlotten-Lyceum und waren bekannt bei uns, vor allem die Lore. Eines Tages erschien Frau Watzek bei meiner Mutter und bat sie, ihr aus einer Verlegenheit zu helfen. Sie erstattete den Betrag sehr bald zurück. Am 10. November klingelte sie am typisch Berliner Hintereingang: »Frau Freund, es soll ja sehr viel jetzt hier passieren in Berlin … Hier sind unsere Wohnungsschlüssel. Wenn Sie hören, man kommt herauf, dann gehen Sie durch die Hintertür zu uns.« Meine Mutter: »Frau Watzek, das werde ich Ihnen nie vergessen. Ich nehme es nicht an. Ich werde Sie nicht belasten.«

Wir blieben verschont.

Ein Vetter meiner Großmutter war ein hervorragender Augenarzt in Berlin, Universitätsprofessor mit eigener Klinik, ein gut aussehender, freundlicher Mann, dessen Intelligenz sich seltsam auf sein Fach beschränkte. Mir schenkte er einmal als Dreizehnjährigem ein Buch: ›Der Unternehmer und seine Sendung‹. Höflich war ich trotzdem immer zu ihm, auch als er sagte: »Ihr seid doch getauft?« Ich verneinte. »Ungeschickt.« Seine Frau intervenierte: »Lass das, Adolf.« Frau Gusta war sehr klug, fein, geschmackvoll, ihr Gesicht mit vornehm gebogener Nase von interessantem Reiz. Aber sie war behindert, ein Hüftleiden ließ sie hinken. Sie stammte aus reichem, auch kultiviertem Haus, war eine gute Partie. »Morgens, bevor mein Mann in die Klinik fährt«, erzählte sie mit einem kleinen Lächeln, »gibt er mir einen väterlichen Kuss auf die Stirn und sagt: Nach oben sehen!« In der Nazizeit verfiel sie nach und nach in eine Depression. Zwischen ihr und meinem Vater bestand ein herzliches Verständnis. Sie sprachen gern miteinander, er, intuitiver Psychologe, sprach ihr zu. Sie aber fürchtete sich vor der Auswanderung. »Was wird man sagen, wenn die lahme Laus vom Schiff geht?« Eines Abends schickte sie ihren Mann zu uns. Wo war die Tochter? Wir traktierten ihn mit dem Eierlikör, den Mutter und Großmutter zu allen Zeiten gerne herstellten. Er genoss ihn ausgiebig, sang laut und albern, ich höre noch, erschauernd: »In Uruguay, da hängt ein Ei.« Schließlich brachte ich den Lachenden zum Fahrstuhl. Er lachte nicht mehr, als er uns am nächsten Morgen anrief: Er habe seine Frau tot aufgefunden. Er sollte bei uns sein, als sie das Gift nahm.

In unserem, meinem letzten Berliner Jahr deutete, bedachte man unsere und unseresgleichen Lage, alles auf Abbruch und Abschied hin. Wir strebten es ja auch an in der zunächst erfolglosen Bemühung um Auswanderung, nein, Einwanderung. Wo

Einlass? Diese Bemühung allein war schon ein Pensum, eine Arbeit. Normale Arbeit war meinem Vater nun verwehrt und mir auch. Wir hatten aber zu tun. Das ersparte uns bis zu einem gewissen Grad ein Nachdenken, das zwar immer wieder sich einstellte, doch keine Klarheit schaffen, kein Ergebnis haben konnte. Bis zum Abitur mussten wir in der Prima des Gymnasiums angestrengt arbeiten, sehr angestrengt sogar; als wir es bestanden hatten und von der Schule entlassen waren, traten wir nicht in die Freiheit. Die »arischen« Kameraden mussten sich in den Arbeitsdienst schicken und den Wehrdienst, der in den Krieg mündete. Ich nahm die Stunden, von denen ich berichtet habe, hatte Freude bei Martin Dzubas im Fotografierunterricht. Und konnte mich auf Berliner Straßen, in Berliner Wohnungen noch umsehen und dort umgehen. Noch sah ich es, ahnend, dass dieser Blick trügerisch war, mit dem Blick der Gewohnheit auf Festgebautes, dauerhaft Eingerichtetes, als Lebensraum und fürchtete, das muss ich gestehen, noch nicht das Äußerste, Schlimmste, die Vernichtung, aber die bisher dank Freundschaft unterbliebene Demütigung, die gänzliche Unfreiheit und Brandmarkung, das Ghetto. Die Armut hatten wir auch zu fürchten, aber mehr für die Zeit nach der Auswanderung als für das freilich immer bedrohlichere Bleiben in Berlin. Noch aber gaben wir die alten Gewohnheiten und kleinen Behaglichkeiten nicht auf. Wir erhielten immer mehr Luftpostbriefe – eine Neuheit. Auf dünnem Papier schrieb man uns aus dem Exil, teilte ein bisschen mit – wie viel? – von den Schwierigkeiten in der Fremde, von Ungewissheiten, und verschwieg gewiss mehr, als man hätte sagen können. Nicht lange und es gab keine bürgerliche Adresse mehr, keine Nachricht und keinen Gruß. Noch konnte ich, der Davidsstern war noch nicht eingeführt, unbehindert mit der U-Bahn in die Stadt fahren, den Kurfürstendamm entlangschlendern und vor den Schaukästen prominenter Fotoateliers stehen bleiben. Ich besah auch in der Nähe des Nollendorfplatzes den Laden von Hitlers Hoffotografen Heinrich Hoffmann, dem Monopolisten der Selbstdarstellung von Herrschern – von Verbrechern. Alles, was man dort sah, war von Hoffmann. Mit der Ausnahme einiger Aufnahmen: Hitler und Goebbels in Bayreuth, fotografiert vom jungen Wieland Wagner.

Wir besuchten uns gegenseitig, das habe ich schon erzählt. Wir erfreuten uns der Häuslichkeit, wohl wissend, dass sie sehr bald würde aufgelöst werden müssen. Man verdrängte natürlich auch. Man vergaß für ein paar Minuten. Lachen war noch erlaubt und möglich. Liebenswürdigkeit und Güte zeigten sich mehr als in besseren Zeiten. Da waren wir unter uns, aber es kamen die nichtjüdischen, die »arischen« Freunde, um uns zu stützen, um uns Gutes zu erweisen, die Bedrohung vergessen zu lassen. Das waren ja auch Deutsche. Und wie viel Verständnis und Takt zeigten sie. Sie luden uns ein. Wir waren nicht nur in jüdischen Wohnungen mit der Mesusa. Der Abend bei dem Grafen Schlieffen aber ist unvergesslich.

In der Redaktion der ›Deutschen Allgemeinen Zeitung‹ sprach bei meinem Vater oft als bescheidener Mitarbeiter mit kleinen feuilletonistischen Beiträgen Richard Thassilo Graf von Schlieffen vor. Mein Vater achtete ihn, achtete auf ihn, einen augenscheinlich verarmten, wenn nicht gar in Not geratenen Aristokraten, dessen Standeszugehörigkeit nur bei näherem Hinsehen an seiner Haltung und seinen Umgangsformen deutlich werden konnte. Der ziemlich hochgewachsene ältere Herr mit dem Schnauzbart, ehemaliger Offizier natürlich, war schäbig gekleidet, statt eines Oberhemdes trug er ein schlichtes altmodisches Nachthemd mit Appretur. Erschreckend lang waren seine der Schere entwöhnten Fingernägel. Er machte sich Sorgen um meinen Vater und um unsereinen. So lud er uns und ein weiteres, literarisch ausgezeichnetes jüdisches Ehepaar (das dann krankheitshalber absagen musste) zum Abendessen. Er tat es so dringlich, dass wir kommen mussten. Er und seine Frau wohnten im Invalidenhaus. Am Sonnabend, dem 8. Januar 1938, machten wir uns auf in den Norden Berlins, stiegen am U-Bahnhof Seestraße aus und traten nach kurzem Weg in ein Gebäude und ein Milieu ein, alt zwar, aber uns unbekannt, für uns gleichsam neu. Friedrich II. hatte diesen stattlichen festen Bau für seine kriegsverletzten Offiziere (auch niedere Chargen?) errichten lassen, ihnen Sicherheit, Unterkunft, Versorgung gewährt. Die Tradition bestand fort. Das Haus war scheinbar unerschütterlich da. Von Einzelheiten der Stiftung und Organisation weiß ich nichts. Es ließe sich wohl recht genau eruieren, ich möchte aber weniger nachschlagen und nachforschen als auf die Gefahr der Ungenauigkeit hin bei meinem Eindruck, bei meiner Erinnerung und vielleicht Vergegenwärtigung bleiben. Alles war machtvoll. Auch schützend. Heiter nicht. War die Treppe nicht breit und groß, ja monumental? Sehr breit jedenfalls waren die Gänge, auf denen Autos hätten fahren können. In ihren Wänden, wie bei alten Hotels, Türen mit adligen Namensschildern, die sich nicht zu einem Zimmer, sondern zu einer Wohnung öffneten. Eine jüngere Gesellschaftsdame empfing uns, aus irgendeinem Grund mussten wir eine kleine Weile warten – und staunen. Mein Vater, ein bisschen neugierig, öffnete die Tastatur des spätbiedermeierlichen Flügels wie weiland die des Flügels bei Goethe und fasste in dicke Staubschichten. Das war der einzige genierliche Moment. Wir waren in eine Vergangenheit versetzt, die besser war als die Gegenwart – nein, 18. und 19. Jahrhundert waren ja präsent und lebendig in der ganzen Einrichtung mit exquisiten Möbeln, die weite Zimmerflucht aber war eine kostbare, stilemischende Gemäldegalerie. Ein bisschen musste sie mich schon eingeschüchtert haben. Ich wusste zu wenig von Kunst, um die Bilder bestimmen, ihren Wert und ihre Bedeutung schätzen zu können. Zwar hatten mich in den letzten zwei, drei Jahren Museumsbesuche ein wenig schon für die Kunst erweckt. Die ganze Museumsinsel begriff ich als wertvollsten Berliner Besitz. Ich konnte vieles genießen, manches sogar verstehen, zumal der treue Schulfreund Hubertus Neugum, genannt Tussi, und ich zu den wenigen Besuchern gehörten, die Säle waren so reich wie leer. Welche Probleme sich heute für die Museumsinsel ergeben, kann ich mir nicht ausmalen. Wichtigstes Ziel war für mich das Kaiser-Friedrich-Museum, heute Bode-Museum. Natürlich wurde ich geleitet von all dem, was schon vielfach gerühmt war. Nicht immer bedurfte ich eines Führers. Manches war ja schon bekannt. Meine alte Platonik: Ich kannte das Kunstwerk nicht selber, aber etwas darüber. Ich kann mir aber schmeicheln, einige Dinge nicht auf eigene Faust, sondern auf eigenes Auge für mich gewonnen zu haben. Über meinen stärksten Eindruck in dieser frühen Jugend habe ich kaum Literatur; es war ein kleines Kabinett im Kaiser-Friedrich-Museum, erfüllt und beherrscht von nur einem mächtigen Bild, dem man gegenübersitzen, das man lange betrachten konnte: ›Christi Himmelfahrt‹ von Leonardo da Vinci, zumindest ihm damals zugeschrieben. Das Auffahren, das Emporsteigen des Heilands, das Zurückbleiben der Irdischen, das magische Licht, ich glaube nicht viel anders in den Farben als bei der ›Mona Lisa‹, das hat mich sehr gepackt. Rembrandt musste ich sehen und als groß erkennen: all die berühmten Bilder, von denen einige, wie man jetzt zu wissen meint, gar nicht authentisch sein sollen. Aber das alte Museum, durch das uns einmal kundig und feinsinnig der Studienrat Fetkenheuer geführt hatte, ließ einen so leicht nicht los, das berühmteste Kunstwerk gehörte auch zum Besten. Man konnte es sich so leicht gar nicht vorstellen, sondern musste es langsam begreifen, selber erobern: der berühmte Pergamon-Altar, das von meiner Mutter geliebte Markttor von Milet. Aber wir gingen ja auch in die Nationalgalerie. Feuerbach und Böcklin beeindruckten mich da viel weniger als die großartigen Ruderer von Hans von Marées. Menzel, mir schon ein bisschen vertraut, interessierte und gewann den Betrachter. Da war das berühmte Eisenwalzwerk, da war aber ein Bild, von dem ich schon leise Kenntnis durch die kluge Monographie von Karl Scheffler hatte: das schlichte, biedermeierlich-bürgerliche Wunder des Balkonzimmers mit dem Zauber seines Spiegels, mit seiner Luft, deren Einströmen man an der Haut empfinden kann. Und wir fehlten auch nicht im Kronprinzenpalais. Für viele Bilder, wohl vor allem für das, was sich subsumiert unter dem Begriff Expressionismus, hatte ich damals wenig oder keinen Sinn. Die herzbewegende Liebenswürdigkeit und Genialität des August Macke erkannte ich erst Jahrzehnte später. Aber da war, unfasslich, naturfern, Natur gleichwohl preisend, der packende Turm der blauen Pferde von Franz Marc, jenes verschollene Bild, das hoffentlich einmal jüngeren Generationen wiedererscheint.

Hier aber, an jenem Abend bei dem Grafen Schlieffen, erfuhr ich wie nie zuvor und kaum je danach, visuelle Kammermusik, war der ganz persönliche Umgang mit den Meistern selber und dem schlicht-stolzen Eigner der großartigen Bilder eine nie vorgestellte Wohltat. Am Abend des 8. Januar 1938 lernte ich im Berliner Invalidenhaus, was Kunst, was Bescheidenheit, was Stolz, was Sammlerglück und Rechtschaffenheit ist. Hätten der Graf und seine Frau diese Bilder selbst unter ungünstigen Umständen, selbst einem unredlichen Käufer veräußert, sie hätten ein bequemes Leben auf lange Zeit haben können. Der Graf Schlieffen war bei seiner ärmlichen Erscheinung ein Mann, der seinen Reichtum hegte und, zwar zunächst zu seinem privaten Genuss, aufbewahrte für eine passende Bestimmung. In einem, täusche ich mich nicht, fensterlosen großen Raum zeigte er beste Stücke seiner Sammlung, der Saal war ein Konzentrat. Und abermals frage ich mein Gedächtnis, ob nicht das große Bild, das er uns wies, ein Paolo Veronese war. Ich entzückte mich an einem kleinen, feingerahmten Blatt, einer Handzeichnung von Schinkel, Rötelzeichnung wohl. Aber in einem Raum konnte ich sofort den Maler identifizieren. Der Eintritt, der Anblick war ein Glücksmoment sondergleichen. Alte Möbel, ein biedermeierliches Sofa gegenüber in dem Kämmerlein, dem fensterlosen, an der Wand ein Vitrinenschränkchen, dessen Inhalt ich vergessen habe, über dem Sofa aber in großen Dimensionen ein leuchtendes, ein kunstweises und zugleich naives Bild. Da wusste ich, wer es gemalt hatte. Die Gesichter und Gestalten, romantische Verklärung und auch biedermeierlich intime Friedlichkeit, die Farben stark und, wie ich glaube, ungebrochen, kindlich beinahe und magisch erst recht. Was war da durchdacht, reflektiert, besonnen? Ganz gewiss die Komposition. Was war da spontan, getragen von einem reinen und starken Gefühl, das mittelte zwischen Realismus, Feinbeobachtung und Ideal, Traum. Das konnte nur einer gemalt haben: Philipp Otto Runge.

Wir aßen. Die Tafel, hell und dezent beleuchtet, war mit hoher Feinheit gedeckt. Manches musste nicht mehr überraschen in diesem Haushalt, war aber dann doch sehr schön: das Geschirr, die silbernen Bestecke mit dem gräflichen Wappen, die kristallenen Gläser mit dem noblen Wein. Was wir aßen, weiß ich nicht. Dass die Suppe apart und verfeinert war, ist nicht zu bezweifeln. Zum Schluss schmeckte, anders als heute, – und ihr bebendes Grün war eine Farbe mehr im schönen Farbenspiel dieser Räumlichkeiten – die Waldmeisterspeise. Was sprachen wir? Geläufiges sicher auch, *small talk*, wie denn benannt, kommt überall vor, aber die Äußerungen bestätigten die Gesinnung, stützten unser Vertrauen und unsere Dankbarkeit. Es wurde ein bisschen erzählt. Von der Militärzeit des Grafen in Hannover, wo er auch die Bekanntschaft von Hermann Löns gemacht hatte, der nicht gut wegkam in seinen Erinnerungen. Wir sprachen von den Dingen und den Zeiten. Die Frau nahm am Gespräch teil. Die Kunstschätze ihres Mannes konnte sie nur noch fühlen. Sie hatte das Augenlicht verloren, war behende im Tasten, nannte sich selber nur das »blinde Hühnchen«. Was wir spürten, das waren die Eigenschaften, war das Wesen des Paares: sein Anstand, seine Gesinnung, die ja Grund war dieser Einladung und Bewirtung. Der Graf und die Gräfin Schlieffen konnten uns ja nicht helfen – und haben uns doch geholfen. Deutsche Edelleute, die sie waren. In der Winternacht kehrten wir auf prosaische Weise zurück in unseren Alltag. Aus einer Verzauberung.

Richard Thassilo Graf von Schlieffen schrieb noch in Kriegszeiten mit Grüßen des »blinden Hühnchens« meinem Vater
nach Montevideo. Die Bewohner des Invalidenhauses waren
evakuiert und ich glaube in Finkenkrug untergebracht worden.
Dann keine Verbindung mehr. Wie mag das alte adelige Paar geendet, wo mögen seine Bilder verblieben sein?

Noch zwei Besuche machte mein Vater mit mir, die aus dem
gewohnten Gang unseres Lebens im Jahr 1938 fielen und in
ihrem Augenblick Aufmerksamkeit erforderten, im Gedächtnis
einen Platz behalten haben. Das waren nun keine Einladungen
mehr, es waren bei aller Natürlichkeit und Einfachheit des Ge-
habes der Besuchten – Audienzen. Ohne Bewirtung. Nur Gespräch, nur Zuspruch, im Praktischen allerdings von Vergeblichkeit geprägt. Wir besuchten die in ihrer Zeit sehr namhafte,
auch erfolgreiche, vielseitige Schriftstellerin, in erster Linie Ro-
mancière, Clara Viebig, und wir besuchten eine Woche vor dem
Verlassen Deutschlands Max Planck.

In den Monaten vor der Auswanderung sang und spielte
mein Vater am alten Duysen-Klavier zwei vertraute Lieder:
Schuberts ›Der Wanderer‹, Gedicht von Georg Philipp Schmidt
von Lübeck mit dem Schluss »Dort, wo du nicht bist, dort ist das
Glück« und Schumanns ›Wanderlied‹ nach Justinus Kerner
»Wohlauf! noch getrunken den funkelnden Wein« – mit dem
Schluss »Und Liebe, die folgt ihm, sie geht ihm zur Hand: So
wird ihm zur Heimat das ferneste Land«.

JUDE

Margarete wünscht eine bündige Antwort auf ihre dringende und drängende Frage. Sie bekommt sie nicht. Der Befragte ist verlegen; wir wissen, warum. Was er weit ausholend vorbringt, ist klug und schön und auch wahr. Der schon gefährdeten frommen Seele genügt es nicht. Die berühmte Gretchen-Frage setzt nicht bloß Faust in Verlegenheit: »Nun sag', wie hast du's mit der Religion?« Oft zitiert, oft gestellt worden ist diese Frage. Gretchen erwartet sich feste Bejahung, Gehorsam, Gebotserfüllung, damit sicherlich auch Befolgung des Ritus. Ritus ist Zeremoniell und ist Gewohnheit, mit ihrer Macht; sie zu brechen banale Rebellion. Und mehr ist verlangt: ein Glaubensbekenntnis, folglich die Einordnung in eine Glaubensgemeinschaft. Das hoffende, glaubensbedürftige Individuum bringt sich in ein Kollektiv ein. Intimes äußert sich vielleicht noch im persönlichen Gebet. Das hat man vom Alten Testament und von Franz von Assisi gelernt. Das Gebet bleibt nicht dem einzelnen Ich vorbehalten. In der Gemeinde ist es chorisch, miteinander spricht man das Vaterunser und den Kaddisch. Nur selten verlangt es die Einzelne, den Einzelnen nach stillem Gebet, zu dem absichtsvoll und willkürlich die Lippen sich bewegen. Für das stille Gebet wird im Gottesdienst eine Pause eingelegt. Was hinter dem Schweigen liegt oder sich regt, bleibt verborgen. Schweigen kann zur Feierlichkeit beitragen, wenn nicht das dominierende Wort, in der Muttersprache, in Altgriechisch, in Lateinisch, in Hebräisch, die nicht immer nur dienende Musik und in der katholischen Kirche die Bildkunst, hingegeben dem Geistlichen wie dem Leiblichen, schon für Feierlichkeit gesorgt haben. Daher kann der

Gläubige anfällig werden für die Sünde – die Sünde nach seinem eigenen strengen Begriff. Gretchen hat *die* Religion im Sinn. Es kann nur die katholische sein. Der evangelisch getaufte, in evangelischer Gesellschaft aufgewachsene Dichter ist am Ende des Zweiten Teils seines ›Faust‹ mit dem Einklang von Marienverehrung und Preisung des ewig Weiblichen in einen katholischen Bereich gerückt. Wozu und wem sage ich das alles? Dass es nicht *die* Religion gibt, sondern verschiedene Religionen, verschiedene Konfessionen, das ist die Crux. Womit ich unversehens einen christlichen Begriff gebrauche. Meine Zeichen sind der Davidsstern und die Menora. Mich als Jude zu bekennen oder zu erkennen, war mir von Kindheit an selbstverständlich, weil es zu Hause selbstverständlich war. Lange vor 1933. Was dies alles ausmachte, wie ich es verstehen sollte, das konnte ich nicht wissen. War ein jüdischer Mann auch äußerlich abgestempelt, definierte er sich doch nach unserem Verständnis durch seine Religion. Ohne sie ging es nicht. Gottlosigkeit war dementsprechend verwerflich. Wie Vaterlandslosigkeit. Es gehörte schon Mut dazu, sich – warum denn – als Dissident zu erklären. Die wirkliche oder vermeintliche Religionslosigkeit, Gottlosigkeit, das Freidenkertum überhaupt, galt im Publikum nicht ganz zu unrecht als »links« – damals. In viel späteren Jahren staunten mein Vater und ich über die in der SPD sich verbreitende Christlichkeit. Die andere Partei, Doppelpartei, führt sie von der Gründung an im Namen. Das sollte wohl auch eine Besinnung auf alte Werte bedeuten.

Bereits als Kind erfuhr ich von den Judenverfolgungen, die sich unablässig durch die Jahrhunderte zogen; lernte ich schon, dass Glaubenskriege wüteten, im Namen der Religion, der Religionen, Hass und Sadismus sich auslebten, indem sie Leben grausam tilgten und der christlichen, doch schon im Alten Testament verkündeten Nächstenliebe spotteten. »Wir glauben all an *einen* Gott.« Bach hat das vertont, wie Beethoven, was bei Schiller utopisch heißt »*Alle* Menschen ...«. Und angesichts der

Wirklichkeit, der täglichen Vorkommnisse kehre ich lieber die Behauptung um: »Alle Brüder werden Menschen.« Wer ist da mit »Alle« gemeint? Dachte das Genie Bach nur an seine Gemeinde, an die ganze evangelische Glaubensgemeinschaft, übertrat er nicht die Grenzen der Konfession? Das wissen wir, er tat es und blieb dabei sehr Christ, er schrieb die h-moll-Messe, eines seiner größten Werke, eines der größten Werke der Gattung. Fachleute stellten kleine Unterschiede in der Behandlung des liturgischen Textes durch Bach und durch katholische Komponisten fest, gleichviel: Es ist ein universales Bekenntnis, und die Frage bleibt unbeantwortet, ob Bach mit allen Menschen Christenmenschen meinte oder die gesamte, allmählich erst ins Bewußtsein dringende und in ihren unterdrückten Teilen spät erst oder noch nicht emanzipierte Menschheit.

Sicher, gottesgläubig musste man sein. Das kann man nachfühlen. Was aber ist gottgefällig? Der Streit, die Vernichtung, was traut man denn Gott zu? Es sollte deutlich sein, dass die endlich zerschlagene Nazipartei nicht christlich war, schon gar nicht waren es die deutschen Christen mit ihrem Reichsbischof Müller, dem »Reibi«, die Gebetstexte und Riten germanisierten und selbstverständlich dieses jüdische Alte Testament verbannten und missachteten. Die Bekennende Kirche, die durchaus Widerstand leistete, bekannte sich auch zum Alten Testament als Quelle und Wurzel, und so taten es denn auch die Katholiken. Die vielgehörten und später auch vieldiskutierten Predigten des Kardinals Faulhaber, über die und über den ich mir kein Urteil erlaube; auch er bestand auf dem Alten Testament. Übrigens empöre ich mich jedes Mal, wenn ich im Nachttisch eines modernen Hotels häufig die Bibel finde, das, was da unter Bibel verstanden wird, nämlich nur das Neue Testament. Ich kann mir vorstellen, wie das geschehen ist, wer diese Bände sicherlich kostenlos an die Hoteldirektionen lieferte, gebe auch zu, dass das »gut gemeint« ist. Gut gemeint ist nicht gut getan, die Verleumdung des Alten Testaments – dies ist nicht meine Sache, interessiert mich dann doch –, muss als Verkennung und Fehldeutung ihres Glaubens und ihrer Heiligen Bücher erscheinen. Ob man ihn ausspricht oder nicht, was geschieht »in Gottes Namen«? Gottes Name darf im Judentum nicht ausgesprochen werden, sogar die Bezeichnung Gott schreiben Orthodoxe in ihren Blättern nicht aus. Da steht G'tt. So musste es auch mein Vater im Blatt der Jüdischen Gemeinde von Montevideo, der deutschsprachigen, handhaben. Orthodoxie, mir eingestandenermaßen fern und fremd, kann bewundernswerte Treue und Tapferkeit, kann Glaubens- und Charakterfestigkeit sein, das darf ich gar nicht bestreiten. Sie läuft aber Gefahr, Formel und Wesen zu verwechseln, Großes zu verkleinern. Ich halte das für blasphemisch. Um die vielfältigen Varianten der Gläubigkeit und Religionsausübung, um Gegensätze und Gemeinsamkeiten zu ermessen, bedurfte es bei mir natürlich einer gewissen Reife. Das Adjektiv relativiert. Ja, wir waren Juden und verkehrten ohne Schwierigkeit mit Christen, evangelischen wie katholischen, mit den evangelischen zuerst, da ja Berlin und die Mark Brandenburg überwiegend protestantisch waren. Die Unterschiede gab es, wie denn nicht, auch diese schienen mir klein. Wegwischen wollten wir sie nicht. Wir wollten uns ja bis zu einem gewissen Grade unterscheiden. Wir wollten die Überlieferung wahren, aber auf sehr liberale Weise, sonst so sein wie die »Anderen«. Wir wollten jüdische Deutsche sein. Ich glaube, als solche haben uns auch die anderen angesehen. Dass es so nicht geblieben ist, dass man heute von der Illusion, von der Vergeblichkeit einer »Assimilation« verächtlich redet – auf meine alten Tage kann ich mich dessen nicht erwehren, muss ich auch zugeben, dass ich Skepsis nicht wegräumen kann. Aber ich darf nicht leugnen, geschweige denn vergessen, was ich erfahren und damit auch gelernt habe. Das Wort »Wiedergutmachung« ist abscheulich. All die Untaten und Leiden, auf die es sich ja beziehen sollte, sind nicht wiedergutzumachen. Man kann dann und wann von Bessermachen, auch von besserer Empfindung sprechen. Ich will die Erinnerung an Gutes, das menschenmöglich war und ist, mir und Anderen, jungen Freundinnen und Freunden, bewahren. Beschönige ich Geschehenes und Geschichte? Man wird es mir vorwerfen. Ich wäre unaufrichtig, spräche ich anders. Und schlimmer noch, undankbar.

Die Umwelt des Kindes dürfte bestimmend sein von Anfang an, seine ersten Erlebnisse sind Überraschungen. Sie verwandeln sich schnell in Gewohnheiten, in Gewohntes. Ein Kind, das (noch) nicht durch Märchen ebendieser Umwelt gefährlich entrissen wird, kann sich nicht vorstellen, dass Menschen in anderen Räumen anders leben. So war zuerst unser deutsch-jüdischer Haushalt einfach »der« Haushalt, kenntlich jüdisch war außer der Menora die Mesusa am Türpfosten, eine kleine Hülse, die ein winziges Pergament mit den Worten in hebräischer Schrift enthielt »Schema Israel – höre Israel«, der Haussegen. Und die Menora, heute allbekannt, Signum und Symbol, der siebenarmige Leuchter, an dem in der Woche des Lichterfestes Chanukka jeden Abend eine Kerze angezündet wird. Klein wie sie ist, kann die Mesusa auch aus Edelmetall gefertigt sein. Mein Onkel Max Kindermann trug eine winzig kleine goldene an seiner Uhrkette befestigt. Da ist innerhalb des Ritus ein kleiner Platz für Schmuck, für Kunstgewerbe. Und geschmückt sind die Thoras, die man in samtener Umhüllung aus der Heiligen Lade hebt, sie tragen Verzierungen am Samte, und das ist fast, außer der Thora selbst, der einzige Schmuck, den der Gottesdienst erlaubt, die einzige bildende Kunst fast, die Juden lange Zeit gestattet war. Früh durften sie Juweliere sein, sie haben dieses Kunsthandwerk über Generationen gepflegt. Juweliere waren die Ahnen von Liebermann und Rathenau. Diese präcalvinistische Nüchternheit, diese Abwesenheit von Gemälden und sonstigem Prunk, ist dem Vierten Gebot geschuldet – »Du sollst dir kein Bildnis machen«. Die Juden können stolz sein auf ihren reinen Monotheismus und auf die Scheu, sich Gott gar als Person vorzustellen. Ich bin immer erschrocken, wenn ich zum Beispiel als Replik im Zeichensaal unseres Gymnasiums das berühmte vatikanische Gemälde von Michelangelo sah: Gottvater, ein stämmiger weißbärtiger Greis, streckt seinen Zeigefinger aus und überträgt dem Jüngling, der Adam ist, das Leben, seinen göttlichen Lebensfunken, und damit der ganzen Menschheit. Bei aller Hochachtung vor der immensen Kunst des Michelangelo: Ich habe das Bild nie gemocht. Es schien mir zu naiv, zu wenig wahrhaft fromm, trotz der Absicht des genialen Künstlers und trotz dem Ort, für den das Bild bestimmt war und an dem es restauriert bewundert werden kann.

Jüdische Religion, Judentum, wurde mir kaum systematisch vermittelt. Eine Ahnung von Toleranz, Emanzipation hatte ich bei dem lehrreich gefeierten 200. Geburtstag von Lessing. Von ›Nathan dem Weisen‹ wusste ich, bevor ich ihn las, von Moses Mendelssohn, dem eigentlichen Begründer unserer Existenz, bevor ich ihn verstand. Früh erzählte mir mein Vater den Inhalt des Lustspiels ›Die Juden‹ des jungen Gotthold Ephraim Lessing, der bereits vor der Begegnung mit Moses Mendelssohn für eine ihm gerechte Sache kämpfend spielerisch eintrat, der Mann hellen Geistes, dem die Vernunft Herzensangelegenheit war.

Wir waren schon überzeugt, dass Gott keine menschliche Person, keine Figur sei – obwohl im Alten Testament in den Gebeten Gott als Person angerufen wird, als Person spricht, durch das herrliche Mittlertum der Propheten. Ich weiß nicht, ob ich diese Überzeugung allein aus dem jüdischen Religionsunterricht auf dem Gymnasium gewonnen habe. Das Zweite Gebot erklärt übrigens, warum die alten Juden das Volk des Buches, nicht das Volk des Bildes gewesen sind. Wobei ich an der Definition, was Volk ist, einmal vorbeigehen möchte. Meines bescheidenen Wissens ist Raphael Mengs der erste namhafte Maler jüdischer Herkunft, ihm folgten, jüdischer Gesellschaft in Deutschland zugewandt und von Goethe protegiert, Moritz Oppenheim, Eduard Bendemann, Eduard Magnus, dann im französischen Kulturkreis Camille Pissarro und schließlich deutsch, niederländisch, Max Liebermann. Liebermann, Berliner, Preuße, Deutscher, Jude, der wiederum mit seiner künstlerischen Autorität und schriftstellerischen Fähigkeit sich für den holländischen Glaubens- und Kunstgenossen Jozef Israels einsetzte. Liebermann, vor*bild*lich, der Mann des Bildes und der Bildung, mir über seine Leistung als Maler, Zeichner, Grafiker hinaus einer der guten Geister meines inneren Haushaltes. Das darf ich schon an dieser Stelle aussprechen, denn Liebermanns Name und Gestalt, dazu die Anekdoten in berlinischem Dialekt, die ihm zugeschrieben wurden, waren mir schon im Kindesalter bewußt, fast ebenso Menzel, bei dem der Name viel größer war als die physische Gestalt.

Beide Wirkungen, beide Erscheinungen sind nun typisch für Berlin und für einen Berliner Jungen. Das Kind, der kleine Knabe, erlebt jüdischen Alltag, jüdische Festtage. Der Alltag hatte bei uns den für eine liberale Familie typischen und zugleich variationsfähigen Zuschnitt, wobei es Unterschiede gab nach Ort und Generation, also Freienwalde und Berlin, Großeltern und Eltern. Oma zog sich jeden Vormittag zum Gebet zurück, in Freienwalde, in Berlin, in Montevideo. Sie hatte ein kleines Gebetbuch, Leder mit Gold, zur Hand; was sie betete, wie sie betete, was sie vom Inhalt des Gebets verstand und sich auslegte, wussten wir nicht und erfragten wir nicht. Es war geheiligter Brauch. In ihm durfte die Betende nicht gestört werden. Sie sprach nicht, suchte im äußersten Bedarfsfalle durch Gesten und mmm-Laute sich verständlich zu machen. Vielleicht war ihrem kindlichen Glauben ein Quäntchen Aberglaube beigemischt. Sie war aber so unbeirrbar in diesem Brauch wie in ihrer Fürsorge, Güte, Liebe. Und konnte so schön erzählen von ihrer Kindheit in Küstrin mit eigenem Schimmelpferdchen und Kutschwagen und der sittsamen Pension in Berlin, in der sie sich hatte bilden müssen und von der in der Tat noch Spuren in ihrer Handlungs- und Ausdrucksweise geblieben waren. Opa dachte nach und hatte Sinn für Wort und Form, abgesehen von seiner vorzüglichen, schon handwerklichen, manuellen Geschicklichkeit. Er kannte den Ritus, hielt sich an die ernsthaften Gesetze und war nicht kleinlich, was Vorschriften anbelangte. Er beging mit der Familie den häuslichen Freitagabend mit Gebet und anschließendem Essen, er sprach hebräisch die vorgeschriebenen Gebete, fügte Übersetzungen und andere Fassungen hinzu, und feierlich war dann der Kiddusch, der Trinkspruch mit erhobenem Glas voll Portwein. Ich bekam ein altes geschliffenes Schnapsgläslein mit selbstbereitetem Himbeersaft.

Der Sabbat gilt den Juden als der höchste Feiertag, aber die Festlichkeit, das Erhobensein über den Alltag blieb den in den Kalendern vorgemerkten hohen und höheren Feiertagen vorbehalten. Sie wurden im Tempel, aber auch in der Häuslichkeit zelebriert, dem behaglichen Hort der Vielverfolgten. So zu Chanukka, dem Lichterfest, bei dem man der im zerstörten Tempel zu Jerusalem wunderhaft weiterbrennenden Lampe, so zu Pessach, dem Frühlingsfest, bei dem man des Auszugs der Kinder Israel aus Ägypten gedachte und besinnlich wie gemütlich den Sederabend beging: In ihm vereinten sich Erinnerung und Speis und Trank und sogar Kritik. Dazu ein bisschen bildende Kunst und halb unbewußte Bibliophilie. Denn auf dem reich gedeckten Tisch lag, meist in mehreren, verschiedenen Exemplaren, die Haggada, das Buch zum Fest, die ins Märchenhafte gerückte Geschichte des Exodus. Sie gehört nicht zu den Heiligen Schriften, aber zu den Festtagen, ist Aufzeichnung jener Erinnerung. Erinnerung wird getragen von Erzählung, Erzählung wird getragen von Erinnerung. Es kann nicht anders sein. Es gab kostbare Drucke und niedliche Bändchen, eine nicht uralte, aber doch ziemlich alte Haggada meiner Großeltern wies auf ihren Seiten verbräunte Weinflecken auf. Die Haggada ist illustriert, ihr allein im Zusammenhang mit der jüdischen Religion ist Bild erlaubt. Sie ist ja auch halb oder im Grunde ganz weltlich. Mein Großvater las mit Lust, las bei dieser Gelegenheit deutsch. Die meisten Bücher für liberalen Gottesdienstgebrauch waren damals in Deutschland zweisprachig, oben die hebräische Schrift mit den ihr untergelegten Vokalen, darunter in Fraktur die deutsche Übersetzung. Der Sederabend bezieht Kinder in sein Zeremoniell ein, die Haggada bezieht Kinder in ihre Leserschaft ein, ja, sie ist ein Kinderbuch. Am Abend selbst hält das Familienoberhaupt den Seder, so tat es mein Großvater; der Jüngste an der Tafel hatte ihm und der ganzen Gemeinschaft Fragen zu stellen, so diese: »Worin unterscheidet sich diese Nacht von allen anderen Nächten?« Da wurde also Unterscheidung gelehrt. Unterscheidung führt zu Bestimmung. Unterscheidung ist Kritik. Das griechische Verbum *krinein* heißt unterscheiden.

Der Unterscheidung, die im Fall des Sederabends zur Selbstbesinnung, zur Selbstbestimmung führt, muss die Vergleichung vorausgehen. Oft ist es nur eine Verungleichung, wenn aber im deutschen Sprach- und Rechtsgebrauch zwei Parteien sich vergleichen, ist es ein fleißiger Kompromiss, beiderseitig geübte Toleranz, Verständigung, vielleicht gar Versöhnung. Jedenfalls könnte, kann etwas gemeinsam getan werden. Pessach ist ein Fest des Aufbruchs, der Erneuerung, der Wege in die Welt, aber wenn im Schlussgebet es heißt: »das nächste Jahr in die Jeruschalajim«, stockten meine Großeltern, meine Eltern und der kleine Hellmut. Wir hofften ja, ein Heimatrecht in dem Land zu haben, in dem wir so lange ansässig waren und dessen Sprache wir als die eigene sprachen, besser wohl als unsere Feinde. Wir hofften, ein weiterer – und weiter – Exodus werde uns erspart bleiben und wir dürften uns auch unterscheiden von den Zionisten mit ihren Träumen und allerdings auch ihrem Realitätssinn. Sie waren, so viel konnte ich damals schon wissen, eine Minderheit, noch eine Minderheit. Waren wir kurzsichtig? Wir glaubten uns im Recht. Dass es Antisemitismus gab, wurde mir schon früh erklärt. Auf schreckliche Weise bin ich ihm nie ausgesetzt gewesen, verstanden habe ich ihn nicht. Auch heute noch verstehe ich ihn nicht. Übrigens ist das Wort Antisemitismus, so viel gebraucht, so viel erlitten, eine falsche Vokabel. Man sollte herber und richtiger, Reales und Irrationales berührend, schlicht sagen Judenhass. Diejenigen, die heute nicht nur die Bürger des Staates Israel, sondern wohl die Juden im Allgemeinen bekämpfen, sind durchaus Semiten und haben ein gemeinsames Merkmal mit den Israeliten. Der Hass ist unergründlich. Ein viel zitierter verehrter Freund, Hans Keilson, hat sich mit der Psychologie, mit dem Phänomen des Hasses eingehend und eindringend beschäftigt. Ja, Judenhass – ich spürte ihn schon ein bisschen, wenn Freienwalder Bengel, kleine Burschen, mich in der Hagenstraße anpöbelten. Mein Großvater sagte mir, ich solle schlagfertig sein. Das war ich denn auch, mit der Zunge, nie mit den Fäustchen.

Aber ich möchte zurückkehren zur Sedertafel, möchte das Pessach-Thema mit der Fülle poetischer Kindheitserinnerungen ein bisschen noch variieren. Ja, es war und ist ein Fest der Befreiung, der Verschonung, der Auswanderung, aber einer, die zunächst einmal zur Heimgründung und der Behaglichkeit ebendieser Tafel führte. Dass die Verheißung zwiespältig war, Weiterwanderung in Aussicht stellte und versprach – als Utopie wie als Notwendigkeit: Das war nicht nur Ermutigung, es war auch Drohung. Sie wollten wir zunächst nicht wahrhaben. Wie konnten wir wissen, dass Erworbenes und Verliehenes bald uns grausam sollte entrissen werden. Eben noch vertrauten wir dem Fortschritt, die Emanzipation schien sich weiter zu entfalten, und alles schlug um in rasche Gewaltsamkeit. Rückschritt war es nun, statt Fortschritt Rückstoß. Daran musste, konnte ich noch nicht denken, als ich in meiner Haggada Fragen stellte. Nur angelehnt sollte man bei Tische sitzen, die Erwachsenen viele Becher mit Rotwein trinken bis zu frommer Beschwipsung. Der Ritus, die Lesung der Haggada lud ein zu kosten, auf der Damastdecke standen die symbolischen Speisen, die mit Bedacht zu verzehren waren, das Bitterkraut, Süßes, die Beschreibung soll dem berühmtesten jüdischen Autor deutscher Sprache überlassen bleiben. Der bestimmende Faktor in dieser Festwoche waren nun die Mazzot, die Matze, wie die Berliner sagten. Pessach ist das Fest der ungesäuerten Brote, »Bröte« schreibt Heine. Bei seinem überstürzten Auszug aus Ägypten konnte das Volk Israel das Brot nicht mehr säuern lassen. Es waren Weizenbrote; die Grundfarbe der Mazzot, der runden oder eckigen Scheiben, die meist in Polen gebacken wurden, ist weiß, bräunliche Brandflecke sind darüber gesprenkelt. Glaubensstrenge schreibt, dass in einem jüdischen Haushalt zur Pessach-Zeit nicht eine einzige Krume gesäuerten Brotes sich solle finden lassen, die Suche nach solchem Rest ist ein besonderes, spielerisches Ritual. So weit sind wir nicht gegangen. Wir beließen es bei einer Koexistenz der verschiedenen Brotarten und hatten dabei keine Gewissensbisse. Wir empfanden die Poesie des Festes und seiner Bräuche und kamen uns nicht wie Sünder vor. Ich kenne keine treffendere und schönere Schilderung des Sederabends als die im ersten Kapitel des ›Rabbi von Bacherach‹ von Heinrich Heine. Heine beschreibt sicher den Sederabend, wie er ihn erlebt und genossen hat, als er noch Harry hieß. Er ist dem unseren ganz ähnlich, nur waren wir bescheidener als der Rabbi von Bacherach und seine Gemeinde. Der floh mit seiner Frau vor dem Pogrom in abenteuerlicher Fahrt auf Rhein und Main nach Frankfurt. Seine Gemeinde gab er, als er das blutige tote Kind unter dem Tisch liegen sah, der Ermordung preis. Die Erinnerung, die Erzählung des Dichters verdrängt die Frage, ob am Ende des 15. Jahrhunderts in Bacherach der Sederabend schon so angelegt war wie später bei Heines und bei Putzigs.

Feste, Riten, Speisen: Geht auch die Gottesliebe durch den Magen? So materialistisch muss man nicht denken, unleugbar gehören Essen, stilisierte Essen, zu den Festen wohl aller Religionen, und dazu gehört auch in dialektischem und praktischem Bezug das Fasten, das am ernstesten jüdischen Feiertag, dem Jom Kippur, geübt wird. Einige Male, als Kind und als Halbwüchsiger, habe ich das auch getan. Jetzt verbietet es der Diabetes.

Erinnerungssprung, Abschweifung, wieder einmal. Die hohen Feiertage, der Jom Kippur selbst, kollidieren nicht selten mit der Frankfurter Buchmesse. Der spontane und naive, kultivierte, gebildete, gütige und weise Literat Max Tau, einst Lektor bei Bruno Cassirer, erschien einmal am S. Fischer-Stand, sah mich mit seinen großen dunklen schwermütigen Augen an, sagte ein paar Worte zu diesem Tag. Er war morgens in der Synagoge gewesen, er fastete, und war nun auf der Buchmesse, der erste Träger des Friedenspreises des Deutschen Buchhandels. Die Mazzot nun sind datengebunden wie bei den Christen – und nicht nur bei diesen – der Weihnachtsbaum. Die Freundin Steffi Mossner, die nur einen jüdischen Großvater hat, gesteht, immer zur Oster- und Pessachzeit von einem heftigen Verlangen nach Mazzot befallen zu werden. »Das muss ein Atavismus sein.« Sie weiß sich zu behelfen. Sie holt die Mazzot im KaDeWe. Man hält sich nicht immer strikt an den Kalender, gleichviel an welchen. So habe ich Eier in Salzwasser nicht nur am Seder-Tisch genossen. Nichtigkeiten. Erwähnenswert? Ein Nachschreiten vielleicht der alten Grenze zwischen Fest und Alltag. Grenze setzt Übertretungen voraus.

Im Wortsinn naturgegeben war, ist die Parallelität, die zumindest ungefähre Gleichzeitigkeit christlicher und jüdischer Feiertage. Jüdische Kinder, wenn nicht streng orthodox erzogen und damit von der mehrheitlichen Umwelt entfernt, konnten und wollten sich dem Reiz christlicher Feste nicht verschließen. Ostergrüße wurden gerne empfangen, Ostereier eifrig gesucht, willkommen war die Invasion der Osterhasen. Aber erst recht die Weihnachtsmänner, die Ruprechte und Nikolause. Winterfest, Fest des Lichtes in der Finsternis, Weihnachtspoesie, der ich mich auch heute noch trotz aller abstoßenden kommerziellen Ausbeutungen und Verzerrungen und Vordatierungen nicht entziehen kann. Weihnachten, wie sollte ich das leugnen, ist das Fest aller Feste. Selbst wenn man wie an Dogmen nicht an gewisse Wunder, nicht an eine schon geschehene Erlösung oder gar an einen bereits eingetretenen Frieden glauben mag: Es ist das Fest der Geburt schlechthin, des fortzeugenden Lebens und einer untilgbaren, am Ende denn doch ermutigenden Menschheitssehnsucht, die einwirkt in den Alltag und den Festtag bestätigt. Es ist ein Fest für jedermann. Es hat mit Kunst zu tun, es ist Kunst. Unüberhörbar, immer lesbar ist die Weihnachtsgeschichte. Die Betonung liegt auf Geschichte, es wird erzählt. Erzählt in Evangelien, erzählt in Bildern. Die Bilder zeigen eine Grenze von Morgen- und Abendland. Sie stammen mit ihren eigenen Zügen aus den verschiedensten Ländern, Lateinisches, sagen wir Italienisches herrscht vor, die deutsche Kunst kann, ob man nun Christ ist oder nicht, als Weihnachtskunst ans Herz greifen. Immer ist es die Mutterschaft nicht nur, sondern das Entzücken am kleinen Kinde, immer ist es die Poesie und das soziale Beispiel der Krippe. Mit meinen bei Augsburg lebenden Freunden bin ich oft über das schwäbische Land gefahren an den Weihnachtstagen, und wir haben gerührt die ungemein schönen, ungemein lebensfrommen Krippen in den Kirchen bestaunt, froh betrachtet. Natürlich Musik. Da ist viel Kitsch im Spiel. Aber nicht nur die großen Werke eines Bach und anderer auch, die schlichten Weihnachtslieder können uns erfüllen. Kitsch ja, ›Jingle Bells‹ – aber ›Stille Nacht, heilige Nacht‹, von allen kosmetischen Zutaten befreit und hoffentlich auch in der Urfassung gespielt, das ist schon ein schönes Lied, und seine Entstehungsgeschichte rührend. Und immer muss bedacht sein, wie aktuell dieses Fest ist, das nicht meiner Religion entspringt. Es wird gefeiert eine Geschichte der Verfolgung, der Flucht, der Entbehrung und, allerdings optimistisch wie weniges in Glauben und Volksüberlieferung, der Verheißung.

Und da ist der Weihnachtsbaum. Jedes Mal stand einer bei uns im Esszimmer, der Gabentisch neben ihm. Jedes Mal war der Weihnachtsbaum sehr groß, seine geschmückte Spitze rührte an die Decke des hohen Raumes. Geschmückt war er ganz und gar, silbriges Lametta überhing seine grünen Zweige, Kugeln und andere spielerisch dekorative Gebilde waren an ihnen befestigt, rot, blau, golden spiegelnd und silbern auch. Und angebracht an den Zweigen waren die kleinen Kerzenständer, die Kerzen echt. Sie wurden entzündet. Nie gab es bei uns einen Zimmerbrand. Nur manchmal wurde ein kleines Zweiglein angekokelt, es strömte einen Duft aus, der sich mit dem der Pfefferkuchen mischte. Jedes Mal, es gab ein letztes Mal. Im Dezember 1932. Nach meiner Bar Mizwa markierte es das Ende meiner Kindheit. Meine Großmutter und meine Mutter waren losgezogen, die »Mau«, wie ich als Kind, wie ich mein Leben lang sie genannt habe und wie sie alle unsere Freunde, die alten und die jungen, denn auch genannt haben. Mein Vater in seiner Redaktion unabkömmlich. Die beiden Frauen mussten den bewußten Weihnachtsbaum kaufen. Und so zogen sie aufs Tempelhofer Feld, jenen vorderen Teil des Geländes, der noch nicht vom Flughafen, dem sich bald mehr und mehr ausdehnenden, mit Beschlag belegt war. Und da standen ganze wurzellose Wälder der verschiedensten Tannensorten, aus den verschiedensten Gegenden von Deutschland, speziell aus Bayern und aus Thüringen; vor ihnen, sich die behandschuhten Hände reibend, die Verkäufer mit ihren blau-roten Frostgesichtern. Fünfzehn Jahre vorher hat diese Szene der Dichterfreund Albrecht Goes erlebt und mit Wehmut und Anmut in seiner Prosa ›Steglitzer Kindheit 1917‹ erzählt, die ein Bestandteil hatte sein sollen einer nie vollendeten, wohl auch nie weitergeschriebenen Autobiographie. Der Weg von unserer Tempelhofer Wohnung zum Tempelhofer Feld war für die beiden Frauen nicht lang gewesen. Nun, da sie den großen Baum schleppen mussten, war er plötzlich sehr lang. Sie hielten mehrmals inne, setzten den Baum ab, und meine so jüdisch bewußte, befangene und doch auch großzügig freie Großmutter lachte plötzlich und sagte: »Alles für den heiligen Christ!«

1933 gab es keinen Weihnachtsbaum mehr bei uns. Sein hübscher Schmuck ist nicht mit uns ausgewandert. So viel vom Weihnachtserlebnis eines Nicht-Christen. Er teilte es mit den

meisten Christen, wie wenig religiös sie auch das Jahr über ge-
stimmt sein mochten. Eine Ausnahme war die eigene Erfahrung,
der Grund, die Tannenbaumaufstellung nicht fortzusetzen. Die
Bescherung übrigens wurde fortgesetzt und wurde, Konkurrenz
der Glaubensgemeinschaften, zu Chanukka ergänzt. Nach 1933
kam der Begriff »Weihnukka« auf, eine doch etwas törichte Formulierung, die indessen auch Ludwig Greve in seiner Autobiographie ›Wo gehörte ich hin?‹ mit Recht an passender Stelle gebraucht.

Jüdisches war für das Kind und den allmählich zum Adoleszenten Aufwachsenden spürbarer in der Kleinstadt als in der
Großstadt, in Freienwalde spürbarer als in Berlin. Die kleine,
helle, anmutige, biedermeierliche Synagoge in Freienwalde –
mein Großvater war Vorsitzender der Jüdischen Gemeinde –
stand auf dem Tornow, einem Armeleute-Viertel. Wenn die
Gemeindemitglieder zum Gottesdienst gingen, wurden sie von
den Anwohnern der Tornowstraßen, die zu ihren kleinen Fenstern hinauslugten, mit Feiertagswünschen begrüßt. So am Sabbat, so erst recht an den hohen Festtagen, die man dort in einer
nun wirklich festlichen Stimmung verbrachte. Nach all dem, was
man mir erzählte, ist der Ritus nicht ganz gleich geblieben, die
Gemeinde war bald liberaler, bald orthodoxer, das Liberale aber
hat doch vorgeherrscht und war bestimmt von den Gebet-
büchern, vom Ritus der Berliner Synagoge in der Lindenstraße.
Der Geistliche in Freienwalde war ein Kantor, ein Vorbeter, einen
Rabbiner konnte die Gemeinde sich nicht leisten. In früheren
Jahren sollen es prominente oder glänzende jüngere Kantoren
gewesen sein, die zu den hohen Feiertagen in Freienwalde gastierten. Ich lernte als kleiner Junge noch den offenbar lebens-
frohen Herrn Spieldocht kennen, ihm folgte als Freienwalder
Geistlicher meiner Kinder- und Jugendjahre der Kantor Schäfer,
ein schlichter, durch seinen Anstand und seine offenkundige
Frömmigkeit überzeugender Mann, dem Orthodoxes nahe war.
Ein Harmonium, wie es vor dem Krieg noch von Fräulein See-

haus, Tochter des Küsters und Standesbeamten, gespielt wurde, Tochter jenes Mannes, der meine Eltern getraut hatte, wurde nicht mehr benutzt. Herr Schäfer gab den Ton an, die Männer der Gemeinde beteten und sangen a cappella, was nicht immer schön klang. Zu Rosch Ha Schono, wie man damals noch schrieb und sprach, und zu Jom Kippur steigerte sich der Kantor, Zeit und Umwelt vergessend, in eine anhaltende Ekstase, der am Ende eines langen Fasttages die Beter kaum noch standhalten konnten. Die Zeichen, die sie ihm gaben, etwa wenn sie auf die Uhr wiesen, die sie ganz strenggläubig an den Feiertagen gar nicht hätten tragen sollen, beachtete er nicht. Seine Leidenschaft kannte keine Konzession. Ihre Aufrichtigkeit gewann die Gemeindemitglieder. Sie waren ohnehin unter sich. Ganz selten kehrte ein Reisender, den es nach Freienwalde verschlagen hatte, zu den Feiertagen in die Synagoge ein. Jeder kannte jeden. Im Nachsommer und frühen Herbst konnte der kleine Junge die Frauen auf der Empore besuchen. Von dieser Empore führte eine Tür in den hochgelegenen Garten. Da spielten dann die Kinder, Nüsse fielen von den Bäumen und wurden, Fasttag hin oder her, geknackt.

Anders war es in Berlin. Die stolzen Synagogen, orthodoxe wie liberale, waren zahlreich, die Baustile variierten. Der Zulauf hielt sich von Sabbat zu Sabbat in Maßen und mehrte sich und war intensiv, wenn ich es recht gesehen habe, zu den Feiertagen. Ab 1933 erfuhren viele Menschen eine Rückkehr zum Judentum, harrten des Zuspruchs, waren stärkungs- und trostbedürftig. Den Rabbinern erwuchs eine neue, eine eigentliche Aufgabe, zu deren Lösung auch Rhetorik gehörte, aber nicht allein diese. Ich übertreibe nicht, wenn ich behaupte, dass in jenen Jahren in vielen Berliner und wohl nicht nur Berliner Tempeln eine Predigtkultur blühte. Die Rabbiner, die älteren und mindestens so sehr manche jüngere, waren gebildete Männer. Sie hatten vorschriftsmäßig das Rabbinerseminar, das später von Leo Baeck maßgeblich geleitet wurde, besucht und an deutschen Universitäten Philosophie studiert, trugen meist auch den Titel des Dr. phil. Es gab unter ihnen bedeutende Redner, in der jüngeren Generation wirkten Dr. Joachim Prinz und Dr. Manfred Swarsensky, mein erster Religionslehrer auf dem Gymnasium. Derlei erlebte ich auch in »unserer« Synagoge, der in der Lindenstraße, die uns topographisch und auch ihrem Stil nach am nächsten lag: Ein stattlicher, von mir aber nicht genau erinnerter Ziegelbau; man trat durch ein Tor und durchschritt einen Hof, um dann aufgenommen zu werden von der eigentlichen Synagoge, die äußerlich und innerlich einen Fin-de-siècle-Stil aufwies, sie war, so seltsam das sich ausnehmen mag, wilhelminisch. Ihre Liberalität bekundete sich auch im glücklichen Gebrauch von Musik. Der Raum war groß und würdig, auf einer Empore waren die Frauen – es gibt ja die Geschlechtertrennung im jüdischen Gottesdienst – und der vorzügliche gemischte Chor. Da stand eine gewaltige Orgel, Fabrikorgel hätte Albert Schweitzer sie genannt, von der Firma Sauer in Frankfurt an der Oder, das Beten und Singen des Oberkantors Manfred Lewandowski aus namhafter Familie war selber eine musikalische, eine religiöse Leistung. Noch ist mir seine Bariton-Stimme in Erinnerung, und der Rhythmus und Klang, den das Synagogen-Hebräisch bei ihm hatte, der feierliche Rhythmus des den Gottesdienst beschließenden Kaddisch, des Totengebets, hinterließ mir einen bleibenden Eindruck. Koketterie fehlte nicht ganz. Altar und Heilige Lade, die Feierlichkeit, mit der die Thora ihr entnommen wird, die großen, luxuriös mit Samt verkleideten und juwelengeschmückten Rollen der Bibel, aus der dann Sabbat für Sabbat ein Abschnitt gelesen wurde.

So verging, so entrollte sich in friedlichen Zeiten das jüdische Jahr. Das alles war eine in der Geschichte des Judentums, in der Geschichte des jüdischen Lebens in Deutschland, der angestrebten Emanzipation und weitgehenden Angleichung, junge Tradition, eine Tradition jüdischer Liberalität. Die Anpassung erscheint vielen bewußten Juden heute als problematisch. Vielleicht war sie es auch. So war es, dass die Rabbiner ähnlich gekleidet waren wie evangelische Pastoren, der schwarze Talar, sogar die Beffchen waren da, und statt der Kippa trugen die geistlichen Herren ein schwarzsamtenes Barett. Die Musik war zum Teil eigen, aber deutschen Charakters, zum Teil auch übernommen. Was ist Fortschritt, Erneuerung, Anpassung oder gar Assimilation? Mir scheint, die liberale Synagoge mit ihrem Ritus und eingeschlossen darin ihre Musik war das, was ich so gerne einen fleißigen Kompromiss nenne. Die schrecklichen Erfahrungen, die wir alle machen mussten, dürfen diesen Teil der Vergangenheit nicht anschwärzen. Es war schon vernünftig, war schon richtig, dass der Gottesdienst in hebräischer und in deutscher Sprache abgehalten wurde. Wie viele das Hebräische verstanden, habe ich nie genau ermessen können, das Deutsche war leider nur mäßige Prosa. Buber und Rosenzweig haben dann mit ihrer nicht sehr weit gediehenen Bibelübersetzung das Dichterische aufleben lassen wollen, aufleben lassen, haben sprachschöpferisch gewirkt, wobei der Einfluss aus der christlichen Nachbarschaft sicherlich auch zu bemerken wäre, von George und von anderen. Die Musik also war direkte oder, und respektabler vielleicht, mittelbare Anleihe. Zwei wichtige musikalische Liturgien für die Synagogen hat es im deutschen Sprachbereich gegeben. (Wissenschaftlich kann ich darüber nicht berichten.) Salomon Sulzer (1804–1890) mit seinem Hauptwerk ›Schir Zion‹ war in Wien tätig. Sein Berliner – norddeutscher Antipode dürfen wir nicht sagen –, also Kollege oder Pendant, war Louis Lazarus Lewandowski (1821–1894). Er wirkte an der Neuen, zu meiner Zeit nicht mehr neuen Synagoge und wirkte weit über sie hinaus. Er war preußischer königlicher Musikdirektor. In die Synagoge brachte er den Chor, brachte er die Orgel, brachte er eine weitwirkende und erhebende Musik, die er im klassisch romantischen Stil zum Teil selber komponierte, zum Teil arrangierte, also von anderen Beispielen übernahm, siehe oder höre

»Tochter Zion, freue dich!«. Seine Anleihen gingen passend bis zu Mendelssohn. Ich nehme es vorweg: Im letzten verfolgungslosen Zeitabschnitt, im letzten Jahr vor der Naziherrschaft, wurde ich in der Lindenstraße eingesegnet. Am Laubhüttenfest – Sukkot.

Sulzer also und Lewandowski trugen Musik in den liberalen Gottesdienst. Musik, die gerade im Laubhüttenfest ihr Recht und ihre Wirkung beanspruchte. Die Wiener Liturgie erreichte mich im Jahre 1932 gewiss nicht, mich ging die Berliner Liturgie an und verfehlte nicht ihre Wirkung; und doch kann ich nicht der Versuchung widerstehen, mich einer Beziehung zuzuwenden, die in Fortschrittlichkeit und Aufbruchstimmung, Intoleranz und eben Emanzipation ein erwärmendes Stück der Musikgeschichte, der Kultgeschichte, der Kulturgeschichte geschrieben hat.

Salomo oder Salomon Sulzer war ein Emanzipator, ein Erneuerer jüdischen Gottesdienstes, als Kantor der jüdischen Gemeinde von Wien vermittelnd und anregend beteiligt am Musikleben der Stadt und des Landes. Das geschah im ersten Drittel des 19. Jahrhunderts auf sehr hohem, auf höchstem Niveau. Sulzer, den man natürlich auch einen Anpasser nennen kann, schloss sich der Wiener Klassik und frühen Romantik an. Sein Verkehr mit Franz Schubert muss freundschaftlich gewesen sein, er war produktiv auf unvergleichliche Weise. Für diesen religiösen Sänger, er hatte wohl eine Baritonstimme, komponierte Schubert das Lied ›Die Allmacht‹. Daraus lässt sich schließen, dass dieser Kantor der Orthodoxie schon fern war. Denn die ersten Worte des Liedes heißen »Groß ist Jehova – der Herr«. Der strenggläubige Jude darf, wie erwähnt, den Gottesnamen, die Gottesnamen nicht aussprechen und muss an ihre Stelle, was schön genug ist, setzen »Der Ewige«, Adonoi, wie ich noch gelernt habe, bevor das Iwrit sich verbreitete, Adonai, wie man jetzt sagt. Nun, der Verfasser dieses Gedichts war ein Bischof, Johann Ladislaus von Pyrker. Frömmigkeit und Aufklärung können sich

also vertragen. Sulzer hat Schubert, dessen Größe er wohl erkannt und erfühlt hat, dazu gebracht, Hebräisch in Musik zu setzen. Er beauftragte ihn, den 92. Psalm zu komponieren, die
große, jubelnde Lobpreisung am und zum Sabbat. Er soll dem
Komponisten, der des Hebräischen nicht mächtig war, den heiligen Text Silbe für Silbe, Wort für Wort vorgesprochen haben.
Das war im Juli von Schuberts Todesjahr 1828. Der ›92. Psalm
für Baritonsolo, Quartett (Sopran, Alt, Tenor, Bass) und gemischten Chor‹ wurde im Sommer jenes Jahres in der Wiener
Synagoge uraufgeführt. Später hat man den originalen hebräischen Text ausgetauscht mit der Übertragung von Moses Mendelssohn: »Lieblich ist's, dem Ewigen zu danken.« Zum ersten
Mal erschien die Partitur in dem großen Sammelwerk des Auf-
traggebers ›Schir Zion. Gottesdienstliche Gesänge der Israeliten
von S. Sulzer‹, Wien 1841. Die Partitur des 92. Psalms ist immer
greifbar gewesen, sie ist in der großen Werkausgabe enthalten,
aber lange Zeit aus unguten und nur zu leicht erklärlichen
Gründen weitgehend ignoriert worden. Natürlich ist es vor allen Dingen für nicht-jüdische Aufführende nicht leicht, einen
hebräischen Text zu singen. Heute erklingt dieses Werk wieder.
Der vorzügliche Dirigent Bruno Weil, dem ich Auskünfte und
nicht nur diese verdanke, hat das Werk dirigiert.

Auch eine andere Schöpfung Schuberts aus seinem Todesjahr
1828 verherrlicht eine alttestamentarische Episode, ein Stück
biblischer Geschichte. Es ist ein wienerisches Auftragswerk, bei
dessen Entstehung jene drei Schwestern Fröhlich, deren eine die
ewige Braut des Franz Grillparzer war, Hand und auch Stimme
im Spiel hatten: ›Mirjams Siegesgesang‹, opus postumum 136,
Kantate für Solo-Sopran, Chor (Sopran, Alt, Tenor, Bass) und
Klavier, uraufgeführt im März 1828. Die Dichtung, zu der die
Fröhlichs ihn angeregt hatten, stammt von Franz Grillparzer
und ist weit mehr als eine Gelegenheitsarbeit. Wieder eine bib-
lische Geschichte, der Triumph im Exodus, das Versinken der
Ägypter, die Rettung. Über Exodus ist immer wieder etwas zu

Die Großeltern   Julie und Georg Freund
Johanna und Emil Putzig   um die Zeit der Hochzeit, 1914

Hellmut Freund, neun Monate alt

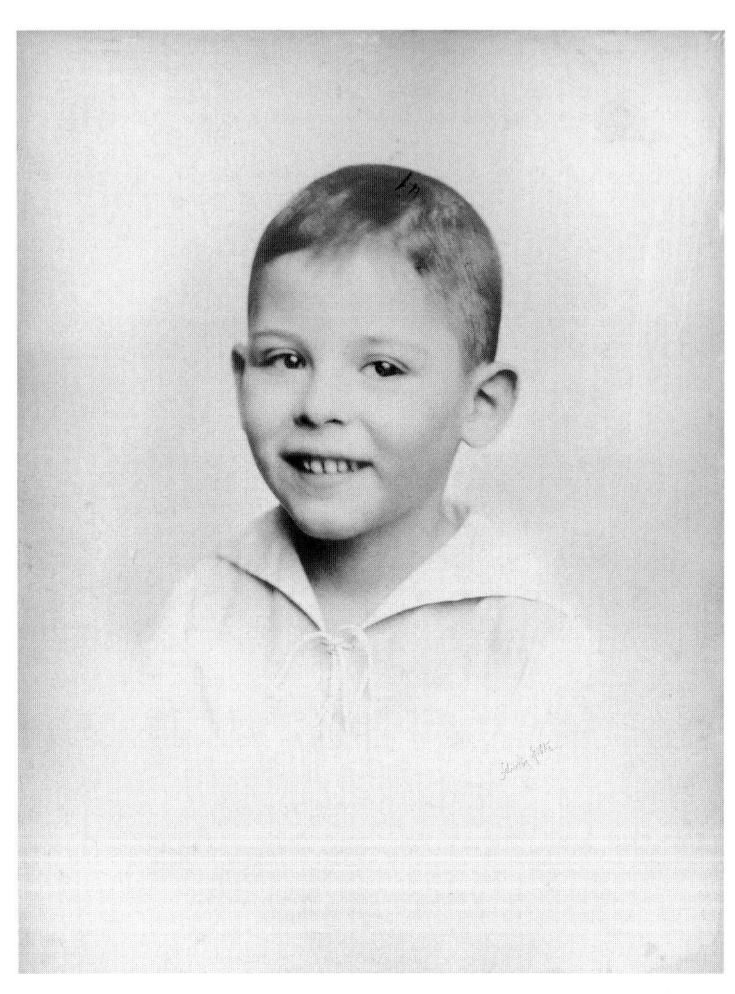

Um 1925

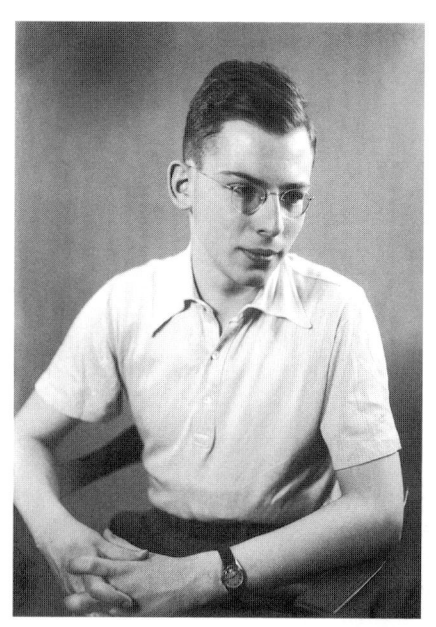

Abiturient, 1938

In Montevideo, um 1950

Frankfurt, Mitte der siebziger Jahre

Um 1990

Mit den Eltern. Berlin, 1938

Frankfurt, um 1970

Haus Schmöger

Partenkirchen

Resi, Gottlieb
und Ida Schmöger, 1934

Georg Freund, Redakteur am
›Berliner Lokal-Anzeiger‹, um 1913

Julie Freund und
Constanze Schmitt-Krahmer
(»Tante Conni«), 1938

berichten, etwas zu hören und zu lesen, gerade auch im Zusammenhang dieses Berichts. Schubert hat das Werk ausbauen, hat einen Orchesterpart schreiben wollen. Er ist nicht mehr dazu gekommen. Aber einer der ausgezeichneten Musiker aus seinem Kreise, der jung mit ihm musiziert, bei ihm gelernt hatte und als berühmter Dirigent, auch Komponist, alt geworden ist, Franz Lachner (1803–1890), ältester von drei Brüdern und Kollegen, hat ›Mirjams Siegesgesang‹ orchestriert. Man hält diese Arbeit für kongenial. Bruno Weil hat Schuberts Werk in dieser Fassung 2003 in seinen Festspielen im Kloster Irsee aufgeführt. Die Partitur, Originalhandschrift Franz Schuberts, besaß Stefan Zweig in seiner singulären Sammlung. Wieder die Berührungen.

Schuberts wohl berühmteste Hinwendung zum Alten Testament ist seine Vertonung des 23. Psalms in der schönen Übertragung von Moses Mendelssohn. »Gott ist mein Hirt« ihr Beginn. Er war übrigens nicht der erste große Musiker, der den Emanzipator, den Schriftsteller des deutschen Judentums beachtet hat. Das war Mozart. Darüber kann man bei Hildesheimer nachlesen.

Aber um berechtigt und befähigt zu sein zu dieser Einsegnung, zur Bar Mizwa, was ja wörtlich »Sohn der Pflicht« heißt, bedurfte es gewisser Vorbereitung, mit anderen Worten Nachhilfe. Schließlich sollte ich ja ein wenig Hebräisch lesen können, zumal einen kleineren Abschnitt der Bibel aus der Thora. Ich sollte Gebräuche und Sitten besser kennen, als sie mir zu Hause vermittelt wurden. Einiges wenige wusste ich schon vom jüdischen Religionsunterricht auf dem Gymnasium her. Ich brauchte einen Privatlehrer. Zweimal die Woche kam ein junger, sehr orthodoxer Rabbiner und Rabbinersohn aus Breslau nachmittags ins Haus und lehrte mich allerlei Dinge. Ich konnte etwas aus einem Siddur lesen, einem Gebetbuch ohne jene in der zweiten Hälfte der Seite stehende Übersetzung ins Deutsche. Er zeigte mir, wie man die Gebetsriemen, die Tefilin, legt und welche Sprüche man dazu sagt. Das übte ich zwei- oder dreimal. Ich habe es nicht weiter betrieben. Meine Gesetzestreue kann sich nur auf innere, auf lebenswichtige und geistig fundierte Gesetze beziehen. So saßen wir am Esstisch, er natürlich mit seiner Kappe, und aßen aus einem silbernen Schälchen Hildebrands deutsche Schokolade. Dr. Daniel Lewin meinte es ernst, bewährte Charakter. Von dem, was ich bei ihm lernte, habe ich nicht viel behalten. Immerhin habe ich dann doch mit wachsendem Interesse, einem Interesse, das vielleicht nicht wirklich fromm war, sondern dem Schauspiel, auch schon der Musik, nicht zuletzt der Rhetorik galt, eine Reihe von Freitagabend-Gottesdiensten in der Lindenstraße besucht und wusste doch schon ein wenig Bescheid über den Ablauf des Gottesdienstes, über den Ritus. Im Hebräischen habe ich es nicht weit gebracht.

Musik in der Synagoge Lindenstraße, sie war im Gottesdienst wichtig, der liberale Brauch, von Lewandowski vermittelt. Der Organist, erinnere ich mich recht, war Ludwig Altmann, der auch Musikkritiken, kompetente, intelligente, für die ›C.-V.-Zeitung‹, die Zeitung des ›Central-Vereins deutscher Staatsbürger jüdischen Glaubens‹, schrieb und in Kalifornien seine Tage beschlossen hat als weltlicher Musiker. Altmann hatte meines Wissens auch einmal in einem Liederabend des jungen Dietrich Fischer-Dieskau mitgewirkt und Korrespondenz mit Thomas Mann gepflegt.

Immerhin hatte ich als Dreizehnjähriger genug gelernt, um eine gelinde Prüfung bestehen zu können. Meine Eltern mussten beim zuständigen Rabbiner um die Zulassung zur Bar-Mizwa-Feier nachfragen. So brachte mich meine Mutter zu Dr. M. Warschauer, M. gleich Malwin, einem der ältesten und vornehmsten liberalen Geistlichen in Berlin. Der kleine Herr mit dem kurzen weißen Bart empfing uns, ganz Gelehrter, in seinem Studierzimmer, der Schreibtisch stand am Fenster, durch den Raum zogen sich die Reihen der Bücherregale, zwischen ihnen schmale Gassen. Ich musste eine Seite Hebräisch lesen und wohl auch übersetzen, ein paar Fragen beantworten, der feine Herr machte mit einem Montblanc-Füllfederhalter einen Vermerk, gab seine Unterschrift, eine Weile plauderte der Rabbiner mit meiner Mutter, meiner Einweihung in die Glaubensgemeinschaft jüdischer Männer stand nichts im Wege.

Laubhüttenfest. Weitschweifigkeit kann ich nicht unterdrücken, über Geschichte und Wesen des Laubhüttenfestes zwar nicht kompetent reden, aber auch nicht schweigen. Seit biblischer Zeit ist Sukkot das jüdische Erntedankfest, am 16. Oktober 1932 ganz passend datiert auch nach der offiziellen Zeitrechnung. Auf dem Hof zwischen Vordergebäude und Tempel muss eine Laubhütte gestanden haben, wie sie auch heute, und stets auf Höfen oder Balkonen, gewiss in Gärten, von Gemeindehäusern errichtet wird. Der für eine kleine Weile mit Laub gebaute Raum birgt Feld- und andere Früchte, die den Fleißigen und Frommen gereift sind. Im biblischen Jahr ein Idyll. Idyll hat immer mit Natur, gezähmter Natur zu tun: als Garten. Die flüchtige Architektur der Laube, so alt ist sie und so neu, bietet Platz für behagliches Beieinandersein, für Familie. Darf ich eine Entwicklungslinie sehen von jüdischem Brauch zu deutscher Gemütlichkeit im 18., 19. und 20. Jahrhundert? In der ›Luise‹ des Johann Heinrich Voß, die ein Vorbild wurde für Goethes ›Hermann und Dorothea‹, weilen der Pastor und die Seinen gemütlich in der Laube, der Gartenlaube, und sprechen miteinander in Hexametern. Der tüchtige Verleger Ernst Keil, ursprünglich ein Revolutionär, der eine Festungshaft hatte verbüßen müssen, gründete mit sicherem Instinkt, auch Gefühl, 1853 eine der erfolgreichsten und längstlebigen Zeitschriften des Kleinbürgertums: ›Die Gartenlaube‹. In der Haft hatte sich der gelernte Buchhändler und gescheite Literat nach seiner Laube in Leipzig gesehnt. Nun machte er diese Wochenzeitschrift – in deren späte Jahrgänge ich als kleiner Junge Einblick hatte nehmen können – und hatte als Hauptautorin die als Oberkitscherin geltende und doch wohl erzählerisch starke Marlitt, hatte auch Beiträge von Keller und Storm und dem damals sehr berühmten Heyse. Da wurde eine Tradition, eine Schwäche und Stärke gepflegt. Die idyllische, die bürgerliche, sagen wir mittelbürgerliche ›Gartenlaube‹ wurde Bestandteil der Schrebergärten, in denen die Arbeiter, die Kleinbürger Zuflucht fanden aus der Enge und Dumpfheit ihrer Mietskasernen, getrieben von dem Bedürfnis nach Freiheit, aber auch Ordnung, in einem Naturverlangen, das man nachfühlen kann. Man floh, man war geflohen, man rührte die Hände, Einsamkeit gab es dort kaum. Es bildeten sich Siedlungen, also Kollektive, in denen die Menschen eine zweite Existenz fanden, pflanzenvertraut und weltfremd.

Der Festtag. Die Synagoge war gut besucht, christliche Freunde meiner Eltern fanden sich ein, Tante Conni, Tante Hanna und Onkel Hans Gahl. Verwandte. Ich hatte meinen Platz in der ersten Reihe links, neben den beiden Jungen, die auch Bar Mizwa werden und dabei ein längeres Lesepensum bewältigen sollten als ich. Sie sollten »lejnen« – das ist das alte jiddische Wort für Lesen aus der Heiligen Schrift. Gegenüber unserer Bank die Tür, durch die Kantor und Rabbiner eintraten. Es erschien der bewunderte Oberkantor Manfred Lewandowski, er stammte, Großneffe wohl, aus der Familie des Mannes, dessen Noten er, effektvoll, doch inbrünstig auch, mit seiner dunkelleuchtenden Stimme ausführte. Ein stattlich bartloser Mann in noch jüngeren Jahren, die Kippa schräg aufgesetzt. Er verbeugte sich vor dem Altar, begann Gebet und Gesang. Dann erst erschien, zart und würdig, der Rabbiner Dr. Warschauer, nahm seinen Platz ein rechts vom Altar. Ich wurde aufgerufen, ein silberner Zeiger – geführt vom Kantor oder von einem anderen? – fuhr durch die vokallosen hebräischen Zeichen auf dem Pergament der Thora entlang. Ich konnte meinen bescheidenen Text auswendig, Lewandowski geleitete mich mit lächelnder Behutsamkeit und reichte mir zum Kiddusch den großen silbernen Becher mit Rotwein. Es predigte der Rabbiner. Folgte ich seinen Worten? Er blieb vornehm, warb nicht um uns und mutete uns nichts zu. Er wünschte uns fürs Erwachsensein Freude an der Arbeit. Das ergriff den Dreizehnjährigen nicht, der erst später und dann anhaltend spüren sollte, wie gut der Spruch war: Freude, nicht unterschiedslos an jeder Arbeit. So fleißig war ich nicht, aber immer wieder interessiert an der spezifischen Arbeit, die mir dank freundlicher Fügung zugefallen ist. – In der Nazizeit, in der Zeit der Emigration und Immigration war ich genötigt, manches zu tun, was mir nicht lag, und man verwies mich auch auf die Pflicht, irgendeinen Beruf zu ergreifen oder zumindest eine Tätigkeit auszuüben, wenn sie einigermaßen einträglich sei. Es stimmte. Ich musste mich dem fügen, machte aber immer geltend, dass man selbst in einem lukrativen Beruf nicht vorwärts kommt, wenn man nichts einbringt als Fleiß, dann doch relativen Fleiß, aber keine Begabung und mithin keine Lust. – Habe ich einen wirklichen Beruf gehabt, wirklich einen Beruf gehabt? Ist Lektor ein Beruf? Ich kann es selber nicht bestimmen, habe immer die Empfindung, zu dilettieren. Aber unfähig zu dem, was ich zu tun hatte, war ich denn doch nicht.

Von Einzelheiten der Feier, von der Musik habe ich nichts behalten außer eben der Feierlichkeit und einer unverwelklichen Melodie, dem Jubel von Chor und Orgel am Schluss, entlehnt Händels ›Judas Makkabäus‹. Was in der Synagoge Lindenstraße gesungen wurde, weiß ich nicht, habe ich wohl gar nicht gehört, in der deutschen Übersetzung des englischen Oratoriums von Georg Friedrich Händel heißt es »Tochter Zion, freue dich, jauchze laut, Jerusalem«. Waren wir noch unbesorgt, unbedroht an jenem Laubhüttenfest von 1932? Ahnungen, Befürchtungen haben wohl nicht mehr gefehlt, niemand in der Gemeinde und von ihren Gästen konnte das Ausmaß kommender Schrecken und Grausamkeiten, organisierten Hasses voraussehen. Noch gab es Toleranz und Übereinstimmung, die christlichen Freunde zeigten sich beeindruckt von Sinn und Schönheit dieses Erntedankfestes. Dieser Rabbiner sei doch als Prediger ihren Pfarrern überlegen. Seine Predigt habe ich nie lesen können, sicher auch nicht nach ihr gefragt, wohl aber eine andere, die des Rabbiners Dr. Malwin Warschauer, gehalten knapp drei Jahre später: Bei der Beisetzung von Max Liebermann am 12. Februar 1935 auf dem alten Friedhof in der Schönhauser Allee, eine Predigt, in der die Frömmigkeit tief, der Geist hell und der Horizont weit ist, Kant und Goethe gesellen sich den Weisheiten und Forderungen der Propheten zu. Händels Melodie, mit der wir nach Hause geschickt wurden, haben wir noch oft gehört. Hat sie uns zum Nachdenken angeregt? Anfangs gewiss nicht, wir lächelten, da wir sie auch als Weihnachtslied erkannten. Jetzt aber: Der Inhalt, die Bedeutung der von ihr beförderten Worte führt uns ins Utopische. Der Wunsch, das Verlangen bleiben: Dass es doch einmal geschehe, in einer, wie ich fürchte, durchaus nicht nahen Zukunft, in einem endlich errungenen Frieden, dass es einmal heißen könne, nicht nur zum Segen der einen Heiligen Stadt: »Jauchze laut, Jerusalem.«

Der Rest des Einsegnungstages war privat. Das Mittagessen, nach gründlicher Regiebesprechung von einer Köchin angerichtet, Freunde und Verwandtschaft stellten sich ein. Beschert worden war ich schon am Morgen. Gäste brachten noch hübsche Sachen mit. Die rechteckige Lupe von Tante Conni liegt viel benutzt vor mir auf der Schreibtischplatte, in einem Schubfach die Brieftasche von Kindermanns. Von den Großeltern hatte ich, wie bei Einsegnungen und Verlobungen üblich, eine Uhr erhalten. Bezeichnend für unsere betont unaufwendige bürgerliche Lebenshaltung keine goldene, sondern eine silberne. Ich hatte mir eine Taschenuhr mit Sprungdeckel, eine Savonette gewünscht und bekam sie: stabil, genau, recht hübsch, die Marke ›Cyma‹. Ich muss sie mal reparieren lassen. Das Abendbrot wurde improvisiert, für einige der gebliebenen Gäste. Es war nur noch eine kleine Gruppe. Da die Frauen tätig sein mussten, wurden wir in der Dämmerung und einbrechenden Dunkelheit auf einen Spaziergang durch Neutempelhofer Straßen geschickt. Wir gingen den Hohenzollernkorso, so hieß er damals noch, bis zum Adolf-Scheidt-Platz, passierten das Haus, in dem, damals mir unbekannt, die Familie Erdmann wohnte, von der ich in meinen späten Tagen so viel Wichtiges empfangen habe, wir gingen bis zur Berliner Straße und kehrten nach Hause zurück zum schlichten Abendbrot, Onkel Hermann Putzig strich mir das Brot mit Gänseschmalz.

Das Gymnasium bot Gelegenheit, auch etwas von jüdischen Dingen zu lernen, wie immer und überall hingen Qualität und Quantität des Gelernten vom Lehrer ab. Dominierend war auf »meiner« Schule der evangelische Religionsunterricht, erteilt von für dieses Fach ausgewiesenen Studienräten, speziell von dem oft genannten Dr. Carl Liederwald. Er hatte Theologie studiert und wohl einmal Pastor werden wollen, er verkörperte aufs Beste Sinn und Gesinnung der Bekenntniskirche. Der Lehrplan war so eingeteilt, dass der Religionsunterricht der katholischen und jüdischen Minderheit gleichzeitig mit dem der evangelischen Schüler stattfand, der katholische und der jüdische Religionslehrer kamen von außerhalb. Auf dem Rad der Pater Ratte – der damalige Papst hieß Ratti –, er behielt die Klammern an der Hose seines schwarzen Habits. Zu Fuß der Rabbiner. Es fing gut an mit dem Religionsunterricht, dem jüdischen: Ihn erteilte der junge, sympathische, frische, kluge, moderne Dr. Manfred Swarsensky, der bald, neben Joachim Prinz, einer der prominentesten, einer der mitreißendsten Berliner Rabbiner werden sollte. Bei ihm, der auch das Berlinische beherrschte, machte der Religionsunterricht Spaß. Swarsensky erzählte uns von einer Spezialität. Er war ein Erforscher der Sekte der Samaritaner, Samariter im Neuen Testament, und korrespondierte mit dem Oberpriester, zeigte uns seine Briefe. Er war auch Mitarbeiter des vorzüglichen, heute noch unentbehrlichen, immerhin nachgedruckten Philolexikons. Er blieb nicht lange, erhielt höhere Aufgaben. Kurzzeitig war ein von den Nazis entlassener Studienrat unser Religionslehrer. Herr Baum erwies sich als geschickter Pädagoge. Auch er blieb nur kurze Zeit. Und dann hatten wir längere Jahre einen orthodoxen Religionslehrer, Dr. Heinrich Gescheit, der in schwarzer Tracht erschien, die Kippa nie vom Kopfe nahm und dessen kleinwüchsige Erscheinung im Wortsinn ein Fremdkörper in diesem Gymnasium war. Immer ist diese Art von Konservatismus charaktervoll. Sicher haben wir, ein paar andere Jungen auch, viele waren wir ja nicht und nie, ihm Unrecht getan, tanzten ihm auf der Nase herum. Disziplin konnte er nicht halten, interessieren konnte er kaum einen. Meine Kritik an ihm setzt sich selber dem Vorwurf des Assimilantentums aus. Aber es war schon gut, wenn ein Religionslehrer war wie andere Kollegen auch, wenn er brillant war wie Dr. Georg Kantorowsky. Es war ein Glücksfall, als der Rabbiner der kleinen, zur großen Neuköllner gehörenden Gemeinde das schöne Gebäude des Architekten Bräuning, das Askanische Gymnasium, betrat. Er fragte nach dem Lehrerzimmer, dort stellte er sich unbefangen dem Kollegium vor, von dem einige Mitglieder ihn bewillkommneten und ins Gespräch zogen. Sie behandelten ihn als Kollegen, und er behandelte sich als ihr Kollege, war es auch, denn er ähnelte ihnen in gesellschaftlichem Verhalten, Lebensstil und Standard, auch Kleidung. Und immer suchte er das Lehrerzimmer auf, empfangen mit ostentativer Freundlichkeit. Pater Ratte und einige Studienräte erwarteten ihn schon vor dem Eingang, dann fragte ihn Dr. Fetkenheuer oder der kluge, beredte Deutschlehrer Dr. Thiess Wilkens etwa nach der Transzendenz im Judentum.

Im Unterricht war der mittelgroße Mann mit dem intelligenten bartlosen Gesicht – oder hatte er doch einen kleinen Schnurrbart? –, der randlosen Brille, den dunklen Augen, dem lebhaften Temperament bei persönlicher Gediegenheit genauso unbefangen, seinen Schülern ließ er Freiheit, und sie folgten ihm mit Disziplin und Interesse. Das war kein Unterricht nebenbei, er gehörte zu dem Gymnasium wie zu dem deutsch-kultivierten Judentum. Mein Interesse war brennend, er gab mir die besten Noten, obwohl es mit dem Hebräischen bei mir haperte. Die eigentlichen religiösen Bedeutungen, die jüdische Geschichte, die Glaubensgeschichte (nicht dasselbe) fesselten mich in der Darstellung des Dr. Georg Kantorowsky. Belesen, gebildet wie er war, lehrte er Religiosität schlechthin. Er drängte uns nicht zurück ins Ghetto, zog tägliche und gültige Werte auch aus anderen Religionen, ließ Toleranz als wechselseitig begreifen, Juden sollten Duldsamkeit erfahren wie üben. Er war im Weltkrieg Feldgeistlicher gewesen. Im traurigen Bedürfnisfall vertraten die Feldgeistlichen, der evangelische, der katholische, der jüdische, einander. Wie oft habe er, erzählte dieser Rabbiner, einem Sterbenden das Vaterunser vorgesprochen oder die Beichte abgenommen. Er setzte seinen Unterricht fort, als er ihn am Askanischen Gymnasium und anderen Schulen nicht mehr geben konnte, und zwar nicht, weil er schon verboten war, sondern weil die jüdischen Schülerinnen und Schüler schwanden. Ich war nur noch einer an meiner Schule. Da lud Kantorowsky die wenigen Gebliebenen zu sich in seine bürgerliche, gemütliche Neuköllner Wohnung; in dem Zimmer, in dem er mit uns, einer kleinen Gruppe von zwei Mädchen und einigen Jungen, seine Lehrgespräche führte, standen seine nicht auf jüdische Themen beschränkte, vielmehr auch deutsche Literatur und Literaturgeschichte enthaltende Bibliothek und ein alter, wohl noch biedermeierlicher Flügel. Die sehr freundliche, humorvolle, mütterlich gütige Frau Kantorowsky und die hübsche, schwarzäugige Tochter Eva brachten Kaffee und Kuchen, setzten sich zu uns, wieder einmal zeigte es sich, wie in der entsetzlich ungemütlichen Zeit es noch gemütlich sein konnte bei Juden, solange ihre Häuslichkeit ihnen erhalten war. Lange war das nicht mehr. Aber es gab gute Minuten, drin war Freundlichkeit, aber auch Liebe. Und das war viel, bleibt viel. Als Kantorowsky in biblischer Geschichte auf Herodes zu sprechen kam, mimte und sang er das Finale der ›Salome‹ von Richard Strauss, statt der silbernen Schüssel mit dem Haupt Johannes des Täufers einen Teller balancierend. Er kam aber auch sehr ernsthaft auf die großen Themen zu sprechen, zumal auf den Pantheismus, den er sich wohl nicht zu eigen machen, doch mit Sympathie verstehen konnte; auf Spinoza, der, ausgestoßen zwar aus einer Gemeinde, einer der allergrößten jüdischen Geister ist. Auswendig und ohne Quellenangabe zitierte Kantorowsky als pantheistische Quintessenz Verse Goethes, der ja sein Leben lang Spinoza als einen seiner Meister verehrt hat: ›Prooemion‹ von ›Gott und Welt‹.

Was wär' ein Gott, der nur von außen stieße,
Im Kreis das All am Finger laufen ließe!
Ihm ziemt's, die Welt im Innern zu bewegen,
Natur in Sich, Sich in Natur zu hegen,
So daß was in Ihm lebt und webt und ist,
Nie Seine Kraft, nie Seinen Geist vermißt.

Das ist keine Antwort für Gretchen, doch eine Antwort, die sich hören lässt.

Dieser häusliche Unterricht wurde noch 1938 an und von der Schule anerkannt. »Sorgen Sie dafür, dass wieder ein ›Religion Sehr gut‹ oben auf dem Zeugnis steht«, sagte mir vor unserem Abitur unser deutschnationaler Klassenlehrer Dr. Friedrich Mohr. Das geschah. Einmal, nach einem kleinen, mir nicht mehr erinnerlichen Streit, hat er mir nur ›Gut‹ gegeben. Eines der Mädchen war Janne Grätz. Ich habe sie nur ein paar Mal gesehen und gesprochen, weiß nicht, was aus ihr geworden ist. Ihre Eltern, der Vater war wohl Arzt, gehörten einer Reformgemeinde an. Sie hielt am Judentum, aber nicht an seinen traditionellen Accessoires fest, passte sich christlichen Gewohnheiten an, zelebrierte das Alte Testament, verbannte aber das hebräische. Irre ich nicht, legte sie die Kopfbedeckung ab und feierte wie die deutsche Mehrheit, der sie gleichzukommen suchte, den Sonntag. Orthodoxe musste das empören, die meisten immerhin befremden, weil sie Sinn und Erfolg nicht erkennen, Gründe vielleicht verstehen konnten. Dr. Daniel Lewin war, als er zu meiner Bar Mizwa in der Synagoge Lindenstraße eintraf, schon in der orthodoxen Synagoge in der Heidereutergasse gewesen, in der liberalen konnte er Sukkot nicht feiern. So weit klaffte doch die Glaubensweise oder -gewohnheit auseinander. So weit wie jener Lewin wäre Kantorowsky nicht gegangen. Er lehnte dies nicht krass oder gar verächtlich ab. Er war reserviert und meinte etwa: »Die Absicht ist ja nicht schlecht. Aber in etwas müssen wir uns doch unterscheiden.«

Bald entstand in so düsterer Zeit ein freundlicher, ja freundschaftlicher Verkehr unserer Familien, wir besuchten uns gegenseitig, übten bescheidene, aber behagliche Gastlichkeit. Und waren aufeinander aufmerksam. In der Synagoge Lindenstraße predigte er an einem Sabbat. Auf Predigten verstand ich mich ein wenig. Seine Predigt war hinreißend, beeinträchtigt nur durch seine schwache Stimme. Damals stand noch kein Mikrofon auf dem Pult. Die Gemeinde horchte auf und war bewegt. Nachher fragte ich ihn, wie er denn aus Neukölln in die Lindenstraße gekommen sei, das war eine beträchtliche Strecke. Strenggläubigen Juden ist Fahren an Feiertagen verboten. Kantorowsky lachte, »frag mich doch nicht«.

Kantorowsky verwechselte nicht Formel und Äußerlichkeit mit Substanz und Innerlichkeit. Er war glaubensfest, nicht glaubensstarr. Er war bejahend weltlich und wahrhaft fromm. Kantorowskys sind nach uns ausgewandert, konnten sich retten, in San Francisco niederlassen, wo der Rabbiner alt und gelähmt noch gepredigt hat. Nur telefonisch konnte ich mich Ende Januar 1939 von ihm verabschieden. Da warf er mir nicht zu Unrecht ein arges Versäumnis vor. Als am 10. November 1938 alle jüdischen Geistlichen verhaftet wurden, habe ich mich in der Verwirrung und Verängstigung jener Tage nicht bei seiner Frau gemeldet. Seine Güte hat sich nicht gewandelt. Er verzieh und verstand, sprach mir zu. Er hat mich gesegnet, gesegnet sei sein

Andenken. Solche Gebräuche, Eindrücke, Einflüsse haben meine jüdische Orientierung bestimmt. Dabei blieb es. Jude zu sein war mir immer bewußt, war Selbstverständlichkeit, Schicksal, auch Pflicht. Es war keine Ausschließlichkeit. Nurjude, gar Berufsjude, kann ich nicht sein. Dazu fehlten wohl schon die Voraussetzungen, wäre zu viel nachzuholen gewesen. Glaubensfragen, geistige Fragen interessierten mich, und so wurde ich auch in der Zeit, in der Beruf und Existenz nur noch in jüdischem Bereich denkbar waren, gefragt, ob ich nicht Rabbiner werden wollte. Das war aus den gerade genannten Gründen unmöglich. Vielleicht hätte ich mich aber auf Predigt und auch Seelsorge verstanden. Ich weiß ja auch nicht bei jedem Rabbiner, wie er es geworden ist, was stärker wog, die Veranlagung und Begabung, zweierlei also, oder eine sich bietende Gelegenheit. Das ist nicht geringschätzig gemeint, aber die Macht der Gewohnheit ist eben Macht auch im Alltag und im ganz Eigenen.

Ernste aufrichtige Predigt ist eine große Sache. 1938 besuchten mein Vater und ich verschiedene Synagogen, um Predigten zu hören, Raum und Ritus auf uns wirken zu lassen. Die alte Neue Synagoge hatte an ihren Wänden eine frappierende Dekoration aus der Vornazizeit: lauter Swastikas, das orientalische Emblem, die Haken nicht scharf, sondern leicht gerundet, Hakenkreuze immerhin. Glanzvoll und ergreifend predigte Manfred Swarsensky. In der nun wirklich recht neuen Synagoge in der Fasanenstraße, deren Grundstück die heutige Berliner jüdische Gemeinde innehat, war der Freitagabendgottesdienst in liberalem Zeichen dramatisch angelegt und musikalisch reich ausgestattet. Die Orgel zart und impressionistisch vielfarbig, machtvoll der Gesang, kraftvoll sinnfällig die Geste. Man merkte, dass der bejahrte Oberkantor Magnus Davidsohn, stämmiger Mann mit markanten Zügen und gewaltiger Nase, von der Oper herkam; wie sein Bruder, der namhafte Wagnersänger Dawison, hatte er dem Ensemble des Angelo Neumann angehört, das die Werke Wagners weithin getragen hat. Nun gedieh der Kiddusch zur erfüllten Szene. Ein ganz junger Rabbiner sprach, ich glaube, es war, wenn der Ausdruck erlaubt ist, seine Jungfernpredigt, Dr. Fritz Winter, auch er Sohn eines Rabbiners aus Breslau. Wir sind ihm gern wiederbegegnet, nach dem orthodoxen Gustav Rosemann wurde er Rabbiner der deutschsprachigen jüdischen Gemeinde in Montevideo. In hohem Alter wird er in der uruguayischen Hauptstadt als Oberrabbiner geehrt. Sein Auftreten, sein Maß und seine Schlichtheit waren mir sympathisch. Eifer hatte er nicht von uns erwartet. Ich denke an ihn, wenn ich – eben jetzt – an das Buch Ruth denke, das entzückende Intermezzo und Idyll in der Bibel. Diese Novelle von Treue, Sozialgefühl, Weiblichkeit, in Güte, List und Bedürfnis im Wortsinn irdisch, mit Halmen und Ähren am Feldesrand. Es habe, erklärte mir Rabbiner Winter, eine – ja, das Adjektiv ist oft missbraucht, ich wage es trotzdem –, eine bevölkerungspolitische Bewandtnis mit dieser Geschichte. Das jüdische Volk bedurfte der Auffrischung und Mehrung seines Blutes. Die Moabiterin bot ein willkommenes Beispiel.

Anfang der sechziger Jahre trat mein Vater, immer bedacht, Menschen zu erkennen und zu würdigen, in Beziehung mit dem Präsidenten des Zentralrats, dem Professor Herbert Lewin in Offenbach. Dort war dieser Chefarzt der Städtischen Frauenklinik: ein freundlicher, weltaufgeschlossener, sogar fröhlicher Mann, der uns gefiel und mit dem wir heiter und nie unernst verkehrten. Auch da bestand, so meinten wir, das Zeichen der Liberalität. Beiläufig gesagt, ich möchte nicht Liberalität mit Liberalismus verwechselt haben, verstehe die Kennzeichnungen als liberal und als konservativ gar nicht politisch – liberal und konservativ, weil auf Schonung und Bewahrung bedacht, sind einander nicht fremd.

Ich springe in späte Lektoratsjahre bei S. Fischer. Günter Busch hatte mit seinen Standardwerken über Max Liebermann, den Maler, Zeichner, Grafiker, mit einer Edition von Liebermanns

Schriften und Reden mich in meiner Verehrung für diesen Meister bestätigt. Ich wusste, dass der große Illustrator von Werken Goethes, Kleists, Fontanes sich auch dem Buch Ruth gewidmet hat. Ich träumte von einem wohltönenden Buch mit dem biblischen Text – aber in welcher Übersetzung? – und dazu Aufsätzen eines souveränen Historikers des Judentums, von Albrecht Goes, der so eindringlich und schön über den verlorenen Sohn geschrieben hatte, und natürlich von Günter Busch. Beide waren dazu bereit. Nach langem Suchen erst konnte ich durch die Bayerische Staatsbibliothek in München die Illustrationen, von denen ich mir so viel versprochen hatte, auftreiben. Ach je, welche Enttäuschung: Großer, jetzt ›lieberMann‹, einmal war Ihre Hand nicht glücklich! Kein Wunder, dass diese Arbeiten nicht wieder gedruckt wurden. Meiner Bewunderung und Dankbarkeit für den Meister tat das keinen Abbruch, aber das lockende Projekt musste aufgegeben werden wie so manches andere. Legte ich eine Liste unverwirklichter Buchpläne und Aufträge für Autoren an, sie wäre lang. Langweilig vielleicht nicht. Etwas auszudenken ist eben leichter, als es auszuführen.

Juni 1960 trat ich meinen Dienst im S. Fischer Verlag an. Der unspektakuläre Vorgang erwies sich als einer der wichtigsten Momente meines Lebens. Über meine lange Fischerzeit habe ich in einem eigenen Abschnitt zu berichten. Der S. Fischer Verlag war, da muss einem Missverständnis vorgebeugt werden, nie ein jüdischer Verlag. Er war gegründet und wurde noch zu meiner Zeit geleitet von Menschen jüdischer Herkunft, er hat immer wieder bedeutende jüdische Autoren beschäftigt und ist für sie eingetreten, blieb aber immer und bewußt ein deutscher Verlag, ein Verlag deutscher Kultur, die natürlich einen guten Teil der Weltliteratur einschließen musste, sollte, wollte und es auch tat. An der Spitze des Verlages standen Tutti, die Tochter des Gründers Samuel Fischer, Brigitte Fischer, ihr Ehemann Dr. med. Gottfried Bermann Fischer, und der überzeugt zum Katholizismus übergetretene, sein ursprüngliches Judentum aber nicht verleugnende Dr. Rudolf Hirsch.

Nach diesem Antritt ein Beitritt. Ich wurde Mitglied der jüdischen Gemeinde von Frankfurt am Main. Aktiv in ihr wurde ich nie. Ich konnte nicht erwarten, das alte jüdische Element der Stadt am Main im Jahre 1960 vorzufinden, die nicht nur reichen, generösen, kulturbewußten, kulturbefördernden Bankleute, die großen Kaufleute, Industriellen, Wissenschaftler und immer wieder Mäzene. Diese Frankfurter Tradition gab es nicht mehr. Ihre Vernichtung oder Verbannung hat die Stadt auf lange Sicht schwer beschädigt, negativ verwandelt. Ich konnte auch nicht erwarten, einen Gottesdienst zu finden, wie ich ihn gewohnt war und zu beschreiben versucht habe. Der letzte Rabbiner älteren Stils amtierte allerdings noch in meinen und meiner Eltern ersten Frankfurter Jahren, Dr. Zobel, der es nicht unterließ, noch aus dem Altenheim uns zum Geburtstag zu gratulieren. Rabbiner, wie ich sie kannte, studierte Männer, die meistens Doktoren der Philosophie waren, konnte ich nicht wiederfinden. Die heutige Gemeinde bedarf auch der Leistungen, der Äußerungen, der Persönlichkeiten jener liberalen Rabbiner nicht mehr. Die Gemeinde ist nicht mehr dieselbe, wie könnte es auch sein, wie damals, nicht mehr, und das ist gewichtiger, die gleiche. Es ist eine Gemeinde zwar nicht ohne alte Mitglieder, im Ganzen aber eine junge, eine neue, weitgehend orthodoxe Gemeinde. Es sind Nachgewanderte, die sich nach dem Weltkrieg, nach den Verfolgungen in Deutschland hier niederließen, hier sich wenn nicht sicher, so doch sicherer fühlten, deren Voraussetzungen aber andere waren als die jener alten Generationen. Man war aus dem Osten gekommen, dem allernächsten, dem etwas ferneren Osten, und nun besteht die jüdische Gemeinde in Frankfurt am Main zu ungefähr der Hälfte aus Russen, ihr Gemeindeblatt erscheint zur Hälfte in deutscher, zur Hälfte in russischer Sprache. Das muss schon so sein, das ist richtig, für mich eine andere Welt. Der jetzige Rabbiner, Menachem Klein, ein jüngerer Mann mit großem Bart und sehr freundlichem Lächeln, ist, wie ich höre, außerordentlich beliebt. Sein Leitartikel im Gemeindeblatt zu Chanukka ist aus dem Iwrit übersetzt. Ich hätte und habe gerne Gespräche mit Rabbinern geführt, mit liberalen, zugegeben, in diesem Fall ist es nicht leicht möglich. Dabei werde ich in der letzten Station des Rabbiners wohl bedürfen.

Kontakte haben sich dann und wann mit jüdischen Persönlichkeiten ergeben, Kontakte also, bei denen jüdisches Bewußtsein, jüdische Themen, jüdische Probleme nicht fehlen konnten. Bei Heinz Galinski habe ich nur einmal flüchtig in Berlin in der Fasanenstraße vorgesprochen, ich bin nicht sicher, ob es 1957 oder 1960 war, gewiss aber besuchte ich ihn als Gast aus Südamerika. Herzlich und aufschlussreich war die Beziehung zu dem Gründer und Chefredakteur der ›Jüdischen Allgemeinen Zeitung‹, der viel getan hat für Beziehungen zwischen Israel, Judentum und Deutschland, den ich als einen Aufklärer, beinahe als einen kleinen Moses Mendelssohn geschätzt habe. Wir lernten ihn kennen in Montevideo, da gab es Gespräche, er lud uns ein in sein Haus in Baden-Baden. Er ist nicht sehr alt geworden, seine Verdienste bestehen fort – wie auch sein Blatt. Mit Ignatz Bubis kein Gespräch. Einmal, recht spät schon, nach der ersten Verleihung des Börne-Preises, konnte ich ihm ein Kompliment ins Ohr raunen. Seine Politik hat mir meistens gefallen, ich habe sie begrüßt, die Formel deutsch-jüdische Beziehungen fällt mir immer schwer, weil damit das Jüdische automatisch als undeutsch erklärt wird. Auch Wohlmeinende gebrauchen sie. Fest steht, dass Bubis das Recht und die Richtigkeit einer Existenz von Juden in Deutschland und in der deutschen Sprache ausgedrückt und bis zu einem gewissen Grad durchgesetzt hat. Sein Konflikt mit Martin Walser hatte einen langen Nachhall, hat Grundsätzliches berührt, Problematisches aufgerührt. Die Kontroverse, der Fall, ist publizistisch aufgeheizt worden, vielleicht hätte wie auch in manch anderen Vorgängen eine Sparflamme genügt. Die ›FAZ‹ zumal hat daraus eine *cause célèbre* gemacht.

228

Trotz dieser Einschränkung, trotz meinem Bedürfnis nach Mäßigung konnte ich nicht anders, als auf der Seite von Ignatz Bubis zu stehen. Im übrigen hatte Reich-Ranicki wohl Recht, wenn er, kein Freund dieses Autors, Walser gegen den Vorwurf eines krassen Antisemitismus in Schutz nahm, aber konstatierte, dieser, Walser, habe sich eben nicht verständlich und klar ausgedrückt. Und dem ist wohl so. Die Rede passte nicht zum Friedenspreis. Und wenn er verliehen wird und wem er verliehen wird: Immer muss neben dem geistigen und literarischen der moralische Rang des Preisgekrönten hoch zu schätzen, seine Arbeit und Existenz dem Frieden zugewendet sein.

Für Dr. Salomon Korn, den Nachfolger von Bubis als Vorsitzender der Frankfurter jüdischen Gemeinde und Vizepräsidenten des Zentralrats, habe ich Hochachtung und Sympathie. Seine Argumente, seine Sprache höre ich gern. Er verbindet, Doktor der Philosophie und produktiver Architekt, Selbstbewußtsein und wohl auch Energie mit Stilgefühl in Rede, Schrift und Bauen, ein gebildeter und in der Lebenshaltung liberaler Mann. Als einmal die Rede auf das von ihm erbaute Gemeindezentrum mit seiner noblen Synagoge und seinen geschmackvollen Räumen kam, sagte er, dass die Kirche in der Wies des Dominikus Zimmermann mit ihrer Lichtführung ihn angeregt oder doch beeindruckt habe. Das ist die Weite des Horizonts, die ich gern sehe. Gern unterhalte ich mich auch mit dem Gemeindedirektor Scajak, da spüre ich auch bei aller Treue und Bindung eine innere Freiheit. Ich sagte ihm einmal, dass auf dem im Ganzen so sehr gepflegten neueren Friedhof der jüdischen Gemeinde das Grab des Komponisten Bernhard Sekles, eines respektablen Musikers, Lehrers von Hindemith, verwittert sei. Als ich das nächste Mal, nicht lange danach, vorbeikam, war der Grabstein aufgefrischt. Solche Dinge sind bezeichnend und wohltuend.

Am 22. März 1990 starb meine Mutter. Am 7. Mai wäre sie hundert Jahre alt geworden. Sie ist von ihren und meinen, so weit jüngeren Freunden, gerade auch von jungen Menschen, betrauert worden. Ich bin ihr tief dankbar für alles, was sie für mich getan hat und mir gewesen ist. Es war aber doch keine Mutter-Sohn-Beziehung, die alle anderen Beziehungen oder Freundschaften ausschloss. An meinen äußeren und inneren Interessen hat sie teilgenommen. Einen Nekrolog wage ich ihr nicht zu sprechen. Ich denke an das, was denn doch für mich nicht das Wesentlichste war: die Trauerfeier für sie, die Beisetzung. Nach jüdischem Ritus muss sie sehr rasch nach dem Ableben erfolgen. Eine Würdigung muss hier eingeschaltet werden, gerade weil ich so oft meine Ferne von der Orthodoxie betont habe. Sie gilt dem stillen Werk der Chevra Kadischa, jener Gemeinschaft also, die sich in genauem Sinn und nach frömmster Überlieferung der Toten annimmt, die sie aufnimmt, die sie unter Gebeten wäscht und vorbereitet zum letzten Weg, zur Bestattung. Die Chevra Kadischa ist eine freiwillige Leistung, eine freiwillige Gemeinschaft von Frommen. Ihr gebührt tiefer Dank und hoher Respekt. Der nun schon seit längerer Zeit nicht mehr in Frankfurt amtierende Rabbiner ließ sich durch seinen Sekretär einige Daten von meiner Mutter Weg und Art geben. Ich äußerte eine Bitte: Sie hatte im Leben wenig Wünsche materieller oder sonstiger Art. Sie sprach gelassen von ihrem Sterben und Tod. Sie wünschte sich aber eines: dass der 23. Psalm »Gott ist mein Hirt« bei ihrer Beisetzung gesprochen werde. Dies ließ ich den Rabbiner wissen mit der Bitte, er möge doch diesen Psalm in der alten Übertragung von Moses Mendelssohn sprechen. Eine nichtjüdische Freundin hatte sie mir besorgt – von Schuberts Vertonung her. Er bat mich um Entschuldigung, es falle ihm schwer, deutsch zu sprechen, er müsse sich an den ihm geläufigen Text halten. Das tat er. Er las einen hebräischen Vers jeweils in der Originalsprache und in der üblichen deutschen Übersetzung. Er tat seine Pflicht. Mehr nicht. Er war nicht erschüttert. Er konnte es auch nicht sein. Ich verlangte doch gewiss nicht von ihm, ein persönliches Verhältnis ins Spiel zu bringen, das heißt vorzutäuschen. Aber von einem Geistlichen jeder Religion und Konfession erwarte ich die Fähigkeit, Hinterbliebenen, Trauernden zuzusprechen, ihnen vielleicht gar, ich weiß, wie schwer das ist, ein Licht aufzustecken und vor allen Dingen etwas zu sagen zum Phänomen des Todes als Ende eines Lebens und zu der alten bangen Frage des Überlebens und des Nachlebens. Er sollte uns kein Dogma aufpressen, er sollte glauben an das, was er sagt. Aber er soll sich nicht, wie es nicht nur bei Rabbinern der Brauch ist, wenn der Sarg in die Erde gesenkt worden ist, einfach abwenden. Die Trauerfeier meiner Mutter ist von den vielen christlichen, nichtjüdischen Freunden stark empfunden und mit Ergriffenheit aufgenommen worden. Die Trauerrede hielt ein sehr guter Freund, Klaus Schultz, der Opernintendant, und er hatte das Gefühl und das Wort und die Verbundenheit.

Ich gehe zu dem Doppelgrab meiner Eltern. Den Platz neben ihm habe ich reserviert, mein einziges Grundstück. Die Ordnung und Pflege des »guten Ortes« zählt zu den Errungenschaften der Gemeinde wie das wohlbestellte Altenheim, um das sich ein vorzüglicher Mann, Alfred Jachmann, als Direktor mit Temperament, Tatkraft und Verständnis verdient gemacht hat. Die Strenge und Kargheit des Bestattungszeremoniells, das Verbot jeglichen Schmuckes und Pomps, auch von Kränzen, die vorgeschriebene Primitivität des Sarges, einer Kiste nur, weiß ich zu würdigen: Äußerlichkeiten sind verbannt, Wesentliches wird berufen in Klage und Segen, der Ritus ist unerschütterlich. Er bezieht sich zurück, vor die Emanzipation. Vergänglichkeit bestimmt den Ort, Überlieferung bestätigt an den Gräbern ihre Beständigkeit. Der Besucher ist gefordert, die Inschriften, die Daten mit ihrer Schreckensgeschichte zu deuten. Auf dem Weg zum Grab gehe ich durch ein Feld mit gleichen grauen kleinen Steinen, auf denen oft sehr kurze Lebensfristen und dicht beieinander liegende Todesdaten angegeben sind: Die dort Ruhenden haben sich mit rabbinischer Erlaubnis vor der Deportation das Leben genommen. Im gepflegten Gelände tönt Vogelgesang aus dem Gezweig der reichlichen Bäume, und zur rechten Jahreszeit blüht es in der Mitte und am Rand der Grabstätten.

Die mir vertraute Tradition, eine jüngere, die nun oft als veraltet abgetan wird, habe ich auf dem größten jüdischen Friedhof Berlins ergriffen wiedergefunden: dem in Weißensee, der seit dem Fall der Mauer wieder jedermann zugänglich ist. Zweimal habe ich ihn wiedergesehen: Als Brigitte, Tutti, und dann Gottfried Bermann Fischer in der Familiengrabstätte von Samuel Fischer beigesetzt wurden, Tutti am 14. Juni 1991 und Gottfried Bermann Fischer am 29. September 1995. Sie, die mir eine Lebensweiche gestellt hatten, waren nun zurückgekehrt. Sie hatten sich schrittweise aus dem von ihnen ja wiederaufgebauten Verlag zurückgezogen, ein wenig müde, ein wenig zweifelnd an Deutschland, das sie denn doch aufgenommen und ihr Werk akzeptiert hatte, sie verbrachten einen langen Lebensabend in der Toscana. Ihre Nachfolgerin als Verlegerin, Monika Schoeller, tat alles, um die Verbindung nicht nur nicht abreißen zu lassen, sondern um sie zu festigen, wie sie denn für jüdische Interessen, jüdisches Wesen mehr getan hat, als in der Verlagsgeschichte über lange Strecken hinweg geschehen ist. Jetzt bekannten sich Bermann Fischers zu ihrer Herkunft. Sie fanden Ruhe in Berliner, in deutscher Erde. Sie hielten fest an der liberalen Tradition. Und so war auch beide Male der Gottesdienst. Die Trauergemeinde war groß und spürbar ergriffen, markante Persönlichkeiten darunter, nur noch wenige Juden. Ein weltoffener Ritus wurde zelebriert. Musik war in ihn eingebunden. Die Halle war überfüllt, der Zug der zur Grabstätte Schreitenden lang. Der liberale Geistliche hielt eine einfühlsame, das persönliche, das schicksalhafte, das doppelte Erbe, deutsch und jüdisch, herausstellende Predigt in gepflegtem Deutsch. Der Rabbiner Dr. Ernst M. Stein. Sehr alt, sehr stattlich, sehr verhalten stand Gottfried Bermann

Fischer auf seinen Stock gestützt, aufrecht vor dem Grab, vor dem ein ungarischer Kantor, Laszlo Pasztor, ein Lied von Schubert sang. Der Gottesdienst ließ wiedererstehen, was mich in der Jugend als jüdische Religiosität innerhalb deutscher Kultur berührt und was ich bei Kantorowsky gelernt hatte.

Das zweite Mal. Wir gaben am selben Ort und zum selben Ziel Gottfried Bermann Fischer das letzte Geleit, der achtundneunzig Jahre alt in seinem Pieve di Camaiore friedlich eingeschlafen war. Wenige Tage zuvor hatte er mich in dem herzlichen Ton angerufen, in dem er nun immer mit mir sprach. In der Halle saßen dicht gedrängt viele ernstgestimmte Menschen, die in dieser Stunde zu einer Gemeinschaft vereint waren, Autoren, Politiker, Buchhändler. Das Harmonium wurde gespielt, wieder predigte Rabbiner Stein lebendig und ernst und die Existenzform des Entschlafenen und die eigene bejahend, Monika Schoeller, die sich das Vertrauen und die Sympathie sowohl der Bermann Fischers als auch von Rudolf Hirsch und seiner Frau gewonnen hatte, ehrte bewegt den Patriarchen, der gewaltige Kantor Estrongo Nachama erschütterte mit der elementaren Klage seines Gesangs. Dann folgten wir dem Sarg zu der Grabstätte von Samuel Fischer, seinem früh verstorbenen Sohn Gerhart und der Tochter Brigitte, der nun ihr Ehemann folgte.

Vom Fischer-Grabmal ist es nicht weit zur Ruhestätte eines Mannes, der Samuel Fischers vertrautester Mitarbeiter und Ratgeber, ein bedeutender, eigenständiger Essayist und Kritiker, ein in seinen besten Novellen starker Erzähler, zudem ein bewußter, gar nicht freidenkerischer, aber frei denkender Jude war, der vorbildliche, den schwer zu definierenden Beruf prägende Lektor, unser aller Meister, Moritz Heimann (1868–1925). Der beste Kenner seines nie populären, doch hochzuschätzenden, literatur- und geistesgeschichtlich bedeutenden Werkes und seines vornehmen, tragischen Wesens führte uns zu dem schlichten Grab – das Monika Schoeller hat restaurieren lassen – Dierk Rodewald, Herausgeber der neuen, sorgfältigen und entdeckungsreichen Edition von Heimanns auch immer wieder auf Jüdisches bezogenen Schriften, deren Horizont weit und deren Geistigkeit so scharf wie maßgerecht ist. Dieser Jude, der Christum verehrte und der viel Sinn hatte für Hebel und Gotthelf, war kein naiver Heimatdichter, aber ein Dichter der märkischen Heimat, das Gespinst seiner Geschichten umfängt märkische Dörfer und Landschaft. Moritz Heimann schrieb in der wachsenden Weltstadt Berlin und von Kagel aus, dem Dorf, wo das Häuschen seiner Eltern stand, zu dessen alleinigem Besitz Samuel Fischer ihm, dem späteren Duzfreund, schon 1911 verholfen hatte.

Der Friedhof in Weißensee ist weit, auf manchem Stein, zumal in der Reihe hinter dem Eingang, steht ein respektierter, ein heute noch genannter Name. Oft aber ist der Name unleserlich, der Stein verwittert, das Grab ungepflegt, der Friedhof partienweise wie ein verwilderter, beinahe romantischer Park. Kein Angehöriger, kein Nachkomme meldet sich mehr. Doch darf kein Grab versehrt und aufgelassen werden, überall heißt es im Vertrag des Erwerbs der Grabstätte »auf ewig«. Vor Schändung aber sind jüdische Gräber nie zu schützen – darf ich sagen? – gewesen. Rabbiner Stein führte uns zum Doppelgrab eines Ehepaars, zu Häupten zwei Bäume, die, ineinandergewachsen, sich umzweigen. Wildwuchs wurde zum Symbol. Nachdenklich erinnere ich mich an die Szenen jener Weißenseer Vormittagsstunden, an Bild und Ton und Stimmung. In Klage um, auch Stolz auf Vergangenes, auf zu Bewahrendes, wurde in jüdischer, in deutsch-jüdischer, frommer und zugleich aufgeklärter Weise getrauert, es waren Feiern, Feste, in denen ein ererbter Glaube noch einmal beglaubigt wurde, biblischer Glaube vereint mit dem weltlichen Glauben an Toleranz und Kultur. Verlagsgeschichte und Verlagsgegenwart musste ich mitdenken. Ja, ein Fest: der alten, der neuen Zeit? Alle, die sich auf dem Friedhof in Weißensee versammelt hatten, gedachten der bösen Zeit. Von ihr wussten alle Anwesenden, und viele von ihnen hatten sie erlitten. Die alte Zeit war ja keine gute Zeit. Und doch enthielt sie

Gutes. Zu ihm haben die, die wir lieben, von denen ich sprechen muss, weil ich ihre Gegenwart fühle, beigetragen. Erbe ist immer alt. Es darf nicht abgeschüttelt, es muss erhalten und hoffentlich neu Geschaffenem integriert werden. Das soll nicht nur in Feiern, es soll im schlichten Alltag vernehmlich sein. Ich gestehe, mich selber mahnen zu müssen. Ich bin für solches Erbe dankbar. Veraltet scheint es mir nicht.

Und so, so bin ich eben Jude. Anders kann ich mich mir nicht vorstellen. Ausschließlich bin ich es aber nicht. Ausgeschlossen seien überhaupt nur Ausschließlichkeit und Ausschluss. Ich hüte mich vor dem Ausschließen und möchte nicht ausgeschlossen werden. Es bedrückt mich nicht, einer Minderheit anzugehören und innerhalb einer Mehrheit zu leben, die mich – einstweilen?! – ja auch nicht bedrückt. Die Welt, das Dasein, die Kultur sind vielstämmig. Alle Stimmen sollen klingen. Im Deutschen wurzelt meine Existenz. Die uruguayische Staatsbürgerschaft war mir keine Formalität. Meine Freundschaften gehen, wie ich berichte, weit über nationale und sprachliche Grenzen hinaus. Räumliche Ferne behindert nicht innere Nähe. Die erstaunlichen, in ihren Leistungen nie geahnten Kommunikationsmittel unserer Tage im Anfang des 21. Jahrhunderts haben dies nicht erst bewirkt, das Menschliche ist immer stärker als die Technik, aber die Technik bietet wunderbare Hilfe. Auch und gerade im Verkehr, sagen wir getrost, der Seelen. Gesetzestreu also, im orthodoxen Sinn, bin ich nicht. Purismus muss nicht rein sein. Aber Treue, keiner hat das eindringlicher dargestellt als Joseph Conrad, ist die Urtugend, die Urpflicht.

Ich möchte denen treu sein, die mich lehrten, die mir Werte gaben, die ich liebe.

Ausgewandert – Eingewandert

Unseres Bleibens, das war klar, konnte nicht mehr sein. Ein Fortkommen gab es in keiner Hinsicht. In kaum einem Land fand unsereiner Einlass. Auch Uruguay war gesperrt. Aber der Chef der ›DAZ‹, Dr. Karl Silex, hatte eine Beziehung zum uruguayischen Gesandten. Als wir seine Autobiographie ›Mit Kommentar‹ vorbereiteten und ich sein Lektor war, viele Jahrzehnte später, hat er mir lächelnd erzählt, dass er eine starke Sympathie für die schöne Tochter des Gesandten Virgilio Sampognaro hatte. So ging mein Vater zum Gesandten. Sampognaro sagte: »Ja, ich kann für Sie noch die Einwanderung ermöglichen, auch kostenlos. Aber für Ihre Schwiegereltern nicht mehr.« Da hat mein Vater, der seine Frau geliebt hat und die Schwiegereltern auch, gesagt: »Dann muss ich auch bleiben.« Da traten dem Gesandten die Tränen in die Augen, und er erteilte die Weisung, dass die ganze Familie, das Ehepaar Putzig eingeschlossen, in das Land einzulassen sei.

Die Auswanderung war mit vielerlei Schwierigkeiten und Schikanen verbunden. Im Amt in der Karlstraße musste man stundenlang anstehen, um die Ausreisepapiere zu erhalten, den Pass mit den vorgeschriebenen jüdischen Vornamen.

Wir erschienen dort zu fünft. Es war ein großes Büro. Da saßen an einer langen Tafel Beamte, die alles revidieren mussten. An der Spitze der Jüngste, ein schmächtiger, herzkrank aussehender, rotbäckiger Mann in schimmernder Uniform, der eine goldene Uhr vor sich liegen hatte. Meine Großeltern, 79 und 70 Jahre alt, der Großvater relativ rüstig. Ein Beamter: »Der Israel und die Sarah Putzig sollen sich mal setzen…« Die beiden wurden dann aufgerufen, und die Beamten waren auf ihre ein bisschen verschreckende Weise doch ... nett.

Dann rückte ich zu dem jungen Mann vor, der die Hauptunterschrift geben musste. Mit dem Blick auf das Passbild: »Das haben Sie selber fotografiert.« »Ja.« »Das müssen Sie aber genauer abschneiden.« Er griff zur Schere. So schrecklich und so harmlos war das zugleich.

Vorher aber: Das uruguayische Konsulat, dem man sich immer dankbar erwies, erfand damals eine Verordnung, dass jeder jüdische Emigrant zehn Zeugen dafür beibringen müsse, dass man kein Kommunist war, – fünf der Zeugen durften Juden, fünf durften keine Juden sein. Nun waren wir weiß Gott keine Kommunisten. Das waren immerhin für uns fünf Personen 50 Leute und davon 25 »Arier«, dieses im Dezember 1938. Was macht man da? Wir überlegten uns, wen man um solche Bescheinigung bitten könnte, wir meldeten uns an. Telefon hatten wir ja noch.

Da ging ich zu einem Mann aus angesehener berlinisch-jüdischer Familie, den ich kannte, weil er mich schon einmal untersucht hatte, ein kultivierter Hals-Nasen-Ohren-Arzt. Ich betrat seine finstere Wohnung. Er hatte keine Patienten mehr. »Was wollen Sie denn?« Ich sagte mein Sprüchlein. Er setzte mich vor seinen Schreibtisch. Seine Lampe drehte er mir wie in Verhören, deren Ritus er damals wahrscheinlich gar nicht kannte, zu und blendete mich. »Sie können doch bestätigen, dass mein Vater kein Kommunist ist.« Die beiden kannten sich seit 40 Jahren. Er lächelte mich ganz ängstlich und verstört an: »Aber das kann ich doch nicht. Ich kann doch nicht wissen, ob Ihr Vater Kommunist ist oder nicht.« Er konnte es wissen. Worauf ich aufgestanden und schnell hinausgegangen bin. Er hinter mir her: »Jetzt sind Sie mir wohl auch noch böse.« Darauf habe ich gar nichts mehr gesagt, habe die Tür zugeknallt. Der Mann hat sich dann kurz darauf das Leben genommen.

Meine Mutter ging zu einem Schwager von Tante Conni, Dr. Max Wilke, einem konservativen, mit agrarjuristischen Fragen befassten Rechtsanwalt. Er griff zum Füllfederhalter. »Wo soll ich unterschreiben?«

Mein Vater erzählte Karl Silex von diesen Schwierigkeiten. »Kommen Sie übermorgen wieder, Herr Freund.« Silex hat Redakteure, die er für zuverlässig hielt, gerufen. Der geistreiche Feuilletonredakteur Werner Fiedler, Kritiker und Karikaturist, zum Beispiel gab an, meine Großmutter seit 17 Jahren zu kennen. Er hat sie nie gesehen.

Das waren die kleinen Hilfen. Mutiger, als es heute erscheinen mag. Die Art der Gefährdung und die Art der Denunziationen oder Denunziationsmöglichkeiten, die wir alle fürchteten, können sich die jungen Leute von heute nicht vorstellen. Sie haben solche Zwänge nicht erlebt. Was wussten ihre Großeltern? Sind sie damals auch umgefallen? Und was haben sie weitergegeben? Mein Klassenkamerad Dr. med. Wolfgang Hutschenreuter: »Natürlich haben wir von den Abtransporten gewusst. Wir haben es ja gesehen. Meine Mutter ist ja noch, als die Tante Graupe (Schwester des Kunsthändlers Paul Graupe) abtransportiert wurde, hingegangen in den Grunewald bis an den Zug, bis man sie zurückwies. Das hat man doch gemacht. Das wusste doch jeder, der es wissen wollte, und alles andere war Verdrängung.« Nicht jeder allerdings wusste es. Mich hat nur gestört, wenn mir jemand zweierlei sagte. »Wir konnten doch nichts machen« – ja – »Wir haben ja nichts gewusst« – auch noch verständlich. Ich habe aber manchmal beides zusammen gehört. Und fand es infam.

Eines schönen und traurigen Tages war es dann doch so weit mit der Auswanderung und dem vielfältigen, als endgültig zu empfindenden Abschied. Abschiede hatte es schon Tag für Tag gegeben, die Räume waren leer, zwei Zimmer plombiert, American Express hatte schon Möbel und Hausrat und Bücher und allerhand Sachen verpackt, die man ›unzählig‹ hätte nennen können, wenn nicht mein Großvater sie aufs Genaueste bis zum letzten Nagel vorschriftsmäßig verzeichnet hätte. Es wurde oft geraunt, das war auch bei uns der Fall, dass die zwei kontrollierenden Beamten dann plötzlich mal weggingen und sich umdrehten, und wir nicht wissen konnten, ob wir, was verboten war, Geld oder dergleichen einnähen oder hineinlegen sollten oder ob sie uns auf die Probe stellten. Man konnte nie sicher sein. Wir haben es nicht gemacht. Nun war alles unter der Aufsicht jener Beamter in zwei riesige Kisten, sogenannten Lift-Vans, verladen, Freunde hatten uns die unentbehrlichen Ersatzmöbel und -lampen gebracht, Nachbarn uns mit Mittag- und Abendbrot versorgt, das alte Ehepaar Sommerfeld, der Buchdruckereibesitzer Fürst und seine Familie (Tochter und Sohn erschienen viele Jahrzehnte später zu einem Vortrag, den ich in der Stadtbücherei Charlottenburg hielt).

Am Vorabend unserer Abreise gingen mein Vater und ich durch das Haus, um uns von den Mietern, mit denen wir verkehrten, zu verabschieden. Da war ein jüdisches Ehepaar, das dann auch umgekommen ist, Sommerfeld, mit dem wir uns in den letzten Jahren sehr angefreundet hatten, kultiviert und musikalisch; ein freundlicher Fabrikant, der gleichzeitig ein glänzender Pianist war, Dr. Kuhlo, Pseudonym Carl August Franz, jeden Nachmittag begann er seine brillanten Übungen auf seinen zwei Flügeln demonstrativ mit Mendelssohns Hochzeitsmarsch aus der ›Sommernachtstraum‹-Musik im Arrangement von Liszt.

Dann gingen wir auch zu den Watzeks. Da waren die Töchterlein, so alt wie ich oder ein bisschen jünger. Sie haben uns alles Gute gewünscht, blieben in der Tür stehen. Und als die Tür ins Schloss fiel, haben wir ein furchtbares Weinen gehört. Das ist auch nicht zu vergessen, ein lautes Schluchzen, es schallte durchs ganze Haus.

Erst 1957 war ich wieder in Tempelhof, davon ist noch zu erzählen, und erkundigte mich nach manchen Leuten. Auch nach Watzeks. Ich fragte die rothaarige Anna, die Hausangestellte der

Sommerfelds. Die Tochter Sommerfeld war ausgewandert mit ihrem Ehemann, dem Fabrikanten Leiser aus Chemnitz, der Sohn nach Shanghai, die Eltern hatten bleiben müssen; mein Vater und mein Großvater hatten den Sohn zur Bahn gebracht. Der Zug fuhr nach Hamburg. Und ich weiß, dass mein Großvater auf dem Bahnhof hinter einem Schild verschwand, mit einem Weinkrampf. Dann haben wir den Sommerfelds berichtet: »Ihr Sohn ist glücklich abgefahren.« An ein Wiedersehen war nicht zu denken.

Mir wurde gesagt, die Watzeks wohnten jetzt ein Haus weiter, und sie hätten sich sehr anständig benommen. Und ich klingelte bei Watzeks. Er hatte mich ja das letzte Mal gesehen, als ich noch ein halber Junge war. Ich: »Hellmut Freund.« »Ach, Herr Freund, kommen Sie rein.« Er holte eine Flasche Wein. Und dann ging ein Schlüssel im Schloss, und jemand trat ein, es war Lore. Das fröhliche Mädchen war inzwischen Frau Brauereidirektor. Sie sah mich und brach wieder in Tränen aus. Das trug bei zum Glück der Rückkehr.

Da war das Gemüsegeschäft Neumann. Frau Neumann, elegant immer, mit Seidenstrümpfen, ein bisschen zurechtgemacht, blond und hübsch. Auch jetzt noch. Ich stellte mich vor. Da weinte sie. Sie trat bald darauf in eine namhafte Kunsthandlung ein. Dann zu dem Papierhändler Helmut Kandler, bei dem habe ich die Schulbücher und Schulhefte gekauft, er erkannte mich auch und zeigte Freude; als ich nachfragte, sagte er: »Ja, die Müllers sind noch da.« »Herr Kandler, der Lucke wird doch nicht mehr da sein.« Er: »Na, gehen Sie mal rüber.« Und Herr Lucke und sein Laden hatten sich gar nicht verändert. Hans Lucke erzählte: »Sie müssen doch das hübsche blonde Fräulein Löwenthal kennen.« Ich verneinte. »Die war immer meiner seligen Frau wie eine Tochter, und sie schreibt immer noch aus London, wie eine Tochter. Die ist auch die ganze Zeit bei uns gewesen.« Da horchte ich auf: »Herr Lucke, was wollen Sie damit sagen, ›die ganze Zeit‹?« »Na, '39 bis Kriegsende.« »Wollen Sie etwa sagen, dass Sie sie die ganze Zeit versteckt haben?« Da wurde er ganz rot, die Röte bedeckte seine Glatze, sein ganzes Gesicht über dem blonden Spitzbart, und er sagte: »Ja, wenn Sie es so nennen wollen.« Wir hatten auch von ihm damals Abschied genommen. Und er hatte uns allen eine Flasche 4711 geschenkt. Das wusste er nicht mehr, und ich erzählte es ihm. Und er sagte: »Die sollen Sie wieder haben und Ihren Eltern mitbringen.« Dieser Mann hat sich nie gemeldet als ein Judenverstecker. Willy Brandt hat diese Menschen ausgezeichnet.

1961 wieder in Tempelhof. Diesmal mit meinen – gerade bei ihrem Sohn in Frankfurt niedergelassenen – Eltern. Herr Kandler hatte inzwischen einen Schlaganfall erlitten, konnte nicht mehr sprechen. Er ist meinem Vater weinend um den Hals gefallen. Kandler starb. Seine Witwe, dann sein Sohn führten das Geschäft weiter. Es besteht nicht mehr. Eines Tages, es muss nach 1971 gewesen sein, meldete sich Frau Kandler. Sie sei in Offenbach zu Besuch, ob sie zu uns kommen dürfe. Wir haben beim Kaffee von vielen Dingen gesprochen und also auch von Lucke. »Ja, wir waren ja Freunde.« Drei waren sie, dezidierte Nicht-Nazis, nämlich der Apotheker Lucke mit seiner Drogerie, das Papiergeschäft und jene Bäckerei, deren Inhaber und Bäckermeister Dr. rer. pol. Erich Müller war. »Wir wussten, dass der Hans dieses Fräulein Löwenthal bei sich hatte. Da habe ich gesagt: ›Du kannst sie doch nicht immer bei dir haben. Wir haben, das wissen die wenigsten Leute, einen großen bewohnbaren Keller unterm Laden, da kann sie bequem unterkommen, und wir sorgen für sie, ein paar Wochen nur, dann kannst du sie wiedernehmen. Da passiert nichts, und du spannst mal aus.‹ Die Bäckersleute haben auch Ähnliches gesagt. Wir, Kandlers, und die Müllers, wir wussten ja Bescheid. Da sagte er, das könne er nicht verantworten. Es war natürlich schlimm, wenn Fliegeralarm kam. Dann konnte sie doch nicht mit in den Keller. Und wenn alle unten waren, dann ist sie rauf auf den Boden. Es ist nie was passiert. Wenn es mal ganz ruhig war und nichts zu befürchten in einer stillen

Nacht, so gegen 2 Uhr, dann hat er sie ausgeführt. Wie so 'nen Hund.«

Ungezählte Male habe ich diese Geschichte erzählt, jedes Mal mit feuchten Augen.

Dunkler Winternachmittag, Mittwoch, 25. Januar 1939. Vortag des Aufbruchs. Das Telefon hatten wir noch. Graf Pückler hatte sich angekündigt, mein Vater abwiegelnd erklärt, wir könnten niemanden mehr empfangen, Pückler war aber in ihn gedrungen, auf ein paar Minuten kommen zu dürfen. Der junge Kollege Carl Erdmann Graf Pückler war – vom, wie es damals hieß, Hauptschriftleiter Karl Silex berufen – seit einigen Jahren Redaktionsmitglied der ›Deutschen Allgemeinen Zeitung‹: »Junger Herr aus großem Haus«, wohl – ich konsultiere den Gotha jetzt nicht – ein Urgroßenkel oder -neffe des berühmten Fürsten Pückler-Muskau, dessen zweite große Parkschöpfung, Branitz, seine Heimat war. Er hatte einen kleinen »Webfehler«, ganz »arisch« war er nicht. Zu seinen Ahnen zählte des Alten Fritz Münzjude Ephraim, dessen schönes Palais in Berlin heute gern besichtigt wird. Pückler war ein leidenschaftlicher Journalist, hatte erste Erfahrungen und berufliche Anschauungen in den Vereinigten Staaten gewonnen, die er nun auf das Berliner Blatt zu übertragen suchte. Er führte die *column* ein. Es gab Meinungsverschiedenheiten, auch generationsbedingte, zwischen ihm und meinem Vater, sie wurden mit Respekt und Sympathie ausgetragen. Silex, der Pückler sehr hoch schätzte, setzte ihn auf den Platz, den er selber eingenommen hatte, als Korrespondent in London. Aus Artikeln fügte Pückler ein Buch mit dem nicht sehr zündenden Titel ›Einflussreiche Engländer‹, das er meinem Vater mit einer freundlichen handschriftlichen Widmung gab. Es trägt aber eine gedruckte Widmung an den Reichsaußenminister von Ribbentrop, Zwielicht der Zeit. Der Londoner Berichterstatter fiel in Ungnade. Eine Artikelserie über Großbritanniens militärische Kapazität erregte Hitlers Zorn, er soll getobt haben. Hitler befahl die sofortige Abberufung Pücklers, den Silex nur mit Mühe schützen konnte. Er schickte ihn auf Reisen in den Nahen Orient. Über sie hat Graf Pückler anschaulich und anmutig geschrieben.

Übrigens hatte ›die neue linie‹, die mondäne Monatszeitschrift von Bruno E. Werner, das Fotoportrait einer schönen jungen Frau publiziert: Johanna Gräfin Pückler, geborene von Bülow.

Meine Mutter und meine Großeltern, nicht mehr fähig, sich mit einem noch nicht Bekannten zu unterhalten, blieben in den hinteren Zimmern, ich öffnete Carl Erdmann Graf Pückler die Wohnungstür, sah, wie er, den Hut amerikanisch im Nacken, einige Schritte zurückgegangen war und nun, als müsse er eine Scheu überwinden, einen Anlauf nahm. Mein Vater und der Gast begrüßten einander herzlich und bemühten sich um einen leichten Ton. Kaum eine halbe Stunde habe ich C. E. P., wie er oft zeichnete, angeschaut und zugehört, aber der Eindruck von Erscheinung und Persönlichkeit, Haltung und Verhalten, war tief und minderte sich nicht. Der Mann war an sich unauffällig und schlicht, mittelgroß wohl, brünett, blau die klaren Augen – in diesem jugendlich-noblen Gesicht spiegelte sich Lauterkeit. Pückler griff in die rechte Brusttasche seines bräunlichen Anzuges, zog einen ledernen Notizkalender hervor und fragte nach der Adresse einer Bank in Montevideo. Er habe, illegal natürlich, einen kleinen Pfundbetrag auf der Westminster Bank in London, die Hälfte wolle er meinem Vater überweisen. Er blieb nicht lange, auch nicht auf dieser Welt. Im Krieg leistete er Dienst bei der Panzertruppe. Was er dabei redlich aufzeichnete, konnte nicht übers Fragmentarische hinaus gedeihen. Carl Erdmann Graf Pückler fand im Panzergefecht den frühen Tod. Es hieß, er sei nicht in Deckung gegangen.

24 Stunden nach Graf Pücklers Besuch, 26. Januar 1939, manches lag hinter und so Ungewisses vor uns, brachte uns ein Taxi zum Lehrter Bahnhof, Plätze im D-Zug nach Hamburg wa-

ren reserviert, wir fünf hatten ein Abteil für uns. Auf dem Bahnsteig standen an unserem Wagen vier Personen: Mein guter Vetter Heinz Kindermann; einer der längstjährigen Freunde meines Vaters, der Rechtsanwalt Alfred Cassel; und, mich rührend, die beiden älteren der vier Mossner-Mädchen, Juliane, spätere Frau von Morr, und Gisela, die gleichzeitig mit mir das Abitur gemacht und dann den Ihren aufwühlende Briefe vom Arbeitsdienst geschrieben hatte – und erst nach Naziherrschaft und Krieg würde studieren und promovieren können. Cassel, bisher begütert und verwöhnt, Golfspieler und Opernfreund, der gerne zu Vorstellungen unter Fritz Busch nach Dresden fuhr, war Sohn eines hochangesehenen Mannes, des Berliner Stadtverordnetenvorstehers Oskar Cassel, Liebermann hat ihn gemalt, ohne ihm zu schmeicheln. Von seiner Zerstreutheit erzählte man sich drollige Anekdoten. Cassel war wehmütig. Er und Heinz sind umgekommen, mit Juliane und Diddi, wie wir sie nannten, war uns glückliches Wiedersehen, Fortdauer und Vertiefung der Freundschaft vergönnt.

Abfahrtszeichen. Die vier blieben winkend zurück auf dem Bahnsteig. Wir schoben das Fenster hoch. Der Zug fuhr in die Dunkelheit.

Die Strecke Berlin–Hamburg war die schnellste Verbindung der Reichsbahn, unser Zug komfortabel. Er hatte einen Telefonraum. Mein Vater suchte ihn auf, um ›Streit's Hotel‹ anzurufen und drei Zimmer zu reservieren. Es gelang mühelos. Heute begreife ich nicht, dass wir aufs Geratewohl losgefahren sind. Gleichviel: Wir trafen am späten Abend in dem ehrwürdigen schönen Hotel am Jungfernstieg ein, der Empfang war höflich und nahm von unserer Abstammung keine Notiz. Freundlich war der nächste Morgen, freundlich wirkte die weltzugewandte Hafenstadt, Nazihaftes war weniger sichtbar als in Berlin. Das uruguayische Generalkonsulat, in dem mein Vater vorsprechen musste, ich glaube, erst jetzt erhielten wir unsere Visa, verlangte eine ärztliche Untersuchung. Ich entsinne mich ihrer nicht. Irgend etwas hatten wir vergessen, der gute Vetter Heinz Kindermann brachte es uns. Kam er noch mit zum Hafen? Doppelter Abschied. Mein Vater wollte noch einmal einen Jugendfreund sehen, von dem er viel erzählt, den er aber seit Jahrzehnten nicht mehr getroffen hatte. Er meldete uns bei ihm an. Nach dem Abendbrot würden wir für ein Stündchen kommen. Wir fuhren ziemlich lange zu der Wohnung von Ehepaar und Schwiegermutter. Man gab sich Mühe, die Beklommenheit wich nicht, der Mann, der Hausherr, wirkte glanzlos. Als wir aufbrachen, nahm er meinen Vater beiseite: Er sei Parteigenosse. Aber er vergesse nicht die alte Freundschaft. Mit Frau Olga Beckers war es ganz anders, einer fröhlichen, humorvollen, sehr hamburgischen Hamburger Jüdin. Die Urlaubsbekanntschaft, herrührend von jener Busfahrt nach Riva, mit ihr und ihrem belgischen Ehemann Léon Beckers, hatte sich fortgesetzt. Beabsichtigt und auch zufällig waren Wiederbegegnungen, so in Friedrichroda. Olga Beckers besuchte uns in Berlin. Auch als Witwe hatte sie ihren Witz und ihren Mut nicht verloren. Sie stand bei uns und stand uns bei im finsteren Hafen am Abend des 28. Januar 1939, bis wir in den Tender geleitet wurden, der uns zur draußen ankernden ›Kerguelen‹ brachte. In ihrem *fumoir* empfing uns der Zahlmeister und wies uns ein. Wir machten erste Bekanntschaft mit Reisegefährten (gleich Schicksalsgenossen). Unstillbar war das Weinen der blonden »arischen« Hamburger Ehefrau des feschen (ost)jüdischen Schneiders Strom, die nun, getrennt von ihrer Familie, unter unvertrauten Menschen in die Fremde fuhr.

Auswanderung war Befreiung. Der Abschied tat weh. Über Grad oder Ausmaß des Abschieds hat man sich keine Rechenschaft gegeben. In den Kriegsjahren war die Sorge um die »arischen« Freunde in Deutschland beständig, gerade wenn und weil man dem Reich keinen Sieg zudenken durfte. Er hätte nicht nur unsereinen vernichtet. Anfangs hat man noch von Rückkehr geträumt, ernstlich an sie denken konnte man nicht. Ihre Voraussetzung war doch der Untergang des Nazireichs. Manchmal hat man geglaubt, dass von den gemäßigten Rechten ein Umsturz kommen könnte. Ansätze gab es ja, und es gab den 20. Juli, es gab Generale, die Hitler schon ablehnten, bevor die Karre im Dreck war, so der noble Generaloberst Freiherr von Hammerstein-Equord. Und es gab die Weiße Rose. Sie war, wenn man will, naiv, aber diese jungen Leute waren von hoher Bildung und Kultur, alle haben sehr viel gelesen. Und aus ihrer Lektüre und den Lehren von Carl Muth und Theodor Haecker Konsequenzen gezogen für ihr Handeln. Sie waren meine Altersgenossen, bei aller Natürlichkeit hatten sie ein höheres Niveau als ich und meine Mitschüler.

Die Tagebücher der Geschwister Scholl, das ist eines der großen Bucherlebnisse, die ich haben durfte, eine der großen Editionen, die ich habe begleiten können. Ich bin dankbar, Inge und Elisabeth Scholl, Otl Aicher, den modernen Designer, der wie ein mittelalterlicher Bauhüttenmeister war in seinem Rotis, und den ernst glühenden Fritz Hartnagel, Urschwaben allesamt, kennengelernt zu haben. Die Geschwister Scholl strebten keine Macht an, sie wollten auch nicht schießen oder morden oder putschen, sie empörten sich gegen das Böse, warben für eine gerechtere Welt. Sie haben nicht aufgegeben. Dass sie sich preisgaben, müssen sie gewusst haben. Sie bewahrten nur eines: ihre Würde. Früh war ihr Ende und grausam. Aber sie werden geliebt.

Als junger Mensch machte ich mir viel weniger Zukunftssorgen als meine Eltern und wohl auch mancher Schicksalsgenosse an Bord. Viel hing ja vom Geld ab, das man mitbrachte. Wir hatten keines. Ich für meinen Teil spürte den Reiz der Fahrt, einer Fahrt, die gar nicht enden wollte. Sie dauerte mit den Unterbrechungen, Hafenaufenthalten, mit den Verladungen fünf Wochen und zwei Tage. Die ›Kerguelen‹ war ein Semi-Cargo, ein Frachtschiff, hatte drei oder vier Passagierklassen und führte in großen Laderäumen Fracht. Sie gehörte zur Reederei ›Chargeurs

Réunis‹ in Le Havre. Das Schiff machte Zwischenstationen in Antwerpen, dem entsetzlich hässlichen Le Havre, Lissabon – Ausflug nach Sintra –, Rio de Janeiro, Santos, Montevideo. Es fuhr weiter nach Buenos Aires. Wir hatten die Fahrt bezahlt, und jeden Tag, den wir länger an Bord verbrachten, waren wir verpflegt. Rio de Janeiro, herrlich, wie es schon Alexander von Humboldt fand – soweit wir es sehen konnten. Uns führte der nette und kluge Verwandte Kurt Hartwich, der dort als Apotheker Fuß fasste. In Santos durften wir nicht von Bord gehen. Tag und Nacht heulten die Lastkräne in der Hitze.

Vor uns ein Nichts. Jeder hatte nur zehn Mark in der Tasche. Ich verdrängte es und war dafür jung genug. Meine Mutter verdrängte es nicht. Die Großeltern müssen gedacht haben, die Kinder werden es schon recht machen. Gemeinsam war uns das Gefühl des Gerettet-Seins.

Ich teilte eine enge Kabine mit meinen Eltern. Die Großeltern hatten die Kabine gegenüber. Es waren auch fast nur jüdische Emigranten in der ersten und zweiten Klasse. Sogleich am Anfang atmeten wir auf, als mitgeteilt wurde, wir seien nun in holländischen Gewässern. Ein holländischer Lotse kam an Bord und sagte stolz: »Wir haben Butter genug. Ihr habt keine.« Das sogenannte Vorzeigegeld, das man haben musste, nur 5000 Mark oder Dollar pro Person, war uns ja erlassen worden. Sonst wäre nichts gegangen. Wir hatten sehr wenig Vermögen, mein Vater ein sehr gutes Gehalt, aber im Ausland keinen Pfennig. Mein Vater war viel zu legalistisch, um diesen von Gott verziehenen Schmuggel zu begehen. Es mangelte auch an Gelegenheit. Andere konnten das und kamen viel leichter fort.

Eines Tages waren wir doch am Ziel. Der Kapitän, ein distinguierter Adliger, d'Etat, lud vor der Einfahrt meinen Vater auf die Brücke: »Ich zeige Ihnen Ihre neue Heimat.« Beklommen sah man den Hafen.

Da stand Dr. Hermann Putzig mit Tante Karla. Dann erklärten die Beamten, die keine weiteren Anweisungen bekommen hatten, dass sie die Pässe sehen wollten und die Visa-Stempel, die gültig waren. Andere hatten sich ungültige Stempel besorgt, die wurden gar nicht mehr ins Land gelassen. Die Beamten wollten unser Vorzeigegeld sehen. Da fuhr mein Onkel Hermann Putzig zur Bank. Er hat uns auch später geholfen. Ich danke einem Gegenwärtigen.

URUGUAY

Ich bin mit meinen Eltern und Großeltern am 2. März 1939 in Montevideo an Land gegangen. Verlassen habe ich Uruguay 21 Jahre danach. Und die Zeit zwischen dieser Ankunft und diesem Abschied, dessen Endgültigkeit ich gar nicht ahnte, war die Zeit des Reifens, die Zeit, in der ich mehr oder weniger erwachsen wurde und in der das geschah, was nicht gleich Bildung, aber bildend war. Das ist dort geschehen. In der freien Luft dieses Landes.

Die Großeltern fanden sich natürlich nicht mehr in Montevideo und zumal in der Sprache zurecht. Meine Eltern eher, bis zu einem gewissen Grade. Mir fiel das leichter. Ich habe nicht alles Uruguayische, alles Spanische in mich aufnehmen können, die Sprache zu Hause blieb die deutsche, aber die andere war mir nicht schwer. Den Akzent verlor ich nicht.

Uruguay: ein sehr amerikanisches und in hohem Maße ein europäisches Land. Ein Land, das durchaus an die abendländische Kultur glaubte und sie auch pflegte. Hier konnten wir Fuß fassen, weil Menschen wie wir, wenn sie etwas zu bieten hatten, willkommen waren und gefördert wurden.

Montevideo wirkte zunächst nicht freundlich, ein bisschen verwohnt, nicht wie eine junge Stadt. Später erst schossen Hochhäuser wie Pilze empor – in der Zeit des kurzen Aufschwungs nach dem Kriege. Eine ausgedehnte Stadt. Lauter kleine Häuser ohne Obergeschoss, meist bewohnt von großen Familien. Schwiegermütter, Tanten, Onkel waren untergebracht und mitverpflegt.

Wir verbrachten die ersten Wochen in einer Emigrantenpension, die ein Breslauer Versicherungsmann, Dr. Werner Holz, und seine Frau unterhielten. Ihr früh juristisch interessierter Sohn Helmut wurde Anwalt in Montevideo. Da saßen nun die Gäste, Gäste des Hauses, Gäste des neuen Landes, und tauschten ihre Geschichten. Doch vielen Angekommenen hafteten noch deutsche Schlacken an, von denen die eine Weile vorher Eingewanderten schon befreit zu sein glaubten. Erste Woche, Orientierungsversuche in der Stadt, ein Ausweis war erforderlich und rasch in unseren Händen, Vorsprechen in einem Amt. Fotografien, en face und im Profil, ohne Brille. Der in Uruguay obligatorische Fingerabdruck, die *Cédula de Identidad*. Im Banco de la República lag schon der Pfundbetrag des Grafen Pückler.

Was empfand man, was empfand ich nach der Ankunft in Uruguay, was als Emigrant, der Immigrant werden sollte und es ja auch wurde, im Gegensatz oft zu Angehörigen älterer Generationen, die in der Fremde, in die es sie verschlagen hatte, sich mühsam nur oder gar nicht orientierten? Ein Empfinden war uns allen gemein: das des Entkommen-Seins, einer Befreiung nicht von allen Zwängen und Nöten, keineswegs, aber von Verfolgung und Lebensbedrohung. Die Schrecken des vom Nationalsozialismus beherrschten, entstellten Deutschland wurden uns in der Entfernung merkwürdigerweise krasser bewußt als vorher. Erst jetzt konnten wir ganz ermessen, wie eine permanente Zensur Wertmaßstäbe zerbrach, wie falsche Informationen ein Volk missleiteten, das sich denn auch missleiten ließ. Die Welt sah ganz anders aus und besaß Besseres, als die NS-Propaganda es einem Millionenpublikum weismachen wollte. Aber die Entfernung zu überbrücken wurde schwer und schwerer. Schiffspost brauchte Monate, Luftpost, ziemlich teuer, benötigte 10 bis 14 Tage, Briefe konnten ohnehin nur wenig mitteilen, auf beiden Seiten vermied es die Briefpartner zu klagen. Von Auschwitz konnten wir noch nichts wissen. Dass aber Schreckliches geschah, das wussten wir wohl. Uneingestanden hat man wohl gefürchtet, Einzelheiten sich vorstellen zu müssen. Furchtbar rar war die Möglichkeit zu helfen. Der Kriegsausbruch, ein knappes halbes Jahr nach unserer Einfahrt in den Hafen von Montevideo, war beinahe auch eine Befreiung, mehrte aber die Sorgen. Nicht lange, und wir verloren die Verwandten außer Sicht, die Schulfreunde waren alle beim Militär, also an einer Front. In den ersten Septembertagen schrieb ich ihnen noch: Grüße nur und Wünsche. Wünsche – natürlich wünschten wir den Alliierten den Sieg als Sieg unserer, der gerechten Sache. Das Weh der Besiegten konnten wir uns vorstellen, bevor es Wirklichkeit wurde. Manche Vorstellung verflog im Laufe des langen Krieges. Das lässt sich nicht leugnen. Als Nazis und Sowjets jenes trügerische Bündnis schlossen, erschraken wir, doch redete ich mir ein: Nun ist die Welt sichtlich geschieden zwischen Böse und Gut. Ganz so einfach war es denn doch nicht. Und lange Zeit gab es kaum mehr als Schweigen und Bildlosigkeit. Der Alltag drängte sich vor. Die Anschauung von Verfolgung und Vernichtung war noch spärlich, Fernsehen gab es noch nicht, wer wie ich oft (dienstlich) im Kino war, sah die Wochenschauen, wer einen Empfänger mit Reichweite besaß, konnte die BBC hören, die jahrzehntelang eine linde Macht ausübte.

Wir waren jung, arm und ziemlich frei. Da konnte es uns an Freude nicht fehlen. Wir trafen uns als Zwanzigjährige gleicher Herkunft und Kreise, enge Gemeinschaft mit den Einheimischen war denn doch selten. Ist es Sünde, dass wir über Vordergrund und Umwelt wenig hinausblickten? War es Mangel an Gefühl und Besinnung, dass die totgefahrene Katze an der Ecke unmittelbarer uns erschreckte als Zeitungsnachrichten von Hekatomben im zerrissenen Europa? Guten Gewissens haben wir Beethoven als Komponisten des Sieges gehört, wenn – dies die chronologische Folge – Erich Kleiber und Fritz Busch ihn uns vorspielten.

Bevor die Möbel kamen, wohnten wir bei einer Spanierin, Señora Morán, die sehr gutes Spanisch sprach, Telefonistin gewesen war, einen begabten Sohn hatte, der nun wieder sehr gutes Deutsch konnte und dolmetschte. Die Zimmer primitiv möbliert. Meine Mutter konnte dort kochen. Es kamen auch schon mal arme Emigranten vorbei und haben ihre Schnitzel gegessen. Sehr arm waren wir selber. Nicht verzagt.

Wovon haben wir gelebt in der ersten Zeit? Der Vater hatte die Stellung am Gemeindeblatt. (Nach 1945 gab es eine kleine »Wiedergutmachung«. Es sind viele nicht zurückgekehrt, weil die geringen Summen, die sie bezogen, hier mehr wert waren als in Deutschland.)

In Uruguay war damals der gesamte staatliche Unterricht gratis, von der Grundschule über die Gymnasien (*liceos*) bis zur Universität mit ihrer juristischen, medizinischen, zu denen später noch eine Fakultät für *humanidades* gefügt wurde. Eltern, die es sich leisten konnten, gaben ihre Kinder auf Privatschulen, für die sie zahlen mussten. British School, Lycée Français, das nordamerikanische Crandon-Institut, italienisches Gymnasium und auch natürlich die vom Reich erhaltene Hindenburg-Schule, die zu Recht einen vorzüglichen Ruf besaß. In Montevideo hat es diese sehr gute deutsche Schule gegeben, die aber nicht mehr gut deutsch blieb, als der Direktor, Dr. Fritz Bornemann, ein Nicht-Nazi, abberufen und durch einen Nazi ersetzt wurde und in den Klassenzimmern nun Hitler-Bilder hingen. Das haben die Uruguayer, in der Mehrheit gute Demokraten, abgelehnt. Diese uruguayischen Eltern haben ihre Kinder aus der Schule genommen und suchten nach einem, der Deutsch lehren konnte, damit die Sprache nicht ganz verloren gehe. Und so kam ich zum Deutschunterricht. Verdient habe ich wenig.

Mein Vater konnte für die deutschsprachige jüdische Gemeinde, die mehrere tausend Mitglieder zählte, ein Wochenblatt machen, das natürlich nicht den Standard und den Umfang der alten ›DAZ‹ hatte, aber er konnte auf primitive Weise seinen Beruf ausüben. Sehr frei und dogmenfern, stets Mitglied der Synagogen-Gemeinde, wirkte er auf viele Leute wie ein Offizier im Ruhestand. War, wenn man will, sehr preußisch, aber seine wirkliche Menschlichkeit, ein von mir nicht erreichter Humor und seine innere Harmonie, ein vitaler Arbeitswille, auch ein Bedürfnis nach Loyalität bestimmten sein Wesen.

Ich habe immer noch sehr viel Deutsches gelesen. Es hat lange Zeit gedauert, bis ich spanische Romane genießen konnte, während ich bald schon spanisch schrieb. Für Presse und Rundfunk hat es gereicht. Ich habe mit dem Spanischen gelebt, schließlich Freundschaften gewonnen, Lebensfreundschaften.

Wie wir wohnten, habe ich schon angedeutet: in kleinen, altmodischen Häusern, nach dem römisch-spanischen Atriumsprinzip gebaut, d.h. nur ein bis zwei Zimmer, *salitas* genannt, nach vorne zur Straße. Ein Korridor führte in einen *patio*, einen Hof, bewohnbar, mit einer sogenannten *claraboya corrediza*, d.h. einem gegiebelten Glasdach, das man auf- und zukurbeln konnte, so dass man in Sommernächten im Herrenzimmer saß, wie meine Eltern es hatten, mit einem Bücherschrank, der Sternenhimmel über einem. Die Schlafzimmer, *piezas interiores*, Innenzimmer, hatten keine Fenster. Bei Regen sprang man aus dem Bett, um rasch das Glasdach zuzukurbeln.

Eine richtige Kanalisation gab es nicht, einen Keller auch nicht. Da ist bei einer Überschwemmung einmal die ganze Jauche hochgekommen. Wir riefen in der Nacht einen alteingesessenen, großzügig hilfsbereiten deutschen Juden um Hilfe. Er leistete sie sofort, organisierte, beaufsichtigte, bezahlte eine Kolonne von Helfern. So hat David Grundland vielen beigestanden. Er war dabei bedacht auf Anerkennung, Beifall und Dank. Er hat sie reichlich verdient.

Wir fanden dann um die Ecke ein noch sehr primitives – also ohne Heizung, ohne Keller –, aber viel schöneres Haus, in dem wir ziemlich lange gewohnt haben. Die Vorderzimmer wurden untervermietet. Davon mussten wir ja auch leben, die Mutter hat auch für andere gekocht und gebacken und sich dabei arg überarbeitet. Es gab noch zwei Schlafzimmer, ich hatte einen sogenannten *altillo*, eine Art Mansarde, einst für Hauspersonal gedacht, ein winziges Kämmerlein, das aber ganz gemütlich war, Fritz Busch fand es hübsch. Die Möbel kamen in dieser fremden Umwelt gar nicht so schlecht zur Geltung. Das war der einzige Besitz, den wir hatten. Das Haus hatte zwei *patios*, dann gab es einen *fondo*, einen gepflasterten Hofgarten, überwachsen von dem Weinspalier, von dem wir einfache Trauben ernteten, so viele, dass meine Mutter gar nicht mehr wusste, wohin damit. *Eine* Rebe indessen war kostbar: Muskateller.

Rechts hinten in einem Winkel stand der Zitronenbaum, mit seinen Blüten, seinen Früchten. Er machte nichts von sich her und war doch Symbol. So ist es mit unserer Gegenwart, und so ist es mit der Geschichte. Dass man das Werdende oder ganz Gegenwärtige und das von oder in der Vergangenheit Geschaffene vor sich hat am selben Stamm.

Mein Großvater saß im *fondo* und ruhte ein bisschen, wenn er nicht meiner Mutter Kartoffeln schälen half. Eines Tages sah er über sich eine Ratte! Sie war nur die Kundschafterin, die Vorhut. Es hat nur wenige Tage gedauert, bis es von Ratten wimmelte, die uns alle mit unfreundlichem Blick vom Rebendach her anglotzten, unzählige. Wir alarmierten das zuständige hygienische Institut, man kam dann an mit Räucherapparaten, mit Terriern, die in diesem Gas entsetzlich husteten, aber immerhin einige Schlupfgänge der Ratten entdeckten. Am nächsten Tag lagen Rattenleichen zuhauf auf dem Boden, den Geruch des Gases konnten wir tagelang nicht loswerden, die Kadaver aber waren wegzuschaffen. Die trauernden Hinterbliebenen, stärker an der Zahl als die Opfer, die dort unten lagen, guckten weiter auf uns herab. Die Zugehfrau sagte: »Señora, wir brauchen eine Katze.« Meine Mutter mochte Katzen nicht, sie hatte einmal gesehen, wie eine Katze einen Vogel fing und fraß. In Montevideo wilderten Katzen auf den Straßen, nicht wenige wurden überfahren.

Am nächsten Tage erschien die Zugehfrau mit einer halbwüchsigen Katze, die ganz abgemagert war und ein bisschen rachitisch wirkte. Eine halbe Albino, besaß wie mein Onkel Hermann Putzig, der Kinderarzt, ein blaues und ein graues Auge und war so schwach, dass eine mittlere Ratte sie hätte umbringen können. Doch keine Ratte wurde mehr gesehen. Blanca musste sich erst an ihre neue Umgebung gewöhnen. Mein Großvater nahm sich ihrer an. Einmal fand sie nicht den Abstieg von einem Dach. Er hielt ihr ein Bügelbrett entgegen, und auf dieser schrägen Ebene kam sie herunter und spielte dann mit seinen Füßen.

Als er später im Alter von vierundachtzig Jahren starb, saß sie tagelang unbeweglich vor der Tür des Schlafzimmers, den weißen Schwanz um die Vorderpfoten geschlungen.

Sie erwies sich als sehr fruchtbar. Da wir nicht kastrierten und sterilisierten, schon aus Ersparnisgründen nicht, war ihr Nachwuchs allzu üppig und wurde auf arge Weise beseitigt. Immerhin, einige ihrer Nachkommen haben wir noch bis zum Umzug in unser letztes Haus behalten. Ihr Erstgeborener war eine Katerschönheit, hermelinweiß und blauäugig, ein tauber Albino. Wenn ihm seine Triebe zu sehr zusetzten, konnten wir nicht verhindern, dass er sich am Büfett verging. Das Esszimmer betraten wir dann ungern. Blanca ist ungefähr sechzehn Jahre bei uns geblieben. Da wollte ein verständnisvoller Tierarzt nicht mehr operieren. Wie wir sie zur Einschläferung brachten, vergesse ich nicht. Umgang mit Tieren zu versäumen ist ein menschliches Manko.

Mit der Rattenplage hatte es leider nicht sein Bewenden; die Hafenstadt, auf einer Halbinsel gelegen, mit ihren langen, schachbrettförmig wie in Amsterdam, New York oder Mannheim angelegten Straßen, in deren Häusern Duschen obligatorisch und Bidets nicht selten waren, erwehrte sich nur mühsam des Ungeziefers. Peinlicher als die Rattenplage war die Wanzenplage, doppelt peinlich für Leute, die Wohnungen oder Zimmer vermieten wollten. Ganz selbstverständlich war die Plage denn doch nicht, man übte Diskretion. War man selber heimgesucht, wusste man doch nicht, wie es dem Nachbarn erging. Es gab Kammerjäger, natürlich. Ihr Erfolg war begrenzt. Besichtigte man Wohnungen, konnte man Leute überraschen, die heißes Wasser auf die *camaturcas*, die landesüblichen bescheidenen Betten, einfache Rahmen mit Drahtböden, gossen. Diese Heimsuchung war nicht persönlich verschuldet, neue Häuser wurden oft aus alten Steinen erbaut. Ein großer Teil der uruguayischen Fauna war mit den Schiffen der frühen Siedler gekommen. Spatzen vermehrten sich in völliger Freiheit, so war es auch mit vielem Ungeziefer. Die Befreiung geschah schnell und vollständig. Wir dankten dem DDT als einem Menschheitssegen, die Nebenwirkungen dieser Chemikalie traten erst viel später zu Tage.

Das Uruguay, das wir zu finden, in dem und mit dem wir zu leben hatten, war alles andere als ein exotisches Land, sein Klima gemäßigt, seine Geschichte die eines gewonnenen Kampfes um Freiheit. Wenig Koloniales mehr, viel von einer europäischen Filiale. Nicht nur Tiere und Pflanzen stammten aus dem alten Erdteil, auch Geistiges, ein großer Teil der Unterrichtsstoffe und nicht zuletzt Musik. In wachsendem Maß wurde in jenen und späteren Jahrzehnten dann wieder Autochthones gepflegt, das Schweifen, das Reiten auf dem flachen, weiten Land war bei vielen noch Brauch, das Braten des mit dem Lasso eingefangenen Rindes war kein Akt künstlich gepäppelter Folklore, sondern schlicht Brauch. Vom Rinderbesitz lebten sie, nicht eigentlich von der Viehzucht, vom Verkauf des nun in den *frigoríficos,* – den riesigen Kühlhäusern amerikanisch-internationaler Firmen wie Swift und Armour – verarbeiteten Fleisches, vom Leder, von Schafen, ihrer Wolle und ihrem Fleisch, dies in Konkurrenz mit englischen Erzeugnissen. Nicht zuletzt lebte und lebt man in Uruguay vom Tourismus, vom langen bequemen Strand am Rio de la Plata. Von Montevideos Badestrand zogen sich weit nach Osten die *balnearios*, der Vorort Carrasco, das feinstille Atlántida, in dem die Buschs Ferien machten, das populäre und große

Piriápolis, das mondäne Punta del Este und, näher an der brasilianischen Grenze, La Paloma. Von der Landschaft her war Piriápolis vielleicht der schönste Ort, nur eben überlaufen. Ich schlage nicht nach in der Chronik, erzähle nur: Ein kleiner italienischer Händler, Francesco Piria, kam nach Uruguay, entdeckte ein schönes Stückchen Land und Wasser, streute die Samentüte aus, schnell wuchs der Eukalyptuswald, kleine Höhen lockten zum Spazieren und Verweilen, eine Kleinbahn der Berliner Firma Orenstein & Koppel dampfte die kurze Strecke von Piriápolis nach Pan de Azúcar, dem Berg, der der Landschaft ihren besonderen Reiz verlieh, ein gleichnamiger Ort an seinem Fuß.

Das war alles nicht urhaft, nicht ursprünglich. Eifriges Pflanzen und Siedeln mittelte zwischen sacht gezüchteter, veränderter, bereicherter Natur und Urbanem; von Montevideo, bis heute der einzigen Großstadt des Staates, zog man zu diesen Badeorten, und über allem lag ein Eukalyptusduft. Der Eukalyptus ist ja kein einheimischer Baum, stammt auch nicht aus Europa, sondern aus Australien. Der vielleicht größte südamerikanische Staatsmann, der argentinische Politiker, Freiheitsdenker und Freiheitskämpfer, Erzieher, Journalist, Schriftsteller und schließlich argentinischer Staatspräsident, dessen Buch ›Facundo‹ ein Meisterwerk ist, das weit hinausgreift über argentinische Kämpfe, genährt von einem leidenschaftlichen jungen Patriotismus und tiefer Bildung, Domingo Faustino Sarmiento also (1811–1888), hat in den sechziger Jahren des 19. Jahrhunderts den Eukalyptus eingeführt, einen schnell wachsenden, kurzlebigen Baum, dessen flache Wurzeln kellerlose Häuser anheben und zerstören können. Er wird gefällt und macht einem anderen Platz, er spendet Feuchtigkeit und Schatten, Bonbons gemahnen an ihn.

Montevideo ist in meiner Erinnerung voller Klang. Ging man durch die Straßen, trat man in Behausungen zumal der »kleinen Leute«, scholl einem aus den einfachen Empfängern, gesendet von vielen kleinen Privatstationen, populäre Musik entgegen, zumeist Tango. Es spielten *orquestas típicas*, die einheimisch gewordene Gitarre hatte in ihnen ihren Platz, einheimisch in Buenos Aires war schon das beherrschende Bandoneon, das zu hackendem Rhythmus ruckartig gequetscht und auseinander gezerrt wurde, das Klavier fungierte als veredeltes Schlagzeug, die Geige klagte, ein Jauchzen vernahm man nicht. Der Tango, volkseigen geworden, ist in der Metropole Buenos Aires mit ihren armen und pittoresken *barrios* (Vierteln, Stadtteilen) schwermütig-sinnliche, für mein Gefühl niemals lustige Großstadtmusik. Sie ergeht sich gerne in Moll. *La cumparsita*, der wohl beliebteste Tango, stammte von einem Uruguayer, Matos Rodríguez. Ich habe den schlichten Mann am Flügel von Radio Ariel mit seiner Weise gesehen und gehört. Die argentinischen *orquestas típicas* waren klein, aber zahlreich, gastierten oft in Montevideo und produzierten 25-cm-Schallplatten in Fülle. Diese Platten rotierten auf den Spieltischen der Radiostudios. Der Sänger dieser argentinischen Großstadtwelt, Carlos Gardel, ist nach seinem frühen Tod bei einem Flugzeugunglück zur Kultfigur geworden.

Konkurrenzlos waren die *típicas* nicht. Es gab die *características*, nicht ganz Salonkapellen zu vergleichen. Der Jazz gewann an Macht, wie man denn überhaupt bei manchem eifersüchtigen Vorbehalt sich dem nordamerikanischen Einfluss nicht entziehen konnte. Hinzu kam Kubanisches, in Arrangements auf den internationalen Markt drängend: die ›Lecuona Cuban Boys‹, genannt nach Ernesto Lecuona, dem populärsten kubanischen Komponisten, geleitet von Armando Oréfiche. Und Xavier Cugát, Geiger, der einst Caruso am Klavier begleitet hatte. Seine Kapelle war schon international. Als er mit seinem Ensemble auf dem Montevideaner Flughafen gelandet war, trug er bei sich den kleinsten Hund, den ich je gesehen habe. Ein Kollege stellte fest, das Tier könne in einer Mokkatasse unterkommen. Unter den *típicas* gab es schon Astor Piazzolla, sein Ruhm als Komponist erblühte erst später. Damals blieb mir all diese Musik fremd. Wenn ich sie heute höre, weht sie rührend das Gestern mir zu, und Ferne hebt sich auf.

Das war nun gewiss nicht alle Musik. Es gab auch andere, höhere, natürlich vorbehalten einer Minderheit. Ich muss bekennen, dass meine wesentlichsten, die weitest- und die tiefstwirkenden Musikerlebnisse Montevideo zum Schauplatz, zum Hörplatz hatten. Und dabei die deutschesten. In vielen Wohnungen stand, an vielen Orten hörte man Klavier. Das ist nun keine ausschließliche Montevideaner Erscheinung. Im Berlin meiner Kindheit und Jugend, aber auch in Bad Freienwalde an der Oder und wahrscheinlich überall zählte ein Klavier zum Mobiliar und war sehr oft ein hübscheres Möbel als ein taugliches Instrument. In den Kneipen standen Klaviere, oft bedient von einem armen Professionellen, den man Klavierspieler nennen musste, nicht Pianist nennen konnte. In keinem Bereich gab es eine so gedehnte Rangordnung und Stufenleiter der Ausübungen wie bei den Berufsmusikern. Derlei Missbrauch und Unzulänglichkeit wurde rasch durchs Radio zunichte gemacht. Damit ist vieles gewonnen und manches verloren gegangen – so der vielleicht unbedarfte, aber auch unbefangene Umgang mit Musik.

Ich habe in Freienwalde einen Betrunkenen gehört, der, einen Klimperkasten wüst traktierend, Zoten grölte. Der Kerl brauchte also das Klavier. Es diente bürgerlicher oder nicht mal bürgerlicher Anspruchslosigkeit. Klaviergeklimper in jedem Bürgerhaus. Ungehemmt erweitere ich diese Parenthese. Das vorzüglich redigierte ›Berliner Tageblatt‹ des Theodor Wolff hatte allwöchentlich eine große Kupfertiefdruckbeilage, den ›Weltspiegel‹, und eine kleine, ›Haus, Hof, Garten‹, auf deren letzter Seite ein populäres Lied oder ein Schlager stand, Text und Noten. Damit ging mein Vater sogleich an sein Klavier. Der Ullstein Verlag publizierte eine Reihe von Notenausgaben, Werke großer Meister, jeweils ediert von einem hervorragenden Pianisten:

Klaviermusik fürs kulturbeflissene Haus. Berliner Warenhäuser hatten, wie schon erwähnt, vor der Phonozeit Musikabteilungen, die Klaviernoten überwogen. Die großen Musikverlage trugen seit der klassischen Zeit einer sich vermehrenden Nachfrage Rechnung mit genauen Klavierauszügen für die bürgerliche Bibliothek, für den Opernbesuch, und mit Arrangements, Potpourris, bearbeiteten Einzelstücken, Ohrwurmzucht und mehr. Zurück zum Rio de la Plata: Der Verlag ›Ricordi Americana‹, selbständige Filiale des Mailänder Verlags, betrieb diese Praxis. Ich schrieb einmal ein Textlein zu einer Klavieranthologie des Freundes Thomas Mayer.

Das Montevideaner Klima begünstigte offenbar ernsthaftes und speziell virtuoses Klavierspiel. Persönlichkeiten der damals schon älteren Generation hatten sich zu ihrer Ausbildung und Bildung Meister in Europa gesucht, der distinguierte Vicente Pablo, der das beginnende Symphonieorchester dirigierte, hatte bei Busoni, die imponierende Beba Herrera de Ríus bei d'Albert studiert. Dann aber vor dem Ersten Weltkrieg ließ sich ein Mann in Montevideo nieder und gründete ein allerdings klavierlastiges Konservatorium. Seine Weisungen und wohl auch seine Weisheit förderten erstaunlich viele Schülerinnen zu Konzertreife und bravouröser Technik. Hochbeliebt bei den Eingeweihten, zeigte er sich kaum je in der Öffentlichkeit, wirkte aber nicht als graue Eminenz. Erst nach vielen Jahren habe ich ihn leibhaftig kennengelernt, wurde ich in seinem kultivierten Haus empfangen, in der Mitte seiner großen Bibliothek stand eine stattliche Kierkegaard-Ausgabe: Guillermo (Wilhelm) Kolischer. Ein polnischer Jude, der in Berlin an der Musikhochschule bei Karl Heinrich Barth studiert hatte – genau wie Arthur Rubinstein, mit dem er befreundet war. Während des Ersten Weltkriegs hat Rubinstein längere Zeit bei Kolischer in Montevideo gewohnt, damals, als er im schönen Teatro Solís gemeinsam mit Nijinsky auftrat. Es sollte des großen Tänzers letzter Auftritt sein. Kolischer hatte die tiefsten Eindrücke von Ferruccio Busoni empfangen, von dem und dessen Zirkel am Viktoria-Luise-Platz er bestrickend erzählte: Evokation der Alten Welt. Soll ich Kolischers tüchtigste Schülerinnen nennen, die sich auch als Solistinnen des Orchesters zu bewähren hatten? Die hochbegabte Nibya Mariño, Mercedes Olivera, die Uruguays erste Cembalistin wurde und respektabel die Goldberg-Variationen einspielte, Fanny Ingold, Bettina Rivero, die liebe Victoria Schenini, die erste Klavierlehrerin meines Freundes Luis Batlle, der in diesen autobiographischen Abschweifungen nicht nur flüchtig erwähnt werden kann. Er wurde natürlich auch Schüler von Kolischer und nach dessen Scheiden sein Nachfolger im Konservatorium, er studierte in Paris bei dem ausgezeichneten Yves Nat und wurde aufgenommen in den Kreis des großen Rudolf Serkin. Über Luis mehr an anderer Stelle. Nach so viel Lehren und so viel Zurückhaltung trat der Zuchtmeister Kolischer entschlossen vor die Öffentlichkeit, spielte in langem Zyklus das gesamte Klavierwerk von Chopin und zog sich wieder zurück. Er übte Autorität ohne Eitelkeit.

Den Schwerpunkt des Montevideaner Musiklebens in jener Zeit bildete das erst seit einigen Jahren bestehende staatliche Symphonieorchester mit seinen jeden Sonnabend der ausgedehnten Spielzeit stattfindenden Konzerten, die ihrerseits den Höhepunkt der Woche bildeten und den Treffpunkt der Musikliebhaber, durchaus ein gesellschaftliches Ereignis, doch jedermann zugänglich. Der Eintritt zum vierten Rang mit unnumerierten Plätzen kostete wenig, um 18.30 oder 18.45 Uhr begann damals das Konzert. Um 17 Uhr wurde die Pforte zur Treppe geöffnet. Wir stürmten hinauf, lasen die Kommentare im gratis verteilten Programmheft und steigerten im Gespräch unsere Spannung. Ein illustrer Gastdirigent vermochte Abendleistung und Gesamtniveau des Orchesters mitreißend zu heben. Dieses Orchester war das erste ständige des Landes. Es musste erst professionalisiert werden, für diese Aufgabe war ein italienischer Dirigent verpflichtet worden, der Montevideo nie wieder verlassen hat. Lamberto Baldi, winzig klein, fleißig, lebhaft und durchaus ehrgeizig, machte aus den überwiegend einheimischen Spielern eine zünftige Gemeinschaft, der man die Bewältigung des großen Repertoires zutrauen konnte. Es war möglich und sinnvoll, Dirigenten und Solisten von internationalem Rang einzuladen. So war die Situation 1939, im Jahr unserer Ankunft in Montevideo. Unser erstes Symphoniekonzert in diesem Land, in dem ich, wie ich noch nicht ahnen konnte, sehr viele Orchesterkonzerte und zudem Proben hören sollte, dirigierte ein dreißigjähriger Immigrant unserer Herkunft, Dr. med. Eric Simon. Er hatte in Würzburg bei Hermann Zilcher das Dirigierfach studiert, daneben Medizin, versuchte, Konzerte neben den offiziellen zu veranstalten, erteilte Einwanderern, so meinem Vater, Spanischunterricht und wurde Musiklehrer an der British School. Später rief er eine für das ganze kleine Land bedeutende Chorbewegung ins Leben. Eine begeisterte Aufführung von Händels ›Messias‹ im Fußballstadion der Stadt Salto im heißen Norden von Uruguay nahe der brasilianischen Grenze vergesse ich nicht. Initiation eines neuen Publikums. Aber das war viel später. Jetzt dirigierte Eric Simon die ›Figaro‹-Ouvertüre, die Erste Symphonie von Beethoven, das Violinkonzert von Glasunow mit seiner damaligen Frau, der feinen und reizvollen Esther Manevich, als Solistin und Strawinskys ›Feuervogel-Suite‹.

Andere Dirigenten erschienen als Gäste. 1939 war es ein Dirigent von erstem Range: Erich Kleiber. Zwei Jahre später Fritz Busch. Sie waren, beide 1890 geboren, Altersgenossen, hatten früh hohe Stellungen und hohen Ruf erlangt, gemeinsam war ihnen das hohe Repertoire, gemeinsam überhaupt vieles bei deutlichen Unterschieden des Wesens und der Erscheinung. Rivalität konnte nicht ausbleiben, zumal an Orten, an denen sonstige Konkurrenz spärlich war. Sie hielt sich in Grenzen, stellte die Kollegialität nicht in Frage, gelegentlich beriet man sich in Briefen und stattete einander Krankenbesuche ab. Sie wirkten nun beide vornehmlich in Lateinamerika, so mussten sich ihre

Wege kreuzen und oft auf dieselben Podien führen. Der Wiener Erich Kleiber hatte 1935 seinen Posten an der Berliner Staatsoper aufgegeben und war mit wohleingerichteten Orchestermaterialien ins Ausland gegangen. In Buenos Aires hatte er bereits 1926 – Fritz Busch 1933 – debütiert. Er imponierte in Montevideo mit Autorität und Präzision, der Insistenz, der Intelligenz, der Eleganz seines Dirigierens. Seine Gesten zeichneten Musik nach, waren beinahe choreographisch. Er war ein unerbittlicher, das Ensemble und sich selbst fordernder Probierer, detailversessener, auf Feinschliff bedachter, das Ganze natürlich im Ohr behaltender Orchesterchef. Seine Arbeit gipfelte meist in der Generalprobe. Da ging er aus sich heraus, sang signifikante Passagen tenoral mit, federnd auf den Zehenspitzen. Nicht einmal mittelgroß, in reifen Jahren untersetzt, die Glatze in einem Rest dunkelblonden Haares eingefasst, war er anders als sein Sohn Carlos kein schöner Mann, aber er übte Macht über Ausführende und Publikum. Sein Auftreten war bei aller Geschmeidigkeit gebieterisch, fast napoleonisch; Alma Mahler hat das bemerkt. Doch war er nicht martialisch, sondern oft tänzerisch, nicht nur im Spiel seiner Hände. Sein Repertoire war, ganz anders als das seines Sohnes Carlos, weit, im Zentrum die Beethoven-Symphonien, die er in Montevideo zyklisch aufführte. Den ersten Eindruck gewann ich schon 1939 bei der Generalprobe der Neunten. Zu seinem Wienertum bekannte er sich in Aufführungen der Musik von Johann und Josef Strauß, deren Genialität er beglückend bewies. An einem schicksalhaften Datum, dem 1. September 1939, saß ich am Radio. Der Zweite Weltkrieg war ausgebrochen, und in der Nacht wurde aus dem Teatro Colón in Buenos Aires, dessen deutsche Opernspielzeit in jenem Jahr Kleiber leitete, ›Der Zigeunerbaron‹ übertragen. Und das war nicht Unterhaltung, sondern Abschied und Verklärung. So erfuhr ich es auch ein paar Jahre später in einem Montevideaner Konzert des Dirigenten, dessen Tragik es sein sollte, dass er – ähnlich wie sein Landsmann, Kollege und Vornamensvetter

Leinsdorf – keinen Ruf seiner Vaterstadt erhielt. Es war ein Wiener Programm mit einem der Stücke von Dittersdorf nach Ovids ›Metamorphosen‹, der großen Es-Dur-Symphonie von Mozart, Schuberts Zwischenakt- und Ballettmusik zu ›Rosamunde‹ und eben der Walzer ›G'schichtn aus dem Wienerwald‹. Kleiber bestand auf dem Zithersolo in der Einleitung, ein Mitglied eines deutschen Zithervereins war aufgetrieben worden, er spielte an einem kleinen Tischchen neben dem Podium das Solo, und der Dirigent wischte sich die Augen – wie er es auch tat, als während des Krieges die bedeutende Editha Fleischer-Engel im ›Deutschen Requiem‹ von Brahms »Ihr habt nun Traurigkeit...« sang.

Mein Vater schrieb damals eine kleine biographische Broschüre über den Wiener, der ja bis vor kurzem eine Berliner Figur – ein Jahrzehnt an der Staatsoper – gewesen war und ihm nun aus seinem Leben erzählte. Zugänglich war er indessen wenig, stets in Nervenspannung, die sich löste, wenn seine in Buenos Aires geheiratete amerikanische Ehefrau Ruth Goodrich ihn begleitete. Briefe an sie, in denen er ihr von seinen Tagen in Montevideo berichtete, sind in der Kleiber-Biographie von John Russell enthalten, die Andreas Graf Razumovsky für den Langen-Müller Verlag übersetzt hat. Da berichtet er ihr von mancherlei, bei dem unsereiner Zeuge im Hintergrund war. Berichtet auch von dem originellen Impresario und Konzertagenten José (Josef) Schraml. Der schwergewichtige, immer ein wenig schläfrige Münchner war seit Jahrzehnten in Buenos Aires ansässig als Vertreter der Agentur ›Conciertos Daniel‹ des von Spanien aus wirkenden Kubaners Ernesto de Quesada, dessen wiederum Rubinstein sich in seinen Memoiren erinnert. Schraml war gar so geschäftstüchtig nicht – Kleiber führte seine Verhandlungen, stellte seine Forderungen lieber allein. Aber er, Schraml, war großzügig und hilfsbereit, hat Bedrängten Gutes getan und überdies mit Freikarten nicht geknausert. Er und seine Frau, jüdische Wienerin, gehörten zum Musikbetrieb an beiden Ufern des Rio de la Plata und zu unserer Musikerfahrung, die wesentlich dazu beitrug, ein neues Heimatgefühl zu gewinnen. Der Mann aus Deutschland und von Welt, der dieses Heimatgefühl mir und den Meinen und den mir, uns Nahen am nachhaltigsten gab, war Fritz Busch.

Man sollte, durfte, konnte sich in Uruguay einleben, ohne Selbstaufgabe, ohne Aufgabe der eigenen Sprache, Herkunft, Nationalität. Sie ließen sich mit der Zugehörigkeit zur Republik und ihrer Sprache vereinbaren. So nannte man einen Eingebürgerten »catalán«. Oder, wie mich, »alemán«. Und erkannte ihn als Urugayer an. Vor meiner Musiksendung am Sonntagvormittag in Radio Ariel gab es – so tolerant war der Sender von Luis Batlle Berres – ein griechisches Programm, sein Leiter, der *griego* Droso Kypreos, versorgte die griechische Minderheit mit Kommentaren in der Muttersprache und heimatlichen Melodien. Zugleich gehörte er als Mitglied der Fraktion Liste 15 dem uruguayischen Abgeordnetenhaus an. Ich selber sprach viel Spanisch vorm Mikrofon. Den Akzent konnte ich nicht vermeiden, ein freundlich hingenommenes Merkmal.

Die Frauen und Mädchen unserer Herkunft, die Freundinnen meiner, unserer jungen Jahre hatten es nicht leicht – und doch manchmal leichter als die jungen Männer. Die Frauenemanzipation bahnte sich dort erst zögernd an; mag sein, dass »unsere« Mädchen unwillkürlich zu ihr beigetragen haben. Sie fanden, zumal wenn sie Englisch konnten, als Korrespondentinnen, Sekretärinnen Stellungen und Aufgaben, die uruguayischen Damen damals noch nicht passten. Mädchen durften damals noch nicht einmal eine Zigarette auf der Straße rauchen. Es war verboten, dass ein junger Mann das Haus eines Mädchens betrat. Man sah immer wieder, wie die Pärchen anderswo spazieren gingen, anderswo saßen. Die Männer schlangen den Arm um Schulter und Hals der Señorita. Oder sie saßen beieinander im Hausflur, im *zaguán*, die Tür hinter ihnen war geschlossen.

Mischehen gab es ganz wenig. Aus unseren Emigrantenkreisen hat nur eine einen übrigens distinguierten und vermögenden Uruguayer geheiratet, die Tochter von Werner Jacoby, dem Industriellen und Juristen, Gemeindevorsitzenden, dem humorvoll fabulierenden und gütigen Freund.

Wir waren mittellos, es gab aber Gratisfreuden an und in dem hübschen Stadtteil Pocitos, in dem wir die ganze Zeit wohnten und heimisch werden konnten. Spaziergänge an der Rambla, der Uferstraße und den Strand entlang, mit Blick auf freundliche Villen und Gärten.

In den ersten Wochen verirrten sich meine Eltern einmal bei solchem Spaziergang. Da trat aus einem Hausflur ein hochgewachsener, blonder Herr auf sie zu und sprach sie in gebrochenem Deutsch an. Wer sie denn seien. Er führte sie in sein Haus, das überquoll von Büchern. Juan Carlos Sábat Pebet. Er stellte sich als Gymnasiallehrer für Spanisch und Literatur und als Schriftsteller vor. Er wirkte zunächst an einer älteren Schule, in einem ehemaligen Familienhaus. Die Ausstattung war eher primitiv, uns hätte es an manchem gefehlt. Aber der Unterricht übertraf bei weitem die Lehrmittel. Die oft tüchtigen Lehrer mit Studienräten zu vergleichen wäre irreführend. Kaum einer, nur eben Sábat Pebet, war ausschließlich Lehrer. Biologieunterricht etwa erteilten oft Ärzte, die zwischen Praxis und Klassenzimmer pendelten. Das war kein Manko, es brachte Lebensnähe.

Sábat Pebet, sehr *homme de lettres*, war mit Humor und Pathos ein geborener Pädagoge, von dem Schlag also, den ich verehre. Seine Schüler, von denen einige auch meine Schüler waren, schwärmten von ihm. Er war ein hinreißender Lehrer und Redner, ein Pädagoge auch außerhalb der Schule. Er war stadtbekannt, ehe er durch seine Position prominent wurde. Ich besitze von ihm einen gedruckten Vortrag über Goethe aus dem Jahr 1932 mit der Übertragung eines Gedichts und einen gelehrten und klugen Essayband ›Retornos del Apex‹ (Rückwege vom höchsten Punkt).

Sábat Pebet wurde Direktor eines neuen Gymnasiums. Er lehrte unter anderem Ehrfurcht vor Literatur, Ehrfurcht vor dem Gegenstand. In Uruguay war ja das ganze staatliche Unterrichtswesen gratis. Nun sollten auch die Lehrbücher kostenlos den Schülerinnen und Schülern übergeben werden. Dagegen wehrte er sich. Er werde dafür sorgen, dass Unbemittelte unauffällig die notwendigen Bücher kostenlos erhielten. Ein Buch aber müsse als Wertobjekt wahrhaft und wirklich begriffen werden, es könne nicht sein, dass ein Straßenbahnfahrschein teurer sei als ein Buch. Die in Uruguay allgemein übliche Koedukation, die mich frappierte, weil völlig ungewohnt, war ihm ganz selbstverständlich. Juan Carlos Sábat Pebet wurde später Inspekteur des ganzen uruguayischen höheren Schulwesens.

Er war mein erster uruguayischer Förderer. Jeden Sonntagvormittag ging ich zu ihm und traf dort Intellektuelle, auch ausländische, den italienischen Kulturattaché, einen Faschisten mitten in einer demokratischen Gesellschaft, einen Musikwissenschaftler, der über alte koloniale Musik arbeitete, besonders aber sich mit Boccherini beschäftigte, – man befand sich in einer interessanten Gesellschaft, inmitten der großen Bibliothek.

Sábat hatte vier Kinder. Der älteste Sohn heißt wie sein Großvater, der auch schon seine Zeitgenossen und Mitbürger karikiert hatte, Hermenegildo, genannt Menchi, er hat schon früh gezeichnet, sich auch für Musik interessiert. Ihn sehe ich noch, wie er neben mir sitzend mit einer alten Leica auf der Generalprobe Rudolf Serkin fotografierte.

Nicht lange vor ihrem beklagenswerten Ende präsentierte die schöne Tiefdruckbeilage der ›FAZ‹ in einem Artikel des Buenos Aires-Korrespondenten Josef Oehrlein den nun über siebzigjährigen Künstler, dessen Zeichnungen im ›Clarín‹, der spritzigen Abendzeitung von Buenos Aires, argentinische und internationale Erscheinungen in mehrfachem Sinne treffend traktieren.

Das Thema taucht variiert immer wieder auf: die Deutschen, und das muss heißen die Deutschsprachigen am Rio de la Plata, in Argentinien also, wo Mengen und Mischungen weit umfänglicher waren, und in Uruguay. Einmal hatte es nur die deutsche Kolonie gegeben, abhängig vom jeweils offiziellen Deutschland, jetzt dem Naziregime. Nun waren die Immigranten da, die nicht ganz dasselbe Vokabular gebrauchten, die Sprache aber treuer bewahrten als jene. Einen Verkehr zwischen beiden Gruppen konnte es nicht geben. Einige Verbindungen gab es denn doch. Mit dem Fortgang des Krieges und der deutschen Siege gingen sie in die Brüche. Mein Vater hatte Empfehlungen mitbekommen an einige Angehörige ebendieser deutschen Kolonie. Der Direktor der Deutschen Bank empfing ihn höflich, doch unverbindlich im Wortsinn. Interessant und anregend war in unserem ersten Montevideaner Jahr der Verkehr mit Professor Otto Kasdorf und seiner Familie. Kasdorf, geboren 1880, in ›Kürschners Deutschem Gelehrtenkalender‹ mit einer Anzahl von Publikationen verzeichnet, darunter, unter dem Pseudonym »O. Kado«, ›Regeneration der Freimaurerei‹, besonders Büchern über Technik in der Landwirtschaft, noch spezieller über moderne Milchwirtschaft und ihre Organisation. Als Gastprofessor in Montevideo wandte sich der Pionier der Betriebswirtschaft der Praxis zu, richtete eine Kette von Molkereigeschäften ein und brachte den Bürgern der Hauptstadt, die so etwas noch nicht kannten, die dicken Flaschen und ein gemütliches Gartenlokal. Lange konnte er den Betrieb nicht halten, er wurde verstaatlicht. Unter klangvollem Namen: CONAPROLE. Abkürzung für »Cooperación Nacional de Productores de Leche«. Dann aber machte Kasdorf unter seinem eigenen Namen einen neuen Betrieb auf. Er war zu sprechen, lud uns in sein Haus mit seiner reichen Bibliothek, dem Flügel und der Hausorgel seiner österreichischen Frau und dem heimatlichen, üppigen Garten, darin ein Ententeich. Im Bücherregal stand zwischen Hitlers ›Mein Kampf‹ und Rosenbergs ›Mythus des 20. Jahrhunderts‹ das Buch des drei Jahre später von den Nazis ermordeten Edgar J. Jung, ›Die Herrschaft der Minderwertigen‹. Die Kaffeetafel war deutsch-österreichisch und reich. Köstlich, gleichsam aus der Quelle, die Schlagsahne. Kasdorfs sandten uns mit ihrem Fahrer Blumen aus ihrem Garten und deutsche Zeitungen, die ›Frankfurter Zeitung‹ und die ›DAZ‹. Wir lasen sie mit gemischten Gefühlen, ich fand noch anständige, auch anmutige Feuilletons, keimfreie Reiseberichte von Graf Pückler. Der Verkehr endete mit dem Krieg. 1942 traf ich Kasdorfs in Buenos Aires bei einer Wagner-Aufführung unter Fritz Busch im Teatro Colón. Da übten wir Zurückhaltung. Ungetrübt ist die Erinnerung an die feinfühlige Tochter Ilse, die später an Dr. Hermann P. Gebhardts demokratisch-deutscher Rundfunkstunde mitarbeitete.

Von dieser Art Beziehung rührt keine Seelenabschürfung her. Man ging seines Weges, eines anderen Weges. Annäherungen wurden erst nach dem Kriege möglich.

Eine deutsche, urdeutsche Familie stand in jenen Verhältnissen für sich, und stand für uns, ihre wesentliche Eigenschaft war Lauterkeit. Gustavo Stapff stammte aus Weimar und war ursprünglich Buchhändler, aber längst im doppelten Sinne umgesattelt. Er bewahrte in neuer Umwelt alte Interessen, alte Gesinnung. Er teilte sie mit seiner heiter-lebhaften schwäbischen Frau, die in Weinsberg geboren war, im Schatten von Justinus Kerner, Nachfahrin wohl jener unerschrockenen Frauen, die mit kecker List ihre Männer gerettet und damit den Beweis geliefert hatten, dass das starke Geschlecht das weibliche ist. Stapff war von seinem Bruder vor langer Zeit als Partner in dessen Firma geholt worden, Carlos Stapff & Compañia, die mit importierten deutschen Laboreinrichtungen und Ähnlichem für wissenschaftlichen und technischen Gebrauch handelte. Stapffs hielten sich den Ansprüchen der deutschen Botschaft und der NSDAP fern. Sie waren frei. Und musisch, teilnehmend am kulturellen Geschehen. Es verstand sich von selber, dass sie zum engen Kreis gehörten, der sich um Fritz und Grete Busch schloss, wenn die-

se gastlich gastierten in Montevideo, bei einigen Freunden ein-
kehrten und sie bei sich einkehren ließen. Wir trafen uns im
Busch-Zeichen, andere waren dabei, denen ich Tribut schulde:
Dr. Karl Leopold Mayer und Frau, Dr. Hans Eisner und Frau.
Stapffs Sohn Volker, dessen Versiertheit in Bachscher Musik
Fritz Busch lobte, wurde ein führender Laryngologe in Monte-
video und heiratete in eine angesehene uruguayische Familie.
Auf meine Empfehlung sprach Sonja Wegner bei ihm vor, eine
Essener Historikerin, die mit erstaunlichen Ergebnissen und fei-
ner Einfühlung die deutsch-jüdische Einwanderung in Uruguay
erforscht hat. Er hat sie freundlich empfangen und sich nur in-
sofern geirrt, als er politisch-moralische Verdienste seiner Familie für selbstverständlich erklärte. Das weißhaarige alte Ehepaar
Stapff hat uns noch mit einem Besuch in Frankfurt erfreut.

Eine tragische historische Episode verschlug eine weitere
Gruppe deutscher Menschen, mehr als 1000 an der Zahl, nach
Uruguay. Ein knappes halbes Jahr nach unserer Ankunft war der
Zweite Weltkrieg ausgebrochen, vorher schon und nun erst
recht gefürchtet als die Katastrophe, an die, schrecklich paradox,
die einzige Hoffnung sich knüpfte: die Befreiung vom Bösen.
Wir fürchteten um »unsere Leute«, die sich nicht mehr retten
konnten. Nicht zuletzt, weil ihnen anderswo – nicht oft genug
kann daran erinnert werden – kein Einlass gewährt wurde. Das
ganze Ausmaß des Grauens wurde uns erst nach Kriegsende bekannt. Wir fürchteten auch – sehr zu Recht – um unsere »arischen« Freunde. Die Jungen aus meiner Klasse waren ja die Ersten, die an der Front eingesetzt wurden. Der Krieg war indessen
fern, gering unsere Vorstellung von ihm, die Zeitungen hängten
an ihren Gebäuden Tafeln mit den neuesten Nachrichten aus, die
sich dann, von ›United Press‹ vermittelt, am Abend oder am anderen Morgen im Blatt fanden. Man hörte, wenn man ein Gerät
hatte – wir hatten lange Zeit keines mehr – Radio. Kurzwellen
trugen auch Sendungen der Kriegführenden zu uns, beispielhaft
die der BBC. Nah war der Existenzkampf, war die Lernnotwen-

digkeit in dem Land, das uns nicht fremd bleiben durfte, in dem
wir nicht Fremde bleiben durften. Eines heißen Sommertags
aber war der Krieg unmittelbar vor unserer Tür. Noch heute
höre ich die gewaltige Detonation. Das deutsche Panzerschiff
›Admiral Graf Spee‹ war in den Südatlantik beordert worden,
Schiffe zu versenken, deren Frachten die Alliierten versorgen
sollten. Es geschah ihm, was schon dem Seekriegsmann geschehen war, dessen Namen er wie ein Omen trug und der in der
Schlacht bei den Falkland-Inseln, kämpfend gegen britische
Übermacht, mit seinem ganzen Geschwader untergegangen war.
Vor dem luxuriösen Badeort Punta del Este wurde das Panzerschiff ebenfalls von einer britischen Übermacht gestellt. Er
musste in der Schlacht unterliegen. Die Verluste: fast 40 Tote,
viele Verletzte, auf See nicht zu reparierende Havarien. Der
Kommandant, Kapitän zur See Hans Langsdorff, beschloss, den
Hafen von Montevideo anzulaufen. Die uruguayische Regierung gestattete ihm nur einen Aufenthalt von 72 Stunden. Danach hatte ›Admiral Graf Spee‹ die uruguayischen Hoheitsge-
wässer zu verlassen. Außerhalb dieser Zone erwarteten ihn
schon drei britische Kriegsschiffe. Das Ende war besiegelt. Erst
nach dem Krieg wurde bekannt, dass Kapitän Langsdorff von
Hitler den Befehl zu Kampf und Untergang empfangen hatte.
Während der verordneten Frist musste die Beisetzung der ge-
fallenen Matrosen stattfinden. Mein Vater ging hin, sah die
Mannschaft, in ihrer Mehrheit sehr junge, schmächtige Männer,
sah und hörte die Feier, in der der Gesandte der NS-Regierung
Langmann und Kapitän Langsdorff dem ›Führer‹ Tribut zollten.
Und dann, am 17. Dezember 1939, nachmittags die Ausfahrt. Erregung in der ganzen Stadt. Meine Großeltern, meine Eltern
und ich waren bei einem Bekannten meines Vaters, dem Berliner Rechtsanwalt Karl Mathias, eingeladen. Aus dem Radio
scholl die sich überschlagende Stimme des Reporters Mario G.
Bordoni, mit dem zusammen ich später beim selben Radio war:
»Perdido por perdido – verloren allemal.« Das Panzerschiff leg-

te ab, näherte sich langsam dem Hafenausgang, hielt an, es donnerte die Explosion, ›Admiral Graf Spee‹ war gesprengt. Man konnte nicht sehen, dass auf der dem Hafen und den Zuschauern abgekehrten Seite des Schiffes die Besatzung von Bord gegangen war. Nur der Bootsmann und ein paar Leute zündeten den Sprengstoff und blieben bis zum vorletzten Augenblick. Kapitän zur See Hans Langsdorff, der gegen die Befehle seines obersten Kriegsherrn gehandelt und seine Untergebenen gerettet hatte, hat sich anderen Tages im Hafenhotel von Buenos Aires eingehüllt in die Kriegsflagge erschossen.

Die in Montevideo verbleibende Mannschaft, die Spee-Matrosen, wie wir sie nannten, wurde bald in die Freiheit entlassen. Viele wurden in Montevideo sesshaft, übten Handwerke aus, gründeten Familien und erwarben sich Sympathie. Gern denke ich an Rudolf Haag, den Fahrer des deutschen Botschafters.

Nach dem Krieg, als so viel Flucht und Wanderung geschah, kamen Mennoniten aus der Danziger Gegend nach Uruguay. Die Bäckerei von Hans Duwensee in Punta Carretas, in der Brote, Brötchen, Kuchen und Torten nach deutscher Art gebacken wurden, fand rasch regen Zuspruch. Am Sonntagmorgen stand eine Schlange vor der Ladentür, und die Kunden tauschten ihr Lob aus über das deutsche Gebäck, über den Geschmack der Heimat. Der Kantor der deutschsprachigen jüdischen Gemeinde, José Wahrmann aus Breslau, dessen leichter, heller Tenor nicht nur den Gottesdienst schmückte, sondern auch eindrucksvoll umging mit deutschem Lied – »und der Himmel so weit« –, Kantor Wahrmann also stand im freundlichen Gespräch mit dem Generalvertreter einer deutschen Firma, der General der Luftwaffe gewesen war.

Im Hafen von Montevideo herrschte ein reges Leben, die Zeitungen brachten schematisch die Ankunftsdaten der erwarteten Schiffe vieler Flaggen und Linien. Zwischen dem alten Erdteil und den Ländern am Rio de la Plata herrschte lange noch der Verkehr auf dem Seeweg vor. Später legten im Hafen Schiffe der

Hamburg Süd an, schöne Schiffe für Passagiere und Fracht, mit denen schwedische, dänische, niederländische Reedereien konkurrierten. Die junge Bundesrepublik Deutschland warb mit diesen Schiffen und ihren Bordfesten um Vertrauen, mit solchen Bewirtungen tat sie nichts anderes als andere Staaten auch. Wenn man nun wieder deutschen Wein kostete und deutsches Bier trank, gar Schwarzwälder Himbeer- oder Kirschgeist, so nicht, weil man frivol die Vergangenheit vergaß: Man hatte den Geschmack der alten Heimat auf der Zunge. Und jene geistigen Tropfen brachten den Duft der Sommerlandschaften zurück, das Aroma der Kindheit, der Alkoholisches indessen noch verwehrt war. Ohne je ihr Passagier zu sein, habe ich nicht selten und immer gern deutsche Schiffe betreten, um beim Kapitän in seiner wohnlichen, holzverkleideten Kabine mit dem Foto der Ehefrau auf dem Schreibtisch vorzusprechen: im Zeichen der Freundschaft. Der Kapitän übergab mir Geschenke von Tante Conni und nahm Geschenke für Tante Conni mit. Ein Neffe von ihr, den ich seit meiner Kindheit kannte, ehemaliger Seemann, war in einem Schifffahrtsbüro tätig und stellte diese Verbindung her. Dies geschah in den fünfziger Jahren, es war eine optimistische Episode. Die Schiffe sind geschwunden. Man fliegt.

In Montevideo erschienen erstaunlich viele Zeitungen, nur drei von ihnen am Abend, die dritte war die soeben erst gegründete ›Acción‹. Die Bevölkerung interessierte sich für ihre Presse, man las meistens mehrere Blätter. Sie alle wurden mit höchst bescheidenen Mitteln gemacht. Über Ausland, über Weltpolitik berichteten sie nicht selbständig. Eigene Auslandskorrespondenten, für unsere Begriffe unentbehrliche Stützen jeder besseren Tageszeitung, konnten sie sich nicht leisten. Sie hingen von den preiswerten internationalen Nachrichtenagenturen ab, in den Kriegs- und Nachkriegsjahren vor allem von ›United Press‹ (UP, heute UPI). Das ergab eine gewisse Gleichförmigkeit. Thomas Mann, das hat Inge Jens nachgewiesen, schöpfte aus derselben

Quelle. Entstanden sind diese Zeitungen aus innenpolitischen Interessen, so auch ›Acción‹. Die seinerzeit größte und bestausgestattete Zeitung in Montevideo war ›El Día‹, das Blatt des großen Politikers José Batlle y Ordoñez, aufgemacht, wenn auch weit bescheidener, wie damals ›The Times‹. Auf der ersten Seite die Hauptüberschriften und Kleinanzeigen; die einzige Zeitung, die sonntags eine bräunliche Kupfertiefdruckbeilage enthielt. Bei und in ihr hat Luis Batlle Berres, Neffe des Staatsmannes, seine journalistische Tätigkeit begonnen. In der Diktatur des Dr. Gabriel Terra tauchte er als Opponent und Widerständler unter, er war zeitweilig Exilant in Argentinien, woher Doña Matilde, seine kluge, stets aktive, so energische wie anmutige Frau, stammte. Sie ist meine Chefin geworden und eine kritische, gütige Gönnerin, der ich viel verdanke, in sehr hohem Alter ist sie 2002 gestorben.

Luis Batlle Berres führte seinen Kampf weiter, bildete innerhalb und neben der großen alten Batlle-Partei eine eigene Gruppe, die Liste 15. Dazu brauchte er eine Zeitung. So entstand das Blatt, bei dem ich Journalist werden und sein konnte.

Ich war als Musikkritiker und -redakteur verpflichtet, betätigte zeitweilig mich auch als Theaterkritiker, aber nicht ohne eigene Bedenken, da ich Teile des Repertoires erst kennenlernen musste. Immerhin konnte ich die Gründung und die ersten Spielzeiten eines Staatstheaters, der Comedia Nacional im wunderschönen alten, als Opernhaus konzipierten Teatro Solís, beobachten, die von der berühmten spanischen Schauspielerin Marguerita Xirgú aus dem engen Kreis von Federico García Lorca und ihrem Partner Ortín ins Leben gerufen wurde. Authentisch hat sie Stücke ihres Dichters inszeniert und seine großen weiblichen Gestalten dargestellt. Sie war Stimme und Figur der spanischen Republik. Die Begegnung mit spanischen Flüchtlingen zeigte mir, dass es auch andere Exile gab als das meine. Natürlich war für sie das Auskommen in einem spanischsprachigen Land leichter. In Uruguay war man frei und unabhängig,

Spanien aber die Madre Patria, seine klassische Dichtung – Calderón, Lope de Vega und zumal der ›Don Quijote‹, nicht nur hohes Lehrgut, sondern verpflichtende Gegenwart. Spanische Schauspieler, übrigens sehr auch französische, wurden begrüßt und verehrt als Verkünder einer Botschaft. Manche politischen Flüchtlinge konnten noch in der Zeit der Franco-Diktatur nach Spanien zurückkehren. Also hatten sie bei uns in Uruguay denn doch nicht Fuß fassen können, es lockte sie die Heimat, in der sie starben. Bei uns war das anders.

Meine Arbeit war überwiegend Abend- und Nachtdienst. Die Konzerte und anderen Kulturveranstaltungen begannen in der Regel zur Wermut-Stunde, der *hora de vermouth,* um 18.30 oder 18.45 Uhr, spätestens 19 Uhr. Danach ging ich in die Redaktion, deren Adresse häufig wechselte, immer aber in der Nähe der Konzertsäle und Theater blieb, tippte meine Kritik und legte alles für die Feuilletonseite zurecht. Sie war die letzte des Blattes und musste als erste fertig sein, am frühen Morgen vorliegen. Ich führte eine kleine Kolumne ein, ›Notas sin clave‹ – *nota* ist auf Spanisch musikalische Note und Notiz, *sin clave* – ohne Schlüssel. Ich suchte die gerade begonnene journalistische Praxis zu erweitern mit Interviews, Reportagen, dann und wann feuilletonistischen Artikeln. Für Deutsches nahm mich die Redaktion als sachverständig. Vorherrschend blieb das Lokale. Ich hatte von meinem Vater, dem Journalisten »mit Leib und Seele«, gelernt, der sich nicht genierte, als Berliner Lokalberichterstatter angefangen zu haben. Im Lokalen stößt man auf greifbare Umstände, und vielleicht kann man sie sogar beeinflussen. So fand ich mich in die Montevideaner Verhältnisse, traf Intelligenz und Talent im Besitz von Kultur oder doch im Verlangen nach ihr, traf Persönlichkeiten von Rang, wenige blieben mir fremd. Betrat ich in der Saison an einem Sonnabend spätnachmittags den Saal in einem zum staatlichen Rundfunkinstitut gewandelten Theater, Estudio Auditório des SODRE (Servicio Oficial de Difusión Radioeléctrica), sah ich in der Mehrheit bekannte Gesichter, das ständige, beständige Publikum. Mochten sich zuweilen Vertrautheit und Beengung mischen, die Gewohnheit war gefestigt und auch lieb. (Als ich später in Frankfurt und anderswo einen Konzertsaal betrat und alle Gesichter fremd waren, fiel es mir schwer, die Stimmung zu gewinnen, die ich zu empfänglichem Hören und Sehen brauche.) So wurde ich denn einigermaßen vertraut mit Montevideaner Verhältnissen, mit ihren Maßen und Maßstäben und trug ihnen Rechnung. Ich hatte in einer Kritik einen uruguayischen Tenor gelobt, dessen Entwicklung ich kannte. Da sprach mich ein älterer Emigrant an: Wie ich zu solchem Lob käme. Ich hätte wohl Caruso nicht gehört. Hatte ich nicht. Wohl aber viele Caruso-Platten, durch die ja der Ruhm des früh verstorbenen Sängers verbreitet und erhalten wurde, wie denn schon und grade vor dem Ersten Weltkrieg dank Caruso die Schallplatte zu einem Weltartikel geworden war. Und mein Vater war beredter Zeuge. Er hatte Caruso im Theater des Westens in Berlin als Radames mit der ihm ebenbürtigen Emmy Destinn als Aida erlebt. Er schilderte mir detailliert seine Eindrücke.

Natürlich gibt es absolute Werte, die zu messen und nicht zu vergessen sind. Und natürlich ist das fragwürdigste Maß das Mittelmaß. Kritik ist Unterscheidung, Unterscheidung nicht nur Vergleich. Ein Vergleich, wie jener Herr ihn nostalgisch anstellte, scheint mir so banal wie ungerecht und intolerant. Ich durfte zufrieden sein, dass dieser Tenor gefördert wurde, eine achtbare Karriere mit achtbaren Rollen in italienischen Opernhäusern machen konnte. Der Bezug auf die Vergangenheit, mir mit seinen Erklärungen eigen und wichtig, muss der Gegenwart, muss jetzigem und künftigem Leben dienen.

So saß ich denn im Konzertsaal, ängstlich darauf bedacht, der von Fritz Busch erteilten, nicht etwa fachlichen, sondern ästhetischen, moralischen, menschlichen Lehren würdig zu sein und später in der sichernden, doch auch gefährlichen Routine nicht abzustumpfen. Der Zweifel an meiner Kompetenz ließ sich nicht abschütteln und ist heute noch stärker als damals. Ich fürchtete und mied schroffes Urteil. Und brauche vielleicht mich deshalb meiner Tätigkeit nicht zu schämen.

Und nach dem Konzert oder der Vorstellung saß ich im leeren, kahlen Redaktionssaal mit seinen vielen, jetzt in der Nacht verwaisten Tischen aus schlichtem Holz mit strapazierten Schreibmaschinen und tippte meinen Bericht. Don Domingo, der bejahrte, gütige Nachtwächter, kochte mir Kaffee, Tasse um Tasse, und erzählte von Jugendeindrücken. Wie Anna Pawlowa den sterbenden Schwan getanzt habe, das könne er nicht vergessen. Und ich kann die beredte Begeisterung des alten Mannes nicht vergessen, die ganz übereinstimmte mit den ergriffenen Schilderungen zeitgenössischer Kritiker – etwa von Heinrich Simon, dem Inhaber der ›Frankfurter Zeitung‹. Nicht selten kochte dann Domingo den Kaffee erst viel später. Dann hatte Konzert oder Vorstellung erst um 22 Uhr begonnen. Ich machte meinen Dienst tief in der Nacht und erreichte doch noch den Autobus, der mich in die Nähe unseres Hauses im Stadtteil Pocitos brachte. Unsicher fühlte ich mich dabei nie. Aber Regen, Wind, Nässe und Kälte waren beschwerlich. Am Vormittag darauf fuhr ich mit der Straßenbahn zu Radio Ariel.

Tagsüber war der Redaktionssaal voll besetzt, die Chronisten, die Redakteure saßen an den Tischchen und klapperten auf den alten Schreibmaschinen, ohne Rücksicht auf ein ästhetisches Schriftbild, ihre Texte: Artikel und Glossen, Berichte und Reportagen von Politik bis Sport. Tat ich tags Dienst, saß am Nebentischchen ein hochgewachsener, ziemlich eleganter Herr, der düster durch seine schwarzgeränderte Brille blickte: Juan Carlos Onetti erwarb sich später als Romancier internationale Reputation; als er hochbetagt in Spanien starb, war er berühmt.

Auf einem Podium saß an einem größeren Tisch der *secretário de redacción*, der Chef vom Dienst, der Blatt machte. Er überblickte den Saal, er legte den Umbruch fest, indem er die Texte und Fotos in ein parates Diagramm fügte. Das ging in die

Setzerei. Einen Stock tiefer unten rumpelte die Druckmaschine. Der Mann auf dem Podium wechselte mehrmals, mein letzter Redaktionschef war mein ehemaliger Schüler Dr. Jorge Batlle, ältester Sohn von Don Luis, energisch, temperament- und verständnisvoll. Er brachte es, ein unerschütterlicher Optimist, zum Amt des Präsidenten.

Die Familie Batlle besaß ein großes Grundstück, weit außerhalb von Montevideo. Dort stand nicht nur ein Landhaus, um das sich die Frau – anmutig und jung –, die auch im Rundfunk arbeitete, intensiv kümmerte, sondern da stand auch der kleine Sender. Es gab in Uruguay eine merkwürdige Einrichtung. Man hatte etwa zwanzig private Stationen, von geringer kW-Stärke, und auch von keiner großen geistigen. Einige lebten von gesprochenen Anzeigen, andere waren (wie die von Luis Batlle Berres) politisch ausgerichtet und hatten auch ein Kulturprogramm, an dem ich in wachsendem Ausmaß teilnehmen durfte.

Alle hatten irgendwo in der ländlichen Umgebung ihre kleinen Sender. Zensur wurde wenig geübt, war aber möglich. Denn die Leitungen führten vom Studio nicht unmittelbar zum Sender, sondern erst über eine vom Militär eingerichtete Stelle, genannt *Mesa de Radio*, Rundfunktisch, von dort weiter zum Sender, so dass, wenn eine Kontrolle oder Zensur geübt werden sollte, was aber in meiner Erinnerung nie geschehen ist, man bloß den Stecker herauszuziehen brauchte.

FRITZ BUSCH

Schnell verging das Immigrantenjahr. Ich gab meinen Unterricht
in uruguayischen Familien, half meinem Vater, das von ihm redigierte Wochenblatt der deutschsprachigen jüdischen Gemeinde in spanischer Sprache herauszubringen. Uruguay hatte
Deutschland den Krieg erklärt, zählte zu den Alliierten, ohne an
kriegerischen Handlungen sich beteiligen zu müssen. Die uruguayische Regierung verbot Publikationen in deutscher Sprache. Lange bestand das Verbot nicht. Ein paar jüngere Leute und
ich übersetzten eifrig Texte, und ich schrieb für zwei Nummern
einen kürzeren und einen längeren Nachruf auf Stefan Zweig,
dessen Freitod mit seiner Frau – wie frei aber war er? – gerade
die Exilanten verstören musste. Materielle Existenzsorgen wie
die ihren beschwerten den in Übersetzungen von Alfredo Cahn
gerade am Rio de la Plata viel gelesenen Schriftsteller nicht. Was
wusste man denn von einer psychischen Not, was von der Ver-
zweiflung eines Pazifisten, der im Februar 1942 keine Anzeichen
von Frieden wahrnehmen konnte? Ja, im Vorjahr war Stefan
Zweig in Montevideo gewesen, hatte in einem Kino einen Vortrag gehalten, für den man Eintritt zahlen musste. Das konnte
ich mir nicht leisten. Der Autor war aber nicht des Vortrags wegen gekommen. Er suchte einen Sammler auf, Señor Gastaldi,
der in seiner bescheidenen Wohnung unermüdlich und kenner-
haft alles von und über Balzac in Originalen und Reproduktio-
nen zusammengetragen hatte, das in der Welt sich auftreiben
ließ. Der Zugang zu den Quellen war Zweig in diesen Kriegszeiten ja versperrt, seine Arbeit an der großen Balzac-Biographie
erschwert. Er hat sie nicht vollendet. Das tat Richard Friedenthal,

ohne erkennen zu lassen, wo Zweig aufgehört und er selber den Faden aufgenommen hat. Friedenthal traf ich des Öfteren in den sechziger und siebziger Jahren, den enzyklopädistisch wissensstrotzenden Mann, der das populäre kleine Knaur-Lexikon kreiert und in erstaunlichem Alleingang verfasst hatte, den anekdotenfrohen, über Drolliges kichernden Herrn, der auftrat und aussah wie ein Engländer und die großbürgerliche Berliner Herkunft denn doch nicht verleugnete, unpathetischer nüchterner Rationalist. Friedenthal war jüngerer Freund und Mitarbeiter Stefan Zweigs; auf Geheiß des Insel-Verlegers Anton Kippenberg, der wie Friedenthal ein Goethe-Sammler war, sollte er Zweigs Prosa »entschmalzen«. Das Geheimnis der Balzac-Biographie hat Richard Friedenthal niemals gelüftet. Und Popularität, Bestseller-Erfolg, erlangte er schließlich selber, Jahre nachdem er als Mitherausgeber der ›Neuen Rundschau‹ und Gründer des Fischer Lexikons im Taschenbuch für das wiedererstehende Fischer-Haus gewirkt hatte: mit seinem synchron auf Englisch und Deutsch publizierten Buch ›Goethe – Sein Leben und seine Zeit‹. Doch meine Erinnerungen, die ja ohnehin sich an keine Chronologie halten, tanzen wieder einmal aus der Reihe. Sie sind mein einziger Tanz. Ich berichte ja von meinem Ergehen, von meinem sehr unprominenten Ergehen in Montevideo 1941 oder 1942. Fern ist noch Friedenthals englische Shagpfeife.

Fritz und Grete Busch kamen aus Buenos Aires, seit 1936 besaßen sie die argentinische Staatsbürgerschaft. Portraitfotos des Dirigenten im Schaukasten des SODRE zeigten ein sympathisches Gesicht mit starkem Blick. Mein Vater hatte Zutritt zu den Proben, sah und hörte also den mit Spannung erwarteten Gast und war sogleich beeindruckt von seiner Fühlungnahme mit dem Orchester, seiner gelassenen Überlegenheit, seiner klaren Gestik und sogleich darauf von seiner Persönlichkeit. Fritz Busch nahm ihn ins enge kleine Künstlerzimmer, in dem der Künstler seinen Platz auf dem Stuhl vor dem breiten Spiegel hatte. Man kam sofort ins Gespräch, Fritz Busch wurde nicht müde, seiner Empörung über die Naziherrschaft Luft zu machen, aber er fragte auch sein Gegenüber nach Herkunft und Ergehen und seinem Eindruck vom gerade Gehörten.

So der Beginn. Er enthob mich für einen Moment meinem recht engen und grauen Alltag. Ich erinnere mich meiner Empfindung als Beobachter ohne nachträgliche sentimentale Pointierung. Welcher Weg sich vorzeichnete, konnte ich nicht sehen, aber schon eine Ahnung gewinnen von einer Heimat ohne das Böse und von großer Welt.

Am Sonntagvormittag gingen mein Vater und ich zum Parque Hotel – Parque, weil am recht malerischen Parque Rodó gelegen –, sie zu begrüßen. Wir überreichten Frau Grete den üppigen Blumenstrauß, den einer der Freunde aus unserer Jugendgruppe, Gert Oberschützky, im großen Garten des schlichten Hauses seiner Eltern in einem Vorort zusammengepflückt hatte. Und wieder die Natürlichkeit, die Herzlichkeit, die Melancholie und der Humor, das Gespräch. Ich hatte Luis Batlle Berres gebeten, mir für ein Interview mit Fritz Busch Sendeminuten in seinem Radio Ariel freizugeben. Schüchtern trug ich meine Bitte dem Maestro vor: »Gemacht.« Er sagte zu, um mir zu helfen; von publizistischer Wirkung konnte er keine Vorstellung haben. Das Spanische fiel ihm nicht leicht, es bedurfte der Probe, ich konnte korrepetieren. Schon weniger schüchtern bat ich ihn, seinen Proben beiwohnen zu dürfen; das sei doch notwendig. Am Montagmorgen saß ich während der Probe nicht in einer Loge, sondern auf der Bühne hinter dem letzten Pult der Zweiten Geigen, der Saal war leer, der Vorhang geschlossen, der uruguayische Winter kalt und klamm, die Heizung tot, der Dirigent, der sonst ein leichtes Jäckchen trug, die Musiker, die erst recht leger gekleidet waren, hatten ihre Mäntel anbehalten. Er studierte die Erste Symphonie von Brahms ein, vertrauteste Musik, die dem Orchester – das muss man sich vorstellen – so gut wie neu war. Er probte mit den Streichern und den Bläsern separat, und er begann mit dem Finale. Als ich dies zum ersten Mal gehört hatte, von einer Aufnahme des berühmten alten Felix Weingartner, war es mir als pathetisch, überlang und wiederholsam erschienen. Nun hörte ich seine geduldige Zerlegung. Aber dann ließ FB die ganze Partitur klingen, die Entwicklung, den Bau, das Schicksal der Themen, Melodik und Kontrapunkt. »Brahms schrieb den dichtesten Kontrapunkt«, sagte er einmal, und das war eine Huldigung. So habe ich denn das Stück in den fortschreitenden Proben als lebendigen Organismus und als Entwicklungsprozeß erlebt. Fast immer geschah aber bei Fritz Busch und seinem Orchester zwischen Generalprobe und Konzert etwas Unberechenbares und Unnennbares: Wenn er seiner Leute in ihrer Abendform sicher war, schoss, wie es sein soll, in das Geprobte, Gekonnte das Spontane, ein improvisatorisches Moment trat hinzu, verjüngte die Musik, machte sie neu und elementar. Ich hatte für dieses Konzert noch keine Freikarte, saß auf einem billigen Platz im vierten Rang und teilte mit den gleich jungen Freundinnen und Freunden die Begeisterung und Ergriffenheit; die vom Musizieren ausgehende Spannung ließ keinen Augenblick nach und wuchs mit der symphonischen Entfaltung, nichts war äußerlicher Effekt, verinnerlicht geradezu das Finale. Beim Hornsolo rannen dem Herbsten von uns, dem, der den Blumenstrauß gepflückt hatte, die Tränen, die immer mächtigeren Steigerungen raubten uns den Atem, – nein, das stimmt nicht ganz, denn der Dirigent atmete mit der Musik, ließ sie atmen, übertrug, oft hörbar, seinen Atem auf Spielende und Singende. Ein andermal, im Finale der Zweiten Symphonie von Brahms, atmete er laut mit den letzten Takten, und das Publikum atmete mit ihm. »Am Anfang war der Rhythmus«, sagte Hans von Bülow. Darf ich die Sentenz variieren? Ich berufe mich auf die Gemeinsamkeit von Natur und Musik: Am Anfang war der Atem. Damit widerspreche ich Bülow nicht. Der Atem ist rhythmisch.

Busch lud meinen Vater zum Mittagessen ins Parque Hotel. Man war zu dritt bei Tisch. Anderentags gingen wir, mein Vater und ich, gemeinsam zur Probe. 62 Jahre ist es, da ich dies notiere, her. Wie nah aber, wie deutlich sind mir Szene und Moment. Die Probe hatte schon begonnen, wir setzten uns in eine dunkle Loge. Wagner. Die ›Rienzi‹-Ouvertüre in vollem Schwung. Dann hinreißend und erfüllt von Poesie, ja von deutschem Landschaftsgefühl, Siegfrieds Rheinfahrt aus der ›Götterdämmerung‹. Auf dem pultlosen Podium, auswendig dirigierend wie meist, sehr gerade, sehr aufrecht, ein stattlicher, weißhaariger, breitschultriger, breitbrüstiger Mann, der in Haltung und Bewegung, im so straffen wie elastischen Schlag des Taktstocks und mit der linken, den Ausdruck formenden Hand diese Musik, beseelt wie sie in seiner Wiedergabe war, zu *verkörpern* schien. Da war Disziplin und Durchdringung, da war Lust. Pause. Ins Künstlerzimmer, den *camarín*. Es war behaglich in dem primitiven kleinen Raum, den der Duft der schweren Havanna-Zigarre erfüllte. Busch rauchte in behäbigem Rhythmus, viele Streichhölzer verbrauchend. Bald sollten die Ärzte es dem Herzkranken verbieten. Ich saß Fritz Busch schräg gegenüber, sah ihn zum ersten Mal aus der Nähe, eine sehr – und angenehm! – deutsche Erscheinung. Von blitzblanker blonder Reinlichkeit. Groß der Kopf; seine breitkrempigen Hüte hatten eine beträchtliche Größe. Das bartlose Gesicht mit den harmonischen Zügen sehr klein, klein auch die leuchtenden, suggestionsmächtigen blauen Augen, klein die wohlgeformten enganliegenden Ohren, sehr klein und schmallippig der beredte Mund, die Nase mittelstark. Die Schrägung zwischen Kinn und Hals konnte schon auf Abwesenheit von Brutalität schließen lassen, für einen Dirigenten gar nicht typisch. Er war einundfünfzig Jahre alt, wirkte, wie ich später sah, manchmal älter, oft aber jungenhaft. Er war weise, ohne das Kind im Manne zu verleugnen. War er eitel? Alles an ihm war natürlich und alles ästhetisch. Er achtete auf sich, zog sich sorgfältig an, nur in Kleinigkeiten abweichend vom bürgerlichen Habitus, wechselte gerne farbenfrohe Krawatten; und die leichten Jäckchen, die er stets auf der Probe trug, jeden Tag ein

286

anderes. Damals reiste man noch mit dem Schiff. Buschs führten reichliches Gepäck mit sich und konnten aus dem Fundus schöpfen. An jenem Vormittag also war Fritz Busch ganz in Braun, einem sehr anderen Braun als dem, das uns aus Deutschland vertrieben hatte. Überwiegend kakaofarben war es. So das maschinengestrickte Jäckchen mit ledernen Einsätzen an den Ellenbogen, so das geschickt geschlungene seidene Halstuch (also einmal kein Kragen und kein Schlips), die nicht mehr ganz neue Hose, die Socken, die amerikanischen Spangenschuhe. Ein schmales braunes Lederbändchen zog sich vom oberen Knopfloch in die Tasche, es war an die goldene IWC-Uhr geknüpft, die ihr Besitzer uns zeigte. Mit ihr hatte 1927 der Reichsverband der Deutschen Presse dem Dirigenten für eine Festaufführung der ›Macht des Schicksals‹ von Verdi in Franz Werfels Deutsch gedankt. Ich ziehe sie täglich auf.

Busch setzte die Probe fort. Das recht lange Programm dieses Präsentationskonzerts reihte Lieblingsstücke aneinander, zu denen der Vielseitige, dem das Studium neuer Partituren leicht fiel, immer wieder griff: Webers ›Oberon‹-Ouvertüre, das Air aus Bachs D-Dur-Suite, das Scherzo aus Mendelssohns opus 20 und Schumanns Vierte Symphonie in seiner speziellen Version. Mit dem wunderbaren zyklischen Werk hatten Musiker des 19. und beginnenden 20. Jahrhunderts ihre Schwierigkeiten. Gewohnt an schwelgerischen spätromantischen Klang, erschienen ihnen Reibungen, Härten, Schroffheiten als ungewollt vom Komponisten und unbequem für Aufführende und Publikum. Unsere heutige Urtext-Pflege setzt andere Hörgewohnheit, eine andere Zeitgenossenschaft und besonders eine andere Technik voraus, die bei Aufnahmen eine im Saal nicht erreichbare Balance und Durchhörbarkeit zustande bringen kann. Busch hat es selber erzählt und erklärt: Sein Lehrer Fritz Steinbach hatte bei aller bewunderten Meisterschaft kein Verhältnis zu Schumanns Symphonik. Proben des Orchestermagiers Arthur Nikisch in Berlin wirkten auf den jungen Musiker als Offenbarung. Er trug

Nikischs Retuschen in seine Partitur ein, beachtete Vorschläge in dem zuerst 1898 bei S. Fischer erschienenen Vortrag von Felix Weingartner, ›Die Symphonie nach Beethoven‹. Er studierte und benutzte die in unseren Tagen wieder zu Ehren gekommene erste Fassung der Symphonie, die zu Clara Schumanns Verdruss Johannes Brahms und Franz Wüllner herausgegeben hatten. Und zog schließlich die bei der Universal-Edition liegende Einrichtung von Gustav Mahler heran. Und fügte Eigenes hinzu, ohne aber auch nur eine komponierte Note zu verändern. Seine Version, in der Auffassung bewußt unterschieden von der Wilhelm Furtwänglers, ist bewahrt in einer Aufzeichnung aus seinem Todesjahr 1951 beim damaligen Nordwestdeutschen Rundfunk in Hamburg. Sie ist, glaube ich, aus einem Guss und bezwingend.

Das Interview fand statt. Des Öfteren habe ich von ihm berichtet. Es war kurz und an sich gar nicht bedeutend, enthielt aber das entschiedene, unmissverständliche Bekenntnis des deutschen Kapellmeisters gegen den Nationalsozialismus und seine Herrschaft. Das war August 1942. Fortan blieben die Mitglieder der deutschen Kolonie, die Fritz Buschs Konzerte um seinet- und Wagners willen besucht und ihn begrüßt hatten, ihnen und ihm fern. Im Taxi, das uns vom Hotel zum Studio von Radio Ariel fuhr, fragte mich FB, ob ich nach Buenos Aires kommen und als Privatsekretär ihm und seiner Frau für die Zeit seiner Tätigkeit am Teatro Colón helfen wolle. Ich würde meine Schüler in Montevideo also nicht aufgeben müssen. Nach der Sendung drückte Luis Batlle Berres, Eigner und Leiter von Radio Ariel, mir ein Scheinchen in die Hand und sagte, es gebe Beschäftigung für mich in diesem Radio. Diese Stunde bestimmte meinen ganzen Lebensweg. Sie ist visuell bezeugt. Luis Batlle Berres hatte den Fotografen der benachbarten Zeitung ›El Día‹ bestellt. Der trug den Namen Caruso, eine schwere, 12 × 18-Platten- oder Filmpackkamera und, wie rechts oben neben dem Kopf des Maestro zu sehen, Magnesium-Blitz.

Und wieder Proben und wieder Konzerte. Und wieder die Hochstimmung des knapp Dreiundzwanzigjährigen, der sich dem Alltag zugleich verpflichtet und entrückt fand, der, reif kaum, und längst nicht eingeweiht, neue Eindrücke gewann, eine Menge erfuhr und lernte: Nicht eigentlich Musikalisches, dazu reichte es nicht. Und Fritz Busch verlangte es auch nicht von mir, verlangte es von den jungen Musikern um ihn. Aber Ästhetisches lernte ich, Stilgefühl, Moralisches, ich darf sagen, Geistiges, dabei auch Literarisches. Er selber hat das vielleicht gar nicht bemerkt. Mein stärkstes Bildungserlebnis verdanke ich Fritz Busch. Wer mich kennt, weiß das, werde ich doch nicht müde, von ihm zu sprechen, mag man auch die Äußerungen einer Pansenseele getrost belächeln. Ich behaupte ja nicht, dass er ein Alleiniger oder ein Allerprominentester war. Er war auch nicht der Einzige, der mich lehrte. Das dürfte aus meinem Bericht hervorgehen. Er war ein Ganzer, erzähle ich aber von ihm, besteht die Gefahr, dass eine große Existenz und Figur wie in Mosaiksteinen abgebildet wird. Habe ich eine Formel für ihn, der mir in unzähligen Szenen und Sentenzen gegenwärtig ist? Des von mir viel zitierten Stifter Selbstkennzeichnung kann auch auf FB angewendet werden: »ein Mann des Maßes und der Freiheit«. Zur Freiheit der politischen, der persönlichen, gehörten bei ihm seine unverstellte Natürlichkeit und sein vitales Temperament. Lau und langweilig war er nie. Ein Deutscher, ein Europäer, der bei und mit Südamerikanern gern musizierte, aber im Betrieb und Prominentenrummel von New York sich nie ganz wohl fühlte. Immerhin, ab 1945 für fünf Spielzeiten Chief Conductor an der Metropolitan Opera, triumphal der Einstand mit ›Lohengrin‹. Neben ihm zwei weitere Fritze, Reiner und Stiedry, Bruno Walter und George Szell. Unter den Korrepetitoren, den Assistenten, waren ehemalige deutsche Generalmusikdirektoren, kompetente kritische Mitarbeiter. Sie stellten FB Fragen, einer von ihnen, unser Freund Thomas Mayer, hat das erzählt. »Herr Busch, wie kommt es, dass Sie so ganz anders sind als Ihre Kollegen? Mit Ihnen können wir reden.« Antwort: »Ich weiß, dass ich gut bin.« Damit meinte er nicht, was er ja auch besaß: Güte. Er war sich seines Könnens sicher, er hatte keine Komplexe und Irritationen, brauchte keine Mätzchen. Ihn aber für robust zu halten wäre ein Fehlschluss, den nicht nur seine arg gefährdete Gesundheit, die schweren Herzanfälle, widerlegten. Schon den Dresdner Generalmusikdirektor hatte mit einer vom Krieg herrührenden Polyneuritis eine seltsame Depression überfallen, von der er sich nur langsam erholte, Heilung fand er dank dem Verständnis eines Baden-Badener Ärztepaares. Daraus erwuchs Freundschaft.

Ich habe markante Persönlichkeiten kennengelernt, die dazu gütige, gebende Menschen waren. Solche Leute nenne ich groß. Sie haben mein Leben erhellt und bereichert. Ich erzähle von ihnen und damit, in Dankbarkeit, auch von mir. Meine Verehrung misst sich nicht nach irgendeiner Rangordnung, äußerem Wirken, nach Prominenz und Ruhm. In ähnlicher Dankbarkeit denke ich an Stille im Lande. Wer mir freundlich folgt, wird es bemerken. An Mentoren hat es mir nicht gemangelt. Fritz Busch aber ist mein Meister gewesen. Und geblieben.

Vieles hat er mich gelehrt. Und ich bin doch kein Musiker, hätte es nicht werden können, weniger noch als Fotograf. Er war frei von Willkür, spontan und mitteilsam, scheinbar einfach und allemal ein großer Pädagoge. Er prägte mir ganz beiläufig Grundauffassungen ein, Begriffe und Beispiele von menschlichem Verhalten, Bürgerlichem, Politischem, und das heißt Freiheitlichem eingeschlossen.

Seit über sechzig Jahren rede ich von diesem Mann. Wiederholungen und Selbstzitate kann ich schwerlich vermeiden. Suchte ich in früheren Texten die erste Person zurückzudrängen, so muss sie in einer autobiographischen Besinnung öfter erscheinen.

Wieder zurück in der Chronologie. Eine Ahnung von Fritz Busch hatte ich schon früh. Mein Vater erzählte, ohne sie persönlich zu kennen, mir von ihm und seinem Bruder Adolf, dem großen Geiger, der ja an der Berliner Musikhochschule als Nachfolger von Joseph Joachim und Henri Marteau die Meisterklasse innegehabt hatte, großer Pädagoge auch er. Ein Foto in einer illustrierten Zeitschrift, veröffentlicht wohl aus Anlass eines Berliner Gastspiels des Sächsischen Generalmusikdirektors, zog mich an. Der noch junge Dirigent im Frack mit freundlich noblem Gesichtsausdruck weit zurückgelehnt – eine Bewegung und Haltung, die ich später als Signal für ein *subito piano* wahrnahm, die Fotografie habe ich übrigens nie wiedergesehen. Von seiner Vertreibung aus Dresden wurde geraunt, die ›Deutsche Allgemeine Zeitung‹ brachte dazu eine anständige Glosse. Auch böse Gemeintes und Unrichtiges konnte man hören. Er sei Sozialdemokrat gewesen. Abgesehen davon, dass es nie und nimmer das im März 1933 in Dresden Geschehene hätte rechtfertigen, auch nur entschuldigen können: Es stimmte einfach nicht. Fritz Busch war in jeder Hinsicht ein Mann der Mitte. Der Schulfreund Peter Orthmann hatte respektvoll Fritz Busch so genannt – wie Knappertsbusch, Elmendorff und FB war auch Peters Vater Schüler von Fritz Steinbach (1855–1916), dem großen, einst berühmten Dirigenten, Gürzenich-Kapellmeister und Direktor des Konservatoriums in Köln. Die Reputation dauerte fort, man wusste auch, dass FB im Ausland war, Näheres hätte man im Nazireich kaum erfahren, wenn nicht der Stern von Glyndebourne aufgegangen wäre. Die Kunde vom einzigartigen Gelingen und Zauber sommerlicher Festspiele auf dem Landsitz des enthusiastischen John Christie in Sussex, die Fritz Busch mit dem Regisseur Carl Ebert und dem Manager Rudolf Bing 1934 aus der Taufe gehoben hat, verbreitete sich, Glyndebourne war zugleich Realität und Legende. Am Radio in Montevideo hörte ich unvergleichliche Aufnahmen aus Glyndebourne: ›Figaro‹, ›Don Giovanni‹, ›Così fan tutte‹, Fritz Buschs

Ruhm. Freunde besaßen die 30-cm-Platten mit 78 Umdrehungen, luden uns zum Hören ein, zu einem kleinen Immigranten-Fest. Der Plattenpionier Fred Gaisberg, der schon Caruso fürs Grammophon entdeckt und ihm zu seinem Ruhm, seiner Firma zu fabulösen Auflagen verholfen hatte, ließ bereits im Gründungsjahr 1934 ›Figaro‹, leider ohne Rezitative, aufnehmen, ›Don Giovanni‹ und ›Così fan tutte‹, das von Busch am meisten geliebte Werk, mit dem er schon seinen Einstand in Glyndebourne hatte, folgten. Diese Aufnahmen besitzen noch heute ihre Gültigkeit und Geltung, sie sind Höhepunkte in der Geschichte der Mozart-Interpretation und in der Geschichte der Phonographie, klassisch und sprühend von Leben. In der ›Deutschen Allgemeinen Zeitung‹ hatte ihr erster Musikkritiker, der Komponist Robert Oboussier, von »aufregender Vollkommenheit« geschrieben. FBs Glyndebourner Mozart-Aufnahmen fanden weite Verbreitung. Freundliche Charakterisierungen waren seinem Auftreten in Montevideo vorausgegangen: Er sei zugänglicher als Andere und nicht launenhaft – was übrigens oft imponierte, als ob echte Künstler sich schlecht benehmen müssten.

In der ersten Woche des Kennenlernens hatten Karl Leopold und Charlotte Mayer das Ehepaar Busch und meine Eltern zu einem kultiviert berlinischen Abendessen eingeladen, zu dem ich nach erteilten Unterrichtsstunden stoßen durfte. Da wurde viel und eindringlich, anschaulich erzählt. Vergangenes und Gegenwärtiges im Austausch der Erfahrungen betrachtet und Zukunft in Zweifel und Hoffnung bedacht, mitten im fernen und nahen Krieg, der Sohn Hans Busch tat schon Dienst in der US-Army, sein Vater trug in der Brieftasche säuberlich ausgeschnitten einen Artikel über ihn von Klaus Mann in der Zeitschrift ›Stars and Stripes‹. Er sprach, das sagte er selbstkritisch, viel, erzählte Erlebnisse, Anekdoten, er sprach dabei immer von anderen. Er liebte Menschen, wohl auch das Leben selbst, obwohl beide ihn in entscheidenden Situationen enttäuschten. Vaterstolz und Vatersorge waren dabei, er begriff sich und handelte als Familienvater.

Autogrammjäger, naiv erpichter Fan, wie man das heute nennt, bin ich nie gewesen. Und wohl auch nicht aufdringlich; höchstens ein bisschen vorlaut in der Unterhaltung. Respekt vor Respektablen habe ich immer gehabt, und ungeniert schreibe ich mir eine heute freilich nicht mehr für wichtig gehaltene Fähigkeit zu: die Fähigkeit zu verehren. Schüchtern oder gar devot hat sie mich nicht gemacht. Am Ende des berlinisch stilvollen Abends in der kleinen Wohnung der Mayers bat ich FB um ein Portraitfoto. Er war die Bitte gewohnt, hatte auch immer Originalfotos parat, signierte sie mit weißer Tinte; das war das Einzige, was er für seine Popularität tat. Die Fotografen warben um ihn. Also ging ich anderentags zu ihm ins soignierte Parque Hotel. Ich empfing das Gewünschte mit Zitat aus dem zweiten Aufzug von ›Tristan und Isolde‹, »Dem Freundlichsten der Freunde«, und hatte schon bei diesem recht freundlichen Gespräch das Gefühl, das in der Folge sich bestätigen und steigern sollte: Die Buschs waren Besucher, aber man kehrte bei ihnen ein.

Busch pflegte aus Erfahrung zu sagen: Erfolg ist, wenn man wiederengagiert wird. Er wurde wiederengagiert, die nächsten fünf Male.

Fritz Busch beanspruchte kein Monopol, weder in der eignen Existenz noch gar in der meinen. War ihm überhaupt seine starke pädagogische Wirkung auf mich bewußt? Ich müsse auch andere Dirigenten beachten, ermahnte er mich, ich dürfe nicht einseitig werden. Wohl, wohl. An meiner Verehrung konnte er mich nicht hindern. Wen ich außer ihm, neben ihm verehre, wem ich für Lebenshilfe danke, soll denen nicht verborgen bleiben, die mir Aufmerksamkeit schenken. Fritz Busch aber lässt mich nun einmal nicht los, vielmehr ich lasse ihn nicht los. Einer meiner allerbesten Freunde, der Architekt Antonio Cravotto, sagte einmal auf Deutsch: »Man muss einseitig sein für das, was man liebt.«

1942 fuhr ich zu ihm und seiner Frau nach Buenos Aires. So unglaubhaft es scheinen mag, zum ersten Mal war ich selbständig. Ich war in Bescheidenheit verwöhnt, Armut, Not blieben mir nicht erspart, nie war ich von der Familie gelöst. Der Verkehr zwischen den Häfen und Hauptstädten Montevideo und Buenos Aires war äußerst rege, bis das Perón-Regime ihn zunichte machte. Komfortabel, langsam, pittoresk und für mich zu teuer war die nächtliche Überfahrt mit dem *vapor de carrera*, dem operettenhaft dekorierten Liniendampfer, den begüterte Montevideaner gern bestiegen, wenn sie nach Buenos Aires zu kostspieligen Einkäufen und zum Besuch des Teatro Colón fahren wollten. In Montevideo gab es keine ständige Oper. Man konnte auch fliegen; das tat ich später. Mir empfahl sich im August 1942 die zweitbilligste Möglichkeit, Kombination von Bus und Flugboot. Besaß man kein Auto, reiste man überhaupt mit einem Bus der noch heute bestehenden Gesellschaft O. N. D. A., deren Routennetz das ganze kleine Land überzog. Die streckenarme Eisenbahn in englischer Hand verrichtete nur spärlichen Dienst, wurde später verstaatlicht und schließlich eingestellt.

Ich nahm denn an der noch heute existierenden und funktionierenden Zentralhaltestelle, der Plaza Cagancha, den Bus für die erste Etappe der Reise zu einer entscheidenden Erfahrung. Etwa drei Stunden dauerte diese Fahrt, bis der Bus in einer kleinen Hafenstadt anlangte, von der es nur ein Sprung, fünfzig Kilometer über den mächtigen breiten Fluss, nach Buenos Aires ist: Colonia del Sacramento. Ich sah damals nicht, dass sie die einzige alte geschichtsträchtige Stadt in Uruguay ist; ich ahnte damals nicht, dass der Architekt Antonio Cravotto, der Erzfreund, den wesentlichen Anteil an ihrer Restaurierung haben würde. Ich ahnte überhaupt sehr wenig, konnte gar keine Vorstellung von künftiger Lebensweise und Beruflichkeit, nicht einmal vom Abend dieses ersten Tages, dieses Aufbruches haben. Ich ging eilig an Bord des riesigen alten Sunderland-Flugbootes, das kaum mehr als zwanzig Minuten bis zum ausgedehnten Hafen von

Buenos Aires benötigte. Dort erwartete mich Doris, die mir lieb geworden war im jugendlichen Freundeskreis der ersten Einwandererzeit. Sie hatte friedlich das gepflegte Elternhaus verlassen, weil die argentinische Weltstadt mehr Chancen bot als das denn doch engere Montevideo. Chancen, eine anständige Arbeit zu finden und einen anständigen Ehemann. Da stand sie also an der Hafenmole mit einem neuen Freund. Sie brachten mich zu meinem ersten Quartier, der Impresario Schraml hatte es genannt. Seiner Beschaffenheit entsinne ich mich gar nicht mehr. Nur der Unruhe der ersten Nacht in der Fremde. Ich hörte ein andauerndes Kommen und Gehen in dem Haus, die Belegschaft der Zimmer schien stündlich zu wechseln, die alten Fahrstühle bellten, unschwer erriet ich die Art dieses Hauses.

Was erzähle ich da? Es war so und nicht wichtig. Wichtig war, was schon vorher und bald nach meiner Ankunft geschehen sein muss: Ich ging zu Buschs, meldete mich zur Stelle. Sie hatten in einem modernen Apartmenthaus in einer vornehmen Straße des Zentrums eine nicht überschwenglich luxuriöse, aber nüchtern geschmackvolle, helle Wohnung gemietet, übrigens auch hier alternierend mit Kleiber. Fritz Busch öffnete mir, seine Frau war unterwegs in der Stadt. Mit ersten Erkundigungen, Erklärungen, Einführungen und wohl auch schon kleinen Aufträgen begann meine eigentliche konzentrierte Lehrzeit und mit ihr ein Gespräch, das mir noch heute weiterklingt als eine unendliche Melodie. Wie schon im Hotelzimmer, so erst recht hier war man zu Gast und daheim bei Buschs. Dazu hätte es nicht der mir sogleich übergebenen Wohnungsschlüssel bedurft. Das provisorische, das Leben aus Koffern ließ sich nicht verkennen, wurde aber verdrängt von den vielen, ihren Eignern lieben Gegenständen, die den zahlreichen Gepäckstücken entnommen und zusätzlich in der alles bietenden Großstadt besorgt waren. Noten in Fülle, ganze Orchestermaterialien, weitere oder nähere Partituren, die Instrumentationslehre von Berlioz in der Ausgabe von Richard Strauss, auch Berlioz' ›Chef d'Orchestre‹, auch

›Grundlagen der Instrumentation‹ von Rimsky-Korsakow, auch das Dirigierlehrbuch von Hermann Scherchen, Bücher überhaupt, von Lektüre sollte noch oft die Rede sein. Fotos immer dabei: von der Familie, von Toscanini, »all'amico Fritz«.

Am wichtigsten, wenn nicht ein Flügel bereit stand, der immer benötigte, reich bemessene Schreibtisch, darauf rastriertes und anderes Papier, die unentbehrliche Batterie von Schreibutensilien, die Reihe von Fläschchen der Parker Quink-Tinte, blau, schwarz, rot, grün, lila und weiß, die Farbstifte, die Bleistifte und für sie, angeschraubt an die Tischplatte, die Spitzmaschine mit der Kurbel, das große Lineal und nicht zuletzt, mit gelb-braunem Holzgriff das schwere, klingen- und werkzeugreiche Taschenmesser Schweizer Herkunft, damals seltener als heute. FB gebrauchte es gerne und oft, er hatte viel von einem Handwerker, Arbeit und Spiel waren bei ihm eins, Pfuscherei ertrug er nicht. So konnte er vor dem Auftritt seine Taktstöcke traktieren, manchmal verkürzen, Taktstöcke verschieden in Länge und Gewicht, der Unterschied betrug natürlich nur Gramme, zu verwenden nach Bedarf des jeweiligen Werkes. Er führte sie mit sich in einem schönen röhrenartigen braunen Lederetui mit seinem Monogramm. Gisela, die jüngere Tochter, hatte es gefertigt. Eines Tages wurde es gestohlen. Die Taktstöcke wuchsen nach, das neue Etui war lange nicht so schön.

Schreibtisch, Schreibzeug. Fritz Busch war kein Literat, seine Frau hatte indessen Hang und Fähigkeit zur Schriftstellerei – aber er war, wie schon gesagt, ein gewinnender Erzähler und ein lustvoll schreibender, der seine von Anbeginn schöne, dazu klare Handschrift pflegte. Seine Briefe waren spontan, aber nicht unbedacht, er legte Wert auf Stil, auch im Äußerlichen eines Typoskripts. Davon konnte ich lernen: von gelassener Unterweisung wie, mehr noch, von unwillkürlichem Beispiel. Seine Autorität spürte ich, wenn er im Wortsinn *am Werk* war. Er war es an meinem ersten Abend im Teatro Colón, Sonnabend, den 29. August 1942, 21 Uhr. ›Die Zauberflöte‹. Zum ersten Mal in dem pracht- und machtvollen Theater, dem Saal mit seinen meist besetzten oder bestandenen 3500 Plätzen, den vier Rängen, den Logen, von denen einige vergittert waren, tief und nah am Orchester lagen, bestimmt für Trauernde, der weiten und tiefen Bühne, den vielen Gängen und Treppen, dem üppigen strahlenden Restaurant, dessen reichem Büffet und gehaltvollen Menüs ein mondänes Publikum in den späten und langen Pausen zahlbereit zusprach. Das ließ beinahe, in einem weltstädtischen Moment, die weltpolitische Situation vergessen, den Weltkrieg in seinem dritten Jahr mit seinem noch weiterhin wachsenden Schrecken und seinem noch beängstigend ungewissen Ausgang. Dass die Mehrheit dieses Publikums dies bedachte und empfand, ist leider unwahrscheinlich. Reputation und Luxus, die nun einmal zur Gattung Oper gehörten, waren demonstrativ, bei den Premieren trugen die Damen funkelndes Geschmeide (ein Juwelier annoncierte im Programmheft) und blendend weißen Hermelin, für die Herren galt Smokingzwang, der mich mit meiner bescheidenen Garderobe draußen stehen ließ. Ich erlebte die Proben und die weiteren Vorstellungen. Von den Premieren erzählte mir am nächsten Morgen ihr Dirigent. Ich will manches nacherzählen. Von den Mitwirkenden an der deutschen Spielzeit, *Temporana Alemana*, kam niemand mehr wie früher üblich aus Deutschland, es waren unter ihnen nicht wenige Emigranten aus anderen Ländern, die einen rettenden Hafen und sogar ein Engagement gefunden hatten, das ihre künstlerische Existenz festigte und rechtfertigte. Der Krieg war dieser Kapitale und diesem Opernhaus fern, bereitete aber Spielplan- und Ensembleschwierigkeiten. Namhafte Sängerinnen und Sänger konnten oder wollten nicht mehr kommen, in den USA Ansässige reisten an, englische wagten die Überfahrt. Reisten an: man flog damals nicht. Und man bedurfte langfristiger, stimmenschonender Akklimatisation, traf Wochen vor Beginn der Proben ein und machte sich geruhsam mit den Lebensverhältnissen der Stadt, den Arbeitsverhältnissen des Theaters vertraut.

Aller Anfang ist schwer. Ich sollte ein von Buschs eingeladenes Ehepaar in Empfang nehmen und in die Loge geleiten. Die Leute fand ich leicht, den Weg zur Loge nur mit Müh und Not. Ich brauchte noch Tage, um mich in dem weitläufigen und treppenreichen Gebäude zu orientieren. Meine ersten Tage in Buenos Aires schüchterten mich ein. Als wir die Loge endlich erreichten, war die Ouvertüre schon im Gange, ich hörte nur etwa ihre zweite Hälfte. Es war dies die letzte Vorstellung der ›Zauberflöte‹, ganz habe ich ihre Ouvertüre von Fritz Busch nie gehört. Es gab aber genug zu hören und zu sehen. In jener Nacht zwar war ich Neuling, ›Die Zauberflöte‹ mir aber nicht völlig fremd. Die berühmten Arien waren mir durch meines Großvaters Grammophon und den Rundfunk geläufig, mein Vater hatte mir aus dem Klavierauszug vorgespielt, unvergessen blieb eine Einstudierung und Aufführung der ›Berliner Funkstunde‹. Im qualifizierten Ensemble in Berlin hochgeschätzte Künstler wie Lotte Schöne als Pamina, der so populäre, im Lautsprecher mehr als im Saal glänzende Josef Schmidt, der Bassist Emanuel List, dem »In diesen heil'gen Hallen« ein Freimaurer-Bekenntnis war, – deren entsinne ich mich und des Dirigenten Bruno Walter. Es wurde sogar eine Probe übertragen, die erste, die ich hörte, wenn ich nicht die Vorbereitungen der Schülerkonzerte am Askanischen Gymnasium anrechne. Und Bruno Walter redete den kleinen jüdischen Pamino mit »Schmidtchen« an. Diese zwar geringe Kenntnis erlaubte mir, die Vor- und Darstellung der ›Zauberflöte‹ im prächtigen, doch von Zeitumständen und technischen Mängeln beeinträchtigten Teatro Colón zu würdigen: den Fluss, das Heitere und das Ernste, die Atmosphäre. Da war eben Busch, war der Mozart-Mann, war die kultivierte und lebendige Regie von Josef Gielen, in den hübschen Räumen und Dekorationen des distinguierten hauseigenen Bühnenbildners Héctor Basaldúa, der auch ein geschmack- und fantasievoller Buchillustrator war. Die Besetzung war kriegsbedingt nicht überragend, nimmt man die Herrlichkeit des Chores aus, der noch die kommenden

Wagner-Aufführungen bereichern sollte. Raffael Terragnolo, dem Chordirektor des Theaters, gelangen immer wieder Höchstleistungen. Aus dem Ensemble stachen in meiner Erinnerung die Königin der Nacht und Papageno hervor: Die fabelhaften Koloraturen der Araukanerin Rayen Quitral, die Thomas Mayer oben in einer Art Fahrstuhl zu den richtigen Einsätzen zwicken musste, und der kultivierte Charme, die Agilität und der Humor von Martial Singher, des sehr deutschen Fritz Busch sehr französischem Schwiegersohn. Er war, bevor er sich Gesang und Bühne zuwandte, Lehrer an der Akademie von Saint-Cloud, Kollege und Freund von Golo Mann.

Lange nach Mitternacht schloss sich der Vorhang zum letzten Mal. In seinem kleinen Zimmer mit Schreibtisch, Klavier und Couch, das mir vertraut werden sollte, fragte mich FB, wie es und was mir besonders gefallen habe. Ich antwortete, schon gewitzt: »Das Ganze.« Ja, aber es müsse doch einzelne Arien oder Passagen gegeben haben, die mir könnten gefallen haben. Ich nannte nun nicht so Geläufiges wie »Dies Bildnis ist bezaubernd schön«, »Ein Mädchen oder Weibchen« oder »In diesen heil'gen Hallen« – es waren zwei Momente, die mir zu Herzen gingen und dort verblieben. Der eine Moment war durch die lebhafte, ja leidenschaftliche Gestik des Dirigenten unschwer zu erkennen: Das Glockenspiel, das er nicht leicht als Zierrat nahm, sondern so stark wie möglich: Zauber auch dieses – die Macht der Musik. Sie bändigt und sänftigt. Der andere, das waren vier Takte bei der Wiederbegegnung der Liebenden. Schön hat Josef Gielen dies gelenkt, wie die beiden in der Breite und Weite der Bühne aufeinander zugingen. Zwischen dem Gesang der Geharnischten »Ist würdig und wird eingeweiht« und Paminas Jubel »Tamino mein, o welch ein Glück«. Geigen und Bratschen, Ausdruck von Unsagbarem. FB: »Meine Lieblingsstellen.« So begann meine Lehre.

Seither achte ich bei jedem Hören der ›Zauberflöte‹ auf diese Stelle, auf die Behandlung dieser vier Takte. Natürlich muss ich zugeben, dass es ungerecht wäre, nach ihr die Leistung eines Dirigenten zu beurteilen. Das ist ja überhaupt die Fragwürdigkeit, speziell bei Rundfunksendungen, von Vergleichungen gewisser Stellen in verschiedenen Aufführungen. Die einzelne Stelle kann verpatzt, die gesamte Aufführung aber der Konkurrenz überlegen, jedenfalls durchaus gelungen sein. Hier nun ist für die meisten Kapellmeister dieser Moment nur eine Arabeske, ein Übergang. Siebzehn Jahre später war ich, diesmal als Gast und als Kritiker, wieder im Teatro Colón, wieder gab es die ›Zauberflöte‹ in einer Aufführung von hohem Niveau. Die Rollen waren sicherlich glücklicher besetzt als damals in Kriegszeiten, es waren vor allem Sängerinnen und Sänger der Wiener Oper, die sich dort präsentierten, Pamina war Pilar Lorengar, Tamino Anton Dermota, die Königin der Nacht Rita Streich, auch die anderen waren qualifiziert und wunderbar, abermals wunderbar der Chor. Es dirigierte ein alter, sehr angesehener, sehr eigenwilliger Künstler, den die Gicht so plagte, dass er nur mit Mühe ans Pult gelangen konnte, Sir Thomas Beecham. Ich habe da genau hingesehen und, so gut ich konnte, hingehört. Er spreizte den kleinen Finger der linken Hand, so wie man wohlerzogen in England eine Teetasse hält. Es war ein zierlicher Moment, Rokoko regte sich ein wenig, mehr nicht. Jahrzehnte später in München dirigierte Wolfgang Sawallisch. Schön fand ich die Inszenierung von August Everding. Der Dirigent legte sich förmlich auf die ersten Violinen.

Zurück nach Buenos Aires, immer wieder zu Fritz Busch. ›Parsifal‹. Das Bühnenweihfestspiel. Auch für mich natürlich in äußerst kleinem Maßstab in unerfahrener Jugendlichkeit, eine Art Einweihung. Noch waren die Proben im Gange, ich konnte zugegen sein, das Haus kennenlernen und den Betrieb. Und damit vor allem *Arbeit*. Nie habe ich genaueres, gespannteres, ernsteres Arbeiten erlebt. Nüchternheit ging dem Gefühl voraus, als Vorbedingung der eigentlichen künstlerischen Leistung, der individuellen, der gemeinschaftlichen. Disziplin war gefordert, die Forderung wurde bewundernswert, aber ohne Drill, ohne Pedanterie erfüllt. Einzelproben am Klavier des Korrepetitors. Bühnenproben, diesmal führte Otto Erhardt, ein erfahrener, auch gebildeter Mann, routiniert, kundig die Regie. Er hatte einen speziellen Sinn für Massenszenen, konnte im Chor sofort einen Mann ertappen, der nicht den rechten Tritt hatte oder sich falsch bewegte, er wusste viel, sang laut auf dem Korridor, war ein Mann der älteren Schule. Gesamtproben ohne und mit Kostüm, unvergesslich dann die Generalprobe. Sann ich nach über die Handlung, über die Bedeutung und Symbolik, Bedeutung, die nach Deutung verlangt, an die sich dann eine ganze Literatur gemacht hat? Mich bannte der Klangzauber, der so »abgefeimt« (dies eine Bezeichnung von Thomas Mann) wie unwiderstehlich und ergreifend ist. Fritz Busch hatte dafür das Ohr und das Herz. Feierlichkeit war bei ihm ohne Salbung, der Orchesterklang, der gesamte Aufführungsstil schlank. Die Besetzung und damit auch die Aufführung war im Einzelnen und im Ganzen weit glücklicher als die der ›Zauberflöte‹, in der Hauptrolle der größte Wagner-Tenor nicht nur seiner Zeit: Lauritz Melchior. Stattlich, in seinen reifen Jahren korpulent, die Stimme, aus dem Bariton entwickelt, nicht belcantistisch, von unglaublicher Kraft und Inständigkeit. Dem wagnerisch Heldischen gesellte sich hinreißend inniger Ausdruck. Er war kein junger, er war ein humaner Parsifal. Melchior beherrschte seine Rolle, seine Lebensrolle, so überlegen und fest, dass er sich Nachlässigkeiten erlaubte. Im Zweiten Bild des Ersten Aufzugs verschwand er unauffällig eine Weile aus dem Gralstempel. Aber was am Wagnerstil echt ist, das hat er gelebt. Er kam in Zivil auf die Generalprobe, in der linken oberen Westentasche ein paar Parkerfüllfederhalter. Er blickte durch die goldgeränderte Brille, den Speer hielt er in der Hand. »Den heil'gen Speer, ich bring ihn euch zurück.« Das war große, das war größte Geste, war Musiktheater, da stand der durch Mitleid wissende Ritter, der neue

Herr des Grals. Er war Wagnergestalt auch im amerikanischen Anzug. Herbert Janssen als Amfortas bestätigte seine hohe Kompetenz, Kundry war die hochgewachsene sehr schöne Amerikanerin Rose Bampton, für die die Buschs sehr viel Sympathie hatten. Sie hat die Komplexität dieser interessantesten Partie singend und darstellend eindrucksvoll gestaltet. Würdig war der Gurnemanz des hochgeschossenen Engländers Norman Cordon, der schon der Sarastro gewesen war, würdig und profiliert alles.

In der Generalprobe saß ich zwischen dem sehr renommierten Pianisten Alexander Brailowsky, dessen Chopinspiel im Colón sehr applaudiert wurde, und Ignace Strasfogel, ehemaligem Absolventen der Berliner Musikhochschule, den Melchior als seinen persönlichen Korrepetitor und Helfer mitgebracht hatte. Strasfogel dirigierte bald danach ein Wagnerprogramm in Montevideo mit Melchior als Solisten und war viel später lange Jahre musikalischer Chef der Straßburger Oper. Sein Sohn Jean ist ein geachteter und an vielen Orten tätiger Opernregisseur. Strasfogel flüsterte fast atemlos: »Das ist ja schöner als an der Met« – von der er kam. »Dieses Orchester, diese Übergänge.« Womit er Wesentliches von Fritz Buschs Musizieren traf. Brailowsky und ich lächelten einander an, beim ›Karfreitagszauber‹, der eine ganz unsentimentale reine Poesie, reines Naturgefühl tönte, rannen ihm die Tränen. Als die Generalprobe beendet war und bei all dieser Arbeitssachlichkeit unter den Anwesenden gehobene Stimmung sich verbreitete, eilte der Pianist an den Bord des Orchestergrabens und dankte ergriffen dem Dirigenten. Schon im Ersten Aufzug hatte ich Denkwürdiges erfahren. Bei einem großen wundersamen Übergang: Übergang vom Ersten zum Zweiten Bild, der Wanderung zum Gral, wohin der alte hoffende Gurnemanz den unwissenden reinen Toren Parsifal geleitet. Parsifal ist verwundert: »Ich schreite kaum, doch wähn' ich mich schon weit.« »Du siehst, mein Sohn, zum Raum wird hier die Zeit.« Die Worte sind berühmt. Wer sie formulieren, singen und spielen lassen konnte, war schon ein Genie. Tönende Reise,

Dimensionen erschließend und in Beziehung zueinander setzend, sogar das Bild aus dem Klang gewinnend.

Das Teatro Colón war in jenem Jahr bei aller Großartigkeit keineswegs gefeit gegen Defekte. Die Drehbühne verweigerte den Dienst. So schloss sich der Vorhang beim Aufbruch der Wandernden und öffnete sich wieder bei ihrer Ankunft im Gralstempel. Thomas Mayer stand, dem Publikum unsichtbar, in der einen Hand die Partitur, in der anderen die Vorhangschnur, um die Gardine jeweils genau nach der Musik zu betätigen. Um einem Missverständnis vorzubeugen: Die Aufgaben des kultivierten, vielwissenden, vorzüglichen Musikers, der zudem der Sohn meines literarischen Mentors Karl Leopold Mayer und später ein lieber Freund von ungewöhnlicher Güte war, erschöpften sich nicht im Zwicken einer Sängerin und Ziehen des Vorhangs. Thomas Mayer war bei allen Produktionen wichtiger Mitarbeiter, wie sein Kollege Roberto Kinsky.

Die Wanderung zum Gral war also im Hören zu imaginieren. Raum und Zeit, Raum in der Zeit: Man hat sehr oft bemerkt, dass schon Beethoven und Schubert dieses Raum-Zeit-Verhältnis in größte Musik eingebracht haben. Beethoven in der ›Pastorale‹, Schubert in der zweiten C-Dur-Symphonie, der großen, man findet es auch in der Symphonik Bruckners. Ein kinetisches, vor dem Film ein übertragenes kinematographisches Element – ein *travelling*, jenes Bewegungsmittel des Films. Wir wissen es, der Romantiker Wagner hatte viel übrig für Synästhesie. Und er hatte und hat den Löwenanteil in der deutschen Spielzeit am Teatro Colón, seine so germanisch sich gebende Kunst fand nicht etwa nur in der deutschen Kolonie plus Emigranten, sondern beim allgemeinen Publikum, Menschen also meist spanischer oder italienischer Abstammung, und bei den Orchestern selbst in Buenos Aires und Montevideo begeisterte Aufnahme. Der Wagner-Zyklus dieser *temporada* verlief in chronologischer Umkehrung, auf das Alterswerk folgten ›Lohengrin‹ (immerhin Parsifals Sohn) und ›Tannhäuser‹.

Je mehr ich den Proben beiwohnen konnte, umso mehr konnte ich Einblick gewinnen in die Säle und Zimmer, die Abteilungen und Werkstätten des Hauses. Ich verlief mich nicht mehr. Busch schickte mich zu den verschiedensten Personen und Stellen, nicht bloß, dass ich ihnen eine Weisung oder Anfrage übermittelte, sondern dass ich sie kennenlernte, dass ich *lernte*. Ich begleitete ihn, er stellte mich den »Mächtigen« des Instituts vor, dem Generaldirektor Floro M. Ugarte und dem Generalverwalter und praktischem Arbeitschef Cirilo Grassi Díaz, einem stämmig untersetzten, bebrillten derben Mann aus der uruguayischen Provinz, der lange und erfolgreich und wohl auch mächtig amtierte. Der distinguierte, kultivierte Bühnenbildner Héctor Basaldúa, von dem ich schöne, gar nicht figurinenhafte Buchillustrationen besitze, wurde in seinem Studio besucht wie dem Malersaal, in dem geschickte Handwerker neue Dekorationen bauten und alte auffrischten; neue Entwürfe wurden in der Kostümabteilung und der Schneiderei ausgeführt. Nähen und Bügeln gehören zum Opernbetrieb, wie die Werkstatt, das Hämmern der Zimmerleute und Schreiner. Ohne Handwerk im wörtlichen und im übertragenen Sinn keine Kunst und schon gar kein Musiktheater. Sohn eines deutschen Schreiners, der autodidaktisch Geigenbauer wurde, hatte Busch Verständnis und Sympathie für Handwerker, begriff sein Metier und das der Instrumentalisten zunächst als Handwerk. Er sublimierte das Handwerk. Er war ganz und gar ein Meister. Und das ist nicht nur die Bezeichnung eines Ranges, sondern eines Charakters. Künstlerpose war ihm fern, Künstlichkeit erst recht. Immer umgab der Meister sich mit Gesellen, kaum je schritt er durch die Gänge des Theaters allein, er schritt an der Spitze einer kleinen Gruppe, die ihm folgte, ohne Gefolge zu sein. Natürlich und unbewußt hatte er den Vortritt, doch auf der Straße blieb er einen halben Schritt hinter dem Begleiter und schob ihn mit der Schulter (siehe die Dresdener Fotografie der Ursula Richter »Richard Strauss und Fritz Busch«).

Also ›Lohengrin‹. Die Wiedergabe des Werkes entfaltete Romantisches und Mystisches im Wohlklang des Orchesters und der Chöre, das Vorspiel zum Ersten Aufzug bestätigte Thomas Manns vielzitierte Formel von der »blau-silbernen Schönheit«, aber dank der verfeinernden Regie des hochkultivierten, sensiblen, dabei lebhaft instruierenden Josef Gielen, in den Dekorationen von Kautsky nach Skizzen des eminenten Künstlers Hein Heckroth überwog bei aller Dramatik und Dämonie, aller Romantik das Menschliche. Überragend wieder Lauritz Melchior, seine Inständigkeit, tief ergreifend, Szene, die man nie wird vergessen können, Lohengrins Abschied nach der Gralserzählung in der Intimität der – der armen, arglosen, törichten Elsa zugewandten – Arie »Doch bei dem Ringe soll er mein gedenken«. Dem zuzusehen und zuzuhören schien mir beinahe eine Indiskretion. Aber wegzusehen und wegzuhören wäre unmöglich gewesen. Eine Minute, die dauert. Da nun der Schwan sich in den wiedererstandenen Gottfried verwandelt hatte, flog die Taube ein, landete zielbewußt am Nachen und besorgte Lohengrins Heimreise zum Gral. Hatte im ›Parsifal‹ eine hölzerne Nachbildung in der Kuppel des Tempels gekreist, so war diese eine lebendige Taube, für mich das erstaunlichste Wunder im ›Lohengrin‹. Ich fragte den über ein üppiges Arsenal gebietenden italienischen Requisitenmeister, wie denn das möglich sei. Er wiederum wunderte sich über die Naivität des Neulings. »Ich habe sie doch an einem langen Faden geführt. Den haben Sie nicht sehen können.« Opernarbeit auch dies. Im ›Tannhäuser‹ brauchte man keine Taube, aber der Regisseur Otto Erhardt sah für seine Inszenierung Pferde vor, denn die Ritter, die zum Sängerkrieg der Wartburg zustrebten, mussten beritten sein. An schönen Pferden herrschte in Argentinien und Uruguay kein Mangel, aber die Opernpferde mussten sehr zahm und tolerant sein und der Musik nicht abhold, und so hatte man kleine, betagte Zossen engagiert, die in direkter Linie von Rocinante abzustammen schienen. Sie standen vor ihrem Auftritt nicht weit vom Zimmer des Dirigenten im breiten Gang, ungeniert äpfelnd, einen an diesem Platz ungewohnten Stallgeruch verbreitend. Busch kümmerte sich nicht um sie, umso mehr um die, die auf ihnen sitzen sollten, und natürlich um Elisabeth und Venus. An eine Doppelrolle hat er wohl nicht gedacht. So machte er vor der Vorstellung – er war viele Stunden vor Beginn im Haus – die Runde bei den Sängerinnen und Sängern, ermutigte sie väterlich und wusste Bescheid über ihre Abendform, auf die er bei Bedarf mit der Dynamik seines Orchesters Rücksicht nehmen konnte. Er ließ sich auch im Stimmzimmer sehen, wohl auch beim Chor. Er behielt diese Gewohnheit bei. Lisa della Casa hat sie Jahrzehnte später in einem Fernsehinterview dankbar erinnert. Er nahm mich mit bei diesen Visiten. ›Tannhäuser‹ wurde in der Pariser Fassung gegeben mit dem ausgedehnten Ballett und seiner auf Tristanhöhe nachkomponierten Musik, günstigste Entfaltungsmöglichkeit für die Ballettmeisterin und Choreographin Margarete Wallmann, ursprünglich Tänzerin an der Wiener Staatsoper. Nach einem Unfall eröffnete sie sich eine internationale Karriere.

So wirkte sie viele Jahre am Teatro Colón. Ich hatte das Gefühl, Margarete oder Margherita Wallmann wirkte und lebte in einer anderen Welt als der unseren, zu der ich schwer Zugang fand, die ich nicht verstand. Das spricht nicht gegen Frau Wallmann, eher gegen mich. Ihrer Arbeit bin ich noch in viel späteren Jahren begegnet. Sie wurde eine erfolgreiche und vielbeschäftigte Opernregisseurin, und ich entsinne mich einer Inszenierung von ›Don Carlos‹ in der Wiener Staatsoper. 1942 eilte oder schwebte oder flog sie durch die Gänge des Teatro Colón, angetan mit einem fledermausartigen weitärmeligen Gewand – war es aus brauner Seide? – und umgeben von Mitarbeiterinnen, Elevinnen, die kann ich nicht beschreiben, es war ja eine andere Welt. Das Ballett des Teatro Colón stand, soweit ein Ballett »steht«, Orchester und Chor wohl nicht nach. In den Jahren am Rio de la Plata habe ich nicht wenig klassisch-traditionelles Ballett gesehen, ich weiß nicht wie oft den ›Schwanensee‹.

Es ließ mich unberührt. Ich darf es nicht verschweigen: Mir fehlt der Sinn für diese Art von Tanz. Beeindruckt wurde ich durchaus von bestimmter Art des Tanzes, von dem chilenischen Ballett, das der überragende Kurt Jooss geschaffen hat, er war nicht mehr da, aber der Tanz seines Ensembles in ›Carmina Burana‹ war hinreißend, und zu denken und zu fühlen gab sein berühmter ›Grüner Tisch‹. Freuen konnte ich mich auch an der Ausdruckskunst des nicht mehr jungen Harald Kreutzberg, in Verlegenheit war ich gegenüber dem Ehepaar Sacharow, das ich in einer vorlauten und schmählichen Besprechung in der Rundfunkstunde des Dr. Hermann P. Gebhardt – über all das muss noch einiges gesagt werden – als die Veteranen der Tanzkunst bezeichnete. Sie sollen es gar nicht gern gehört haben. Ich kann mich nicht mehr entschuldigen, die Feststellung stimmte.

›Tannhäuser‹ 1942 in Buenos Aires, zu ihm kehre ich zurück. Ballett hin und her: Seine Musik, die Venusbergmusik war aufwühlend. Busch spielte sie in einem präzisen Taumel, in Fieber und Trunkenheit, in ihr, im ganzen Venus(berg)komplex fand er den wahrhaftigen Wagner. Die Partie des Tannhäuser sang ein englischer Tenor, der nicht nur dem Kapellmeister Sorgen bereitete. Melchior nahm ihn einmal kollegial ins Gebet. Er war nicht sehr begabt. Er arbeitete nicht. Er fügte sich nicht in das Ensemble. Der Dirigent schwankte zwischen Empörung und Mitleid und erklärte einmal im Vertrauen, er würde den Mann, wohlgemerkt 1942 in Kriegszeiten, am liebsten nach Hause schicken, was andere wohl täten. Er brauche nur den Klangpegel des Orchesters zu erhöhen, das würde den Sänger fertigmachen. Er tat es nicht. Schließlich fiel dieser Sänger auch nicht aus der Rolle. Ich kann nicht alle Mitwirkenden aufzählen, von denen keine und keiner schwach war, die Elisabeth war vornehm in Gesang und Erscheinung, Rose Bampton, häufig zu nennen, häufig zu bewundern in jener Spielzeit, Venus Irene Jessner, Emigrantin, in doppelter Beziehung, was diese Rolle betraf, anstandslos.

Ganz anders, wenn auch ohne Bezug auf Wagner kaum denkbar, die fünfte der deutschen Opern im Spielplan des Teatro Colón von 1942: ›Ariadne auf Naxos‹ von Richard Strauss mit dem Libretto, beinahe der Dichtung von Hugo von Hofmannsthal. Groteskerweise wurde diese in strengem Sinne eigen-artige Oper in der deutschen *temporada* nicht in der Originalsprache mit ihrer Poesie und ihrem reichen Geist gesungen, sondern auf Italienisch »um der besseren Verständlichkeit willen«, heißt es im Programmheft, das die ungewöhnliche Bedeutung dieser Erstaufführung auf dem gesamten amerikanischen Kontinent erklärt. Abgesehen davon, dass es damals üblich war, Opern in oft entstellenden Übersetzungen zu singen – der arme Libretto-Übersetzer muss nicht nur auf adäquate Vokabeln, er muss auch auf die Vokale und schlechthin auf die Singbarkeit achten –, war das Italienische so unpassend nicht für die »Oper in einem Aufzug nebst einem Vorspiel«: so die zweite Fassung. Hofmannsthal hatte ja die typischen Figuren der *commedia dell'arte* in die dank ihnen lastlose Handlung einbezogen. Harlekin, Scaramuccio, Truffaldin, Brighella und dazu Zerbinetta, der die stupendeste, leicht- und tiefsinnigste Koloraturarie aufgegeben ist. Das Teatro Colón hatte viel zu unternehmen für diese Premiere. Das Material musste beschafft werden. Von seinem gängigen Repertoire besaß es Materialien, die es hütete. Gepflegt wurden sie in einer eigenen, mir imponierenden Werkstatt: Da arbeiteten die Restauratoren, die Buchbinder, die Kopisten. All das gehörte zum Musiktheater. Unter Materialien verstehen sich natürlich Noten. Sämtliche Stimmen, Gesangsstimmen also, und Orchesterstimmen, besonders delikat im Fall der ›Ariadne‹. Der Verlag von Richard Strauss, besser der Verleger, Adolph Fürstner, dessen Erbe später seine Witwe Ursula hütete, war nach England emigriert, seine Firma in dem großen englischen Musikverlag von Boosey & Hawkes aufgegangen. Das Ariadne-Material musste auf dem seinerzeit noch exzeptionellen Luftweg von London nach New York, von New York nach Buenos Aires befördert werden. Das Teatro Colón war nun stolz darauf, in der Mehrheit argentinische Sängerinnen und Sänger einsetzen zu können. Das war das Ergebnis der Arbeit des Studienleiters Erich Engel, der eine dem Theater angegliederte Opernschule gegründet hatte und sie leitete, Fritz Buschs nächster künstlerischer Gefährte, ein kultivierter, etwas schwerhöriger Wiener, von immenser Bildung, der überragendste aller Korrepetitoren. Selber hat er, vielleicht wegen seines Gehörleidens, das ihn aber nicht davor bewahrte, die kleinsten Fehler wahrzunehmen, eine eigene Dirigentenlaufbahn nicht eingeschlagen. In jüngsten Berichten Anfang 2004 wird erzählt, dass nun wieder das Teatro Colón eine Fülle von eigenen Sängerinnen und Sängern, von Studenten dieser Opernschule präsentiert, dass Buenos Aires, Argentinien, denn doch eine eigene Oper hat und mit ihr glänzen kann.

Bei jener ›Ariadne‹-Premiere waren nur drei Künstler, allerdings in wichtigen Rollen, Ausländer. Rose Bampton als stattlich schöne, stimm- und gefühlsschöne Ariadne, der Engländer Arthur Camden als sich selber rettender Bacchus, der Franzose Martial Singher als agiler, witziger, kluger, kultiviert singender Harlekin. Nicht mehr Wagnersches Gewicht, Leichtigkeit, die das Pathos meidet und im Finale doch staunenswert sich erhebt. Gewalt ist gebannt. ›Salome‹ und ›Elektra‹ in ihrer Hochspannung und nervösen Unrast, der ›Rosenkavalier‹ in seiner Opulenz sind, wörtlich zu verstehen, »zurückgelegt«, nun wird bei allem Schwelgen in Tonalität und berückenden Orchesterfarben Kammermusik Oper, Oper Kammermusik. Im Orchester nur 38 Instrumente, ein jedes solistisch hervortretend. Für Fülle sorgen Klavier mit einem ungemein schwierigen Part, Harmonium und die sehr straussische, schon im ›Rosenkavalier‹ sich hervortuende Celesta. Fritz Busch beugte dem Ausfall einer Orchesterstimme vor, indem er zwei ganze komplette Ariadneorchester probieren ließ, er schickte mich von seinem Pult zu Robert oder wie er sich in Argentinien nannte, Roberto Kinsky, dem kleinen ungarischen Juden mit der schwarzgefassten Hornbrille, der im Probensaal auf äußerste Genauigkeit, Notengerechtigkeit pedantisch und doch schwungvoll das zweite Orchester ganz im Sinne seines Chefs einstudierte. Der Dirigent hatte helle Freude an diesem Spiel, diesem geistreichen Sinnenfest, gewann ihm souverän alle Reize bis zur atemberaubenden Steigerung im Finale ab. Er hat gleichwohl dieses Werk nicht überschätzt, nicht in den Himmel der größten Musik erhoben. ›Ariadne‹ war ihm nicht ›Così fan tutte‹. Die Szene habe ich als zartfarbig leuchtend oder schimmernd, mit Silber- und Blautönen in Erinnerung. Héctor Basaldúa hatte sie mit Geschmack, mehr mit Kultur und Fantasie entworfen, und Josef Gielen sie mit graziösem, so sinnlichem wie sinnigem Spiel belebt. Ich sehe ihn noch, wie er das Buffo-Ensemble mittanzend, mitsprechend, mitsingend, dabei ganz herrenhaft gelassen führte. Das Artifizielle, reizvoll Artifizielle des Werkes übersahen und überhörten weder Dirigent noch Regisseur. Zu bewundern blieben Juwelier-Feinschliff, Duft, Meisterschaft, Meisterschaft in der Mischung von Modernität oder zumindest Fortschrittlichkeit und Konservativ-Klassizistischem. Dieses Stück war literarischer als manches aus dem älteren Repertoire, es war anders als gewöhnliche Oper und war doch in dieser zweiten Fassung, die erste hatte ja den ›Bürger als Edelmann‹ mit einem Operneinakter verbunden, ganz Oper. Wieder konnte ich der Erstaufführung selbst mangels Smoking nicht beiwohnen.

Am nächsten Vormittag erzählte mir Busch, wie es gegangen war. Ich fragte recht genau danach. Ja, im Ganzen gut, nur einen Schmiss habe es leider gegeben. Bei Zerbinettas großem Auftritt. Wohl von Wien her war es Brauch, dass sie sich auf den Souffleurkasten schwang. Das geschah auch dieses Mal. Die graziöse Soubrette Lili Heinemann in ihrer ersten und einzigen, überdies extrem schwierigen Opernrolle handelte nach Vorschrift. Nach mehr als zweiundsechzig Jahren hat sie davon der jungen, das Musikexil in Argentinien gründlich erforschenden Studentin Priska Jones erzählt. Lili Heinemann war aufs Beste präpariert und beherrschte ihre Partie. Der Souffleur erwartete sie, zur rechten seiner Muschel stand der Spiegel. Im Teatro Colón galt die praktische italienische Gepflogenheit des Soufflierens. Souffleur war der *maestro apuntador*, ein Korrepetitor, kompetenter Kapellmeister, der, vor sich den Klavierauszug, den Singenden und Agierenden nicht nur Stichworte gab, sondern als verlängerter Arm des Dirigenten mit einem Bleistift Einsätze und Takte anzeigte. An Monitore konnte man damals nicht denken. Der Spiegel war unentbehrlich. Wurde eine Ouvertüre gespielt, konnte man sehen, wie der Souffleur den Spiegel verrückte, um Hand und Stab des Dirigenten im Blickfeld zu behalten. (Beiläufig: Jahrzehnte später wollte Karajan diese Methode, von der Mailänder Scala als probat erkannt, in der Wiener Staatsoper einführen. Er konnte es nicht durchsetzen.) Zerbinetta also kreuzte schnellen Fußes die Bühne. Nur hatte der Inspizient, wichtiger Mann im Theater, statt aus der vom Publikum her linken Ecke sie aus der rechten entlassen, sie schmiss den Spiegel um. Und dann hat es sofort einen zweiten Schmiss gegeben, den des Ensembles. Und ich fragte FB, was er denn da gemacht habe. »Früher hätte ich mit dem Fuß aufgestampft und mit dem Stab gedroht. Dann hätte es sogleich noch einen Schmiss gegeben. Jetzt habe ich den Leuten zugelächelt, sehr genau den Takt geschlagen, mich ein bisschen gewiegt, ja, und dann waren sie gleich wieder drin.« »Und wer hat das dann überhaupt gemerkt?« (3500 Menschen im ausverkauften Saal.) »Na, die da oben. Und ich. Und Herr Engel. Und Herr Kinsky. Und Herr Mayer. Das genügt doch.«

Buenos Aires. Die Stadt bot nicht sehr viel mehr als einen Rahmen, eine Umgebung und ein Quartier. Und doch. Die Kapitale, die Metropole. Ich als Berliner kam mir die ersten Tage eingeschüchtert wie ein Kleinstädter vor: So viel Reichtum, Luxus, Eleganz, auch Arroganz, so viel Kostspieliges in den Auslagen der prunkenden Schaufenster und in tausend prächtigen Geschäftslokalen hatte ich noch nicht gesehen. Ich selber konnte da nicht Kunde sein. Aber Buschs, deren Lebenshaltung, Lebensstandard Putz und Ostentation ausschloss und in gehobener Bürgerlichkeit verblieb, einer Bürgerlichkeit, die denn doch ein wenig besser ausgestattet war als die anderer, schickten mich zu Besorgungen aus, zu denen sie keine Zeit hatten und bei denen ich lernen konnte. So betrat ich diese splendiden Läden, staunte über teure Herrenartikel: Immer brauchte FB frische steife weiße Kragen. Mein Vater hatte derlei auch noch lange. Der Kragen wurde aufs Oberhemd aufgesetzt, mit einem hinteren kleinen Messingknopf und dem eigentlichen Kragenknopf vorne, kleines Scheibchen aus Messing, mühsam befestigt. Das war noch gang und gäbe, mir ist es erspart geblieben. Die (hohen) Rechnungen in diesen Geschäften wurden mit der niedlichen Schreibmaschine Hermes Baby aus der Schweiz getippt, die Verkäufer benutzten einen silbernen Bleistift. Man hatte viele Muster aus Paris und London, das größte Warenhaus war Harrods, seine Konkurrenz hieß Gath & Chaves.

Der Verkehr war dicht, das beliebteste schnelle Verkehrsmittel war der *colectivo*, ein Kleinbus, der an den Ecken seine Fahrt verlangsamte, kaum je aber anhielt. Man stieg im Fahren auf. Das fiel mir schwer. Unter dem Pflaster zog und knüpfte sich ein Netz von U-Bahnen. Auf die Bahnsteige gelangte man nach Einwurf einer Münze in ein Drehkreuz. Die Juweliere seien nicht vergessen, die Pelzgeschäfte, deren Artikel die Damen im Teatro Colón trugen. Auch nicht die Zigarrengeschäfte, von denen ich für FB die stämmigen Havannas holte, die er genoss – und bald nicht mehr rauchen durfte. Sie hatten ihren eigenen Duft, wie auf gewiss andere Weise die Brathähnchen, die ich sonntags zum bequemen Mahl von einem der Wohnung nahen gepflegten Stand holte. Imposant war eine alte, traditionsreiche, seltene Arzneien führende Apotheke, die Farmacia Franco-Inglesa. Der Finanzverwalter ihrer Besitzer, Carl (F. A. Carlos) Quasdorf, sollte später mit seiner Frau Clara in unseren engsten Freundeskreis treten. Und nicht zuletzt gab es auch internationale Buchhandlungen, deutsche auch aus beiden Lagern, es gab sogar, im Gegensatz zu den meisten südamerikanischen Ländern, argentinische Verlage. Die Montevideaner Buchhandlungen bezogen den größten Teil ihres Sortiments aus Buenos Aires, ein wenig aus Mexiko, ein paar chilenische Verlage kamen hinzu. Die internationalen Buchhandlungen hatten sehr weite Lager. Aus ihnen mussten sie schöpfen. Buchbestellungen kundiger, internationale Kataloge studierender Leser brauchten viel Zeit, der Import geschah per Schiff, der neugierige Leser musste sich mit Geduld wappnen.

Von Duft war die Rede. Nicht genug. Buenos Aires hatte seine eigene, mich immer mehr einnehmende Atmosphäre, seinen eigenen Geruch, etwas dumpf, etwas schwer, etwas süß und gemischt aus vielen Ingredienzien, deren wohl stärkste vom Hafen mit seinen Gütern, seinem Teer und seinem getrübten Wasser her wehten. Dazu aber speziell vom Kaffeerösten – ja, der Kaffee hatte ein Aroma und eine Stärke, die ich in Deutschland immer noch vermisse. Die Ausdünstungen der unzähligen Autos trugen zu diesem Geruch bei. Er war nicht gleich, unterschied sich nach den Gegenden, den Stadtteilen, den *barrios*. Wie in allen Großstädten, so erst recht in Buenos Aires hatten sie ihre Eigenart. Erforschen konnte ich sie nicht, wohl aber bekam ich neben dem Luxus auch Armut zu Gesicht und erlebte ein bisschen »kochende Volksseele«. Es wurde *lumfardo* gesprochen, der Dialekt von Buenos Aires, der auch in den wirksamen, Ibsen-Elemente in eine ganz andere Welt übertragenden Stücken des argentinischen Dramatikers Florencio Sánchez anklingt. Der Tango lag in der Luft. Stimmungsvoll war ein Abend in einem spelunkenartigen Restaurant in »La Boca«, der Mund, die Mündung, nämlich des Flusses Rio Richuelo in den früheren Hafen von Buenos Aires, ärmliches, aber pittoreskes Viertel mit italienstämmiger Bevölkerung, pittoresk schon, weil die Häuser bunt bemalt sind. Ein kleiner Ausflug führte in das Delta des Flusses Tigre, mit den opulenten Villen und Bootshäusern am Ufer, Clubs und deutschem Wassersport – nicht viel anders, nur wohl reicher als an Spree und Havel.

All das war eher flüchtig. Die Pension war unbehaglich, die deutsche Wirtin und ich umständlicher Gast kamen miteinander nicht zurecht. Manchmal tippte ich in meinem kleinen Zimmer Briefe und andere Texte von und für Buschs, auch einen kleinen Artikel über ›Ariadne auf Naxos‹ für das ›Argentinische Tageblatt‹. Ihn und diese Beziehung hatte Fritz Busch erbeten. Ich sprach bei dem Verleger und Chef dieser Zeitung vor, Dr. Ernesto F. Alemann, argentinischem Schweizer, schweizerischem *argentino*, das waren er und seine Söhne (deren einer nach dem Ende von Peróns Herrschaft Minister wurde), wirklich in Haltung, Erscheinung, Sprache. Die Zeitung bestand, gegründet vom Großvater, schon lange, konkurrierte und lag in dauerndem Streit mit der ›Deutschen La Plata-Zeitung‹, dem Blatt der deutschen Kolonie im Zeichen des Hakenkreuzes, dem »subventionierten Papier«, wie das ›Argentinische Tageblatt‹ es stets nannte. Dieses, immer schon liberal, vertrat nun die Interessen der Gegner des NS-Regimes, der Emigranten aus den deutschen Sprachbereichen. Wer es sich leisten konnte, abonnierte es. Wir konnten das lange Zeit nicht. Einige Journalisten dieser Herkunft konnten bei dem ›Argentinischen Tageblatt‹ arbeiten, wenn nicht sich selber dort unterbringen. Die mit Dr. F. S. signierten Leitartikel, zweimal wöchentlich, waren beachtlich, die Wiederbegegnung mit meines Vaters Kollegen Franz Silberstein hat einen guten Platz in meiner Erinnerung. Ernesto F. Alemann und sein Bruder taten mehr als Zeitung machen. Sie stellten dem Goethe-Gymnasium, der nationalsozialistisch gleichgeschalteten deutschen Schule, eine freie und freiheitliche entgegen, die Pestalozzi-Schule, förderten, mir sympathisch, Doppelexistenzen, Binationalität. Das ist, Doppelstaatsbürgerschaft wohlgemerkt eingeschlossen, möglich und verdient Anerkennung. Durch die dank der Einwanderung vermehrte Leserschaft hatte das ›Argentinische Tageblatt‹ höheren Verdienst und höhere Verdienste: Unsereiner, vor allem die ältere Generation, hielt es sich – wer konnte. Wir mussten sehr sparsam sein. Von Hand zu Hand ging in unseren Kreisen die New Yorker Wochenzeitung ›Aufbau‹ des tüchtigen Berliner Journalisten Manfred George (er hieß eigentlich Cohn, später Georg, und nun wurde aus ihm nicht genau ein George, sondern ein »Dschordsch«). Die Zeitschrift bündelte die Nachrichten aus dem und für das Exil, ordnete, wertete und führte auch ins amerikanische Leben ein. Zwischen Buschs und dem ›Argentinischen Tageblatt‹ bestanden Gesinnungsverwandtschaft und Sympathie, gerade weil der Dirigent um lobende Kritik nicht buhlte. Den Musikkritiker des ›Argentinischen Tageblatts‹ nahm er ernst; John Montés, ursprünglich Rosenberg, und seine Frau Thila hatten am Leipziger Konservatorium bei dem namhaften Klavierpädagogen Robert Teichmüller studiert und bildeten ein fein eingespieltes Duo, erteilten nun in Buenos Aires gehobenen Unterricht, gebildete, kultivierte Musiker mit kompetentem Urteilsvermögen und überdies einer reichen Notenbibliothek, von der sogar Erich Engel Gebrauch machte. Ein Jubiläum des ›Argentinischen Tageblatts‹ wurde mit einem Festkonzert unter Leitung von Fritz Busch gefeiert, in der Zeitung schrieb darüber P. Walter Jacob, eine der brillantesten Persönlichkeiten unseres Exils. Musikschriftsteller, Kapellmeister, vitaler, auch körperstarker Schauspieler, Regisseur, Gründer (mit seiner damaligen Frau Lieselotte Reger) der erstaunlichen und lange Zeit kämpfenden, doch auch florierenden freien deutschen Bühne. Nach seiner Rückkehr lange Jahre Generalintendant in Dortmund. Wir haben uns noch oft in Frankfurt getroffen. Er gab seine Gastspiele in Montevideo, seine Rezitationen beeindruckten ihr Publikum. Er, P. Walter Jacob, referierte über das eingängige und in jener Zeit signifikante Programm und seine Ausführung: Mendelssohn, Ouvertüre zum Märchen ›Die schöne Melusine‹, eine Lieblingsmusik des Dirigenten, Doppelkonzert von Bach mit den beiden Montés, Mahlers Adagietto aus der Fünften Symphonie lange noch vor Viscontis ›Tod in Venedig‹, Smetana, ›Die Moldau‹, und in jener Kriegszeit das Victorystück par excellence: Beethovens Fünfte. Musik, Musik und auch ein Politikum. Friedlich war auch Argentinien nicht. War es wirklich neutral? Nationalismus, Militarismus, nie abwesend in dem sonst generösen Land, erstarkten. Noch war sie nicht da, aber sie stand bevor, nach dem Putsch der Generale die schreckliche und langwierige Diktatur Peróns, die auch den bis dahin so regen Verkehr zwischen Argentinien und Uruguay unterbinden sollte, nach einem schmählichen Muster, der Sperrung der Grenze zwischen Deutschland und Österreich durch Hitler.

Heil war die Welt auch hier nicht, und gerade in der Familie Busch wichen nie der Gram über das Böse in der Welt und die Sorge um den Sohn im Kriege. An Glück hat es denn doch nicht gefehlt. Schon die ältere Tochter Eta, mit ihrem Mann, Martial Singher, und dem kleinen Michel, dem zwei weitere Buben folgen sollten, war aus besetztem Land, Frankreich, gerettet worden. Da hatte ein alter Bewunderer Fritz Buschs aus der Stuttgarter Zeit hilfreich eingegriffen, der General Hans Speidel, der einst Gerhart Hauptmann und Oskar Loerke verbunden gewesen war, in Paris nichtnazistische künstlerische Persönlichkeiten schützend um sich versammelte und nach dem Krieg einen sehr langen, inhaltsreichen, denkwürdigen und erregenden Brief an Fritz Busch richtete. Der Adressat las ihn versonnen seiner Frau und mir im Montevideaner Parque Hotel vor. »Ich glaube«, sagte er einmal, »man hört meiner Musik an, dass ich meine Frau und meine Kinder liebe.« Eine kleinbürgerliche Idylle konnte damit nicht gemeint sein. Die jungen Sängerinnen und Sänger, die ihn in seinen letzten Jahren überraschten und erfreuten – er hatte zunächst nicht an ein Weiterblühen in Europa gedacht –, darunter Sena Jurinac und Birgit Nilsson, nannten ihn »Vater Busch«.

Bald nach der ›Ariadne‹ musste ich Abschied nehmen. Ich wollte, durfte meine Schüler, die kärgliche Existenz in Montevideo nicht verlieren. Abschied, zum Glück nur für kurze Zeit, von Buschs. Ja, ich wäre gerne länger geblieben in Buenos Aires im Teatro Colón, bei Buschs, aber ich wusste schon, von ihnen musste ich mich nicht verabschieden, ein paar Dinge für sie konnte ich auch in Montevideo erledigen, Gastspiele waren in Aussicht. Montevideo schien mir bei meiner Rückkehr farb- und reizlos, ärmlicher, enger. Das war richtig und falsch zugleich, meine Rückgewöhnung ging leicht vonstatten, ich lernte die Eigenheiten der kleineren, herberen Hauptstadt nach und nach schätzen. Vieles von und in Montevideo, auch an uruguayischer Landschaft wurde mir vertraut. Montevideo war weniger hektisch, der Verkehr, und damit ist auch der menschliche gemeint, einfacher, das Leben hatte etwas Familiäres. Aus dem Unterricht, den ich in bürgerlichen Häusern gab, erwuchsen Freundschaften, davon habe ich noch zu erzählen.

Von Fritz Busch und den Seinen habe ich seit mehr als einem halben Jahrhundert so viel erzählt, dass ich, immer wieder zu Schilderung und Dank gedrängt, mich nun frage, wie weit ich das fest gefügte Lieblingsthema variieren kann und soll. Für ›Die Neue Rundschau‹, Heft 3, September 1952, schrieb ich einen Nekrolog, der eine ganze Weile einsam in Verzeichnissen der Literatur über Fritz Busch stand. Wie so oft erweist es sich, dass mit der zeitlichen Distanz neue Nähe sich einstellt. Fritz Busch wird heute viel genannt, er ist gegenwärtig dank der von Wolfgang Burbach gegründeten und mustergültig, ohne allen hohlen Heroenkult betreuten ›Brüder-Busch-Gesellschaft‹, deren erstaunliches Archiv nun in das Max Reger-Institut in Karlsruhe-Durlach integriert ist.

Fritz Busch also dirigierte 1943, 1944, 1945, 1946 Zyklen (1944 waren es elf Konzerte) in Montevideo. Er machte Musik. Damit war der Unterschied von Schaffen und Nachschaffen auf-

gehoben. Er fühlte und musizierte vielstimmig, vereinte nach-
gehörte Polyphonie mit warmklingendem Mischklang, er arbeitete Proportionen und Relationen heraus. Ich erlaube mir, mich
selber zu zitieren aus dem Nachwort zu Buschs Biographie ›Aus
dem Leben eines Musikers‹. Der Anblick, das Handwerk, die
Wirkung Buschs auf der Probe, im Konzert und in der Opern-
vorstellung:

> Busch stand ganz vorn auf dem meist pultlosen Podium – er
> *stand* auch in der Oper – über dem Orchester, groß gewach-
> sen, sehr gerade. Sein Schlag war deutlich, nicht pedantisch,
> in den späten Jahren mehr malend als scharf taktierend. Ein
> suggestiver Auftakt ersparte weitschweifige Erklärungen.
> Überhaupt sprach Busch wenig auf der Probe, aber Humor
> animierte die Musizierfreudigkeit. Die linke Hand model-
> lierte den Ausdruck, der Oberkörper wiegte sich zuweilen,
> die breiten Schultern markierten, etwa bei Brahms, die Syn-
> kopen, die Füße blieben geschlossen, die Gesten und Bewe-
> gungen, nie selbstzweckhaft und kokett, waren wirkungsvoll
> und schön. Posenlosigkeit hieß bei Busch nicht Verzicht auf
> sichtbare Ausdrucksmittel: Der Dirigent ist ein darstellender
> Künstler. So eindringlich wie die Sprache der vornehmen
> Hände war die der leuchtend blauen Augen, ein Dirigieren
> mit Blicken. Dem absoluten Gehör verband sich, gleicher-
> maßen visuell und auditiv, das absolute Gedächtnis. Er kann-
> te die Partitur in- und auswendig, probte auch meistens aus-
> wendig, hatte die Einteilung nach Buchstaben im Kopf, rief,
> eine Passage nochmals übend, kurz den Musikern zu: ›Vier
> Takte nach K!‹ und setzte sogleich dort ein.

Auf den Proben, in den Aufführungen wurde aus der Klangvor-
stellung Klangwirklichkeit. Das lebendige Musizieren, atmend,
singend immer, war aber mehr als nur Umsetzung des Geplan-
ten: Irrationales, Improvisatorisches floss ein, eine große Per-

sönlichkeit kommunizierte mit der Musik selber, mit Spielern, Sängern und Hörern. Die Tempi, das Tempo – alle kompetenten Würdigungen sind beinahe gleichlautend in einer Feststellung, die getrost refrainhaft wiederholt werden kann: Fritz Busch besaß ein unbeirrbares Gefühl für Zeit. Zeit der Geschichte und des gegenwärtigen politischen Geschehens, Zeit der gern getragenen Uhren und Zeit, Zeitmaße der Musik. Seine Sänger haben das verspürt.

Willi Domgraf-Faßbaender erinnerte sich der Arbeit im Vorkriegs-Glyndebourne: »Bei Busch stimmte einfach alles! Ein Tempo, das er anschlug, war – wie seine gesamte Mozartinterpretation – so, dass man sich etwas anderes überhaupt nicht vorstellen konnte.« Und Sena Jurinac erinnert sich der Arbeit Buschs im Nachkriegs-Glyndebourne: »Sein Musizieren war diszipliniert und frei, das Tempo bei ihm nie ein Problem, es war selbstverständlich, ergab sich wie von allein, konnte gar nicht anders sein, und so war auch Buschs Zeichengebung von höchster Klarheit und Natürlichkeit. Er drängte sich nie vor das Werk. Bei ihm sprach die Musik für sich selbst.«

Zum Musiker hatte und habe ich nicht das Zeug. Mein Verhältnis zur Musik blieb immer platonisch. Das setzte mich in einige Verlegenheit, als ich Kritiken zu schreiben hatte. Das muss noch erwähnt werden. Aber Musik war Rettung. Und ich war aufgenommen in die Buschwelt, erhielt eine Art Initiation, eine Einweihung, mein wertvollster Gewinn war das wachsende Vertrauen dieser beiden Menschen, von Fritz und Grete Busch. Vertrauen, in das ich gezogen wurde: Zum ersten Mal erzähle ich beklommen, wie Fritz Busch, 1942 in Buenos Aires, mir auf dem Weg von der Wohnung zum Theater zuraunte: Ich müsse versprechen, auf mein Ehrenwort, es niemandem zu sagen. Er habe in der Nacht wieder überwältigende Schmerzen erlitten, wie bei früheren schweren Herzanfällen. Er beschrieb mir diese Schmerzen. Ich hielt Wort und schwieg. Hätte ich nicht mein Wort brechen sollen? Der Infarkt überfiel Fritz Busch erst im

nächsten Jahr, nach der Generalprobe der ›Götterdämmerung‹.
Wagner griff ihn immer an. Nach einer Aufführung oder auch
schon nach einer Probe blieb Busch schlaflos. Mit keiner anderen Musik geschah ihm dies. In der anderen Musik, der sehr
großen, war er schlicht heimisch. Sie bedrohte ihn nicht. Siegfrieds Trauermarsch war ergreifend gespielt worden. Der Dirigent pflegte dann und wann ein Musikstück zu wiederholen,
nicht um etwas zu korrigieren, sondern weil er etwas Gelunge-
nes noch einmal hören und ganz ermessen wollte. So bot er der
im Parkett sitzenden Mutter Thomas Mayers, die mir dies später erzählte, ein charakteristisches Da Capo. Der Trauermarsch
mit seiner Gewalt wurde noch einmal gespielt. In der Nacht darauf der Infarkt. Kinsky dirigierte die Premiere, Mayer saß im
Souffleurkasten. Besorgt besuchten beide ihren Meister im
deutschen Krankenhaus. Und Grete Busch nahm mich im selben
Jahr am selben Ort beiseite, nie dürfe ich etwas sagen, auch
ihrem Mann nicht, er würde sich zu sehr aufregen. Es bestehe
Aussicht, dass Gisela, die jüngere Tochter, mit ihrem Mann, dem
dänischen Grafen Moltke, und den beiden kleinen Kindern aus
dem besetzten Dänemark nach Buenos Aires kommen könnten.
Da konnte ich leichteren Herzens Wort halten. Und sie kamen.

Ich war also wieder zurück in Montevideo, in dem noch grauen
Alltag, der allerdings von den Erlebnissen und Lehren dieser
Busch-Wochen in Buenos Aires beleuchtet wurde. Meine Arbeit, sehr bescheiden noch und unprofessionell, begann allmählich dem Beruflichen sich zu nähern. Ich behielt meine Lieblingsschüler; aus Unterricht, ganz unprofessionell auch dieser,
erwuchs Freundschaft, ein Hauptmotiv meines Lebensberichts.
In der deutschsprachigen jüdischen Gemeinde hielt ich einen
schier endlosen Vortrag mit dem Titel ›Rund um die Oper‹, den
Jahrzehnte später Klaus Schultz, guter Freund, damals Chefdra-
maturg von Everdings Bayerischer Staatsoper, für eine Veran-
staltungsreihe mit Heinz Rühmann von sich aus fand. Ich wag-

te es, dem Referat über meine Beobachtungen bei Fritz Busch im Teatro Colón eine Gesamtgeschichte der Oper voranzustellen. Jacobys liehen mir ›Die Oper‹ von Oscar Bie, S. Fischer Verlag, 5.–7. Auflage 1920, mit 133 Abbildungen und elf handkolorierten Tafeln. Ein Buch ohnegleichen. Ähnliches, doch unserer Zeit Gemäßes, gibt es nicht. Musikwissenschaftlich genährtes Feuilleton von 576 Seiten eines großformatigen Buches, in dem die erste Person dominiert, das Ich eines vielseitig begabten und empfänglichen, schönheitslüsternen, viel und virtuos schreibenden, dabei seine Eitelkeit durchaus nicht verbergenden Ästheten. Gründlich und kokett erzählt dieser Mann, der als Bildhauer begann, Redakteur der ›Neuen Rundschau‹ bei S. Fischer wurde und den jungen Thomas Mann in ihr mit ›Der kleine Herr Friedemann‹ zu Worte kommen ließ, Opernkritiker am ›Berliner Börsen-Courier‹ und den ›Dresdner Neuesten Nachrichten‹ war und vor alldem Professor für Kunstgeschichte an der Technischen Hochschule in Berlin. Oscar Bie, geboren 1864 wie Richard Strauss, der ihm vertraute, verstummt 1938 gestorben, erzählt in seinem Buch die Operngeschichte von ihren Anfängen, soweit sie dem damaligen Stand der Wissenschaft zugänglich waren, bis zu ›Die Frau ohne Schatten‹ von Strauss und Hofmannsthal. Dieses Buch also konnte ich benutzen und bis zu einem gewissen Grad auch würdigen in seinem munteren Deutsch und seiner Kunstauffassung, die aus der Jahrhundertwende stammte. Dass Lektüre mein unmittelbares Opernerlebnis bekräftigte, war wohl kein Zufall.

Ich fing im Radio Ariel an, für beinahe achtzehn Jahre war es mein Montevideaner Quartier. Die Verbindung mit Buschs festigte sich. Die Gastspiele waren Höhepunkte, zwischen ihnen aber schwiegen wir nicht. Im wörtlichen und im übertragenen Sinne korrespondierte man. Mehrmals verbrachten Buschs die Monate von Januar bis März, also den Hochsommer am Rio de la Plata, in Atlántida, dem feinsten, stillsten, duftigsten der schönen Badeorte im Osten des kleinen Landes, mit seinem weichen, reichen Strand, scheinbar Meeresstrand, in Wirklichkeit Ufer des breiten Rio de la Plata. Sie hatten ein kleines weißes Häuschen gemietet, Chalet Gochoky. Da sollte ich sie besuchen, irgendwelche das bevorstehende Gastspiel betreffende Papiere mitbringen. Ich fuhr mit dem Bus dorthin, ungefähr sechzig Kilometer sind es von Montevideo aus. Ich wurde freudig aufgenommen. Es war gemütlich in der Familie. Aber warum hatte ich denn nur eine Mappe bei mir? Ich sollte doch bleiben. Das Zimmerchen sei für mich bereit. Mit Eta, der älteren Tochter, und dem kleinen Jean-Pierre im Kinderwagen zog ich zur Apotheke, um Zahnpasta und Zahnbürste zu besorgen. Nachmittags wohl ein bisschen Arbeit. Abends gingen wir in der Dunkelheit zum nahe gelegenen Haus des Chemikers Dr. Hans Eisner, eines ehemaligen Mitarbeiters von Fritz Haber am Kaiser-Wilhelm-Institut für Chemie in Berlin. Er, seine Frau und seine Kinder waren wohl die nächsten Freunde der Buschs in ihren späten Jahren. Eisner leitete ein großes Laboratorium, d. h. eine pharmazeutische Fabrik, in Montevideo, zog dann in die Vereinigten Staaten, wo sein Sohn Thomas ein sehr namhafter, ab und zu auch im Fernsehen erscheinender Biologe, Insektenforscher wurde, der an seiner Universität auch Musik machte und mit einem Taktstock von Fritz Busch, seinem Klavierlehrer, dirigieren konnte. Eisner wiederum war ein Jugendfreund von Gottfried Bermann Fischer, der in der Autobiographie ›Wanderer durch ein Jahrhundert‹ von ihm erzählt; man lese das nach. Auf dem von Büschen gesäumten Weg ging ich mit Gisela, der jüngeren Tochter, der Gräfin Moltke, die so jung war wie ich und nun so alt ist wie ich. Schöne junge Frau, sommerlich gekleidet. Kindlich, wie er auch sein konnte, auch war, sprang FB, der uns beobachtete, mit einem lauten Wauwau aus dem Gebüsch und uns vor die Füße. Bei Eisners gab es gutes Gespräch und eine gute Bowle. Und es gab einen seiner drei Flügel, einen älteren Grotrian-Steinweg. Musik musste sein. FB spielte den Kaiserwalzer. Die

Jüngeren tanzten in der Sommernacht. Und in einer flüchtigen Illusion des Friedens. An der Treppe, bevor ich zu meinem Zimmerchen stieg, fragte ich im Nachklang des Kaiserwalzers FB nach Johann Strauß. Ja, ein Meister, den er nicht nur wegen seiner melodischen Erfindung, besonders auch wegen seiner Modulationskunst bewundere. Früh und froh erwachte ich, stand ich auf. Frische Morgenluft wehte ins Fenster und trug einen Hahnenschrei herein. Von nebenan das Fegegeräusch eines Reisigbesens. Sommermorgen. Es war doch ganz anders als im so fernen Partenkirchen, aber Erinnerung und Gegenwart durchdrangen sich in einem nur dieses eine Mal empfundenen Glücksgefühl.

Das war 1943, nach FBs schwerem Herzanfall und längerem Aufenthalt im deutschen Krankenhaus in Buenos Aires. Mit banger Spannung erwarteten wir die ersten Proben. Sie verliefen unbeschwert. FBs Musizierfreude und Lust, zu leiten und zu lehren, waren ungedämpft, seine Schlagtechnik unbehindert. Er war in seinem Element. Die aufbewahrten, kostenlos verteilten Programmzettel mit ihren Kommentaren, an denen ich dann und wann beteiligt wurde, könnten mir eine lückenlose Chronik erlauben. Ich muss mich, immer noch sehr ausführlich, immer noch recht weit ausholend, mit einigen Höhepunkten und Denkwürdigkeiten begnügen.

Ein klassisches Programm: Eingangs eine der großen Londoner Symphonien von Haydn und im zweiten Teil Beethovens ›Eroica‹, mit der man diesen Dirigenten, die man mit ihm identifizieren konnte. Großartig gebunden und drängend der erste Satz, ungemein konzentriert und intensiv (von musikalischen und kenntnisreichen Hörern bewundert) der berühmte Trauermarsch; für das schwungvolle Scherzo fehlt mir ein weiteres Adjektiv, der Finalsatz mit jener vom Komponisten mehrfach verwendeten Melodie hatte bei FB einen eigenen Glanz, ein eigenes Glück, die Befreiung, großes Aufatmen. Die Aufführung war ein Ganzes, der letzte Satz wohl denn doch noch ungewöhnliche

Steigerung. Der Kapellmeister atmete, die Spieler, die Hörer atmeten mit ihm im wortlosen Gesang. Nach Haydn aber, wohlgemerkt eine uruguayische Erstaufführung: das sechste Brandenburgische Konzert von Bach. Es war in aller gebotenen Schlichtheit eines meiner und nicht nur meiner größten Musikerlebnisse. Da ich mich nun seiner wiederbesinne, sind seit jenen Proben, jenem Samstagabend im SODRE sechzig Jahre vergangen. Viel hat sich seither gewandelt, besonders viel in der Aufführungspraxis Bachscher Musik. Unleugbar würde eine Aufzeichnung jenes Konzerts heutige Hörer in Erstaunen versetzen, vermutlich gar befremden, bis zu dem Moment, in dem sie die Spannung und subjektive Wahrhaftigkeit würden spüren müssen. Die Auffassung von Bach ändert sich ja alle paar Jahre. Manchmal besinnt man sich auch inzwischen verworfener Praktiken. Fritz Busch und sein ihm immer maßgeblicher Bruder Adolf Busch, der die Brandenburgischen Konzerte mit seinem Kammerorchester aufgeführt und aufgenommen hat, verabscheuten schon jegliches damals noch befolgte Romantisieren. Und jede Aufplusterung des Klanges. Fritz Busch war bedacht auf reine Polyphonie. Im Grunde überall, erst recht hier. Er benutzte die Taschenpartitur des Verlages Eulenburg und tilgte aus ihr zornig die Bezeichnungen des Herausgebers Seiffert.

FB begriff und zelebrierte das *concerto* als vorklassische Kammermusik. Gamben standen ihm nicht zur Verfügung, sogar ein Cembalo nicht. Es gab sie noch nicht in Montevideo. Die Gamben, vertreten von Celli *con sordino*, mit Dämpfer also, die Bratschen, natürlich nicht bloß zwei an der Zahl – das *concertino* in diesem geigenlosen Streicherwerk – wurden nach einem Muster Hans von Bülows im Stehen gespielt. Im Gegensatz zu den Bratschen in manch anderem Orchester zeichnete sich diese Gruppe mit dem auch kompositorisch und dirigentisch begabten, lange in Südamerika tätigen Stimmführer Guido Santórsola durch musikalische Flexibilität aus. Ganz authentisch nach heutigem Wissensstand war diese Aufführung wohl nicht.

Aber ganz wahrhaftig, herb und magisch der Klang, knapp und konzis immer die Form. Strömend der Geist: Diese Behauptung oder Wahrnehmung ist nicht pathetisch. Bei der Generalprobe am Vormittag dachte ich in der dunklen Loge: *Das* ist doch die unendliche Melodie. Leise setzte sich neben mich – der ganzen Probe beizuwohnen hatte der Staatspräsident keine Zeit – Luis Batlle Berres. Der weltlich lebhafte Mann hörte in Andacht Bach. Ihm wurden die Augen feucht. Solchen Augenblick unmittelbaren Geschehens und Gefühls nenne ich Lebensmoment.

Im nächsten Jahr in seinem Zyklus führte Fritz Busch das fünfte Brandenburgische auf, neu für Montevideo auch dieses. Er selber übernahm den reich angelegten Klavierpart mit der großen Kadenz im zweiten Satz, in der das *ripieno* schweigt und nur das *concertino* spielt, ein Trio, Flöte, Violine und Klavier. Clavier mit C, so benennt übergreifend Christoph Wolff in seinem Standardwerk ›Johann Sebastian Bach‹ das Tasteninstrument. Es wurde für dieses Konzert lange und fleißig geübt. FB musizierte im SODRE und im gastlich musikerfüllten parknahen Hause der Freunde Eisner mit den beiden Mitsolisten, Juan Fabbri, dem gewissenhaften, sorgfältigen, zart spielenden, die Zusammenarbeit mit dem Dirigenten verbürgenden Konzertmeister des Orchesters, und dem anständigen Soloflötisten Francisco Russo, der seine Passage im Finalsatz der ›Eroica‹ immer so glänzend spielte. Und FB übte unermüdlich allein. Mit vielen Instrumenten vertraut, war er in jungen und mittleren Jahren ein vortrefflicher Pianist, der mit seinen Brüdern und anderen Ensembles von Rang wie dem Böhmischen Streichquartett und dem Rosé-Quartett eifrig Kammermusik machte. Die Gelegenheiten dazu waren seltener geworden. Der Schubert-Abend mit dem kultivierten Bariton Martial Singher, dem Schwiegersohn, in Buenos Aires – ›Die schöne Müllerin‹ und ausgewählte Lieder – erregte und regte an. In Montevideo genoss er einen Bösendorfer-Flügel – es gab dort wohl nur zwei –, den er sich ins Parque Hotel hatte bringen lassen, wobei er erklärte, wie man ihn die Treppe hinauftragen müsse, spielte auf ihm mit dem jungen Komponisten und Pianisten Héctor Tosar, Uruguays wohl bedeutendstem Musiker, bei Eisners mit dem Hausherrn oder dem Sohn vierhändig, er spielte ihnen, uns die Kadenz vor und bat aufzupassen, ob »die Finger laufen«. Sie taten es. In Stube und Saal. Das kleine Orchester ließ sich auch ohne Taktstock vom Kapellmeister animieren. Er selber folgte auf dem modernen Instrument alter Tradition – auf dem vom Institut soeben erworbenen, nicht ganz neuen Steinway, der am Konzerttag angeliefert worden war. Den Nachmittag über spielte FB ihn und sich auf ihm ein. Und wandte sich übermorgen anderer Musik zu.

Mendelssohn hat viel von Bach gewusst, viel für Bach getan. Sein aber war eine eigene Welt mit einem eigenen Zauber. Die klassische Geistigkeit des überreich Begabten und hoch Gebildeten verschmolz mit romantischer Poesie sehr deutscher Art. Felix Mendelssohn Bartholdy war und bleibt ein deutscher Komponist. Wir wissen es: Mit siebzehn Jahren schrieb er, zuerst für Klavier vierhändig, die bestrickende Ouvertüre zu Shakespeares ›Sommernachtstraum‹, siebzehn Jahre später für den preußischen Hof in Berlin die weiteren Nummern einer ganzen Bühnenmusik. Sie kennt die Rüpel-Passagen der Komödie, die romantische Übersetzung führte auch zu romantischer Vertonung. Die ›Sommernachtstraum‹-Musik ist als Auslegung von Shakespeare vielleicht nicht zutreffend. Sie ist ein Wunderwerk. Die Aufführung blieb, so glaube ich, dem Werk nichts schuldig, der Chor war wohl einstudiert und suggestiv geführt, zwei reizende uruguayische Sängerinnen erfreuten als Solistinnen. FB liebte Mendelssohn, zu der künstlerischen Bewunderung und Zuneigung, der Genugtuung, seine Stücke zu musizieren, gesellte sich das Bedürfnis, ostentativ dem Nazitum zuwiderzuhandeln, das Bild und Wort dieses Mannes tilgen wollte, der nicht nur vollendet Schönes geschaffen, sondern sich wie nur wenige um das deutsche Musikleben verdient gemacht hat: das Leipziger Gewandhaus und das von ihm, Felix Mendelssohn Bartholdy, begründete, für das ganze Jahrhundert maßgebliche Konservatorium.

Eine Vorliebe hatte FB für die am seltensten gespielte, auch selten aufgenommene Ouvertüre zum Märchen von der ›schönen Melusine‹, der feinsten und tiefsten Mendelssohnschen Ouvertüre, wie er meinte. So klang sie bei ihm auch, es gibt eine Aufnahme aus Kopenhagen.

Öfter spielte er ein Werk, das damals nicht so oft gespielt wurde wie heute, da man es alle Tage hört: die ›Italienische Symphonie‹. In zwei Einstudierungen habe ich sie von ihm gehört. Ich habe sie ohnehin so oft gehört wie kaum eine andere Symphonie. Der Eindruck von FB bleibt der tiefste. Ich bin sicher, nicht nur wegen eines positiven Vor-Urteils, wegen einer Vorliebe. Nach einer Aufführung band sich im schmalen Künstlerzimmer Fritz Busch mit zitternden Fingern die Schleife und sagte plötzlich von der italienischen Symphonie des jüdischen Komponisten: »Wie deutsch ist diese Musik. Das heulende Elend könnte man kriegen.«

Und Verdi. Er erzählte eine Anekdote, die er in eine der alten Wiener Musikalienhandlungen verlegte, Doblinger oder Haslinger. Sie spielt aber bei Hug in Zürich. Johannes Brahms, offenbar von Hans von Bülow negativ über Verdis Requiem informiert, trat in den Laden ein und fragte nach Neuem. Man gab ihm den Klavierauszug. Er zog sich, so stellte FB die Szene sich vor, mit dem Klavierauszug des Requiems in eine Ecke zurück, setzte sich die Brille auf, zündete sich eine Zigarre an und las bedächtig Verdis Noten. Das hat wohl nicht so lange gedauert wie die Aufführung. Dann klappte er den Band zu, stand auf und gab ihn zurück. »Da hat sich Bülow unsterblich blamiert.« Was ich bei ihm sonst nie gesehen habe, hier sah ich Tränen in Fritz Buschs Augen.

Zweimal war es in Montevideo ein Requiem, das mir tiefen Eindruck machte und mich bewegt bis ins Alter: Erich Kleiber brachte ›Ein deutsches Requiem‹ von Johannes Brahms, Fritz Busch ›Messa da Requiem‹ von Giuseppe Verdi. Ich weiß, das Werk von Brahms ist im strengen Sinne kein Requiem, die Unterscheidung ist ja schon mit »ein deutsches« gemacht. Es ist eine große Gedenkmusik, singend von Tod und Leben, eine Kantate, dem Beispiel folgend des ›Actus tragicus‹ von Bach. Brahms, kaum konfessionell gebunden, skeptisch in vielem, war bibelkundig wie wenige. Mit dieser Kenntnis wählte er Worte aus dem Alten und Neuen Testament aus. Verdi, der Theatermann, der Weltliche, war ein gläubiger Katholik. Brahms lässt das Werk der Trauer um den Tod seiner Mutter ausklingen mit »Selig, selig...«, Verdi seine Messe mit einem stillen Flehen: »Libera me.«

Jenen langen Zyklus wollte Busch 1944 mit Bachs Matthäuspassion, zu singen in spanischer Sprache, beschließen. Es kam nicht dazu. Hohe Erwartungen wurden enttäuscht. Sparmaßnahmen und Inkompetenz gab es auch dort und damals. Das Präsidium des Instituts bat den Gastdirigenten höflich zu einer Besprechung, deren erschrockener Zeuge (und Dolmetscher) ich wurde. Ja, zu viel des Aufwands. Lieber Beethovens Neunte. Ob der Maestro sie kenne? »Nicht sich ärgern, nur wundern«, pflegte Erich Engel dem Chef zu raten. Der wunderte sich sehr. Und fragte zurück, ob er den Herren die Partitur auswendig aufschreiben solle. Dessen bedurfte es nicht, die Herren hätten die Partitur ja auch nicht lesen können. Vielleicht hätte FB Spaß daran gehabt, er liebte solche spielerischen Selbstprüfungen, konnte während einer Taxifahrt zu Eislers eine Partita von Bach im Kopf transponieren. Mit seinem untrüglichen Sinn für Tempo kannte er die Spieldauer und die Dauer der Taxifahrt. Während einer nachmittäglichen Probe saß ich wieder einmal in einer dunklen Loge, zu mir setzte sich still Carlos Correa Luna, künstlerischer Direktor des SODRE, der in seiner Jugend am Pariser Musikleben teilgenommen hatte. Beim dritten Satz der Neunten keuchte der Herzkranke: »Qué humano es esto hombre!« Den Chor setzte dieser Menschliche auch in einem heimischen Brahms-Programm ein, ich sage »heimisch«, denn bei Brahms war er zu Hause; diesem Meister, der doch spröde seine Werkstatt verschlossen hielt, konnte er über die Schulter blicken. Sein ursprüngliches Naturell und die unmittelbare Überlieferung durch seinen Lehrer Fritz Steinbach, dem der Komponist sein Vertrauen geschenkt hatte, befähigten ihn dazu. Das Schicksalslied auf Worte von Friedrich Hölderlin brachte der Dirigent zwischen der ›Tragischen Ouvertüre‹ und der Dritten Symphonie zur uruguayischen Erstaufführung. Heiterkeit sollte in diesem Programm nicht ganz fehlen, ›Ungarische Tänze‹ beschlossen es. Erstaufführungen, erfolgreich, doch der Erfolg verstand sich nicht von selber und musste erst errungen werden. Das Publikum, selbst überwiegend romanischer Herkunft, fand mehr Gefallen an französischer, an italienischer Musik. Die war nicht so schwer wie das, was Busch zu hören gab: Bruckners Siebente, Mahlers Zweite mit ihrer unwiderstehlichen Steigerung. Und Reger: Er bedeutete den Brüdern Busch so viel wie Mahler den älteren Dirigenten Walter und Klemperer. Fritz Busch spielte eines der populärsten Werke, die ›Mozart-Variationen‹. Natürlich wurde die mächtige dynamische Steigerung der Fuge bewundert.

Für Ravel hatte er viel übrig. Mit Schwung und Witz, Rhythmus und Farbe brachte er ›Alborada del Gracioso‹, einvernehmlich mit dem französischen Solisten Daniel Ericourt das Klavierkonzert G-Dur, von dem er allerdings gelassen sagte, »so etwas macht man mit dem Koppe«. Doch legte der deutsche Kapellmeister Wert auf französische Finesse. Ein Triangelschlag mit orchestereigenem Schlegel war ihm nicht »delikat« genug. Es empfahl sich eine Stricknadel. Meine Großmutter strickte nicht, sie häkelte – nicht mehr. Und stellte eine stählerne Nadel zur Verfügung. FB war zufrieden. Der Orchesterwart aber erklärte, der SODRE dürfe keine Leihgaben verwenden. So stiftete Oma ihre Häkelnadel und leistete einen Beitrag zum Montevideaner Musikleben. Das Institut ist Jahrzehnte später verbrannt, mit ihm wohl auch die Nadel.

Der ›Bolero‹ von Ravel und sein Tempoproblem. Jener Maestro Correa Luna hat bei der vom Komponisten dirigierten Uraufführung am Konzertmeisterpult gesessen, Ravel äußerte: »Das ist keine Musik.« Bei seiner Europatournee mit den New Yorker Philharmonikern führte Toscanini in Paris den ›Bolero‹ zum Schrecken des anwesenden Komponisten auf. Viel zu schnell. Toscanini war überhaupt ein Mann der schnellen, allerdings wohlproportionierten Tempi. Ravel, so bezeugt sein Schüler Manuel Rosenthal, soll ihn in allen anderen Nummern seines Konzerts sehr bewundert haben. Über den ›Bolero‹ konnte man sich nicht einigen. Toscanini erklärte, er könne ihn nie wieder dirigieren. Ravel bestand auf faszinierender Langsamkeit. Und schickte seinerzeit Fritz Busch, der die deutsche Erstaufführung in Dresden angekündigt hatte, mitten in der Nacht ein Telegramm ins Haus: Die Spieldauer des ›Bolero‹ müsse mindestens – ich entsinne mich nicht mehr der genauen Zahl – ... Minuten betragen.

FB saß in seinem Montevideaner Hotelzimmer und memorierte die Partitur. Eine Stoppuhr besaß er noch nicht. Er drückte mir seine Taschenuhr in die Hand, ich sollte den Sekundenzeiger nicht aus dem Blick lassen und genau zählen. Zählen ist mir ja immer schwergefallen, ganz sicher aber weiß ich, dass die Minuten- und Sekundenzahl jenes Memorierens und tags darauf der Aufführung ganz übereinstimmten. Nur kieksten die Bläser entsetzlich. Lag's an der Schwüle im Saal, lag's an der Langsamkeit? So etwas konnte eben passieren, und Busch verdrießen – Fehler hörte er ja am deutlichsten –, nicht aber sein inneres Gleichgewicht stören. War einmal etwas nicht gelungen, wie oft zumal in der Oper, er wusste, das nächste Mal wird es richtig sein.

Ideal waren die Verhältnisse im Montevideaner Musikbetrieb nicht – und auch nicht in anderen Betrieben. Ich verdränge es nicht und bewahre gerade darum die sehr positiven, meiner Existenz förderlichen Beispiele und Eindrücke. Eifersüchteleien, Intrigen, Verständnislosigkeiten fehlten nicht, Kämpfe um eine Macht, die kaum eine war, herkunftsbedingte Auffassungsunterschiede stellten die erwünschte und auch mögliche Gemeinsamkeit in Frage. Für 1947 war wieder ein Konzertzyklus von Fritz Busch in Montevideo vorgesehen. Er kam nicht zustande. Durch eine Indiskretion erfuhr FB von einer Benachteiligung, es war die Vorteilnahme eines anderen, und erhob Einspruch. Wohl aus bürokratischer Kleinlichkeit kam man ihm nicht entgegen. Er sagte ab. Es ging ihm nicht ums Materielle, vielmehr um Prinzip und Prestige. Er blieb, auf seine Kosten, drei, vier Wochen länger in Buenos Aires und dirigierte dann, natürlich honorarlos, am Sonntag, dem 14. September 1947, ein Wohltätigkeitskonzert zugunsten notleidender deutscher Kinder. Zu ihm lud er mich ein. Er fühlte, dass seine Absage, von der ich ihm nicht abraten konnte, sein Fehlen in Montevideo mich schmerzte. Und wir waren in Sorge. Mein Vater hatte plötzlich einen schweren Herzinfarkt erlitten. Er lag zu Hause in einem Sauerstoffzelt. Meine dreitägige Abwesenheit schien aber unbedenklich. Man wünschte mir, dass ich noch einmal bei Buschs sein solle, man rief sie ja wieder nach Europa. Noch waren wir unbemittelt. Für den Flug nach Buenos Aires hin und zurück verkaufte ich meine gar nicht benutzte Kine-Exakta. Viel wurde nicht gezahlt, vom langen Liegen im Leihhaus war der Hartgummi des Schlitzverschlusses brüchig geworden. Ich flog am 12. September, meinem 28. Geburtstag, nach Buenos Aires. Ein nun in der argentinischen Hauptstadt tätiger Freund, Gert Oberschützky, später Gerardo Obers, räumte mir sein Zimmerchen und steckte mit einem Zettel »Sleep well« eine Bürste unters Bettlaken. Ich ging zu Buschs ins Hotel, er war allein, lag, er musste sein Herz schonen. Er erzählte viel und zeigte mir zwei neue Uhren, eine dicke, schwere, stählerne Taschenuhr der amerikanischen Marke Hamilton, wie sie im Krieg von Offizieren benutzt wurde. Sie war ein Geschenk einer Vereinigung württembergischer Juden. Grete Busch, die große Mütterliche, kam, wir gingen essen, ich überreichte am Mittagstisch eine antiquarische Ausgabe der geliebten ›Studien‹ von Adalbert Stifter. Ich begleitete FB zur kleinen möblierten Wohnung des Tenors Max Lorenz, der als einer der wenigen den Anstand und Mut besessen hatte, die Unterschrift unter jenen Brief zu verweigern, mit dem, von den Nazis aufgehetzt, das künstlerische Personal der Dresdener Staatsoper Fritz Busch Recht und Fähigkeit absprach, sein Amt als Generalmusikdirektor auszuüben. Am kleinen Klavier ging sein einstiger Chef Tannhäusers Romerzählung mit ihm durch. Hinten in der Küche briet Frau Lorenz, die gab es, ein Huhn.

Grete Busch. 1911 hatten sie geheiratet, er einundzwanzig Jahre jung, sie vierundzwanzig. Vierzig Jahre, wahrhaft bis zu seinem letzten Atemzug, sollte die nicht jeden Tag bequeme, doch unverbrüchliche Ehe währen. Das schlanke junge Mädchen von einst, hellhäutig und leicht sommersprossig, das im Berliner Freundeskreis seines rötlich-blonden Haares wegen, wohl auch wegen seines lodernden Temperaments, »Sezession« genannt wurde, war nun, immer noch schön, eine große Dame, sprachmächtig bis zum Poetischen und sprachengewandt, mit dem Sinn einer Gutsherrin für Wachsendes und Gewachsenes, für Landschaft und Land. Ebenso hatte sie die Gabe des Beobachtens und Betrachtens, des bereiten und genauen Beschreibens, des Schreibens überhaupt. Mit ihrem Mann teilte sie Fähigkeit und Lust des Erzählens. Und natürlich war sie Musikerin, hatte an der Berliner Musikhochschule Geige studiert, geprüft und aufgenommen vom Direktor Joseph Joachim, unter dessen Leitung sie im Hochschulorchester spielte. Seine Aufführung der Pastorale blieb ihr eine Offenbarung. »Das müssen Sie kuurz spie-

len«, sagte er mit leichtem ungarischen Akzent zu den Anfangs-
takten. Dies und unzählige Einsichten, Erfahrungen, Erlebnisse
sollte ich in den kommenden Jahrzehnten von ihr als Lebensgewinn empfangen. Grete Busch wurde mir zur großen, vizemüt-
terlichen Freundin. Sie war 1886 als Tochter des Journalisten,
Publizisten und zeitweiligen nationalliberalen Reichstagsabge-
ordneten Dr. Friedrich Boettcher (1842–1922) geboren, der aus
Mengeringhausen bei Arolsen im Waldecker Land stammte,
eine Weile in Florenz im Kreis der deutschen Schriftsteller und
Künstler und schließlich in Berlin gelebt hatte, zur Ruhe in die
Heimat zurückkehrte. Sein Bruder Karl war Buschs erster Kla-
vierprofessor am Kölner Konservatorium. Er erteilte ihm nicht
nur den obligatorischen Unterricht, er erkannte das Ungewöhnliche in Begabung und Charakter des jungen Menschen und damit seine eigene pädagogische Mission. Er förderte den ganzen
Künstler, er verhalf ihm zu Bildung. Er führte ihn ein in Literatur und Theater – 1908 in das Haus seines Bruders in Mengeringhausen. Bewegend erzählt das Grete Busch in ihrem schönen, postum bei S. Fischer erschienenen Buch ›Fritz Busch –
Dirigent‹, das die mit dem Verlassen Deutschlands 1933
schließende Autobiographie ihres Mannes anschaulich ergänzt.

Die Generalprobe. Im Parkett des geräumigen, wohlausgestatte-
ten Kinos die Vertrauten, auf der Bühne die besten Orchester-
musiker mit dem vielseitigen exzellenten Konzertmeister Carlos Pessina. Das Programm war dreiteilig: Erste Symphonie von
Brahms, ›Metamorphosen‹, die Trauermusik des alten Richard
Strauss, und Wagner, Hallenarie und Romerzählung aus ›Tannhäuser‹, Vorspiel und Liebestod aus ›Tristan und Isolde‹, das
›Meistersinger‹-Vorspiel. Gut war das zu hören, gut anzuschau-
en. In einer kleinen Pause scharten sich die Musiker um den Dirigenten, weißhaariger Meister umringt von Gesellen. Nichts
Affektiertes. Neben mir saß Thomas Mayer, jugendlich noch mit
seinen vierzig Jahren. Er sprach nicht viel, stockte manchmal,

bewegte die Lippen, bevor er einen treffenden Satz sprach: »Schön ist das.« »Ja«, sagte ich, »und schön zu sehen, wie er da steht«. Thomas blickte mich an und bewegte die Lippen. »Sie lieben diesen Mann?« »Ja.« Kurzes Schweigen. »Mit Recht.« Dabei ist es geblieben.

Das Konzert am sonnigen, schon frühlingshaften Sonntagvormittag war festlich. Ahnte der Dirigent, ahnten Mitwirkende und Publikum, dass es ein Abschied war? Hatte Fritz Busch, der in den Jahren zuvor mit gewohnter Lebhaftigkeit das SODRE-Orchester geleitet hatte, seinen Spätstil gewonnen, sparsam, in der gelösten Gestik dabei noch intensiver? Oder beließ er es bei dem vertrauteren und höher qualifizierten Orchester mit kleinen Zeichen? Einmal beugte er sich tief über die ersten Geigen, die Musiker saßen auf dem Stuhlrand, sehr lang zogen sie ihre Bögen. Dieser Brahms dürfte vollkommen gewesen sein. – Später Strauss, großer Strauss. In den ›Metamorphosen‹ ist die Manier sublimiert, die Meisterschaft hoch, die Trauer tief. Da ziemt es nicht, zu fragen, worum der glanzgewohnte Komponist getrauert hat, dem zwei Jahre später das Ehepaar Busch zum 85. Geburtstag das Hofmannsthal-Wort der Marschallin telegrafierte: *»Hab' mir's gelobt, ihn lieb zu haben.«*

Neben dem vielfach erprobten Wagnersänger Max Lorenz sang als Elisabeth und Isolde die strahlende Rose Bampton. Polyphonie und Poesie waren seit je Kennzeichen von Fritz Buschs Musizieren. Im ›Meistersinger‹-Vorspiel atmeten und blühten sie, es war ein authentisches, ein wunderbar sich steigerndes Spiel. Und doch stampfte der Dirigent einmal mit dem Fuß auf. Das Triangel fehlte, das für die ›Meistersinger‹ eine symbolische Bedeutung hat.

Ein intimer Kreis war zum Mittagessen im alten deutschen Hotel ›Jousten‹ geladen. Die kleine Yvonne, Giselas und des Grafen Moltke Tochter, die eine sehr schöne junge Frau werden und es im Leben nicht leicht haben sollte, setzte sich auf einen blauen Luftballon. Er knallte, sie weinte. Rose Bampton nahm sie tröstend auf den Schoß. Ich musste mich auf die Zehenspitzen stellen, um der Sängerin beim Aufbruch in den Pelzmantel zu helfen.

Das war der 14. September 1947, auf den Tag genau vier Jahre vor Fritz Buschs Tod in London.

Am nächsten Tag saß ich an Fritz Buschs Schreibtisch, an dem er geschäftig war. Ob er mein Flugticket sehen könne? Er legte den Betrag darauf. »Ich habe Sie doch eingeladen.« Ich flog zurück nach Montevideo, zwei Tage später folgten Grete und Fritz Busch, auf dem Flug nach Skandinavien wollten sie in Montevideo Station machen, um die befreundeten Familien Eisner, Stapff, Mayer und Freund zu besuchen. Sie kamen zu uns. FB setzte sich an meines Vaters Bett. Sie sprachen miteinander, sie waren einander nah. Abschied am nächsten Tag. Mein Vater hatte sich aufgeregt, sein Befinden sich verschlechtert. Meine Mutter bat mich, Busch nicht wie beabsichtigt zum Flughafen zu begleiten, sondern ihnen schon bei ihrer Abfahrt vom Hotel Lebewohl zu sagen. Ich ging in Buschs vertrautes Parque Hotel. Frau Grete versorgte das Handgepäck, FB nahm mich beiseite. Er hoffe, dass mein Vater genese. Oft sei ja ein gesprungenes Gefäß haltbarer. Wenn aber ... – für meine Mutter und mich werde gesorgt sein. Wir müssten dann nach New York kommen. Buschs hatten ein kleines Haus in Riverdale. So unser letztes Gespräch.

Der Autobus fuhr vor, der die Passagiere zum Flughafen brachte. Umarmungen. Buschs stiegen ein. Noch ein Winken. Rasch war der Bus außer Sicht. Ich stand da. Der Schmerz war viel größer als der zwölf Jahre zuvor beim Abschied von Partenkirchen – das ich ja auch wiedergesehen habe. Mein Vater, neun Jahre älter als Fritz Busch, hat ihn um zwanzig Jahre überlebt.

Die Verbindung dauerte fort.

FREUNDSCHAFTEN

Meine Existenz in Montevideo war zweistimmig: Da waren die Schicksalsgenossen, manche unter ihnen mehr Emigranten als Immigranten. Man verkehrte miteinander. Von einigen Persönlichkeiten konnte ich lernen, ich wünschte es.

Vergangenheit abstreifen, Herkunft leugnen, die deutsche, die jüdische, die deutsch-jüdische, konnte ich nicht. In den uruguayischen Alltag einzutreten, sich zu verständigen, also möglichst geläufig das Spanisch des Rio de la Plata zu sprechen, war notwendig und selbstverständlich, wie weit es gelingen konnte, ließ sich nicht voraussehen.

Ich wollte lernen: Ich bedurfte der Lehrer, ohne je studieren, mich immatrikulieren zu können. Ich brauchte und fand zu meinem Glück Menschen, die mich anleiteten, die mir halfen. Die Stadt und das Land waren der Fläche nach groß, das Netz gesellschaftlicher und geistiger Beziehungen eng. Es war in diesem weitgehend demokratischen Land nicht schwer, an wichtige Persönlichkeiten heranzukommen. Die Nähe zu Fritz Busch hätte sich vermutlich in Deutschland gar nicht ergeben, er, von dem ich so viel berichte, war urdeutsch, stand aber als prominenter Gast – obwohl selber emigriert – außerhalb des Alltags in Uruguay, des Alltags der Einwanderer und der Einheimischen. Ich erzähle, dass ich bei ihm einkehrte, obwohl er doch alles andere als sesshaft, als wohnhaft war. Bei den anderen für mich bedeutenden Erziehern und Freunden konnte ich wirklich einkehren. Deutsche Lebensweise setzte sich fort, uruguayische öffnete sich mir. Karl Leopold Mayer förderte meine Neigung zur deutschen Literatur, ergänzte meine Kenntnisse, war selber ein Poet, hatte

Sinn auch für neue und neueste Literatur, seine Bibliothek war reich, kaum etwas fehlte von deutscher und internationaler großer Literatur, Kunstbücher, Kunstgeschichte einbegriffen. Luis Batlle Berres war einer der maßgeblichen Politiker der Landes, stammte aus einer politischen Familie, die in vier Generationen Präsidenten der Republik stellte. Während ich dies erinnere, ist sein ältester Sohn im Amt. Und sein zweiter Sohn wurde einer meiner nächsten Freunde, Pianist; nicht nur begleitete ich seine berufliche Entfaltung, er hat mir mehr als jeder andere vorgespielt. Wichtiges, horizonterweiterndes und in die Tiefe gehendes Wissen verdanke ich den Architekten Cravotto, Vater und Sohn. Der Vater, Mauricio (1893–1962), wurde einer meiner großen Lehrer, der Sohn mir ein Lebensfreund. An der Freundschaft hatte seine Frau teil. Diesen außergewöhnlichen Menschen und einigen mehr schulde ich Dank; ich muss von ihnen ausführlicher berichten.

Dr. Karl Leopold Mayer (1880–1965) war Berliner, Sohn, wie er erzählte, eines jüdischen Weinhändlers und Freimaurers. Er muss sich dem väterlichen Umkreis, auch dem eigentlichen Judentum früh entzogen haben. Er wurde Jurist, Amtsrichter, Oberregierungsrat im Berliner Polizeipräsidium, Urheber der ›Berliner Droschkenordnung‹ und schließlich Regierungsvizepräsident im Regierungsbezirk Potsdam. Seine literarischen Interessen und Fähigkeiten gingen mit der Beamtenlaufbahn einher. Sie waren ihm nach seiner Amtsenthebung 1933 das Eigentliche. Er besuchte eines Tages uns zu Hause, hatte von meinem Vater gehört. Die Herren unterhielten sich unermüdlich. »Ach, da war ich ja auch!«: gemeinsame Erfahrungen und Erlebnisse. Karl Leopold Mayer kam mit dem Exil schwer aus, Jähzorn konnte er nicht immer unterdrücken. Oft angefochten von Gicht, machte er lange Spaziergänge im Lodenmantel. Der gescheite und scharfzüngige Rechtsanwalt, früher in Berlin gesuchter Strafverteidiger, Dr. Franz Themal, nannte ihn durchaus wohlmeinend und auch treffend »Revierförster im deutschen

Dichterwald«. Mayer aber kannte die Förster aus seiner Amtszeit und schätzte sie hoch. Er verstand sich auf Pflege. So auch bei mir. Er lieh mir Bücher, der Vorgang konnte sogar ab und zu gegenseitig sein. Er bestärkte mich in meinen alten Vorlieben, wusste sehr viel, hatte sehr viel von Stifter. Das Repertoire aber war weit. Er hatte noch den alten Paul Heyse besucht. Der warf ihn hinaus, als er ihm Gedichte im George-Stil zeigte. Es gibt hübsche Gedichte von Karl Leopold Mayer; sein Sohn Thomas, der Kapellmeister, der gute Freund und gütige Mensch, hat seinen Nachlass dem Deutschen Literaturarchiv in Marbach überlassen. Sein älterer Sohn, Helmut, war Kaufmann größeren Stils in der Wollbranche, die in dem wollerzeugenden Uruguay blühte. Und er tauchte ein ins Uruguayische, heiratete in eine alte uruguayische, nicht unbedingt begüterte Familie – Ximénez de Aréchaga. Die junge Frau war Sekretärin des Außenministers. Und so konnte das Ehepaar Mayer, so konnten Helmuts Eltern in Uruguay einwandern. Der Kontakt mit der uruguayischen Familie fiel ihnen schwer.

Mayer hielt Vorträge über deutsche Literatur, Klassisches, Romantisches, er verglich, was nahe lag, aber wohlgeriet, die drei Frauen- und Ehebruchsromane ›Madame Bovary‹, ›Anna Karenina‹, ›Effi Briest‹. Ich war dabei. Seine Frau, sehr musikalisch, temperamentvoll, originell, sorgte fürs Gesellschaftliche, das Ehepaar stritt sich dauernd und war unzertrennlich. Der untersetzte Mann mit dem kleinen blondlichen Schnurrbart sah sehr deutsch aus, die künstlerische Ader konnte er im Grunde genommen so wenig verbergen wie das Beamtentum. Meine Mutter verehrte er, besuchte sie sehr oft, sprach sich bei ihr aus, fand wohl auch Trost. Seine feine Chinoiserie, der Verszyklus ›Der Dichter Tschang-Tsi‹, war 1933 als Jahresgabe der Maximilian-Gesellschaft erschienen. Thomas folgte Fritz Busch nach New York, dirigierte in Kanada und Australien. Muttchen, wie wir Frau Charlotte Mayer, geborene Pitsch, nannten, starb. Es zog Karl Leopold Mayer zurück nach Deutschland. Er verbrachte seine letzten Jahre im Vincentius-Haus in Baden-Baden. Dort habe ich den alten Herrn besucht. Er freute sich meines beruflichen Werdegangs, die Freundschaft war unverbrüchlich.

»Das Ich altert nicht«, sagte Karl Leopold Mayer und hatte Recht.

Karl Leopold Mayer war natürlich nicht der einzige deutschsprachige *homme de lettres* in Montevideo. Da war, breit, beinahe massiv, mit eckigen Schultern und Schnauzbart, ein prominenter Mann, Dr. Richard Otto Frankfurter (1873–1953), von Beruf Rechtsanwalt. Er war juristischer Berater sehr vieler Künstler, so von Max Reinhardt und seinem Deutschen Theater, von Elisabeth Bergner. Er schrieb selber, zum Beispiel 1922 den Roman ›David schlägt die Harfe‹. In einem kleinen Verlag in Buenos Aires erschien 1949 ein Roman, der sich mit Handeln und Ergehen von Nazi-Ärzten beschäftigte: ›Der Eid des Hippokrates‹. Richard Otto Frankfurter betätigte sich praktisch und wohl verdienstvoll in der Politik als einer der Gründer der Deutschen Staatspartei, Urheber ihres Programms und Reichstagsabgeordneter. In der Repräsentantenversammlung in der jüdischen Gemeinde in Berlin muss er sich manchmal im Reichstag gewähnt haben. Richard Otto Frankfurter und seine Ehefrau lebten in gesicherten und komfortablen Verhältnissen. Oft gingen sie in Montevideo ins Kino, Frankfurter war am Film lebhaft interessiert. Das Ehepaar hatte eine Tochter. Sie war Kommunistin, ging nach Russland, die Verbindung riss ab. Die ›Wochenschau‹ brachte einen Bericht von den Siegesfeiern in Moskau. In einem Zug jubelnder Menschen erkannten Frankfurters ihre Tochter. Sie blieben im Kino bis zur nächsten Vorführung des Films, jedes Mal, wenn diese Wochenschau gezeigt wurde, warteten die Eltern auf diese kurze Bildfolge mit ihrer Tochter.

Alfred Frankfurter, der Bruder von Richard Otto Frankfurter, besaß eine Sehenswürdigkeit, ein kostbares großes Gefäß aus Bergkristall – und die Sophien-Ausgabe von Goethes Werken.

Der Vetter Dr. Emil Frankfurter war viele Jahre in Berlin als Journalist tätig, meinem Vater bekannt als Kollege. Er war Korrespondent des ›Frankfurter Generalanzeigers‹. Nun traf man sich. Eine Freundschaft erwuchs. Seine Frau war eine geborene Lewandowsky aus jener Kantorenfamilie und damit auch Nichte des Philosophen Hermann Cohen, war als Malerin Schülerin von Hermann Struck.

Der Schrifsteller Balder Olden, halb schon von der Welt sich verabschiedend, trat selten in die Öffentlichkeit. Er lebte in einem Vorort von Montevideo mit seiner schönen blonden englischen Frau. Sie wurde nach der Frühlingsgestalt von Botticelli Primavera genannt. Er konnte nicht weiterleben, ein Schlafmittel in hoher Dosis verschaffte ihm die Ruhe. Seine Frau konnte geweckt werden. Sie fand tapfer ins Leben zurück.

Eine originelle Figur, ein tatkräftiger Helfer, eine liebenswürdige Persönlichkeit und uns ein Freund war Dr. jur. Werner Jacoby. Der ehemalige Chef der Auto-Union lebte recht bemittelt in Montevideo. Er war sehr liberal, sehr humorvoll, fern aller Religionsstrenge, und trotzdem bereit, für eine glückliche Weile der deutschsprachigen jüdischen Gemeinde zu präsidieren. Sein Haus war gastlich, seine Gesinnung großzügig – seine und die seiner klugen, kunstsinnigen Frau Hildegard, geborene Türk. Er brachte viel Enthusiasmus für Musik auf, spielte gern auf seinem Flügel, war – auch als Gemeindevorsitzender – erfüllt von Wagner, und natürlich liebte er den ›Rosenkavalier‹ und wusste in ihm Bescheid. In einer Kulturveranstaltung jüdischer Damen wurde auch ihm die bekannte Frage gestellt, welche Bücher er auf eine einsame Insel mitnehmen würde. Andere hatten hochtrabende Antworten gegeben, erlesene, nicht gelesene Titel genannt. Werner Jacoby antwortete: Das Kursbuch, den Baedeker-Band über das Engadin, die ungelösten Schachpartien von Emanuel Lasker und, ich glaube, die Partitur von Verdis ›Otello‹ und der ›Zweiten Symphonie‹ von Brahms. Er war ein spielerischer Mensch in gutem Sinne. Er nannte kein

340

fertiges Buch, jedes dieser Druckerzeugnisse setzte seine Vor-
stellungskraft in Gang.

Zurück in Deutschland, ließ er alte Beziehungen wieder aufleben, fuhr froh durch ihm liebe Landschaften, sein VW-Käfer
war dank jener Beziehungen mit einem stärkeren Motor ausgestattet. Er hat uns in Frankfurt noch oft besucht, die Freundschaft wurde immer herzlicher. Der Humorvolle war nicht
leichtlebig, er hat das Leben leichter gemacht.

So viel und mehr und anderes empfing ich in der Gemeinschaft
der Exilierten und Neuansässigen, empfing ich aus der Überlieferung, von der ich mich im Gegensatz zu manchen anderen Einwanderern, zumal in den angelsächsischen Ländern, nicht lösen
wollte. Verharren in ihr durfte ich nicht, konnte ich nicht. Ich
musste mich zurechtfinden in der anderen, der nun hiesigen
Sphäre. Ich hatte Glück. Was anderen schwer fiel, sogar oft nicht
gelang, wurde mir leicht gemacht: Zutritt in uruguayische Häuser, einheimische Familien. Ich habe schon berichtet, ich gab Unterricht, Deutsch und auch ein bisschen Englisch. Ich lernte die
Kinder kennen, die früh von der deutschen Schule abgegangen
waren, die Eltern und auch die Tanten und die Freunde, die zu-
sammenfanden. Ich war froh, wenn in einer Nachmittagsstunde
Tee oder Schokolade und Gebäck den Kindern und mir vorgesetzt
wurden. Die meisten Schüler, und ihre Eltern, waren brav. Zu
zwei Familien fand ich Zugang, es wuchsen Lebensfreundschaften. Luis Batlle Berres verpflichtete mich zum Unterricht seiner
drei Kinder, seine Frau, geborene Matilde Ibáñez Talice, nahm alles Weitere, alles Familiäre, alles Pädagogische in die Hand. Eine
junge, sehr hübsche, energische Frau. Drei Kinder, Jorge, der Älteste, in den frühesten Jahren schon optimistisch, sagen wir ruhig dynamisch, mit keckem Humor und übernommenem wie
eingewurzeltem politischen Interesse. Politisches und Journalistisches hingen in diesem Milieu eng zusammen. Vielleicht hat
der kleine Junge und sogar der größere etwas von mir gelernt. Ich

habe viel von ihm gelernt, besonders an nationaler und internationaler Politik. Er hatte seinen festen Standpunkt, er lebte in einer starken Tradition. Die Batlles, durchaus linksorientiert, der Aufklärung und sozialen, sozialistischen Bestrebungen zugetan, waren eine der großen politischen Familien des Landes, mit großer Anhängerschaft und natürlich auch nicht geringer Gegnerschaft. Zwei Präsidenten der Republik hatte es schon gegeben, den Großvater Lorenzo Batlle, dann José Batlle y Ordoñez, einen Onkel des Hausherrn, Luis, der bald der dritte wurde. Seit 2000 ist der vierte Batlle, Jorge, Präsident von Uruguay.

Luis Batlle Berres war noch in der Opposition; in der Diktatur des Dr. Gabriel Terra, die nicht lange vor unserer Ankunft im Lande erst geendet hatte, war er verfolgt, musste sich verstecken, floh, aber nur für kurze Zeit, nach Argentinien, der Heimat seiner Frau. Ein schlanker, oft eleganter Mann, geborener Journalist, mit einer reichhaltigen, vielseitigen, buntgemischten Bibliothek (die Stunden fanden oft in seinem Arbeitszimmer statt); der von ihm wohl am höchsten verehrte Geist war Voltaire. Ein beträchtlicher Teil der Bevölkerung hatte sich vom katholischen Glauben weit entfernt. Luis Batlle Berres war sicherlich Agnostiker, aber unter seiner Regierung fand eine freundliche Annäherung statt; bei der Hochzeitsfeier seines zweiten Sohnes waren der freundliche Salonmusik komponierende Erzbischof und der apostolische Nuntius zugegen. Sein Onkel, José Batlle y Ordoñez, war der wohl größte uruguayische Staatsmann. Er gab dem Lande eine freie Verfassung, so viel ich verstehe, nach belgischem Muster. Schweizerisches floss mit ein. Luis muss der Liebling dieses großen schwergebauten Mannes gewesen sein. Dessen Söhne betrieben die damals größte Tageszeitung des Landes, ›El Día‹, und ihre eigene vom Vater übernommene Politik. Luis war wohl der Aktivere und Fortschrittliche. In den späten vierziger oder fünfziger Jahren spaltete sich die Partei des Batllismo in die ›Lista 14‹ der Söhne und die ›Lista 15‹ des Neffen, »meines Batlle«.

Er war viel zu unruhig, viel zu sehr mit politischem Kampf befasst, als dass es lange Gespräche mit ihm hätte geben können. Besinnlichkeit war nicht seine Art. Und seine Frau war selbst ungemein aktiv, trieb an. Und trotzdem war beider Haus und Haushalt der gemütlichste, den ich in Uruguay, bei Uruguayern erfahren habe. Man versammelte sich im großen Esszimmer zum Nachmittagstee, und da gab es Gespräch, da kamen Verwandte und junge Leute. Man wusste auch, dass der kämpferische Mann rührbar war und ein zärtlicher Vater. Er schlief wenig, ging nachts durchs Haus und sah nach, ob seine schlafenden Kinder zugedeckt waren. Es verlangte ihn nach publizistischen Instrumenten für seine politischen Ambitionen. So machte er sich eine kleine Radiostation für seinen Bedarf zurecht, das war ›CX 10 Radio Ariel‹. Er brauchte eine Tageszeitung. Er gründete das Abendblatt ›Acción‹. In beiden gab er mir Tummelplätzchen, Gelegenheit zu professionellem Spiel, spielerischer Professionalität.

Luis, der zweite Sohn von Luis Batlle Berres, verlor Politik als echter Batlle nie aus dem Bewußtsein. Seine Interessen, seine früh sich äußernde Begabung zielten in eine andere Richtung. Er war neun Jahre alt, als ich ihn kennenlernte. Schon fing er an Klavier zu spielen. Hatte eine reizende Lehrerin, die etwa acht oder neun Jahre älter war als er, und eine sehr gewandte, warmblütige Pianistin war oder wurde, Victoria Schenini. Ich horchte auf. Eine Sonatine von Diabelli, nie wiedergehört, das ›Matrosenlied‹ von Schumann. Das wird ein Pianist, dachte ich mir, und die Lehrerin dachte es sich auch. Die Eltern waren besorgt. Luis lernte Musik noch schneller als Sprache, er war noch sehr jung, als ein Notenband, ein Buch nach dem anderen über Musik die Regale füllte in den wechselnden Häusern der Familie. Mal wohnte sie in der Stadt, mal in einem Außenbezirk, lange hatten sie eine *chacra*, ein kleines Landgut, auf dem manches Hübsche wuchs – Doña Matilde ging durch die Sträucher mit der Schere in der Hand und mir im Gefolge und schnitt Blumen für meine Mutter ab. Luisito spielte mir vor, spielte bald öffentlich, niemand hat mir so wie er vorgespielt, ein Werdender, der denn auch einer wurde, er hat mir, selbst wenn Noten auf dem Flügel standen, Musik nicht vermittelt, sondern in Unmittelbarkeit gegeben. Klaviermusik immer, das versteht sich, intime Musik. Das ist so geblieben, in langer, vertrauensvoller Freundschaft, in einer Nähe, die auch räumliche Ferne nicht änderte. An einem schwülen Sommernachmittag in Pocitos spielte Luis auf meines Vaters altem und für solchen Gebrauch kaum noch tauglichen Klavier Schumanns Große Fantasie op. 17 vor, meine Eltern und das Freundespaar Antonio und Delma Cravotto hörten zu.

Gut zwanzig Jahre später begleitete er mich zu meinen Freunden Sena Jurinac und Josef Lederle. Er bewahrte den tiefen Eindruck von Senas Fiordiligi und Ilia 1951 in Glyndebourne. Bei ihr wollte er einkehren. Und er spielte Schuberts große B-Dur Sonate. Daraus ergab sich ein Liederabend im Cuvilliés-Theater in München.

Der junge Luis in Montevideo musste bald die uruguayischen Grenzen übertreten. Er studierte längst bei Kolischer, er gewann einen Preis und Stipendium, studierte in Paris bei einem bedeutenden Pianisten und Lehrer, der in Deutschland wohl nicht genug bekannt wurde, Yves Nat. Mir lag sehr viel daran, dass Fritz Busch ihn väterlich hörte, 1951 im September sprach Luis Batlle bei Fritz und Grete Busch in London vor, folgte ihnen nach Edinburgh, FB bestätigte das Musikertum des mittlerweile Einundzwanzigjährigen und wies ihn an den hochgeschätzten und geliebten Rudolf Serkin. Fritz Busch starb. Einer von den vieren, die den Sarg aus dem Zimmer im ›Hotel Savoy‹ trugen, war Luis Batlle Ibáñez. Darüber schrieb er mir einen Brief, sein Vater, der Präsident, kam in das Büro im Radio Ariel, wir lasen den Brief noch einmal und weinten beide. Luis Batlle folgte Serkin nach Vermont, blieb in seiner Nähe ein Leben lang. Er ist Professor am Marlboro College. Eine Weltkarriere hat er

344

nicht gemacht. Ich glaube, das liegt nicht an mangelnden Gaben und ganz und gar nicht an mangelnder Kultur. Sein Wissen, seine Musikkenntnis sind immens, seine Musikbibliothek ist reich an kostbarsten Ausgaben, wohl fehlte es ihm an Brutalität, an brennendem Ehrgeiz, an Eitelkeit, an Witz gar nicht, er teilt sich mit, aber in kleinem Kreis. Er muss ein vorzüglicher Lehrer sein.

Er hat meine Eltern und mich oft besucht, tut es weiterhin. Gestern Abend hat er mich aus Marlboro angerufen.

Die Tochter – jüngstes Kind – heißt auch Matilde, eine kluge Frau, die ein selbständiges Urteil hat, ganz Mutter und Großmutter – führt das weiter, was mich an familiärer Gemütlichkeit im Haus Batlle so erfreut hat. Sie wohnt immer noch in demselben Hochhaus wie ihre Mutter, sie hat sie ständig begleitet und umsorgt. Ihr Mann starb früh. Neulich hat sie mich, nun doch schon eine Dame von etwa siebzig Jahren, besucht, es war, als setzten wir das Gespräch von gestern fort.

Anleitung und Lehre, Gehör und Sympathie, Freundschaft, Lebensglück erfuhr ich im Haus Cravotto. Die Adresse Avenida Sarmientos 2360 war mir in vielen Jahren, an vielen Tagen anziehendstes Ziel, um 1940 eines der modernsten Häuser in Montevideo. Es steht heute, bewohnt von der Familie, der die Meister geschwunden sind, unter Denkmalschutz. Ein großer Architekt, eine der bedeutendsten Persönlichkeiten in meinem Leben, hat es für sich, seine Frau, seinen Sohn und seine Tochter erbaut. Auch Antonio Luis (1925–2000), der Sohn, Tonís genannt, hatte die deutsche Schule besucht. Seinem Vater sollte ich mich vorstellen als Deutschlehrer. Ich trat ein in die kleine Tür – Cravottos entwarfen immer kleine Türen –, ein ungemein intelligent, sogar intellektuell wirkender brünetter Mann sah mich durch seine Brille an, befragte mich streng und gab mir Anweisungen. Der Unterricht müsse konzentriert sein, die Stunde eine Stunde, nicht mehr als sechzig Minuten. Woran ich mich, der ich mich nur selten kurz fasse, nicht immer gehalten habe. Der Vater bemerkte dies, wiederum streng. Das war der Anfang, was sich daraus entwickelte, für mich ein großes Geschenk. Erst als ich mit dem zu unterrichtenden Sohn ungewöhnlich gut auskam, ergab sich das Vertrauen des Vaters, eine Freundschaft, die zu den inständigsten meiner Existenz gehört und beide Familien umfasste. Tonís Cravotto sprach vortrefflich Deutsch, verstand den Sinn des Wortes und wovon es bewegt war. Deutsch und Spanisch wechselten sich ab. Die Herkunft der Cravottos war für Uruguay durchaus typisch: Der Großvater Cravotto stammte aus Padua, der Vater Cravotto hatte sich die Frau, eine Cousine wohl, aus Padua geholt. In den ersten Jahren waren noch beide Großmütter im Haushalt und verstanden wenig Spanisch. Delma, Braut und Ehefrau von Tonís, hieß Mendéz Rigoli, ihr Vatername ist also spanisch, der Muttername auch italienisch.

Mauricio Cravotto, der Vater, wurde 1893 in Montevideo geboren, seine Kindheit und Jugend wurden durch eine Kinderlähmung beschwert, die Schwäche des linken Beines überwand er durch Disziplin, Gymnastik, Fechten, sogar Fußball. Noch nicht fünfzehn Jahre alt, erhielt er eine Beschäftigung im Technischen Institut der Hafenverwaltung. Früh begann er mit Zeichnungen und Lithographien, mit einem anderen bekannten Uruguayer, Mario Coppetti, der mathematische Lehrbücher schrieb, veröffentlichte er einen Himmelsatlas von Montevideo. Einen erzwungenen Krankheitsurlaub von einem Jahr nutzte er für Naturstudien und Zeichnungen. Die Lungentuberkulose überwand er. Er studierte, gewann hohe Preise. Er erhielt ein sogenanntes diplomatisches Stipendium, das ihm erlaubte und ihn verpflichtete, seine Studien im Ausland fortzusetzen und an den jeweiligen uruguayischen Botschaften sich als Attaché zu beschäftigen.

Von Buenos Aires aus reiste er, die Anden überquerend, nach Valparaiso und per Schiff durch Pazifik und Karibik nach New Orleans, von dort nach New York, wo er drei Monate verbrachte, fuhr dann im Auto mit uruguayischen Freunden von New

York nach San Francisco und zurück nach New York, das waren 15 000 Kilometer. Ihn überfiel die heute noch in der Geschichte registrierte Spanische Grippe. Seine Bildungsreise führte ihn weiter nach Europa. Von England, dessen Gotik ihn fesselte, ging er nach Spanien – Alhambra, Generalife und Gaudí. Italien, die andere Heimat. In Padua die Verwandten, die künftige Frau. Venedig, für ihn, den Architekten, das Paradigma einer Stadt. Drei Monate Rom. Mindestens so viel Zeit müsse sein. Sonst habe man Rom nicht gesehen. Dann Paris. 1921 kehrte Mauricio Cravotto nach Montevideo zurück, er schöpfte nun aus einem reichen Fundus. 1925 fuhr er zurück nach Europa, heiratete, sah Sizilien und wieder Paris. Zurück in Montevideo kam er zu seiner eigentlichen Lebensarbeit, wurde bald Professor an der Architekturfakultät, wirkte viele Jahre, lehrte, nicht nur ein Lehrer seiner Kunst, sondern ein Pädagoge. Uruguay wurde ein Architekturland, Architekten spielten im Kunstbereich und im Wirtschaftsleben eine wichtige Rolle.

1938 war Mauricio Cravotto mit seiner Familie in Europa, er besuchte Stuttgart und Wien. Dort erlebten sie den Anschluss: Wie die Nazis einmarschierten, wie die Juden gedemütigt und gequält wurden, wie die Drangsalierten die Straßen säubern mussten. Das hat sich dem zwölfjährigen Tonís tief eingeprägt. Der Vater Cravotto konnte durch seine Beziehungen noch Verfolgte retten.

Mauricio Cravotto baute weniger als andere. Zu seinem urbanistischem Werk gehören umfassende Stadt- und Landschaftspläne, unter anderem für die argentinische Weinstadt Mendoza. Ein halbes Leben lang baute er am Palacio Municipal, kämpfend gegen Widerstände, meist erfolgreich. Das Projekt wurde ausgeführt, nicht ohne Tragik, denn der Zeitabstand von Entwurf und erstem Preis im Wettbewerb bis zur Vollendung des Palastes währte mehr als drei Jahrzehnte. Nicht er, sondern sein Sohn, Erbe in jeder Hinsicht, hat den Bau zu Ende geführt. In seinem Erdgeschoss hatte der Architekt sein Büro. Es war eine

347

Bauhütte. Der Baumeister besorgte die gesamte Ausstattung, so die Einrichtung des Zimmers des *Intendente*, des Oberbürgermeisters, so das Postamt, dessen Interieur und Ausrüstung einschließlich der Waagen im Gespräch mit der designierten Leiterin entworfen und ausgeführt wurden.

Vom Bürgermeisterzimmer machte die Schwiegertochter, Delma, als ob sie es schon real gesehen hätte, eine Aquarellskizze. Da hing an der Wand, Replik in winziger Verkleinerung, ›Der Winter‹ von Brueghel. Seither nannte ich sie Brueghelina.

Auf dem großen Vorplatz, der als Präludium Bestandteil war der Komposition, fand dienstags und freitags der Wochenmarkt statt. Da war ich ein eifriger und kundiger Einkäufer. Stolz verstand ich mich auf Kartoffeln und Ananas. Mein Einkauf wog schwer. Ich schleppte die Taschen zum Baumeister. Er brachte sie in seinem Auto meiner Mutter mit dem Ruf »El Verdulero!« – der Gemüsemann.

Einmal, im Sommer, fuhr ich zu dem Ferienhäuschen der Familie Fritz Busch nach Atlántida. Cravottos waren auch in dem schönen Badeort bei Freunden. Ich besuchte sie. Mauricio Cravotto fuhr mich zurück zum kleinen Haus Gochoky. Einzutreten war er zu schüchtern. Ich erzählte Buschs von Cravottos und sagte naiv zum großen Kapellmeister: »Baumeister ist auch ein schöner Beruf.« Antwort: »Bei dem bleiben die Fehler stehen!« – Der Vergleich war aber so albern nicht. Was dem einen der Plan ist, ist dem anderen die Partitur. Geist auf dem Papier, materiell die Ausführung.

Als Dozent habe ich Mauricio Cravotto nie erlebt. Seine schwierigen, immer aber erleuchteten, erleuchtenden Vorträge habe ich oft gehört. So nach der letzten großen Europareise 1950–1951 nicht nur über das geliebte Italien, in seiner Sicht, die auch seine klugen Fotografien bezeugten. Natürlich waren alle seine Vorträge mit Dias illustriert. Italien, mit seiner bildenden Kunst und Architektur, aber auch die exemplarische Fabrik mit angeschlossenen Kultureinrichtungen der Firma Oli-

348

vetti, die diesen romanischen Menschen tief berührende Stadt Brügge. Unvergesslich ein Vortrag, der einem aufmerksamen uruguayischen Publikum die Augen öffnete: Über den englischen Stenographen Ebenezer Howard und sein Hauptwerk ›Garden Cities of Tomorrow‹, das eine ganze Architektengeneration in England und Deutschland erregt und angeregt, das Epoche gemacht hat. Der verehrungswürdige Julius Posener hat es in seiner Übersetzung wieder eingeführt. Cravotto berief sich auf Howard, als er jene utopische Idee der *aldea feliz*, des glücklichen Dorfes, leidenschaftlich genau entwickelte.

Mauricio Cravotto starb, als ich schon in Frankfurt war, 1962 im Alter von neunundsechzig Jahren. Sein Sohn schickte mir seinen Pelikan-Füllfederhalter, mit dem er unermüdlich geschrieben und gezeichnet hatte.

Der Cravotto-Haushalt war ohne Musik nicht denkbar, wenn in ihm auch die anderen Künste vielleicht ein größeres Gewicht hatten. Des Vaters Cravotto Schwester war Geigerin und Musiklehrerin, sie hat unter anderem den jungen Luis Batlle am Gymnasium unterrichtet und mit ihm musiziert. Mauricio Cravotto war ein sensibler Hörer, Motive schrieb er sich auf. Notenschrift aber war eines der wenigen Dinge, die er nicht konnte. Er schrieb sich die musikalischen Themen als Zahlenfolge auf. Sein Geist und seine Sensibilität waren prismatisch gebrochen. Sohn und Tochter aber hatten Klavier gründlich und gut gelernt. Tonís spielte mit Vorliebe die kleinen Sonaten von Scarlatti, die größeren – zum Beispiel op. 31, Nr. 2 – von Beethoven. Und er spielte natürlich vierhändig mit Delma. Noch in späteren Jahren bat er mich, ihnen alle Werke von Schubert für Klavier vierhändig zu schicken.

Tonís wusste schon alles; lange bevor er Architekt war, erklärte er mir die Geschichte des Bauwesens anhand von Beispielen. Vater und Sohn waren bewandert in der Weltarchitektur. Der Vater las die Fachzeitschriften, der Sohn fragte mich eines Tages, warum der Bau für die ›Deutsche Allgemeine Zeitung‹ nach dem Entwurf des Düsseldorfer Architekten Emil Fahrenkamp nicht ausgeführt wurde. Die Antwort konnte ich leicht geben: aus Geldmangel. Aber von solcher Absicht und von solchem Entwurf hatten mein Vater und ich nicht das Mindeste gewusst. Das mussten wir erst von Cravottos lernen. Und so ging es in unzähligen Gesprächen. In den sich immer mehr ausdehnenden und zu Dialogen vertiefenden Stunden haben wir deutsche Literatur, speziell des 19. Jahrhunderts, gelesen, nicht nur ursprünglich deutsche, sondern auch ins Deutsche übersetzte. Wir nahmen uns den ›Sommernachtstraum‹ vor, legten neben das Reclamheft den hübschen Klavierauszug der Universal-Edition, geschickt besorgt von Wilhelm Kienzl, und Tonís trug ins Reclamheft ein, wo welche Musik ins Spiel gebracht war. Musik war immer einbezogen in unseren Kulturbegriff und unsere Unterhaltung, wer da lehrte, wer da lernte in dem wunderbaren Studio, lässt sich schwer bestimmen. Es war wechselseitig.

Und eben das Haus, anfangs mir beinahe zu nüchtern, beinahe zu »modern«, heute sehne ich mich nach ihm. Das Studio war weit und groß, Mitarbeiter standen zuweilen an den langen Tischen, unentbehrlich war speziell für den größten Bau, das Rathaus, den Palacio Municipal, der rechnende Statiker. Pläne und Modelle waren Arbeitsmaterial und Schmuck, im Nebengelass standen alte, immer noch verwendete Projektoren der Firma Ernemann. Daneben nur die Garage. Im ersten Stock nur ein großer Eckraum, fast Saal, luftig, weil nicht übermöbliert. Jeder Gegenstand von schöner Nüchternheit, von nüchterner Schönheit, entworfen vom Architekten. So die Leuchtkörper. Und von ihm ausgesucht in kritischer Auswahl und weiser Dosierung die Bilder. Im zweiten Stock die Schlafräume.

Das Studio war nicht nur der Ort des Entwurfs, der Planung und minutiöser Detailarbeit, es war auch der Ort des Gesprächs. Derlei Gespräch wurde nach der alten Landessitte unter Männern geführt, intensiver noch als im Café in diesem Atelier. Dort fanden sich Herren ein, denen Cravotto verbunden war, Kollegen zumeist und interessante Persönlichkeiten, die seinen Weg gekreuzt hatten, Italiener, Spanier, die von Erlebnissen, von einst, ihren Ländern erzählten. Der Spanier H. A. Murena erzählte eindringlich von seinem Jugend- und Studienfreund: Federico García Lorca. Man stand oder saß auf den Hockern am Zeichentisch, Cravotto spendierte besten Cognac und zog dann und wann am silbernen Rohr des Mate.

In manchem konnte ich Tonís und seine Entwicklung begleiten. Er machte das Abitur, er studierte. Das alles ging ganz schnell und ganz leicht, obwohl es mit Spezialisierung, Einseitigkeit nie sein Bewenden hatte. Der junge Architekt unterrichtete die ersten Jahre auch in einem Gymnasium, zwei Posten nahm er an: Er wurde nach dem Kriege Bauleiter des von Zeiss bezogenen Planetariums und Assistent in der Direktion einer Institution, zuständig für die öffentlichen Parks, eine Position zwischen Astronomie und Botanik war sinnvoll. Mit einem Kollegen verfasste er ein Buch über die Pflanzen und Blüten in dem zu den Parks gehörenden botanischen Garten: Der Kollege fotografierte die gesamten Bäume und Pflanzen, Cravotto die Blüten. Das Buch hat ihn wegen seines Typensalats, seiner stümperhaften Typographie, so geärgert, dass er es mir nie gezeigt hat. Bald trat er in die Fußstapfen seines Vaters und wurde Professor an der Architekturfakultät, die internationales Ansehen genoss und für die der Vater so viel getan hatte: Mauricio Cravotto errichtete und leitete das erste Institut für Urbanistik auf dem gesamten Kontinent.

Ein Vater-Sohn-Konflikt war in diesem Hause so wenig vorstellbar wie bei Batlles und, mit Verlaub, bei Freunds.

Das Gespräch mit Tonís war immer dichter, reicher und vertrauter geworden. Das wechselseitige Verständnis wurde – selbstverständlich. Bis in kleinste Einzelheiten bewies sich seine Einfühlung, sein Mitgefühl. Antonio Cravotto baute wie sein Vater nicht viel, war einer der bedeutendsten und beliebtesten

Professoren der Architekturfakultät, die Studenten trugen ihn auf den Schultern vom Lehrsaal in sein Haus. In der Diktatur und der Zeit der Tupamaros verlor er seinen Posten, war auch kurze Zeit in Haft, der Geist, der Charakter, die Lebenshaltung des sehr stillen Mannes änderten sich nicht. Die Zeiten besserten sich im Lande, an Anerkennung fehlte es dem Architekten Antonio Luis Cravotto nicht. Lange Zeit war er Präsident der ›Academia Nacional de Letras‹. Sie brachte in seiner Ägide ein Lexikon heraus ›Tausend Wörter Uruguayisches Spanisch‹.

Je älter der mit der Kultur und Architektur vieler Länder Vertraute wurde, umso mehr widmete er sich patriotischen, nationalen Aufgaben: Sanierung, Restaurierung. Die Hafenstadt Colonia del Sacramento, die die älteste Baukunst Uruguays birgt, hat er wiederhergestellt zu malerischer Schönheit. Sie wurde ins Weltkulturerbe der UNESCO aufgenommen. Unter seiner Aufsicht entstand ein auch herstellerisch prächtiger Band, zu dem Cravotto den Hauptbeitrag schrieb, einen kenntnis- und geistreichen Essay. 1995 fand in Berlin die Feier für Colonia del Sacramento und die Restaurierungsarbeiten statt. Antonio Cravotto war zu ihr geladen und besuchte mich danach ein letztes Mal in Frankfurt.

Bevor ich 1960 meine zweite Deutschlandreise antrat, haben sowohl Batlles als auch Cravottos nach Landesbrauch mir eine Abschiedsfeier gegeben. Wir ahnten wohl doch, dass ich nach Uruguay nicht zurückkehren würde. Aber ohnehin waren für die Uruguayer Europareisen besondere, zu feiernde Ereignisse. Mit Tonís und Delma sollte es bald ein Wiedersehen geben. Er erhielt ein Stipendium und einen Lehrauftrag an der Technischen Hochschule in Aachen. Meine Eltern landeten in Frankfurt am 28. Januar 1961, am 28. Januar 1939 hatten wir Deutschland verlassen. Das Ehepaar Cravotto attachierte sich ihnen, mehr noch als in Uruguay. Bald machten sie mit uns Ausflüge in ihrem Auto, der Architekt und Urbanist orientierte sich mühelos.

Die Korrespondenz, das Gespräch dauerten fort bis zum letzten Tag meines guten Freundes. Er ist am 29. August 2000 plötzlich gestorben, einen Tag vor dem Geburtstag seiner Frau. Als ich sie zur Gratulation fröhlich anrief, hörte ich Stimmengewirr im vertrauten Haus. Man holte sie ans Telefon. Sie sagte: »Wir kommen von der Beerdigung von Tonís.« Mir liegen viele ergreifende Trauerkundgebungen vor, Reden, gehalten im Senat und im Abgeordnetenhaus. Einer sagte, Antonio Cravotto sei *tímido* gewesen. Das kann man mit furchtsam und ängstlich, mit schüchtern übersetzen. Manchmal habe er gefragt, ob er nicht jemandem wehtue. Wer aber fragt so etwas außer ihm? Eine bessere Frage, eine schönere Äußerung von Menschlichkeit kann ich mir nicht denken.

Clara und Carl (F. C. Carlos) Quasdorf zählten zu unseren liebsten Freunden in Uruguay. Die Freundschaft mit der Frau hat sich fortgesetzt bis zu ihrem letzten Tag, dessen Zeugen meine Mutter und ich wurden. Es war eine Mischehe: Er, Carl Quasdorf, Berliner bescheidener Herkunft, sie, Frau Clara, eine geborene Abrahamson. Carl Quasdorf war ein sehr herzlicher, sehr temperamentvoller, seine Empfindungen unverblümt äußernder Mann, untersetzt, mit rundem Gesicht und überaus blanken Brillengläsern. Sie muss eine sehr schöne Frau gewesen sein, nein, sie war es, wenn auch nicht mehr jung, noch jetzt. Sein Vater hatte einige Erfindungen gemacht, als kleinerer Beamter war er tätig im Telegrafenamt, so glaube ich mich zu erinnern. Der Sohn war früh selbständig und welthungrig, dazu überzeugter Freimaurer, über die ›Zauberflöte‹ hatte er viel zu sagen. Als ganz junger Mann hatte er eine deutsche Bankfiliale in Lima geleitet, später war er auf gehobenem Posten, so etwas wie ein Inspektor, bei Schering.

Auch über Fotografie konnte er einiges mitteilen. Zum Schering-Konzern gehörte die bekannte alte Kamerafabrik Voigtländer. Zwei ihrer Techniker machten eine Erfindung, die sie ihrer

Firma anboten. Sie wurde abgelehnt. Die beiden Erfinder gründeten unverdrossen eine eigene Fabrik: Franke & Heidecke, Braunschweig. Sie bauten ihre Kamera und nannten sie Rolleiflex. Die Leica und die Rolleiflex, der sich eine billigere Rolleicord beigesellte, haben Fotogeschichte, damit Kulturgeschichte gemacht. Quasdorf konnte interessant erzählen von seinen Erfahrungen in der weiten Welt und bei Schering. Er leitete längere Zeit die Schering-Filiale in Paris.

Carl Quasdorf war freizügig, in jungen und mittleren Jahren wohl ein munterer Junggeselle. Er hatte zwei Geliebte, eine ›arische‹ und die schöne Clara Abrahamson. Sie wussten voneinander. Er erkannte sofort, 1933, die beginnende Gefahr und befand, er müsse sich nun entscheiden zwischen der »arischen« und der jüdischen Freundin. Und das moralische Gebot heiße: für die jüdische. Nicht alle haben es ihm gleichgetan – wie viele Mischehen sind damals geschieden worden. Er fuhr vor Clara nach Buenos Aires, wurde Finanzberater der Inhaber jener großen Apotheke in Buenos Aires, Farmacia Franco-Inglesa, konnte Fräulein Abrahamson kommen lassen, heiratete sie sogleich nach ihrer Ankunft. Er sagte, damit habe die glücklichste Zeit seines Lebens begonnen. Sie war liberal, freizügig wie er, hielt aber so weit am Judentum fest, dass sie an hohen Feiertagen den Gottesdienst besuchte. Er begleitete sie bis zur Schwelle der Synagoge und holte sie wieder ab.

Unsere Freundschaft hatte sich, kein Einzelfall, aus einer Ferienbekanntschaft ergeben. Wir trafen uns auf einer Busfahrt nach Piriápolis, dem hübschen Ferienort zwischen Wasser und Hügeln, in dem wir im selben Hotel einkehrten wie Quasdorfs. Wir machten Urlaub zusammen, wir besuchten einander oft, die Quasdorfs waren unterhaltsame, kordiale Gäste. Um 1950 erkrankte er. Er wusste, dass es Krebs war. Er stellte sich darauf ein. Frau Clara pflegte ihn. Er las viel, ihn interessierte Reales; wenn es aufgehoben war in Kunst, konnte er es schätzen. Wir telefonierten – bei uns gab es nun schon ein Telefon –, bemühten uns um Unbeschwertheit. Seinem Berliner Humor gelang es. In seinen letzten Monaten las er das gesamte Werk von Balzac im französischen Originaltext. Er starb, nachdem er den letzten Band ausgelesen hatte. Kurz hatte er angerufen und Abschied genommen. 1952. Eine Angehörige der Franco-Inglesa-Familie werde demnächst bei uns vorbeikommen und mir eine alte Kamera bringen. Er hatte sie in einem Montevideaner Safe aufbewahrt, zu dem die Dame die Schlüssel hatte. Sie brachte mir, der ich seit Jahren keine Kamera mehr hatte und benutzte, die kleine Ikonta. Einen Apparat von Zeiss Ikon, der in drei Formaten hergestellt wurde. Diese Ikonta war die kleinste und niedliche, im Format von 3×4. Die Formate wurden ja früher stets halbiert, das hätte ich im Abschnitt über Fotografie erwähnen müssen. Von 9×12 zu 6×9, von 6×9 zu $4^{1}/_{2}\times6$, von $4^{1}/_{2}\times6$ zu $3\times4^{1}/_{2}$. Der Rollfilm drehte sich auf der Spule 127, am Rücken hatte die kleine Kamera zwei rote Fensterchen, weil doppelt gezählt wurde, der sechsteilige Film zwölf Aufnahmen ergab. Die niedliche Kamera ist ganz einfach, hat nur wenige Belichtungszeiten, aber ein recht gutes, und für ihre Bescheidenheit lichtstarkes Objektiv, Zeiss Novar 1:4,5. Mit dieser Kamera habe ich, der ich nie zu fotografischer Professionalität gereift bin, einige nette Aufnahmen gemacht. Das Fotografieren bereitete mir Freude. Das war nun ein privates Pläsier, ein paar Mal aber wurden Aufnahmen von mir in der Zeitung gedruckt, was mir mehr Spaß machte als die Artikelschreiberei.

Die Freundschaft mit der Witwe festigte sich. Clara hat uns nicht nur in Montevideo besucht, sie blieb bei meinen Eltern bis zu deren Flug zu mir, 1961; sie kam, nicht unbemittelt, alljährlich nach Deutschland, nahm ein Quartier in unserer räumlichen Nähe und teil an unseren Urlaubsreisen. 1971 reiste sie meiner Mutter und mir voraus zum Schloss Elmau, begriff die Eigenheiten des Hauses, nahm uns mit ersten Erklärungen freudig in Empfang, immer helfend, immer verbunden. Ein paar Tage danach wurden meine Mutter und ich gerufen. Clara hatte einen Gehirnschlag erlitten. Wir standen hilflos dabei, als sie am Nachmittag im Kreiskrankenhaus Garmisch-Partenkirchen starb. Es war nicht einfach, ihre Asche nach Buenos Aires zu senden, sie hatte ihr Grab bestimmt: an der Seite ihres Mannes.

Mein väterlicher Freund Georg Rosen und seine erstaunliche Familie. Es ist eine große Dynastie. Sie bleibt bürgerlich. Sie hat internationale Komponenten. Es gibt dort keinen Adligen, aber man kann von ihr eigentlich nur berichten wie über eine Adelsfamilie. Der Gründer war jener Kanzler des Fürstentums Lippe-Detmold Friedrich Ernst Ballhorn-Rosen. Eine Enkelin meines verehrten väterlichen Freundes Georg Rosen, Agnes Stache-Weiske, hat einen gewaltigen Band herausgebracht im Auftrag des Naturwissenschaftlichen und Historischen Vereins für das Land Lippe und des Lippischen Heimatbundes; sehr gründlich gearbeitet, überhaupt nicht provinziell, mit über 470 Seiten. Es sind »nur« die Briefe des Lippischen Kanzlers Friedrich Ernst Ballhorn-Rosen an seinen Sohn Georg in Konstantinopel, 1847 bis 1851. Er hatte eine Reihe hochbegabter Kinder aus zwei Ehen. Ich bin der Geburtsreihenfolge nicht ganz sicher. Der eine war Friedrich Rosen, Orientalist, vor allen Dingen Sanskritist in London, der eine Plakette hat in der British Library, der andere war jener Georg Rosen, Großvater meines gleichnamigen Freundes, der als Dragoman und Dolmetscher gelebt hat.

In dem schönen, bei der Insel erstmals 1912 erschienenen Band ›Tuti-Nameh – Das Papageienbuch‹, ist vermerkt: »Aus der türkischen Fassung übertragen von Georg Rosen.« Es erschien noch einmal 1957 im Insel Verlag mit der Schlussnotiz:

Georg Rosen (1820–1891)
Der wie sein Bruder Friedrich mit einem ungewöhnlichen Sprachsinn begabte Orientalist hat neben seinen auf diesen Kenntnissen und Fähigkeiten beruhenden öffentlichen

Montevideo: Das Haus der Familie Freund in Pocitos

Im Wohnzimmer: Hellmut Freund, Lili Becker, Julie Freund,
Delma Cravotto, Clara Quasdorf, Karla Putzig, Georg Freund

Mit Antonio (Tonís)
Cravotto,
in den fünfziger Jahren

Mauricio Cravotto

Das erste Interview
mit Fritz Busch,
August 1942

Georg Rosen,
1964 in Frankfurt

Hellmut Freund, dem freundlichsten der Freunde, in herzlicher Dankbarkeit, zur Erinnerung an seinen alten Fritz Busch. 1944/5.

Für Hellmuth Freund
zur freundlichen Erinnerung an den
14. Juni 1958 und an
Rudolf Serkin.
und Luischen Batlle Ibáñez

Rudolf Serkin und Luis Batlle Ibáñez

Sena Jurinac und
Dr. med. Josef Lederle,
in den siebziger Jahren

Besuch bei Hans Keilson, 2003.
Foto: Barbara Klemm

Brigitte und Gottfried
Bermann Fischer, 1960

Mit Monika Schoeller und
Hans Busch, 1989

Die Wohnung in Frankfurt, 2004.
Foto: Barbara Klemm

Diensten als Dragoman und Konsul in Hauptstädten des Orients ein umfangreiches sprach- und geschichtswissenschaftliches Schrifttum entwickelt, in dem seine Übertragung des ›Papageienbuchs‹ 1858 durch ihren hohen künstlerischen Rang seinen Namen unvergessen macht.

Das hat sicher der alte, würdige Leiter des Insel-Verlags Friedrich Michael formuliert.

Die Rosens – das konnte ich im Deutschen Literaturarchiv in Marbach, dieser Quelle ohnegleichen, feststellen – wurden sehr gefördert von den Brüdern Humboldt, Friedrich Rosen von Wilhelm von Humboldt und Georg Rosen von Alexander von Humboldt. Da finden sich interessante Briefe.

Nächst ›Tausend und eine Nacht‹ ist wohl dieses ›Tuti-Nameh‹ die bedeutendste Märchenfolge, Fabelfolge, eine durchgehende Geschichte. Was die Scheherazade ist in ›Tausend und eine Nacht‹, ist dort ein Papagei, der eine Frau, allein gelassen von ihrem Mann, der auf Geschäftsreisen ist, vom Ehebruch abhält mit immer neuen wunderlichen und hübschen Geschichten. Eine Stelle ist zu zitieren, weil die mich so ungemein angeht. Das ist am vierzehnten Abend, da heißt es:

Ein Sprichwort sagt: ›Die Zunge ist der Dolmetscher des Herzens‹, das heißt, der Wert und der Adel des Menschen, sein Gutes und sein Böses, sein Lieben und sein Hassen und alle sonstigen Zustände seines Innern werden durch die Rede offenbar.

Die Tochter von Georg Rosen, Jelka, war Malerin, hat sich in Paris ausgebildet an der Seite der großen späteren Impressionisten. Ich kenne sehr schöne Bilder von ihr. Sie heiratete den deutsch-englischen Komponisten Frederick Delius, der gar nicht unbedeutend war, eine Art englischer Impressionist, unabhängig von Debussy. Wir können ab und zu noch schöne Musik von ihm hören, zarte Musik, farbige Musik, und ab und zu wird auch in Deutschland seine Oper ›Romeo und Julia auf dem Dorfe‹ nach der Erzählung von Gottfried Keller gespielt. Das Libretto schrieb in Deutsch seine Frau Jelka. Es gibt da so viele Zusammenhänge.

Georg Rosens Bruder Felix ergriff einen anderen Beruf, als in der Familie üblich war. Er war Botaniker, Schüler und Nachfolger des bedeutenden Botanikers Cohn an der Universität Breslau, eine schriftstellerische, aber nicht nur schriftstellerische Begabung. Es gibt von ihm ein kleines Bändchen über Erkennung von Pflanzen, 1917 in der Reihe ›Wissenschaft und Bildung‹ des Verlages Quelle & Meyer erschienen: ›Anleitung zur Beobachtung der Pflanzenwelt‹, illustriert von schematischen, überaus anschaulichen Zeichnungen. Fotografiert hat er dafür nicht.

Der ausgezeichnete Botaniker, der in seiner Wirkungsstadt Breslau einen großen Garten angelegt hatte, von dem es vielleicht noch Kunde gibt, war fast so lebhaft wie an seiner eigentlichen Wissenschaft an der Kunstgeschichte interessiert und hat in ihr intensive Studien betrieben. Das führte dazu, dass er ein Buch schrieb, für das ich keinen Vergleich kenne und das in seiner Zeit hätte wirken müssen, aber wohl nicht so sehr gewirkt hat. Es ist 1903 im Verlag B. G. Teubner, Leipzig erschienen, ausgestattet mit 120 Abbildungen nach Zeichnungen von Erwin Süss und mit Fotografien des Verfassers. Der Titel verrät schon alles: ›Felix Rosen, Die Natur in der Kunst. Studien eines Naturforschers zur Geschichte der Malerei‹. Der Verfasser ging offenbar mit einer großen Plattenkamera an die – nicht Tatorte, sondern Kunstorte. Er hat sich angesehen, was auf großen Gemälden Hintergrund, Landschaft, Naturelement war, hat die Vorbilder, die Motive der Maler entdeckt; sie waren zu Beginn des vorigen Jahrhunderts oder zur vorigen Jahrhundertwende (das muss eine Arbeit von Jahren gewesen sein) noch einigermaßen wiederzuerkennen, noch fast ganz unverdorben. Er konnte sein Stativ mit der Kamera auf den Gleisen der Bahn aufstellen – und nun konfrontiert er die Reproduktion der Gemälde, natürlich immer in Schwarz-Weiß, natürlich nicht in der Vollkommenheit, die heutige Kunstbücher haben, mit seinen Fotografien. Das ist unendlich lehrreich und rechtfertigt auch die Fotografie.

Er ließ sich auch leiten durch philologische Prinzipien, weil er Pflanzengeschichte anhand der Chroniken feststellt. Er hat sich ein wenig inspirieren lassen von anderen, vor allen Dingen von Victor Hehn, der ›Kulturpflanzen und Haustiere in ihrem Übergang aus Asien nach Griechenland und Italien sowie in das übrige Europa‹ schrieb und ›Das Salz‹. Felix Rosen kannte die Geschichte aller Pflanzen, er wusste, woher sie kommen und wie sie sich in Europa, auch in Südamerika, verbreitet haben.

Er begann mit Giotto und den Anfängen des Naturalismus in der Malerei. Er schilderte vor allen Dingen Assisi. Das zweite Kapitel ist, versehen mit dem ganz richtigen Titel ›Das Wunderwerk von Gent‹, dem Altar gewidmet, der ja eigentlich das Urbild, der Inbegriff der abendländischen Kunst geworden ist. Rosen endet mit dem, was er schon als Gewohnheit oder Verfall auffasst, mit der Zeit nach Raffael und Michelangelo. Im letzten Teil seines merk- und denkwürdigen Buches kommt er auf Pietro Perugino zu sprechen und zitiert dann:

»Unter allen Künstlern, welche ihr Pfund vergruben und zu Handwerkern herabgesunken sind, ist das Beispiel Pietros vielleicht das größte und kläglichste.« So schrieb vor 40 Jahren der feinsinnigste Kenner und Bewunderer der Renaissance Jacob Burckhardt. Wir hören ihn noch so sprechen mit leiser Stimme, etwas lispelnd und mit leichtem Durchklingen seines heimatlichen Dialektes. Dabei stand er in liebenswürdiger Schüchternheit an sein Katheder gelehnt, und seine ausdrucksvollen Züge ließen erkennen, wie es ihn betrübte, solch ein hartes Urteil aussprechen zu müssen. Aber dann, seine Begeisterung, wenn er bei Signorelli weilte, wenn er die Auferstehung im Dom von Orvieto schilderte, diese Gestalten, die kaum den Gräbern entstiegen, zum Himmel aufstreben. Sie wollen fliegen, fliegen. Und er selber schien sich zu heben in seiner sublimen Ekstase.

Eine Anekdote erzählt auch, wie Felix Rosen einmal nach Berlin ins Kaiser-Friedrich-Museum kam, jetzt Bode-Museum, und zwar zu jenem großen Wilhelm von Bode, der einen neu entdeckten Leonardo ausstellte. Rosen zu Bode: »Das ist nicht von Leonardo. Das kann seine Werkstatt, könnten seine Schüler sein.« Wie das? Großes Stutzen. »Da sieht man auf dem Bilde die und die Pflanze, die ist aber erst Jahre nach Leonardos Tod in Italien eingeführt worden.« Welcher Kunstwissenschaftler kann so genau Botanik und Pflanzengeschichte kennen?

Es gibt noch ein zweites Buch, das ist bildmäßig und typographisch fast noch schöner, die Chronik einer Abessinienreise, die Felix mit einer kaiserlichen Expedition gemacht hat, an der auch sein Bruder Friedrich beteiligt war. Felix Rosen, ›Eine Deutsche Gesandtschaft in Abessinien mit 160 Abbildungen und einer Karte‹, erschienen im Verlag von Veit & Co. in Leipzig. Alle Abbildungen sind Fotografien, schon viel besser gedruckt in diesem schönen biegsamen Bande. Beide Bücher findet man ab und zu, ich glaube zu nicht geringen Preisen, noch im Antiquariat.

Zu erinnern wäre, dass dieser Felix Rosen ein Enkel von Ignaz Moscheles war, daher auch der kleine jüdische Einschlag in dem Stammbaum der Rosens, der dem Botschafter Georg Rosen, meinem väterlichen Freunde, später große Schwierigkeiten bereitet hat. Da hing so eine Handschrift an der Wand, allerdings vor Licht geschützt, jener Brief von Beethoven an Moscheles: »Mein lieber Moscheles...« und dann »Ihr Freund Beethoven«.

»Ich muss auswandern, ich muss den diplomatischen Dienst quittieren«, sagte Georg Rosen, »wegen des Freundes von Beethoven.«

Felix Rosen wurde am 9. August 1925 in Breslau ermordet. Übrigens der einzige Junggeselle in der ganzen Familie, in den Generationen. Die Gründe sind nicht bekannt. Man hat immer gerätselt.

Hinzuzufügen ist noch einiges über einen Onkel von Felix, Gisbert Rosen: Jurist – ein ungeheurer Schläger, akademischer Schläger – an den Universitäten Leipzig und Heidelberg, sein Vater hatte in Briefen an den Bruder Georg immense Befürchtungen gehegt. Gisbert machte dann aber doch ein glänzendes Examen und wurde Gerichtspräsident in Detmold, baute sich in der Gartenstraße 16 ein sehr schönes halb-klassizistisches Haus mit einer wunderbaren breiten hölzernen Treppe und einem Gartenhof, in dem die stärkste, stammkräftigste Birke stand, die ich je gesehen habe. In dieses Haus aber war viele Jahrzehnte zuvor der junge Kapellmeister des Detmolder Hofes eingekehrt, um Visite zu machen bei dem Herrn, wie er fälschlich sagte, »von« Rosen. Er hat über diesen Besuch Clara Schumann berichtet: Johannes Brahms. Und dass in dem Haus bei meinem Besuch noch ein alter Erard-Flügel stand und bei bestimmten Gelegenheiten gespielt wurde, ist nur eine kleine, aber passende Arabeske.

Es gibt einen sehr schönen Brief an Gisbert Rosen von seinem Freund Robert Schumann, mit dem er gereist war, der ihn oder den er wiedertraf im Jahre 1829 in Heidelberg. Aber zuvor waren sie, die einander als Studenten in Leipzig kennengelernt hatten, nach Süddeutschland gereist und hatten gemeinsam in München Heinrich Heine besucht. Eine Beziehung oder Bekanntschaft, die ja für Schumann nicht gerade unwichtig war. Nun schreibt aus Leipzig Robert Schumann einen überschwenglichen, hochromantischen oder spätromantischen Brief an Gisbert Rosen. Ich könnte eine Parallele ziehen und aus den später entstandenen ›Feldblumen‹, der zweiten Erzählung Stifters, jener, mit der er im vormärzlichen Wien berühmt wurde, ein Kapitelchen vorlesen, das die gleiche überschwengliche Poesie hat – wobei man dann feststellen muss, dass beide, nicht als platte Epigonen, aber als Schüler und Gefolgsleute von Jean Paul schreiben, dessen Einfluss in der damaligen Zeit gar nicht hoch genug eingeschätzt werden kann, der, was äußere oder nicht nur äußere Wirkung anbetrifft, seinerzeit stärker noch war als der von Goethe. – Ich erwähne nur noch die Daten von Gisbert Rosen, die ich in einer frühen Briefausgabe Schumanns gefunden habe: geboren am 21. August 1808 zu Göttingen, zwei Jahre früher als Schumann, gestorben am 17. Januar 1876 als Obergerichtsdirektor zu Detmold. Darin wird die Freundschaft genau geschildert.

Über den Botschafter Georg Rosen gibt Auskunft ein nicht nur schmeichelhaftes, aber doch verehrungsvolles, sehr merkwürdiges Buch, herausgegeben von dem Diplomaten, Fernost-Kenner, Schriftsteller Erwin Wickert. ›John Rabe – der gute Deutsche von Nanking‹. Rabe lebte als Kaufmann in Nanking, ein Mann, der in der Partei war und so etwas gewesen ist wie ein zweiter Schindler, der in einer ganz schlichten Art unendlich viele Leute vor der Verfolgung durch die Nazis gerettet hat. In Nanking war zu jener Zeit als Vertreter des Deutschen Reiches Dr. Georg Rosen, dessen Stärken, auch Schwächen Wickert schildert, seine Zivilcourage und Angst vor dem Fliegen.

Der Moment noch der Versuchung oder der Verbitterung, als Rosen aus dem diplomatischen Dienst wegen jenes Urgroßvaters Moscheles verabschiedet wurde, die gewaltigen Intrigen, die die Nazis gegen ihn gesponnen haben, aber dann auch immer wieder seine Charakterstärke, das Erkennen der politischen Lage, das Sichaufbäumen gegen die unbeschreibliche Brutalität der Japaner. Als Nanking besetzt ist, spricht der Legationssekretär Dr. Rosen mit dem kommandierenden General und sagt ihm, er hoffe, dass die Übergriffe der japanischen Soldaten auf die Zivilbevölkerung in Zukunft nicht mehr geschähen. Darauf sagt der General: »Meine Truppe ist die disziplinierteste der Welt.« Darauf Rosen: »So geschieht das also mit Absicht?«

Das ist Zivilcourage.

In dem Doppelkreis, in dem ich mich bewegte und mich lehrende, mir helfende Persönlichkeiten fand, nahm, nimmt Susana Soca eine sehr eigene, hohe Stellung ein, Uruguayerin und Frau von Welt, sich einspinnend und, so glaube ich, inmitten ihres Netzes persönlicher und geistiger Beziehungen einsam. Ihre Existenz, ihre Erscheinung war anders als die der anderen. Nichts von Professionellem. Sie schien zu spielen und lachte nicht oft. Ihr Leben hätte leicht sein können und war schwer und war kurz. Mit nichts hat sie gegeizt. Sie war eine Mäzenin und eine *femme de lettres*. Dazu und darüber eine Dichterin.

Susana Soca war einziges Kind von Dr. Francisco Soca, einem in Uruguay ruhmreichen Arzt, nach dem in Montevideo eine Avenida benannt ist. Er starb früh. Seine Frau, Susanas Mutter, hat mich nur einmal zu sich gerufen, aus sehr traurigem Anlass; eine würdige Gestalt. Die Tochter, von deren Kindheit und Jugend ich nur weiß, dass sie, eigentlich immer, in Gedichten evoziert hat, nichts Materielles, muss früh schon in Wort, Büchern, Sprachen und Sprache gelebt haben, das ihr zugefallene beträchtliche Vermögen nutzte sie für ihre Bildung. Dazu gehörten Welterfahrungen, Welterkundungen, Reisen. Die Aufenthalte waren nie flüchtig. Paris war für sie wie für die meisten uruguayischen und nicht nur uruguayischen Intellektuellen bei aller Pietät gegenüber der *madre patria*, der Mutter Vaterland, um das wörtlich zu übersetzen, Hauptstadt der Kultur. Sie sprach Französisch mit Leichtigkeit und Tiefsinn. Sie hat jahrelang in Paris gelebt, in guter und in sehr böser Zeit. Die Jahre der Besatzung oder Besetzung mit den französischen Freunden, Menschen von Geist, Widerständlern geteilt. Sie verkehrte mit Literaten, mit Künstlern, suchte und fand Freundschaft, gab Freundschaft. Sie ist gewiss nicht als reiche, freigebige Südamerikanerin den Prominenten, Anerkannten nachgelaufen, um in ihrem Ruhm sich zu sonnen und sie dabei zu füttern. Sie war fähig, Talente zu entdecken. Sie blökte nicht mit und in der Herde. In Paris war sie in ihrem Element, in der Lichterstadt, auch in der Schattenstadt unterm Hakenkreuz. Susana – so nannten sie ihre Freunde, die französischen zumal. Unverheiratet. Nie habe ich Geschichtchen über sie gehört. Ihre Sinne waren so verfeinert, dass vermutlich derbe Sinnlichkeit ihr fernblieb. Gewusst hat sie von ihr. Psychologie, zumal Psychoanalyse standen auf ihrem Programm. Freud hat sie gefesselt. Der Forscher, der Enthüller menschlicher Stärken und Schwächen, der Schriftsteller vor allem.

Bei unserer ersten Begegnung war sie weder jung noch alt, ein fragiles spätes Geschöpf. So erschien sie mir. Sie schien schwach. Sie war eher stark. Sie wusste Menschen anzuziehen, zu beeinflussen, zu lenken. In den fünfziger Jahren ließ Susana Soca, damals wohl selber in ihren Fünfzigerjahren oder doch etwas jünger – ich weiß ihr Geburtsdatum nicht – mich rufen. Sie empfing mich im Elternhaus, kleinem Stadtpalais, einem ziemlich dunklen, vornehm möblierten Gebäude, an den Wänden moderne Bilder, Portraits auch von Susana: Merkwürdigerweise habe ich sie nie genügend betrachtet, diese Bilder. Eine sehr zarte, überaus feingliedrige Frau – die Schilderung muss ich wiederholen – saß mir gegenüber, wir waren beide verhalten und neugierig aufeinander. Susana Soca, dunkeläugig, schwermütigen Blicks, manchmal skeptisch amüsiert über Menschliches, von einer nicht recht weißen Blässe, war ein südländischer Typ. In einem seiner großen Essays bezeichnet Dolf Sternberger sie als Kreolin. Ich konnte den von mir sehr verehrten Autor nicht davon abbringen. Dem Augenschein nach hatte er so Unrecht nicht. Aber es gab ja in Uruguay gar keine Kreolen, auch wenn man die Einheimischen *criollos* nannte. Die Indios sind vor Jahrhunderten erbarmungslos ausgerottet worden, und an ihre

Stämme erinnern nur noch Straßennamen und eine Kaffemarke, *charruá* und *chaná*.

Susana Soca war immer wohlgekleidet, immer leicht verhüllt, nie nachlässig, nie auffällig in ihrer Garderobe, nur die Strümpfe waren selten straff. Nie ist diese Frau »aufgetreten«, auch als Gastgeberin nicht. Sie wollte mit mir Deutsch üben – wo sie Anfangsgründe gelernt hatte, ist mir unbekannt –, ein bisschen Konversation treiben und ein bisschen Lektüre. Sie war immens belesen, las auch deutsch, las Neues, so Zeitschriften, die ›Neue Rundschau‹ speziell, die sie mir dann weitergab. Sie traf »ihre« Autoren in dieser S. Fischer-Zeitschrift wieder. Und sie suchte bei mir auch Rat für das, was sie lange schon plante und worüber ich sogleich zu berichten habe. Sie beschäftigte auch eine Russin, an deren Sprache, an russischer Literatur war ihr viel gelegen. Sie verstand und zitierte Blok, sie war auf Pasternak aufmerksam geworden, bevor er berühmt wurde, sie hatte Russland, wie die Vereinigten Staaten, bereist und war frappiert von Ähnlichkeiten, sie verglich Moskau und New York. Die Russin und ich unterhielten uns freundlich auf Spanisch und hatten gemeinsam Sehnsucht nach Birken.

Der Chauffeur fuhr seine Chefin, die Russin und mich im schweren schwarzen Packard zu der stattlichen Sommerresidenz im schönen Badevorort Carrasco, die beiden großen Königspudel, die *caniches*, hatten Auslauf. Frauchen rief sie vergebens zurück. Ob sie wohl wiederkämen, fragte mich Susana Soca. Ich behielt meine Zweifel für mich und blieb ihr die Antwort schuldig. Die *caniches* stellten sich nach längerer Zeit wieder ein. Unsere Gespräche hatten sie unterbrechen, auf Dauer nicht stören können. Susana Soca setzte durch, was sie sich vorgenommen hatte und was sie auch in unseren Unterhaltungen anvisierte. Sie erneuerte ihre Zeitschrift, jährlich vier Hefte, Bücher vielmehr von großem Format und generösem Satzspiegel, luftigem, im Grad unterschiedenem Satz, fast bibliophil. Luxus wohl, doch sublimiert. Die Beiträge wurden gut honoriert, die Bereitschaft namhafter Autoren, sie zu liefern, solchermaßen stimuliert. Aber die Herausgeberin, die Verlegerin hat auch junge Talente gefördert, das Ensemble nicht nach schierem Renommee zusammengerufen. Sie war in den Tagen, in denen ich ihrem Kreis mich näherte, eine sehr erfahrene Herausgeberin, die ausübte, was sie längst gelernt, praktiziert, gemeistert hatte. Sie feierte eine Neueröffnung. Die erste Existenz- und Erscheinungsform der Zeitschrift ›La Licorne‹ kannte ich nicht; ich erfuhr einiges über sie; begonnen hatte sie, gereift war sie in Paris. Nun war Montevideo der Erscheinungsort, der größere Teil der gedruckten Texte spanisch, Horizont und Rezeption waren international, das Französische aber hatte nach wie vor starkes Gewicht. Nun nannte Susana Soca ihre Revue ›Entregas de la Licorne‹, *entregas*, die Lieferungen.

Sie zog, was ein beträchtlicher Gewinn jenseits des nur Materiellen war, mich zur Mitarbeit heran, ich sollte ihr deutsche Beiträge empfehlen und auch übersetzen. ›Entregas de la Licorne‹ begannen 1953 mit einer Doppelnummer. Der erste Teil, die erste der beiden Nummern, war dem Andenken, dem Werk des Dichters gewidmet, der Susana Soca ein verehrter und naher Freund gewesen war und über seinen Tod hinaus blieb: Paul Éluard. Einige Jahre nach ihrem Tod fand mein *archiamigo*, mein Erz- oder Urfreund Toní s Cravotto, in einem Montevideaner Antiquariat ein französisch broschiertes Gedichtbüchlein von Paul Éluard, ›Au rendez-vous allemand‹, Paris 1944, mit einer Widmung in aparter Handschrift. »A Susana avec mes meilleurs vœux pour 1945 et toute mon affection. Paul.« Als Frontispiz ein Kupferstich nach dem Portrait von Picasso, den Éluard »mon ami sublime« nannte. Es sind Gesänge von Leid und Tod und Hass unter der Naziherrschaft. Éluard hat nicht geschwiegen. Dem Band ist ein Faltblatt eingelegt, in dem eine Künstlerin, Trägerin illustren Namens, gemeinsame Freundin von Paul Éluard und Susana Soca, Valentine Hugo, den verstorbenen Dichter mit einer Portraitzeichnung persönlichen Stils und Ausdrucks und mit ergreifenden Worten ehrt. An der letzten Ausgabe der ›Licorne‹ war wiederum Valentine Hugo beteiligt: mit einem Dank in Form eines ausdrucksvollen, den dunklen, fast zauberhaften Blick der großen Augen festhaltenden Portraits. Und wiederum mit Worten, in denen Geist und Gefühl einander die Waage halten. Die ›Licorne‹ war, ist eine vornehme Publikation, sie wahrt Diskretion, doch sie verschließt sich nicht Persönlichem und Privatem, Freundschaften manifestieren sich in ihr, Freundschaft als großer Singular. Von Musik hat Susana Soca sich wohl weniger berühren lassen als von allen anderen Künsten. Aber in der Zeitschrift wird auch von ihr gesprochen, es geht da von Mozart bis zur Zwölftonreihe. Auf etwa ein Dutzend Nummern und etwa acht Jahre hat es die Zeitschrift in ihrer zweiten Phase, haben es die ›Entregas de la Licorne‹ gebracht. Nicht immer erschien sie pünktlich; immer aber waren sorgfältig und verschwenderisch Sinn, Kriterium, Autoren- und Themenwahl, Komposition und Präsentation – eine Leistung, die Susana Soca sich eben leisten konnte und auch mit ihrem zarten Enthusiasmus, ihrer leisen Energie sich leistete und die überall beachtlich gewesen wäre, in Uruguay aber doppelt beachtlich war. Immer wahrte die Herausgeberin, die es sich nicht leicht machte, die zwei Helfer hatte, keineswegs aber die Arbeit an andere delegierte, ihren eigenen Ton. Die Zeitschrift war leise, aber eindringlich, ich könnte auch sagen, eindringlich, aber leise. Und rektifiziere mich sogleich. Die Leisheit hat nichts zu tun mit Zimperlichkeit. Auch die tönende Kammermusik kann sehr kraftvoll, von wahrer Lautstärke sein.

Ich lese sie heute, nach einem halben Jahrhundert, nicht ohne Staunen, nicht ohne Beschämung. Ich blättere in den Exemplaren und glaube, manches anders, vielleicht besser zu verstehen als damals, nehme manches erst jetzt richtig wahr, so die sich nicht allein durch Zeitströmungen, Zeitgenossenschaft erklärende Verwandtschaft von Susana Socas ›Entregas de la Licorne‹ und Rudolf Hirschs ›Neuer Rundschau‹. Ich lese bewundernd und gerührt, was sie zur Neueröffnung schrieb: ›Presentación‹: In feingestimmter, ernster und anmutiger Prosa erzählt sie ganz ohne Pathos, wie sie den Gedanken fasst, eine Zeitschrift zum Verständnis der Kulturen, zunächst als eine Art Anthologie ins Leben zu rufen – mitten in Zerstörung und Schrecken und Not, »während der letzten Tage der deutschen Besetzung in Paris«, als Verhaftungen, Deportationen, Erschießungen noch ihren Fortgang nahmen, die langen Kolonnen mit Blättern getarnter Tanks schon abrückten und die alliierten Geschwader heranflogen. Menschen des Widerstands, die einen falschen Namen angenommen hatten, trafen sich in einem Pariser Vorort. Man mied das Frühlingslicht, verbarg sich in einem abgedunkelten Raum und fragte sich gegenseitig, was man, wenn befreit, zu tun gedenke. Susana Socas Absicht, eine Zeitschrift zu gründen, erschien den meisten so absurd wie der Krieg. Paul Éluard aber sprach ihr begeistert zu. So erschien die Zeitschrift im Zeichen von Verantwortung und Verbindung, genannt nach dem Sternbild der nördlichen Hemisphäre, das man von der südlichen aus sehen kann. La Licorne, das Einhorn, sicher war in dieser Namensfindung auch Rilke im Spiel, waren es zumal die Tapisserien von Cluny, die eben Rilke ins Gedicht gehoben hatte. In jener Phase war es eine französische Zeitschrift, die auch spanische Beiträge enthielt. Nun, in der zweiten, der Montevideaner Phase war die Zeitschrift spanisch mit beträchtlichen französischen Elementen. Daher auch jener erweiterte Titel, der Gebrauch des Substantivs *entregas*. Susana Socas ›Presentación‹ ist ein Stückchen Autobiographie, anschaulich und bescheiden, und eine ergriffene, ergreifende Huldigung an den Dichter, den Freund Paul Éluard. »Die Person ist die Poesie, die Poesie ist die Person.« Der erste Beitrag dann ist ›Portrait de Paul Éluard‹ von Jean Cocteau, der einmal an Susana Soca einen herzlichen Gruß schickte, mit chinesischer Tusche auf Glanzpapier geschrieben.

In diesen und in folgenden Nummern reihten sich Autorennamen von internationalem Rang und die ausgezeichnetsten uruguayischen, deren es nicht wenige gab. Schon im Anfang waren sie vertreten und vertraten ihren Standpunkt und ihre Kunst. Der hervorragende spanische Lyriker und Essayist José Bergamín, spanischer Exilant, der sich in Montevideo niederließ und später in die Heimat zurückkehrte. Der gelehrte Francisco Romero mit einem Beitrag über Descartes, Spinoza und Leibniz, der große Lyriker Alberti – nicht zuletzt, gewiss nicht zuletzt, der große Argentinier, der wie kaum ein anderer auf Erden Zeuge und Hüter, Meister der Weltliteratur war: Jorge Luis Borges. Dies alles, nie populär, nie verbreitet, doch in die Hände und Köpfe wichtiger Menschen gelangt, versiegt nicht. Es lohnte sich schon, ein Gesamtinhaltsverzeichnis aufzustellen und ausführlich auf die Beiträge, auf ihre Verfasserinnen und Verfasser einzugehen. Der Horizont war nun erst recht weit, Tradition und Neuton balancierten sich aus. Englisches trat ein wenig hinter dem Französischen, dem Spanischen, vielleicht auch anderen Sprachen und Kultursegmenten zurück, aber Borges, überragender und sich vertiefender Kenner, leistete seinen Beitrag, und Susana Soca selber beschäftigte sich wissend und mystisch empfindend mit einem altenglischen Text, den sie für einen der allerwesentlichsten hielt, ›The Cloud of Unknowing‹, die Wolke des Unbekannten, Ungewussten. Zum zweiten Teil habe auch ich etwas beigetragen, das Wiedersehen berührt mich eigentümlich. Mein Artikel wurde veranlasst durch Arbeiten eines deutsch-jüdischen Fotografenehepaars. Ich nannte ihn ›Arte foto-grafica‹, also fotografische, grafische Fotokunst. Und variierte schon ein Lieblingsthema, das ich bis heute nicht fallengelassen habe. Der Artikel kommt mir nach über fünfzig Jahren ein bisschen pathetisch vor. Ich verleugne ihn umso weniger, als ihn ohnehin niemand mehr lesen wird.

Jeanne und Arno Mandello. Das Fotografenehepaar war professionell, und es hatte künstlerische Ambitionen, künstlerisches Gelingen. Sie hatte im Lette-Haus in Berlin gelehrt, das ja bis auf den heutigen Tag Fotografinnen ausbildet, er bei dem virtuosen hervorragenden Tritschler in Frankfurt am Main. Etwa ein Jahrzehnt lang hatten die beiden ein Studio in Paris unterhalten. Dann mussten sie fliehen. Paris: Es war leicht, die Bekanntschaft Susana Socas und der Mandellos zuwege zu bringen. Als ich meine Ausführungen um die drei Bilder legte, die Eingang fanden in die Zeitschrift und in deren so geschmackvolle Typographie, habe ich mich natürlich der Zeit bei Martin Dzubas entsonnen und der Lektüre, die ich damals begonnen und nie aufgegeben habe. Es waren drei Abbildungen, zwei in Farbe und eine in Schwarz-Weiß, immer Blumen oder botanische Stücke, real, aber tendierend zum Abstrakten. Zwei Aufnahmen mit Kamera, eine ohne diese, ein Fotogramm also, wie es freilich schon der große alte Talbot gepflegt hatte. Ich verfolgte und beschrieb subjektiv die Geschichte der fotografischen Kunst oder des fotografischen Gewerbes, auch von den hochrangigen Vorläufern in Holz- und Kupferschnitt und zumal in der Lithographie des Senefelder, mit der die eigentliche Geschichte anhebt. Von der Daguerreotypie als einem Unikat zur Erfindung und Kunst des Henry Fox Talbot mit der Möglichkeit zu kopieren, auch zu manipulieren, eine hohe Verbreitung zu erreichen und damit die Fotografie zu einer, sagen wir ruhig, demokratischen Kunst zu machen. Ich zog noch nicht, wie später so gern, die Parallele von Fotografie und Phonographie. Ähnliches geschah nämlich, wenn auch die parallele Zeit versetzt ist, mit der Phonographie und ihren Vorläufern. Und ich taste mich auch gerne die Geschichte entlang, die da von der Erfindung des Telegraphen, von der Erfindung des Telefons herrührt – Philipp Reis übertrug auf eine heute uns lächerlich klein scheinende Distanz den Klang einer Geige – und der Geschichte des Rundfunks und der Geschichte, alles dies ist ja eng miteinander verquirlt, der Tonaufzeichnung, also der Phonographie im strengeren Sinne. Auch sie begann mit der Erfindung des Edison, des Phonographen. Die Walze ein Unikat. Die

Vervielfältigungsmöglichkeiten eingeschränkt, und schwierig, den blechernen, verzerrten Klang des Phonographen auf einen anderen zu übertragen. Und dann kam Emil Berliner und erfand die Schallplatte, die so leicht handhabbare, das Mittel populärer *Divulgación*. Und diese Parallelgeschichte führt uns weiter bis in unsere Tage, vollendet sich vielleicht in ihnen, denn wie viele neue technische Errungenschaften immer wieder inszeniert werden, mit Erfindungen, die schon gemacht, aber erst später in die Öffentlichkeit gebracht wurden, dies sei dahingestellt. Aber einstweilen haben sich beide Geschichten vereint im Camcorder, dem so oft missbrauchten, und auf eben nicht gerade hohem Niveau mit den »Funktelefönchen«, mit denen man fotografieren, den »Kamerachen«, mit denen man telefonieren kann. Der Benutzer darf seinem Spieltrieb nachgeben. Von Kunst ist er dispensiert. Gemeinsam ist der Fotografie und der Phonographie, der Kamera und dem Mikrofon mit dem ihm angeschlossenen Gerät die vitale Funktion: Sie heißt bei beiden Aufnahme. Und man vergisst, dass ursprünglich die Aufnahme einmal eine Skizze, eine rasche Besitzergreifung der Realität war. Goethe, zeichnend, skizzierend, die Welt ergreifend, machte Aufnahmen.

1954 tagte die UNESCO in Montevideo. Ich erstattete Bericht, traf einige mir interessante Persönlichkeiten, so Dolf Sternberger, den ich lange schon als Essayisten in der ›Neuen Rundschau‹ der frühen dreißiger Jahre, nun in der Zweiwochenzeitschrift ›Die Gegenwart‹, die sein Freund Benno Reifenberg begründet hatte, bewunderte. Ich begleitete ihn zu Susana Soca. Er gab uns seinen Essay ›Gefühl der Fremde‹, wobei Fremde für ihn wahrscheinlich auch Uruguay und die vermeintliche Kreolin waren. Aber ich hatte einen bedeutenden deutschen Essay. Sternberger empfahl uns an Karl Jaspers. Ein Fragment über Thomas Mann konnten wir publizieren in meiner spanischen Übersetzung und das Kapitel über Caroline aus dem großen Schelling-Buch von

Jaspers. In der ›Neuen Rundschau‹ – es fällt mir nun auf, wie sehr sie mich schon verhältnismäßig früh angezogen hat – bewegte mich Martin Buber mit seinem Essay ›Dem Gemeinschaftlichen folgen‹, der sich gegen Aldous Huxley und Henri Michaux mit ihrer Preisung des Meskalinrausches wandte. Nicht aus medizinischen, nicht aus primitiv moralischen Gründen. Buber fand, dass der Drogenrausch die Menschen isoliert, abschneidet von der Gemeinschaft, dass jeder in seinen individuellen Nebel versinke. Beide Zeitschriften ließen dem Aufsatz von Buber einen bei allem Meskalinrausch hochgeschätzten Henri Michaux folgen. Ein paar Seiten von Thomas Mann konnten wir aufnehmen, über Schiller und Goethe, am kühnsten war ich mit meiner Übersetzung eines herrlichen Stückes Prosa von Hugo von Hofmannsthal, dessen Titel mir so viel besagt: ›Die Wege und die Begegnungen‹. Eine Korrespondenz begann: Ich bat den Herausgeber der Gesammelten Werke in Einzelausgaben, der ersten Nachkriegsausgabe Hofmannsthals, der hübschen hellblauen Bände, Herbert Steiner, um eine Einleitung, eine knappe Erklärung. Daraus entstand ein Briefwechsel, entstand später in Deutschland ein freundlicher Verkehr. Steiner hatte vor seiner Auswanderung in die USA, wo er eine Dozentur übernahm, mit Martin Bodmer die Zeitschrift ›Corona‹ herausgegeben. Er verwies mich an Rudolf Pannwitz. Ich übersetzte, wir publizierten seinen schwierigen Essay ›Plato, das Mittelmeer und das optische Mysterium‹. Ich konnte, in der Hoffnung auf weitere »Berührung der Sphären«, »meine Leute« heranziehen. Karl Leopold Mayer schrieb 1955 auf meine Bitte zum Thomas-Mann-Jahr, doppeltem, wie sich herausstellen sollte, nämlich dem des achtzigsten Geburtstages und des Todes, den Essay ›Thomas Manns Laufbahn als Schriftsteller‹ (nach Manns Titel ›Goethes Laufbahn als Schriftsteller‹), Hans Busch im Mozartjahr 1956 ›Mozart und das Theater‹, gemeint war eine Analogie zu ›Shakespeares Frauen und Mädchen‹ von Heine. Die Frauengestalten sind ja bei Mozart ein Wunder, ein

Geheimnis und eine sinnliche Gegenwart. Auch im selben Rollenfach ist jede Figur individuell gezeichnet, überall Mozart, größter aller Opernkomponisten, auch größter Erotiker. Und Grete Busch, Witwe »meines« Dirigenten, Mutter des schreibenden Regisseurs, steuerte ein schon gediehenes Kapitel der Biographie ihres Mannes, um die sie – wandernd von Land zu Land und von Freundeshaus zu Freundeshaus – rang, bei: ›Mozart in Sussex‹. Sie schildert anmutig, bildhaft, klingend den Beginn der Festspiele in Glyndebourne. Valentina Rosen aus der großen Familie, Sinologin und Indologin, Komparatistin im Bereich ihrer Buddha-Forschung, gab ihrem plastischen Aufsatz über Indien anschauliche Fotos bei, Hildegard Jacoby referierte kundig über etruskische Kunst.

Das Netz. So viele heimliche, nie unheimliche, aber dann doch auch nicht heimliche Verbindungen ergeben sich von Susana Soca, der Herausgeberin der ›Entregas de la Licorne‹, zu Rudolf Hirsch, dem Herausgeber der ›Neuen Rundschau‹, dem Verleger, dem reichen Schöngeist. Ergeben sich aber auch zu einem anderen Mann. Und ich frage mich, ob sie einander gekannt haben, Susana Soca und Joseph Breitbach (ich taste an Fäden und Verknüpfungen). Auch ein Mensch, der seinem Naturell und seiner Neigung gemäß allein ist, bleibt zugehörig, bleibt Angehöriger. Einsamkeit und Verbindung sind kein Widerspruch. Viele Jahre nach Susana Socas Ende begegnete ich ihm, Joseph Breitbach, der sich dem S. Fischer Verlag zuwandte. Faszinierend als Weltmann und Mann der Weltliteratur. Er stammte aus Koblenz und war heimisch in Paris, in französischer Sprache und französischen *belles lettres*; er schlug eine Brücke, auf der er selber in beiden Richtungen fuhr, des Zorns so fähig wie der Begeisterung: kampfbereit und hilfsbereit immer. Ein großzügiger Vermittler, Förderer, Gebender. Wer kehrte nicht alles ein in seinem berühmten Pariser Domizil und seiner späteren Münchner Wohnung und erfuhr dort, vom Hausherrn natürlich, Kritik und Zuspruch, Äußerungen brausenden Temperaments und menschenkundiger Weisheit, das Bekenntnis zum Westen, zu einem von Deutschland und Frankreich im Akkord getragenen Europa. Einbegriffen in dies Bekenntnis war die auch in den Erzählungen und Theaterstücken durchgeführte Widerrede zum Kommunismus, dem der junge Joseph Breitbach einmal gefolgt war. Man sah ihn kaum arbeiten – wie man auch Susana Soca nicht arbeiten sah. Beide leisteten sie, wenn auch dem Inhalt nach verschieden, im Wesen gleichen Dienst an Kultur und Humanität, beide freilich nicht als bloße Interpreten, Dolmetscher der Texte anderer, sondern im Wortsinn »autorisiert« durch eigenes profiliertes Werk: Joseph Breitbach gab spätestens mit seinem Roman ›Bericht über Bruno‹ seinen Rang als Schriftsteller zu erkennen; seine Erzählung ›Die Rabenschlacht‹ ist ein Meisterwerk.

Eine Dichterin und ein Dichter, in Montevideo geboren sie beide, da konnte es an Beziehung und Kollegialität, an häufiger Begegnung nicht fehlen: Susana Soca und Jules Supervielle (1884–1960). Susana Soca hielt für seine Lyrik einen Platz in ihrer Zeitschrift bereit, in deren letztem Heft Supervielle sie mit bewegten französischen Worten betrauert. Ungefähr gleichzeitig mit ›Entregas de la Licorne‹ brachte Rudolf Hirsch in der ›Neuen Rundschau‹ Gedichte des uruguayischen Franzosen in der Übertragung von Paul Celan. – 1946 wurde der Franzose, der Uruguayer, Montevideaner Jules Supervielle der Kulturattaché der uruguayischen Botschaft in Paris. Da müssen sich Susana und er häufig getroffen haben.

Wieder einmal kann ich einer autobiographischen Abschweifung nicht widerstehen. Die Familie Supervielle war Eignerin des Banco Francés, der französischen Bank in Uruguay. Sie muss einmal luxuriös gelebt haben. Diesen Umständen verdankte der Dichter seine vorzügliche Erziehung und frühe Welterfahrung, einen großen Teil seiner Bildung. Der Name der Familie war eingeschlossen in den Firmennamen der Bank. Sie war die Vermieterin unseres Hauses. Um einziehen zu können, mussten wir eine Garantiesumme hinterlegen, die aufzubringen uns mittellosen Emigranten schwer fiel. Die Bank ging in Konkurs, das Geld verloren. Da kehre ich lieber zu den ›Entregas de la Licorne‹ und zu meinen relativ frühen Erfahrungen mit und in einer Zeitschrift zurück. Wir nahmen die Arbeit an ihr ernst. Bleiern aber war nur der gepflegte Satz, auf Blei zurückzuführen der schöne Druck. Einvernehmen fast immer. Kritik bedachtsam und subtil. Einmal nur kam es zu einer Verstimmung. Ihrer Ursache entsinne ich mich nicht mehr, nur meines bald verpuffenden Zorns. Es gab eine kleine Funkstille. Susana Soca brach sie ab und nahm das freundliche Gespräch mit mir unverändert wieder auf; ich glaube sogar, dass es in der letzten Zeit, die gewährt war, an Kordialität gewann. Sie beobachtete interessiert Gesellschaftliches, ein bisschen Edelklatsch war zugelassen. Dem Lauf der Welt und dem Gebaren der Menschen sah sie aufmerksam zu, aber wie durch einen Gazevorhang, der sie von allem Vulgären trennte. Sie konnte, auf Ausfahrten etwa, beschwingt erzählen, auch dort Persönliches und Kunstgespräch mischend. So erzählte sie von den Brüdern Klossowski, deren einer, berühmter, sich Balthus nannte. Im Souterrainsaal des Hauses an der Straße San José begrüßte sie überaus namhafte Vortragende und eine kleine, bei ihr eingeführte verständnisvolle Hörerschaft. Es sprachen da der Franzose Roger Caillois, der Spanier José Bergamín, der einen Vortrag hielt, schließend mit einem kurzen Satz, der Leporellos Register beiseite ließ, »un hombre y una mujer«. Es sei doch die Grundsituation: und eine Frau. Und mehrfach erzählte, lehrte jener Herr der Weltliteratur, Jorge Luis Borges. Da sprach er über Blake und sein berühmtes Tigergedicht, das er mit heiserer Stimme rezitierte: »tiger, tiger«. Pathetisch mit rauher dunkler Stimme und niederwerfender Intensität, freundlich dabei und fast gutmütig wirkend der italienische Lyriker Giuseppe Ungaretti. Er rezitierte aus seinem berühmten Gedicht ›I Fiumi‹, die Flüsse. Stand da wie ein

Professor – und so wirkte im Grunde auch Borges, die große alte
Uhrkette auf der Weste. An jenem Abend begleitete mich Dolf
Sternberger. Susana Soca nahm mich mit zu einem Treffen mit
ihrer großen, wirkungsmächtigeren, ungemein einflussreichen
und auch reichen Rivalin, sagen wir lieber Kollegin: Victoria
Ocampo, aus alter großer argentinischer Familie. Ihre Zeitschrift
›Sur‹, professioneller aufgezogen als die ›Licorne‹ war eines der
wichtigen und auch weithin sichtbaren und hörbaren Kultur-
organe Argentiniens. Victoria Ocampos Schwester Silvina, auf
eigene poetische Rechnung eine bedeutende Lyrikerin, deren
Gedichte mehrfach auch in der ›Licorne‹ erschienen. Auch Victoria Ocampo verband Europäisches mit Argentinischem, sie ist
werbend und begeistert Virginia Woolf nachgegangen, sie hat
Strawinsky an den Rio de la Plata geholt.

Ende der fünfziger Jahre muss es Susana Soca in gesteiger-
tem Maß nach Ergebnissen, nach Bestätigung ihrer Kunst, ihrer
Persönlichkeit auf noble Weise verlangt haben. Sie bereitete eine
Auswahl aus ihrer Lyrik vor, die eine Summe zog, und schrieb
eine kluge, klare, selbstbewußte und bescheidene Einleitung unter dem Titel ›Revisión‹. Sie machte den Band satzfertig. Er heißt
›En un país de la Memoria‹ – in einem Land der Erinnerung oder
des Gedächtnisses. Erinnerung, Gedächtnis war immer ihre eigenste Sache. Aus Erinnerung schöpfte sie, sie war, kaum noch
ein Paradox, ihre Gegenwart. Ihre achtsame Sehnsucht war so
zurückgewandt wie vorwärts gerichtet. Susana Soca verlangte es
auch nach einer neuen Europareise, alte Fährten, alte Gefährten
wiederzufinden, frische Kenntnis und Erkenntnis angesichts so
vielen Wandels zu gewinnen. Sie reiste. Wir erwarteten ihre
Rückkehr. Ich empfing von ihr einen Ansichtskartengruß aus
Assisi. Voller Begeisterung. Das sei ein Ort für mich. Die Luftpost war langsamer als Susana Socas Flug, der Flug der Absen-
derin. Am 11. Januar 1959 stürzte die Lufthansa-Maschine nach
einer Kollision über dem Flughafen von Rio de Janeiro ab. Niemand überlebte. Zerschellt und verbrannt. An jenem Sonntag-

nachmittag waren meine Eltern und ich bei einer Familie eingeladen, die auch von Susana Soca beachtet und gefördert worden
ist. Heller aus Prag, der Vater Jurist, er fertigte mit seinem Sohn,
einem Kunsthistoriker, der von interessanten Entdeckungen
sprechen konnte, Keramik; der andere Sohn, zu Besuch, ansässig
in London, Cembalist und Organist. Wir unterhielten uns leicht,
sprachen von Susana Soca, aus irgendeinem Grunde wurde das
Radio eingeschaltet, wir hörten die Nachricht des Unglücks. Erregte Telefonanrufe, endlich Bestätigung, der Name Susana Soca
stand auf der Passagierliste. Ihr Begräbnis war immens. Nichts
weiß ich mehr von ihm, nur dass der gütige Georg Rosen mit
mir ging, bei mir war.

Im sehr stillen dämmerigen Haus überreichte mir die Mutter, einsam Überlebende, den postum erschienenen Band von ›En
un país de la Memoria‹, in den sie meinen und ihren Namen ein-
trug, und ein großformatiges Fotoportrait Susanas mit der aparten Schönheit jüngerer Jahre.

Schon in anderer Sphäre, bei S. Fischer in Frankfurt, erhielt
ich im März 1962 das allerletzte Heft der ›Entregas de la Licorne‹. Ehrung der Gründerin, der Dichterin, der Freundin, Hom-
mage von Gefährten, Künstlern, Literaten illustren Namens und
Texte von Susana selber. Guido Castillo hat diese Abschieds-
nummer konzipiert und redigiert. Er war schon der Redakteur
der vorangegangenen Lieferungen und überdies auch der verständnisvolle, ermunternde Lektor meiner Übersetzungen und
anderer Arbeiten für die ›Licorne‹. Ausgedehnte Vormittage
saßen wir zusammen im Vorderzimmer unseres letzten Hauses
am Fenster, am Schreibtisch und leerten unangefochten ein
Gläslein nach dem anderen von meiner Mutter selbstbereiteter
Wodka-Imitation. Castillo hat nicht lange danach unter der Diktatur Uruguay verlassen und in Spanien Prestige gewonnen. Das
Verhältnis Spanien–Uruguay hatte sich umgekehrt. In jeder
Richtung war man aus der Diktatur in die Toleranz geflüchtet.
Jene letzte Nummer der ›Licorne‹ nun ist, wie nicht anders zu

erwarten, voller nuancierter Übereinstimmungen der Trauer und Klage, der Ehrung und des Dankes, der Charakterisierung auch und der Versuche, die Person und ihr Schicksal zu erkennen, sie an ihrem Schicksal zu erkennen, damit denn auch der Versuche, im jähen Ende, im Sturz und Flammentod einen Sinn zu finden. Sollte gar das Grauenvolle ein Moment des Erkennens und der Erfüllung gewesen sein? Solche Frage, solch Trostversuch ist vermessen. Aus dem Nachdenken, der verzweifelten Anstrengung des Nachfühlens, des Mitfühlens, der Vorstellung gar eines einzigen grausigen und ganz und gar definitiven Moments zum Verdrängen, zur Verdrängung: Das ist eine Versuchung. Die Besonderheit der Persönlichkeit stiftet Unruhe in solchen Fragen, solcher Besinnung. In allen Stimmen dieser Totenklage und Vergegenwärtigung tönt etwas an von Susana Socas Verhältnis zum Tode, weil es immer wieder in ihrer Poesie, in ihrer Erinnerung erscheint, von ihrer Todesbereitschaft. Gedenkt man dieser, so war das Ende in aller Jähheit doch ein eigenes Ende, ein nicht fremdes dieser Frau, dieser Dichterin. Und immer wieder erklingt auch das Motiv der Sehnsucht, Sehnsucht und Todesbereitschaft oder Todesbewußtsein in einem metaphysischen Zusammenhang. Die Freunde Marcel Jouhandeau und Sherban Sidéry sprechen von ahnungsvollem Abschied, von Ahnung der Zurückbleibenden und Ahnung auch der Aufbrechenden, die sich noch einmal wortlos und gestenlos umwandte, bevor sie das Flugzeug bestieg. Sehnsucht: Unerlaubt wäre es, sie selig zu nennen und ein allergrößtes, viel gedeutetes, unerschöpfliches Gedicht ganz auf sie zu beziehen. Seine vorletzte Strophe aber darf ich im Gedenken an Susana Soca aufsagen.

Keine Ferne macht dich schwierig,
Kommst geflogen und gebannt,
Und zuletzt, des Lichts begierig,
Bist du Schmetterling verbrannt.

378

Freundschaft ist immer ein Geschenk, unabhängig von dem, was an Andenken oder Gegenständlichem verbleibt, ein Geschenk, für das ich dankbar bin.

Nahe Freunde bleiben. Jetzt, in der Gegenwart, sind doch einige Menschen mir ganz nahe, nicht nur im Verlage, sondern im Leben. Das ist, *ladies first*, Corinna Fiedler, Lektorin bei Fischer, das ist der gute alte Freund, der längstjährige Kollege und vielleicht der nächste Freund, Leo Domzalski in Berlin, da sind Wolfgang Kloft und Cornelia Wagner. Ich habe Freundschaft als höchsten Lebenswert empfunden, und möchte von meinen Freunden auch überlebt werden. Mögen sie lange dauern in einer Welt, in der sie selber, wie sie auch sein mag, Freude finden und Sinn. In den letzten Sätzen im ›Nachsommer‹, auf den ich immer wieder zurückfalle, spricht Stifter von *Festigkeit*, von *Einfachheit, Halt und Bedeutung*.

Sagen wir doch ruhig – es ist in diesen Worten enthalten – Sinn und Liebe.

Eine große, meine Existenz schützende, fördernde, erwärmende, bergende Gemeinschaft, Freundschaftsgemeinschaft, verbindet mich mit Sena Jurinac und ihrem Ehemann, dem Chirurgen Dr. Josef Lederle.

Sena ist ein wenig jünger als ich. Wir haben vor nicht allzu langer Zeit ihren sie selber erstaunenden achtzigsten Geburtstag gefeiert. Sie gibt immer noch Meisterkurse, aber mit achtzig singt man bekanntlich nicht mehr und hat längst einer zweiten Generation von Sängerinnen und Sängern den Platz räumen müssen und auch wollen.

Für mich ist sie das größte Gesangserlebnis, das ich je gehabt habe. Es gibt Sängerinnen und Sänger, die unendlich viel mehr Prominenz und Popularität angestrebt und erreicht haben. Sena besaß nie einen Agenten oder eine Agentin, hat nur eine verständnisvolle Sekretärin gehabt. Sie hat niemals Erfolge äußerlich gesucht. Sie hat immer das Menschliche gefunden und ausgedrückt in all den großen Partien, die sie in einer langen und gefeierten Laufbahn gesungen, nein dargestellt hat. Eine Darstellerin, auch eine Theaterfrau, wenn man das so nennen will. Eine Singschauspielerin, nie eine Diva im zwielichtigen Sinne, nie eine Primadonna und immer, das ist einmal gesagt worden und zutreffend, die große »Humana« auf der Opernbühne. Sie hat gesungen unter der Leitung eigentlich aller bedeutenden Dirigenten, ausgenommen Bruno (»Brunuel«) Walter. Da waren, da sie ja von Wien kam, der Krauss und der Böhm, der Klemperer und der Knappertsbusch, Erich Kleiber und Carlos Kleiber und Erich Leinsdorf, den ich übrigens für den letzten großen Dirigenten der älteren Generation halte. Selbstverständlich auch Josef Krips, der unmittelbar nach dem Kriege, unmittelbar nach dem Waffenstillstand, ein Wiener Ensemble, ein Mozart-Ensemble, an der Staatsoper – noch in ihrem provisorischen Haus – aufgebaut hatte.

Und vor allen Dingen verdanke ich die Sena auch, das ist ja eine selbstverständliche Beziehung bei mir, Fritz Busch. Fritz Busch, der sie 1950 als Cherubino im ›Figaro‹ im Züricher Stadttheater erlebt hat und der sie dann nach Glyndebourne holte als Fiordiligi, als Ilia im ›Idomeneo‹, der mit ihr Arien musizierte und die ergreifenden vier letzten Lieder von Richard Strauss in Kopenhagen, in Stockholm machte.

Jurinac, Sena – ihr Vater ein jugoslawischer Arzt, ihre Mutter eine Wienerin. Sie trägt beide Kulturen in sich. Sie hat etwas »Balkanidisches«, wie sie immer selbstironisch sagt, und sie ist doch so wienerisch, wie keine Sängerin es mehr sein kann, wenn man bedenkt, dass sie eine unendlich rührende, ergreifende, dabei schlichte Marschallin ist. Sie war die Marschallin schlechthin, und sie hat im Laufe ihrer Jahre oft im selben Stück mehrere Rollen verkörpert. Berühmt wurde sie als Octavian im Rosenkavalier. Das hängt natürlich mit der Entwicklung ihrer Stimme zusammen, die ganz silbern war und später sich senkte oder festigte und golden wurde. Es gibt ein Buch über sie von Ursula Tamussino mit dem Titel ›Sena Jurinac – Der Jahrhundert-Rosenkavalier‹.

Srebrenka, wie sie eigentlich heißt, bedeutet übersetzt »die Silberne«. Sie ist in Zagreb ausgebildet worden, hat in Zagreb debütiert. Sie wurde von Karl Böhm an die Wiener Oper geholt, die dann den Bomben zum Opfer fiel. Im Mai 1946 das Debüt auch als Cherubino. Es wurden ihr immer wieder Hosenrollen zuteil, vielleicht gerade weil sie von erwärmender, darf ich sagen, gerundeter – auch im übertragenen Sinne – Weiblichkeit ist, eine junge Schönheit und eine schöne alte Dame. Doppelte Rollen, das sind gewesen Marzelline und Leonore. Das sind gewesen Octavian und die Marschallin. Das ist gewesen bei Janáček die Jenufa und die Küsterin, bei Mozart wiederum die Fiordiligi, die Ilia im ›Idomeneo‹ und später die Elektra. Es gibt Opern, die sie vollkommen auswendig kann und ganz beherrscht.

Immer eine Partie, ein Mensch mit seinem Charakter, mit seinem Schicksal. Das Elegische und das Tragische überwiegen in der Kunst dieser unendlich humorvollen und vielfach lustigen, auch zu manchem Streich aufgelegten Frau. Ich selber habe sie immer wieder gehört, aber erst in späten Jahren. Es gibt Verehrer, die sie seit viel längerer Zeit kennen.

1965, als die Brüder-Busch-Gesellschaft noch ganz jung war, galt es den 75. Geburtstag von Fritz Busch zu feiern, der nun schon vierzehn Jahre tot war. Es wurde dafür das Symphonie-Orchester des Westdeutschen Rundfunks in Köln gewonnen unter der Leitung des noch jungen Dirigenten Christoph von Dohnányi. Und natürlich Sena Jurinac als erklärte, immer wieder gerühmte Lieblingssängerin des alten Fritz Busch. Wolfgang Burbach verpflichtete auch noch einen Tenor der Dresdner Staatsoper, die man jetzt Semper-Oper nennt, Wilfried Krug, und das 1965, lange bevor die Mauer fiel.

Sena Jurinac erschien, und so lernte ich sie kennen am Vorabend des 75. Geburtstags von Fritz Busch, am 12. März in einem kleinen Gasthaus in Dahlbruch, und es begann ein Gespräch, ein Gespräch, das weiter und weiter geht, sich immer mehr vertieft und mich noch heute, ich kann kein anderes Wort sagen als dieses: beglückt. Sie sang damals die Hallenarie aus dem ›Tannhäuser‹ und mit dem Herrn Krug ein Duett. Es gab vorher die ›Don Giovanni‹-Ouvertüre, danach die Dritte von Brahms, alles Werke, die Fritz Busch nahe waren. So sahen wir uns nur flüchtig, aber wir gelobten, uns bald wiederzusehen.

Wir trafen uns dann sehr schnell wieder, als sie unter dem Dirigenten István Kertész, dem Kölner Musikdirektor, der vorher in Augsburg gewesen war, Mahler-Lieder sang. Ich hörte sie in Wiesbaden, wo sie unter Heinz Wallberg in einer Festaufführung die Desdemona sang. Ich habe sie gehört und gesehen, immer wieder angetan, in Wien in der Staatsoper, ihrer eigentlichen Heimat bis auf den heutigen Tag.

Sie hat aber mehrere Heimaten. Stuttgart, eine besonders glückliche Zeit, vor allen Dingen während der Intendanz von Walter Erich Schäfer und als Carlos Kleiber dort dirigierte. In Berlin als Desdemona, in Augsburg ebenfalls. Früh schon in Zürich. Immer wieder die Marschallin. Ihre erste Marschallin, die ich in Zürich erlebt habe, zusammen mit guten Freunden, ist mir unvergesslich. Sie war ganz im Geist von Strauss und Hofmannsthal und doch mit ganz eigenen Zügen, nämlich der »hörende Schluss« des ersten Aktes nach dem großen Monolog. Da bleibt ja gewöhnlich die Marschallin am Frisiertisch sitzen, schaut in den Spiegel, lässt ihn fallen, der Vorhang fällt auch. Sena – langes Nachspiel mit dem Geigensolo – steht auf, tritt sinnend ans Bett, schaut auf das Bett, geht dann zurück, das Geigensolo erreicht seinen Höhepunkt, nimmt dann erst Platz in den letzten Takten, wieder am Frisiertisch, verdeckt den Spiegel nur mit der Hand – Schluss. Hofmannsthal hat immer wieder die Unzulänglichkeit des von ihm so beherrschten Wortes ergänzen wollen durch Geste, Mimik, vor allen Dingen Tanz, Pantomime. ›Der Rosenkavalier‹, der von Musik, Gesang, von

Schwelgerischem und Orchestralem strotzt, birgt sehr viele Momente der Pantomime, des Stummen und Unsagbaren. Das gipfelt im zweiten Akt mit der Überreichung der silbernen Rose. Das ist ein Bild, das ich nicht vergessen werde.

Ich erlebte sie als Jenufa und als Küsterin. Sie war Marzelline und eine ganz starke, ganz, ich hätte beinahe gesagt, gläubige Leonore. Ich habe ihre großen Mozartrollen, die sie vor allen Dingen auch für Busch gesungen hat, nur von der Platte, von der Aufnahme her erlebt, von der Legende und einer heraufbeschworenen Gegenwart her. Ich erlebte sie als Elisabeth im ›Don Carlos‹, als Marina im Polenakt des ›Boris Godunow‹.

Sie kann sich ganz frei, wobei immer ein feines Maß beachtet wird, auf der Bühne geben. Wie gesagt im Theater, im Rampenlicht. Wenn sie im Abendkleid Lieder singt, hat sie immer das Gefühl, ein bisschen vom Eigenen nicht nur auszudrücken, sondern preiszugeben. Da ist ein Moment sehr nobler Scham dabei. Mozart und Schubert – ihre Lebenssphäre, sie hört immer häufiger und immer liebevoller Kammermusik und hat ein so mildes wie festes, im Bedarfsfall auch strenges Urteil. Eine sehr weltliche Frau mit einer natürlichen Affinität zum Barock, dabei aber modern. Unverstellt aber und geheim ist eine unbefangene und tiefe Gläubigkeit, natürlich katholischen Ursprungs. Es ist kein Zufall, dass in Momenten, in denen Religiöses in der bunten Welt des Theaters, der Opernbühne auftaucht, sie zu großem, zu eigentlichem Ausdruck findet: unvergleichliche Momente höchster Opernkunst und Menschlichkeit, der letzte Akt im ›Otello‹ mit dem Weidelied und dem Ave Maria. Aber man hört es auch in der Bibelszene als Marie im ›Wozzeck‹, auch im ›Rosenkavalier‹, wenn es zum Schluss heißt »In Gottes Namen«, und zum allerletzten auch das Spiel der Generationen, das leichte Glück des jungen Paares bejaht wird, wie sie dem Herrn von Faninal antwortet auf sein: »Sind halt aso, die jungen Leut'!«

In ihrer langen Laufbahn behielt Sena Jurinac einen lyrischen Sopran. Lyrisch ist ihre Ausdrucksweise, lyrisch ist ihr künstlerisches Wesen. Dabei ist zu bemerken, dass sie, die so sparsam umgegangen ist mit Liederabenden, so vieles in Arien ganz liedhaft singt. Dass aber in ihrem Liedgesang Dramatisches, Szenisches immer wieder ins Spiel kommt, das ist für mich ein großes menschliches Erlebnis.

Ein Paar, zu dem ich komme, bei dem ich einkehre. Einkehr ist immer für mich ein Moment der Erziehung und des Glückes. Erziehung und Glück als Synonym betrachtet. Einkehr in Häuslichkeiten, man konnte auch bei Buschs einkehren, die ich immer nur in Hotels getroffen habe. Es ist die Art des Gastgebens, des Anleitens, des Empfangens, ich gebrauche noch einmal das schöne Wort des Bergens, auf das es ankommt. Es ist auch nicht umsonst immer ein großes Thema in den deutschen großen Autobiographien, vor allen Dingen in den fingierten Biographien der großen deutschen Bildungsromane, dass man – nicht nur in dem von mir so strapazierten ›Nachsommer‹ – einkehrt, es ist immer ein Wandern der Menschen in andere Häuser, in andere Lebenssphären, in andere Wesenheiten. Neben Sena Jurinac steht und geht Dr. Josef Lederle. Beide waren sie schon einmal verheiratet gewesen. Josef Lederle in erster Ehe mit der Schauspielerin Dinah Hinz, der Tochter von Ehmi Bessel und Adoptivtochter von Werner Hinz. Ihr leiblicher Vater war der große Kunstflieger Ernst Udet. Sena Jurinac war in erster Ehe mit dem Italiener Dr. Sesto Bruscantini, einem berühmten Bariton, verheiratet. Sena und Josef sind sehr lange schon zusammen. Eine zufällige Gelegenheit hatte sie zusammengeführt. István Kertész lud sie nach Augsburg ein, wo er als junger Dirigent Generalmusikdirektor war; sie hatte in einem Symphoniekonzert zu singen, unter anderem Rezitativ und Arie (KV 505) »Ch'io mi scordi di te? – Non temer, amato bene«, eine der merkwürdigsten Schöpfungen Mozarts, eine der bewundernswertesten und liebenswertesten auch, nämlich eine Mischung von Konzertarie und Klavierkonzert mit einem großen Klaviersolo. Das hat Mozart gegen Ende seines Lebens geschrieben für die von ihm hoch geschätzte Sängerin Nancy Storace, seine erste Susanna. Und er saß am Klavier, Susanna / Nancy sang. Es ist so ähnlich wie im Kegelstatt-Trio eine Liebeserklärung. So sang also Sena Jurinac diese Arie, und Leonard Hokanson, Familienfreund, Begleiter im noblen und permanenten Sinn, saß am Klavier. Man kehrte hinterher ein bei Dr. Josef Lederle, der gerade allein lebte. Es war, wie immer wieder erzählt wird, Liebe auf den ersten Blick. Als der noch junge Chirurg sich infiziert hatte bei einem Patienten, Gelbsucht hatte, sagte Sena Jurinac Verpflichtungen ab, pflegte ihn, und so sind sie gottlob seit vielen Jahrzehnten zusammengeblieben, bilden ein großartiges Paar, dem alle sich beiordnen.

Lederle ist alles andere als ein Prinzgemahl, zu seiner Eigenart kommt ihre Eigenart, die sich durchaus anders profilieren, aber sich einen und einigen. Er, ein Kunstsammler, ein Liebhaber und Kenner der Heimat, ohne aber dabei provinziell und klebrig verhaftet zu sein der Scholle. Es ist wunderbar, mit ihm über Land zu fahren und einzukehren bei Gastwirten, Bauern, Fleischern. Er sammelt heimatliche Kunst, ist ein untäuschbarer Kenner von Glasmalerei, er sammelt große Grafik, Bilder von absolutem Wert. Wenn wir über Land fahren, kehren wir ein in Kirchen, auch solche, die nicht so berühmte Kunstschätze bergen, die Josef Lederle kennt, erklärt. Anhand der biblischen Bilder erkennt er sofort die dargestellte Szene, bewandert im Alten wie im Neuen Testament. Es kann aber auch sein, dass er an die Orgel geht und sie anschlägt. Lederle ist professionell musikalisch. Ein souveräner Vom-Blatt-Spieler. Ein Mann, der Bescheid weiß in Kontrapunkt und Harmonie, der seine doch so selbständige Frau beraten, auch einmal kritisieren kann.

Es ist ein wunderbares Gefühl des Zusammenseins in einem wunderbaren Haushalt, in dem es auch nicht fehlt an sehr guter und eigenwüchsiger Küche. Zu Sena Jurinac' Leistung gehört unter vielem anderen auch eine besondere Tomatensuppe mit schöner Sahnehaube. Aber man soll nicht sagen, es seien getrennte Existenzformen, die gute Hausfrau und Gastgeberin einerseits und die große Bühnenkünstlerin, Sängerin, Musikerin andererseits. Das alles ist eins, in einer nicht zerlegbaren, nicht zu halbierenden Persönlichkeit.

Die Gesamterscheinung Sena Jurinac. Als 1999 die große Ausstellung der Fotografin Barbara Klemm »Unsere Jahre« im Berliner Kronprinzenpalais eröffnet wurde, sagte einer der Lobredner, Richard von Weizsäcker, von ihr: »ein sehendes Herz«. Von Sena Jurinac kann ich sagen: »ein singendes Herz«.

Das ist das von mir so oft erwähnte Abegg Trio: Ein führendes Ensemble in seinem Genre, drei Menschen, denen ich viel verdanke. Die Cellistin Birgit Erichson, die vielleicht, wie die Berliner sagen, »die Seele vons Butterjeschäft« ist. Eine feinsinnige, leidenschaftliche und gleichzeitig gütige, liebevolle Frau, die immer für andere sich einsetzt, und sehr streng auf Musik, auf Ausführung und Aufführung achtet. Ihr nobler Mann, ganz bar jeden Theaters, jeder Darstellung, Kammermusiker par excellence, der Geiger Ulrich Beetz, und dazu der weltzugewandte, fröhliche, charmante Virtuose, Pianist, Gerrit Zitterbart. Das sind Freunde geworden, und mein Herz schlägt höher, wenn ich sie treffe.

Wir trafen uns das erste Mal zufällig (aus dem Zufall wurde ein Stück Lebensglück) 1990 nach dem Tode meiner Mutter auf Schloss Elmau, wo das Abegg Trio einen kompletten und mitreißenden Beethoven-Zyklus gab. Sie sind, wenn sie nun auch schon zur mittleren Generation gehören und zu den Meistern ihres Faches in Deutschland und darüber hinaus, für mich junge Leute. Ich habe durch sie ein ganzes Genre kennengelernt. Sie haben das ganze große Repertoire ihrer Gattung gespielt, haben Haydn gespielt, den kompletten Mozart, den kompletten Beethoven, den kompletten Schubert, den kompletten Mendelssohn, den kompletten Schumann, das Trio von Chopin und noch so vieles mehr. Sie haben alle Trios von Dvořák gespielt, das Dumky-Trio ist für mich als Werk und in ihrer Wiedergabe ein

Entzücken an sich. Sicherlich auch eine Genre-Vollendung, weil dieses Trio, mehr noch als alle seine Vorgänger, alle drei Instrumente gleichberechtigt behandelt, einzeln vorführt, in Verbindung mit wunderbarem Zusammenklang. Es sind auch ausgefallene Werke in ihrem Repertoire, Komponistinnen. Ich darf Brahms nicht vergessen. Bemerkenswert, dass sie alle seine Trio-Werke spielen, das erste Trio opus 8 in seinen beiden Fassungen, in der öfter gespielten, strengeren Fassung aus Brahms' Reifejahren, das überschwengliche, überschwappende, hinreißende, musikantische Jugendwerk mit den Beethoven- und Schubert-Zitaten – da kann man sehen, was ein Meister aus seiner Jugend macht, und beides bewundern, die Jugend und die Meisterschaft.

Bei Schubert ist etwas ganz Ähnliches geschehen, und eine ihrer jüngsten Aufnahmen ist ein Blick in Schuberts Werkstatt, nach dem Text des Musikwissenschaftlers Anselm Gerhard. Da hört man die verworfene Frühfassung des langsamen Satzes des Klaviertrios Es-Dur opus 100 in einer Ersteinspielung. Da wird Wissenschaft lebendig. Praktisches Musizieren greift auf die Wissenschaft zurück, diese bestätigt sich im praktischen Musizieren, und unsere heutigen Phono-Möglichkeiten erlauben uns, einzukehren bei dem Schöpfer und den Nachschaffenden. Wenn wir die Kassetten und die CDs spielen, kehren wir auch bei Schubert und bei den Abeggs ein. Ich aber durfte auch körperlich, lebendig einkehren in ihren Heimen in Achern, in Weimar.

Ich bin dankbar für Verbundenheit, dankbar für Fürsorge und Sympathie, wie denn Dank überhaupt das Hauptmotiv all meines Erinnerns ist.

RÜCKKEHR AUS
DER ZWEITEN HEIMAT

Der kurze Aufenthalt in der Bundesrepublik 1957 bündelte Vergangenheit und Gegenwart, und die Gegenwart schien mir überwiegend vertrauenswürdig. Der Abschied war mir schwer gefallen, bewegt, mit schon beginnender Sehnsucht hatte ich am Frankfurter Flughafen der Freundin »auf Wiedersehen« gesagt. Aber die Rückkehr nach der Rückkehr fiel mir leicht, eingewöhnen musste ich mich nicht. Der Montevideaner Alltag hatte mich, ich hatte ihn wieder. Vielleicht bemaß ich ihn nun etwas anders. Ich selber hatte mich – meines Wissens! – nicht verändert, verändert hatte sich denn doch mein Lebensgefühl. Ich musste erzählen. Solche Reisen waren seinerzeit noch nicht gewöhnlich. Attraktiver als die kleinen Mitbringsel waren die Fotos, die ich nun mit einer tüchtigen Kamera, der von Rosens mir besorgten Retina IIIc von Kodak, aufgenommen hatte. Geschmückt mit ihr und einer leichten Reiseschreibmaschine (Olympia), für die ich mir Tasten besorgen musste mit dem im Deutschen nicht üblichen, im Spanischen unentbehrlichen Akzent, war ich hin und her gereist durch das neue Deutschland und hatte mir dabei unabsichtlich das Aussehen eines Reporters gegeben. Nun denn. Hätte die Fee nach Uruguay gefunden und mich mal nach einem Wunsch gefragt, so etwa im Jahre 1958, hätte ich ihr wohl eine Doppelsesshaftigkeit oder ein Pendeln zwischen Montevideo und einer deutschen Stadt, am ehesten wohl Berlin, angegeben. Einstweilen ging ich ins Radio Ariel und machte meine kommentierten Programme, ging ich in die Redaktion von ›Acción‹, tat den Nachtdienst und besuchte nach wie vor eine Menge Vorstellungen und Veranstaltungen, fuhr auch, um zu berichten, über Land. Und in das paradoxerweise gleich gebliebene und doch veränderte Buenos Aires. Noch war es erlaubt, oder es war wieder erlaubt, die Grenze zu überschreiten, die der Diktator Perón ja nach dem Muster Deutschland-Österreich gesperrt hatte. Meine Eltern und ich machten Urlaub in der hübschen gebirgigen Landschaft des argentinischen Córdoba, in Rio Ceballos und Villa Carlos Paz. Wieder einmal wurde das Haus in Pocitos verkauft, weil an seiner Stelle ein Hochbau mit Eigentumswohnungen errichtet werden sollte, die alten Häuser, die Familienhäuser, verschwanden allmählich aus dem Stadtbild von Montevideo. Wir fanden ein viel hübscheres Häuschen, meine letzte Zeit, auch meiner Eltern letzte Zeit in Uruguay war die des angenehmsten und ansprechendsten Wohnens. Die Nachbarn zur Rechten waren ein junges Ehepaar mit Töchterchen, die Frau hieß mit Mädchennamen Ana Matilde Cravotto. Sie sei gegrüßt, die temperamentvolle und schöne Tochter und Schwester der meisterlichen Architekten. Wir konnten uns einrichten, zum ersten und zum letzten Mal gelang es mir, eine Bibliothek in klassischer Ordnung, verteilt über die beiden Stockwerke, aufzustellen. Diese beiden Stockwerke, die zweckentfremdete Garage und wieder ein *fondo*: Es fehlte ein Raum für unser Haus und unsere Gemeinschaft. Wir wollten Frau Lili Becker, die *panadera*, die Mitbewohnerin, bei uns behalten. Nichts einfacher als das, erklärte der Vater Cravotto, man werde einen Raum auf das einfache Dach setzen, die kleine Treppe solle bequem sein. Er zeichnete hurtig den Plan, bestellte Handwerker, die auch sogleich kamen, in wenigen Tagen war das alles fertig, Gemütlichkeit, Geselligkeit möglich. Die Nachbarschaft gedieh, die Verhältnisse besserten sich. Musik und Musiker brachten Freude, die ich nur pauschal vermelden kann. Einige gastierende Musiker aber erzeugten überdies Hochspannung.

Es kam im Juni 1958 Rudolf Serkin, einmal nur spielte er am Rio de la Plata. Seine Frau, Adolf Buschs Tochter Irene, und mehrere ihrer sieben Kinder begleiteten ihn. Rudi, wie er sich und beinahe jedermann ihn nannte, nahm mit den Seinen an den Hochzeitsfeierlichkeiten seines Adepten und jungen Freundes Luis Batlle Ibáñez teil. Dies war der Zweck seines Kommens. Er konzertierte in Montevideo, war Solist unseres Symphonieorchesters, er gab, wenn ich mich recht entsinne, einen Klavierabend oder zwei in der Weltstadt Buenos Aires, die mit Pianisten und anderen Instrumentalisten verwöhnt war. Bei der Trauung von Luis und der anmutigen, zarten, aber willensstarken Eliza spielte der zwölfjährige Peter Serkin ›Lieder ohne Worte‹ von Mendelssohn, sein Vater im samstäglichen Symphoniekonzert Beethovens viertes Klavierkonzert, das SODRE-Orchester dirigierte der Ungar László Somogyi. Auch ihm, Somogyi, sind wir gern wiederbegegnet. Er war einer der Musiker, auf die wir nicht nur hörten, sondern die an unserem Wege standen, mit denen wir freundlich bis freundschaftlich verkehren konnten. Ein Mann hoher Begabung, musikalischer und dirigentischer, er wirkte auf mich immer wie ein eleganter Sperling. Probierte er die ›Háry János‹-Suite seines Lehrers Kodály, so ging er auf und ab im Orchester, stand bald vor dem einen, bald vor dem anderen Pult. Seine Kenntnis von Orchester und Orchestermusikern – er war selbst mal einer gewesen als Orchestergeiger in Budapest – bewahrte ihn nicht vor Wutausbrüchen, Kraftausdrücken, dramatischen Szenen mit dem Ensemble. So konnte es schon in Montevideo geschehen. Der neuere erste Bratscher war ein Ungar, wohl auch jüdischer Herkunft, Michael Heltay, und nie werde ich vergessen, wie er eindrucksvoll, selber ergriffen, das späte Violakonzert von Bartók, den er natürlich noch gekannt hatte, zur Erstaufführung brachte. Er fungierte als Dolmetscher zwischen dem Kapellmeister und der Kapelle und belehrte mich unwillkürlich darüber, dass Dolmetschen eine heikle Sache, Wörtlichkeit nicht immer Pflicht ist. Wütend schrie Somogyi etwas in seinem bedrohlich wirkenden Ungarisch, und brav dolmetschte der Violaspieler: »Der Maestro sagt, ihr Arschlöcher sollt aufpassen.« Die so Betitelten wurden der Anrede nicht froh. Diese Abschweifung sei erlaubt. Alles rückt zusammen in der ursprünglichen Situation, mehr noch in der Erinnerung.

Es war ein Beethoven-Programm, in dem Serkin zum ersten und letzten Mal in Montevideo auftrat. Somogyi führte dramatisch und glücklich die Coriolan-Ouvertüre und die Fünfte auf. Dazwischen das Klavierkonzert aus G-Dur, das vierte, eines der allerschönsten Werke seiner so reich ausgestatteten Gattung. Schon die Generalprobe war elektrisch geladen, keineswegs von irgendeinem Konflikt, sondern nur von der Intensität, die der Pianist und, mitgerissen, auch der Dirigent und das Orchester einbrachten. Da war das Geistige, da war das Vitale, da war das Seelenhafte. Der Freund Cravotto, gar nicht sentimental, ging zu Rudi Serkin ins Künstlerzimmer und sagte ihm, er weine fast nie im Leben. Diesmal, bei und nach dem langsamen Satz, da habe er geweint.

Eine Parenthese zu László Somogyi. Er hatte in einem sonst so günstig verlaufenden Konzert einmal, und zwar in den letzten Takten des Klavierkonzerts, geirrt und aus irgendeiner nervösen Fehlreaktion heraus dem Solisten die allerletzten Takte abgeschnitten. Als ich ihn, den Dirigenten, sprach, der Solist verlor kein Wort darüber, redete er sofort davon. Das hat ihm lange zugesetzt. Ohne Konflikte ist bei diesem in seinem wirklichen Charakter friedlichen Mann nicht viel verlaufen. Wir begegneten einander wieder in Frankfurt, er dirigierte eine Reihe von Konzerten in verschiedenen Spielzeiten, einmal begleitete ihn seine Frau, die lange gezögert hatte, deutschen Boden zu betreten. Ihre Eltern waren von Nazibesetzern aus ihrem Altersheim und, angezündet als Fackeln, aus dem Leben getrieben worden.

Wiederbegegnet sind wir, bin ich viele Male Rudolf Serkin. Es waren immer nur Momente tiefer Bewegung und hohen Glücks. Einzelheiten haben sich mir eingeprägt. Die Gegenwart des Menschen, des Musikers war aber mehr als die Summe der Einzelheiten und auch für mich, der ich mich doch um Charakterisierungen bemühe, nicht leicht zu definieren. Tiefste musikalische Eindrücke also und Geschenke bezaubernder Menschlichkeit. In Frankfurt, in Hilchenbach, in Stuttgart, in Berlin und in Freiburg, leider nie, trotz Einladungen, bei ihm daheim in Vermont. Immer war Rudolf Serkin auf Reisen, immer konzentriert auf seine Aufgabe, sein unermüdliches, vielstündiges Üben, zu dem ihm etwa ein Steinway-Flügel in sein Zimmer im ›Frankfurter Hof‹ geschafft werden musste, immer im Bewußtsein auch der Unzulänglichkeit des Wortes und der Zulänglichkeit, der Allberedsamkeit seiner Musik. Barbara Klemm hat ihn bei solchem Üben im Hotelzimmer fotografiert. Es ist eines ihrer großen Künstlerportraits. Er konnte reizende kleine Brieflein mit schöner Handschrift schreiben, sich aber immer darauf berufen, dass er nichts von sich gebe im Verbalen. Bedankte er sich, etwa für die Überreichung des Siemenspreises, so sagte er nur ein paar Worte, er könne eben nicht reden, er werde spielen. Und tat das dann auch. Wir haben ihm zugehört, wie gern. Wir haben ihn gesehen, wie gern, den mittelgroßen zarten Mann, der immer gestrafft war, wobei Oberkörper und Beine in einem mir nicht ganz klaren, ungewohnten Verhältnis zueinander gebaut waren. Das Gesicht eines Intellektuellen und zugleich Weisen, mit jüdischen, vielleicht auch katholisch-geistlichen oder fernöstlichen Zügen, scharf geschliffen die Brille. Die beinahe derben Hände, deren Spanne gar nicht weit war, so dass der Pianist sich einer besonderen Technik bedienen musste, im Gespräch immer halb erhoben, die Handflächen aneinander. Gebrauchte er sie, spielte er, so wagte er immer das Höchste. Er kannte keine Lauheit, er kannte keine Mäßigung, wohl aber das Maß. Schwäche überwand er. Die Kraft war gewaltig, die Einsicht tief, der wagende Mut, es sei wiederholt, trug ihn davon und in die Höhe.»Und setzet ihr nicht das Leben ein.« Das war seine Losung. So spielte er Beethoven, immer wieder ihn, bis zuletzt, so aber auch Bach – das Italienische Konzert –, so Haydn, wunderbare Sonaten, so die Klavierkonzerte von Mozart mit Claudio Abbado, den Zyklus, den unvergleichlichen, den er leider nicht vollenden konnte. Und so spielte er Mendelssohn und Schumann und Brahms, aber auch neuere Musik, die er viel besser kannte und verfolgte, als man ihm nachzusagen geneigt war, die zweiten Klavierkonzerte etwa, die gibt es in Aufnahmen, von Bartók und Prokofjew. So machte er Kammermusik. Der ganz junge, angehende Musiker war Schüler gewesen von Arnold Schönberg. Er hat ihm die Treue gehalten, sich eingehend nach der Werkausgabe erkundigt, in der er Bescheid wusste, als junger Mann auch hatte er ein Streichquartett komponiert, einige Musiker aus dem Marlboro-Kreis, dem Vermont-Kreis bemächtigten sich der Noten und spielten in der Morgenfrühe, als Rudi zu einem runden Geburtstag aufwachte, dem Überraschten und Bewegten das Quartett vor. Dann aber geriet er in den Bann des Musikers, der ihn zum Kammermusizieren rief und sich einen Schwiegersohn damit ins Haus holte, Adolf Busch.

Er war der eher klassisch-romantisch gesinnte Meister in Serkins Leben, Serkin wurde dieses Meisters ebenbürtiger Partner, so besonders in einem Trio, das nicht wie so manche Trios, die in der Diskographie registriert sind, ein vorübergehendes Stelldichein prominenter Virtuosen war. Das Busch-Serkin-Trio war ein festes Ensemble, seine drei Mitglieder eng miteinander verbunden über Jahrzehnte hinweg. Adolf Busch als Geiger, einer der jüngeren Busch-Brüder, Hermann Busch, als Cellist und eben Rudi, Rudolf Serkin am Klavier. Von den vielen Begegnungen, den vielen Konzerten ist eines in eigener Erinnerung. 1966 kam Rudolf Serkin nach Hilchenbach-Dahlbruch, dem Sitz der Brüder-Busch-Gesellschaft, mit ihm Frau und jüngste Tochter, mit ihm Hermann Busch; mit von der Partie war eine von Serkin und von anderen höchst geschätzte tongewaltige Geigerin, Pina Carmirelli, die nun würdig Adolf Busch vertrat in einem Trio aus seiner Feder. Hermann Busch war erregt.

Dies sollte sein letztes öffentliches Konzert sein. Der ältere Herr, kleiner, untersetzter als seine Brüder, behäbiger vielleicht als diese, hatte in seinen späten Tagen Lampenfieber. Man redete ihm zu. Dann, am Sonntagvormittag, das Konzert des Trios mit dem einschlägigen Werk von Adolf Busch. Es beginnt mit einem großen und nicht leichten Cellosolo. Ich saß, wie soll ich es nennen, in der Schusslinie: Ich konnte den Blick hinter den dicken Brillengläsern aufnehmen, den Rudi Serkin seinem Kollegen, seinem Verwandten Hermann Busch zuwarf, unvergesslich, und hören, wie stark und befreit der Cellist einsetzte. Rudolf Serkin musizierte mit sehr hohem Ernst, Humor klang nur an in den Stücken, in denen er wirkt, ich zähle dazu auch die brillante ›Burleske für Klavier und Orchester‹ von Richard Strauss. In den beiden Klavierkonzerten von Brahms war der Ernst herzergreifend, die Poesie groß. Der private Rudi konnte sich gehen, seinem Humor die Zügel schießen lassen. Er scheute nicht *practical jokes*, die ich im Einzelnen gar nicht beschreiben will, er konnte auch dabei hilfreich sein. Wir saßen nach einem Stuttgarter Konzert am Tisch, er machte den schon stehenden Witz, er müsse sich entschuldigen, dass er in seiner Arbeitskluft erscheine. Er hatte nämlich den Frack anbehalten. Mit uns saß eine von ihm geschätzte Geigerin, Edith Peinemann, von der er wusste, dass sie Kummer hatte. Er warf ihr nach Marlboroer Brauch die Serviette ins sich erheiternde Gesicht. Er hatte sprechende Handlungsweisen. Er brauchte wenig Worte. Als der junge Freund Luis Batlle bei ihm in Vermont die Nachricht vom Tode des Vaters erhielt und so eilig, wie er konnte, aufbrach zum Flug nach Montevideo, begleitete ihn Rudolf Serkin wortlos zur Station und trug ihm den Koffer. Luis wehrte sich. »Du hast viel mehr zu tragen als ich.« Als er wiederkehrte, empfing ihn Rudi, ohne ein Wort zu sagen oder gar zu fragen. Er setzte sich mit ihm an den Flügel und spielte lange mit ihm vierhändig.

Da geht die Erinnerung zurück an die Wiederbegegnung Fritz Buschs mit dem englischen Universalmusiker, Förderer und Freund Sir Donald Francis Tovey. Der Krieg hatte ihre Zusammenkünfte für etwa sechs Jahre unterbrochen. Tovey und Fritz Busch trafen sich im Haus des deutschen Gesandten in Den Haag, dem neutralen Holland also, Dr. Friedrich Rosen, sie umarmten sich, sagten kein Wort, spielten, die Umgebung vergessend, stundenlang vierhändig. An solchem Dialog, an solcher wortlosen Übereinstimmung kann unsereiner nicht teilhaben. Wie es auch philologisch oder philosophisch geartet sein mag, in solchen Augenblicken erweist sich Musik als die Menschheits- und Menschlichkeitssprache. Bei uns zu Hause in Frankfurt zeigten wir Rudolf Serkin die friedevolle Totenmaske von Fritz Busch. Unter Tränen küsste er meine Mutter.

Auf der Taxifahrt zum Funkhaus am Dornbusch erklärte er mir, warum er so gern die Chorphantasie und auch die Phantasie op. 77 spielte: Sie seien die einzigen Zeugnisse von Beethovens Improvisationskunst. So etwa müsse er frei gespielt haben, darum seien sie ein besonderer Bestandteil seines Werkes. Die Festspiele in Marlboro / Vermont, die reine Kammermusik pflegten und in denen ganz erfahrene und prominente Musiker mit jungen, beginnenden zusammengeführt werden sollten, wo ein junger am ersten Pult, ein hochbewährter Spieler am letzten Platz nahmen, schlossen und schließen wohl heute noch alljährlich mit dieser Chorphantasie. Der Chor wurde von den Musikern gebildet, die nicht im Orchester saßen. Rudi Serkin spielte jenes Stück, das beim ersten Hören so tief nicht ist, auffallend aber ein Vorklang des Chores der Neunten Symphonie. Mit nahen Freunden hörten wir in der Alten Oper in Frankfurt Serkin mit dem grandiosen Triptychon der Sonaten op. 109, 110 und 111 von Beethoven, das ihm ein Testament war und Gegenstand stets erneuter, über die eigene Kraft des kranken Mannes hinauswachsender Energie. Das war machtvoll, aber ergreifend war die Zartheit der Lyrismen, Rudolf Serkin registrierte, er hob Anschlagsweisen, Klangfarben, ohne Bedacht auf nur sinnliches Wohltönen voneinander ab und hervor. Das war immer so. Er war, Joachim Kaiser hat das beobachtet, wild im Spiel. Seine Weisheit nicht Abgeklärtheit. Das Maß, wohlverstanden Höchstmaß, verlor er nie. Das letzte Konzert, das ich von ihm hörte, ohne dass mir eine besondere Angestrengtheit hatte entgehen können, Konzert, in dem aber der Geist und die Musik triumphierten, fand in Freiburg im Breisgau statt. Die Verwandten und Freunde aus Basel, dem nahen, waren hinzugekommen. Diesmal konnte ich nicht mehr ins Künstlerzimmer gehen. Nicht mehr ihn ansprechen. Das war so schön gewesen in Frankfurt, als er zu mir an der Schwelle des kleinen Raumes stehend sagte: »Duzen wir uns doch.« Und wir blieben beim Du, das mich bereichert hat. Diesmal empfing er nicht mehr, aber er schrieb noch einen seiner reizenden kleinen Entschuldigungsbriefe. Zu seinem letzten Geburtstag telefonierte ich noch mit ihm. Seine Stimme war klar und herzlich wie stets. Er klagte kaum. Er könne nun nicht mehr reisen, könne keine öffentlichen Konzerte geben. Und er habe doch noch einmal, und richtig und gültig, das Klavierkonzert von Max Reger (das ungemein massiv und schwierig ist, und an das sich wenige nur wagen) mit Herbert Blomstedt in San Francisco spielen wollen. Dazu komme es nun nicht mehr. Ich versuchte zu beschwichtigen. Aber er spiele doch wohl zu Hause? Ja, und täglich viele Stunden. Ist das nicht genug? Antwort: Man will doch anderen mitteilen, was man empfindet. Einer der größten, einer der liebenswertesten Menschen, die ich je getroffen habe, sprach sterbend das Schlüsselwort zum Wesen nachschaffenden Künstlertums.

Und es stellte sich den Montevideaner Konzertbesuchern der Dirigent Thomas Baldner vor. Mit ihm hatte es eine eigene Bewandtnis oder Verwandtnis, sein Kommen hatte für mich eine eigene Vorgeschichte und Nachgeschichte. Rückkehr, Rückblick, Frühjahr 1957. Station, natürlich in Frankfurt. Ich traf, von Göttingen kommend, am Tag nach Pfingsten ein, fand niemanden, Büros waren geschlossen, Verbindungen erschwert. Ich wusste ja nicht, dass der Wäldchestag Frankfurts dritter Feiertag war; und im Grunde ist er es noch heute. Beim Insel Verlag, damals noch in Wiesbaden, bei seinem feinsinnigen, gebildeten und wohlgesinnten Leiter Dr. Friedrich Michael war ich schon eingekehrt. Erst kurz vor Michaels spätem Ende endete unser wohlgestimmter Briefwechsel. Die Erinnerung an ihn ist angenehm. Nun meldete ich mich, eingeführt von Fritz und Grete Busch, bei Bermann Fischers, mit keiner anderen Erwartung, als interessante Menschen kennenzulernen und einen Betrieb, von dem man so viel – von dem man nichts wusste, einen Verlag mit seiner großen, mich oft schon berührenden Geschichte und seiner rühmlichen Rolle in unserem Exil. Wir konnten ganz ohne Fischer, Bermann Fischers kaum leben. Verbindungen gab es.

Ich wurde zu einem leichten Abendessen in Bermann Fischers Villa, dem sogenannten Gästehaus in der Falkensteiner Straße, eingeladen, der ältere und renommiertere Gast war der Prager Historiker Hans Kohn. Er sagte, das jetzige Deutschland, er meinte die Bundesrepublik, sei das beste Deutschland, das es je gegeben habe. Das war ja auch meine, freilich nicht auf so gründlicher Kenntnis wie der des Professors beruhende Meinung. Ganz erschüttert wurde sie übrigens nie, auch wenn ich oft genug von notorischen Nazis hören musste, die im neuen Staat hohe Ämter bekleideten oder in der Wirtschaft wichtige Stellungen einnahmen. Was ging in solchen Menschen vor? Vielleicht gar nichts. Was ist schlimmer, Fanatismus oder Opportunismus? Sie unterscheiden sich möglicherweise nur im Mut. Zufrieden ging ich in mein mir von Bermann Fischers reserviertes Quartier im Bremer Gästehaus, nahe dem Grüneburgweg und dem netten Postamt, in dem ich meine Briefe und Berichte für Montevideo aufgab. Am Vormittag danach betrat ich zum ersten Mal die Räume des S. Fischer Verlags im Haus Bienenkorb an der Konstablerwache. Zu einmaligem Besuch, glaubte ich ahnungslos. Nichts deutete darauf hin, dass ich in gar nicht so langer Zukunft einen Platz in den modernen stilbewußten Büros einnehmen würde. Ich hatte mich nicht beworben. Hatte von der Möglichkeit vielleicht ein ganz klein wenig geträumt, nicht einmal ernsthaft an sie gedacht, obwohl Verlag als solcher sicherlich für mich anstrebenswert war. Gottfried und Tutti, wie sie allgemein genannt wurden, führten mich durch den Verlag. Ich fotografierte sie. Sie machten mich, wie ich es mir ja auch gewünscht hatte, mit wichtigen Leuten bekannt, so mit dem Leiter des Taschenbuch-Verlags, damals noch Fischer Bücherei, FiBü genannt, Heinz Friedrich. Ich erwähne das unter dem frischen Eindruck der Nachricht vom Tode des um Literatur und Buchwesen so verdienten Mannes. Ich besuchte ihn drei Jahre später als den Programmdirektor von Radio Bremen und traf ihn dann des Öfteren als den Gründer und Leiter des dtv, des Deutschen Taschenbuch Verlags, der nun mit den zuerst verdutzten Fischers und Rowohlts konkurrierte. Aber das alte Kaufmannswort »Konkurrenz belebt das Geschäft« hat gerade im Verlagswesen seine Gültigkeit. Konkurrenz ist immer scharf, sie kann ausarten, vor allen Dingen in den Überbietungsschlachten beim Einkauf ausländischer, zumal amerikanischer Bücher. Das ist ein Kapitel für sich. Aber abgesehen davon, dass die ersten großen Taschenbuchverlage, wir, wenn ich so sagen darf, Rowohlt und dtv, durchaus ihr eigenes Programm und ihr eigenes Gesicht wahrten: Konkurrenz ist in der Tat förderlich, und der Misserfolg oder gar das Scheitern einer Firma, eines Verlages, kann niemals Anlass zur Erleichterung oder gar schäbiger Genugtuung der Konkurrenten sein. Es schadet immer der gesamten Innung, immer dem gesamten Verlagswesen.

Vor allem aber trat ich ins Zimmer von Dr. Rudolf Hirsch. Den müsse ich kennenlernen, sagte Gottfried Bermann Fischer. Und ich: Aha, das interessiere mich sehr, den Redakteur der ›Neuen Rundschau‹ zu treffen. GBF sah mich verblüfft an: »Er ist doch der Geschäftsführer des Verlags.« Das hatte ich bis dato noch gar nicht gewusst. Rudolf Hirsch empfing mich freundlich. Er konnte ja diesen Besucher für wichtig nicht halten. Aber er war aufmerksam, fragte klug. Einen einzigen kleinen Beitrag hatte ich für seine Zeitschrift geschrieben, im Septemberheft 1952, den Nachruf auf Fritz Busch. Hofmannsthal und Steiner für die ›Entregas de la Licorne‹ gewonnen zu haben konnte nicht ohne seine Vermittlung geschehen sein. Ich habe den ungewöhnlichen, ja unvergleichlichen Mann achtzehn Jahre später für die Festschrift zu seinem siebzigsten Geburtstag in Wesenszügen, in seinem Gespräch und seinen Gesten, seinem Stil und seinem Lenken und auch in seinem »Hofmannsthal-Dienen« aufzunehmen versucht. Und ich sollte, das war ein ausdrücklicher Wunsch der Gastgeber, Thomas Baldner kennenlernen, den Mann von Bermann Fischers ältester Tochter, Gabrielle, der leisen, verträumten, zartstarken Gabi, der ich aber erst als Neuling im Verlag begegnen sollte, einer still gewinnenden Erscheinung. Fremd konnte Thomas Baldner mir nicht sein: Bewandtnis, Verwandtnis. Ich wusste von seinem Vater, einem in Berlin hochgeehrten Cellisten, der in seiner Jugend im Rheinland mit den Buschs, in der Reichshauptstadt lange in dem namhaftesten Berliner Quartett, dem Klingler-Quartett, gespielt hatte und dann selbständig musizierte.

Eine Parallele scheint mir angebracht, wiederum eine Abschweifung:

Baldner folgten am Cello-Pult des Klingler-Quartetts Francesco von Mendelssohn und Ernst Silberstein, der einzige Jude im Ensemble. Die Nazis drängten den Joachim-Schüler Karl Klingler, ihn zu entlassen. Klingler weigerte sich und löste sein Quartett auf. Er hatte auch protestiert, als Professor der Musikhochschule, gegen die Entfernung einer Büste von Joseph Joachim, dem Gründer ebendieser Hochschule. Max Baldner war mit einer Jüdin verheiratet, das Ehepaar hatte zwei Töchter und zwei Söhne, »Halbarier« nach den »Nürnberger Gesetzen«. Max Baldner durfte nicht mehr in der Öffentlichkeit spielen. Er spielte aber beim Begräbnis von Samuel Fischer auf dem jüdischen

Friedhof in Weißensee. Und war einer der allerersten Künstler, die nach dem Zusammenbruch 1945 unter Ruinen, unter Trümmern auftraten. Gemeinsam wirkte er mit dem großen Schauspieler und Sammler Paul Wegener. Aber nur für ganz kurze Zeit. Er vermochte nicht mehr aufzuatmen, nicht mehr zu atmen. Frau Baldner, im Freundeskreis Bimba genannt, war Tochter des Potsdamer Warenhausbesitzers Lindemann, ihre Brüder Paul und Hans hatten vor 1933 Erfolg im Berliner Geschäftsleben, sie waren – oder einer von beiden – beteiligt und leitend am Neuköllner Warenhaus Karstadt und bei Epa, später Kepa, der Konkurrenz zu Woolworth. Nun wohnten sie mit ihren klugen Frauen und ihrer Mutter, die über hundert Jahre alt wurde, in Montevideo und zählten zu den wohlhabenden, kultivierten und gastlichen Emigranten, die ihren Lebensstil wahren und anderen zugänglich machen konnten. 1946 schon nahmen sie ihren Neffen Clemens Baldner bei sich auf. Ich sollte ihn ins Spanische und ins Uruguayische einführen. Viel war in unseren Unterhaltungen und in meinen »Stunden« die Rede von der Familie Baldner. Clemens war auch bestimmt von Musik, spielte Klarinette. Ich konnte ihn Fritz Busch zuführen, der seinen letzten Montevideaner Konzertzyklus 1946 absolvierte und sich selbstverständlich des Vaters Baldner sehr wohl entsann. Er bedauerte lebhaft, noch nicht an seine Kopenhagener Sachen kommen zu können. Gern hätte er dem Jungen seine dort verwahrte Klarinette überlassen. (FB hatte noch als sächsischer Generalmusikdirektor beim Soloklarinettisten seiner Dresdner Staatskapelle, mit dem er Mozarts letztes Konzert aufführte, Unterricht genommen.) Clemens blieb nicht bei der Musik, er ging in die Weltstadt Buenos Aires und gründete dort eine Existenz, ich glaube in der Wirtschaft. Nun also traf ich seinen Bruder, der um seine Anerkennung als Musiker rang.

Als wir nun, von den Verlagsleuten einander überlassen, uns gegenübersaßen, hatten wir Gesprächsstoff genug. Wir fanden uns im Netz. Noch kannte ich Hans Busch nicht. Thomas Baldner aber hatte bei ihm in Bloomington, Indiana, studiert. Seine Schwiegermutter Tutti hatte ihn dahin verwiesen, zu Hans Busch. Das erste, was Thomas Baldner bei diesem Zusammensein bewies, waren Charme und Liebenswürdigkeit im Widerspiel von Schüchternheit und Keckheit. Eine starke, charakteristische Nase beherrscht das markante Gesicht mit den graublauen Augen, beweglich die knapp mittelgroße Figur des jungen und nicht ganz jungen Mannes. Eine Frage hatte er: Ob ich ihn zu einem Gastspiel in Montevideo empfehlen könne? Das gelang ohne Mühe. Der Vertrag zu einem Konzert kam rasch zustande. Ich hatte in meiner Empfehlung Herkunft, Schule, Bildung des Dirigenten, günstige Referenzen angeführt, aber nicht verschwiegen, dass ich ihn nicht gehört hatte. So erklärte sich meine Spannung. Der Gastdirigent hatte es sich, man hatte es ihm nicht leicht gemacht, mit dem ausgedehnten und gewichtigen Programm. Thomas Baldner stellte den Montevideaner Hörern den Komponisten Boris Blacher, damals Direktor der Berliner Musikhochschule, vor mit seinen Paganini-Variationen. Als Hauptwerk hatte er zur interpretatorischen Legitimation und Identifikation Schuberts große C-Dur-Symphonie gewählt, die nur zweimal einstudiert worden war, viele Jahre zuvor, natürlich von Erich Kleiber und Fritz Busch (in chronologischer Folge). Im zweiten Stück hatte ein Solist sich zu präsentieren, es war der Konzertmeister des SODRE-Orchesters, Miguel A. Pritsch, mit dem Violinkonzert von Dvořák. Der Solist, ein durchaus solider und seriöser Musiker, hatte sich diese Aufgabe, dieses Stück doch ausgesucht und sich darauf vorbereitet. War aber nun heimgesucht von Lampenfieber. Derlei passiert nicht selten erfahrenen Ensemblemusikern. Die Zeiteinteilung, so wichtig für Proben, geriet ins Wanken, am Dvořák-Konzert musste mehr als geplant gearbeitet werden. Baldners Programm war ohnehin nicht leicht, die Schubert-Symphonie mit ihren himmlischen Längen (wie Schumann sagte), kam auf den Proben zu kurz. Nicht alles war auf der Generalprobe geklärt, wenn sie auch im Ganzen positiv verlief. Die Nerven waren vor dem Konzert noch höher gespannt als zuvor. Das erste und zweite Stück wurden recht glücklich gespielt und fanden reichlichen Applaus, wenn ich mich recht entsinne. Hatte Baldner im ersten Teil Pult und Partitur vor sich gehabt, so ließ er nun das Pult wegtragen. Er dirigierte die Schubert-Symphonie auswendig, riss sich und das Orchester wagemutig ins Abenteuer, begeistert und begeisternd. Sicher war diese Aufführung nicht vollkommen, aber ich habe sie als unwiderstehlich in Erinnerung, als friedlichen Kampf und friedlichen Sieg. Erneuert war das Wunder, diese Musik zu erfahren, ihr überströmender Reichtum, geschöpft aus Urbrunnen, die unsägliche Weite hellen Raumes, sie erschien mir heller als sonst etwas bei Schubert, ihr Schreiten und ihr Singen, poetische Musik, absolute Musik. Österreichische Musik und Weltmusik.

Es gebe nur einen Erfolg, pflegte Fritz Busch zu sagen: wieder engagiert werden. Thomas Baldner wurde wieder engagiert. Für die nächste Spielzeit. Da war ich aber schon in Frankfurt. In der Zwischenzeit waren wir in Gespräch und Briefwechsel. Selbstverständlich unterhielten wir uns über Musik und Musikliteratur. Selbstverständlich war Thomas Baldner, noch ohne festen Kapellmeisterposten, für den Verlag seiner Schwiegereltern als musikalischer Berater tätig. Und selbstverständlich verkehrten seine Frau Gabi und er mit gleichaltrigen Lektoren und anderen Verlagsleuten. Weiteren Einfluss nahmen sie nicht. Im Anfang meiner Fischerzeit sollte ich von ihnen guten Rat erhalten. Sie, die Fischerzeit, dauere vielleicht nur ein Jahr, warnten sie mich freundschaftlich. Ich machte mir keine Illusionen, aber ich blieb ja. Als dann die Eltern den Sohn vermißten und der Sohn auch seine Eltern, habe ich sie nachkommen lassen. Wir hatten Deutschland am 28. Januar 1939 verlassen, und meine Eltern landeten, rückkehrend nach Deutschland, am 28. Januar 1961 hier in Frankfurt.

Wieder einmal habe ich vorgegriffen – um des Zusammenhanges willen. Vorerst war ich noch in Montevideo, alte Erfahrungen wiederholten sich, neue boten sich, und bestehende Freundschaften hüben und drüben vertieften sich. Ein wiederkehrendes Thema in der Korrespondenz mit Thomas Baldner waren die Schriften und Briefe von Robert Schumann, die mich seit einer ersten Mitteilung von Carl Liederwald ein Leben lang beschäftigen und erfreuen. Ich schlug, verlagsunkundig wie ich ja noch war, eine Ausgabe als Taschenbuch vor. Das war alles noch Spielerei. Dies sollte sich ändern. Ich glitt in die Praxis.

Mein erstes Frankfurter Jahr war, wie ich schon sagte, gestützt von Rat und Gastlichkeit des Ehepaares Baldner. Ich kehrte ein in ihre Häuslichkeit, wo der Sohn Christopher und die Tochter Karen, nur Bambi genannt, den älteren Mann freundlich-spöttisch betrachteten. Bei Baldners hatte damals der Stil Wärme, die Wärme Stil. Sie zogen nach Köln, Thomas Baldner war eine Zeitlang Dirigent des Rheinischen Kammerorchesters. Die Ehe, die mir so glücklich geschienen hatte, wurde gelöst, Gabi und Thomas gingen ihrer eigenen Wege. Der Weg Thomas Baldners führte ihn zurück nach Bloomington, Indiana, wo er studiert hatte. Nun dirigierte und lehrte er am Music Department der Indiana University, der größten Musikhochschule der Welt, mit wohlausgestattetem Opernhaus. In vorgerückten Jahren, schon emeritiert, haben sich Hans Busch und Thomas Baldner noch einmal zu einer Inszenierung und Einstudierung zusammengetan, mit einem Stück, dessen Wiedergabe Sentimentalität und Routine meiden und Puccinis nicht zu unterschätzende, in vielen Einzelzügen wie im Ganzen aufzuspürende Meisterschaft zur Geltung bringen muss: ›La Bohème‹.

Ich habe meinen Rückflug verfallen lassen, und da war es noch gar nicht entschieden, ob ich nicht doch nach Uruguay zurückgehe. Aber das ist auch alles nur Illusion oder ein ausgeträumter Traum, wie auch immer.

Im Juni 1960 schiffte ich mich ein bei Fischers. Eine Fischer-hütte ist es ja nicht, sondern ein großes S. Fischer-Haus, obwohl es als Fischer-Hütte begann, nämlich in Berlin. Ich hatte einen Vertrag auf ein Jahr. In einem Interview habe ich einmal gesagt: »Es hat dann doch ein bisschen länger gedauert.« Aber das konnte ich vorher nicht wissen.

NACHWORT

An einem heißen Sommertag im Jahre 2002 besuchte ich auf Einladung des S. Fischer Verlags das erste Mal Hellmut Freund. Mit diesem Besuch begann die Verwirklichung einer Idee, eines Vorhabens, das ursprünglich mit Klaus Schulz geplant war, Kulturredakteur beim Sender Freies Berlin (SFB). Er sollte Hellmut Freunds Erinnerungen mit seinem Mikrofon aufzeichnen, seine Lebensgeschichte und Geschichten, seine Lebensstationen in Berlin, Uruguay, Frankfurt. Und seine lange Zeit im S. Fischer Verlag, dessen Geschichte in den Jahren ab 1960 kaum einer besser kannte als er.

Klaus Schulz starb 1999. Drei Jahre später war es dann soweit: Leo Domzalski, enger Vertrauter von Hellmut Freund und gleichzeitig guter Freund von Klaus Schulz, vermittelte den Kontakt zu mir. Ich suchte Hellmut Freund als Erstes im S. Fischer Verlag auf, in seinem kleinen Arbeitszimmer ganz oben fast unterm Dach, auf das er stolz war, vor allem auf die alten Möbel, die noch aus dem 1905 erbauten Privathaus von Samuel Fischer stammten. Er erzählte gerne die Geschichte von der Putzfrau, die einmal mit Tränen in den Augen in der Tür stand. »Warum weinen Sie?« »Nur weil Sie ein alter Mann sind, müssen Sie in diesen alten Möbeln hausen...« Drei Tage war ich im Sommer 2002 mit ihm zusammen und zeichnete auf Tonband auf, was er mir erzählte, es wurden zwölf Kassetten, die Abschrift weit über 200 Seiten.

Es entstand mit der Unterstützung des Verlags, mit der Unterstützung der Verlegerin Monika Schoeller, die Idee, diese Aufzeichnungen weiterzuführen und ein Buch daraus werden zu lassen mit meiner Hilfe. Mitten in dieser Arbeit sind wir unterbrochen worden – so schien es nach Hellmut Freunds Tod am 29. Februar 2004. Und doch stellte es sich beim genaueren Hinsehen anders dar. Denn die beiden ihm wichtigsten Teile waren fertig, seine Berliner Kinder- und Jugendjahre – »Berliner Kind« – und die zwanzig Jahre Exil in Uruguay – »Ausgewandert – Eingewandert« – als Hörfunk- und Zeitungsjournalist und Musikkritiker, als Assistent von Fritz Busch. Es fehlt seine Zeit beim S. Fischer Verlag ab 1960. Wir haben versucht, sie in dem zweiten Teil dieses Buches, in der Textsammlung einzufangen.

So verbrachte ich viele Wochenenden bei Hellmut Freund in seiner wunderbaren, mit Büchern vollgepfropften Wohnung und schrieb auf, was er mir diktierte, war seine kritische Begleiterin, Wortfinderin, Rechercheurin und, wie er zu sagen pflegte, seine »Muse«. Vor halb zehn Uhr morgens durfte ich ungern nur kommen – er sei kein Morgenmensch. Vor neun Uhr abends bin ich selten gegangen, denn da blühte er erst so richtig auf. »Was, Sie wollen mich schon verlassen?« Dazwischen dichte Gespräche, Eintauchen in die Vergangenheit, seine Schilderungen vielfältig, farbig und unglaublich detailliert, wenn nicht sogar detailversessen. Seine übersprudelnde Eloquenz, sein berufsbedingtes Bedürfnis nach Genauigkeit haben die Arbeit an seinen Memoiren durchaus in die Länge gezogen. Wunderbar und bewundernswert sein untrügliches Stilgefühl, sein schier grenzenloser Wortschatz, die Liebe zum Adjektiv und zu feinen, versteckten Witzen. Sein Interesse für Themen, für Rundfunksendungen, für Zeitungen und Bücher war schier unbegrenzt. Immer war er bestens orientiert, immer aufgeschlossen auch für andere Meinungen.

Bemerkenswert auch seine praktische Un-Intelligenz, liebevoll und systematisch gepflegt, immer wieder herausgearbeitet und betont. Nein, praktisch war er nicht, und er wollte es auch nicht sein.

Er öffnete mir die Tür, immer tiptop gekleidet, Anzug, bunte

Krawatte, jedes Mal eine andere, ich glaube, er hatte Hunderte in seinem Schrank. Zu jeder Krawatte eine kleine Geschichte, diese hat mir Barbara Klemm geschenkt, diese Frau Schoeller. Das Elefantenmotiv war mehrfach vertreten, die großen grauen Dickhäuter gehörten zu seinen Lieblingstieren – den Frankfurter Zoo kannte er wie seine Westentasche. In Berlin hatte Hellmut Freund den Zoologischen Garten als Kind fast täglich besucht. In Frankfurt lebte er in unmittelbarer Nähe des Tierparks, oft hörten wir während der Arbeit, durch das geöffnete Fenster, aus der Ferne das Kreischen der Papageien und der Affen und erfreuten uns daran. Und jedes Mal auch kleine charmante Bemerkungen zu meinem Aussehen, dem Schmuck, meinen Uhren. Für Uhren hatte er ohnehin ein Faible. Immer, wenn ich klingelte, lief ein Konzert im Hintergrund, Radio, CD oder Kassette. Hellmut Freunds Interesse am Künstlerischen, sein Sinn für Musisches, nicht nur für Musik – beeindruckend und eine Bereicherung für seine Besucher. Daneben seine Beobachtungsgabe, scharf, jede Kleinigkeit wahrnehmend, sein Gedächtnis für alle Details, die ich ihm, so dachte ich, ganz nebenbei erzählt hatte. Beeindruckt hat mich auch seine Disziplin, sein wohl geordneter Tagesablauf – im Gegensatz zu seiner völlig ungeordneten Wohnung.

Ich habe in den letzten zwei Jahren seines Lebens intensive Tage und Stunden mit ihm verbracht, lernte seine ihn versorgende »Frau Milka« und ihren Mann kennen und die Lektorin und Kollegin Corinna Fiedler, die den praktischen Teil seines Lebens managten und ihm sein Alter angenehm gestalteten. Ich hatte die Chance, seinen Alltag mit ihm zu teilen. Und lernte die Lebensweise eines Mannes kennen, der gleichzeitig im Gestern und im Heute lebte, ein Mann des 19. Jahrhunderts, wie er selbst von sich sagte, kritisch, wachsam und doch mit so viel Gefühl und so viel Wärme. So saßen wir in seiner Wohnung und arbeiteten, in den Möbeln seiner Eltern und Großeltern, zwischen mindestens zehn Sesseln und Stühlen, hunderten und aberhunderten von Büchern, die in zwei Reihen hintereinander in den Regalen standen. Er wünsche sich ein Bibliothekssystem mit verschiebbaren Wänden, sagte er manchmal, und gleichzeitig wusste er, dass er die ordnende Kraft nicht mehr aufbringen würde. Bücherstapel überall, in jeder Ecke, auf jedem Sims, auf jedem Tisch, turmhoch und lebensgefährlich schwankend. Und doch fand er in diesem scheinbaren Durcheinander fast jedes Buch, das er für unsere Recherchen brauchte.

Fast alle Möbel hatten seine Eltern und Großeltern bei der Emigration mitnehmen können, ein Wunder, dass das 1939 noch möglich war. Und alle diese Möbel sind von Uruguay wieder nach Deutschland zurückgewandert. Er lebte mit und in dieser Vergangenheit. Bei jedem meiner Besuche zog er eine andere Reliquie heraus, die Gedächtnisdose mit der Gravur von Fritz Busch, seinem hoch verehrten Mentor und Freund, dem Dirigenten, dem er in Südamerika begegnet ist. Eine kleine Büchse aus Blech, völlig verbeult, die seine Mutter als Schulkind für ihre Schreibfedern benutzte und die seine Großmutter hat versilbern lassen, in der er seinen Süßstoff, notwendig wegen seines Diabetes, aufbewahrte. Die Uhren, die Uhrketten, die Fotos. Unzählige.

Die Tage mit ihm waren immer gleich. Ankunft. Arbeit. Mittagessen. Ich lernte mit ihm das Restaurant »Zooblick« kennen und lieben, eine »Restauration« – ich hatte gar nicht gewusst, dass so etwas heute überhaupt noch existiert. Alles im Stil der sechziger Jahre, Speisekarte, Einrichtung, Personal. Ein Kellner, der wirkte wie die Karikatur eines älteren Schauspielers an einer Provinzbühne. Zu Abend wurde zu Hause gegessen, »deutsches Abendbrot«, so wie er es aus seiner Berliner Kindheit in den zwanziger Jahren kannte. Und am nächsten Morgen stand ich wieder vor seinem Haus in der ruhigen baumbestandenen Straße an der Rückseite des Frankfurter Zoos.

Oft diskutierten wir über die neue, die alte Rechtschreibung. Obwohl Hellmut Freund sich in seiner Arbeit als Lektor natürlich an die geltenden Regeln gehalten hat, wollte er die neue deutsche Rechtschreibung in seinem eigenen Buch – endlich frei zu entscheiden – nicht in all ihren, ihm unsinnig erscheinenden Verästelungen gelten lassen. Er, »Mann des 19. Jahrhunderts«, wollte ›bewußt‹ und ›Bewußtsein‹ mit ›ß‹ schreiben können, und er wollte ›dass‹ mit Doppel-S geschrieben haben, »Fotografie«, aber »Phonograph«. Wir alle haben diesen Wunsch respektiert, und so ist sein Text eine fröhliche Mischung aus alt und neu, nicht nur im Umgang mit der Rechtschreibung.

Das Schönste bei der Arbeit mit Hellmut Freund war sein Humor, sein herzliches, ansteckendes Lachen, die Kalauer und die Freude an den Kalauern anderer. Bemerkenswert aber vor allem war seine positive Lebenseinstellung.

Viele nahe und gute Freunde sind in diesem fragmentarischen Text unerwähnt geblieben. Nicht, weil sie nicht wichtig für ihn und sein Lebensglück gewesen wären, sondern weil der Tod die Arbeit an dem Buch unterbrochen hat. So viel hatte er noch vor, so viele Kapitel hätten noch entstehen sollen und müssen. Ich möchte hier aber ausdrücklich die Literaturwissenschaftler Dierk Rodewald und Andreas Lohr erwähnen, die geduldig, intensiv und mit großem Zeitaufwand Korrektur gelesen haben. Auch wäre dieses Buch nie entstanden ohne die unermüdliche Energie und Zuwendung, mit der die Lektorin Corinna Fiedler das Projekt begleitet hat.

Das Ich altert nicht. Diesen Satz von Karl Leopold Mayer hat J. Hellmut Freund gerne zitiert – und er traf auf ihn zu wie selten auf jemanden.

12. Dezember 2004
Vikki Schaefer

»Vielseitig muss man sein«

J. Hellmut Freund im S. Fischer Verlag

»Es hat dann doch ein bisschen länger gedauert.« Fast 44 Jahre nämlich, bis am 29. Februar 2004 in einer Sekunde, allen Zeichen nach auf sanfte Weise, von ihm vielleicht unbemerkt, Hellmut Freunds Leben endete. Er hat diese viereinhalb Jahrzehnte seines Wirkens im S. Fischer Verlag nicht mehr erzählen können. Sein Lebensbericht war gerade bis zu dem Zeitpunkt seiner Rückkehr nach Deutschland gediehen. Doch auch dieser erste, hier gedruckte Teil war nicht ohne weiteres zu haben.

Hellmut Freund hatte sich immer gesträubt zu schreiben, sein Leben schreibend zu schildern, sein Denken schriftlich mitzuteilen. »Ich bin Lektor, kein Autor, ich schreibe nicht«, antwortete er, wenn Freunde, nahe Kollegen, seine Verlegerin vor allem ihn behutsam bedrängten. Auch er also einer, auf den der Titel eines besonderen Fischer Taschenbuchs zutrifft: ›Der Autor, der nicht schreibt‹, einer Festschrift für einen anderen großen Lektor des S. Fischer Verlags, Günter Busch, von Freund hoch geschätzt.

Warum wollten sich die, die ihn kannten, damit nicht zufrieden geben? Nun, sie hatten ihn jahre-, wenn nicht jahrzehntelang erlebt, wie er verschwenderisch und durchaus zum eigenen Vergnügen seine Schätze austeilte, im Gespräch, in langen Telefonaten. Ja, Schätze! Immer wieder hatten wir aufgehorcht, hingehört, verblüfft und entzückt, wenn ein Name, ein Buchtitel, ein Ort oder eine Jahreszahl genügten, aus dem begnadeten Gedächtnis dieses Mannes, aus seinem Munde in druckreifer Rede hervorsprudeln zu lassen, was so ein Stichwort in ihm auslöste, Resonanzen eher gleichend als Assoziationen.

Verbindungslinien wurden nachgezeichnet, zwischen Werken der Literatur, der Musik, der Kunst und ihren Schöpfern, zwischen Menschen. Verwandtschaftsbeziehungen überraschendster Art enthüllten sich, Freundschaftsbande, von denen unsereiner nichts geahnt hatte. Nie waren diese Mitteilungen lehrhaft, doch wir wurden belehrt, erhielten Einblick in das Netzwerk einer geistigen, dabei immer ganz lebensnahen Welt. Hellmut Freund hatte gerade an diesem irdischen Aspekt seine Freude; seine anekdotischen Kenntnisse menschlicher Schwächen auch großer Geister gingen mit Witz bis an den Rand von Klatsch, doch nie darüber hinaus. Was er entfaltete, war das, womit Thomas Mann Wagners ›Ring‹ charakterisiert hat, es war Beziehungszauber. »Gibt es überhaupt Zufallsbeziehungen? In Beziehungen, von Beziehungen leben wir«, schrieb Freund in seinem Beitrag zum Geburtstag Dietrich Erdmanns, des Komponisten.

Was hatte dieser Mann, jederzeit präsent, in seinem Kopf! Wobei diese anatomische Lokalisierung sogleich Widerspruch auslösen muss. Das Herz war immer dabei, er liebte, wen und was er als groß, gut, menschlich wahrnahm, eine Sympathie, die sich wiederum mit einem diebischen Vergnügen, menschliche Schwächen aufzuspüren und mit warmherzigem Spott zu quittieren, problemlos vertrug.

Es kam der Tag, da er zwar nicht zu schreiben, doch aber für eine Radio-Öffentlichkeit sich bereit fand, von seinem Leben, seinem Denken zu erzählen. Am 30. Oktober 1993 war im Dritten Programm des Senders Freies Berlin ein »Gespräch in 3« zu hören, eines jener langen Interviews mit bedeutenden Zeitgenossen; viele von ihnen, so auch dieses, führte Klaus Schulz, der unvergessene Kulturredakteur dieses Senders. (Auch er, wie so manche, war einmal ein paar Jahre lang Lektor der Fischer Bücherei im S. Fischer Verlag gewesen.) Nun stellte er, einfühlsam und klug, seine Fragen an J. Hellmut Freund, fast eine volle Stunde lang; eingeschoben war eine vom Interviewten ausgewählte Musik, eine Aufnahme der Figaro-Ouvertüre von 1934 unter Fritz Busch in Glyndebourne. Aus diesem Gespräch erfuhren wir ganz vieles, das wir nie gewusst hatten, und es machte uns nur umso neugieriger auf mehr. Dem RBB, Nachfolgesender des SFB, ist zu danken, dass wir das Gespräch als CD diesem Buch beilegen konnten.

Als 1999, kurz vor Hellmut Freunds achtzigstem Geburtstag, ein Suhrkamp Taschenbuch erschien mit 17 Gesprächen über ›Jüdisches Leben in Deutschland‹, geführt und herausgegeben von Ingrid Wiltmann, fand sich darin auch ein längeres Interview mit ihm, wieder ein Stück mehr von seinem Leben. Da war bei uns schon ein schöner Plan gefasst und in die Wege geleitet worden, der dann auf traurige Weise vereitelt werden sollte. »Wenn er nicht schreiben will, so lassen wir ihn erzählen« – das war die Idee, die bei Klaus Schulz und dann, zur Freude aller, auch bei Freund Anklang fand. Bevor beide sich zum Vorgespräch treffen konnten, wurde Klaus Schulz von seiner schweren Krankheit, die jahrelang latent gewesen war, besiegt; sie führte am 5. Oktober 1999 zu seinem Tod, erst 61 Jahre zählte er.

Der Schock über diesen auch von Hellmut Freund tief betrauerten Verlust ließ es für längere Zeit nicht zu, das Projekt seiner Lebenserzählung wieder ins Auge zu fassen. Dann aber fand sich eine Gesprächspartnerin, die das Vertrauen Hellmut Freunds sogleich gewann. Vikki Schaefer hat in ihrem Nachwort geschildert, wie sie die »autobiographischen Abschweifungen« Hellmut Freunds erlebt hat. Die so entstandene Erzählung seiner ersten Lebenshälfte ist ein kostbarer, ganz in sich gerundeter Text, den man ohne Zutaten hätte veröffentlichen können. Doch hat es uns seltsam berührt, dass Freund nur bis zum Zeitpunkt seines Eintritts in den S. Fischer Verlag gekommen war. Wir suchten nach einer Möglichkeit, seine zweite Lebenshälfte darzustellen, in der er durch seine Arbeit, durch seine Persönlichkeit den Verlag wesentlich geprägt hat.

Da gab es jenes erste große Interview mit Vikki Schaefer, dessen geschriebenen Text der Befragte dann verworfen hat. Es war »oral history«; ihre Sprache genügte nicht den Ansprüchen, die ein J. Hellmut Freund an eine zu druckende Autobiographie stellte. Aber diese höchst lebendigen, anschaulichen Erzählungen enthalten so viele wertvolle Informationen, Lebens- und Arbeitsweisheiten über Freunds Wirken im Verlag, dass wir uns nicht gescheut haben, längere Zitate daraus in unsere eigenen Erinnerungen und Eindrücke einzufügen. Der Plauderton dieser Gesprächstexte lässt eine Saite erklingen, die diesem Mann wesentlich war und uns oft entzückt hat.

»Ich schiffte mich ein bei Fischers«, schreibt er am Ende seines Berichts. Dort knüpfen wir an. Der neue Lektor fand den Verlag 1960 im »Haus Bienenkorb« an der Konstablerwache, einem kurz zuvor erbauten Geschäftshaus der Frankfurter Sparkasse, damals wohl das höchste in Frankfurt, mit zwölf Stockwerken.

»Ich kam hier an, ganz atypisch. Die Fischers lernten mich kennen als Außenseiter. Sie fanden wohl ein (gar nicht immer anhaltendes) Gefallen an mir und haben mich dann engagiert. Atypisch, weil alle anderen Leute im Hause in Deutschland aufgewachsen waren. Und ich kam hier als ein Mensch an, der sich zutrauen konnte, Deutsch zu können, ein Verhältnis zur deutschen Literatur im allgemeinen zu haben, der aber natürlich viele Erscheinungen bestenfalls vom Hörensagen kannte, die anderen, sogar Jüngeren vertraut waren. Ich war nie bei der Gruppe 47 gewesen, aber die Kollegen waren es alle. Insofern war ich durchaus fremd und bin ganz unkämpferisch und wusste auch gar nicht, was ich riskierte. Denn ich glaubte: Es kann vielleicht ganz kurze Zeit nur dauern. Ich hatte einen Vertrag auf ein Jahr.«

Rückblickend meinte Freund, er hätte sich vielleicht doch für eine Rückkehr nach Uruguay, zu den dort gewachsenen Beziehungen, Freundschaften und Gewohnheiten entschieden, wenn er manches vorher gewusst hätte. Nicht etwa Probleme politischer Art:

»Dank S. Fischer kam ich in ein Haus und ein Milieu, in dem Misstrauen politischer Art ganz undenkbar war. Ich hätte ja wohl kaum einem ehemaligen Nazi bei Fischer begegnen können, er hätte sehr camoufliert sein müssen. Das gab es aber nicht. Vieles musste ich lernen. Ich Vierzigjähriger besaß auf wichtigen Gebieten weniger Erfahrung als mancher Dreißigjährige. Der Verlag war ein großer Verlag, was Wirkung und Bedeutung anbelangte. Er war im Vergleich mit seinem heutigen Umfang klein. Es gab vier oder fünf Lektoren, kluge Leute dabei. Obwohl Intrigen nie ausblieben, überwogen doch stets das Kollegiale und das Gemeinschaftsgefühl.«

Kennenlernen musste er auch seine Chefs:

»Es war die Trias der Leitung, von der ich gerne witzele: eine Dreifaltigkeit, aber keine Dreieinigkeit. Ungeniert haben sich Gottfried Bermann Fischer, Brigitte Bermann Fischer (»Tutti«) und Rudolf Hirsch gestritten und alle an ihren Streitigkeiten teilnehmen lassen. Bermann Fischer, den Dolf Sternberger, der mir sehr wichtige große Essayist, Journalist, Politologe, charakterisierte als den ›jüdischen Junker‹, der Mann mit den kühlen blauen Augen und blonden Augenbrauen, war ja ursprünglich Chirurg, hatte sich aber doch in die Verlagsarbeit hineingefunden. Er war ein Mann, der eigentlich immer, wo er war, oben saß. Bis auch er ein bisschen amtsmüde wurde und sich in die Toskana zurückzog mit der von Temperament überschäumenden, zornigen, auch güti-

gen, vieles ganz unkritisch betreibenden, aber oft auch genialischen Tutti. Und Rudolf Hirsch, der Schöngeist, der ungeheuer Kultivierte, der aber, wie ein kluger führender Ver-
lagskaufmann ihm einmal nachsagte, auch Bilanzen lesen
konnte, der List hatte und unendliche Bildung. Er war wohl
kulturkonservativ. Viele Autoren, die Mode mitmachten und
Auflagen hatten, mochte er nicht. Er machte auch die Zeitschrift des Verlages, ›Die Neue Rundschau‹, sehr erlesen. Er
gab dem Verlag Profil und mir viele Bildungsstoffe und in
hohem Maße ein Maß.«

Im Gespräch vergleicht Freund die heutige Situation der Lektoren mit seinen eigenen Anfängen:

»Heute laufen die Lektoren – was keine Hausbeschimpfung
ist, ich bin dem Haus sehr dankbar – Gefahr, Verlagskaufleu-
te zu werden, was ein sehr ehrenhafter und wichtiger Beruf
ist. Sie sollen schon gleich die Kosten, natürlich mit der stän-
digen Gefahr des Irrtums, vorher berechnen können und damit die Erwerbung von Büchern und Verlagsrechten erst ermöglichen. Das ist eine ganz plausible, aber schwer zu
erfüllende Forderung. Für mich ist eine Lektoratstätigkeit,
sehr im Gegensatz zu dem, was meine Kollegen wahrscheinlich sagen würden, sehr bescheiden zu definieren, nämlich
Redakteur zu sein. Redakteur ist nicht wenig, und wie wenig
heute redigiert wird, wie wenig das als dienende Kunst oder
als gehobener Hilfsdienst noch praktiziert wird, das sieht
man, wenn man die Zeitung aufschlägt, wenn man das ver-
hunzte Deutsch der Ansager hört. Da geht ein Sprachgefühl,
ein Gefühl für Gliederung und für Sauberkeit langsam verloren – eine Zeittendenz, nicht individuelle Schuld.
Aber es war nie mein Ehrgeiz, mich auf ganz bestimmte literarische Autoren, Forschungen oder dergleichen zu kapri-
zieren. Insofern bin ich ein bisschen Journalist geblieben,

auch wenn Kollegen leicht darüber lächeln – aber ich lächle wider. Ich erkläre mich nicht für einen Ausbund von Bildung.«

Widerspruch! Wer öfter Zeuge war, wie Freund die komplexesten Bücher, Themen, Zusammenhänge darstellte und mit ihnen stets ein ganzes Kapitel Literatur- und Kulturgeschichte voller Quer-, Längs- und Diagonalverbindungen, großenteils gespeist aus eigenem Erleben, aus persönlichen Begegnungen – wer dies immer wieder als großes geistiges Vergnügen staunend erlebt hat, mochte wohl auf die Idee kommen, niemals einem so gebildeten Menschen begegnet zu sein.

Nun hatte er das neue Handwerk zu lernen:

»Da war ein Mann, der lange tot ist, ein Korrektor, Rudolf Schäfer – ich nenne den Namen gern, weil ich ihn schon lange nicht mehr genannt habe –, der später auch seinen Doktor machte. Der hat mir erst gezeigt, wie man eine Seite hinkriegt. Wenn da plötzlich ein ›Schusterjunge‹ auftrat oder ein ›Hurenkind‹, das heißt eine Zeile überhing oder so ähnlich, dann musste man das herstellerisch lösen. Es war eine der ersten kleinen Handfertigkeiten oder Handwerksübungen, die ich lernen konnte, das sogenannte Austreiben oder Einbringen. Das war ganz leicht und erlaubt bei Übersetzungen. Und Übersetzungen sind und waren in den Verlagen – ich bin kein Statistiker – mindestens sechzig Prozent der ganzen Produktion. Aber so ging es natürlich nicht, wenn es sich um einen klassischen Text handelte. Ich kann bei Thomas Mann keine Silbe zufügen und keine wegnehmen. Und da hat man lange über Lösungen nachgedacht. Das sind die kleinen Dinge, ganz ungeistig. Oder wenn man, wie z. B. bei einem der Werke, die mich doch – mag manches veraltet sein – sehr gepackt haben, nämlich Peter de Mendelssohns ›S. Fischer und sein Verlag‹, ein Wälzer von über tausend Seiten, dann noch lebende Kolumnentitel machen muss, eine Überschrift für jede Seite: das sind Späße! Eine große Genauigkeit ist mitzubringen, das gehört dazu. Und sie wird oft vermisst. Ich selbst mache keine Register. Ich habe einen ungeheuer klugen und lieben Kollegen, der nur viel zu bescheiden ist, Wolfgang Kloft, der sitzt zwei Zimmer weiter, der macht so etwas mit höchster Meisterschaft.«

Ein Aspekt seiner Arbeit war Hellmut Freund besonders wichtig, der dienende, immer wieder hat er sich dazu bekannt.

»Autoren sind unsagbar eitel. Natürlich ist ihr Werk ihre Existenz, auf eine viel direktere Weise. Da muss man sehr behutsam sein. Und vor allem wissen, dass der Autor viel mehr ist als der Lektor, dass man da immer in dienender Funktion ist. Man kann natürlich auch als Diener seinem Herrn eine Menge sagen. ›Bitte, Herr Kommerzienrat, nehmen Sie heute mal einen Schirm mit!‹ Der Autor hat immer einen anderen Rang. Das heißt nicht, dass jeder Autor ein großer Mann ist. Wenn man die Leute aus der Nähe kennt, lernt man sie kennen. So habe ich einigen sehr große Verehrung, Dankbarkeit, Freundschaft entgegengebracht und mich geschmeichelt gefühlt, wenn sie Freunde wurden und wenn Autoren mich duzten, vor allem, weil ich schwer duze, die heutige Duz-Mode überhaupt nicht mitmache. Aber bei einigen, natürlich auch der älteren Schule, Luise Rinser, Albrecht Goes, da war das Du dann doch sehr schön und vertraut.«
»Eine Sache, die immer wieder bei uns Spannungen hervorruft, Entscheidungen fordert, die nie ganz glücklich getroffen werden können: wenn ein langjähriger Autor kommt, der viele Bücher gemacht hat, und bringt nun eines, das schwach ist. Wie man ihm das beibringt, ohne dass er es übel nimmt. Wir haben manchmal natürlich solche Autoren verloren, aber die anderen Verlage ebenso. Das ist ein üblicher Vor-

gang. Ein jeder Autor, d. h. auch Maler, Musiker oder Komponist, ist so groß wie das Beste, was er gemacht hat. In der Kunst und im Geistigen gibt es kein blindes Huhn, das ein Korn findet. Es können viele Werke sehr ungleich sein. So gibt es bei Thomas Mann immer wieder die erstaunlichsten Steigerungen. Und bei anderen wird das Anfangswerk niemals mehr eingeholt, auch wenn sie selbst glauben, immer besser zu werden. Ihnen das zu sagen, wäre gräulich. Sie selbst haben es ja gar nicht gemerkt, und ein Gebot heißt ›Du sollst nicht töten‹. Und das wäre es dann ja. Das muss man sehr gut abwägen können. Ein Autor verdient Respekt.«
»Ich bin im Gegensatz zu vielen Kollegen der Meinung, dass man eine Absage lang begründen soll. Obwohl die Autoren natürlich gar keinen langen Brief aushalten, aber man muss es ja begründen. Und vielfach ergibt sich dann, dass die Autoren ihren Text umschreiben, eine Zumutung! Das ist nicht selten. Und das sind die interessantesten Lektoratsaufgaben.«

Wie schon erwähnt, besteht ein hoher Anteil der zu lektorierenden Bücher aus Übersetzungen. So hat dieser Lektor auch mit Übersetzern reiche Erfahrungen gemacht:

»Übersetzer haben ein ungeheures Können, aber auch Schwächen, die muss man in ihrem eigenen Interesse und im Sinne der Sache ausgleichen. Ich habe dann im Original mitgelesen, und ich habe oft sehr lange telefoniert. Ich habe, obwohl es ein ›schriftlicher‹ Beruf ist, auch weil meine Handschrift sehr verpönt ist, unendlich viele Fragen im Gespräch gelöst. Eine Verlagstätigkeit ist im Grunde in erster, zweiter und dritter Linie eine Gesprächstätigkeit, jedenfalls nach meiner Überzeugung und Erfahrung. Man darf nie Besserwisser sein, man muss im Detail besser wissen. Vielseitig muss man sein.

Ein Beispiel ist die Geschichte mit dem Rosmarinzweig. Ich habe einen sehr, sehr guten Übersetzer gehabt. Und bei jeder Arbeit – und das passiert jedem Übersetzer und jedem literarisch Arbeitenden – gibt es eine Stolperstelle. Die kann man sogar, wenn man geübter Lektor ist, ohne Blick aufs Original feststellen. Man fühlt das Holpern und fragt sich: ›Hier kann doch etwas nicht ganz stimmen?‹ Da geht ein abenteuerlicher junger Mann auf eine Kirmes mit seiner Familie und hat auf seinem Hut einen – auf spanisch – ›romero‹. Romero heißt ›der Romfahrer‹, also Tannhäuser wäre ein romero. Und dieser Held, der spanische Protagonist, hatte nun so einen Romfahrer am Hut. Was hat sich der Übersetzer bloß dabei gedacht? Nun heißt aber romero, wie ich zufälligerweise wusste, auch Rosmarin. Und einen Rosmarinzweig am Hut zu haben ist doch wahrscheinlicher. Ich erlebe es immer wieder, dass man bei dem vielen Lesen, gerade auch der Übersetzungen, über solche Dinge hinweggleitet.«

Haben sich Autor oder Übersetzer und Lektor über die Textgestalt geeinigt, ist das Buch noch nicht fertig, es braucht einen Titel und, neben anderem, einen werbenden Klappentext.

»Titel finden ist eine Sache für sich. Oft macht es der Lektor. Von einem Autor, der heute fast vergessen ist, James Jones, der die von den Amerikanern erfahrenen Kriegsgräuel an der ostasiatischen Front schilderte, heißt der letzte große Roman ›The Thin Red Line‹. ›Die dünne rote Linie‹ als Buchtitel war nicht möglich. Nun gibt es im Roman eine Stellung, umkämpft zwischen Amerikanern und Japanern, die, nach dem Aussehen eines Hügels, ›The Dancing Elephant‹ genannt wird. So betitelten wir die deutsche Ausgabe ›Der tanzende Elefant‹. Als Taschenbuch erschien der Roman dann als ›Insel der Verdammten‹. Die Verfilmung heißt ›Der schmale Grat‹.

Mein Titel für Golo Manns Essayband ›Zeiten und Figuren‹ – und das darf man nicht laut sagen, aber ich tue es doch –, den hat er sofort gutgeheißen. Der hätte auch von ihm sein können. Das ist überhaupt die Aufgabe. Wenn Sie etwas erfinden und machen, muss der Autor glauben, es sei von ihm. Und Sie müssen sich so in ihn einfühlen, dass es auch von ihm hätte sein können, und dass er sich nicht geniert. ›Ja natürlich, das meinte ich ja‹, und es ist keine Lüge.

Zu den Obliegenheiten des Lektors, jedes Lektors gehört (oder gehörte, weil sich jetzt die Propagandamittel sehr verändert haben und auch die Funktionen der Werbe- und der Presseabteilung) der Klappentext. Ich kann das jetzt historisch nicht beweisen, aber der Klappentext könnte eine Erfindung des alten Samuel Fischer gewesen sein. Wenn dem so wäre, muss man sagen, nicht dafür wird er verehrt von den Lektoren, denn der Klappentext ist schlechthin, solange ich denke, ein Fluch gewesen für die Lektoren, aus verschiedenen Gründen, die ganz offensichtlich sind. Es gab ihn schon vorher; in den Tagebüchern Oskar Loerkes, bei Moritz Heimann auch, dort wird er immer genannt bei seinem alten Namen, ›Waschzettel‹. Es hatten Verleger, ich nehme an, schon vor Fischer, den Büchern Zettel beigelegt, eben die Waschzettel. Als dann der Schutzumschlag aufkam, mit dem Aufgebot auch sehr bedeutender grafischer Künstler, da hat man diesen Waschzettel verwandelt in einen Klappentext. Der ist deshalb schwierig zu schreiben, weil Lob ja selbstverständlich ist, die Kritik dürfen andere üben. Wenn ein Verlag sein Buch nicht lobt, ist er töricht und hat auch keinen Charakter. Dass manchmal einiges mehr gelobt wird, als im stillen Kämmerlein der Lektor zugeben würde, dass er dadurch in eine Zwickmühle des Formulierens und der Moral gerät, wird man begreifen können. Zudem muss er möglichst verständlich schreiben und vielleicht auch nicht einmal schlecht, muss auch eine bestimmte Länge einhalten.

Die Klappentexte wurden vor dem versammelten Areopag, vor den Großmächtigen Gottfried Bermann Fischer, Brigitte Bermann Fischer und Rudolf Hirsch nicht gerade vorgebetet, aber ihnen vorgelegt. Man bekam dann Zensur oder Kritik zurück, was selbst die stolzesten Lektoren furchtbar demütigte. Manchmal ging das über Wochen, Monate. Die Klappentexte waren längst überfällig, da hat dann oft noch jemand dran rumgemäht, und sie kamen nochmal zurück. Mensch, wie haste dir verändert! Zuletzt ging es dann doch, und man genierte sich gar nicht so sehr. Ich erkenne übrigens Klappentexte, wenn ich sie wieder lese, falls sie wirklich von mir waren. Nicht mal schlecht, das darf ich ja noch zugeben. [Dies werden sich die Herausgeber im Folgenden zunutze machen.]

Diese Erfahrungen habe ich noch meinem Vater nach Montevideo gemeldet. Und da er immer zu Schüttelreimen neigte, kam ein stolzer Vers, der noch nicht in die deutsche Literaturgeschichte eingegangen ist:

›Gar langsam so ein Klappentext
durch des Verlags Etappen kleckst.
Und scheint er endlich arriviert,
wird er noch sechsmal variiert.‹«

Die ersten Menschen außerhalb des Hauses (doch ihm zugehörig), die mit den neuen Büchern vertraut gemacht, auf sie eingestimmt werden, sind die Verlagsvertreter, die dann ihr Wissen und, im besten Fall, ihre Begeisterung an die Buchhändler weitergeben. Sie sind für ihre Arbeit entscheidend auf kompetente Informationen seitens des Lektorats angewiesen. Und die bekamen sie von manchen Lektorinnen und Lektoren ganz vorzüglich; von keinem so wie von J. Hellmut Freund. Seine Referate auf den halbjährlichen Konferenzen waren legendär. Wenn er dran war, über seine Bücher zu sprechen, füllte sich der Konferenzsaal bis auf den letzten Platz; Mitarbeiter des Hauses, die zeitweise als Hörer im Hintergrund zugelassen waren, ließen sich diese Vorstellung nicht entgehen. Was bewirkte die Faszination? Hellmut Freund sprach druckreif, doch stets frei, niemals auf ein geschriebenes Konzept, einen Merkzettel angewiesen. Das gab seinem Vortrag, bei aller Formulierungskunst, den differenzierten, doch glasklaren Satzgebilden, eine Spontaneität, eine Spannung, die die Zuhörer, wohl deren meiste, gebannt lauschen ließ. Lange! Freund wusste immer so viel über ein Buch, den Autor zu sagen, dass er weit mehr Zeit brauchte, als im strengen Konferenzplan vorgesehen. Nur ihm war das erlaubt, wurde von vornherein mehr Zeit eingeräumt, dann sogar deren weitere Überschreitung toleriert, für die er sich in erheiternder Zerknirschung entschuldigte, um dann seelenruhig weiterzusprechen, den Zeitbedarf mit der Bedeutung des Buches unabweisbar rechtfertigend. Nicht ohne Koketterie, aber die war niemals von der eitlen Art.

Wie sprach er, der »redende Redakteur«, wie er sich selbst genannt hat? Seine Sprache, diese so komplizierten wie eleganten Perioden, die auf verschlungensten Wegen doch immer irgendwann einen Punkt erreichten, notfalls durch Zerhauen des Knotens, sie enthüllten eben durch ihre Form das Verbindungsgeflecht, und alles wurde ganz klar. Seinem unverwechselbaren Sprach- und Sprechstil auf die Spur zu kommen, das müsste für einen Berufenen ein köstliches und ergiebiges Unternehmen sein. Wenn er vortrug, war es manchmal, als würde ein kleines Welttheater für die Zuhörer inszeniert, mit einem Autor als Hauptfigur. Nicht selten folgte diesem Drama als Zugabe ein Satyrspiel in Gestalt eines Kalauers, der das glucksende Publikum, je nach Humor, befremdete oder ergötzte.

Die Sprachmelodie verriet seine Musikalität. Sein sehr ernst zu nehmender Respekt für große Werke, seine tiefe Verehrung für deren Autoren schlossen den scharfen, kritischen Blick, wohldosiert aufblitzenden Witz nicht aus. Freunds unverhüllt ausgesprochene Bekenntnisse zu Größe, Qualität, zu geistigen, künstlerischen, moralischen Werten waren frei von Pathos, kamen beiläufig, angedeutet, schnell und scharf.

Er hatte diesen scharfen Blick, auf Manuskripte, auch auf Menschen. Er sah ihre Schwächen; manchmal konnte er bessern, jedenfalls bei Manuskripten. Doch dieser Blick war geprägt von Wohlwollen.

Er urteilte, doch verurteilte nicht, war stets bereit, das Ganze zu sehen, Vorzüge gegen Schwächen ins Feld zu führen. Sein Verständnis, auch für ganz anders geartete Menschen, war groß. Seine Einstellung zu ihnen war bestimmt – und dies sei nun nicht als ein Wortspiel missverstanden, es gibt im Deutschen einfach kein gleichwertiges Wort dafür – von Freundlichkeit. Einer, der einen so positiven Blick auf seinen besonderen Lebensweg hat, der die glücklichen Umstände, die guten Wegstrecken dankbar rühmt und von den schrecklichen Mächten, die ihn auf diesen Weg zwangen, wenig redet, so einer wirkt auf andere ermutigend, bewegend, beglückend. Wenn sich Hellmut Freund am Telefon meldete, so tönte sein Name, obgleich einsilbig, in einer wohlklingenden, einladenden Melodie; ihr Bogen führte aufwärts, wie die beiden himmelstürmenden Oberlängen seiner Unterschrift.

Vierundvierzig Jahre. Es ist nicht übertrieben zu sagen, Hellmut Freunds Leben in dieser Zeit war der Verlag, war die Arbeit als S. Fischer-Lektor. Sogar seine Freundschaftsbeziehungen hatten fast alle mit dem Verlag zu tun; wenige Ausnahmen gab es, die stiftete meist die Musik. Sie war, mindestens gleichrangig mit Literatur, sein zweites Lebenselement. Wir behaupten kühn, dass Menschen, denen Musik nichts bedeutet, Hellmut Freunds Welt nicht wirklich nahe kommen können. Seine Jahrzehnte als Lektor zeitigten eine solche Fülle von Musikbüchern, Komponisten-, Dirigenten- und Musikerbiographien bis hin zum herrlichen ›Rosenkavalier‹-Buch, wie es sie vorher und danach in diesem Verlag nicht gegeben hat.

Auch in den nun folgenden Texten geht es oft genug um

musikalische Bücher. Seine über vier Jahrzehnte umfassende Arbeits-Zeit, Lebenszeit bei S. Fischer sichtbar zu machen, erschien uns nichts geeigneter als Blicke in seine Werkstatt. Die durften als Erste wiederum die Verlagsvertreter tun. Freund gab ihnen zur Vor- oder Nachbereitung der Konferenzen brieflich wertvolle Informationen, von gleicher Fülle wie seine Konferenzvorträge. »Sie wissen, dass ich fast immer nicht nur eingenommen, sondern durchdrungen bin von den Büchern, an deren Fertigwerden ich beteiligt sein darf«, schreibt er in einem solchen Brief. Von ihnen haben wir eine Anzahl für den ungekürzten Abdruck ausgewählt; sie zeigen beispielhaft, wie dieser Lektor arbeitete, und ergänzen so seine eigenen Aussagen darüber.

Was hat er sich alles einfallen lassen, den Vermittlern die neuen Bücher interessant zu machen! Wenn er, im selben Brief, zwei grundverschiedene Bücher darstellt und, nachdem er festgestellt hat, ein Vergleich dieser beiden »hätte allzu große Gehbeschwerden«, dann doch darangeht, Gemeinsamkeiten von Michael Ayrtons Daidalos-Roman und Grete Buschs Biographie von Fritz Busch herauszupräparieren, dann ist das aberwitzig. Umso erstaunlicher, dass der Witz gar nicht auf Kosten der Bücher und ihrer angemessenen Würdigung geht.

Auch von den ungeliebten Klappentexten oder Waschzetteln teilen wir etliche mit, die eindeutig und unverwechselbar Hellmut Freunds Handschrift zeigen. Das sind Texte, die auch eine werbende, verkaufsfördernde Wirkung erreichen sollen. Freund hat ja selbst davon gesprochen, dass ein Verlag töricht wäre, wenn er seine Bücher nicht lobte. Wie geschickt er aber das Loben zu verbinden wusste mit so fundierter wie lebendiger Information über die Bücher und ihre Autoren, mit seinem »Durchdrungensein« von ihnen, das ist auch jetzt noch mit Gewinn und Vergnügen nachzulesen, und von besonderem Reiz.

Eine dritte Kategorie bilden Nachworte zu und Beiträge in verschiedenen Büchern und Festschriften.

Dass sich in diesen chronologisch angeordneten Texten unversehens eine Verlagsgeschichte über vier Jahrzehnte anhand von ausgewählten Büchern – meist identitätsstiftenden Charakters – ergeben hat, ist ein nicht unwillkommener Nebeneffekt.

Hätte dieser »Autor, der nicht schreibt« seine Fischer-Zeit denn gerne noch erzählen wollen? Eine riesenhafte Aufgabe war das. Stand sie ihm bevor? Im bereits zitierten Erdmann-Beitrag (er findet sich in der Textsammlung) heißt es: »Das ›Beinahe‹ herrscht vor in der Menschengeschichte. So vieles noch verhüllt. Was wiegt schwerer, das Gewonnene oder das Versäumte? Ihre Gewichtung bestimmt ein Leben. Versäumnis bringt Selbstvorwurf oder Resignation. Oft mischen sie sich.«

Der letzte Band der von J. Hellmut Freund betreuten Tagebücher von Thomas Mann enthält jene bewegende Eintragung vom 29. Juli 1955, vierzehn Tage vor seinem Tode: »Lasse mir's im Unklaren, wie lange dies Dasein währen wird. Langsam wird es sich lichten.« Der Lektor zitierte diese Stelle in seinem Klappentext. Wir haben Anlass zu glauben, dass er in seiner letzten Lebenszeit ähnlich dachte und empfand.

Im Dezember 2004
Leo Domzalski

Ein Meister: Fritz Busch
In: ›Die Neue Rundschau‹ Heft 3/1952

Ein voller, guter Lebensakkord hat sich schmerzlich jäh, doch rein aufgelöst, als *Fritz Busch* am 14. September 1951 in London die Augen schloß. Ein wunderbar gütiges und tapferes Herz schlägt nicht mehr; die adlige Gestalt, in deren Wuchs, Haltung und Bewegung sich die innere Klarheit und vornehme Überlegenheit einer sehr männlichen und makellosen Persönlichkeit darstellten, wird nicht mehr gebieterisch und väterlich vor dem Orchester stehen. Ein Meister hat sein Werkzeug fortlegen müssen, das er von frühester Kindheit an zu arbeitsfrommem Dienst am kostbarsten und dauerhaftesten Stoff gebraucht hatte. Die Asche ruht nun in hessischer Erde, im dörflichen Frieden von Mengeringhausen, der Heimat der Frau, mit der Fritz Busch vierzig Jahre lang durch Vaterland und Fremde, Glanz des Wirkens und Dunkel der Zeit gegangen ist. Ein Heimkehrerschicksal hat sich erfüllt.

Ein *Meister* ist Fritz Busch gewesen: Ohne konservative Starre verkörperte sich in ihm – beglückender Anachronismus – die alte, schlichte Werk- und Werkstattgesinnung. Er tat und war mehr als ein blendender Virtuos, ein großer Dirigent, ein ausdrucksreicher Interpret: Der Abkömmling westfälischer Bauern, der Sohn eines abenteuerlichen Schreiners, Instrumentenhändlers und Geigenmachers, der Urmusikant hatte als Kind an der Spitze der Familienkapelle Busch in sauerländischen Dorfschenken zum Tanz aufgespielt und von Klavier, Violine, Bratsche und

429

Kontrabaß, von Flöte, Klarinette, Trompete, Horn und Schlagzeug auf gedient. Er wußte die Sprache der einstigen Stadtpfeifer, des kleinen Mannes in den Orchesterreihen zu reden; die Herzen der Holz- und Blechbläser flogen ihm zu, wenn er auf einer Probe mit seiner Dresdner Staatskapelle rief:»Etwas stärker die *Neben*melodie im *Flügel*horn!« Das hingebend gepflegte Werk der Hand aber sublimierte dieser Meister zum Werk des Geistes und der Seele, erfüllte es wie ein alter Maler, Kirchen- oder Geigenbauer mit tiefem Gefühl und Glauben. Er trug viel vom lutherischen Kantorentum in sich, vom polyphoniefrohen Musizierethos des Bachschen Stammes, und gleichermaßen lebte in ihm die musikmoralische Strenge, Keuschheit und Innigkeit der Brahms, Clara Schumann und Joachim, von deren Kreisen sich in der Tat zahlreiche Fäden zu seinem Künstlerdasein spannten. Wenn er, nie befriedigt, Beethovens Pastorale ausbreitete, von deren Ästhetik er allgemeingültigste Erkenntnisse gewonnen hatte, feierte er das »fröhliche Zusammensein der Landleute« und in heiligem Ernst ein weit höheres Fest: Reine Religiosität und reiner Landschaftszauber wurden eine andere Natur im Fließen absoluter Musik und unendlicher Melodie. Ebenso wie als Dirigent war er Stilbildner und Vorbild, wenn er auf dem Klavier die Rezitative der Mozart-Opern begleitete, die gewaltige Kadenz in Bachs Fünftem Brandenburgischem Konzert oder mit seinen Brüdern Adolf, dem unzertrennlichen Gefährten, und Hermann Trios von Schubert und Mendelssohn spielte, wenn er mit seinem Schwiegersohn Martial Singher ›Die schöne Müllerin‹ erklingen ließ oder mit einem jüngeren Musiker den vierhändigen Pianopart der Brahmsschen ›Liebesliederwalzer‹ ausführte. Besonnene Planung, herbe Sachlichkeit, beflügelte Improvisation und freies, warmes Empfinden fügten sich bei Fritz Busch zur Einheit eines elementaren, eines organischen, eines *atmenden* Musizierens. Eines menschlichen Musizierens. Wohl darf es gesagt und wohl darf der heute viel mißbrauchte Begriff hier geltend gemacht werden: Dieses Mannes

Kunst war Gesang der *humanitas*. Der Meister bewahrte diesen Gesang, und dieser Gesang bewahrte ihn – sein Leben lang. Er kannte keinen Zwiespalt, keine Zerrissenheit, keine Problematik, so leidvoll seine Sensibilität auch das Grauen dieser Jahre aufnahm. Der einzige Konflikt – er freilich von schwerer Tragik – wuchs aus seinem unbeirrbar, unerschrocknen Widerspruch zum Bösen dieser Zeit und ihrer Mächte. In einem geistes- und welthistorischen Moment, der Leverkühns leid- und schuldvolle Züge zeichnete, widerstand er jeder Anfechtung und wurde ihm kein Teufelspakt, auch kein äußerlicher, nötig oder auch nur möglich. Dabei hätten sie einander beinahe begegnen können, der Komponist von ›Dr. Fausti Weheklag‹ und der Uraufführungsdirigent von Busonis ›Doktor Faust‹, an vertrautwirtlichem Orte in Zürich: »Es war das in der Mythenstraße, nahe dem See gelegene Heim des Herrn und der Frau Reiff...«, an dessen Tafel Thomas Mann eigentümliche Beziehungen knüpfende Gäste setzte. »Zunächst stieg ich bei dem prächtigen Ehepaar Reiff ab, unseren alten Freunden«, so erzählt Fritz Busch, von den bittersten und heroischsten Wochen seines Daseins berichtend, in seinem erregenden und bezaubernden Buch ›Aus dem Leben eines Musikers‹.

Das Buch läßt Buschs geraden Weg nur bis zur Schicksalswende, bis zum düsteren Frühling von 1933, zum befreienden Aufbruch des Dreiundvierzigjährigen sichtbar werden. Viel Lehre und viel Kunde von Kunst und Güte könnten uns noch zuteil werden, wollte aus nachgelassenen Aufzeichnungen und aus Erinnerungen der Nächsten und enger Mitarbeiter eine Fortsetzung entstehen, die das bewegte und bewegende »Leben eines Musikers« in seiner Vollendung zeigte bis zu dem Abend in Edinburgh, vier Tage vor dem Tode, an dem Fritz Busch zum letzten Male den so sehr geliebten ›Don Giovanni‹ dirigierte.

Denn Leistung, Ertrag und Bedeutung dieses Lebens bilden in der Musikgeschichte der brodelnden vier jüngsten Jahrzehnte ein wichtiges Kapitel, in dem die Arbeit des Stuttgarter und zumal des Dresdner Opernchefs bedeutende Abschnitte einnimmt: Durchdringung gereinigten Musizierens und geschliffenen Theaters in einem vitalen Ganzen, Aufbau eines vokal, musikalisch, physisch und schauspielerisch gleich befähigten Ensembles und eines weiten, üppigen Jahresplans von Händel bis Strawinsky; Hütung und Mehrung des »ewigen Vorrats«; Förderung des Neuen. Die Premieren von Opern der Richard Strauss, Busoni, Schoeck, Hindemith, Křenek, Weill und vieler anderer sind internationale Musiktheater-Ereignisse, denen sich die Verdi-Renaissance, unternommen im Bündnis mit Franz Werfel, dem befreienden Übersetzer der ›Forza del Destino‹, gesellt. Wagner-Aufführungen, echt, doch nicht eng; Einbürgerung des ›Boris Godunow‹ im deutschen Bezirk; Gründung einer Orchesterschule – dies sind nur einzelne Paragraphen, gewichtig ein jeder.

Als dem Meister das daheim an langen Werktagen geformte Gefäß roh zerschlagen wurde, formte er an fremder Bank geduldig ein neues. Nun war er zum Reisedirigenten geworden, rastlos zog er durch die Welt. Mit ihm zog in jeder Partitur, die er ertönen ließ, seine unantastbare Heimat. Im Süden Englands, in der Grafschaft Sussex, schuf er die Oper von Glyndebourne, Verwirklichung einer musischen Utopie: In dem an John Christies elisabethanischem Landhaus angeschmiegten Kammertheater ein Beispiel, ein Festspiel, eine Kunst ganz nach dem Herzen, ganz aus dem Herzen Fritz Buschs. In ihrem Mittelpunkt: Mozart. Die Gipfelwerke werden in der Originalsprache gesungen, und besonders ›Così fan tutte‹, so lange verkannt, wird Lieblingsstück des Dirigenten, zum hinreißendsten Musik- und Lustspiel. Wenige Monate noch vor dem 16. September 1951 läßt Busch mit den Glyndebournern ›Idomeneo‹, Mozarts geniales Frühwerk, packend wiedererstehen.

Ein Meister, frei von Anfechtungen: So feite ihn seine innere Kraft auch gegen die Beirrungen, denen »reproduktive« Musiker nicht selten ausgesetzt sind. Fritz Busch war sich bewußt, nicht das Vermögen des Autors zu besitzen. Er beschied sich mit feinhörigen Instrumentationen Bachscher Choralvorspiele, kleiner Regerscher Stücke und Schubertscher Tänze, die er zu einer allerliebsten Suite voll dorfmusikantischer Kindheitserinnerungen zusammenband. Behutsam polierend richtete er Schumannsche Orchestersätze ein, und mit seinem Freunde, dem unvergleichlichen Musikenzyklopädisten Sir Donald Francis Tovey, restaurierte er zwei Opern von Schubert. Er war mit allen Geheimnissen des Orchesterorganismus, des »Klangkörpers« also, und der Orchesterchemie bis ins Letzte vertraut, aber in rührender Demut neigte er sich vor der »inneren Wahrhaftigkeit in jeder Note einer Brahmsschen Sinfonie«. Er tat nur dies eine, wofür die Sprache das elementare und die Unterschiede aufhebende Wort hat: Er *machte Musik*, – heimatlich und weltbürgerlich, erdverwurzelt und zu Himmlischem erhöht.

Dies Musikmachen wird historisch registriert, und ein Quentlein wenigstens von ihm bewahren uns die Schallplatten auf. Doch nicht ein einzelner Klang, – der ganze Mann lebt uns fort mit der Geschlossenheit, der Güte und Größe seiner Persönlichkeit. In der er lebte, die er schenkte und weckte. Wer Fritz Busch begegnen durfte, wurde besser durch ihn, den Familienvater, das Oberhaupt einer über Kontinente verstreuten, in menschlicher Gesinnung geeinten Gemeinde.

Fritz Busch lebt.

Diesen Beitrag schrieb der Dreiunddreißigjährige, acht Jahre bevor er seine Arbeit als Lektor begann. Der Text erschien in der Hauszeitschrift des S. Fischer Verlags, dokumentiert also Hellmut Freunds ersten Kontakt mit seiner späteren Wirkungsstätte und mit Rudolf Hirsch, dem Redakteur der ›Neuen Rundschau‹.

Jacob Klein-Haparash,
... der vor dem Löwen flieht
Roman (1961)
Brief an die Verlagsvertreter

Der S. Fischer Verlag stellt ein neues Buch und einen neuen Autor von eindrucksvoller Originalität vor:

J. Klein-Haparash, vor dreiundsechzig Jahren in Cernowicz geboren, ehemaliger k. u. k. Kavallerie-Offizier, heute israelischer Staatsbürger, begann, fast sechzigjährig, in Israel sein erstes Buch zu schreiben: Diesen breit angelegten, von ursprünglichstem Erzählertalent und erstaunlichem Konstruktionsvermögen zeugenden Roman. Die vielfältigsten Erfahrungen des Autors, dessen Leben eine Kette von Abenteuern ist, haben ihm Stoff geliefert, doch handelt es sich keineswegs um ein autobiographisches Buch. Klein-Haparash selbst ist Journalist, Kaufmann und rumänischer Reitchampion gewesen. Er ist vertraut mit der Welt der schwindenden Hocharistokratie, der Unterwelt und dem Treiben der Schmugglerbanden, mit der Art und Lebensweise all der Völker, die in seiner eigenen Heimat zusammenstoßen. Und er kennt nicht nur die Leute, sondern das Land. Seine Liebe zu Pferden und zum Reiten gibt dem Buch einen eigenen, warmen Ton. Der Roman, bei aller Fabulierfreude völlig realistisch und dabei von politischer Aktualität, spielt vom 30. November 1939 bis zum 10. Mai 1940 zur Zeit des deutsch-russischen Vertrages. Schauplätze: Rumänien (insbesondere Bukowina, Siebenbürgen, das Altreich), Wien, Warschau, Lemberg und seine Umgebung, Paris, London. Ein großer Teil des Geschehens vollzieht sich längs der rumänisch-russischen Grenze, und die Grenzsituation beherrscht faktisch und symbolisch das Ganze: Grenze der Länder mit ihren politischen Systemen, der Zeiten, der sozialen Stände. Sie wird repräsentiert durch das winzige Flüßchen Czeremosch, das zwei Welten voneinander scheidet: die sowjetische

434

und die nationalsozialistische, die sich zum Kriege miteinander vorbereiten.

Ludovic Alda, rumänischer Aristokrat, Herrenreiter und wirklicher »Herr«, dabei Abenteurer und geheimes Haupt einer Schmugglerorganisation, läßt sich vom Chef des rumänischen zweiten Büros dafür gewinnen, über die Grenze zu gehen, um die Stimmung im sowjet-besetzten Ost-Galizien zu erforschen. Er trifft mit Menschen der Unterwelt zusammen, die Verkäufer des Lwower Fleischtrusts geworden sind, wird ihr Kamerad und mit ihnen als Arbeiter in die Hilfsfarm eines staatlichen Werks eingestellt. Dort begegnet er Mira Linkhand, dem ›Mädchen aus dem Keller‹, das aus der Tiefe emporgekommen ist. Seine ungewöhnliche Karriere wird im dritten der sechs Bücher ungemein packend erzählt. Einheirat in eine internationale Diamanten-Händler- und Finanzierfamilie, deren geschäftliche und menschliche Beziehungen weit und bunt ausgesponnen sind. Nicht nur die Schicksale Miras und Aldas, der nun der Stallmeister Wassile Chomiuk ist, auch viele andere, Privates und Politisches, verflechten sich im Riesenteppich der Erzählung. Kapitalisten und Kolchosarbeiter, Agenten, »Erlöser und Erlöste« (ironisch), Sowjetfunktionäre von verschiedenem Typ und verschiedener Tendenz, patriotische und verräterische Polen, Rumänen, Ungarn. Erschütterte Existenzen, Schicksale, die Fäden sind in einem dichtgeknüpften Teppich.

So faszinierend wie sachlich gegenständlich und gerade aufschlußreich angesichts der heutigen Kolchosierungsmaßnahmen, ist die Darstellung des Betriebes auf der Farm, die von Wassile und Mira mit kapitalistischen Methoden erhalten wird. Wassile (Alda) hat Erfolg. Unerkannt spielt er seine Rolle, in die er wie in eine natürliche Daseinsform hineinwächst. Aber noch vieles andere ist im Spiele. Während er selbst Menschen zu befreien sucht, macht man in Rumänien, wo man ihn von Anfang an verfolgt hat, auf Geheiß eines perversen Parteigängers der Nazis Jagd auf ihn. Immer dichter wird das Netz der Intrigen und Gegenintrigen. Aldas vertrautester Freund, Sohn seines Pächters, mobilisiert die Schmugglerorganisation, um Aldas im Lande verbliebene Braut zu retten und die Verfolger auf die falsche Fährte zu locken. Die Pascherwege führen tief hinein nach Rußland. Auf ihnen werden Menschen in beiden Richtungen verschoben und dem Zugriff bald der Nazis, bald der Sowjets entzogen. (Diese Schilderung fußt auf Tatsachen, ähnliches berichtet für Ungarn Joel Brand.) Unterdessen ist Alda-Wassile durch seine für seinen vorgetäuschten Stand verblüffende Intelligenz dem russischen politischen Geheimdienst aufgefallen, der ihn zu immer heikleren Aufgaben benutzt. Noch werden einige Menschen auf abenteuerliche Weise gerettet. Alda selbst trägt sich mit Fluchtgedanken. Da erhält er den Befehl, heimlich über die Grenze nach Rumänien zu gehen, um dort vor der russischen Invasion das gleiche zu tun, was er in rumänischem Auftrag auf sowjetischem Gebiet tun sollte.

Der Roman ist in sich geschlossen. Der Autor hat aber bereits eine Fortsetzung konzipiert.

Diesen Brief schrieb der Lektor in den ersten Wochen seiner neuen Tätigkeit. Offenbar hat er das Lektorat des Romans, der schon angenommen und dessen Manuskript im Hause war, als vielleicht erste Aufgabe übernommen. Wie er in seinem Brief an die ihm noch unbekannten Außendienstmitarbeiter Inhalt und Charakter dieses zeitgeschichtlichen Abenteuerromans mit allen Facetten darstellte, war so den Empfängern noch nicht vorgekommen, machte sie neugierig und bereit, sich für das Buch stark zu machen. Der Herausgeber verwahrte diesen, als Durchschlag auf dünnstem Papier erhaltenen Brief, ohne schon zu ahnen, was er von diesem neuen Lektor noch alles werde zu erwarten haben.

Der Goldene Schnitt
Große Erzähler im S. Fischer Verlag 1886–1914
Herausgegeben von J. Hellmut Freund
Klappentext (1964)

Von seiner Gründung an hat der S. Fischer Verlag den großen
Erzählern seiner Zeit Heimstatt und Resonanz gegeben. Die ersten Dezennien der Verlagsarbeit waren die letzten des 19. Jahrhunderts. Die Jahrhundertwende bedeutete zugleich eine Zeit-
wende: Wasserscheide der Auffassungen von Welt, Leben und
Literatur. Schon Realismus und Naturalismus fochten mit ihrer
Wahrheitssuche Überliefertes an; der Weg führte weiter zu neuer Form und neuem Ausdruck. Samuel Fischer öffnete den Jungen sein Haus; vor und mit ihnen hieß er die älteren Meister
willkommen, die ihnen vorangegangen waren und den Kampf
für das »moderne Leben« eingeleitet hatten. Diese Anthologie
versammelt zwanzig Namen und zwanzig in sich geschlossene
erzählerische Prosastücke. Am Anfang dieses Bandes steht
Theodor Fontane: Ganz noch dem 19. Jahrhundert angehörig,
grüßte er bereits das Zwanzigste, Gerhart Hauptmann und die
›Freie Bühne‹. Am Ende steht Eduard Graf Keyserling mit seiner
eigenwilligen zarten Kunde vom Jahre 1914, das der Auswahl als
Grenze und Zäsur galt. Ein zweiter Band wird bis in unsere Tage
führen.

Der heutige Leser mag den bleibenden Glanz und die natürliche Patina erkennen, doch auch den vollen Akkord der
wesentlichen Stimmen jener Epoche, bei aller Vielfalt und individuellen Prägung die Gemeinsamkeit der großen Erzähler,
die in S. Fischers Verlag einander begegneten: eine Gemeinsamkeit des Humanen; er mag einen Hauch spüren vom »Geist der
Erzählung«.

Annette Kolb
1907–1964
Zeitbilder
Klappentext (1964)

Bilder der Zeit gibt uns Annette Kolb – ihrer Zeit und auch der unseren, Momente leuchten auf, von der Intensität des Erlebens und der eigenwilligen Grazie des Erzählens der Flüchtigkeit enthoben, längst Vergangenes wird und bleibt Gegenwart, Gegenwärtiges wird unerbittlich auf seinen Bestand geprüft. Über weite Räume streckt sich die Folge der Bilder, über mehr als ein halbes Jahrhundert schweift der Blick. Mit souveräner Freiheit und strengem Verantwortungsgefühl spricht Annette Kolb von sich selbst, von ihren Fahrten und Erfahrungen, von ihrer Welt, und es ist eine ganze Welt, reich an Landschaften und Architekturen, Klängen und Gestalten, doch auch an Bedrohungen und Kämpfen. So ruft die Dichterin das München ihrer Jugend wach, so erstattet sie – 1938 – ihren Bericht über die Festspieltage in Salzburg vor dem Einbruch der Barbarei, den Abschied von Österreich und dem alten Europa. In der unvergleichlichen Anmut dieser Prosa werden Caprice und Spiel, Ironie und Begeisterung, Kritik und Schmerz zu Musik. So schildert sie auch, mit einer Subjektivität, die das Wahre trifft, ihre erste, glückliche Reise nach Amerika.

Aber Annette Kolb begnügt sich nicht mit der Evokation, sie bekennt und nimmt Stellung, wenn sie auf Goethes und Mozarts Größe weist, ihre und unsere Beziehung zu Natur und Kreatur betrachtet oder ihr Ja und ihr kräftiges Nein zu Erscheinungen unserer Tage sagt.

Moritz Heimann
Die Wahrheit liegt nicht in der Mitte
Essays
Klappentext (1966)

Als Moritz Heimann im Jahre 1896 Samuel Fischer begegnete, gewann der Verlag einen klugen literarischen Mentor, der bis 1925 den alten Fischer Verlag entscheidend mitgeprägt hat, und zugleich einen bedeutenden Autor. Er war, wie wir aus dankbaren Berichten wissen, ein Künstler des produktiven Gesprächs und der fördernden Aufmerksamkeit. Der Dienst am Werk der anderen beschattete das eigene Schaffen. Die vorliegende Auswahl aus dem essayistisch-kritischen Werk des »lector Germaniae«, wie ihn Alfred Kerr genannt hat, spiegelt in ihrem ersten Teil die kritische Offenheit, mit der sich Heimann den gesellschaftlichen Problemen unter den Bedingungen der Hohenzollern-Monarchie und der Weimarer Republik zugewendet hat. Ein hochempfindliches Bewußtsein für das, was recht und billig ist, bestimmt sein Urteil über allgemeine Zustände (zum Beispiel das Parteiwesen) und herausragende Ereignisse (zum Beispiel Rathenaus Ministerzeit). Der zweite Teil sammelt Aufsätze zur Literatur. Mit kritischer Liebe nimmt Heimann, dem »Kultur als Vaterland« galt, am literarischen Leben seiner Epoche teil, an der Wiener Moderne, an den großen Bewegungen im Norden (Ibsen) und Osten (Tolstoj); er bringt dem alten Fontane seine Verehrung dar, er ist mit Gerhart Hauptmann verschwägert, mit Oskar Loerke und Wilhelm Lehmann befreundet. Der Landschaft Fontanes gehört der dritte Teil. Auch Heimann stammt aus der Mark Brandenburg. Der Reiz ihrer wenigen großen Elemente – Kiefern, Seen und Heide, Äcker und Chausseen – wird von Heimanns schöner Sprache festgehalten: poetischer Realismus, der durch die Schule des Naturalismus ging. »›Meisterlich‹ und ›einen Meister‹, so nannte Hugo von Hofmannsthal Moritz Heimann jedesmal, wenn er von ihm sprach oder schrieb: und das geschah nicht selten. Es gibt kein besseres Wort für Heimann. Er hat die ganze Größe des Meisterlichen; er hat auch die Beschränkung des ›Nur-Meisterlichen‹. Er braucht sich dieser Beschränkung wahrlich nicht zu schämen.« (Willy Haas) Der Beweis liegt vor uns.

Günther Rühle
Theater für die Republik 1917–1933
Im Spiegel der Kritik
Klappentext (1967)

Auch durch die Kritik bleibt Theater lebendig; sie ist die Antwort der Zeit, die sich die Szenerie zu eigen macht, sie ablehnt, umdeutet, auf jeden Fall sich subjektiv mit ihr verbündet. Die Weimarer Republik zwischen 1917 und 1933 lebte ebenso von ihren Stückeschreibern, Schauspielern, Regisseuren wie von ihren Rezensenten; von Schickele, Hauptmann, Unruh, Kaiser, Sternheim, Max Reinhardt, Jeßner wie von Monty Jacobs, Alfred Kerr und Ihering. Brecht wäre kaum zu denken ohne die Kontrahenten im Feuilleton. Aus dieser Reibung, aus Spruch und Widerspruch, ergibt sich das Bild einer Epoche, in der das Theater nicht selten in die Politik eingriff. Günther Rühle hat mit Sachkunde die Rezensionen gesammelt. Sie beginnen – auch das ist eine Spanne – mit René Schickeles ›Hans im Schnakenloch‹ und enden mit dem ›Schlageter‹ von Hanns Johst. In seinem Einleitungsessay deckt Rühle die Elemente, Triebkräfte und Motive des ›Theaters für die Republik‹ und die geistesgeschichtlichen Zusammenhänge auf. Dieses Panorama lebt aus dem Für und Wider, aus Aktion und Reaktion, bis ein Theater gegen die Republik die Bühne besetzt. Der kritische Zuschauer spiegelt wider, was er auf der Bühne sieht und im Parterre erfährt.

Eine Neuausgabe in zwei Bänden erschien 1989; die Klappentexte dazu sind auf Seite 504 ff. abgedruckt.

Thornton Wilder
Der achte Schöpfungstag (1968)
Joseph Conrad
Jugend/Herz der Finsternis/Das Ende vom Lied (1968)
Brief an die Verlagsvertreter

16. Januar 1968
JHF/Hg

Verehrte und liebe Herren Classen, Domzalski, Johst, Kieser, Doktor Umfahrer und Weiss-Margis, Hartmann,

gern und doch nicht ohne ein kleines Zögern entspreche ich Ihrem freundlichen Wunsch, Ihnen noch einige Worte oder gar Seiten über ›Der achte Schöpfungstag‹ von Thornton Wilder zukommen zu lassen.

Was ich Ihnen neulich sagen durfte, kann ich so leicht nicht wiederholen. Das großartige und unerschöpfliche Buch zwar ist dasselbe geblieben, und auch mein Eindruck, unser Eindruck von ihm hat sich nicht verändert. Aber wenn man sich jeden Tag mit ihm beschäftigt, nimmt man auch jeden Tag etwas Neues an ihm wahr; um das von Wilder so deutlich gemachte Bild zu gebrauchen: einen anderen Faden, ein anderes Musterteilchen im Teppich. Und man zögert, ein Werk zu interpretieren, das sich in allem Wesentlichen wiederum allein erklärt, weil sehr viele Themen, Hauptthemen unserer Existenz angeschlagen, aber mit Absicht nicht ganz ausgespielt, weil nicht alle Fäden durchgezogen werden. Wilder gibt uns Auskünfte übers Menschenleben; dies vor allem. Er spricht von Glauben jenseits aller dogmatischen Bindung. Dies ist vielleicht das verhüllte, von Nebenstimmen umspielte Hauptmotiv seines Romans. Aber er weiß, daß es keine gültige, keine endgültige Antwort gibt. Er kennt den Zweifel und entfernt ihn nicht von den Schicksalen, die er schildert, nicht aus seiner Betrachtung, nicht aus dem Bewußtsein des Lesers. Das macht sein auf den ersten Blick traditionsverhaftetes, wenn nicht gar altmodisch wirkendes Buch modern.

Modern wie Vieles auch in seiner Technik: das Durcheinanderschütteln der zeitlichen Perspektiven oder Ebenen, die künstlerische Vorstellung einer umfassenden Präsenz, zu der eben die Vergangenheit so sehr gehört wie der Ausblick in die Zukunft. Es geht ja dem Erzähler Thornton Wilder ums Menschenschicksal: unnötig, dies festzustellen. Es geht ihm ums Erbe des Menschen, der Menschen und um seine, um ihre Aufgabe. Sie haben mittlerweile gelesen, wie John Ashleys nach und nach völlig aufgedeckter und doch geheimnisvoller Lebensweg verläuft. Dieser einfache und bewundernswerte, von seinem Autor geliebte, aber nicht unkritisch charakterisierte Mann wird von allen Gefahren, die unentrinnbar scheinen, gerettet. Und geht doch am Schluß unter. Plötzlich. Er ist als Lebender, Held, Person aus dem Buch verschwunden. Wilder braucht ihn nicht mehr. Diese Lösung ist natürlich nicht die eines negativen deus ex machina, kein verlegener, sondern ein souveräner Griff des Autors. Und, um es vorwegzunehmen: in späteren Teilen dieses Erzählwerkes erfahren wir noch genug von Ashleys Jugendgeschichte, lernen wir, wie er zu dem wurde, als den wir ihn auf der Höhe und im Absturz kennengelernt haben. Vermutlich hat dieser Verfolgte, geheim Behütete, vermeintlich Fallengelassene seine nicht nur biologische Aufgabe erfüllt. Dies tönt bereits auf den ersten Seiten an: seine Kinder tragen auf nicht minder sonderbaren Wegen sein Erbe weiter. Ihr Wesen ist undenkbar ohne das seine, sein Wesen aber auch undenkbar ohne das ihre. Wellen sind sie allesamt im Meer des Lebens: unpathetisch wird dies Gleichnis, dies Bild, aller Trivialität entkleidet, gegen Ende des Romans gebraucht.

John Ashley aber, des normalen Glücks beraubt, hat bis zum Schluß gelernt, sich durch Lernen entfalten, zur Wahrheit entwickeln können. Sein Leben ist beinahe heiligmäßig. Kein Ashley aber kann naiv unschuldig, gefühlvoll altruistisch genannt werden. Allen Ashleys ist auch Rücksichtslosigkeit eigen. Viele Episoden ihres Werdegangs und Lebenslaufs beweisen das.

Wird aber das Leben auch vom Erbe bestimmt, so muß es jeder von neuem, auf eigene Rechnung, mit eigenem Willen leben: das lehrt Wilder (und er ist lehrhaft, ohne langweilig zu sein) so gut wie es Goethe oder Stifter gelehrt haben (sans comparaison). Dr. Gillies' Weltbetrachtung, die auf so originelle wie einfache, auf so einleuchtende Weise alttestamentarische Religiosität mit darwinistischem Durchschnittsglauben verknüpft und die er selbst, der Skeptiker, gar nicht glaubt, nur den Jüngeren auf ihren Weg zu geben für richtig hält: am Ende wird sie doch, wenn auch mit Zweifel, bestätigt. Der Fortschritt ist nicht absolut, der Mensch ist nicht gut, die Welt ist ein Ort der Schrecken. Den Menschen aber obliegt es, am achten Schöpfungstag das Ihre zu tun, das heißt, die Schöpfung – ach, noch lange nicht zu vollenden. Aber gewiß weiterzutreiben. Also doch Fortschritt. Und Erziehbarkeit des Menschen. Mit dem Festhalten an diesen beiden Faktoren legitimiert sich Thornton Wilder als amerikanischer Autor. Und natürlich mit all den Schicksalen, von denen er berichtet; mit dem genealogischen Netz, das er beim Erzählen der Familiengeschichten der Ashleys und der Lansings, beim Vorführen unzähliger Nebenfiguren ausbreitet. Der Amerikaner, wie Wilder ihn begreift und vorlebt, ist Erbe Europas, ist Erbe sowohl der altjüdischen, altchristlichen wie der hellenischen Kultur. Darauf hat Herr Professor Helmut Viebrock, der hervorragende Anglist und Amerikanist der Frankfurter Universität, kürzlich in einem Vortrag hingewiesen. Beispiele lassen sich in unserem Buch mit der Hand greifen. Im Sinn einer alten und reichen Überlieferung, im Sinn eines geläuterten, für ihn immer noch gültigen Amerikanertums gibt Thornton Wilder eine fragmentarische, bewußt fragmentarische Lehre vom Leben, das nur der »schöpferischen Kraft des menschlichen Geistes« zugänglich ist, nur von ihm verstanden und bewältigt werden kann. So ungefähr... Ashleys Glaube aber und der Glaube all der so verschiedenen Menschen in diesem Roman kommt aus dem sich Wundern, aus dem Staunen vor dem Leben, von dem in einer anderen Stimmlage, ein griechisches Verbum zitierend, auch Hofmannsthal gesprochen hat. Weit geöffnet (trotz eventuellen Verblendungen) sind die Augen dieser Menschen, die Augen dieses freilich auch ebenso fein hörenden Schriftstellers.

Herr Professor Viebrock wurde in seinem Vortrag von einem Hörer gefragt, was denn dieser Roman mit Goethe und der deutschen Klassik zu tun habe. Man kann ja eine Menge fragen. Aber, bei näherem Hinsehen, ließe sich vielleicht entdecken, daß Thornton Wilder doch einiges mit Goethe wie überhaupt mit sehr vielen Erscheinungen der Weltliteratur zu tun hat. Wenn man so will, ist diese scheinbare Kriminal- und Familiengeschichte ein komplexer Entwicklungs-, ja Bildungsroman. Wilder überschreitet nie die Grenzen des Rationalen, das Wunder oder das Wunderbare hat innerhalb dieser Grenzen seinen Platz. Damit auch eine höhere Lenkung, die zumindest streckenweise wirkt. Wir haben gesehen, wie der zur Hinrichtung fahrende Gefangene von maskierten Unbewaffneten gerettet wird. Am Ende hören wir, daß es Angehörige einer Sekte waren, der John Ashley einst seine unbefangene Menschlichkeit gezeigt hat. Rogers Werden in Chicago wird von einer Loge beobachtet; sie bietet ihm eine Hilfe an, die er, der Selbständige, Unabhängige, Unsentimentale, allerdings ablehnt. Die Erinnerung an Wilhelm Meister, seinen Turm und seine Pädagogische Provinz ist nicht mehr fern, und schon gar nicht die Erinnerung an die Zauberflöte: nicht umsonst die zweite Oper, die der junge Mann in Chicago hört. Die Ahnung einer humanen Verschwörung zum Guten dämmert auf. Unmerklich wird auch und gerade der Selbständige an die Hand genommen.

Und das ist zu einem guten Teil der Inhalt der Ihnen noch nicht bekannten Kapitel. Wenn Sie diese endlose und durchaus

444

nicht geordnete Epistel lesen, werden Sie wahrscheinlich noch mit Roger und Lily in Chicago sein. Roger lernt Menschenelend kennen, macht eine erotische Schule durch, beginnt sich als Journalist durchzusetzen: er wird, er bleibt ein einflußreicher Journalist, sehr amerikanisch, sehr pädagogisch dabei: unsentimental auch in seinem Handeln, aber vielleicht ein bißchen missionarisch – wir erinnern uns, daß Thornton Wilders Vater Missionar und Zeitungsmann war. Er, Roger, findet sich und seine Stellung im Leben. So auch Lily, die Unbekümmerte. Sie bricht mit jeder Konvention. Mehr und mehr zeigt sich überhaupt, daß die meisten Menschen in dieser Geschichte unkonventionell sind, keine kleinen Rücksichten nehmen: wir werden noch erfahren, daß John und Beata Ashley nie getraut worden sind. Lily macht fast skrupel- und doch arglos Karriere: ihre Laufbahn als prominente Opernsängerin beginnt – ziemlich synchron mit der ersten unehelichen Mutterschaft. Die Geschwister begegnen sich. Schon halbwegs arriviert, trifft bei der ersten Heimfahrt zu Weihnachten Roger Ashley Felicité Lansing in der Bahn. Sie will ihm ein Geheimnis mitteilen.

Der nächste Teil, das nächste Buch: ›Hoboken, New Jersey, 1883‹: die Rückblende, die Jugendgeschichte John Ashleys, seine Tüchtigkeit auf der technischen Hochschule, sein entschlossenes und sauberes, aber auch amusisches Wesen (interessant, wie Wilder immer wieder die Humorlosigkeit der Ashleys betont). Die Geschichte Beatas, ihrer deutschen Eltern und Vorfahren: ihre auf einen unechten Adel stolze Mutter, ihr Vater, der Bierbrauer, die eine, tierliebende, fromme, quasi weiblich franziskanische Großmutter. Am Tag, an dem Ashley sein Examen bestanden hat, löst er alle Familienbindungen, bricht er mit der ungetrauten Frau in ein neues Leben auf. So kommt er nach Coaltown.

Das Kapitel ›St. Kitts, 1880–1905‹ ist mehr als die Geschichte der anderen Seite, die Geschichte der Familie Lansing; es ist fast schon die Enthüllung. Breckenridge Lansing wird in seiner brutalen Schwäche, seiner aufschneiderischen Lebensuntüchtigkeit porträtiert; reiz- und bedeutungsvoll ist das Porträt seiner Frau Eustacia, der anmutigen und vitalen Kreolin von der karibischen Insel St. Kitts. In ihrem Wesen mischen sich Französisches und Exotisches. Ihre Ehe wurde eine Enttäuschung, tapfer hat sie den Alltag zu bestehen versucht, ihre Kinder erzogen, den Mann ertragen, die nie geäußerte Liebe zu John Ashley bezwungen (wie denn die schönste Liebesgeschichte in diesem aus Fülle und Andeutungen zugleich bestehenden Roman die quasi ungeschriebene ist). George Lansing, der Sohn, ist ein schwieriges Kind, wird in der Pubertät schwieriger. Wir durchschauen bald seine psychologische Konstitution, vielmehr sein Trauma, das ihm sein Vater zugefügt hat. Die ärgste innere seelische Verletzung des Jungen aber ist die Behandlung, die der Vater der Mutter angedeihen läßt. Auch George Lansing neigt zu Selbständigkeit und Gewalttätigkeit, auch er will sich von allen Bindungen befreien; auch er spürt einen speziellen Impuls, ein spezielles Talent. Nehmen wir auch dies vorweg: er wird, stimuliert von jener Ihnen bereits bekannten Russin, ein bekannter Schauspieler; er geht nach Rußland. Hier, in St. Kitts, hat sich der Knoten geschürzt. Die Katastrophe nähert sich, als das Porträt des schrecklichen Breckenridge Lansing tragische Züge annimmt. Unmittelbar vor der Katastrophe flieht George. Er hat seines Vaters letzten Zornesausbruch belauscht, die unsinnige Verdächtigung, seine Mutter begehe mit Ashley Ehebruch.

Und das letzte Kapitel: nicht mehr Vorgeschichte. Schluß. Ausblick. Wie im Roman des 19. Jahrhunderts und doch ganz anders. Im Licht, nun, unserer Welt, die der alte Dichter allerdings chaotisch und glaubenslos zu sehen sich weigert:»Coaltown, Illinois, Weihnachten 1905.« Die Erzählung wird Spiel der Betrachtung, der Motive, transponiert sich fast ins Musikalische. Ein paar Noten in diesem Spiel sagen uns, daß Constance Ashley, verehelichte Nishimura, als Frauenrechtlerin, Sozialarbeiterin wirkt, populär wird in der Welt. Gibt es ein Happy-end? Alle Kinder haben sich »gemacht« außer der armen Sophia, die das größte Opfer brachte. Es kommt zu der Aussprache mit Felicité, und wir erfahren – soll ich's denn erzählen? – wir erfahren, was wir schon ahnen mußten: daß George seinen Vater erschossen hat. Und nun nur noch der Ausflug zum Herkomer-Knob, zu dem Hügel, der die Kirche und die Gemeinde jener Sekte überragt und einen Weitblick gewährt. Der alte Geistliche, der Patriarch, lüftet das Geheimnis. Nicht das letzte, denn dies ist der Schöpfungsplan selbst. Der letzte Satz in diesem Buch bricht nach dem ersten Wort ab.

Sie wissen, wir sind noch an der Arbeit. Die Versicherung ist nicht billige Lektoratsfloskel, daß an dem Text der Fahnen der Übersetzer und seine Gesellen noch feilen. Wir hoffen, eine würdige Fassung zustandezubringen.

Über Conrad brauche ich Ihnen doch nichts zu erzählen, nicht wahr? Die obige Versicherung zwar muß auch hier wiederholt werden: zwischen Fahnen und Umbruch geschieht noch manches. Die drei Erzählungen sind bekanntlich schon vom Autor selbst zu einem Band vereint, als eine Art Zyklus vorgestellt worden. Sie haben innerhalb eines gewaltigen Gesamtwerkes ihr eigenes Gewicht. Und ›Herz der Finsternis‹ hat eine neue Aktualität. Ich glaube nicht, daß nach Multatuli zu jener Zeit ein anderer Autor so hart das Kolonialleben dargestellt hat. Und die gewissenlose Herrschsucht, wie sie Kurtz verkörpert. ›Das Ende vom Lied‹ aber gehört zweifellos zu den ergreifendsten Erzählungen dieses Dichters: die exotische Szene, die Genauigkeit des technischen Vorgangs, das Soziale, das Menschliche, die Größe einer tragischen Gestalt: Conrad hat alles zur Einheit eines Meisterwerks zusammengefaßt.

Nun aber genug, werden Sie sagen und sage auch ich. Dabei könnte ich Ihnen noch manches erzählen. Mit Vergnügen beantworte ich Ihnen die Fragen, die Sie eventuell noch auf der Zunge oder dem Papier haben.

447

Ich wünsche Ihnen eine gute Reise, Ihnen und uns viel Erfolg
und grüße Sie herzlich

Ihr
J. Hellmut Freund
S. Fischer Verlag GmbH.
Lektorat

Karl Silex
Mit Kommentar
Lebensbericht eines Journalisten
Klappentext (1968)

Den ungetrübten Blick auf die Wirklichkeit und die Wahrheit
gerichtet, erstattet ein hervorragender Journalist, langjähriger
Chefredakteur der ›Deutschen Allgemeinen Zeitung‹ und des
›Tagesspiegels‹, Bericht über sein so wechselvolles wie konse-
quentes Leben »in den Wirbelstürmen des Jahrhunderts«.

Karl Silex hat einen schweren Kurs gehalten, als Zeitungsmann und als Seemann: er zeichnet ihn sorgfältig nach. Er gibt
aufrichtig Rechenschaft. Und er zieht das Resümee seiner Erfahrungen in einem mutigen Bekenntnis seiner politischen Einsicht
und seines Glaubens. Klar und redlich schildert Silex Vorgänge
und Motive; dieser Beitrag zur Zeitgeschichte erteilt authentische Auskünfte. Der 1896 in Stettin geborene Pastorensohn
erzählt von seiner Jugend in der Wilhelminischen Ära, seiner
Kadettenzeit, dem Ersten Weltkrieg, an dem er als Kommandant
eines Minensuchboots teilnahm, dem ersten Zusammenbruch,
Kämpfen und Studium, intelligent eingeschlagener journalistischer Laufbahn, einem Intermezzo bei der »christlichen Seefahrt«, dem beruflichen Wirken als Londoner Korrespondent der
›DAZ‹, dem vergeblichen Versuch, der Weimarer Republik und
der Politik des Reichskanzlers Heinrich Brüning noch kurz vor

448

dem Scheitern zur Hilfe zu kommen. Mittel- und Höhepunkt des Buches ist der Report – im Dialog mit Margret Boveris Buch ›Wir lügen alle‹ – von der schwierigsten Bewährungsprobe, der Amtszeit als Chefredakteur der ›Deutschen Allgemeinen Zeitung‹ unter der nationalsozialistischen Herrschaft, der Bemühung, das Blatt den übelsten Eingriffen zu entziehen; Silex vertauschte schließlich den Schreibtisch mit der Kommandobrücke eines Minenlegers.

Der Neubeginn nach dem zweiten Zusammenbruch, die Gründung eigener Zeitschriften, die zweite Periode als Berliner Chefredakteur bezeichnen den Weg zu publizistischen Aufgaben, denen Karl Silex sich nach wie vor verpflichtet weiß.

Bruno Walter
Briefe 1894–1962
Herausgegeben von Lotte Walter Lindt
Klappentext (1969)

Bruno Walters Briefe ergänzen seine reifen, abgeklärten Bücher; sie bezeugen das lange, reiche Leben eines der berühmtesten Dirigenten unseres Jahrhunderts. Hier spricht er unmittelbar aus der Situation und Empfindung der Stunde. Schritt für Schritt kann der Leser eine ungewöhnliche Laufbahn, mit ihr aber einen Bildungsprozeß, die Entwicklung einer außerordentlichen Persönlichkeit begleiten.

Talent und Willenskraft in gleicher Stärke machten Bruno Walter den Anfang leicht und gewannen ihm erstaunlich früh Praxis und Erfolge. Mit immer mehr sich vertiefendem Ernst trat ein fruchtbares Ritardando ein, äußere und innere Widerstände wuchsen und wurden überwunden. Die alltäglichen und die allgemeinen, die großen Probleme des Musikers und des Menschen, seine Kultur, seine Gesinnung und sein Missionsbewußtsein geben diesen Briefen Inhalt und Puls. Hohe Begriffe gelten und werden erfüllt, »Seele« ist für Walter keine leere Vokabel.

Die Herausgeberin hat die Lebenszeugnisse ihres Vaters in vier Abschnitte nach den Hauptetappen dieses von schweren Kämpfen und Erschütterungen nicht verschonten Künstlerweges eingeteilt, die wichtigsten künstlerischen Beziehungen, die enge Verbundenheit mit Thomas Mann und seinem Hause deutlich gemacht und in gewissenhaften Anmerkungen biographische und musikhistorische Zusammenhänge erhellt.

Michael Ayrton
Ich erbaute das Labyrinth
Die Autobiographie des Daidalos (1970)
Grete Busch
Fritz Busch, Dirigent (1970)
Brief an die Verlagsvertreter

7. Januar 1970
JHF/Hg

Sehr geehrte und liebe Herren Chittka, Classen, Domzalski, Hartmann, Johst, Kieser, Tralst, Doktor Umfahrer, Weiß-Margis,

mit argen Schulden bin ich ins Neue Jahr getreten, für das ich Ihnen in Herzlichkeit viel Genugtuung und Freude, uns gemeinsam aber guten, d. h. auch berechtigten Erfolg wünsche. – Mit Schulden: denn ich habe Ihnen einen Schreibebrief über zwei Lieblingstitel in unserem Frühjahrsprogramm versprochen, mein Versprechen aber nicht gehalten, nicht halten können, allzu sehr war unser Haus von der Grippe heimgesucht, die ja beneidenswerte Auflageziffern erreicht hat. Notgedrungen

Versäumtes muß ich nun in Eile nachholen – daher die Länge des Folgenden.

Von Michael Ayrtons Daidalos-Roman und von Grete Buschs so dokumentenechtem wie poetischem Bild ihres Mannes sollte und wollte ich Ihnen reden: erwarten Sie nichts Systematisches, keinen Essay.

Fügt der Zufall diese beiden Bücher in unserem Programm und dieser Epistel zusammen? Haben sie etwas Gemeinsames außer unserem, wie ich meine, unverkennbaren Zeichen, der Tatsache, daß sie zu uns passen? Nun, sie liegen mir am Herzen, und ich möchte sie Ihnen ans Herz legen. Daß Sie ein besonderes Verständnis für beide Titel besitzen, habe ich ja schon gemerkt.

Ein Vergleich hätte allzu große Gehbeschwerden. Dennoch: Gemeinsames gibt's auch hier noch. Ayrton schrieb eine fiktive Autobiographie, Grete Busch eine Biographie oder doch ein Stück Biographie (die Geschichte der tragischen reifen Jahre eines Meisters), die beinahe Autobiographie ist. So stark sind Teilnahme und Identifikation, ohne daß die Autorin je in Schönfärberei, Hudelei, Oberflächlichkeit und Unaufrichtigkeit verfiele.

Um es altmodisch auszudrücken: zwei Künstlerleben werden erzählt. Künstlerschicksale. Wer diese Bücher aufmerksam liest, wird als gemeinsamen Nenner eine Antwort auf die ständige Frage nach dem Wesen des Künstlers und der Kunst finden. Die Sicht der zweiten Hälfte unseres Jahrhunderts ist in beiden Fällen unverstellt, beide Autoren aber und beide Themen sind nahezu frei von Zeitgebundenheit. Vor allem aber: Daidalos und Fritz Busch – bitte, ich führe den Vergleich nicht weiter! – streben nach dem Beständigen, sie wollen im wörtlichen oder übertragenen Sinn bauen – und werden von den Widrigkeiten ihrer Zeiten immer wieder daran gehindert. Ihr Friedenswerk kann nicht vollständig gelingen, es kann auch nicht untergehen. Beide Bücher handeln zu einem wesentlichen Teil von Flucht und

Wanderung: mühelos erreichen sie die Bedeutung nicht nur des Repräsentativen, sondern des Gleichnishaften.

Ich weiß selber nicht, ob Michael Ayrtons Roman leicht oder schwer zu verstehen ist. Dem Leser ist geholfen, wenn er sich ein bißchen in der griechischen Sage auskennt. Er soll sich aber von ihr nicht schrecken oder belasten lassen. Man liefert sich einer irreführenden Interpretation aus, wenn man ein Buch nur aus der Biographie und der Art seines Autors erklärt. ›Ich erbaute das Labyrinth‹ kann und muß wirken, ohne daß man die Eigentümlichkeiten, die wahrhaft frappierenden, des Mannes, des Künstlers Michael Ayrton zu Hilfe ruft. Andererseits: dies ist die Summe, die ein schöpferischer, jedoch nicht auf eine einzelne Kunstgattung, ein einzelnes Werk festgelegter Geist auf der Höhe seines Lebens, vielleicht aber noch unter dem Gipfel, zieht. Ayrton ist nicht populär, ist kein Illustriertenheld, in kultivierten englischen Kreisen aber wohlbekannt. Sohn eines Lyrikers und einer offenbar recht leidenschaftlichen Labour-Abgeordneten. Er ist schon früh viel im Ausland gewesen, hat, ein halber Junge noch, vor dem Kriege eine längere Zeit in Wien verbracht und ist dort sogar noch Sigmund Freud nähergetreten. Früh war er bewandert in der Welt und in den Künsten. Er entzog sich der Schule, wurde Maler, hatte bald erste Erfolge. Er studierte in Paris, kehrte bei Kriegsausbruch nach England zurück, hatte seine erste Gemäldeausstellung 1939, als Achtzehnjähriger also, in London. Er zeichnete, er entwarf beachtete Dekorationen für Schauspiel und Oper, unterrichtete an Kunstschulen, war jahrelang Kunstkritiker des Observer. Aus Kritiken wuchsen Essays, das Schriftstellerische ging von jeher mit dem Bildnerischen Hand in Hand; zum eigentlich Dichterischen scheint sich aber der jüngere Ayrton nicht angetrieben gefühlt zu haben. Seit 1953 wurde die Skulptur sein Hauptgebiet, ein Hauptthema wurde bald Ikaros, dann Daidalos. Er muß in beiden Gestalten Leitbilder erblickt haben: auf dem Hintergrund der Mythologie, vielmehr des Mythos, ebenso der Psychologie, der dem Künstler vertrauten mediterranen Landschaft und – des Handwerklichen. Dies hätte ich sogleich am Eingang sagen sollen: Auf eine allzeit gültige, keineswegs altmodische Art, demonstriert Ayrton und demonstrieren ebenso sehr die Buschs, daß Kunst aus dem Handwerk hervorgeht, Handwerk vielleicht keinen goldenen Boden hat, aber vielleicht goldener Boden ist. Und daß es ungeheuer spannend sein kann, seine Entstehung, seine Ausübung, das Machen schlechthin, zu beobachten, in der Schilderung zu erfahren. Darum sind auch Passagen, die bei einem geringeren Autor langweilig sein könnten, bei Ayrton so hinreißend: jeder Arbeitsvorgang wird zu einem großen epischen Kapitel, zu einem selbstverständlichen Sinnbild menschlichen Tuns.

Daidalos also, der Mann der friedlichen Arbeit, der Erfinder, der Zivilisator, der geordnete und ordnende Geist, der aber immer dazu verurteilt ist, sich in Labyrinthen orientieren zu müssen, oft auch in ihnen sich zu verlieren, überall Labyrinthe zu erkennen und immer wieder Labyrinthe zu bauen, hat's Michael Ayrton angetan. Er erblickte in ihm den universalen Geist in der Zeitenfrühe. Von Daidalos nimmt für Ayrton vieles, wenn nicht alles seinen Ausgang. Der Bildhauer hat die Figur stets aufs Neue darzustellen versucht, oft nach der eigenen, vierschrötigen Gestalt: es gibt da sehr eigenwillige und eindringliche Plastiken, mag dieser Künstler auch begreiflicherweise seinem Freund Henry Moore und anderen verpflichtet sein. Wir hoffen, etwas von Ayrtons bildnerischem Werk Ihnen und dem deutschen Publikum zeigen und damit für die Persönlichkeit und das Schaffen dieses Mannes werben zu können. Der Bildhauer und der Autor ist mit dem Mitteln der jeweiligen Kunstdisziplin dem Bild, das ihm das eigentliche ist, nachgegangen. Einen Daidalos in einem spiegelnden Metallkasten, der das Labyrinth darstellt, hat der Bildhauer Michael Ayrton gemacht. Hier und dort: unmittelbare Aussage und (abermals in Spiegelung) Symbolik. Der Vielseitige, fast Universale, mußte auf Grenzen stoßen. Was ihm vorschwebte, bekam er nicht ins Bild. So schrieb er einen Roman. So wurde er für die Arbeitsdauer dieses Romans beinahe zum Dichter. Vielleicht bleibt es sein einziger Roman. Eben weil er eine Summe ist.

Das werden Sie empfinden. Ich kann diese Summe nicht noch einmal ganz zusammenzählen. Über einzelne Posten haben wir schon gesprochen.

Auch hier eine Variation über das Thema von der Antike und ihrem Erbe in unserer Gegenwart. Ayrton zeigt Urmotive, Archetypen, zwanglos entwickelt er sie aus der alten Sage. Der Kampf zwischen Männlichem und Weiblichem, Vaterprinzip und Mutterprinzip stellt sich einleuchtend dar. Blättern Sie nach in einem Sagenbuch: Ayrton weicht wenig von der mythologischen Linie ab. Er psychologisiert auch nicht krampfhaft, er kennt die moderne Psychologie und nutzt sie, als tüchtiger Handwerker verbiegt er nicht die Begriffe und nicht die Dinge. Ein Roman, jawohl; kein historischer, auch kein unhistorischer. Ayrton antedatiert nicht die Jetztzeit, scheut auch nicht einen vernünftigen Anachronismus, wie denn Trieb und Genius und Vernunft immer im Widerstreit miteinander liegen quer durch die Geschichte des Daidalos. Die Kenntnisse der Jetztzeit werden bewußt in die uralte Geschichte hineingetragen; es ist ein geschickter Griff, daß Daidalos sein Leben späten Generationen erzählt. Die feine und tiefe Motivierung waltet immer in entscheidenden Momenten: bei der Entstehung des Labyrinths, des Minotauros, in der grandiosen Schilderung des Flugs, der neuen Interpretation des Ikarostodes. Hier in jedem Sinn ein Höhepunkt, nicht der einzige zwar. Beachten Sie: die Fluggeräte in Libellenform, Thermik genutzt, alles (fast) ganz natürlich. Oder viel früher schon die Beziehung zu Talos, das Erotische überhaupt, in dem Griechisches sehr einfach und überzeugend aufgefaßt ist.

Ja: Daidalos der Macher, der homo faber, Handwerker, Wissenschaftler, Künstler in einem. Der praktische Geist, Adjektiv und Substantiv gleich stark betont. Hat sich die Renaissance als

Nachfolge und eben Wiedergeburt der Antike mißverstanden, so erscheint hier Daidalos dem Renaissancekenner Ayrton als ein in weit frühere Jahrtausende rückversetzter Renaissancemensch, womit auch eine wirkliche Verbindung der Epochen deutlich wird. Ayrton hat über Leonardo da Vinci gearbeitet, einen Fernsehfilm über seine Handzeichnungen gedreht; soeben ist von ihm eine Einleitung zu einer neuen englischen Übersetzung von Michelangelos Sonetten erschienen, und nicht zufällig trägt unser Buch ein Motto von Michelangelo.

Soll ich Ihnen noch viel mehr aus meinem Zettelkasten holen? Oder sollten wir uns nicht alle zusammen der naiven Lesefreude anvertrauen, vor der kein rechtes Buch versagt. Ohne auf den Sinn zu achten, wird man nicht den vollen Genuß haben. Auf jeder Seite aber ist der Bildhauer Ayrton ein Erzähler, haben wir eine plastische Geschichte vor Augen. Walter Hasenclever war sehr bedacht auf den schweren, zwischen Einfachheit und Raffinesse schwebenden, auch klingenden Text.

Also: es gilt einen Roman zu lesen, der mehr noch als ein Lebensroman, eben eine fiktive Autobiographie, ein Ideenroman ist. Überall aber erscheint die Idee ganz verleiblicht und veranschaulicht, hat die kunstreiche Hand des Daidalos die Hand des Autors geführt.

Am Ende scheue ich doch die Vergleiche. André Gides ›Theseus‹, Overhoffs ›Eine Familie aus Megara‹ sind genannt worden. Die Originalität von Ayrtons Werk läßt sich aber nicht bestreiten; sie besteht vornehmlich in jenem Bildnerischen, im Nachvollziehen und Nacherleben des Schaffens selbst.

Bei Fritz Busch steht das Nachschaffen im Vordergrund und im Mittelpunkt eines so großen wie guten wie in der Tiefe (das wurde schon gesagt) tragischen Lebens. Wir haben das in seiner ganzen Art unvergleichliche Buch nun knapp und, wie wir meinen, bedeutungsvoll

Fritz Busch
Dirigent

genannt. Das Dirigententum dieses Mannes hat seinen Charakter geprägt oder war Konsequenz seines Charakters, seiner aufrechten Aufrichtigkeit und seiner Kompromißlosigkeit in allem Wesentlichen. Natürlich ist dies nicht ein simples Dirigierbuch, das vom Taktschlagen oder von äußerlichen Erfolgen, von Hervorrufen und fabulösen Tantiemen handelt. Das sollte von Anfang an klar sein. Gern hätten wir noch das Wort deutsch in den Titel gebracht, könnte es nicht arg mißverstanden werden. Denn Fritz Busch, ein Mann »des Maßes und der Freiheit« und des Friedens, ist in Erscheinung und auch Musizierweise urdeutsch gewesen. Die Nazis hätten – das erzählt Grete Busch – ihn sich auch gern zurückgeholt. Er widerstand allen Versuchungen, machte keine Konzessionen, keine politischen, keine geschäftlichen. Er hat heute den strengen und hohen Ruhm des Künstlers, auf breite Popularität hat er verzichtet. Darin besteht ein Teil seiner Größe. Er ging ins Ausland, er war erfolgreich, er schlug prominente Positionen aus, er geriet in Gegensatz zu amerikanischen Bräuchen und Praktiken, war in der Welt zugleich zu Hause und fremd. Er litt, dessen bin ich Zeuge, unsäglich unter dem Exil, das er gleichwohl bestand. Ohne Chauvinismus war er ein Künder deutscher, freilich nicht nur deutscher Musik in der Welt. Siehe weit oben: er wollte bauen. Er war Ensemble- und Stilbildner, seine Dresdner Staatsoper eines der wenigen Musterinstitute in diesem Jahrhundert, die von ihm musikalisch begründeten Glyndebourner Festspiele sind ein nicht mehr erreichtes, aber bleibend gültiges Modell, die aus diesen Festspielen stammenden Aufnahmen von ›Figaros Hochzeit‹, ›Don Giovanni‹, ›Così fan tutte‹ (1934–36) in die Plattengeschichte eingegangen: alles an aufgenommener Opernkunst leitet sich von diesen ersten nahezu kompletten »Einregistrierungen« ab. Hier das Vorbild. Andere sind in Fritz Buschs Fuß-

456

stapfen getreten. Er kam von der absoluten und vornehmlich der polyphonen Musik her, von Bach, Brahms, Reger. Er fand schnell, überraschend zur Oper, war einer der ganz großen Wagner-Dirigenten, und in seinem Verzicht auf Dicke und Pathos ein Wegweisender. Ihm und Werfel in erster Linie verdanken wir die sogenannte Verdi-Renaissance. Er war in seiner Zeit der erste Premierendirigent von Richard Strauss. Den Klassikern und Romantikern eng verwandt, hatte er für die zeitgenössische Moderne ein offenes Ohr und einen hilfreichen Taktstock. Er war reiseerprobt, überall schlug dem so herben wie heiteren Mann Sympathie entgegen, Kontakt, freudige Gemeinschaftlichkeit waren ihm Lebenselement. Aber er war kein Virtuose. Nicht so zwar, daß ihm Virtuosität fremd gewesen wäre. Das Bild des Mannes auf dem Podium, die große, männliche, vornehme Erscheinung in ihrer Gemessenheit und beglückenden Spontaneität wird keiner vergessen der sie sah, auch nicht rein visuell die Eleganz seiner Stabführung. Aber, nochmals siehe oben: er wollte Bleibendes, schaffen, im Nachschaffen seßhaft sein, Seßhaftigkeit fördern, Opernkunst und Orchesterkultur instituieren. Die Tragik eines solchen Mannesschicksals, Künstlerschicksals, deutschen Schicksals zeigt Grete Busch in wunderbar warmem und ohne einen falschen Ton. Sie ist – das werden Sie längst gemerkt haben – eine geborene Erzählerin gewesen. Sie wollte den Mann ehren, mit dem sie vierzig erfüllte Jahre gelebt hatte; sein Leben wollte sie festhalten mit dem Blick auf die Substanz, mit dem Sinn für Geschichten und Anekdoten, für Humor und Witz, für die Vielfalt menschlicher Erscheinungen: unversehens hat sich die temperamentvolle alte Dame mit ins Bild gemalt. Nun darf der Leser respekt- und liebevoll mit ihm und ihr, mit Fritz und Grete Busch, als den urwüchsigen und kultivierten, den bedeutenden und gütigen Menschen umgehen, die sie waren.

Jacques Delalande, französischer Germanist, Musikschriftsteller, Plattenspezialist, Übersetzer von Alfred Einsteins ›Mozart‹, hat die Diskographie zusammengestellt. Es gibt umfangreichere als diese; Fritz Busch hat sich kaum je um Platten und entsprechende Verträge gekümmert, er hat im Gegensatz zu fast allen ausübenden Künstlern keine Werbung getrieben, keinen persönlichen Agenten beschäftigt. Was ihm nicht zufiel, suchte er nicht. Diese Platten aber sind (abermals siehe oben) ein Stück Musikgeschichte. Wen Musik lockt, der muß sich hier stark angezogen fühlen. – Aber es bietet sich ihm ja viel mehr als ein Musikerbuch, wie sehr auch von den Grundsätzen des Musikertums, solchen Musikertums, des Musizierens und vom Alltag des Musikers die Rede ist, wieviel Werkstattatmosphäre man auch spüren mag. Hier ist der berühmte Griff ins volle Menschenleben getan, spinnt uns erzählende Prosa ein, hier liest man eine wahre Geschichte.

Ich könnte Ihnen noch viel mehr erzählen, ganz planlos, aber ich fürchte, Sie haben nun schon Reiselektüre genug.

Gute Fahrt!

Mit herzlichen Grüßen

Ihr
J. Hellmut Freund
S. Fischer Verlag GmbH.
Lektorat

Anmerkung: Die im Brief erwähnte Aufnahme der ›Figaro‹-Ouvertüre ist auf der beiliegenden CD zu hören.

Hans Gal
Franz Schubert oder Die Melodie
Klappentext (1970)

Schubert, der Populäre, scheinbar Bekannte, ist in Wahrheit bis auf den heutigen Tag kaum erkannt, kaum verstanden. Dieses Buch leistet einen entscheidenden Beitrag zum Verständnis des Genies. Hans Gal erschließt das Wesen des Künstlers und seiner Kunst aus der Musik selbst. Die Wechselbeziehung zwischen ihr und dem Biographischen und Psychologischen wird neu beleuchtet. Gal schreibt mit der Souveränität des hochgelehrten und universalen Musikers, der in Schuberts Werkstatt zu Hause ist. Er klärt Schaffensgeheimnisse. Der Musiker spricht – und läßt die Musik sprechen.

»Was hier versucht werden soll, ist nicht eine Analyse von Schuberts Werken, sondern eine Art Morphologie seiner Musik.« In Franz Schuberts Werk erreicht die Melodie ihre höchste Blüte und Entfaltung; keines Komponisten Werk ist so sehr von der Melodie beherrscht wie das Schuberts. Er wurde zu ihr inspiriert durch die frühe künstlerische Begegnung mit Goethe. Die Melodie des Lieds übertrug sich gattungsgerecht auf Schuberts Instrumentalmusik. Gesanglichkeit ist beider Kennzeichen. Gal charakterisiert das Improvisatorische an Schuberts Schaffen, die Unerschöpflichkeit seiner Erfindung und gerade damit auch das Fragmentarische, das schicksalhaft ist für das gesamte Werk dieses Komponisten. In einem unvergleichlichen Kapitel zeichnet er die innere Geschichte der ›Unvollendeten‹ nach. Er läßt den Leser teilhaben am schöpferischen Prozeß.

Peter de Mendelssohn
S. Fischer und sein Verlag
Klappentext (1970)

Diese weitgespannte Monographie darf die Gültigkeit und Geltung eines unentbehrlichen Standardwerks beanspruchen. Die Geschichte eines epochemachenden Verlegers und seiner Lebensarbeit ist ein bedeutendes Stück Literatur- und Kulturgeschichte. Sie umfaßt Wirtschaftliches, Soziales, Politisches, sie erhellt vielfältige Wechselbeziehungen, aus faszinierenden Einzelheiten fügt sie ein zeithistorisches Panorama. Peter de Mendelssohn schreibt die Geschichte des S. Fischer Verlags von der Gründung 1886 bis zum Tod des Gründers 1934 und gibt das Porträt des sensiblen Verlegers, der mit so feiner wie energischer Initiative Kultur förderte und schuf. Um dieses Porträt gruppiert er eine an ausdrucksvollen Physiognomien reiche Bildnisgalerie bedeutender Persönlichkeiten. Schicksale von Büchern und Autoren werden gegenwärtig in seiner eindringlichen Schilderung. Zahllose beredte Dokumente und bewegte Szenen kolorieren diese große Geschichte voll buchtechnischer und buchhändlerischer Einzelheiten. Mendelssohn vereint wissenschaftliche Genauigkeit mit schriftstellerischer Leichtigkeit, Lebendigkeit, Brillanz. Ihm gelang eine souverän komponierte, temperamentvoll vorgetragene Erzählung. Ein unmeßbarer Teil seiner Leistung aber liegt in den Vorarbeiten, in scharfsinnigen Kombinationen, in findiger Forschung, die Verlorengeglaubtes an den Tag hob und der Geschichte das feste Fundament bereitete: zuerst und zuletzt der Geschichte eines Mannes, der eine Gemeinschaft schöpferischer Menschen stiftete.

Joseph Conrad
Der Nigger von der »Narzissus«
Die Schattenlinie (1971)
Brief an die Verlagsvertreter

Der S. Fischer Verlag setzt mit zwei berühmten und eng verwandten Erzählungen seine Veröffentlichung neuer Conrad-
Übersetzungen fort. Der Zyklus wird in loser Folge weitergeführt und das gesamte epische Werk des Dichters umfassen. Zu
den qualifizierten vier Übersetzern, denen die bisherigen Bände
zu verdanken sind – Günther Danehl, Fritz Lorch, Walter
Schürenberg, Hermann Stresau – tritt mit ›Der Nigger von der
»Narzissus«‹ und ›Die Schattenlinie‹ Ernst Wagner: einer der
gründlichsten Kenner von Conrads Werk. Als Kapitän der Han-
delsmarine, langjähriger Leiter der Deutschen Seemannsschule
und angesehener Fachschriftsteller besitzt er für alle Schriften
Conrads mit vorherrschend nautischer Thematik die höchste
Kompetenz.

Zwei Seemannsgeschichten, Geschichten von Erprobung und
Bewährung im Kampf gegen widrige Wetter, gegen Krankheit
und Versagen. ›Der Nigger von der »Narzissus«‹ ist Joseph Conrads drittes Buch, 1897, ein Jahr nach ›Der Verdammte der Inseln‹, veröffentlicht, die erste seiner Geschichten von Schiffen,
Seefahrt und Seeleuten und die einzige, die von der Mannschaft,
nicht von der Brücke gesponnen ist: der in der ersten Person Erzählende, offenbar einer von Conrads »Freunden auf See«, bleibt
anonym und ungreifbar. Auf die Probe gestellt wird bei diesem
Abenteuer die Kameradschaft und Solidarität, das Ethos, die eigentliche Gefahr geht nicht vom Sturm, sondern von jenem
kranken Nigger und einem ehrlosen Seemann aus. Man hat in
diesem Frühwerk Einflüsse von Flaubert und Maupassant nachgewiesen; das hochgestimmte Vorwort macht sie deutlich.

›Die Schattenlinie‹ aus dem Kriegsjahr 1917 erklärt sich sogleich mit ihrem Untertitel »Ein Bekenntnis ›meiner unaus-

löschlichen Achtung würdig‹« als ein Bekenntnis zu einem hohen Begriff des Reifens und der Verantwortung, des Einstehens
und noblen Führens. Der Entwicklungsroman eines jungen Kapitäns, der durch schicksalhafte, realistisch begründete, aber fast
spukhaft wirkende Ereignisse zur Selbstbehauptung, Selbstbestimmung findet.

Gespräche mit Klemperer
Geführt und herausgegeben von Peter Heyworth
Klappentext (1974)

Er war ein Riese, überragend nicht nur in seiner äußeren Erscheinung, die freilich das imposante Zeichen seiner künstlerischen Macht trug: Otto Klemperer hat im Juli 1973 achtund-
achtzigjährig als einsamer Großer sein Leben vollendet, Letzter
in der Reihe der altmeisterlichen Dirigenten, die unser aller Mu-
sikempfinden mitgeprägt haben, Repräsentant einer reichen und
tragischen Epoche, Bewahrer klassisch-romantischen Erbes, der
doch Neues erkannt und erstritten, der bis in späteste Jahre unvergleichlich als Interpret, als Künder gewirkt hat. Ohne Pose
und fast ohne Gebärde, so erklärte eine bedeutende Sängerin,
errichtete er musizierend ein Monument. Er war selbst ein
Monument.

»Manche sind schon zu Lebzeiten Legende«, schrieb H. H.
Stuckenschmidt. »Bei Otto Klemperer hatte man das Gefühl,
einem Geist gegenüberzustehen, der außerhalb der Zeit und irdischen Bindungen lebte. Dabei war er... im Gespräch heiter
und witzig, zu geistreichen Formeln geneigt, die den Nagel auf den
Kopf trafen.« Peter Heyworth hat mit Klemperer, zunächst für
den Rundfunk, ausgiebig-eindringliche Gespräche geführt. Er hat
zu fragen, der Befragte zu antworten verstanden. Die Gespräche sind zu einer konzentrierten Autobiographie gefügt. In un-
getrübtem Erinnern zeichnet Klemperer seine Laufbahn nach –

vom frühen Dirigieren für Max Reinhardt über die entscheidenden Begegnungen mit Gustav Mahler, seine Konventionen umstürzende Leitung der Krolloper in Berlin bis zum Exil und zu den grandiosen, schwerster körperlicher Behinderung abgetrotzten Aufschwüngen im höchsten Alter. Mit wenigen Worten wird Musik-, Kultur-, Zeitgeschichte lebendig gemacht, rückhaltlose Meinung geäußert. Die Sprechweise ist lapidar. Der schlagfertige Sarkasmus, von dem viele Anekdoten umgehen, tritt zurück hinter der Kraft und dem Ernst des künstlerischen Glaubensbekenntnisses. Wir vernehmen Otto Klemperers Vermächtnis.

Arnold Schönberg
Stil und Gedanke
Aufsätze zur Musik (1976)
Joseph Wechsberg
Zauber der Geige (1974)
Brief an die Verlagsvertreter

13. März 1974
JHF/HVä

Liebe Herren Chittka, Classen, Domzalski, Edler, Hartmann, Johst, Kieser, Dr. Umfahrer, Weiß-Margis, Wortmann,

nicht ohne einen Gruß, nicht ohne ein paar begleitende Worte möchte ich Ihnen ein Bündel von Fotokopien schicken, Auswahl aus dem reichen Material, das wohlgegliedert den ersten von zwei Bänden unserer Schönberg-Ausgabe bilden wird: Das ist, so meinen wir, eine große Neuigkeit unseres Herbstprogramms. Wieder einmal kann ich Ihnen etwas von Musik- und Musikerbüchern erzählen. Das ist natürlich kein Zufall, war es schon früher nicht, ist es heute erst recht nicht. Grundsätzliches über Bücher dieser Art beim S. Fischer Verlag, die fast einen Produktionszweig ausmachen, brauche ich Ihnen kaum noch zu sagen. Wir wollen uns gewiß nicht in einen Musikverlag verwandeln. Es hat sich gerade bei uns erwiesen, daß Musiker schreiben, erzählen können, daß sich unter ihnen große Persönlichkeiten finden, deren Bedeutung auf viel weitere Gruppen als die der Musiker und Musikliebhaber eindringlich wirkt. Unterhaltende Lektüre und Zeugnis wichtigster kulturgeschichtlicher Ereignisse können eins werden. Und da wir nun ein ansehnliches Repertoire solcher Musik- und Musikerbücher vorzuzeigen haben, werden wir auch bei Angeboten bevorzugt. Wir können gar nicht so viel nehmen, wie man uns offeriert. Bewerben wir uns aber um eine uns besonders interessant und wichtig scheinende Sache, so werden wir auch vom Zuschlag begünstigt.

Dies darf als Voraussetzung unseres Erwerbs der Schriften von Arnold Schönberg gelten. Sie wissen, Schönberg ist einer der großen Revolutionäre oder doch Reformer in unserem Jahrhundert. Er ist lange bekämpft worden, hat lange kämpfen müssen und hat es mit unvergleichlicher Energie und Unbeugsamkeit getan. Seine Lehre, seine Kompositionsprinzipien sind nun allgemein gültig geworden, nicht mehr eine dem Laien unzugängliche Geheimwissenschaft oder Geheimkunst, sondern eine Errungenschaft wie die Quantentheorie oder die Relativitätstheorie. Schönberg hat zeit seines Lebens mit dem Wort für seine Erkenntnis, seine Wahrheit gestritten. Neben dem Komponisten und Theoretiker steht der eigenwillige, oft faszinierende Schriftsteller. Leidenschaft und Besessenheit schließen Weitblick nicht aus. Eng sind die Beziehungen zu Literatur und bildender Kunst (Schönberg hat selber gemalt). Freundschaft mit Kandinsky. Affinität mit Karl Kraus. Sie wird in Schönbergs Schriften deutlich.

Der erste Band zerfällt in zwei Teile. Der erste Teil ist die von Schönberg unter dem Titel ›Style and Idea‹ im kalifornischen

464

Exil zusammengestellte Folge von 16 Essays und Vorträgen. Die Originalausgabe ist längst vergriffen, wird von Experten eifrig gesucht. Die Wiederveröffentlichung und zugleich erste Publikation in deutscher Sprache ist eine Sensation, nicht nur innerhalb des Fachkreises. Wie denn die ganze Ausgabe für alle Berufsmusiker und Musikwissenschaftler ein eisernes Muß, aber auch der Aufmerksamkeit aller an Kultur und Literatur Interessierten gewiß ist.

Der zweite Teil, ›Aufsätze über Musik‹, enthält 47 Prosaarbeiten aus den Jahren 1909 bis 1950. Sie sind gleichen Ranges und ähnlichen Charakters. In ihnen gibt sich Schönberg als Wahrheitssucher und Wahrheitsfinder zu erkennen. Polemisches spricht sich aus, die eigene Position wird fixiert und oft neu bestimmt. Erneuerung meint nicht Umsturz: Einer der Hauptschöpfer der modernen Musik weiß sich der Tradition verpflichtet, zollt Bach, Beethoven, Wagner, Brahms, Mahler, aber auch Debussy, Richard Strauss und sogar Puccini seinen Tribut.

Der tschechoslowakische Schönberg-Experte Ivan Vojtech gibt die Gesammelten Schriften heraus. An der Vorbereitung der Ausgabe ist Schönbergs Tochter, Frau Nuria Nono, beteiligt. Der Philologe Wolfgang Hübner sekundiert ihr. Der Verlag hat weitere Fachleute für die vorbereitende Arbeit hinzugezogen und eine literarisch und musikalisch kompetente Übersetzerin der von Schönberg englisch geschriebenen Aufsätze und Vorträge, Frau Gudrun Budde, gewonnen. Wir sehen Schönberg nicht nur an der Seite der anderen hervorragenden Musiker in unserem Programm, sondern in der Nähe unserer großen Autoren von Thomas Mann bis Freud als einen Klassiker der Moderne.

Von einem anderen und ganz andersgearteten musikbezogenen Buch kann ich Ihnen heute nur berichten, noch keine Proben liefern: Joseph Wechsberg, der Wiener Schriftsteller (Feuilletonist, Kulturkritiker), der meist in englischer Sprache schreibt und ein vorzüglicher Mitarbeiter von ›The New Yorker‹ ist, tritt in unser Programm mit ›Zauber der Geige‹, einem so leichten und anmutigen wie substanzreichen Buch. Einem richtigen Liebhaberbuch, das man darum selber liebhaben muß. Mit gründlicher Kenntnis plaudert Wechsberg von der Geige, ihrer Geschichte und ihren Geschichten. Die großen Geigenbauer, die berühmten Meisterinstrumente werden von ihm beim Namen aufgerufen und in ihrer individuellen Art geschildert. Er vernachlässigt nichts Historisches und nichts Technisches, rückt die großen Komponisten von Musik für die Geige, die großen Spieler des Instruments in den rechten Zusammenhang, der nichts anderes ist als ein Stück erzählter Kulturgeschichte. Das hat alles seine charmante persönliche Note; Wechsberg ist glücklicher Besitzer einer Stradivari, die er nach rechter, nach alter Wiener Art im Quartett spielt. Er hat das Buch wie gesagt englisch geschrieben, und wir haben für eine angemessene Übersetzung gesorgt. Aber die beste Übersetzung kann kaum je den Ton des Autors selbst treffen: Joseph Wechsberg macht sie sich nun im Wortsinn zu eigen, schreibt sein englisches Buch partienweise neu in seinem Wienerischen Deutsch – da müssen wir noch ein paar Wochen warten.

Mit besten Grüßen und Wünschen

Ihr
J. Hellmut Freund
S. Fischer Verlag GmbH
Lektorat

Joachim Kaiser
Beethovens 32 Klaviersonaten und ihre Interpreten
Klappentext (1975)

Für dieses Buch gibt es keinen Vergleich in der gesamten Literatur. Joachim Kaiser begreift ›Das Neue Testament der Klaviermusik‹ nicht nur als den weitesten und tiefsten Zyklus Beetho-

vens, sondern als einen der gewaltigsten Werkkomplexe aller
Künste. Die Schöpfungen aber erfüllen sich erst im Nachschaffen: »Die Errungenschaften der großen Beethoven-Spieler gehören zur lebendigen und geschichtlichen Existenz der Beetho-
ven-Sonaten«. Kaiser ehrt jene großen Beethoven-Spieler als
geistige Persönlichkeiten; respektvoll übt er, einer der überragenden deutschen Kritiker in unserer Zeit, an ihnen Kritik im eigentlichen Sinn: er unterscheidet. Er begnügt sich nicht damit,
Interpretationen von Interpretationen zu geben: Aus Vergleich
und Darstellung zieht er sein Fazit, gewinnt er sein Modell der
Interpretation, faßt er das Wesen des Werks. Er fesselt den Fachmann wie den Laien, belegt seine Urteile und Erkenntnisse mit
nahezu 500 Notenbeispielen und macht aus all seinen Einsichten und »Einhörungen« eine packende, literarisch glänzende Geschichte von lebendiger Musik, musikalischem Leben.

Peter de Mendelssohn
Der Zauberer
Das Leben des deutschen Schriftstellers Thomas Mann
Klappentext (1975)

Die große Geschichte eines großen Werkes: Peter de Mendelssohn, von Jugend an dem Haus und dem Kreis Thomas Manns
verbunden, bietet die gültige, die umfassende Biographie des vor
hundert Jahren geborenen deutschen Schriftstellers; er gibt »den
ganzen Mann«. Seine eigene schriftstellerische Leistung ist
außerordentlich – und nur ein Teil der Gesamtleistung. Der
Komposition und Formulierung ist ein unablässiges Suchen,
Forschen, Finden vorausgegangen. Bis vor kurzem durfte man
glauben, Thomas Mann und sein Schaffen seien wohlbekannt.
Doch Mendelssohn überrascht mit erhellenden Entdeckungen
und Verknüpfungen. Zum ersten Mal hat er die Notizbücher
Thomas Manns gründlich ausgewertet. Aus dem Konkreten,

dem sorgsam erschlossenen Faktischen gewinnt der Biograph das vollständige und faszinierende Bild des Menschen, des Künstlers Thomas Mann in den Spannungsfeldern seiner Epoche. Er zeigt ein deutsches Schicksal. Er führt den Leser in die Werkstatt des Autors, schlägt mit behutsamer Hand Vorhänge zurück. Vertrautheit und Einfühlung gewähren tiefdringendes Verstehen und sinnfällige Anschaulichkeit. Nichts in dieser Biographie bleibt vage; alles ist beweiskräftig dokumentiert. Und nichts wird bloß »abgehandelt«, alles wird *erzählt*. Mendelssohns Sympathie ist nicht unkritisch, seine Schilderung nicht einseitig. Die Darstellung gedeiht notwendig fast zur Doppel-Biographie: neben Thomas Mann steht Heinrich Mann. Die Beziehungen der Brüder, die Gemeinsamkeiten und die Konflikte, werden neu gesehen und begriffen: immer wieder subtiles Wechselspiel von gelebtem Leben, Literatur und Politik.

Der minutiös belegte Bericht wird zum Roman, der Biograph mit dem Spürsinn des Forschers und dem Takt des Menschenkundigen wird zum Epiker.

Eine große Geschichte: Ihr Plan mußte weitgespannt sein. Das Jahr 1918 markiert eine entscheidende Wende.

Albrecht Goes
Tagwerk
Prosa und Verse
Klappentext (1976)

Ein Dichter gibt Rechenschaft von seinem Tagwerk. Er trifft eine sorgsame Auswahl aus der literarischen Ernte von mehr als einem Jahrzehnt. Mit diesem Buch läßt sich's leben. Unermüdlich geht Albrecht Goes der Schönheit und der Wahrheit nach. Seine Vorstellungs- und Gedankenwelt ist gefestigt. Sein Gewissen, sein Suchen und seine Erfahrungen aber haben ihn offen gemacht für den Schrecken, das Böse, die Unfreiheit. Goes vermag zu trösten, er besänftigt nicht, er nennt die Dinge beim Namen. Seine Zeitkritik ist auf Erhaltung der Werte bedacht, sie ist nicht rückständig. Seine Friedfertigkeit schließt den Zorn nicht aus.

Lyrik, Essays, Reden. Selbständige und weitgreifende Variationen über alte, dauerhafte Lebensthemen des Autors: Bewegendes und Tiefes sagt Albrecht Goes über Mozart und Mörike, über Buber und andere Große. Erinnerungen und Erlebnisse kommen zu gereinigtem Wort; Gedichte, Reden, Erzählungen und Miszellen wechseln einander in einem musikalisch komponierten, viersätzigen Werk über einem stetig fließenden Generalbaß ab. Ein Dichter spricht – zu allen.

Will Quadflieg
Wir spielen immer
Erinnerungen
Klappentext (1976)

Lebenserinnerungen, Kunsterinnerungen eines der größten deutschen Schauspieler unserer Zeit. Seit mehr als vierzig Jahren steht er, wirkt er auf der Bühne: Will Quadflieg. Generationen haben ihm zugejubelt und halten ihm die Treue. Was ihn auszeichnet, was ihn unvergleichlich macht, zeichnet auch sein Buch aus. Die Persönlichkeit des Künstlers – Physiognomie, Gestalt, Stimme, die in jedem Sinn aufrechte Erscheinung – ist auf und zwischen diesen Seiten gegenwärtig. Nichts wird in diesen Erinnerungen geschönt, nichts wird zur billigen Sensation verzerrt. Guter Geschmack und Diskretion beeinträchtigen nicht, sie mehren die Ehrlichkeit, die Intensität.

Will Quadflieg ist ein großer Sprecher. Seine Leser sind seine Hörer, seine Hörer sind seine Leser. – Er könnte getrost sagen: Am Anfang war das Wort. Das dichterische Wort hat ihn von Anbeginn getrieben und beflügelt. Es hat sein erstaunliches

Gedächtnis mobilisiert. Quadflieg, geboren 1914, erzählt von seiner Kindheit und Jugend in Oberhausen, von bürgerlicher Umwelt, von den Eltern, von Omas Kramladen, von einer Schulzeit, in der ihm bereits die Sprache und das Sprechen wesentlicher Impuls wurden, von einer Sprechlehrerin, die ihm den Weg zur Literatur wie zur Bühne wies, von den einzigen wirklichen Ferien seines Lebens: einer für sein Künstlertum entscheidenden Italien-Reise, von seiner schwierig beginnenden, dann schnellen und stetig steigenden Laufbahn, den ersten Engagements: Oberhausen, Gießen, Gera, Leipzig, Heidelberger Festspiele, Düsseldorf, Berlin. Kurz war der Weg von der Provinz auf die zentralen Bühnen. Er führt weiter, er war und ist eine unablässige Suche nach dem Leben, nach der Wahrheit. Begegnungen, Rollen markieren seine Abschnitte und Wendungen, stellen Forderungen und Fragen; berühmte Theaterleute fördern die Selbstbesinnung und Selbstfindung des Künstlers – von George, Jannings, Wegener, Felsenstein, Legal bis zu Gustaf Gründgens. – Eine Stimmkrise wird allgemeine künstlerische Krise, eine gründliche und weise Atemlehre überwindet sie und wird wesentlicher Lebensfaktor.

Am Anfang war das Wort. Das Spiel – das Mimische, die Geste – trat hinzu, vereinte sich mit dem Wort, behauptet nun für Quadflieg den Primat auf der Bühne. So reifte schauspielerische Kunst. Eingehend spricht Quadflieg von seinem Sprechen selbst, von seinem Verhältnis zur Lyrik, zu den Dichtern, von den tiefen Erlebnissen, die er Goethe und Hölderlin, Rilke und Hofmannsthal verdankt und die er immer wieder und überall im Bereich der deutschen Sprache den Menschen bereitet. – Selbstkritisch berichtet Quadflieg von seinen Filmerfahrungen.

Diese Erinnerungen meiden die Enthüllung ebenso wie die Verschleierung. Intimes wahrt seine Intimität. Ein nachdenklicher Künstler erklärt uns die Problematik schauspielerischer Existenz. Er gibt Rechenschaft von der Spannung zwischen Persönlichkeit und Öffentlichkeit, von der Macht der Bilder, der Worte und der Rollen, die das eigene Leben schon vorbesetzt zu haben scheinen, denen es aber standhalten muß.

Mit lauteren Mitteln schlägt Will Quadflieg erzählend wie spielend ein weites und dankbares Publikum in seinen Bann.

Thomas Mann
Tagebücher 1933–1934
Klappentext (1977)

Sein ganzes Leben lang hat Thomas Mann Tagebuch geführt, von seiner Lübecker Gymnasiastenzeit bis wenige Tage vor seinem Tod. Aber von diesen Aufzeichnungen, die Leben und Werk wechselseitig erhellten und erläuterten, bewahrte er nur die aus seinen letzten Lebensjahrzehnten auf. Sie wurden verpackt, versiegelt und nach Thomas Manns Weisung an seinem zwanzigsten Todestag, dem 12. August 1975, geöffnet. Die vier Pakete enthielten vierunddreißig Tagebuchhefte mit insgesamt mehr als sechstausend beschriebenen Seiten. Dreißig aufeinanderfolgende Hefte führen vom 15. März 1933 bis zum 29. Juli 1955. Ihnen gehen überraschenderweise vier Hefte voraus, die Thomas Mann ausgesondert hat, als er im Mai 1945 die Masse früherer Aufzeichnungen vernichtete. Es sind Eintragungen vom 11. September 1918 bis zum 1. Dezember 1921. Sie stellen einen geschlossenen, gänzlich für sich stehenden, mit dem übrigen nicht verbundenen Block dar, der als selbständiger Band, nach den Bänden 1933–1934 und 1935–1936, erscheinen soll.

Die Publikation der Tagebücher beginnt mit dem die schicksalhaften Jahre 1933 und 1934 umfassenden Band. Diese Aufzeichnungen geben Zeugnis vom schweren Erleben des beginnenden Exils mit seinen Schwankungen, der Hoffnung auf Heimkehr, der Ahnung, bald auch dem Wissen, daß eine Loslösung, eine neue Entscheidung, ein Bekenntnis unvermeidlich sind. Die Lektüre wird sorgsam notiert; was Zeitungen, Rundfunk, Flüchtlingsberichte an Beunruhigendem bringen, schlägt sich im Tagebuch nieder. Eine gewohnte Lebensweise will fortgesetzt werden. Der Arbeitsrhythmus aber ist schwer gestört, das Streben nach privater Zurückgezogenheit und Ruhe und das Gefühl für Verantwortung in der Öffentlichkeit liegen im Widerstreit und drängen zum Ausgleich. Gespräche, das Zusammensein mit Frau Katia, mit den älteren und mit den jüngeren Kindern, Musik, Theater, Landschaftseindrücke, Vortragsreisen, der ganze Weg vom böse inszenierten Skandal um den Wagner-Vortrag bis zur ersten Amerika-Reise und der Wiederkehr, noch einmal, nach Europa, immer wieder aber und vor allem die Mühe und das jeweilige Hauptwerk mit allem Auf und Ab, aller Langeweile und Schaffensfreude: Das läßt sich Tag für Tag, fast Stunde für Stunde verfolgen und nacherleben. Thomas Mann erweist sich auf diesen Blättern nicht nur als der geborene Künstler, der geborene Schriftsteller – dies festzustellen, wäre banal –, sondern auch als der geborene Diarist, dem, Zwang und Lust zugleich, das tägliche Notieren Lebensfunktion, dem das eigene Ich Mittelpunkt der Existenz ist. Stets geht es um dieses Eigene, stets geht es ums Werk. Und in diesen Jahren gleichermaßen um die unablässige Auseinandersetzung mit dem Nationalsozialismus.

Am Sonntag, dem 11. 2. 1934 notierte Thomas Mann in Küsnacht bei Zürich: »Diese Tagebuchaufzeichnungen, wieder aufgenommen in Arosa, in Tagen der Krankheit durch seelische Erregung und durch den Verlust der gewohnten Lebensbasis, waren mir ein Trost und eine Hülfe seither, und gewiß werde ich sie fortführen. Ich liebe es, den fliehenden Tag nach seinem sinnlichen und andeutungsweise auch nach seinem geistigen Leben und Inhalt festzuhalten, weniger zur Erinnerung und zum Wiederlesen als im Sinn der Rechenschaft, Rekapitulation, Bewußthaltung und bindenden Überwachung...«

Elisabeth Mann Borgese
Das Drama der Meere
Klappentext (1977)

Von einem für den Menschen in Vergangenheit, Gegenwart und Zukunft lebenswichtigen Thema handelt dieses eindringliche und umfassende Buch, einem Thema so unerschöpflich wie die Meere. In seiner Darstellung ergänzen einander Text und Bild – glänzende Fotos, alte und neue Karten und Pläne – zu farbenreicher Anschaulichkeit.

Das Wort »Meeresspiegel« gewinnt in der Sicht der Autorin einen spezifischen Sinn. Das Meer ist Spiegel unserer Seele, ist Ursprung und Inbegriff allen Lebens. Elisabeth Mann Borgese führt den Leser durch die ausgedehnten Landschaften und Schichten der Tiefen, berichtet von der Entstehung und den Wandlungen der gewaltigen Unterwassergebirge, der Inseln und Kontinente. Auf einer zweiten Reise führt sie ihn durch Zeiten und submarine Räume: Zur Begegnung mit einer üppigen Fauna, die älter ist als alle Kreatur oberhalb der Erdkruste, auch sie unendlichen Wandlungen unterworfen im ewigen Spiel, das Leben verzehrt und zerstört, um Leben zu stärken und zu mehren. Geschlecht und Gestalt wechseln, Arten versinken, Arten entstehen. Der Mensch betritt den Schauplatz: in Ausübung seiner Urberufe, mit seiner Erfindungsgabe, schließlich mit den Kämpfen um Weltmacht und Vorrang in der Weltwirtschaft, um Energiequellen. Die Meeresschätze sind ergiebiger als die Bodenschätze. Ebenso wie der Energiequellen aber bedarf die unaufhaltsam wachsende Bevölkerung der Erde neuer Nahrungsquellen. Das Meer bietet sie. Und sie bedarf neuer Wohn- und Lebensräume. Auf künstlichen Inseln und an den Küsten können sie geschaffen werden. Zum Ringen um die Macht gehört der Seekrieg. Ein dichtes Kapitel erzählt seine Geschichte.

Jenes unerschöpfliche Thema ist letztlich der Kampf ums Leben und Überleben schlechthin: Im Schlußteil des Buches wird es ins Licht der heutigen Wissenschaft und in faszinierende Zukunftsperspektiven gerückt. Das Meer – und mit ihm alles Leben – ist aufs schwerste bedroht von Mißbrauch und vielfältiger Verschmutzung. Elisabeth Mann Borgeses Bericht vom elementaren Drama mündet notwendig in Warnung und Weisung. Wissenschaft als erkennende Menschlichkeit kann die Meere, die Erde retten und uns hoffen lassen auf bewahrtes und erneuertes Leben.

Peter de Mendelssohn
Unterwegs mit Reiseschatten
Essays
Klappentext (1977)

Persönliche Erinnerung und subjektives Empfinden, Sensibilität des Schauens und Hörens, Unbestechlichkeit des Beobachtens, Leidenschaft der Teilnahme zeichnen diese Prosa ebenso aus wie Weite des Horizonts. Sprache und Betrachtungsweise beglaubigen die enge Verwandtschaft von Bild und Bildung.

In einer beziehungsvoll gefügten Folge perspektivenreicher und anmutiger Essays beweist der Autor seine schriftstellerische Kunst in der kleinen Form. Sein umfassendes und tiefgreifendes Wissen, seine charakteristische Fähigkeit des Entdeckens und Zusammenknüpfens vereinen sich mit ursprünglicher Erzählkraft.

Der Aufsatz ›Unterwegs mit Reiseschatten‹, dessen Titel auf ein vergessenes Buch von Justinus Kerner anspielt, ist das Herzstück dieser Sammlung.

Peter de Mendelssohn beschwört Erscheinungen der Literaturgeschichte vom Anfang des vorigen Jahrhunderts, er setzt sich mit Problemen des Schreibens und des Büchermachens auseinander und überträgt mit Literarischem, Historischem, Biographischem, Anekdotischem vielfältige äußere und innere Reiseerfahrungen, Landschaften und Atmosphäre in seine gründliche und beschwingte Essayistik.

Luise Rinser und Isang Yun
Der verwundete Drache
Dialog über Leben und Werk des Komponisten
Klappentext (1977)

Dieser Dialog zweier ausgeprägter und engagierter Persönlichkeiten greift weit hinaus übers Individuelle und über gründlich beantwortete Fragen, die sich aus den Interessensphären der befreundeten Gesprächspartner ergeben: der deutschen Schriftstellerin und des koreanischen Komponisten. Es geht um ein neues, wesentliches Beispiel der uralten, für Europa, für die Menschheit, für Gegenwart und Zukunft lebenswichtigen Beziehung zwischen Ost und West. Luise Rinser fragt Isang Yun nach Leben und Werk, die überlegene Erzählerin läßt *ihn* erzählen und sein Denken erklären, macht temperamentvolle Einwürfe, verleugnet nicht die eigene Zweistimmigkeit von Ratio und Mystik, erblickt hinter der Realität das Symbol – und die Essenz des Tao. Sie gliedert das Buch in vier Teile mit zwei unter verschiedenen Vorzeichen sich wiederholenden Untertiteln: ›Asien‹ und ›Europa‹. Kindheit in Korea, 1917–1932. Herkunft und Landschaft, Schule, früheste künstlerische Eindrücke, frühestes politisches Erleben. 1933–1944: Erstes Komponieren. Ausbruch aus dem Elternhaus. Musikstudium in der Heimat und in Japan. Beteiligung am koreanischen Unabhängigkeitskampf, erste Verhaftung, Flucht in die »Illegalität«. Befreiung Koreas von der japanischen Herrschaft. Die Spanne von 1945 bis 1956 weist Biegungen des Weges auf; am Ziel Selbstfindung: Sozialarbeit, Leitung eines Waisenhauses, Tuberkulose, Heilung,

Tätigkeit als Schulmusiklehrer, Heirat, Koreakrieg, Armut, schließlich Dozentur für Musikgeschichte an der Universität Seoul und Südkoreanischer Kulturpreis. Nun Europa, neuer Anfang und Aufstieg. 1956–1967. Kompositionsstudium zunächst in Paris, dann in Berlin. Größere Arbeiten, Aufträge und Aufführungen, Erfolge; die ersten Opern: ›Der Traum des Liutung‹ und ›Die Witwe des Schmetterlings‹.

Die Rückkehr nach Asien, die Jahre 1967 bis 1969 sind von grausiger und immer noch nicht bis ins letzte geklärter Gewaltsamkeit bestimmt. Totalitäre Machenschaften treiben mit Leben und Freiheit des Künstlers ein brutales Spiel. Gewissenhaft genau wird berichtet, was damals die Weltöffentlichkeit beunruhigt hat: die Entführung Isang Yuns durch den Südkoreanischen Geheimdienst, Folter und Kerker, Selbstmordversuch, Krankheit und, in mehreren Instanzen, Prozeß; die Reaktion der Presse, der Regierung der Bundesrepublik, Interventionen, endlich Befreiung und wieder Landung in Berlin. Europa zum zweiten Mal. Die Professur an der Berliner Musikhochschule. Die reifen Werke, wie u. a. die Opern ›Geisterliebe‹ und ›Sim Tjong‹, in deren ausdrucks- und bedeutungsvoller Eigenwüchsigkeit Östliches und Westliches sich zu universal menschlicher Musiksprache vereinen.

Eine Gestalt und ein Tun werden Lesern und Hörern als exemplarisch nahegebracht, ein Schaffen und ein Schicksal in ihrer Eigenheit und Gültigkeit durchleuchtet.

J. Hellmut Freund
Nach Redaktionsschluß
In: ›Wechselrede‹. Joseph Breitbach zum 75. Geburtstag
(1978)

Vieles ist gesagt, vieles hat sich wohl auch verschränkt, verknüpft und, eines dem anderen, unversehens zugespielt. Es bliebe mehr noch zu sagen, vor allem zu danken, weit über die Variationen des Grundthemas, Grunddankes hinaus, deren keine
Bekundung, kein Bekenntnis zu Joseph Breitbach entraten kann.
Ein Mann aber, dessen skeptisch-tätiger Humanität die Diskretion ebenso Bedürfnis ist wie die bezweifelnde, erhellende und
anleitende Mitteilung, wie die erzählende und szenenfügende
Darstellung, kann mit dem Wort allein nicht geehrt werden.

Indessen gebührt ihm das Wort, in genauem und doppeltem
Sinn des Verbums kommt es ihm zu: Joseph Breitbach gegenüber ist es immer Ant-Wort. Gastgeber stets, lädt er ein zu Dialog und Diskussion. Die lassen sich gewiß aus dem ihm, seinen
Lesern, seinen Freunden zugedachten Band vernehmen. Lange
noch wollen sie weitergeführt werden. Der Redaktionsschluß
unterbricht sie nicht.

Breitbach spricht mit unvergleichbar geprägter und andere prä-
gender Individualität, er spricht als Individualist. Er macht sich
nicht gemein, aber in kritischer Sympathie den Menschen zugewandt, löst er sich aus der Einsamkeit. Das bloße Solo ist so wenig seine Sache wie das Mitsingen im Chor.

Der Musik bedeutet die Monodie eine große Errungenschaft,
die Emanzipation der Einzelstimme, vokal und instrumental,
mit dem Aufblühen der Melodie einen höchsten Gewinn; ihr
ganzes organisches Wesen aber offenbart sie, die Musik, in den
gesetzten und gesetzhaften Beziehungen der Polyphonie. Der
Kontrapunkt hat vitale Funktion, das Leben ist vielstimmig eingerichtet: So Joseph Breitbachs Beitrag zur Literatur, so seine

geistige Existenz, sein Wirken, dem der S. Fischer Verlag gern dienstbar und, es sei wiederholt, dankbar ist. Freilich ist bei Breitbach das Verhältnis der Stimmen zueinander nicht das schierer Parallelität oder Überlagerung. Zum Polyphonen tritt das Antiphone: Spruch und Widerspruch oder Wiederspruch – Wechselrede.

Der Titel, unter dem sich hier Gratulationen und Betrachtungen vereinen, empfahl sich von selbst. Ein bewegtes Leben lang pflegt Joseph Breitbach Wechselrede – vielfältig ist es auf diesen Seiten bestätigt worden: Wechselrede zweier Sprachen und Literaturen in markanter Eigenheit und in Gebundenheit an Gemeinschaften und Traditionen; Wechselrede von Geist und Politik (die denn auch dem Geist angehören sollte); Wechselrede von Fakt und Phantasie, von Künstler und Kaufmann; Wechselrede über Grenzen hinweg, und streng sind ja nicht mehr die Grenzen zwischen Staaten, sondern die zwischen Systemen, zwischen Freiheit und Unfreiheit, Grenzen, die durch Gesellschaft und Arbeitswelt verlaufen; Wechselrede ohne Konzession, doch um antiphoner Verständigung willen; Wechselrede wiederum von Gesprochenem und Geschriebenem, von Buch und Bühne; Wechselrede nicht zuletzt unter den Musen: Breitbachs Kunstgefühl wird spürbar in einem Satz über Mozart und das Vollkommene, in einer Bemerkung zur Komposition und zum Licht einer bayerischen Rokokokirche, in den Bildwerken, mit denen er sich umgibt. Mit gebotener Zurückhaltung nur sei die Wechselrede von Autor und Verlag erwähnt: In ihr erscheint der Autor als schreibender Praktiker, als souveräner Professioneller, der sich und Buchhändlern zu raten weiß.

Wäre es allzu gewaltsam und spitzfindig, auch sein Verhalten zum Besitz (nicht nur materiellem) mit Wechselrede in Zusammenhang zu bringen? Teilnehmend gewährt Joseph Breitbach Anteil, des Gebens bewundernswert fähig und froh.

Es bliebe mehr noch zu sagen, vor allem zu danken.

Wechselrede bedarf dauernden Fließens. Ihrer glücklichen Fortsetzung gelten die Wünsche derer, die Joseph Breitbach, den Fünfundsiebzigjährigen, grüßen.

J. Hellmut Freund
Nachbemerkung
In: ›Unterwegs‹. Peter de Mendelssohn zum 70. Geburtstag
(1978)

Der Anlaß, Glück zu wünschen, versichert den Wünschenden selbsterfahrenen Glücks; die Dankbarkeit hat guten Grund – und eine Festschrift für Peter de Mendelssohn zu seinem siebzigsten Geburtstag ihren rechten Sinn. Sie gibt Gelegenheit, schreibend dem unablässig und vielschaffend Schreibenden zu danken, schreibend seine Gestalt und sein Gestaltetes zu bezeugen. Die Redaktion darf sich dabei zurückhalten, sich aufs Empfangen beschränken. Sie braucht kaum zu redigieren, nur zu reagieren. Übereinstimmungen sind ihr willkommen als Bestätigungen, Unterschiedliches erklärt sich ihr als Wirkung eines starken Temperaments auf andere Temperamente, Ungesagtes ist hoffentlich so spürbar wie der herzliche Impuls, der den S. Fischer Verlag zur Feier seines Autors bewegt.

Der Titel fand sich leicht. Nicht bloß als bequeme Anspielung auf Peter de Mendelssohns schönen Essay, schönes Buch ›Unterwegs mit Reiseschatten‹. »Unterwegs« – davon sprechen hier ohne Verabredung mehrere Gratulanten, »unterwegs« klingt wie ein Generalbaß durch diese Seiten. P. de M., der sich durchaus aufs Heimischsein versteht und es sich wohnlich gemacht hat am Herzogpark, ist immer unterwegs: in der eigenen Biographie, in seinen Erkundungen, seinem vielfältigen Werk. Und also unterwegs in seinem Alltag, zu dem der Verlagslektor Zugang hat: dem Alltag eines Schriftstellers, der als Künstler immer auch ein Arbeiter oder Handwerker, der ein Meister ist. Schrift ist ihm Lebensfunktion, Lebensgefäß, Leben selbst. Blaue Züge, fest und beschwingt – weite, luftige Abstände, die sorgfältige Korrektur erlauben –, dem Praktischen und dem Ästhetischen gerecht mit dem Filzschreiber auf blaues Papier geworfen in Zwang und Lust des Schreibens. Oder mit dem gleichen Raumgefühl säuberlich betippte Blätter, klare, keiner Nachhilfe bedürfende Satzvorlagen. Und Fahnen, von Anmerkungen etwa, über und über bedeckt mit handschriftlichen Verbesserungen und Ergänzungen, so deutlich aber, daß die Druckerei sie in verblüffendem Anachronismus ohne Widerstand annimmt. Dazu die Telefongespräche. Tausend Fragen und Antworten, die ein Zeichen, ein typographisches Detail, einen bibliographischen Nachweis, ein Datum, die Spur eines Menschen betreffen, Kleinigkeiten scheinbar. Sie verschleiern nicht, sie schärfen vielmehr den Blick aufs Ganze, stellen erst den großen Zusammenhang her, Lebenspartikel, aufgegriffen mit leidenschaftlicher Sympathie, mit liebevoller Ehrfurcht vor Sein und Werk als Einheit.

Entspannung gibt es da nicht. Zufriedenheit ist selten. Aber ein rascher Satz kann einen durchs Telefon anspringen und kann tief eindringen, zornig-heitere Entgegnung, neulich, auf eine voreilige Klage über heutige Zustände und Geschehnisse:»Was wollen Sie denn? Es ist doch alles viel besser als vor vierzig, fünfundvierzig Jahren!« Dieser Satz sollte nicht vergessen werden. Der ihn sagte, hat Anteil daran, daß es, trotz allem, besser wurde. Er selber kämpft mit seinem ganzen Wirken gegen das Vergessen.

Aufbrausende Unrast und gelassene Ruhe, ungeduldiges Forschen und geduldiges Feilen, grimmige Empörung und generös verstehende Versöhnlichkeit im Wissen um Flüchtigkeit und Beständigkeit kennzeichnen den Alltag des nun Siebzigjährigen, der sich den Elan seiner Jugend zu bewahren scheint und ihn nun mit der Einsicht und der Weitsicht des Alters produktiv vereint. Beharren und Unterwegs-Sein widersprechen einander nicht. Wer schauend reist, wird mit vielerlei Seßhaftigkeit vertraut. Peter de Mendelssohn bleibe noch lange in hellem Reiselicht

unterwegs.

Ernst Schröder
Das Leben – verspielt
Klappentext (1978)

Dies ist eine ungewöhnliche Schauspieler-Biographie – und ist weit mehr als eine Schauspieler-Biographie. Wie Ernst Schröder sich von seinen hervorragendsten, also gleichrangigen Kollegen unterscheidet, so unterscheidet sich sein Lebensbuch von allen Büchern (scheinbar) ähnlichen Genres. Schröder vereint Vitalität mit Spiritualität, nach außen gerichteten Impetus mit Besinnlichkeit und Verinnerlichung. Dies zeichnet sein Spiel, dies zeichnet seine durchgeformten Erinnerungen aus. In großen Zusammenhängen erzählt er seine, Ernst Schröders, Geschichte, bedeutende Momente werden in ihrer Dramatik nacherlebt. Das Anekdotische ist farbig, prägnant; es überwuchert nicht. Immer waltet Polyphonie, Ineinanderwirken verschiedener Gedanken und Handlungen. Die Bilder wechseln, Jugend, künstlerische Entwicklung, der heutige Standort des Reifen, bewußt Alternden, das Landhaus in der Toskana. Schröder besitzt eine außerordentliche schriftstellerische Begabung, ein ausgeprägtes Kunstgefühl und Stilbewußtsein. Er schreibt mit Finesse, mit Schwung; reflektierend bändigt er seinen Überschwang. Vom Haus des Schneiders in Wanne-Eickel führt der Weg über Saladin Schmitts Bochumer Theater und Zwischenstationen zu den Bühnen Berlins, zu Bühnen der Welt. Begegnungen sind wichtig – nicht nur mit Kollegen, sondern mit Dichtern, mit bildenden Künstlern.

Schröder überträgt dem Leser seine Erfahrung der Urtragik des Schauspielers: des geborgten, des anverwandelten Lebens, des Lebens aus dem Zitat, der schwierigen Beziehung zwischen eigenem Gesicht und Maske. In Selbstprüfung, nicht in Eitelkeit, geht er seinem Dasein, seinem Wesen auf den Grund. Das existentielle Kernstück dieser Prosa hat einen anderen Schauplatz als die Bühne, es ist das Kriegskapitel ›Das mütterliche Wort‹.

Der »nachschaffende« Künstler bindet und befreit sich zugleich im Umgang mit Dichtung, er arbeitet an Gestalten und seiner eigenen Gestalt. So spielt er weiter, schreibt eine Filmhandlung, die in der Landschaft seiner Wahl verläuft: »Lier in der Toskana«.

»Das Leben – verspielt« ... Erweist es sich nicht doch als ein gewonnenes, auch für uns gewonnenes Leben?

Günter Busch
Paula Modersohn-Becker
Malerin. Zeichnerin
Klappentext (1981)

Aus Paula Modersohn-Beckers Bildern ersteht ihr Bild. Der bedeutendste Kenner gibt die gültige Gesamtdarstellung von Werk und Künstlertum, Künstlerschicksal der Malerin und Zeichnerin, die ihrer Epoche kühn vorausgeeilt ist und in ihrer Originalität und Größe heute erst voll begriffen wird. Günter Busch hat dieses Buch sinnfällig und feinfühlig komponiert. Die Gliederung ist in der Einleitung, einem Essay von hohem Rang, und im Bildteil die gleiche. Jeder Satz und jedes Bild sind aufs Ganze bezogen, vom Ganzen wird der Leser und Betrachter immer wieder zu den einzelnen Elementen und Motiven von Paula Modersohn-Beckers individuellem Schaffen und zu den vielfältigen kunst- und zeithistorischen Zusammenhängen hingeführt, in denen es sich entwickelte. Den 49 sorgfältig gedruckten Farbtafeln ordnen sich 5 Schwarzweißtafeln bei. Die so eingängigen wie subtilen Erläuterungen zu den Tafeln enthalten 34 Aufschluß gewährende Abbildungen, in Buschs Essays sind 37 Schwarzweißreproduktionen eingefügt. 96 Vergleichs-Abbildungen zeigen Einflüsse, Vor-Bilder, Verwandtschaften und gerade damit die Eigenständigkeit der Künstlerin.

Carl E. Schorske
Wien
Geist und Gesellschaft im Fin de Siècle (1982)
Informationstext an die Verlagsvertreter

Es geschieht selten, daß ein bedeutendes essayistisches Werk eine Sensation bewirkt, hohes Niveau und weite internationale Beachtung einander entsprechen, Ergebnis einer ungewöhnlichen Verbindung von wissenschaftlicher Forschung und künstlerischer Darstellung.

Der amerikanische Universal- und Kulturhistoriker Carl E. Schorske, lange schon einer der angesehensten Gelehrten Nordamerikas, erlangt in diesen Tagen internationale Berühmtheit – dank dem Buch, das wir vorlegen können. Es ist in der nordamerikanischen Presse so ausführlich und lebhaft besprochen worden wie kaum ein anderes seiner Art, der Autor gewann mit ihm 1981 den Pulitzer-Preis und den Preis der »MacArthur Prize Fellowship«. Er wurde, der Amerikaner, der Wien besser kennt, kritischer sieht und bei alldem inständiger liebt als die meisten Österreicher, im Frühjahr 1981 nach Wien gerufen, um im Dr.-Karl-Renner-Institut einen Vortrag über das Thema zu halten, das er im dritten Kapitel seines Buches mit origineller Einsicht behandelt: Bruno Kreisky hat ihn eingeführt.

Carl E. Schorske ist, 1915 in New York geboren, dem Wesen und der Bildung nach ein genuiner Amerikaner. Er hat deutsche

Ahnen; Protestanten, Katholiken, Juden zählen zu seinen Vorfahren. Er hat an der Columbia- und der Harvard-Universität
studiert, an der Wesleyan-Universität, in Berkeley und in
Princeton gelehrt; vor Jahren schon hat ›Time‹ ihn auf seinem
Cover in der Reihe der überragenden amerikanischen Wissenschaftler präsentiert. Im Zentrum seiner Aktivitäten stand und
steht noch immer die Lehre, der mündliche Vortrag; die Liste
seiner gelehrten Publikationen ist lang, ›Wien. Geist und Gesellschaft im Fin-de-Siècle‹, original ›Fin-de-Siècle Vienna. Poli-
tics and Culture‹, aber zweifellos bisher sein Hauptwerk: Bei
aller erstaunlichen, sich noch der entlegensten, freilich auch besonders aufschlußreichen Einzelheiten bemächtigenden Gelehrsamkeit alles andere als ein »gelehrter Wälzer«.

Carl E. Schorske hat seine eigene elegante literarische Form.
Er ist ein unvergleichlicher Meister des Essays. Im Essay ver-
schmilzt er seine immensen historischen Kenntnisse, sein Wissen um politische und wirtschaftliche Vorgänge, seine an Marx,
dem er allerdings nicht blindlings folgt, und besonders an Freud
geschulte Betrachtungsweise, seinen Sinn für Wesen und Erscheinungen der Dichtung, der bildenden Künste, der Musik.

Wien, das Wien der Jahrhundertwende, ist ihm das gültige
Beispiel für die kurze Blüte und Brüchigkeit der bürgerlichen
Kultur des Liberalismus, für den Aufstand einer jungen Generation oder mehrerer, von verschiedenen sozialen Ursprüngen
herkommender Generationen gegen die Väter. So wurde einer
vielfältigen, aus mannigfachen Elementen zusammengesetzten
Kultur der Untergang bereitet, so auch konnte Neues entstehen.
Der Autor gibt lauter Vorbilder, Einzeldarstellungen, dringt tief
ein in die verschiedenen Materien, immer zeigt er dabei einen
großen Zusammenhang, immer macht er den gefesselten Leser
eines Gesamtnenners bewußt. Die sieben Essays ordnen sich zyklisch; einen Liederzyklus hatte er im Sinne bei der Komposition
seines Buches. Von einem Bild, das klang, von einem Klang, der
Bild ist, geht er aus: ›La Valse‹ von Maurice Ravel, jenem Or-

484

chesterwerk, das die Walzer von Johann Strauß und ihre Welt beschwört, sie ins Spukhafte führt und zerbrechen läßt.

Der erste Essay ›Die Seele und die Politik‹ malt den Hintergrund des gewaltigen Bildes aus und zeigt, wie zwei bedeutende Dichter, Schnitzler und Hofmannsthal, sich in der Krise des Finde-siècle verhielten, bemüht, »auf ihre verschiedenen Weisen, das Vermächtnis der Tradition den Problemen ihrer gesellschaftlichen Klassen anzupassen«.

Der zweite, ganz unvergleichliche Essay gilt der Ringstraße als einem Muster der Probleme des Städtebaus und damit menschlichen Gemeinschaftslebens. Der Widerstreit zweier Tendenzen verkörpert sich in den Architekten Camillo Sitte und Otto Wagner: der eine wollte eine gereinigte Welt der Vergangenheit, um ihre Gemeinschaftsbezogenheit wieder aufleben zu lassen, der andere kämpfte um funktionalistische Klarheit und die Moderne.

Der dritte Essay ist der eigentlich politische, er durchleuchtet die Epoche des sich ausbreitenden und die ganze Wiener Kultur zersetzenden Antisemitismus. Er führt drei ungleiche Brüder vor, die gleich sind im Kampf gegen die Vätergeneration, in der Leugnung des Erbes und der bloßen Vernunft, im Propagieren »einer Politik der Phantasie«: Die Antisemiten Georg von Schönerer und Karl Lueger; den Begründer des Zionismus, Theodor Herzl.

Der vierte Essay ist frappierend, neue Deutung einer epochemachenden Deutung: der Traumdeutung von Sigmund Freud, die Carl E. Schorske als eine Auseinandersetzung mit dem Vater und als eine Flucht aus der Geschichte und der Politik, als Errichtung eines ungeschichtlichen Gedankensystems auslegt.

Der fünfte Essay handelt von dem Maler Gustav Klimt, der zuerst der liberalen Kultur dient und sie schmückt, dann auf der Suche nach der Moderne und damit auch nach einer sexuellen Befreiung sie bekämpft und als ein Geschlagener schließlich zurückkehrt ins Konventionelle und Dekorative.

In den beiden letzten Essays ist der Garten Gegenstand und Sinnbild. In ›Die Verwandlung des Gartens‹ schildert Carl E. Schorske mit einer Einsicht und Einfühlung, die bei einem Amerikaner doppelt ungewöhnlich ist – und natürlich hat sich dieser Autor zunächst an ein amerikanisches Publikum gewandt – Begriff und Bild vom Garten in mehreren österreichischen Generationen. In einem weiten Abschnitt kehrt der amerikanische Historiker ein in die Welt von Adalbert Stifters ›Nachsommer‹; er schreitet weiter zu dem feinsinnigen, die sozialen Klippen spürenden und an ihnen scheiternden Ferdinand von Saar, dann zum ›Garten der Erkenntnis‹ von Leopold von Andrian und nochmals zu Hofmannsthal, der aus Nöten und Konflikten hinfand zur tragischen dichterischen Erkenntnis seines vermächtnishaften Werkes ›Der Turm‹.

Zuletzt: ›Die Explosion im Garten‹, die Zerstörung dessen, was als schön gilt und was schön war, die Revolution, das Neue, ein neues Lebensgefühl, eine neue Gesetzmäßigkeit, eine neue Kunst: bei Oskar Kokoschka, dessen frühe Werke so meisterlich gedeutet werden wie die der anderen Künstler in den vorigen Essays, bei Arnold Schönberg, dessen erste umwälzende Schöpfung, der Liederzyklus nach Gedichten von Stefan George ›Das Buch der hängenden Gärten‹ ist.

Schorskes essayistische Kunst ist in hohem Maße auch Stilund Sprachkunst: Dieser mit Sehkraft und Einsicht begabte Autor hat ein feines Gehör, das auf die Melodie des Satzes und die Schwingung des Wortes achtet und einen ebenbürtigen Übersetzer fordert. Der deutsche Text ist Horst Günther zu verdanken; Autor und Übersetzer haben in produktiver Disputation gearbeitet.

Horst Günther ist daher eigens zu nennen: 1945 geboren, lehrt er Philosophie an der Freien Universität Berlin und forscht an der Herzog August Bibliothek in Wolfenbüttel. Über den Wolfenbütteler Bibliothekar Lessing hat er einen der wichtigsten Gedenkaufsätze geschrieben. Der Insel-Almanach ›Ein

Mann wie Lessing täte uns not‹ wurde von ihm zusammengestellt. Günther ist Herausgeber der Werke von Karl Philipp
Moritz. Er übersetzte La Boétie, Diderot und Panofsky und war
beteiligt an Heft 3/1981 der ›Neuen Rundschau‹.

Hans Werner Henze
Die Englische Katze
Ein Arbeitstagebuch 1978–1982
Klappentext (1983)

Dieses Buch hat nicht seinesgleichen: Einzigartiges Dokument
der Entstehung eines Kunstwerks und selber bei aller Spontaneität ein Kunstwerk eigener Prägung. Hans Werner Henze,
einer der produktivsten und erfolgreichsten, einer der überragenden Komponisten unserer Zeit, schreibt nieder, was ihn vier
Jahre lang beschäftigt, Tag um Tag. Er schreibt vom werdenden
Werk und von seiner Welt.

Im November 1977 erlebt er in Frankreich einen Schau-
spielabend: Eine argentinische Truppe führt ihre Inszenierung
von ›Peines de Cœur d'une Chatte anglaise‹ vor, Dramatisierung
der gleichnamigen Kurzgeschichte in Brieform, die Balzac für
die ›Scènes de la Vie privée et publique des Animaux‹ des Zeich-
ners Grandville geschrieben hat. Er weiß sofort: Er hat den Stoff
für eine Oper gefunden. Henze bittet seinen Freund, den englischen Dramatiker Edward Bond, der vorher schon die Dich-
tungen zu seiner Oper ›Wir erreichen den Fluß‹ und seinem
Tanzdrama ›Orpheus‹ geschrieben hat, um ein Libretto für ein
bitter-traurig-humoristisches Stück Gesellschaftskritik in vikto-
rianischem Gewand und Milieu, symbolisches Spiel von aktueller Gültigkeit. Bond erfüllt in enger gemeinsamer Arbeit den
Wunsch des Musikers. Dieser begleitet die Komposition mit seinen Tagebuchaufzeichnungen. Solch Blick in eine erhellte Werk-

statt ist uns bisher nie gewährt worden. Henze reflektiert über jede Einzelheit, läßt den gefesselten und belehrten Fachmann wie den von ihm eingeweihten Laien teilhaben an seinen Überlegungen, Experimenten und Leistungen. Er schafft eine Oper, die Sängern, Instrumentalisten und Publikum gleichermaßen Freude bereiten soll, hohe Anforderungen stellt und doch vielerorts aufführbar ist: in kammermusikalischen Beziehungen und Proportionen lebendiges, spielerisches und tiefsinniges Musiktheater.

Der Komponist, Tagebuchschreiber, durchaus Ästhet und Ästhetiker, ist kein still sein Spiegelbild betrachtender Narziß. Er will wirken, will erziehen, ist bewegt von pädagogischem Ethos und Eros, ist mit Leidenschaft politisch engagiert. Und er ist dem Leben, den Menschen, den Erscheinungen der Natur aufgeschlossen, ein Künstler, der mit seiner Kunst Künste vereinen will, seine Musik einbringt in sein Wort. Sein Blick ist so scharf wie sein Gehör, die schriftstellerische Begabung außerordentlich. Originell und lebendig schreibt Henze von allem, was ihn erfüllt. Vielfältige Erfahrungen umgeben und bedingen den Schaffensprozeß. Die sommerlichen Musikfesttage in Montepulciano mit ihrem Gewimmel von Veranstaltungen, von begeistert sich musikalisch betätigenden Professionellen, Amateuren, Kindern, von Zugereisten und Einheimischen. Beschauliche Tage auf dem Landsitz bei Rom. Landschaften immer wieder, italienische, fremdere Städte. Künstler, Freunde. Gehörtes, Gesehenes, Geliebtes. Das Erscheinen des Arbeitstagebuches geht der Uraufführung der Oper (Schwetzingen, 2. Juni 1983) voraus.

Hans Scholl, Sophie Scholl
Briefe und Aufzeichnungen (1984)
Brief an die Verlagsvertreter

28. Oktober 1983

Liebe Herren Domzalski, Hartmann, Johst, Kieser, Melchers, Meyer, Dr. Umfahrer, Weiß-Margis, Wortmann, Wyler,

ehrlich kann ich zu Ihnen von unserer, von meiner Vorfreude auf die nahende Vertreterkonferenz sprechen. Es gibt viel vorzustellen, viel zu erzählen, viel Ihnen ans Herz zu legen (wenn's nicht dort schon liegt). Sie wissen, daß ich fast immer nicht nur eingenommen, sondern durchdrungen bin von den Büchern, an deren Fertigwerden ich beteiligt sein darf. Diesmal bin ich besonders glücklich über unser Programm und meine Parzelle von ihm. Ein Buch aber erfüllt mich, bewegt mich so stark, wie nur ganz wenige in meiner Erfahrung, und ich bin sicher, dies ist kein bloß persönliches Erlebnis. Andeutungsweise habe ich schon ein paarmal davon geredet:

Hans Scholl Sophie Scholl
Briefe Aufzeichnungen

Herausgegeben von Inge Jens

Dies ist nicht nur ein Herzstück des S. Fischer-Frühjahrsprogramms. Es ist ein Buch, mit dem wir leben müssen und dürfen, das bei allem Ernst und aller Tragik auch Freude bereiten und Halt geben kann; im besten Sinne ein deutsches Buch, man wünscht, ein Buch für alle Deutschen.

Am 7. November, am Montagvormittag, steht es auf der Tagesordnung. Die Präsentation soll nicht pathetisch geraten. Die Geschwister Scholl und ihre Freunde waren ungewöhnliche, geistig, religiös, musisch und moralisch intensiv bewegte, aber immer ganz natürliche junge Menschen. Im Erkennen und Handeln sind sie weitergelangt als beinahe alle anderen, aber sie haben ihre Jugend und ihre Jugend hat sie nicht verlassen. Wie gesagt: kein Pathos. Doch wollen wir das Gespräch über Hans und Sophie Scholl und ›Die Weiße Rose‹ (wir bleiben nicht bei diesem einen Buch stehen) herausheben aus der Routine: Inge Jens, die Herausgeberin dieses Bandes und zugleich der noch ausstehenden Tagebücher von Thomas Mann, die wir gern mit Ihnen persönlich bekannt gemacht hätten, kann leider nicht kommen. Sie ist zu Vorträgen über die Scholls und ›Die Weiße Rose‹ in der DDR verpflichtet. Aber wir können als Gast Inge Aicher-Scholl begrüßen, die verehrungswürdige und liebe Zeugin und Beteiligte, deren Buch ›Die Weiße Rose‹ wir ja alle besitzen. Jahrzehntelang währt schon ihre Beziehung zum Hause Fischer (und umgekehrt). Ihr Mann Otl Aicher wird selbstverständlich den Band der Briefe und Aufzeichnungen ausstatten.

Die editorische Arbeit ist sehr weit gediehen, das Typoskript aber noch nicht in Satz gegangen. Sie, liebe Herren Vertreter, sollen nicht nur von ihm hören, sondern bereits vor der Konferenz wenigstens ein bißchen von ihm lesen. Ich versuche eine Auswahl für Sie, ein paar Seiten von Hans und ein paar von Sophie Scholl. Sie werden Ihnen eine Vorstellung vermitteln können, wenn auch nicht den Eindruck vom Ganzen. Denn bei allem Reiz, aller Liebens- und Bewunderungswürdigkeit der einzelnen Briefe und Tagebuchnotizen ist gerade hier das Ganze mehr als die Summe seiner Teile: Es zeigt eine großartige innere Entwicklung in so kurzer Lebensfrist, zeigt, wie diese jungen Menschen einen sehr hohen Begriff von Bildung erfüllt und nach ihm gehandelt haben.

Mit herzlichen Grüßen und Wünschen
Ihr
J. Hellmut Freund
S. Fischer Verlag GmbH
Lektorat

490

Ralph Giordano
Die Spur
Reportagen aus einer gefährdeten Welt
Klappentext (1984)

Ralph Giordano läßt dem gewaltigen Roman ›Die Bertinis‹ ein »Sachbuch« folgen. Es handelt von wichtigster Sache: unserem Überleben. ›Reportagen aus einer gefährdeten Welt‹ – Giordanos Anspruch an die Reportage ist hoch. Das Journalistische mischt sich mit dem Literarischen, die objektive Feststellung von Verhältnissen und Tatbeständen mit subjektivem Eindruck und Ausdruck. Der Autor hat als Fernsehmann die Welt überall bereist, wo sie unruhig, wo sie gestört und krank ist, und seine Beobachtungen in zahlreichen aufrüttelnden Sendungen gezeigt. In diesem Buch gibt er mehr noch, vor allem das, was im Medium des Fernsehens nicht mitgeteilt werden konnte, was hinter den Sendungen stand und was über sie hinausführt. Ralph Giordano ist in jahrzehntelanger Arbeit sich selbst, und er ist den Menschen, den leidenden, unterdrückten, verfolgten, treu geblieben. Ihre Not und ihre Nöte sind in breitem Spektrum seine Themen. Sie reichen von Komplexen kontinentaler und globaler Ausdehnung bis zu Lebensfragen kleiner und kleinster Gemeinwesen. Giordano ist ein wahrhaft »engagierter« Schriftsteller, im Engagement aber unfanatisch, undogmatisch.

Seine Begegnungen und Erlebnisse sind, eindringlich und leidenschaftlich geschildert, schmerzhafte Berührungen mit Hauptproblemen der heutigen Menschheit, mit Elend und Hunger, mit Vertreibungen und mit schwelenden Konflikten der Völker. Der Autor bedient sich auch im Schreiben, im Empfinden und Nachdenken scharfer Objektive, die weite Szenerien und bestürzende Einzelheiten uns nahe rücken. Er betrachtet die Brandherde dieser Erde – und untersucht die Entstehung des Brandes, empfiehlt die Technik seiner Löschung. Sein Vorgehen, seine Auffassung stiften den inneren Zusammenhang zwischen den Teilen und Kapiteln des Buches. Er reflektiert die Impressionen, ermißt Konsequenzen, gliedert daher die umfassenden Reportagen in einzelne Abschnitte und eröffnet in Prologen und Epilogen tiefe Perspektiven. Aus dem Erlebnisbericht erwächst eine politische Studie. Die unerbittliche Darstellung der Heillosigkeiten malt nicht schwarz in schwarz, noch leuchten viele Farben (und es fehlt auch nicht an Humor). Und noch ist dann und wann, hier und dort Hoffnung erlaubt, Rettung trotz allem möglich.

Otl Aicher
innenseiten des krieges (1985)
Brief an die Verlagsvertreter

31. Oktober 1984

Liebe Frau Binde,
liebe Frau Scheffel,
liebe Herren Domzalski, Hartmann, Jobst, Johst, Kieser,
Melchers, Meyer, Weiß-Margis, Wortmann, Wyler,

kurz vor Toresöffnung, dem Beginn unseres Treffens, Zusammensitzens, Zusammensprechens noch eine kleine Sendung mit Leseproben aus einem sehr wichtigen und sehr besonderen Werk, von dem nächste Woche noch brennend gesagt werden soll.

Otl Aicher: Wir brauchen ihn nicht vorzustellen. Er ist bekannt. Wer in seinen Bereich hat eintreten, mit ihm hat arbeiten können, kann sich dem Bann seiner Persönlichkeit nicht entziehen. Wie diese Persönlichkeit sich zusammensetzt, und zwar zu einer harmonischen Existenz, ist gar nicht so einfach zu beschreiben: Da ist ein Meister in seiner Werkstatt, der junge Leu-

492

te um sich sammelt und sie anleitet, für andere denkt und schafft, scheinbar oder wirklich ganz schlicht und handwerklich. Da ist ein sehr freier und selbständiger, temperamentgelenkter Geist – so einer, den man heute aufmüpfig nennt. So viel hat er gemein mit den Geschwistern Scholl und ihren Freunden. Und so viel ist ihm allein zueigen. Er liest, reflektiert, handelt, tut es gegen den Strich, leugnet künstliche Ordnungen, speziell die staatlichen, ist etwas Ähnliches wie ein Anarchist im nobelsten Sinn, und doch etwas anderes.

Auf diese Weise erscheint Otl Aicher beunruhigend und faszinierend in seinem autobiographischen Buch ›Aneignung der Befehlsgewalt‹, aus dem ich Ihnen einige, fast willkürlich gewählte Seiten vorlege. Das Ganze ist auch hier mehr als seine Abschnitte. Sie, diese Seiten, können Ihnen keinen vollen Aufschluß, wohl aber einen Hinweis, einen Geschmack geben: Die Jugendgeschichte des Mannes, seine Herkunft, seine Teilnahme am Kriege, und das heißt, seine Verweigerung des Krieges, im Alleingang. Man sieht, wie ein Mann immer gegen den Nazismus hat leben und handeln und sich dem Zugriff der Obrigkeit und der Militärdisziplin entziehen können. Sein »Kriegserlebnis« unterscheidet sich von dem aller anderen. Der schon erwähnte Schwejkzug ist deutlich.

Sehr aicherisch: die Mischung von lebendiger Anschauung, Anschauung, wie sie nur ein sehr begabter und unabhängiger, visueller Künstler besitzt und übt, und – ich möchte eher Philosophieren sagen als Philosophie. An manchen Stellen wird Widerspruch erlaubt sein. Aber gerade dies macht Aichers Persönlichkeit und Äußerungen so brennend interessant und wichtig. – Weiteres mündlich!

Otl Aichers ›Übernahme der Befehlsgewalt‹ ist als ein bedeutender Titel für das Frühjahrsprogramm vorgesehen. Gespräch und Redaktion sind noch nicht abgeschlossen, können es noch nicht sein. So kündigen wir dieses Buch mit Nachdruck, aber auch einem leichten Vorbehalt an, der Ihnen nicht verschwiegen werden soll: So ist nicht ganz ausgeschlossen, daß wir erst für Herbst 1985 fertig werden. Auf jeden Fall aber sollen Aufmerksamkeit, Gespräch, Respekt und Leidenschaft sich schon jetzt entzünden. Nicht zufällig war die Rede von Brennendem.

Auf bald!

Mit herzlichen Grüßen
Ihr
J. Hellmut Freund
S. Fischer Verlag GmbH
Lektorat

Carl J. Burckhardt
Briefe 1908–1974
Klappentext (1986)

Werden und Entfaltung eines großen Europäers, gespiegelt und erklärt in Briefen voller Einsichten und Voraussichten, voller Kultur = Humanität. Vielzählig die Briefpartner und die Themen. Der Historiker spricht und der Politiker, und immer spricht der künstlerische Mensch, in dessen Leben und Wirken Hang und Fähigkeit zu dichten sich kreuzen mit der Notwendigkeit, zu erkennen und dem Auftrag, zu handeln.

Der erste Brief, vom siebzehnjährigen Schüler stammend, ist am 22. April 1908 an den Jugendfreund Georges Walter, der letzte an den Enkel des verehrtesten Freundes gerichtet, an Octavian von Hofmannsthal – er wurde in einer Genfer Klinik am 26. Februar 1974 geschrieben. Der Briefschreiber ist so bewandert in den vergangenen und den gegenwärtigen Weltläuften wie in Literatur und Natur. Im Alter wächst die Skepsis, wird der Ton gedämpfter, die Menschlichkeit fast noch spontaner, kräftiger. Mit der Skepsis wächst der Wunsch, sich zum Zeitgeschehen zu äußern, er erhöht sich zuweilen ins Prophetische. Wir sehen C.J. Burckhardt auf seinem Weg aus Basel und aus dem Internat des großen Pädagogen und Freundes Werner Zuberbühler in die Welt. Der junge Mann schwankt zwischen Universitäts- und diplomatischer Laufbahn, geht bei Kriegsende an die Gesandtschaft seines Landes nach Wien. Die Freundschaft mit Hofmannsthal beginnt. Späteres ist nicht nur Biographie, sondern Historie. Die Mission in Danzig wird deutlich motiviert, zumal dank früher Erkenntnis von Nazi-Unwesen und Mitläuferelend.

Der Historiker, der politische Schriftsteller hat seine Meinung, gespeist aus Welterfahrung; es treibt ihn zu einer Aufnahme des Lebens, die sich umsetzt in genuines Erzählen. C.J. Burckhardt spricht sich den Partnern gegenüber aus. Er geht ins Grundsätzliche, ins Große, geht auch zurück in der Erinnerung; ganze Geschichten voller Bildhaftigkeit und Klang werden ausgebreitet. Er erzählt sie sich selbst, aber nie am Adressaten vorbei. Der Briefschreiber ist auf den anderen bedacht, hilfsbereit.

Die Sympathien sind weit und auch tief, bei aller Lebensgewandtheit ist der Freimut beeindruckend. Carl J. Burckhardt sah sein Europa im Dämmerlicht. Er war konservativ, weil er Gutes, weil er Erbe, besonders aber weil er Menschen, Freundschaften bewahren wollte und konnte. Darum sind die Geschehnisse und Gestalten in seiner Schilderung, darum sind seine Briefe lebendig.

Nachwort der Herausgeber
In: ›Gedanke und Gewissen‹. Essays aus 100 Jahren
S. Fischer Verlag. Herausgegeben von Günther Busch
und J. Hellmut Freund (1986)

Das Unterfangen, die Entwicklung eines Verlags am Beispiel
einer literarischen Gattung zu dokumentieren, ist ebenso riskant wie reizvoll: riskant, weil Gestalt und Bild eines Verlags
niemals ausschließlich von einem einzelnen seiner Interessen
geprägt werden, sondern stets von deren Zusammenspiel – erst
wenn die Bücher eines Verlags *miteinander* sprechen, spricht
auch sein Programm (zu den Lesern); reizvoll, weil die förmliche
Beschränkung zu Bestimmtheit auffordert und Ausweich-
manöver in der Sache nicht erlaubt.

In der Geschichte des S. Fischer Verlags hat Essayistik immer
eine erhebliche Rolle gespielt: als schriftstellerische Darstel-
lungsform, als kulturelles Sondierungsverfahren, als Waffe in
den Auseinandersetzungen der Zeit. *Ein* Beleg dafür ist die Zeitschrift, die seit der Gründungsperiode, mit einer kurzen Unter-
brechung während des NS-Regimes, und bis zum heutigen Tag
den Verlag begleitet – bereits 1890 erschien die ›Freie Bühne für
modernes Leben‹ (herausgegeben von Otto Brahm in Berlin),
die 1892 in ›Freie Bühne für den Entwicklungskampf der Zeit‹
und 1894 in ›Neue Deutsche Rundschau‹ umgetauft wurde und
die heute den Titel ›Neue Rundschau‹ führt.

Diesem Umstand ist, aus guten Gründen, in unserem Sammelband gebührend Rechnung getragen worden: Die hier vereinten Texte sind sowohl aus Büchern wie aus der Zeitschrift
geschöpft. Dabei wurde der Begriff des Essays, was ja dessen ge-
räumiger, vielgefächerter Aufmerksamkeit durchaus entspricht,
nicht engsinnig gefaßt. Der Essay ist eine *offene* Form: Übungs-
feld der Neugierde, der Arbeit am Ungewissen. Er ist offen in
den Beziehungen, die er zu Gegenständen herstellt, und in seinem Ausdruckscharakter – die Grenzen zur Miszelle, zum argu-

mentierenden Aphorismus, zum erfundenen Gespräch einerseits, zum Vortrag, zur großen Rede, zur Abhandlung andererseits sind unbefestigt und meist nur abstrakt zu ziehen. Die Herausgeber haben diese Erfahrung bei ihrer Auswahl beherzigt: Denkstile und Schreibweisen werden hier in Erinnerung gerufen, nicht Beweisstücke einer ästhetischen Typologie ausgestellt.

Die Beiträge sind chronologisch geordnet. Sie handeln von Themen, die, mittelbar oder unmittelbar, die nunmehr hundertjährige Publikationsgeschichte des S. Fischer Verlags in bezeichnender Weise gefärbt haben: Themen der Literatur, des Theaters, der bildenden Künste, der Musik, der Politik und öffentlichen Moral, der Lebenswelt der Menschen, der wissenschaftlichen Erkenntnis und Verantwortung.

Es versteht sich von selbst, daß in dieser Anthologie sich Neigungen und Wertungen der Herausgeber spiegeln. Wer sich anschickt, aus Tausenden von Druckseiten eine Auswahl zu besorgen, der kann schwerlich »objektiv« sein und sollte »Objektivität« jedenfalls nicht für sich beanspruchen. Gewissenhaft verfährt er nur dann, wenn er sich bei seinen Entscheidungen nicht auf anderer Gewissenhaftigkeit hinauszureden sucht. An dem Eigensinn, dem er gefolgt ist, muß er sich freilich am Ende messen lassen.

Vornehmlich zwei Kriterien haben uns bei der Zusammenstellung der Beiträge geleitet: 1. Es sollten die einzelnen Texte ebenso wie ihr schließlicher gemeinsamer Auftritt eine möglichst lebendige Vorstellung von der geistigen Choreographie des Verlags vermitteln: von den markanten Schritten, die er in hundert Jahren getan und mit denen er jeweils (manifeste oder verdeckte) Tendenzen der Zeit bewußt bekräftigt oder ihnen bewußt Widerpart geboten hat. 2. Es sollten Autoren zu Wort kommen, die auf ihrem Gebiet in belangvoller Weise gedacht, argumentiert und, im Bündnis mit dem Verlag, Fragen gestellt haben, während mit wohlfeilen Antworten hausieren zu gehen immer wieder einmal der allgemeine Brauch war.

Die Herausgeber sind sich im klaren darüber, daß ein derartiges Vorhaben Zweifel wecken wird und auf Einwände gefaßt sein muß. Es selbst zehrt ja vom Zweifel und von der Einwendung. Das soll auch gar nicht verhehlt werden. In einigen Fällen mußte auf weit ausgreifende Essays verzichtet werden, um die Gewichte innerhalb des Bandes nicht fahrlässig zu verschieben. Und manche Autoren, die es wahrlich verdient hätten, hier repräsentiert zu sein, konnten nicht berücksichtigt werden, weil andernfalls unangemessene Bevorzugungen einzelner historischer Perioden die Folge gewesen wären. Daß dadurch zwar nicht Willkür, aber Ungerechtigkeiten ins Spiel gekommen sind, wird nicht geleugnet.

So ist denn dieser Band notwendigerweise ein Fragment: unabgeschlossen und – nimmt man die Absicht ernst, welche die Vorarbeiten befeuert hat – in vielerlei Hinsichten fortsetzbar. Gerade damit jedoch bekennt er sich zu jenen geschichtlich geformten und zugleich unvergangenen Erfahrungsgehalten, von denen er, zu einem genau bestimmten Zeitpunkt, ein Zeichen zu geben versucht – von der Würde des kulturellen Wandels und von der Treue zum unabhängigen Denken.

Der Titel des Bandes mag auch unter solchen Vorzeichen gelesen werden. Er benennt zwei der Orientierungs- und Kraftquellen, aus denen Samuel Fischer und sein Verlag über schwierigste Zeitläufe hinweg jeweils Anregungen gewonnen, ja ihr Selbstverständnis gespeist haben. Und sie wirken wohl in der ideellen Konfiguration, zu der sich die fünfzig Beiträge dieses Bandes fügen, ersichtlich fort: Anschauen und Verstehen, Unterscheiden und Urteilen, Gedanke und Gewissen.

Frankfurt am Main, August 1985

Albrecht Goes
Erzählungen. Gedichte. Betrachtungen
Klappentext (1986)

Dieser Band ist ein Längs- und zugleich ein Querschnitt durch
das Werk eines Dichters, der dem und dem der S. Fischer Verlag
seit einem halben Jahrhundert verbunden ist. Albrecht Goes hat
dieses Werk sehr früh begonnen, früh seinen eigenen poetischen
Ton gefunden: als Lyriker – »ein vom Vers Getroffener und nach
dem Gedicht Verlangender« –, als Erzähler, als Essayist. Er übt
Selbstdisziplin, schreibt wenig und Gültiges. Er verantwortet,
was er schreibt. Im Verantworten ist die Antwort inbegriffen,
der Dialog, der Zuspruch, die Beziehung auf Gegebenes. Goes
hat die Dissonanzen und das Furchtbare, die von Menschen ge-
schaffenen und verbreiteten Schrecken nicht verkannt und nicht
verschwiegen. Er hat ihnen widerstanden und hat sie im Wort
bekräftigt. Als Erzähler schildert er die Zeit der Verfolgung und
des Verderbens, das Einzelleid und Einzelschicksal, das Un-
menschliche und die Bewährung, die auch die Bewahrung ist:
des Menschenmaßes. Dies wird in meisterlichen Geschichten
wie ›Das Brandopfer‹ und ›Das Löffelchen‹ durchlebt. Das Werk
von Albrecht Goes ist nicht »erbaulich«, sein Trost nicht billig.
Sabine sagt im ›Brandopfer‹, da sie und er unverhofft etwas
Schönem begegnet sind: »Genug, daß es da ist; daß es so ist, wie
es ist, in der Welt ist und daß die Welt eine heile Stelle hat zwischen all ihrem Schorf und Eiter. Lange vorhalten wird es nicht,
aber es ist doch da.«

Elisabeth Erdmann-Macke
Erinnerung an August Macke
Klappentext (1987)

August Macke ist am 3. Januar 1887 in Meschede geboren, am 26. September 1914 bei Perthes in der Champagne gefallen. Er hinterließ ein malerisches und zeichnerisches Werk, das unauslöschlich und unerschöpflich ist. 1962 publizierte Elisabeth Erdmann-Macke, geb. Gerhardt (1888–1978) ihre Aufzeichnungen, die sie bereits im Jahre 1915 begonnen hatte, um ihren Söhnen Walter und Wolfgang »ein Bild ihres Vaters zu bewahren«. Günter Busch, der hervorragende Kunstschriftsteller und Museumsleiter, würdigt das Buch und die Autorin:

»Hier schreibt eine liebenswürdige Frau – wie bezaubernd muß sie gewesen sein nach den vielen Bildern und Zeichnungen, die August Macke nach ihr geschaffen hat! – mit soviel schlichtem Takt wie herzlichem Gefühl, mit soviel heller Heiterkeit wie leidenschaftlicher Wärme auf, was sie erlebt hat mit einem bedeutenden Künstler.

Dieser bedeutende Künstler aber war zugleich ein Mensch runden, reinen Wesens, der alle, die mit ihm zusammentrafen, durch seine offene Natur, durch seine kraftvolle, strahlende Sicherheit und strömende Lebensfülle im Sturm bezwang. Von den kurzen, vom Glück gesegneten Jahren einer ungetrübten Gemeinsamkeit schreibt sie, aus denen trotz des jähen Endes ein unvergängliches, leuchtendes Lebenswerk erwachsen ist, rund und rein wie sein Schöpfer.

Sie erzählt ganz unbefangen – doch gar nicht indiskret – die Geschichte ihrer Liebe als einen zarten Traum aus sagenhaften Friedenstagen. Sie scheut auch vor dem Intimen nicht zurück, wo es dazu dient, die Gestalt des Malers oder seinen menschlichen Lebensbezirk (und dazu gehört ja unlösbar das persönliche Erleben der Schreiberin, ihr Denken, Fühlen und Handeln) deutlich zu machen. Aber sie drängt sich niemals in den Vordergrund, spreizt sich nicht und ziert sich nicht, weil sie selbst von derselben natürlichen Menschlichkeit getragen und erfüllt ist wie er.

Sie schildert ihre junge Ehe, den Kreis der Freunde und der künstlerischen Weggefährten des Mannes, Städte und Landschaften, durch die sie gemeinsam gewandert sind, Geschichten und Episoden, Familiäres und Unbedeutendes, Künstlerisches und Kunstgeschichtliches – doch alles dieses im Lichte der lebendigsten Erinnerung an ihn und sein Werk.«

Verdi – Boito
Briefwechsel
Herausgegeben und übersetzt von Hans Busch
Klappentext (1987)

Dem Zusammenwirken von Verdi und Boito verdanken wir mit ›Otello‹ und ›Falstaff‹ Gipfelwerke der Opernkunst und den größten ihr geltenden Briefwechsel. Dieser Korrespondenz läßt sich nur die zwischen Strauss und Hofmannsthal vergleichen – einen Briefwechsel von Mozart und da Ponte gibt es nicht. »Aber weder Mozart noch Strauss fanden den Dichter, der wie Boito Musiker war und zum Freunde wurde«, schreibt Hans Busch. Er bietet erstmalig die vollständige Dokumentation dieser schöpferischen Gemeinschaft. »Das menschliche Verhältnis zwischen dem Komponisten und seinem fast dreißig Jahre jüngeren Librettisten gedieh nach gefährlichen Krisen zu einer Vater-Sohn-Beziehung. Ihre gegensätzlichen Naturen zogen einander an, Shakespeare verband sie im Geist des Musikdramas. Ihre Werkstattgespräche spiegeln sich zum großen Teil in diesen Briefen wider, die einen Zeitraum von einundzwanzig Jahren, fast bis zu Verdis Tod, umspannen. Die Neufassung des ›Simon Boccanegra‹ stellte die beginnende Zusammenarbeit auf eine harte, erfolgreiche Probe. Am Schluß steht die Uraufführung der ›Pezzi Sacri‹ in Paris.«

Giuseppe Verdi (1813–1901) hielt mit ›Aida‹, dem Streichquartett und dem Requiem sein Lebenswerk für abgeschlossen. Da stiftete der Verleger Giulio Ricordi die Verbindung mit Arrigo Boito (1842–1918), Sohn eines italienischen Malers und einer polnischen Aristokratin. Sein ›Mefistofele‹ wird noch gespielt, der unvollendete ›Nerone‹ wie seine Prosa neu beachtet. In den sechziger Jahren gehörte er zur ›Scapigliatura‹, der Gruppe auch gegen Verdi aufbegehrender Künstler in Mailand. Er übersetzte ›Freischütz‹, ›Lohengrin‹, ›Tristan und Isolde‹. Gereift fand Boito Erfüllung im Dienst für Verdi und die sublimierte italienische Oper. Hans Busch hat die Mehrzahl der Briefe Verdis an Boito erst ans Licht gehoben. Sein Buch gliedert sich in vier Hauptteile. Ihnen ist jeweils eine umfassende Einleitung vorangestellt, die viele Briefe Anderer enthält. Lebenstafeln der beiden Meister und zehn biographische Skizzen vervollständigen den Überblick. Reiche Anmerkungen sind Ergebnis intensiven Forschens. Als Übersetzer aus dem Italienischen wahrt Busch die Diktion der Briefschreiber: Verdis rauhe und warme Bündigkeit, Boitos Anmut, Skrupelhaftigkeit und Noblesse.

Hans Busch, geboren 1914 als Sohn des großen, an der deutschen »Verdi-Renaissance« maßgeblich beteiligten Dirigenten Fritz Busch, verließ 1933 mit seinen Eltern Deutschland, war Regieassistent von Carl Ebert in Florenz, Buenos Aires, Glyndebourne, von Gustav Hartung in Basel, 1938 unter Toscanini in Salzburg tätig, 1945 im Auftrag der Alliierten Militärregierung verantwortlich für den Wiederaufbau der Mailänder Scala. Er führte Regie u. a. an der Königlichen Oper in Stockholm und an der Metropolitan Opera in New York. 1949 wurde er als Professor an die Musikfakultät (mit eigenem Opernhaus) der Indiana University in Bloomington berufen.

1978 erschien in der Minnesota University Press sein umfängliches Buch ›Verdi's *Aida*. The History of an Opera in Letters and Documents‹; 1979 im Fischer Taschenbuch Verlag, von ihm herausgegeben und übersetzt, ›Verdi. Briefe‹. Bei Oxford University Press folgt ›Verdi's *Otello* and *Simon Boccanegra* (revised version) in Letters and Documents‹.

Willi Graf
Briefe und Aufzeichnungen
Klappentext (1988)

Er ist mit den Geschwistern Scholl und ihrem Kreis vereint in Gesinnung, Ziel und Schicksal. Nicht in seinem Bildungsdrang, doch in Weg und Wesen, auch in seiner Sprache unterscheidet er sich von ihnen. Vom Katholizismus kommt er her, im Katholizismus lebt er. Willi Graf, geboren am 2. Januar 1918, wächst in Saarbrücken auf, er wird geprägt von der katholischen Jugendbewegung, der er auch nach ihrem Verbot durch das NS-Regime anhängt. Früh schon gerät er in Haft, steht er vor Gericht. Willi Graf hat sein kurzes Leben und das furchtbare, doch furchtlose Warten auf die Hinrichtung unter das Zeichen des Glaubens, des Geistes und der Freiheit gestellt. Als Medizinstudent in München tritt er in den Kreis der »Weiße Rose«. Mit Hans Scholl und Alexander Schmorell teilt Willi Graf das Rußlanderlebnis, das fast metaphysische und auch das schlimm-reale der nationalsozialistischen Greuel. Geistigkeit und unablässige wählerische Lektüre führen ihn zu Erkenntnis und Verpflichtung: Stifter und Dostojewski, Guardini und Haecker fördern sein Denken und Handeln, nicht als abenteuernder Revoluzzer entschließt er sich zur Tat: dem Mitwirken an einer Verschwörung, der Verteilung der Flugblätter der »Weißen Rose«.

Willi Graf hat von Kindheit an Tagebuch geführt: Das hier

mitgeteilte reicht vom 13. 6. 1942 bis zum 15. 2. 1943, dem Tag seiner Verhaftung. Der erste Brief des zweigeteilten Bandes trägt das Datum 2. 5. 1940, der letzte ist geschrieben am Tage der Hinrichtung, dem 12. 10. 1943. Wahrhaftigere und bewegendere Zeugnisse der Treue, der Tapferkeit und des Ethos gibt es nicht.

Die präzisen Anmerkungen von Willi Grafs Schwester und Inge Jens erhellen Zusammenhänge und Hintergründe. Die Fotos veranschaulichen ein sympathisches Menschenbild, die Dokumente (Volksgerichtsverhandlung, Hinrichtung) sind unsäglich.

Der einleitende Essay von Walter Jens, ›… weitertragen, was wir begonnen haben‹, deutet Charakter und Haltung, Denken und Fühlen Willi Grafs, seine Kraft des Bestehens und Überwindens, sein Vermächtnis.

Günther Rühle
Theater für die Republik 1917–1933
Im Spiegel der Kritik
Neuausgabe in zwei Bänden
Klappentext (1989)

Diese überreiche Sammlung von Theaterkritiken versucht darzustellen, was das Theater der Weimarer Republik einmal gewesen ist: was seine Zielsetzungen waren, welche Regisseure und Schauspieler es geprägt, welche Autoren ihm die zum Teil noch heute auf unseren Bühnen lebendigen Stücke geschrieben, welche Kritiker es in Zuspruch und Widerspruch begleitet haben. Man spricht gern von den »Zwanziger Jahren« und meint damit jenen Ausbruch von Energien, Talenten und Visionen, die die Kunst entscheidend verändert, ihr das Jahrhundertgesicht gegeben haben. Aber mit dem Begriff »Zwanziger Jahre« ist weder

der Zeitraum noch das gesellschaftliche und politische Feld richtig beschrieben. Als die »Zwanziger Jahre« begannen, war die Revolte der Expressionisten, die nach einer anderen, friedlicheren, humaneren Welt riefen, längst im Gange, und als sie zu Ende waren, dauerte die Republik noch drei Jahre, und das Theater wurde immer mehr in die sich polarisierenden Auseinandersetzungen gezogen.

Das Theater der Weimarer Republik ist nichts Einheitliches, vielmehr ein Kampffeld der verschiedensten ästhetisch und politisch ausgerichteten Gruppierungen. Innerhalb der vierzehn Jahre des Bestehens der Republik zeichnen sich deutlich Entwicklungen ab, aber auch immer neue Gründungen. Expressionismus, Nachexpressionismus, Neue Sachlichkeit, Politisierung des Theaters, Neue Entpolitisierung. Diese Energien, Kämpfe, Siege und Niederlagen sind hier bezeugt. Theater besteht ja nicht nur aus einer Folge von mehr oder weniger guten Inszenierungen und Vorstellungen, es ist selbst Ausdruck der Zeit und Beweger der Zeit. Es bringt zur Erscheinung, was die dramatischen Dichter in ihrer Gegenwart wahrgenommen haben, was sie verkünden, was sie ihrer Zeit als Spiegel vorhalten wollen. Die Bühne unterhält den Zuschauer nicht nur, sie setzt ihn auch neuen Gedanken, neuen Bildern, neuen Erfahrungen aus, auch solchen, die er nur schwer oder gar nicht akzeptieren will. Von solchen Konfrontationen war in den Jahren zwischen 1917 und 1933 das Theater stark bestimmt.

Im ersten Abschnitt dieses Zeitraums trat eine junge Generation von Dichtern und Regisseuren an, die ein neues Theater wollten. Autoren wie Ernst Toller, dessen Schauspiel ›Die Wandlung‹ den ersten Jahren der Republik das Leitthema gab: Nie wieder Krieg, weg mit den Militärs. Der junge Regisseur Erwin Piscator, der sein erstes proletarisches Theater gründete, hatte es auf den Lippen. Walter Hasenclever, der junge Arnolt Bronnen riefen: Tod den Vätern; Paul Kornfeld gab eine lyrischere Spielart der Jünglingstragödien; hinter allem stand eine Sehnsucht nach dem Neuwerden, der Barlach einen sehr spezifisch norddeutschen Ausdruck gab. Mit Ernst Deutsch, Fritz Kortner, Werner Krauss, Heinrich George, Gerda Müller, Agnes Straub kam eine neue Generation von Schauspielern auf die Bühne, die – im Verein mit Regisseuren wie Leopold Jessner, Jürgen Fehling, Erich Engel, Karl Heinz Martin – das schöne, festliche Theater Max Reinhardts überwanden. Und der junge Brecht, dessen Spur durchs Jahrhundert damals in München begann, erschreckte mit seiner anarchischen Poesie, bevor er sich nach Berlin wandte, angezogen von dem, was dort vor sich ging.

Günther Rühle hat Spiegelungen und Stimmen ausgewählt und verbunden, sein eröffnender Essay projiziert das Panorama und die Perspektiven; zu jedem Theaterjahr gibt er eine überblickende und wägende Einleitung.

Die Impulse des Expressionismus verebbten schon in den frühen zwanziger Jahren. Die Szene politisierte sich, Piscator machte seine großen politischen Revuen, politische Aspekte drängten in die Klassiker-Aufführungen, zehn Jahre nach Kriegsschluß kamen neue Kriegsstücke auf die Bühne, Friedrich Wolf, der als expressionistischer Schriftsteller begonnen hatte wie Hanns Johst, nun sein politischer Antipode, schärfte sein dramatisches Talent gemäß seiner Maxime »Kunst ist Waffe« für den politischen Kampf. – Piscator gibt auf, Jessner, Intendant des Staatstheaters, gibt auf, am Beginn der dreißiger Jahre steht die Frage: Was wird aus dem deutschen Theater?

Die in diesem Band gesammelten Kritiken bieten das große Panorama der Zeit, soweit es sich im und um das Theater entfaltete. ›Der Kampf ums Theater‹ benannte Herbert Ihering, der führende Kritiker jener Jahre, eine seiner Schriften. Es wurde um das Theater gekämpft als eine Tribüne, auf der politisches Bewußtsein als ästhetisches und ästhetisches als politisches Bewußtsein sich darstellte. Das Theater der Weimarer Republik beschreibt in seinem Aufbruch, seiner Höhe wie seinem Zerfall die Entwicklung der Republik selbst. Es ist ein Indikator. Und die Kritiker des Theaters, die um das Theater kämpfen, um seinen Bestand wie um seine Façon, sind die Interpreten dieses Prozesses. Alfred Kerr, Herbert Ihering, Siegfried Jacobsohn, Emil Faktor, Fritz Engel, Paul Fechter, Bernhard Diebold, Hanns Braun, Manfred Georg, Alfred Polgar, Herbert Pfeiffer, Norbert Falk, Stefan Großmann, Ludwig Marcuse, Paul Wiegler, Karl Heinz Ruppel: Es ist die beste kritische Gruppierung in der Geschichte des deutschen Theaters, die sich damals den täglichen Ereignissen auf der Bühne stellt, um auf sie zu antworten: Im Für und Wider. ›Theater für die Republik‹ ist Zeitbericht und: die Geschichte eines großen Dialogs zwischen Theater und Kritik, über Gegenstände des Theaters und ihre gesellschaftlichen Aspekte.

Alfred Lichtwark
Erziehung des Auges
Ausgewählte Schriften
Klappentext (1991)

»Er war der geborene Erzieher«, rief Max Liebermann seinem Gast- und Auftraggeber, Briefpartner und Freund nach, »also erzog er erst sich selbst, bevor er andere erziehen wollte.« Alfred Lichtwark (1852–1914) hat als eigentlicher Begründer der Hamburger Kunsthalle, Kunstschriftsteller, Kunstpolitiker Großes bewirkt, seine Leistungen und Lehren, zeitgebunden gewiß und aktualitätsbezogen, haben Bestand, der Weg des Müllersohnes von der Armenschule durch Volksschullehrerjahre zu Rang und Geltung eines »praeceptoris germaniae« (Liebermann) ist so beispiellos wie beispielhaft. Der berühmte Museumsleiter hatte den Entdeckerblick für bedeutende Alte und bedeutende Neue – für Meister Francke und Meister Bertram, für Runge, für französische Impressionisten und hervorragende

507

deutsche Maler der Jahrhundertwende. Als Alfred Lichtwark
»andere erziehen wollte«, ging es ihm um die Erziehung des Auges in einem das ganze individuelle und gemeinschaftliche Leben umfassenden Sinn, um visuell bestimmte Kultur des Alltags, um Städtebau und -wesen, Architektur, Kunstgewerbe,
Park und Garten, den natürlichen Blumenstrauß und rechtes
Farbgefühl, rechte Kleidung, Förderung des selber fördernden
Dilettantismus, zumal um die von ihm zu Würden gebrachte
Amateurphotographie, um Buchkunst bis zum Ex libris und
zum Lesezeichen. Seine Aufmerksamkeit aufs Hamburgisch-Ei-
gene war Teil seiner Universalität, das Ästhetische für ihn Element des Sozialen und Humanen, die Erziehung des Auges zugleich Erziehung des Herzens.

Max Planck
Vom Wesen der Willensfreiheit und andere Vorträge
Klappentext (1991)

Seinen Ruhm hat Max Planck als Verantwortung aufgefaßt und
damit als Pflicht zur Beantwortung: der großen Menschheitsfra-
gen nämlich, an die auf dem notwendigen Weg von der Physik
zur Philosophie sein Forschen, Spekulieren, Erkennen rühren
mußte – Fragen nach dem von ihm selber folgenreich veränder-
ten Weltbild der Gegenwart, nach dem Verhältnis von Kausalität
und Willensfreiheit, Physik und Metaphysik, Wissenschaft und
Religion, Naturgesetz und Ethik. Planck bekämpfte den lediglich
die greifbare äußere Erscheinung geltenlassenden Positivismus,
er suchte und fand, lehrte und repräsentierte Harmonie. Mit bildenden und bildhaften Vorträgen, eindringlichen Variationen
seiner Hauptthemen, wandte er sich an die Öffentlichkeit. Sie
haben in seinem Werk neben den Fachschriften einen eigenen
Platz. Ihre Diktion verbindet den Ton der Mündlichkeit (Planck

hat sie seiner Frau diktiert) mit noch klassischem Deutsch, das sich der wissenschaftlichen Prosa Goethes, Alexander von Humboldts und seines Lehrers Helmholtz anschließt. Unter der nationalsozialistischen Herrschaft wirkten sie als Mahnruf zur Besinnung auf höhere Kräfte und Werte. Sie wirken weiter.

J. Hellmut Freund
Nachbemerkt
In: Bruno E. Werner, ›Die Galeere‹
Roman (1991)

Vor bald einem halben Jahrhundert, im Schatten des Hakenkreuzes und im Krieg, hat Bruno E. Werner heimlich seinen ersten Roman begonnen. Die Figuren waren ihm nahe, der Stoff, die Handlung bedrängten ihn, er mußte von ihnen gefangen, an sie gefesselt sein, um schreibend mit ihnen schalten zu können. Er brauchte kaum etwas zu »erfinden«, er griff in die betrachtete und erlittene Wirklichkeit, entlehnte ihr Gestalten und Schicksale, verwandelte sie leicht und machte sie auf diese Weise repräsentativ, er kombinierte und montierte nach Art des veritablen Romanciers und gewann dabei seinem Buch zusammen mit dem Reiz des Erzählerischen die Gültigkeit des Authentischen, die Bedeutung eines stilisierten Zeitzeugnisses. Nach dem Erscheinen seiner ersten wie auch seiner zweiten Fassung hat es Aufsehen erregt, heute ist es in eine historische Perspektive gerückt, die einlädt zu nachdenklichem Vergleich, Vergangenes zurückholt in unlöschbare Aktualität. Das Lebensgefühl der Jahre des Unheils von 1933 bis 1945 wird wieder spürbar wie auch das der ihnen folgenden Jahre, in denen das Buch beendet und rezipiert wurde, ein deutscher Roman, dem eine neue Ausgabe, eine neue Leserschaft zusteht.

Kaum ein Schlüsselroman. Aber er gibt Aufschluß, deckt Spuren auf, speist sich aus persönlichen Erfahrungen des Autors. Autobiographisches waltet vor, der Protagonist – Georg Forster, Feuilletonchef des ›Berliner Journals‹, später Lektor eines Kunstverlags – ist Bruno E. Werner ähnlich, doch nicht mit ihm identisch. Die Frage nach seiner Identität muß er sich einmal selber stellen, in der Dresdner Apokalypse, deren Schilderung unvergeßlich ist: »Bin ich noch Georg Forster, dachte er, Marion ist nicht mehr, Forster ist ein Mann, den das Sicherheitshauptamt in Berlin sucht, ein Mann, der mit allerlei Toten befreundet ist, einer, der dagegen war, aber nichts Richtiges dagegen getan hat und dessen Name jetzt auf den Fahndungslisten der Polizei steht.« Schon vorher ist ihm auf seiner Flucht die Einsicht gekommen: »Er selbst war das, was er nun bereits seit zwölf Jahren gewesen war, ein Statist auf den Schicksalswellen, unfähig zum Bösen und nicht stark genug zum Guten, eine ganz und gar unwichtige Figur.« Wie andere auch. Die Geschichte – wer trägt sie, und wer erträgt sie? Das Andenken der Hauptschuldigen, der Machtbesessenen, der gewalttätigen Akteure ist verflucht, die Statisten, Mitgezogene im aktiven und im passiven und so oft im doppelten Sinn, sie sind es, welche die Geschichte ertragen und ausfüllen. Nichts wiederholt sich genau, offenkundig aber sind die Analogien.

Prägend, bei Forster wie bei Werner, das Fronterlebnis im Ersten Weltkrieg, bestimmend die Zugehörigkeit zu einer bürgerlichen Mitte, auch Mittelschicht, in der Bewahrenwollen sich mit musischer Fortschrittlichkeit mischt, Radikales, Extremes gemieden, Nationales begrüßt, sein Auswuchs aber verabscheut wird. Man pflegt den »Kulturbesitz«, dem guten Geschmack ist ein Quantum Epikuräertum oder Hedonismus beigemengt. Man amüsiert sich, hält aber meist auf Anstand. Und auf Bestand. Ist auch das Widerstehen schwer und belastet seine Unterlassung im nachhinein das Gewissen, so geht es doch um das Bestehen:

Auf der Galeere, »die durch die große Nacht fährt«. »An Ketten geschmiedet im Dunkel des Schiffsbauchs und nur zwei Hoffnungssterne der Befreiung: Der Untergang des Schiffes oder seine Überwältigung durch den Feind. Aber schließlich ist es auch vorgekommen, daß man den Kapitän überwältigte, und die Mannschaft half dann mit.« Diese Hoffnung freilich hat getrogen. Zwei Fassungen eines ersten Romans: Die erste erschien 1949 im Bermann-Fischer Verlag, Amsterdam, und im Suhrkamp Verlag vorm. S. Fischer, Berlin und Frankfurt am Main; die zweite, nun wiedergedruckte, 1958 als Sonderausgabe im S. Fischer Verlag, Frankfurt am Main. Für sie hat der Autor wohlberaten den ursprünglichen ersten Teil des ersten Kapitels gestrichen, der in genießerischer Urlaubsstimmung vor 1933 am Mittelmeer spielt. Zu zeigen war im Fortgang der Handlung die allmähliche Verdunklung der europäischen Szene. Ein anderer, Ludwig Reiners, fand ungefähr gleichzeitig den vielzitierten Titel ›In Europa gehen die Lichter aus‹.

Durch den Strich wurden einige Personen und ihre Beziehungen aus der nun konzentrierteren Handlung verbannt, unentbehrliche Rückblenden, wie etwa die langzeitfolgenschwere Episode aus den Tagen der Münchner Räterepublik, geschickt in einem anderen Abschnitt angebracht, einige Fäden aus dem gestrafften Gespinst gezogen. Nun beginnt der Roman sinnfällig mit dem 30. Januar 1933, dem Tag der »Machtergreifung«, mit der Redaktionskonferenz im ›Berliner Journal‹, dem hellsichtigen Entsetzen des Chefredakteurs Franz Klingelhöfer und der spottenden Ausgelassenheit der Leute im Feuilleton. Ein ›Berliner Journal‹ hat es nicht gegeben, ausreichende Erinnerung aber kehrt in die ›Deutsche Allgemeine Zeitung‹ ein, die alte ›DAZ‹, deren Jahrgänge aus jener Zeit heute zu lesen Unbehagen bereiten muß; wer sie damals las, bewies meistens Distanz zum Nazitum. Von ihrem Chefredakteur Fritz Klein, dem Dr. F. K., hat Klingelhöfer mehr als die Initialen, auch das dunkle, in der Mitte gescheitelte Haar, die scharfgeschnittenen Gesichtszüge, die großen braunen, temperamentvollen Augen, die zähe Energie und sogar die Freude am Geigenspiel. Der Sprachklang allerdings war nicht weich österreichisch, sondern herb siebenbürgisch. Der Patriot griff beherzt das NS-Regime an, seine Leitartikel führten zum Verbot der Zeitung, die erst nach seinem Ausscheiden wiedererschien, er versuchte, mit dem Wochenblatt ›Deutsche Zukunft‹ weiterzuwirken. Sein jähes Ende war anders als das des Doppelgängers im Roman: Um nicht der Partei beitreten zu müssen, nahm der Einundvierzigjährige 1936 an einer Offiziersübung teil. Ohnmächtig stürzte er vom Pferd auf den einzigen Stein weit und breit, hieß es. Er ist, vermutet man, vergiftet worden. Bruno Walter würdigt in seiner Autobiographie ›Thema und Variationen‹ treffend den »ausgezeichneten Mann«.

Heinrich Jagemann tritt als unverkennbares Ebenbild von Bruno E. Werners Jugend- und Lebensfreund Dr. med. Curt Emmrich auf, der als Peter Bamm beliebter Feuilletonist der ›Deutschen Allgemeinen Zeitung‹ und der ›Deutschen Zukunft‹ war, später ›Ex ovo‹, ›Die unsichtbare Flagge‹, Reisebücher und kulturgeschichtliche Bücher und schließlich die Autobiographie ›Eines Menschen Zeit‹ schrieb. In ihr gedenkt er natürlich des »Bruno E.« und gemeinsamer Erlebnisse, die im Roman des Freundes versetzt, verdichtet, veranschaulicht geschildert sind: Die Nacht der »Machtergreifung«, der Freitod in der Bar. – Auch der komponierende Musikkritiker Duprès trägt Züge einer realen Persönlichkeit: Robert Oboussier, dessen Oper ›Amphitryon‹ in den fünfziger Jahren in Hamburg und Zürich aufgeführt wurde, arbeitete an der ›Frankfurter Zeitung‹ und der ›DAZ‹, wurde Musikredakteur der ›Tat‹ in Zürich. – Der Mann mit dem Bierkasten hat die Gewohnheiten eines Volkswirtschaftsredakteurs der ›DAZ‹. Die kleinwüchsige Sekretärin mit den ans Kleid gehefteten Zettelchen betätigte sich munter in den Redaktionszimmern in der Ritterstraße. Weiterer Erinnerung würde wohl auch weitere Spurensicherung gelingen; es fänden sich Modelle für die oder zumindest Ähnlichkeiten bei den meisten Personen der ›Galeere‹. Die Fotografin Marion von Thermeulen zwar scheint kaum vorgezeichnet in der Wirklichkeit. Keine Figur ist bloß durchgepaust. Eigenes hat der Autor auf Georg Forster und den Verleger Carl Herbert Goertz verteilt. Goertz sind Familienverhältnisse und Häuslichkeit mitsamt Dackel übermacht, Werners heller Kamelhaarmantel wiederum ziert den Doktor Heinrich Jagemann. Derlei Auskunft betrifft nun eher Material und Verfahren als Substanz und Wahrheit. Ein lebendiges Werk existiert autonom. Aber selten nur verabschiedet es seinen Urheber. So achte man auf Weg und Erscheinung von Bruno Erich Werner.

Er wurde am 5. September 1896 in Leipzig als Sohn des Gaswerkdirektors Dr. Bruno Werner und dessen Ehefrau Jenny Salinger geboren. Gern erklärte er, vorzugsweise leise zu sprechen, damit man nichts von sächsischem Dialekt höre. Nach der Rückkehr aus dem Schützengraben Studium der Kunstgeschichte, Literaturwissenschaft und Philosophie in Berlin und München. Die bedeutendsten Lehrer: Heinrich Wölfflin und Fritz Strich. (Jenes Erlebnis der Westfront und dieses Hören bei dem berühmten Kunsthistoriker teilt Werner u. a. mit seinem älteren Kollegen Benno Reifenberg von der ›Frankfurter Zeitung‹.) Promotion mit einer Arbeit über deutsche Verlaine-Übertragungen. Berufliches Präludium an zwei Leipziger Verlagen: Kunstreferat am Bibliographischen Institut; für den Insel Verlag Edition einiger Bände von ›Shakespeares Werken in Einzelausgaben‹. 1926 ›Das Wintermärchen‹. »Auf Grund der Übertragung Dorothea Tiecks übersetzt von Bruno E. Werner«, dazu Anmerkungen und Nachwort von kundiger Klugheit. ›Troilus und Cressida‹. Sogar die Sonette. – Nach Berlin. Anekdotenhaltige Zwischenstation: Leitung der Antiquitätenabteilung des Warenhauses Wertheim. Eintritt in die Feuilletonredaktion der ›Deutschen Allgemeinen

Zeitung‹. Ressortchef, wohl nicht ohne Einfluß auf den sechzehn Jahre Jüngeren, ist Paul Fechter, vielseitig, vieltätig, vielgesichtig. Schon um 1914 datiert sein Buch ›Der Expressionismus‹. Er schätzt (sicher im Gegensatz zu Werner) Hans Grimm höher als Thomas Mann, schmäht Wassermann, steuert nationalen Kurs, fordert 1932 in seiner Literaturgeschichte ›Dichtung der Deutschen‹, über die Oskar Loerke und andere sich empören, eine »Dichtung aus dem Ganzen für das Ganze«, erteilt vorher Zuckmayer für den ›Fröhlichen Weinberg‹ den Kleist-Preis und hält insgeheim nach 1933 zu Gegnern und Verfolgten des Regimes, zu der Kollwitz, zu Barlach; aus der Moabiter Todeszelle schreibt ihm die Bildhauerin und Tänzerin Oda Schottmüller einen Brief voll dankbaren Vertrauens. 1934 geht er zu Fritz Klein an die ›Deutsche Zukunft‹, Bruno E. Werner, längst erprobt als Theater- und Kunstkritiker, wird Chef des Feuilletons der ›DAZ‹. Über seinem Schreibtischsessel hängt, angebracht von Kollegen, ein mächtiges Pappschwert, blutrote Flecken darauf; beinahe eine Stellenbeschreibung. Parallel zur Tätigkeit an der Zeitung läuft die an der Monatszeitschrift, die er 1929 mit dem befreundeten Verleger Otto Beyer gegründet hat: ›die neue linie‹. Sie wird dem Anspruch des Titels gerecht. Thematik und exquisite Aufmachung spiegeln Standort und Geschmack ihres Herausgebers, die Nähe zum Bauhaus verrät sich in Typographie, Graphik, der Mitarbeit Moholy-Nagys, »... eine anziehende lebensvolle Zeitschrift, die namentlich den Beifall der Frauen erregen muß und deren literarisches Niveau ich entschieden beachtlich finde«, lobt nicht ungebeten Thomas Mann den ersten Jahrgang. Eine Frauenzeitschrift ist ›die neue linie‹ denn doch nicht ganz, nennt auch ihr Impressum Redakteurinnen für Mode und für Handarbeiten. Sie hat ihren Platz zwischen Ullsteins ›Die Dame‹ und Alfred Flechtheims und H. v. Wedderkops ›Der Querschnitt‹. Reiseberichte, Erzählungen, Bilder vorzüglicher Fotografen, Skulpturen und Architektur, Wohnungen, Gegenstände, gefällige Fotoporträts junger Schauspielerinnen und apart-mon-

514

däner Damen der Gesellschaft gliedern die einzelnen Nummern. Anna Pawlowa, von E. O. Hoppé, Gläser, aber nicht von Marion fotografiert. Eklektisch das literarische Repertoire, heterogen das Aufgebot der Autoren: Hesse, Bergengruen, Edschmid, Valéry Larbaud, der Gartenmeister Karl Foerster, Paquet und Fechter, leider auch Blunck, Johst und Will Vesper, deutlich der Versuch, im Ausgang, in der Auflösung der Weimarer Republik das Revier der Kultur von der es bisher weitgehend bestimmenden Linken bei allgemeiner Liberalität nach rechts zu verlagern. Bezeichnend 1932 ein Artikel: ›Die Kunst als schöpferischer Ausdruck der Nation‹. Als Exponenten dieser Kunst proklamiert er Corinth, Kokoschka, Dix, Hofer, Feininger. So verfährt Werner auch in den NS-Jahren. 1934 trägt er zu einer Reihe ›Verpflichtung und Aufbruch. Schriften zur Gegenwart‹ im Verlag Die Runde, herausgegeben von Gerhard Bahlsen, ein Buch ›Vom bleibenden Gesicht der deutschen Kunst‹ bei. Er führt als Beispiele ›Die Brücke‹ und den ›Blauen Reiter‹, Nolde und Barlach, Kokoschka und Marc, Heckel, Schmidt-Rottluff und Kirchner, Macke, Beckmann und Dix an, bildet Werke von Marées, dem »Halbjuden«, und Corinth ab. Der Band ›Die deutsche Plastik der Gegenwart‹, 1940 im Rembrandt-Verlag, Berlin, hat als Frontispiz Fritz Klimsch, ›Der Führer‹, Bronze 1936, würdigt im Text u. a. Adolf von Hildebrand, den anderen »Halbjuden«, und rühmt Ernst Barlach, zeigt dessen ›Lesenden Klosterschüler‹, Holz 1931. Es wird prompt verboten und eingestampft. Ist es noch möglich, diese Künstler vor Unverständnis zu schützen, vor dem tödlichen Ineinander von Banausentum und Gewalt zu retten? Über das um Meidung des Allerärgsten bemühte Taktieren der ›DAZ‹ unter der NS-Herrschaft hat Fritz Kleins Nachfolger Karl Silex – »Ich komme jetzt zur umstrittensten Periode meiner journalistischen Laufbahn« – in seinem Buch ›Mit Kommentar. Lebensbericht eines Journalisten‹ (S. Fischer, 1968) Rechenschaft abgelegt. In der Zeitung kann in Werners Zeilen ein freies Wort kaum mehr stehen; zwischen den Zeilen sind zuweilen Spitzen verborgen, deren Gewagtheit Nachgeborene schwerlich ermessen können. Im Juli 1937 wird diese Taktik aufs heikelste erprobt: mit der Eröffnung zweier schändlicher Ausstellungen in München – der ›Großen Deutschen Kunstausstellung 1937‹ und der Ausstellung ›Entartete Kunst‹. Die Verstörung der Kenner darf nicht laut werden, das Reichsministerium für Volksaufklärung und Propaganda hat der Presse strenge Vorschriften gemacht, ein ›Münchener Sonderbericht für die DAZ von Bruno E. Werner‹ sie zu befolgen. Kritik ist ohnehin verboten, an ihrer Statt »Kunstbetrachtung« gefordert. Und so betrachtet er in beklommenem und beklemmendem Bericht:

»Während die Themen aus der nationalsozialistischen Bewegung zahlenmäßig durchaus im Hintergrund stehen, so trifft man auf eine größere Gruppe von Gemälden mit symbolischen und allegorischen Darstellungen. Man sieht den Führer als Ritter in silberweißer Rüstung zu Pferd mit der flatternden Fahne in der Hand, man sieht eine Allegorie des Erwachens mit einem ruhenden Mannesakt, über dem viele Frauenkörper als Genien fliegen. Zahlreich sind in dieser Ausstellung, die so von einer Freude an gesundem Körper erfüllt ist, die weiblichen Akte. Auch hier hat die Kampfansage gegen das *l'art pour l'art* zu einer Inhaltsgebung geführt. Ein charakteristisches Beispiel hierfür sind die Gemälde des Präsidenten der Reichskammer der Bildenden Künste: Seine Allegorie ›Die vier Elemente‹, Frauen, die die Embleme der Elemente in der Hand tragen und nebeneinander auf einer blauen Bank sitzen, die Schleier als Stoffdraperie neben sich liegend (das Bild hängt bekanntlich als Wandteppich im Deutschen Haus in Paris) oder seine Darstellung der Terpsichore, ein plastisch herausmodellierter Damenakt mit einem goldenen Stäbchen in der Hand. Andere symbolische Darstellungen finden ihren Ausdruck in Mädchen- und Frauengestalten wie z. B. ›Edles Blut‹, ein weiblicher Akt mit langem blonden Haar, oder ›Mädchentum‹, ein Mädchen, das in grünem blühenden Gesträuch mit leicht geneigtem Kopf steht, eine Gloriole von weißen Wölkchen im blauen Himmel hinter sich.«

Da werden manche schon damals gelächelt und auch den Hinweis verstanden haben:»Das Ergebnis ist eine sehr scharfe Absage an die Vergangenheit...« Auch den Schlußabsatz:»Von den 900 Werken, die im Hause der Deutschen Kunst zu sehen sind, Künstlernamen hervorzuheben, wäre ein Unrecht gegen jeden einzelnen nicht Genannten. Denn jeder einzelne Künstler dieser Ausstellung hat durch das Dritte Reich eine Auszeichnung erfahren, die ihn in die Phalanx der offiziellen Träger des nationalsozialistischen Kunstwillens stellt.«

Im zweiten Sonderbericht,»Die Ausstellung ›Entartete Kunst‹«, sind alle großen, dem Berichterstatter teuren Namen der modernen Kunst genannt. Tags darauf bietet eine halbe ›DAZ‹-Seite»Beispiele der Kunstzersetzung«. Sie sind mit einem unsignierten Begleittext im verlangten Jargon wiedergegeben: ein Ausschnitt einer Wand, zwischen zwei figürlichen Plastiken, die untere Rahmenleiste von Emil Nolde, Titel ›Masken‹, 1928, und das Bild ›Die Lokomotive‹ des Konstruktivisten Walter Dexel, daneben ›Die Kniende‹ von Wilhelm Lehmbruck, darunter ›Der goldene Fisch‹ von Paul Klee, ›Der Turm der blauen Pferde‹ von Franz Marc und ›Bildnis des Bernd Groenvolt‹ von Lovis Corinth: vervielfältigt zum letzten Mal für lange Zeit. Nur dies. Das Äußerste, was der Redakteur sich noch leisten kann, und es wird als Leistung erkannt. 1938 muß Werner aus der Zeitung ausscheiden, er kann sich noch auf»die neue linie« zurückziehen. 1943 endet sie. Mit knapper Not und kühner List entgeht er dem Konzentrationslager, in dem er buchstäblich schon mit einem Fuß gestanden ist. Die Flucht gelingt ihm: nach Dresden. Dort erlebt und überlebt er die Zerstörung der Stadt. So kann er sie schildern. Wie der Protagonist des Romans findet er nach langem Herumirren Zuflucht in Diessen am Ammersee. Entfaltung nach dem Kriege: 1945–1946 leitet Werner die Kulturabteilung des Nordwestdeutschen Rundfunks in Hamburg. Dann nach München: Theaterkritiker, bald, Nachfolger Erich Kästners, Feuilletonchef der von den Amerikanern unterhaltenen ›Neuen Zeitung‹, des ersten Blattes von internationalem Rang im Nachkriegsdeutschland. Sein alter Werte sich besinnendes, neue Kräfte förderndes Feuilleton wirkt als Muster. Der Journalist begreift seine Aufgabe als kulturpolitisch, er beendet seine Tätigkeit mit einer dreimonatigen Reise durch die Vereinigten Staaten, deren Stimmungen er aufnimmt, deren Kunstsammlungen und Theater er besucht. 1952 liefert die Deutsche Verlags-Anstalt das Bändchen ›Kannst du Europa vergessen? Notizen von einer Amerikareise‹ aus.

Im selben Jahr publiziert er bei Bruckmann ›Neues Bauen in Deutschland‹. Typographie Bruno E. Werner. Von 1952 bis 1961 betreibt er praktische Kulturpolitik als Botschaftsrat an der Botschaft der Bundesrepublik Deutschland in Washington. Er bringt u. a. die erste große Ausstellung deutscher expressionistischer Kunst im Museum of Modern Art in New York zustande: einst Geächtete rehabilitiert. Im Frühjahr 1944 hat er eine lapidare Erzählung geschrieben; sie erscheint erst 1952 in der ›Neuen Rundschau‹: ›Drei Bauern‹. Vorbemerkung: »Diese Geschichte klagt kein einzelnes Volk an, sondern berichtet von der Veränderung der Welt.« 1957 erscheint bei S. Fischer sein zweiter Roman, ›Die Göttin‹, auch er genährt von persönlicher Beobachtung, Kenntnis, Erfahrung, eine Geschichte um Archäologie, Kunsthandel, politische Machenschaften unter drei Regimen. Die im Wüstensand begrabene Statue wird nicht gefunden, soll nicht gefunden werden. – Chronist und Kritiker aus eigener Sicht ist Bruno E. Werner in ›Die Zwanziger Jahre. Von morgens bis mitternachts‹, einem filmnahen Buch, in dem Text und souverän ausgewählte und angeordnete Abbildungen verschmolzen sind (1962 bei Bruckmann). – In der Reihe ›Bücher der neuen linie‹ hat er 1941 eine Artikelsammlung ›Zwischen den Kriegen. Abendländische Reisen‹ veröffentlicht; er greift unbekümmert auf sie zurück und ergänzt sie zu ›Rendezvous mit der Welt‹

518

(1963 bei Bruckmann). ›Kannst du Europa vergessen?‹ heißt darin ›Auf der Suche nach Amerika‹. Zwischendurch ist der Versuch mit einer zweiten luxuriösen Zeitschrift, ›glanz‹, gescheitert.

1962 kehrt Bruno E. Werner aus Amerika zurück und macht München zu seinem letzten Wohnsitz. Er schreibt für ›Die Welt‹, tritt oft ans Vortragspult und wird ein zweites Mal Nachfolger Erich Kästners: als Präsident des P. E. N.-Zentrums Bundesrepublik Deutschland. Längst schon ist er ein distinguierter Repräsentant; die ihm begegneten, unter seiner Leitung arbeiteten, erinnern sich seiner Anregungen und seiner Gelassenheit, seines auch in Miene und Gestalt sich bekundenden Stils. In seinen frühen späten Jahren scheinen Temperament und Eleganz ein wenig gedämpft, die Herzkrankheit läßt sich nicht mehr verleugnen. Doch das Ende ist plötzlich: Am 22. Januar 1964 stirbt Bruno E. Werner in Davos.

Man hat dieses Buch alsbald mit dem Etikett »Roman des Bildungsbürgertums« versehen. Nicht zu Unrecht. Zwar sind auch andere soziale Schichten in sein Sujet, in sein Milieu einbezogen. Die biographischen Angaben haben es bestätigt: Bruno E. Werner erzählt von seiner Welt, seiner Sphäre. Nach ihrem vorausgeahnten Schwinden. Doch der zum ersten Male Erzählende blieb nicht lediglich dem Diktat des Nichtmehrzuverhindernden gehorsam, der Versierte machte mit den ihm im Ohr dröhnenden Motiven nicht bloße Kapellmeistermusik. Er schilderte, und das heißt er sah und malte bildhaft; er hörte und überspielte den Ton, der in der Luft jener Tage gelegen haben muß. So sprachen, so agierten und zumal reagierten damals Menschen in Berlin und anderswo. So ernst und so leichtfertig. So tanzten sie, während um sie herum die Häuser brannten. In bewegenden Lebens- und Leidenszeugnissen, etwa den Berliner Aufzeichnungen der Ursula von Kardorff (die ja auch von der ›DAZ‹ handeln) und den Erinnerungen der Christabel Bielenberg ›Als ich Deutsche war 1934–1945. Eine Engländerin erzählt‹ (›The Past is Myself‹) sind ähnliche oder gleiche oder gar dieselben Vorfälle, Sprech- und Verhaltensweisen bezeugt. Ein Zeugnis steht für das andere ein.

Die meisten in dieser Geschichte sind Verlierende, also waren sie Besitzende. Sie und der Autor sind Erinnernde. Dialoge voller Erinnerungen, Rückblenden im erzählerischen Verlauf deuten auf Brüche in der Existenz eines jeden. Untergang des Abendlandes en detail. Noch löst man sich nicht vom Bildungsgut. Da ihm Vernichtung droht, wird es evoziert: Die Schau-Plätze, europäische Stadt- und Landschaften, Berlin, Wien, München, Dresden, ein wenig auch Paris, Zürich und Südtirol. Man kehrt zurück aufs französische Schlachtfeld. Still ist's noch in Schloß Bernthal. Im Rücken der beiden Männer, die in besorgtem Gespräch auf einer Innsbrucker Bank sitzen, rauscht der Inn. Orte, die Bruno E. Werner einst mit geschmackvoll benutzter Spiegelreflex- und Schmalfilmkamera angeschaut hat, werden heimgesucht von den Engeln Metos, der lächelnd die goldene Maske in der Hand trägt, und Seragul, der die Trommel rührt und aus seinem Glas die Stürme entläßt. Die Engel, herbeigerufen – »Ein jeder Engel ist schrecklich« – aus Rilkes erster Duineser Elegie, deren Beginn diesem Buch als Motto und Leitmotiv gesetzt ist, die Engel sind dem Autor unverzichtbar als Ingredienzien eines literarischen Konzepts, das über schieren Naturalismus oder Positivismus und über den rauchverhangenen Horizont hinausstrebt. Evoziert werden aus dem Bildungsgut auch andere Dichterstimmen, die Werners Generation eindringlich anredeten: Schlußzeilen von ›Wir schreiten auf und ab im reichen flitter‹ aus Stefan Georges ›Das Jahr der Seele‹, von Georg Trakls ›In den Nachmittag geflüstert‹, Gottfried Benns ›Sieh die Sterne, die Fänge‹ und Hugo von Hofmannsthals ›Reiselied‹. ›Der Rosenkavalier‹ von Strauss und Hofmannsthal ist Abgesang einer Epoche. Einquartiert im kultivierten Arbeitszimmer seines Freundes Goertz, gewahrt Georg Forster die

Totenmaske Ernst Barlachs. Da steht ihm und dem Leser die Trauerfeier für den vereinsamten, verfolgten Dichter und Bildhauer vor Augen. Neben dem Sarg Käthe Kollwitz. Als er dies schrieb, konnte Bruno E. Werner die Tagebucheintragung der großen Frau über jene Stunden in Güstrow nicht kennen, nicht ihre Gedächtnisskizze nach dem Toten und wohl auch nicht ihren Brief an den auch ›DAZ‹-Leuten befreundeten Bildhauer und Graphiker Kurt Harald Isenstein. Wesen und Unwesen, gefaßt in *einem* Blick. An derlei Blicken, die aufs Miteinander und Gegeneinander der Erscheinungen gerichtet sind, ist in diesem Roman kein Mangel, schon durch sie ist er gerechtfertigt.

Der Autor versteht sich indessen auf Gewichtung und Komposition, von einem kompletten Inventar des Schreckens und der Schwächen sieht er diskret ab, manches ist ausgespart – nicht nur, weil er sich auf die eigene Erfahrung beschränkt (auch Theater erwähnt der langjährige Kritiker nicht). Bei so viel Tod und Untergang wird nur einmal ein Sterben beschrieben: das der jüdischen Baronin Martha Thermeulen, die nun befreit ist von der Deportation. Beschrieben von dem Mann, dessen Mutter eine geborene Salinger war.

Auf der Straße hinab zum Ammersee begegnet an einem Frühlingstag des Jahres 1945 ein Flüchtling dem ersten amerikanischen Panzer. Gruß und Gegengruß. Letztes Bild. Unsichtbar die Zukunft. Ein Stück von ihr ist inzwischen Geschichte geworden, anders als damals erwartet, erhofft oder befürchtet werden konnte. Verstehen wir die Geschichte, die Menschen? Dieser Roman kann zum Verstehen beitragen und zu einer Teilnahme, die nicht ermüden darf.

Moritz Heimann
Märkische Novellen
Klappentext (1993)

Moritz Heimann, viel verehrt, niemals »populär«, hat die deutsche Literatur von der Jahrhundertwende an nobel beeinflußt: zuhörend und zusprechend, anleitend und fördernd als beispielgebender Lektor. Seine Essays, Feuilletons und Kritiken, oft aphoristisch zugeschliffen, beglaubigen die Eigenheit seiner Bildung, seines Denkens und Vermittelns. Als Dramatiker setzte er sich nicht durch. Er besaß aber Stoffe und Stärke des genuinen Erzählers. Er war in harmonischem Kontrapunkt zugleich Märker, Preuße, Deutscher, Jude. So schöpfte er aus tiefer Erfahrung von Landschaft, Lebensluft, menschlichen Gestalten seiner märkischen Heimat, so erreichte seine erzählerische Kunst ihre höchste Feinheit, Anschaulichkeit, Eindringlichkeit in märkischen Novellen, deren drei bedeutendste dieses Buch neuen Lesergenerationen bietet. Es erscheint zum 125. Geburtstag des Autors. Am 19. Juli 1868 im märkischen Dorf Werder bei Müncheberg geboren, wuchs Moritz Heimann in Kagel, Kreis Niederbarnim, auf, Schauplatz dieser Novellen. Seine Eltern hatten in diesem Dorf einen Gemischtwarenladen und ein Häuschen. Dorthin kehrte er immer wieder zurück. 1895 wurde er Lektor und engster Mitarbeiter des Verlegers S. Fischer in Berlin, wo er am 22. September 1925 starb.

Gottfried Bermann Fischer
Wanderer durch ein Jahrhundert
Klappentext (1994)

Leben und Schicksal des Verlegers Gottfried Bermann Fischer
sind in jeder Hinsicht exemplarisch; sein Blick zurück umspannt
fast hundert Jahre deutscher Geschichte. Abgeklärt und leidenschaftlich zugleich erzählt er in Geschichten, Anekdoten und
Reflexionen von der geborgenen Kindheit in einer bürgerlichen,
jüdischen Familie, von den Schrecken in den Schützengräben des
Ersten Weltkriegs, von nationalistischen und antisemitischen
Exzessen in der Zeit der Weimarer Republik, als er, der Schwiegersohn S. Fischers, in den berühmten Verlag eintrat, von Exil,
Flucht und wiederholtem Neubeginn, vom Festhalten an den
moralischen und literarischen Idealen einer zäh verteidigten
Humanität. Ein abenteuerliches, reiches Leben mit Büchern und
Autoren wird noch einmal beschworen – zu Freude und Gewinn
der nachgewachsenen Generationen von Bücherliebhabern.

Barbara Klemm
Blick nach Osten
Klappentext (1995)

Der Blick der großen Fotografin umfaßt fünfundzwanzig Jahre
und dringt in weite Räume, vielfältige Szenen jenseits des Bran-
denburger Tors, von dem ihre Wege ausgehen. Barbara Klemm
bezeugt ein beträchtliches, ein von ihr betrachtetes Stück Geschichte – nachwirkende Ereignisse und charakteristische Episoden, alte Zustände und neue Entwicklungen. Sie gliedert 157 Bilder in vier zusammenhängende visuelle Kapitel: Deutschland –
Polen – Tschechien, Rumänien, Ungarn, Moldawien, Transni-
strien, Georgien – Rußland. Sie bringt Fernes uns nahe, mehr

noch als durch die Optik ihrer Objektive durch die Optik ihrer mitleidenden Menschlichkeit, die nicht beschönigt und nicht verletzt. Die Zeugin, Journalistin, Chronistin ist eine so intuitiv wie bewußt schaffende Künstlerin. Immer wieder gelingen ihr im Moment Meisterwerke der Komposition in subtil gestuftem Schwarzweiß. Nach dem erkenntnisreichen Vorwort des großen polnischen Schriftstellers Andrzej Szczypiorski werden in diesem Buch nur noch wenige Wörter gebraucht: Die Bilder, ernst und poetisch, sind voller Sprache.

Thomas Mann
Tagebücher 1953–1955
Klappentext (1995)

Mit dem zehnten Band findet die imposante Edition der Tagebücher von Thomas Mann ihren Abschluß. Er gibt Zeugnis vom Ausklang eines bei allen Anfechtungen großen Lebens, von der Vollendung eines sein Jahrhundert repräsentierenden Schriftstellers, der selber ein Vollender war. Scharfsinnig geht die Herausgeberin Inge Jens persönlicher, literarischer, politischer Geschichte nach und teilt im Anhang bedeutende Dokumente mit.

Thomas Manns späteste Lebenszeit: Kummer über Weltgeschehen und Feindseligkeiten. Zweifel an der Schöpferkraft, Unlust an ›Felix Krull‹. Vielerlei Beschwerden – auch auf Reisen. Tiefer Eindruck aber von Rom und der Audienz beim Papst. Behagen endlich im Kilchberger Haus, doch peinigend »das Problem, was ich arbeiten soll, denn ohne das ist kein Leben«. Noch entstehen der ›Versuch über Tschechow‹, der ›Versuch über Schiller‹, der gekürzt die Rede zur Feier zweier Dichter wird. Mit ihr beginnen die Ehrungen, die über den 80. Geburtstag hinaus den als Klassiker Gefeierten bis ans Ende begleiten. Aufenthalt

in Holland. Thrombose. Im Zürcher Kantonsspital am 29. 7. 1955
die letzte Eintragung. Darin ein Satz: »Lasse mir's im Unklaren,
wie lange dies Dasein währen wird.« Thomas Mann starb am
12. August.

Jesús Moncada
Die versinkende Stadt
Roman
Klappentext (1995)

Ein zuvor kaum bekannter katalanischer Autor tritt, erinnernd
an Vergangenheit und Untergang seiner Heimat, mit einem hin-
reißenden, an Geschichten und Gestalten, Bildern und Farben
überreichen Roman ein in die Weltliteratur: Jesús Moncada.

Mitten im ausgelassenen Maskentreiben des Karnevals 1957
werden die Einwohner Mequinenzas von der Invasion der Land-
vermesser überrascht, die anfangen, das ganze Land im Gebiet
des Zusammenflusses von Ebro und Segre abzustecken. Damit
beginnt die dreizehn Jahre dauernde Agonie des Städtchens, das
im Stauwasser des Ebro versinken soll. Die Leute von Mequi-
nenza flüchten sich in Resignation und Erinnerungen, die Älteren sterben noch rechtzeitig vor dem endgültigen Abriß im Jahre 1971, der Rest verläßt notgedrungen das Flußhafenstädtchen,
und Schiffer und Lastkähne, Cafés und Varietés, Clubs und
Tratsch schwinden wie die Macht der großen rivalisierenden Fa-
brikantenfamilien, Besitzer der Kohlezechen des Ebrobeckens
und jener Lastkähne, mit denen die Braunkohle flußabwärts
nach Tortosa befördert wird.

Der Autor weiß meisterlich zu fabulieren und zu komponieren, sein Roman ist vielstimmig: Nach unablässigem Wechsel
zeitlicher und räumlicher Perspektiven verknüpfen sich neben-
einanderlaufende Handlungsstränge, erfüllen sich Schicksale in

einem turbulenten Geschehen. In weitschwingender Sprache voller Ironie und Witz, Drastik und Zartheit, Saft und Poesie erzählt Jesús Moncada unerbittlich, doch Menschen und Landschaft zugeneigt, von Schwäche und Brutalität, Verrat und Treue, Haß und Liebe. Das versinkende Städtchen wird ihm und dem Leser zu einem kleinen Welttheater.

Hans Werner Henze
Reiselieder mit böhmischen Quinten
Autobiographische Mitteilungen
Klappentext (1996)

Sich selbst und seinem weiten internationalen Publikum macht Hans Werner Henze zu seinem 70. Geburtstag das Geschenk seiner Autobiographie, die reich ist an Offenheit und Leidenschaft, Bildern, Szenen und Gestalten, an Musik.

Enge und frühes Leid im Elternhaus. Bald aber wird Musik das eigentliche Leben. Nie überwundene Verstörungen durch Faschismus, Gewalt und Krieg. Kompositionsstudium. Anfänge als Ballettkapellmeister. Das Schöpferische setzt sich frei, Partitur reiht sich an Partitur. Henze unterwirft sich nicht dem Zwölftondogma, folgt seinem individualistischen Schönheitsbegriff. Grenzgänger im Politischen wie im Erotischen, träumt er menschheitsgläubig und verzweifelt von einem humanen Kommunismus, sieht er Utopie an Wirklichkeit scheitern. Heimat findet er in Italien, dort die ergreifend geschilderte Gemeinschaft mit Ingeborg Bachmann. Im Jubel des Eintritts in Italien läßt Henze sich tragen von Hofmannsthals ›Reiselied‹.

Böhmische Quinten sind nach barocker und klassischer Vorschrift verbotene Intervallschritte, wie man sie von böhmischen Hornisten hörte. Mozart brach in manchen heiteren Stücken die Regel. Hans Werner Henze schreibt gegen Unfreiheit an.

Der folgende Text, der unsere Auswahl beschließt, wurde nicht für ein S. Fischer-Buch geschrieben und hat doch mit dem Verlag zu tun: zur Begegnung mit dem Komponisten Dietrich Erdmann kam es, als der Lektor die Fischer-Taschenbuch-Ausgabe von Elisabeth Erdmann-Mackes ›Erinnerung an August Macke‹ vorbereitete. Sein Klappen-text dazu steht auf Seite 500 f.

Hellmut Freunds bewegender Beitrag in der Festschrift für den früheren, ihm damals unbekannt gebliebenen Berliner Mitschüler liest sich heute in Teilen wie eine skizzenhafte Vorstudie zu seiner Autobiographie, stellt hellsichtig, tief-gründig Erdmanns Persönlichkeit dar, seine Musik, seine Lebenswelt – und enthüllt zugleich viel von ihm selbst, den eigenen Lebens- und Denkerfahrungen. ›Die Berührung der Sphären‹, Hofmannsthals Titel, wird darin angespro-chen. Er dürfte wohl mit allem Recht als ein Motto über den geistigen Welten Hellmut Freunds stehen.

Von Tempelhof nach Zehlendorf
Begegnung mit Dietrich Erdmann

In: ›Die Gleichheit von Neu oder Alt‹.
Dietrich Erdmann, Leben und Werk
Festschrift zum 80. Geburtstag (1997)

Unbewußt ist man einander nah von Kindheit an und bleibt sich – zunächst – doch fern. Früh schon sind manche Wege und Türen, manche Gesichter sogar, dem einen so vertraut wie dem anderen, und erst später trifft man sich. Bereits in der Kindheit hätte das gute Gespräch beginnen können, das nun dem Alter gewährt ist.

Von 1930 an haben wir uns sicherlich oft gesehen: auf dem Schulhof, auf dem Dietrich Erdmann munterer war als ich. Aber

Gymnasialklassen umgrenzen ihr Revier. Elternhäuser bestehen für sich, zumal in einer Zeit der Parteiungen. Für Jungen kann der Altersunterschied von zwei Jahren klaffend sein. Jetzt macht er uns nichts mehr aus. Seit wir nach langem Wandern auf recht verschiedenen Strecken endlich zu meinem mich dankbar stimmenden Lebensgewinn uns begegnet sind, Dietrich Erdmann mit den Seinen und ich, teilen und tauschen wir Erinnerung: Der bedeutsame Singular ist dem schönen Titel eines schönen Buches entliehen, ›Erinnerung an August Macke‹ von Elisabeth Erdmann-Macke, Dietrich Erdmanns anmutiger und mutiger, schicksalsgeprüfter Mutter. Geleitet von Erinnerung, kehren wir zurück nach Tempelhof und lesen in unverwehten Spuren. Sentimental sind wir dabei nicht und konservativ kaum. Aber uns erweist Vergangenheit sich als gegenwärtig. Sie leuchtet, sie brennt.

Nur das Gegenwärtige ist lebendig. In der Kunst, in der Geschichtsschreibung, in der Wertung von Dokumenten wie im bestandenen Alltag gilt einzig Vergegenwärtigung. Verlorenes läßt schwer sich wiedererlangen, der als Besucher Zurückkehrende erträgt gern solche Vergegenwärtigung, wenn er nun Heim hat und Halt. Dann ist sein Weg nicht schon das Ziel, sondern Schauplatz der Bewegung und Entfaltung, also des Wesentlichen. Binsenweisheit: Die Route von einem Ort zum anderen ist die Verbindung beider Orte miteinander: Ein Stück Biographie, ein Stück Autobiographie.

In anderen Beiträgen zu diesem Buch des Dankes für den Komponisten, den Musikerzieher, den Freien und den Freund wird von Dietrich Erdmanns Berliner Werdejahren gründlicher gehandelt, als ich es vermöchte. Nur soviel also: 1925 zog die Familie Erdmann (1926 die Familie Freund) nach Tempelhof. Elisabeth Erdmann-Macke folgte mit ihren Kindern Walter und Wolfgang Macke, Dietrich und Constanze Erdmann ihrem zweiten Ehemann, Lothar Erdmann, der ein Jahr zuvor zur redaktionellen Leitung der Kulturzeitschrift der Gewerkschaften, ›Die Arbeit‹, berufen worden war. Sie kam aus Bonn, ihrer und ihres dritten Sohnes Geburtsstadt. (Klaus ist ein Berliner Kind.) Dietrich Erdmann hat diese Herkunft nie verleugnet, sein Naturell ist rheinisch getönt, aber nun gehört er Berlin, und Berlin gehört ihm. Ähnlich verhält es sich ja mit vielen längst eingesessenen Berlinern. Die Familie richtete sich ein im hübschen kleinen Haus am hübschen kleinen Adolf-Scheidt-Platz, auf den jedesmal vom Schulweg her mein Blick fallen mußte. Ich ging vorbei am gegenüberliegenden Polizeirevier, das sich am 10. November 1938 so sehr bewähren sollte, und erreichte in wenigen Schritten das Gymnasium. Und dort – siehe oben.

An dieser Stelle ziemt sich eine Einschaltung. Nur in der dritten Person, nur von der Hauptperson sollte hier die Rede sein, von Dietrich Erdmann. Da aber Erinnerung ihrem Ursprung nach immer die eigene ist und erst im Nachhinein geteilt und getauscht werden kann, vermeide ich nicht den Gebrauch der ersten Person und geniere mich seiner nicht weiter.

Mein Schulweg war länger als der Dietrich Erdmanns. Wir wohnten in einem bequemen Mietshaus am Anfang des Hohenzollernkorsos, der in der Nazizeit in Manfred-von-Richthofen-Straße umbenannt wurde, und kamen, schon »richtige« Berliner, aus der Wilhelmstraße. Mein Vater war Journalist, und viele Journalisten verschiedenster Couleur, deren ich mich wohl entsinne, hatten sich in dem südlichen Bezirk niedergelassen, das Zeitungsviertel lag in der Nähe. Schulweg denn und vorher schon und solange es unsereinem nicht verwehrt war, Spaziergang – mit den Eltern, auch den Großeltern und manchmal allein. Er führte vorbei an der Barackenschule und der heute leider trocken gelegten Planschwiese in die Siedlung mit den behaglichen kleinen Häusern und Gärten, deren Mitte eben der Adolf-Scheidt-Platz bildet. Auf der rechten Seite, am Beginn des

Halbrunds, hatte der Architekt sein Haus, Fritz Bräuning, mir damals unbekannt, der in der ersten Hälfte der zwanziger Jahre die Siedlung, die runde evangelische Kirche auf dem Tempelhofer Feld und das lichte rosafarbene Gebäude geschaffen hat, das für ein Doppelgymnasium und eine Volksschule großzügig ausgestattet und 1928 bezogen wurde. Das Doppelgymnasium war doppelt doppelt. Ab Untertertia verzweigte es sich in ein humanistisches und ein Realgymnasium mit Griechisch und Englisch als alternativen Hauptfächern, und in ihm waren das junge Tempelhofer Gymnasium, das zuvor in jenen Baracken eine dürftige Unterkunft hatte, und das alte Askanische Gymnasium, zuvor am Halleschen Tor, fusioniert. Eine Zeitlang hieß die Anstalt denn auch Vereinigtes Askanisches und Tempelhofer Gymnasium. (In den Baracken schwirrte nun das Charlotten-Lyzeum.)

Unsere Schulerfahrungen gleichen sich nicht. Der Gymnasiast Erdmann war munter auf dem Schulhof, verschwieg auch nicht seine politische Gesinnung, seinen ihm vom Vater überkommenen Freiheitsbegriff; er muß ein jugendlicher Rebell gewesen sein. Sein erzwungener Abgang, von dem ich nichts wußte und den er heute als eine für seinen Lebenslauf denn doch glückliche Fügung ansieht, war ein frühes Zeichen der nationalsozialistischen Schreckensherrschaft. Ich, zahmer gewiß, wurde besser behandelt und schulde der Schule Dank.

Damals haben wir keine Notiz voneinander genommen. Aber gemeinsame Erinnerung bestätigt einige gemeinsame Eindrücke. Mehrerer »Lehrkräfte« entsinnen wir uns mit gleichem Respekt und gleicher Sympathie: Neben anderen des im Auftreten konservativen, in kultivierter praktischer Pädagogik modernen Oberstudiendirektors Dr. Bernhard Hausmann, der 1933 abgesetzt wurde. So auch eines unbeirrbaren, glaubensstarken, an Klavier und Orgel professionell ausgebildeten Deutschlehrers, Dr. Carl Liederwald, mit dem ich verbunden sein durfte bis in sein hohes Alter; die Verbundenheit überträgt sich auf seine Familie in England. Und nicht zuletzt des tüchtigen, cholerischen und begeisterten Musiklehrers Martin Ulrich, der aus »Brummern« Chorsänger machen konnte. Natürlich war Dietrich Erdmann sein Lieblingsschüler. Er saß am ersten Cellopult des Schülerorchesters. Da habe ich ihn noch gesehen und gehört. Ich vergesse nicht, wie unter Ulrichs Leitung, unvermeidlich in eingezogener Besetzung, die Ouvertüre zu Glucks ›Iphigenie in Aulis‹ gespielt wurde und ich zu ahnen begann, was klassisch ist.

1932 gab es eine sorgfältig vorbereitete, erstaunlich beschwingte Revue nach Tiecks ›Gestiefeltem Kater‹, für die der Musiklehrer ein potpourriartiges spritziges Partitürchen arrangiert hatte; das Orchester mit dem Obertertianer Erdmann als erstem Cellisten saß wie im veritablen Theater vor der Bühne unserer mit rötlich-braunem Marmor getäfelten Aula. Nicht selten begleitete dieses Orchester, etwa zu Straußwalzern mit von Ulrich kalligraphiertem Stimmenmaterial, den Chor, in dem ich als Sopran, dann als Tenor den Mund öffnete.

Begegnung beinahe. Das »Beinahe« herrscht vor in der Menschengeschichte. So vieles noch verhüllt. Was wiegt schwerer, das Gewonnene oder das Versäumte? Ihre Gewichtung bestimmt ein Leben. Versäumnis bringt Selbstvorwurf oder Resignation. Oft mischen sie sich. Und so mischen sich dem Erinnernden die Bilder von einst und von jetzt.

Spaziergang des Kindes mit den Eltern, Spaziergang des alten Mannes an der Seite von Dietrich Erdmann. Er führt mich ins Wiedersehen, er führt mich vor sein Elternhaus. Wir können es nicht betreten. Meine Kamera richtet sich auf die Tafel:

> Hier wohnte von 1925 bis 1939
> LOTHAR ERDMANN
> 12. 10. 1888 – 18. 9. 1939
>
> Gewerkschafter, Sozialdemokrat
> freier Schriftsteller
> Nach brutalen Mißhandlungen
> starb er im KZ Sachsenhausen

Was dieses Haus einmal geborgen hat an Menschen in Freude und Leid, an Kunst und Geist, an Lebensstil und Güte, der Junge hat es nicht gewußt. Nun weiß es der alte Mann, fast kann er es noch sehen und hören. Er wird hineinversetzt in diese Sphäre durch Dietrich Erdmanns unerschöpfliches Erzählen, durch der Mutter eindringliche und herzerwärmende Memoiren, des Vaters wohlformulierte und tiefsinnige Aufzeichnungen und beider lebensaufmerksame Briefe. In diesem Haus prangten Bilder von August Macke, der als ein Vor-Vater anwesend blieb, schrieb und sann Vater Lothar, musizierte am Flügel Mutter Elisabeth und bald auch, mit wachsendem Können an Klavier und Cello, der Sohn Dietrich. Er wurde, er war Musiker. Erste Kompositionen entstanden. – In jeder Epoche der Geschichte der Künste erscheint die Musik als Abschluß oder sogar, wie in der Romantik, als Erfüllung. Bildende Kunst und Dichtung gehen ihr voraus, mag sie mit dieser auch sich immer wieder verschwistern und wenn auch nach Hans von Bülows Sentenz am Anfang der Rhythmus war und der Gesang ein Urphänomen ist. – Den Malern und dem homme de lettres folgte also der Musiker, der Komponist. In diesem Haus, dieser Welt, in der anregende Gäste erschienen und blieben, genoß er seine eigentliche Erziehung. Genoß: Das Prädikat trifft zu. Hier, kaum auf der Schule, bildete er sich. Mag sein, daß Lothar Erdmann, seit 1933 stellungslos und getroffen vom nur ganz selten aufgehobenen Publikationsverbot, um so inniger sich lehrend seinen Kindern zuwandte. Und seine Kinder waren auch die ihm vom Urfreund August Macke anvertrauten. Es waren aber nicht nur die ungewöhnlichen Eltern, die das Reifen des Sohnes förderten, bestimmend fürs ganze Leben, so erzählt er, wirkte auf ihn auch der ungewöhnliche sieben Jahre ältere Halbbruder, nein Bruder, Walter Macke, der Hoch- und Vielbegabte, offenkundig als Maler zum Erben seines genialen Vaters berufen, nicht frühvollendet, denn Vollendung war ihm grausam vorenthalten, doch früh entfaltet, ein Knabe noch und schon ein werdender Mann, ein Jüngling nach romantischem Begriff. Er zeichnete und malte mit glücklicher Hand, sein Lesen, Schauen, sein Zweifeln, Ringen, Hoffen, seine natürliche Naivität und seine empfindungsvolle Geistigkeit, sein Lieben sind bezeugt in seinen Tagebüchern, deren Druck uns beschenkt. Ein neun Jahre jüngerer in Tempelhof aufgewachsener Leser orientiert sich in ihnen angerührt. Das wahre Herzstück dieser spontanen, von bewegenden Briefen begleiteten Niederschriften ist die reale und poetische Geschichte einer Jugendliebe, die bei allen Spannungen so wunderbar frei wie rücksichtsvoll sein konnte in diesem Bereich hoher Humanität. Walter Macke und die Nachbarstochter Gabriele Bräuning: Dietrich Erdmann bewahrt das schöne Bild.

Walter Macke muß im Umgang fröhlich gewesen sein. Seinen kleineren Bruder Dietrich hat er an die Hand genommen und vielfach angeleitet, er hat ihn zum geschickten Turner gemacht, wie er selber einer war. Er hat ihm sichere Hilfestellung gegeben. Er mußte unfaßlich früh sterben. Hilfestellung gibt er noch immer. Sein Tod war der erste tiefe Schmerz in Dietrich Erdmanns Leben. Nicht der einzige.

»In dieser schönen Tempelhofer Menschensiedlung, die ihn umschloß, wo es wieder eine Gemeinschaft gibt und kleine Wege durch sorgsam behütete Gärten und Morgen, Mittag, Dämmerung und Nacht, da jauchzte er der Sonne entgegen, dem ewigen Licht.« So Franz Silberstein in seiner Trauerrede am 14. März 1927 für den am 13. April 1910 Geborenen.

Nach bald siebzig Jahren gehen wir wieder auf kleinen Wegen durch sorgsam behütete Gärten in Neutempelhof. Da ist er, der Kanzlerweg, so oft einst abgeschritten. Die Kirschbäume, die in früheren frühen Sommern dem Gedächtnis köstlich nachschmeckende Früchte trugen, sind wohl jüngeren gewichen. Still ist es wie damals. Kein Ton Musik ist zu hören, nur das rasche Staccato der Schläge vom Tennisplatz her. Und vielleicht ein Vogelruf. Wie damals.

Zurück nach Zehlendorf. Wieder darf ich einkehren in Gerti

und Dietrich Erdmanns Haus mit seiner Harmonie, mit den weltfrohen Bildern dreier Mackes und anderer Künstler an den Wänden wohlgemessener Räume, den lieben Gegenständen, mit Partituren, Büchern, Tonträgern, mit dem Flügel, dem Schreibtisch, den Sachen zum Nachdenken und zum Andenken im Arbeitszimmer des Komponisten. Und wieder ein Garten, zur rechten Zeit grün und blühend. Ergiebig der Mirabellenbaum. Die Fahrt hierher, durch meist freundliche Berliner Stadtviertel, hat nicht viel Zeit gekostet. Aber bis zur Seßhaftigkeit oder dieser Einkehr sind unsere ganz verschieden verlaufenen Wege von Tempelhof nach Zehlendorf Umwege gewesen, schwierig und lang.

Dietrich Erdmanns Weg, Umweg und wieder geraden Weg können die Leser in herzlicher Würdigung nachzeichnen. Meinen eigenen deute ich, wegen der in diesem Zusammenhang kein Thema hergebenden ersten Person, nur an, um unsere endliche Begegnung, um den Anlaß unseres fortgesetzten Gesprächs zu erklären. Wehrdienst – sieben Jahre! – und Krieg, Verlust und Trauer für den einen, Ächtung, Bedrohung, Existenzverweigerung für den anderen, der dem bis dahin unvorstellbaren Allerschlimmsten gerade noch entgehen konnte: Weniger als ein Jahr nach dem Tempelhofer Abitur, Januar 1939, die Auswanderung mit den Eltern und Großeltern, mittellos. Wie war, wie ist das Exil? Ungemäß und ungewollt, nicht ohne Not und nicht ohne Gnade. Eichendorffs »fremd in der Fremde gehn« mochte aufgewogen werden von Goethes »hier auch Lieb und Leben ist« – damit auch Haß und Sterben. Uruguay ist mir zur zweiten Heimat geworden. Berufliche Tätigkeit in spanischer Sprache bahnte allmählich sich an, Lebensfreundschaften mit vorzüglichen Uruguayern stützen mich. Es fällt mir schwer, hier nicht die Namen Unvergeßlicher aus beiden Kulturkreisen zu nennen, die mir mit Belehrung, Zuspruch, Beispiel geholfen haben. Mein Verhältnis zur Musik, nie zwar aus Platonik erlöst, wurde enger und intensiver. Der Dirigent Fritz Busch, aufrecht und groß, ist mein Meister gewesen und geblieben, Universalmusiker, Weltbürger und dabei Repräsentant nach wie vor geliebten unverderblichen Deutschtums. Fest die Verbindung mit seiner Familie und seinen alten und – neuen Freunden.

Wöchentlich zweimal erschienen in dem in Buenos Aires verlegten, von vielen Emigranten gelesenen ›Argentinischen Tageblatt‹ tiefgründige Leitartikel, gezeichnet »Dr. F. S.«. Korrespondenz der Ausgewanderten: Dr. Franz Silberstein (1887–1949) übersandte »dem lieben Freund und verehrten Kollegen«, meinem Vater, sein eigenständiges, einen gereinigten Liberalismus verkündendes Buch ›Die unteilbare Freiheit‹, Frucht seiner Erfahrung und seines Nachdenkens als hervorragender Berichterstatter und Redakteur des ›Berliner Tageblatts‹, der ›Deutschen Allgemeinen Zeitung‹ und der ›Vossischen Zeitung‹, naher, treuer Freund der Erdmanns, der ihnen beistand, als Walter Macke starb. Im Ersten Weltkrieg Offizier und verwundet, war Silberstein schon 1935, vom »Arierparagraphen« vertrieben, mit seiner Frau Siegfriede nach Argentinien ausgewandert. Erdmanns schrieben ihnen gute Briefe. Sein Leben dort war eingeschränkt. Zu einem Vortrag eingeladen nach Montevideo, saß er mit seiner klugen Frau bei uns am Tisch. Im Erinnern und Erzählen wuchs die Sympathie zur Freundschaft. Silbersteins hatten zuletzt, Erdmanns nun auch räumlich ganz nahe, in Bräunings Tempelhofer Siedlung gewohnt; Dietrich Erdmann, als wir alten Fährten nachgingen, hat mir ihr Haus gezeigt. Zwei Hofmannsthal-Titel kommen mir in den Sinn: ›Die Berührung der Sphären‹; ›Die Wege und die Begegnungen‹. Gibt es überhaupt Zufallsbeziehungen? In Beziehungen, von Beziehungen leben wir.

Silbersteins, sehr deutsch, haben Deutschland nicht wiedergesehen. Ich widerstand 1960, bei meinem zweiten Deutschlandbesuch, nicht dem verlockenden Angebot einer Verlagstätigkeit in Frankfurt am Main. Sie brachte mich ein gutes Vierteljahrhundert später auf den Weg zu Dietrich Erdmann, seinem Kreis und seiner Musik. Günter Busch, der bedeutende Museumsleiter und Kunstschriftsteller in Bremen, hat ihn mir geebnet. (Ich habe Glück mit dem Namen Busch.) Der Autor von Standardwerken über Max Liebermann und Paula Modersohn-Becker und erkenntnisreicher Studien über viele Meister und Meisterwerke hat mit erhellenden Arbeiten seine wissende Einfühlung in Kunst und Persönlichkeit August Mackes bekundet, seine Monographien über ›Das russische Ballett‹ und die von ihm in ihrem Rang gesehenen Handzeichnungen sind ohne falsche Feierlichkeit Einweihungen. Voller Verehrung und Herzlichkeit sprach er mir von Elisabeth Erdmann-Macke, einer Frau, der so viel Unglück widerfahren ist, und ihrer noch in Alter und Invalidität bewahrten Lebenszugewandtheit und Dankbarkeit, ihrem Zauber. Ihr Buch spiegele ihr Wesen. Es war längst vergriffen. Im Urlaub las ich die fotokopierten Seiten eines Bibliotheksexemplars. Entzückt sann ich auf eine neue Edition. Günter Busch würde ein Geleitwort schreiben. Die Rechte für eine Ausgabe im Fischer Taschenbuch Verlag waren bei Prof. Dietrich Erdmann in Berlin einzuholen. So ergab sich ein erstes Telefongespräch mit ihm und daraus das Taschenbuch, über dessen Resonanz wir uns freuen. Mit dieser einen umfassenden und trotz aller Schatten strahlenden ›Erinnerung‹ konnte es sein Bewenden nicht haben. Die Verbindung war nun hergestellt, immer dichter wurde die Folge portosparender abendlicher Ferngespräche und bald auch der Nahgespräche bei mir in Frankfurt und öfter noch im gastlichen Heim von Gerti und Dietrich Erdmann. Der Weg von Tempelhof nach Zehlendorf ist zurückgelegt. Die Gespräche sind anhaltend und halten nicht an. Ihr wichtigstes Thema ist Musik. Erdmann hat alles Recht, von sich zu reden, und ist doch frei von lästiger Egozentrik. Er äußert sich als Komponist, als Musiker, Musik vor allem ist ihm Lebenselement und Lebensaufgabe. Er spricht uneitel erfüllt von seinen Arbeiten. Er schenkt sie mir. Von keinem zeitgenössischen Komponisten habe ich so viele Werke gehört und besitze ich so viele Aufnahmen wie von ihm. Seine Tonsprache wird mir immer vertrauter. Ich bin stolz auf die Widmung seiner ›Vier Skizzen für Streichquartett‹, bei deren Uraufführung in den Berliner Festwochen 1992 (Kleine Philharmonie) ich zugegen war. Seine Musik wird in diesem Buch kompetent und detailliert gewürdigt, mein Eindruck von ihr ist gar nicht originell, aber hoffentlich auch nicht irrig. Sie spricht unmittelbar an durch ihre Frische, Freiheit, Farbigkeit. Hätte nicht Wolfgang Burde schon dem von ihm edierten Breitkopf & Härtel-Band zu Erdmanns 70. Geburtstag den charakteristischen Titel gegeben, den eine Partitur des Jubilars trägt, hätte ich mich breiter über ihn ausgelassen: *Musica Multicolore*. Vielfältig sind Funktion und Wirkung der Farbe, doch nicht etwa auf impressionistische oder postimpressionistische Weise simpel malerisch. Natürlich ist ihr die farbenherrliche Diesseitspreisung der Kunst Mackes von Anbeginn mitgegeben. In manchen Partitur-Überschriften zeigt diese Musik gewisse Motivationen an, aber sie übersetzt nicht, hat kein »Programm«, hütet sich vor banaler Synästhesie als Künstecocktail, sie ist absolute Musik, leicht nur scheinbar, licht meistens. Sie stößt sich ab von Dogmen, Doktrinen, »Schulen«. Das ist die Freiheit, die ich meine und die auch Hans Werner Henze für sich in Anspruch nimmt. Sie macht keine Konzessionen, aber sie will, und auch das ist heute Freiheit, den Menschen ein Wohlgefallen sein, Hörern, Spielern und Sängern, gerecht ihren Stimmen. Selten konzertant eingesetzten Instrumenten bereichert der Komponist das Repertoire. Die Lyrismen langsamer Sätze entschleiern den Ernst in und hinter dieser Musik.

Es tut wohl, wie Dietrich Erdmann mit entschiedenem Urteil neidlos von der Musik der anderen spricht, Musik sehr oder nicht so prominenter zeitgenössischer Kollegen, Musik, die er von Grund auf kennt, der Meister aus früheren Zeiten; es tut wohl, mit ihm etwa Aufnahmen der geliebten Konzerte von Brahms oder des Dumky-Trios von Dvořák zu hören. Da lernt

man viel von Dietrich Erdmann. Dieser geborene Musiker ist
wohl auch ein geborener Lehrer. Das erfährt man auch, wenn
er im Konzert unbefangen ein eigenes Werk erläutert. In diesem Band fehlt nicht der Artikel über seine Lehrtätigkeit, über
sein Lehren des Lehrens von Musik. Wer nicht lehren kann, ist
arm und läßt andere arm bleiben. Was der Professor den Studenten und Studentinnen gegeben hat, wird nun weitergegeben. Der Schulmusiker hat es ja schwerer als jeder andere Musiker, er muß auch mit Unmusikalischen umgehen. Was er an
der Basis leistet, ist mitentscheidend für unsere Musikkultur.
Lehrend hat Dietrich Erdmann, dessen bin ich sicher, Wichtiges
bewirkt.

Wege sind dies bis zur Begegnung und in der Begegnung, die
lange noch erlebt werden mögen, Wege nach Zehlendorf oder in
Zehlendorf, wenn wir, uns abwechselnd im Erzählen, an einem
milden nachsommerlichen Sonntagmorgen die Krumme Lanke
umrunden. Aber Dietrich Erdmann führte mich auch in seine,
führte mich auch in seiner Geburtsstadt Bonn, führte mich zu
den Häusern, in denen sein Großvater Benno Erdmann, der Phi-
losoph, der später Nachfolger Diltheys in Berlin wurde, gelehrt
und gewohnt hat, führte mich an den Rhein. Er führte mich in
das August Macke-Haus, Bornheimer Straße 96, in dem er seine ersten acht Jahre verbracht hat – davon erzählt er bestrickend.
Da beschreibt er jeden Raum, wie er einst war, und ist zufrieden,
daß der alte Bau nun das Gedächtnis jenes großen Malers und
anderer rheinischer Künstler hütet. 11. Oktober 1992: Eröffnung, mit Musik und Worten von Dietrich Erdmann, der Ausstellung ›Walter Macke. Das väterliche Vermächtnis als künstlerische Herausforderung‹. Da stand ich vor der Portraitzeichnung
›Gabriele Geige spielend‹ von 1926. Neben mir stand, den Blick
in derselben Richtung, mit weißem Haar immer noch voller Anmut, Frau Gabriele Stammberger, deren Wege wohl gewundener
gewesen sind als die unseren. Im Katalog ihre ergreifende Erin-

nerung ›Eine Jugendliebe‹. Da stand sie nach sechsundsechzig Jahren. Wir vergessen nicht.

Dietrich Erdmann führte mich ein andermal in den ungemein schönen Kammermusiksaal des Beethoven-Hauses, der an diesem Tag geschmückt war mit Bildern aus seinem, Erdmanns, Besitz, glückhaften Bildern von August und Helmuth Macke. Ungezwungen erklärte er deren und seine Kunst, hier exemplifiziert von den Mitgliedern des Abegg Trios, Lieblingsmusikern für mich. Sie spielten ›Essay über ein Thema von J. S. Bach für Violoncello und Klavier, Fragment‹ für Violine solo, ›Signatures‹ für Klavier, ›Sonatine‹ für Violine und Klavier in Uraufführung, ›Tre Pastelli‹ für Violine und Klavier, ›Aspekte‹ für Violoncello solo und das Trio. Eine andere Begegnung, ein festlicher Zusammenklang.

Begegnung ist Dialog und zugleich Akkord, Leben ist polyphon, genuine Musik organisch, kein Werk ohne Schöpfer. Nichts ohne das Individuum, das Ich, in neuerer Zeit den Personalstil. Biographie, Autobiographie kann indessen in absolute Musik nicht voll übertragen, gar umgeschmolzen werden. Doch Errungenschaft des Lebens wird Errungenschaft der Kunst: die Anlage, Bildung *und* Bewährung des Charakters. Darum ist man Dietrich Erdmann und seiner Musik in Bewunderung und Dankbarkeit zugetan.

REGISTER

Kursiv gesetzte Seitenzahlen beziehen sich auf die Teile des Bandes, die auf den Lebensbericht von J. Hellmut Freund folgen, mit * versehene auf Bücher, die Gegenstand seiner Klappentexte und Briefe an die Verlagsvertreter sind.

541

556